생제르맹데프레
수도원의
영지명세장

서양편 · 730

생제르맹데프레 수도원의 영지명세장

이르미노(Irmino) 엮음
이기영 옮김

한국문화사

이 번역서를

고단하게 살다간 이 세상의 모든 농민에게 바친다.

한국연구재단 학술명저번역총서 서양편·730

생제르맹데프레 수도원의 영지명세장

발 행 일 2013년 12월 20일 초판 인쇄
2014년 1월 10일 초판 발행

원 제 Polyptychum Irminonis abbatis
엮 은 이 이르미노(Irmino)
옮 긴 이 이 기 영
책임편집 이 지 은
펴 낸 이 김 진 수
펴 낸 곳 **한국문화사**
등 록 1991년 11월 9일 제2-1276호
주 소 서울특별시 성동구 아차산로 3(성수동 1가) 502호
전 화 (02)464-7708 / 3409-4488
전 송 (02)499-0846
이 메 일 hkm7708@hanmail.net
홈페이지 www.hankookmunhwasa.co.kr

책값은 45,000원입니다.

ISBN 978-89-6817-112-3 93920

'한국연구재단 학술명저번역총서'는 우리 시대 기초학문의 부흥을 위해 한국연구재단과 한국문화사가 공동으로 펼치는 서양고전 번역간행사업입니다.

▌옮긴이의 말▐

우리가 일반적으로 알고 있는 서양 중세의 장원제, 즉 촌락을 바탕으로 한 상당한 크기의 토지가 영주직영지와 농민보유지로 구성되고 직영지는 후자를 보유한 예속민의 부역노동으로 경작되는 고전적 형태의 장원제는 일찍이 루아르 강과 라인 강 사이의 갈리아 북부지역에서 발달했다. 흔히 고전장원제라고 일컬어지는 이런 장원제는 이 지역을 중심으로 9세기 초에 성립하여 카롤링시대에 전형적으로 발달했으며, 여기로부터 유럽의 여타 지역으로 확산되어 나갔다. 갈리아 북부지역은 이렇듯 역사적으로 서양 고전장원제의 발상지이자 발달의 중심지 역할을 했다.

갈리아 북부지역에서 고전장원들로 조직되어 경영된 영지의 토지소유 상황을 기술한 카롤링시대의 '영지명세장(polyptychum)'은 10여 개쯤 전해지고 있다. 이들 명세장은 고전장원제에 대한 지식의 원천이 되는 귀중한 자료다. 그러나 그 대다수는 그 내용이 뭉뚱그려져 기술되어 매우 간략한 편이거나 단편적 잔존물에 지나지 않는다.

이에 비해 파리 시의 도심에 위치한 생제르맹데프레(Saint-Germain-des-Prés) 수도원의 영지명세장은 18세기 말의 화재로 원래 기록의 절반 정도만 남아 있음에도 불구하고 고전장원제에 관한 기술내용이 소상하고 여타의 명세장과는 비교가 되지 않을 정도로 완벽한 체제를 갖추고 있다. 장원별로 영주직영지의 상세한 재산과 수입 및 경영 현황은 물론, 영지명세장 가운데 유일하게 무려 총 1,700개가 넘는 농민보유지마다 거의 빠짐없이 토지이용 형태별 면적과 의무내용이 명기되고 수천 명에 이르는 보유농민과 그 가족의 이름 · 신분 · 거주지가 명시되어 있다. 또 한편으로는 여러 부류의 장원 예속민과 많은 기부토지가 자세히 기록되어 있기도 하다. 이런 까닭에 이 영지명세장은 고전장원제의 구조와 여러 양상을 연구하는 데 필수불가결한 사료일 뿐만 아니라, 카롤링시대를 중심으로 한 중세 전기의 토지이용 방식과 농업기술, 촌락구조, 신분제도, 결혼과 가족 제도 등 경제적・사회적 제반 상황을 파악하고 중세 초기의 언어를 연구하는 데 매우 중요한 자료로 이용되고 있다.

더욱이 생제르맹데프레 수도원의 영지명세장에 기재된 장원들은 북부 갈리아의 중심부를 차지하는 오늘날의 파리 지방 일대에 분포해 있었다. 그리고 이 명세장의 작성연대는 명시된 바는 없지만, 영지명세장 가운데서도 가장 빠른 시기에 속한다고 할 수 있는 820년대인 것으로 추정되고 있다. 작성 시점이 빠르다는 것은 이 영지의 장원제적 조직화도 빨라 여타 영지의 장원제에 영향을 미쳤을 개연성을 시사한다. 이처럼 영지가 중세 장원제가 발달한 갈리아 북부지역 가운데서도 중심부에 위치하고 장원조직과 명세장 작성이 선진적 위치를 차지한다는 사실도 이 명세장의 중요성을 더해 준다. 생제르맹데프레 수도원의 영지명세장은 이와 같은 여러 가지 이유로 중세 서양의 장원제와 농촌사회 연구를 위해 더없이 소중한 학술적 가치를 지닌 자료로 평가되고 있다.

일찍이 이 영지명세장의 중요성에 주목하여 라틴어로 된 수사본(手寫本) 상태의 명세장을 근대적인 책으로 간행한 이는 문헌학자이자 역사가인 게라르(B. Guérard)였다. 그는 프랑스의 왕립 도서관에 보존되어 오던 "이르미노 수도원장의 영지명세장(Polyptychum Irminonis abbatis)"이라는 제목의 문서를 카롤링시대의 영지명세장 가운데 가장 이른 1844년에 파리의 왕립출판사(L'imprimerie royale)에서 "샤를마뉴 시대 수도원장 이르미농의 영지명세장 또는 생제르맹데프레 수도원의 망스와 농노 및 수입 명세장(Polyptyque de l'abbaye Irminon ou dénombrement des manses, des serfs et des revenus de l'abbaye de Saint-Germain-des-Prés sous le régne de Charlemagne)"이라는 긴 이름의 책으로 처음 발간했다. 총 2권으로 된 책 중 영지명세장의 라틴어 원문은 제2권에 게재하고, 제1권에서는 무려 1,000쪽에 이르는 방대한 분량의 지면에 걸쳐 이 명세장의 내용과 관련하여 상세하고도 박학한 설명과 주석을 달고 있다. 그의 박학다식하면서도 정치한 주해는 이 영지명세장과 장원제에 대한 학계 연구의 출발점이 되었으며 이 명세장을 더욱 유명하게 만들었다.

반세기 후 롱뇽(A. Longnon)은 게라르의 뒤를 이어 1886~1895년간에 파리에서 샹피옹(H. Champion) 출판사를 통해 "생제르맹데프레 수도원의 영지명세장(Polyptyque de l'abbaye de Saint-Germain-des-Prés)"이라는 제목으로 이 명세장을 다시 발간했다. 그는 제1권의 "서론(Introduction)"에서는 명세장의 내용을 설명하고, 제2권에는 영지명세장의 라틴어 원문을 게재했다. 그렇지만 그는 대체로 게라르가 발간한 영지명세장과 해설을 따랐으며, 다만 게라르의 편찬본에서 부족하거나 타당치 않다고 생각하는 부분을 일부 보충하고 수정하는 수준에 그쳤다.

근래 1993년에는 독일의 헤게르만(D. Hägermann)이 그의 제자들인 엘름스호이저(K. Elmshäuser)와 헤트비히(A. Hedwig)의 협력 아래 "생제르맹데프레의 영지명세장(Das Polyptychon von Saint-Germain-des-Prés)"이라는 제목으로 쾰른 등지에서 뵐라우(Böhlau) 출판사를 통해 이 영지명세장을 발간한 바 있다. 이들 제자가 같은 시기에 이 명세장에 대한 훌륭한 연구서를 별도로 출판한 때문이겠지만, 이 책에는 상세한 주석이나 설명이 없다. 그러나 그는 라틴어 명세장의 원래 모습을 연구자들에게 정확하고 생생하게 전달하기 위해 극진한 노력을 경주한 자세하고 사실적인 서지학적 성과를 책에 담고 있으며, 게라르나 롱뇽과는 달리 이 명세장에 나타나는 모든 지명과 인명 및 사항을 망라한 색인을 달고 있다.

생제르맹데프레 수도원의 영지명세장은 높은 사료적 가치 때문에 이처럼 거듭 수정·보완되어 새롭게 발간되어 왔다. 그뿐만 아니라 이 명세장에 대한 연구도 꾸준히 진행되어 다른 어떤 영지명세장보다도 연구성과가 많이 축적된 편이다. 그렇지만 이 명세장 전체를 오늘날의 언어로 옮긴 책은 옮긴이로서는 찾지 못했다. 다만 필요에 따라 극히 그 일부만 영어나 프랑스어로 번역한 사례는 더러 있다. 이 명세장의 전문이 현대어로 번역되지 않고 있는 주요 원인은 무엇보다 명세장 전체를 일반인이나 학생들에게 제시할 필요성이 없기 때문일 것이다. 그러나 그에 못지않게 상당한 분량에 이르는 오래전의 이 고문서를 정확하게 번역하기가 쉽지 않기 때문일 수도 있다. 상황이 이러함에도 불구하고 옮긴이가 명세장 전체를 우리말로 옮기고자 한 것은 우리나라 사람들에게 서양 중세의 장원제에 관한 중요한 사료를 직접 읽고 이용할 기회를 제공하기 위함이다. 봉건적 토지소유에 관심을 가진 분은 이 번역서를 통해 간접적으로만 듣던 서양 장원제의 실제 모습을 엿볼 수 있을 것이다. 한글 번역서로도 부족하여 라틴어 원문을 보고자 하는 분은 인터넷 검색 업체 '구글(Google)'에서 제공하는 게라르와 론뇽의 두 라틴어 원문을 가상공간에서 손쉽게 이용할 수 있다.

우리말 번역의 원본이 된 생제르맹데프레 수도원의 영지명세장은 앞에서 말한 게라르, 론뇽, 헤게르만 등이 간행한 세 가지 원서다. 옮긴이는 곳에 따라 원문에 약간씩 차이가 나고 주석이 상이한 세 원서를 대조해 가면서 이용했다. 라틴어로 쓰인 원서는 일정한 형식과 체계 아래 반복적으로 기술되는 형태를 취하고 있다. 그러나 그렇다고 해서 번역이 쉬웠던 것은 결코 아니다. 이 명세장은 막상 서술체계에 일관성이 없다든가, 모호한 문장이나 불분명한 단어사용이 드물지 않다든가, 탈자(脫字)와 오자가 적지 않다든가 하는 등 많은 문제를 안고 있기 때문이다. 특히 어려운 문제는 카롤링시대의 독특한 용어와 제도를 번역하는 일이었다. 옮긴이는 정확한 문맥과 뜻을 파악하기 위해 고심에 고심을 거듭했고 여러 가지 문헌을 참고했다. 참고문헌 가운데서도 가장 많이 참조한 것은 중세 라틴어 사전인 J. E. Niermeyer, *Mediae Latinitatis Lexicon Minus* (Leiden: E. J. Brill, 1984)와 더불어, 전술한 게라르의 간행본 중 이 명세장에 대한 설명과 주해를 담고 있는 제1권의 *Prolégomènes, commentaires et éclaircissements*와 이 명세장에 대한 근래까지의 연구성과를 흡수한 탁월한 종합적 연구서인 K. Elmshäuser & A. Konrad, *Studien zum Polyptychon von Saint-Germain-des-Prés* (Köln: Böhlau, 1993)이다.

옮긴이는 학계의 연구성과를 최대한 참고하려고 하는 등 나름대로 많은 노력을 기울였다. 그러나 아직도 면밀하게 참고하지 못한 연구성과가 제법 남아 있으며, 정확하게 번역하지 못한 부분이 한두 군데가 아닌 것 같아 마음이 편치 않다. 그렇지만 이 영지명세장에는 학계 내에서도 아직 명확하게 규명되지 못한 문제나 불명확한 부분이 꽤나 남아 있다. 그래서 현재도 연구가 진행되고 있으며, 장래에도 연구가 그치지 않을 것이다. 이런 연구 현실에서, 그리고 우리나라에서 이 번역이 서양 장원제 연구의 기초적 환경을 조성하는 데 일조하리라는 점을 위로로 삼으면서, 미진한 느낌을 떨칠 수 없지만 이제 마무리하여 출판하고자 한다.

이 영지명세장의 우리말 번역은 한국연구재단의 지원이 없었더라면 엄두도 내지 못했을 것이다. 번역의 기회를 제공해준 연구재단에 깊은 감사의 뜻을 표한다. 그리고 번역보고서 심사자들의 지적과 문제 제기는 번역의 정확성을 기하는 데 상당한 도움이 되었다. 부산외국어대학교 지중해연구원의 장지연 교수는 발음을 비롯하여 중세 초기의 라틴어에 관한 여러 가지 지식을 제공해 주었고, 동아대학교 프랑스문화학과의 양인봉 교수와 경성대학교 사학과의 이경일 교수는 일부 까다로운 프랑스어 고유명사의 발음을 검토하여 교정해 주었다. 조순주 박사는 번역과정에서 교정작업을 비롯한 여러 어려운 일을 도와주었다. 이지은 명저번역 팀장을 비롯한 한국문화사 관계자들은 신속・원활하면서도 능숙한 일솜씨로 좋은 번역서가 출판될 수 있도록 최선을 다해 주었다. 이 번역서는 이분들의 참여와 기여로 완성될 수 있었다. 이 모든 분에게 감사드린다.

2013년 12월 옮긴이 이기영

▌차례▌[1]

---

[1] 장원별 명세서 목차는 원래 라틴어 원문에는 없으나, 영지명세장 안의 장원별 표제를 참고하여 옮긴이가 작성한 것이다.

❙도량형 및 화폐 단위 환산표❙

길이 및 거리
dext(dexter): 1dext = 1.46미터
ptc(pertica): 1ptc = 3~6미터
마일(leuva, leuca): 1마일 = 2222미터 내지 2250미터
자(alna, ulna): 1자 = 약 0.44미터

면적
ant(antsinga): 1ant = 약 14.4아르
arp(aripennus): 1arp = 12.64아르
bun(bunarium): 1bun = 약 1.3헥타르
jr(jornalis, diurnalis): 1jr = 34.13아르
ptc(pertica): $1ptc^2$ = 2.57아르 내지 3.46아르

용량
md(modius): 1md = 약 60리터
sest(sestarius): 1sest = 4.25리터
컵(staupus): 1컵 = 0.82리터

무게
리브라(libra): 1리브라 = 0.408킬로그램
펜사(pensa): 1펜사 = 75리브라(파운드) = 30kg

화폐단위
솔리두스(solidus): 1솔리두스 = 1/20리브라 = 12데나리우스
리브라(libra): 1리브라 = 20솔리두스
데나리우스(denarius): 1데나리우스 = 1/12솔리두스
운키아(uncia): 1운키아 = 1/12리브라

❙ 일러두기 ❙

1) 번역원본은 B. Guérard, ed., *Polyptyque de l'abbaye Irminon ou dénombrement des manses, des serfs et des revenus de l'abbaye de Saint-Germain-des-Prés sous le régne de Charlemagne*, Tome second. *Polyptyque* (Paris: L'Imprimerie royale, 1844)와 A. Longnon, ed., *Polyptyque de l'abbaye de Saint-Germain-des-Prés*, Première Partie. *Texte du polyptyque* (Paris: H. Champion, 1886; reprint: Genève, Mégariotis Reprint, 1978) 및 D. Hägermann, ed., *Das Polyptychon von Saint-Germain-des-Pres* (Kóln, Weimar, Wien: Böhlau, 1993)이다. 이 세 원서는 수사본의 판독과 구두점의 표시 및 장(章) 속의 소제목 표기에 있어 다소간에 차이가 있다. 특히 앞의 두 원서는 서로 비슷하나, 이들 두 원서와 맨 뒤의 원서 사이에는 상당한 차이가 존재한다. 또한 세 원서는 오류나 누락과 같은 실수 면에서도 차이가 나는 경우가 제법 있다. 이와 같은 경우에는 세 원서에서 특히 중요한 차이가 나는 부분을 면밀히 대조하여 타당성이 크다고 판단되는 것을 중심으로 번역했다.
2) 생제르맹데프레 수도원의 영지명세장은 사료임에 유념하여 최대한 원문에 충실하게 번역하려고 노력했다. 역사연구에서는 가공・번역되지 않은 애초의 원사료가 사료로서 가치가 높다. 심지어 사료상의 불합리성이나 실수까지도 당시의 상황과 분위기를 전달해 준다는 점에서 나름대로 의미가 있다. 따라서 설사 번역된다고 하더라도, 사료로서의 가치가 상실되는 것을 방지하기 위해서는 가능한 한 원문의 본래 모습을 살려야 할 것이다. 라틴어 원문의 명세장에는 오기(誤記), 누락, 생략, 중복, 문장이나 단어의 모호한 사용, 용어사용과 서술체계의 일관성 부족, 문장의 완결성 결여 등 여러 가지 문제가 꽤나 존재한다. 이런 문제점에도 불구하고 우리말로 번역해서 어색하지 않는 한 되도록이면 라틴어 원문을 그대로 살려 번역하려고 했다. 예컨대, 혼란스럽게 보일 수도 있지만, 라틴어 원문에 뒤섞여 사용되어 있는 I, II, III 따위의 숫자는 1, 2, 3 등으로, unus, duo, tres 따위의 말은 하나, 둘, 셋 등으로 번역했다. 그 결과 오역이 아닐까 하는 의심이 들 만한 경우에는 옮긴이의 각주에서 원문 그대로임을 밝히기도

했다. 그러나 규칙과 상식에 어긋남에도 불구하고 이렇게 명시되어 있지 않은 부분 역시 원문 그대로 번역한 것이다. 옮긴이는 그런 부분을 라틴어 원문과 대조하여 거듭 확인했다. 그렇기 때문에 옮긴이가 실수하지 않은 한 이상하게 보이는 부분 역시 원문 그대로 번역한 것임을 밝혀 둔다. 비록 불합리하게 보일지라도, 가능한 한 그대로 번역하는 것이 사료로서의 가치를 보다 잘 보존하는 방법이 된다는 점에서 바람직하다고 할 것이다.

3) 또한 원문에 충실해야 한다는 취지에서, 라틴어의 일반적인 발음규칙과 한글의 외래어 표기법에 다소 위배되는 한이 있더라도 고유명사의 라틴어 발음도 되도록 원래의 철자까지 추측할 수 있게끔 우리말로 옮겼다. 예컨대, 복모음으로 된 'Aales'는 '아알레스'로, 복자음으로 된 'Betta'는 '벧타'로 표기했다. 특히 이 영지명세장에서 농민보유지 보유자들의 이름에 많이 나타나는 'th'는 인명에 한해서 '트ㅎ'로 음역했다. 'th'를 'ㅌ'으로 음역하면 't'의 'ㅌ'과 발음이 같아질 뿐만 아니라, 카롤링시대에는 'th'와 't'의 발음이 확연히 구별되었던 것으로 보이기 때문이다. 그 증거는 이 영지명세장 제24장 제73항에서 볼 수 있다. 여기에는 토지보유자의 자식 이름들 가운데 'Gunthardus'라는 이름과 'Guntardus'라는 이름이 기재되어 있다. 이들 두 이름 사이에는 단지 'th'와 't'라는 차이밖에 없다. 이것은 'th'와 't'의 발음이 확실히 서로 달랐음을 입증하는 것이다. 나아가 이런 현상은 중세 초기에 라틴어의 발음이 전반적으로 고전 라틴어와는 다르게 지역에 따라 여러 가지 방식으로 변화하고 있었음을 보여주는 것이기도 하다. 중세에 들면 발음뿐만 아니라 라틴어 단어들의 뜻도 달라진다. 그래서 특히 과도기라고 할 수 있는 중세 초기의 라틴어 발음과 단어 뜻의 정확한 파악은 매우 어려운 일이다.

4) 번역문 중 [ ]는 라틴어 원문의 간행자들이 수사본의 기록을 추가・보충한 부분을 표시하고, ( )는 옮긴이가 라틴어 원문에 없는 것을 독자의 이해를 돕기 위해 추가하거나 보충한 부분을 표시한다.

5) 장 속의 항 번호 표기가 두 번 이상 반복되는 경우에는 예컨대, 76-1, 76-2로 번역본에 표기했다.

6) 지명이나 인명 등 고유명사는 프랑스어 형태로 바꾸지 않고 라틴어 그대로 우리말로 옮겼다. 그 이유는 무엇보다 생제르맹데프레 수도원의 영지명세장이 작성되던 9세기 초엽에는 프랑스어가 독자적 언어로서 뚜렷하게 형성되어 있었다고 보기 어렵기 때문이다. 더욱이 이 명세장에 기재된

사람 이름의 대다수는 게르만적 형태를 띠고 있어, 그런 이름을 프랑스어 형태로 바꾸면 게르만적 특색이 손실될 수도 있다. 또한 이 영지명세장에 기재된 수많은 지명과 인명, 특히 그렇게도 많은 사람들의 옛 이름들을 근대의 프랑스어 형태로 바꿔 발음을 표기할 능력이 외국인인 옮긴이에게는 없기 때문이기도 하다.

7) 이 영지명세장에서 사용된 옛날의 도량형과 화폐단위는 가능한 한 우리말의 용어로 옮기거나 음역했다. 그러나 우리말에서 쓰이지 않거나, 프랑스어에서도 쓰이지 않았거나, 또는 과거 프랑스어에서 쓰였다고 하더라도 그런 프랑스 말을 우리말로 음역했을 때 낯설 뿐만 아니라 오히려 장황해 보이는 경우에 국한해서 라틴어로 된 일부 길이, 면적, 용량 단위는 축약해서 간단한 알파벳으로 표시했다. 이 명세장에서 사용된 도량형과 화폐단위의 환산 값은 책 앞머리에 별도로 제시되어 있다.

8) 비록 colona, libera, lida와 같은 신분을 표시하는 여성명사가 사용되었다고 하더라도, "콜로누스인 고달리쿠스와 콜로누스이고 이름이 레오딜디스인 그의 아내."처럼 여성임이 분명하게 드러나는 경우에는 '여자…'라고 구태여 번역하지 않았다. 다만 "생제르맹(수도원)의 여자콜로누스인 이디나는 4bun의 곡물경작지로 된 1개의 자유인망스를 보유한다."처럼, 여성이 남편 없이 토지보유자로 기록되어 있는 경우에는 '여자…'라고 명시해 번역했다. 그렇지 않으면 여성인 토지보유자를 남성으로 착각할 수 있기 때문이다.

9) 한글 번역문 중 고딕체로 된 부분은 번역원본에는 이탤릭체로 된 부분으로, 이 영지명세장이 전체적으로 작성되던 9세기 초엽 이후 추가된 부분을 표시한다.

10) 이 번역문의 각주는 모두 옮긴이의 주석이다.

11) 색인은 뒤에 첨부된 〈간략한 용어풀이〉의 대상이 된 용어들을 중심으로 아주 제한적으로 작성되었다. 대부분의 인명과 지명은 색인에서 제외되었다. 이 영지명세장에 수많이 등장하는 인명과 지명은 우리나라 일반 독자들에게는 큰 관심거리가 되지 못할 것이기 때문이다. 또 영지명세장이라는 일정하게 정형화된 체재 속에서 반복해서 빈번히 나타나는 용어들도 그 용어의 뜻을 특별히 설명하는 경우 외에는 제외되었다. 예컨대, 망스, 곡물경작지, 초지, 콜로누스 등과 같은 용어들이 그것이다. 이런 용어들은 이 명세장에서 장별로 쉽게 어디서나 찾아볼 수 있기 때문이다.

01 가우기아쿠스[1] (장원의) 명세서[2]

---

1 B. Guérard, ed., *Polyptyque de l'abbaye Irminon ou dénombrement des manses, des serfs et des revenus de l'abbaye de Saint-Germain-des-Prés sous le régne de Charlemagne* (Paris: L'Imprimerie royale, 1844), Tome premier. *Prolégomènes, commentaires et éclaircissements* (이하 B. Guérard가 간행한 이 책의 제2권인 Tome second. *Polyptyque*에 게재되어 있는 영지명세장을 지칭할 경우에는 B. Guérard, ed., *Polyp. d'Irminon*으로 줄여 쓰고, 여기서 보듯이 이 간행자의 해설과 주석이 있는 제I권은 B. Guérard, *Prolégomènes*로 줄여 씀), p. 825 및 B. Guérard, ed., *Polyp. d'Irminon*, p. 5의 b번 각주와 A. Longnon, ed., *Polyp. de St. Germain-des-Prés*, Première Partie. *Texte du polyptyque* (Paris: H. Champion, 1886; reprint: Genève, Mégariotis Reprint, 1978)(이하 이 영지명세장을 지칭할 때는 A. Longnon, ed., *Polyp. de St. Germain*으로 줄여 씀), p. 1의 1번 각주와 D. Hägermann, ed., *Das Polyptychon von Saint-Germain-des-Pres* (Köln, Weimar, Wien: Böhlau, 1993) (이하 이 영지명세장을 지칭할 때는 D. Hägermann, ed. *Polyp. von St. Germain*으로 줄여 씀), p. 225 및 K. Elmshäuser & A. Konrad, *Studien zum Polyptychon von Saint-Germain-des-Prés* (Köln: Böhlau, 1993) (이하 K. Elmshäuser & A. Konrad, *Studien zum Polyp. von St. Germain*으로 줄여 씀), p. 37에 의하면, 가우기아쿠스(Gaugiacus) 장원은 오늘날 행정구역상으로는 일드프랑스(Île-de-France) 레지옹(région) 이블린(Yvelines) 도 베르사유(Versailles) 군 베르사유쉬드(Versailles-sud) 캉통의 주이앙조자스(Jouy-en-Josas) 코뮌이다. 이 장원은 파리 소재 생제르맹데프레 수도원에서 직선거리로 남서쪽 19km쯤에 위치한다.

2 '가우기아쿠스 (장원의) 명세서'란 D. Hägermann, ed. *Polyp. von St. Germain*, p. 1에는 단순히 "DE GAUGIACO"라고 되어 있고 B. Guérard, ed., *Polyp. d'Irminon*, p. 1과 A. Longnon, ed., *Polyp. de St. Germain*, p. 1에서는 "BREVE DE GAUGIACO"라고 되어 있는 제1장의 제목을 번역한 말이다. 현존하는 이 영지명세장의 마지막 장인 제25장까지 각기 이와 같은 방식으로 기재되어 있다. 헤게르만의 경우에는 단순히 영주직영지가 위치한 지명에다가 '…에 관해서'라는 뜻을 가진 'de'라는 전치사가 추가되어 제목이 표시되어 있는 데 비해, 게라르와 론뇽의 경우에는 여기에다가 'breve'라는 단어가 덧붙여져 장별 제목이 표기되어 있다. breve는 원래 요약이나 목록 또는 개요라는 뜻이지만, 중세에는 문서나 보고서 또는 장원의 회계보고 등의 뜻으로 사용되기도 했다. 따라서 breve는 그리 길지는 않지만 비교적 자세한 재산과 수입 현황을 기록한 일종의 명세서라고 할 수 있을 것이다. 한편 세 간행본 가운데 어느 것에도 장별 제목에 장원이란 말은 사용되지 않고 있다. 그럼에도 우리말 번역에서 '장원'이란 말을 덧붙여 쓴 것은 우선 기록내용으로 볼 때 장별 토지소유 구조가 실질적으로 봉건적 장원의 형태를 띠고 있기 때문이다. 지명으로 제목이 표기된 각 장의 명세서에는 대체로 첫 머리에 영주직영

1.[3] 생제르맹(수도원)의 콜로누스인[4] 고데볼두스는 이름들이 고델힐디스,

지가 기록되고, 이에 뒤이어 영주직영지에 각종 부역노동을 제공하고 여러 가지 공납 의무를 지는 등 영주직영지와 긴밀한 관계를 맺고 있는 농민보유지들이 기술되고 있다. 이런 구조로 된 장원체제는 이른바 고전장원제라고 불리는 것이다. 그리고 제목에 장원이라는 말을 덧붙여 쓴 또 하나의 이유는 이 영지명세장 제21장 제2항에서 "마로일룸에는 전술한 장원(villa)에 속하는 잘 지어진 1개의 교회가 있다."라고 함으로써, 라틴어 원문의 제21장에 관한 제목에서 '만툴라에 관해(De Mantula)'라고 하고 제21장 제1항에서 '만툴라에서(in Mantula)'라고 단순하게 표기된 말들이 만툴라 장원임을 분명히 하고 있기 때문이기도 하다. 이 번역에서 장별 제목을 '… (장원의) 명세서'라고 한 것은 이와 같이 breve에 내포된 명세서라는 의미와 장원이라는 토지소유 형태가 제목에 압축적으로 선명하게 드러나도록 하는 것이 영지명세장의 내용에 대한 독자들의 이해를 돕는 데 기여하리라는 생각에서다. 영지명세장을 뜻하는 라틴어 'polyptychum'은 장원별 여러 명세서로 구성된 영지 전체 차원의 토지대장이라는 의미를 지니고 있다고 할 수 있을 것이다.

이 영지명세장을 비롯하여 중세 전기의 문헌기록들에서 장원과 관련하여 자주 사용된 'villa'라는 용어의 뜻과 우리말 번역에 대해 여기서 어느 정도 분명히 밝힐 필요가 있다. 고전 라틴어에서 villa는 시골의 대저택이나 농장 또는 촌락 등 여러 가지 뜻을 갖는다. J. E. Niermeyer, *Mediae Latinitatis Lexicon Minus* (Leiden: E. J. Brill, 1984), pp. 1101~1102에 의하면 중세사회에서는 이 말이 더욱 다양한 뜻을 지니며, 그 중에는 장원 내지 영지라는 뜻도 있다. 중세 전기의 장원제에 관한 연구자들 사이에서는 문헌기록 속의 villa라는 말이 영주직영지와 농민보유지들로 구성되고 전자는 후자의 부역노동으로 경작되는 고전장원을 지칭하는 용어인지에 관해서 의견이 엇갈린다. 일찍이 19세기의 학자들은 카롤링시대의 문헌기록에 나타나는 villa가 고전장원이라고 보았다. 근래 고전장원제에 관해 많은 연구를 수행한 A. Verhulst도 이 말이 반드시 고전장원을 의미한다고 보는 것은 아니지만, 기본적으로 영주직영지와 농민보유지들로 구성되는 토지소유의 단위로 간주한다. A. Verhulst, "Economic organization", *The New Cambridge Medieval History*, Vol. II: R. McKitterick, ed., *c. 700-c. 900* (Cambridge: Cambridge Univ. Press, 1995), p. 488 참조. 그러나 최근의 대체적인 경향은 villa가 반드시 중세 초기의 고전장원을 지칭했던 것은 아니고 다양한 의미로 사용되었다고 본다. 이를테면 W. Rösener는 그의 저서 *Agrarwirtschaft, Agrarverfassung und Ländliche Gesellschaft im Mittelalter* (München: Oldenbourg, 1992), p. 7에서 '장원(Grunherrschaft)'이란 말은 중세에 사용되지 않은 근대적인 용어이며, villa나 'curtis'는 부역농장(Fronhof)이라는 뜻으로 사용되었다고 한다. 그리고 J.-P. Devroey는 그의 글 "The large estate in the Frankish kingdoms", J.-P. Devroey, *Études sur le grand domaine carolingien* (Aldershot & Brookfield: Variorum, 1993), pp. 1~2에서 villa는 6세기 이후 노예노동력에 의해 경작되는 대소유지나, 영주직영지와 함께 다소 자립적인 일부 농가들이 존재하는 소유지, 또는 콜로누스의 보유지인 'colonica'를 비롯한

아말트루디스인 2명의 자식을 두고 있다.[5] 그는 6bun의[6] 곡물경작지와

소농들로 구성된 대규모 토지 등 세 가지 형태의 대소유지를 지칭하는 데 사용되었다고 한다. Y. Morimoto, "Aperçu critique des recherches sur l'histoire rurale du haut Moyen Age: vers une synthèse équilibrée(1993~2004)", Y. Morimoto, *Études sur l'économie rurale du haut Moyen Âge* (Bruxelles: De Boek, 2008), pp. 162~163에서는 중세 초기에 villa가 고전장원만을 지칭하지 않고 다양한 의미로 사용되었음을 입증하는 최근의 여러 연구가 소개되고 있다. 실제로 생제르맹데프레 수도원의 라틴어 영지명세장에서도 villa라는 말이 오로지 고전장원만을 지칭하는 것은 아니다. 물론 앞에서 말했듯이, 이 영지명세장의 제21장 제2항에서 사용된 villa라는 말은 고전장원 형태의 장원을 뜻함이 분명하다. 그리고 제13장 제100항에서 "마름인 아인프레두스와 같은 viila의 마름이었던 자"라고 할 때의 villa도 장원임은 명확하다. 마름은 장원의 관리인이었기 때문이다. 그러나 이 영지명세장에서 그 밖의 대부분의 경우에 villa라는 말은 기본적으로 두 가지 뜻으로 사용된 것으로 보인다. 하나는 고전장원 형태를 띠든 로마식 장원 형태를 띠든 간에 예속적 노동력을 사용하는 대소유지로서의 장원이라는 의미이다. 다른 하나는 단순히 마을이라는 의미이다. B. Guérard, *Prolégomènes*, pp. 45~50에 의하면 villa는 8세기부터 단일 촌락을 의미하게 되지만(이에 비해 이 명세장의 라틴어 원문에도 자주 등장하는 'villaris'나 'villula'는 villa 주변의 벽촌 또는 부속마을이라고 한다) 때로 여러 개의 마을을 포함하기도 하며, 자유인 공동체로 된 것과 예속민 집단으로 된 것으로 구분된다. 게라르의 이런 구분에서 자유인 공동체로 된 villa는 마을이라고 할 수 있으며, 예속민 집단으로 된 villa는 장원이라고 할 수 있을 것이다. 생제맹데프레 수도원의 영지명세장에서 villa가 이와 같이 적어도 두 가지 의미를 지니고 있기 때문에, 이 라틴어 말을 그냥 우리말로 '빌라'라고 옮기는 것이 좋을 수도 있을 것이다. 그러나 현재의 우리말에서 빌라라는 단어는 보통 별장식 저택이나 연립식 주택을 의미하므로, 빌라라고 음역하는 것은 오해를 불러일으킬 수 있다. 그래서 라틴어 단어 villa는 기본적으로 예속적 노동력을 사용한 대소유지인 경우에는 장원으로, 그렇지 않고 자유로운 인간들의 단순한 거주 집합체인 경우에는 마을로 구별해서 번역되어야 할 것이다. 그렇지만 영지명세장의 문맥에 따라서는 그 구별이 쉽지 않다는 문제가 있다. 독자들은 이런 문제점을 감안해야 할 것이다.

또 villa와 관련된 카롤링시대의 취락 형태에 대해서도 간단하게나마 언급해 둘 필요가 있다. 고전장원은 촌락을 기초로 해서 조직되었다. 이 영지명세장에서 장원에 따라서는 농민보유지 보유자의 거주지에 관해 아무런 언급이 없어 정확히 파악할 수 없기는 하지만, 부록에 기록된 은대지 형태의 2개의 소규모 장원을 제외하고 본문에 기록된 23개의 고전장원 가운데 14개라는 다수에서 겉으로 보기로는 장원이 하나의 촌락을 단위로 조직되어 있는 듯이 보인다. 그러나 9개라는 적지 않은 고전장원들이 둘 이상의 마을들로 구성될 뿐만 아니라 심지어 10개 이상 거의 40개에 이르는 마을들로 구성되는 장원도 제9, 13, 24장 등 3개나 된다. 물론 이렇게 많은 마을로 구성될 때는 특정 장원에 마을의 일부분만 편성되어 있는

경우도 존재함은 틀림없다. 그러나 둘 이상의 여러 개 마을이 하나의 고전장원을 구성할 경우에 취락이 작은 산촌(散村) 형태였을 가능성도 배제할 수 없다. 중세사회의 취락을 연구하는 학자들 사이에서도 중세 초기에 취락이 집촌 형태의 큰 마을로 되어 있었는지 아니면 산촌 형태의 작은 마을로 되어 있었는지에 대한 견해가 크게 엇갈린다. 현재까지 고고학계에서는 메로빙시대부터 이미 1000년경의 취락과 구별되지 않는 집촌이 형성되었다는 설과 그렇지 않다는 설이 대립하며, 문헌사학자들을 중심으로 한 역사학계에서는 개방경지제와 결부되어 강력한 공동체적 유대를 가진 집촌 형태의 취락이 형성되는 것은 노르만족 등 외세의 서유럽 침략에 촉발되어 농촌사회에 사람들 사이의 봉건적 의존관계가 광범하게 수립되는 9세기 이후라고 보는 것이 지배적이다. Y. Morimoto, "Aperçu critique des recherches sur l'histoire rurale du haut Moyen Age", pp. 134~136; Ch. Loveluck, "Rural settlement hierarchy in the age of Charlemagne", J. Story, ed., *Charlemagne. Empire and Society* (Manchester: Manchester Univ. Press, 2005), pp. 230~258; P. Périn, "The origin of the village in early medieval Gaul", N. Christie, ed., *Landscapes of Change. Rural Evolution in Late Antiquity and the Early Middle Ages* (Burlington: Ashgate, 2004), pp. 255~278; G. Duby, *Guerriers et paysans VIIe-XIIe siècle* (Paris: Gallimard, 1973), pp. 25~40; J. Chapelo & R. Fossier, *Le village et la maison au Moyen Age* (Paris: Hachette, 1980), pp. 33~75, 139~144; M.-Th. Lorcin 등, *Les campagnes françaises* (Paris: Editions Sociales, 1983), pp. 124~126; A. Verhulst, *The Carolingian Economy* (Cambridge: Cambridge Univ. Press, 2002), pp. 14~21; X. de Planhol & P. Claval, *An Historical Geography of France* (Cambridge: Cambridge Univ. Press, 1994), pp. 134~137 참조. 그렇기 때문에 생제르맹데프레 수도원영지에서 명세장이 작성되던 9세기 초엽에 장원들이 집촌 형태의 큰 마을에 기초해 있었는지 아니면 산촌 형태의 작은 마을들에 토대를 두었는지 또는 과도기적 상태에 있었는지는 분명하지 않다고 하겠다.

3 현존하는 생제르맹데프레 수도원의 영지명세장에는 가우기아쿠스 장원의 영주직영지에 관한 기록이 없다. 그러나 다음에서 보듯이 농민보유지 보유자들에게 영주직영지의 포도밭과 곡물경작지에 대한 부역노동이 부과되고 있기 때문에, 실제로는 영주직영지가 존재했음이 틀림없다. 이 영지명세장의 현대적 간행자들인 게라르, 론뇽, 헤게르만 등에 의하면 현존하는 이 명세장의 첫 두 쪽이 낙장(落張)되었다.

4 콜로누스(colonus)는 로마사회에서 제정 초기까지만 해도 지주와 대등한 관계를 가진 자유로운 소작인이었으나, 로마제국 후기에 황제들에 의한 일종의 직업동결 조치로 인해 거주이전의 자유를 잃고 소작지에 긴박된 예속민으로 전락했다. 콜로누스는 도망간 경우에는 강제 송환되었고, 도망칠 낌새만 있어도 지주는 쇠사슬을 채울 권한을 가졌다. 콜로누스는 지주의 동의 없이는 재산을 양도할 수도, 군무나 행정업무를 맡을 수도, 성직자가 될 수도 없었다. 또 콜로누스는 지대인상 문제

외에는 지주에 대한 민사소송이 금지되었으며, 토지와 함께 양도되고 매매되었다. 지주는 자신의 콜로누스에 대해 세금징수의 권한은 물론, 모병권(募兵權), 치안권, 분쟁 조정권 등을 행사했다. 이런 콜로누스의 지위와 신분은 세습되었다. 중세 초기에 콜로누스는 법적으로나 신분적으로 가끔 자유인으로 간주되는 경우가 없는 것은 아니지만, 대체로 열등한 예속적 신분으로 취급되어 이 영지명세장의 기록에 가끔 나타나는 '자유인(liber)'과는 구별되었다. 이기영, 「서유럽 중세 초기 노예제사회로부터 농노제로의 이행과정」, 『역사교육』, 제99집(2006. 9), pp. 276~280 및 같은 필자, 「영주권의 형성」, 『프랑스사 연구』, 제26집(2012. 2), pp. 11~13 참조. 한편 H.-W. Goetz, "Serfdom and the beginnings of a 'seigneurial system' in the Carolingian period: a survey of the evidence", *Early Medieval Europe*, vol. 2, Issue 1 (March 1993), pp. 50~51에서는 생제르맹데프레 수도원의 영지명세장에 기록된 콜로누스들의 이름은 모두 게르만적이기 때문에, 콜로누스는 단순히 갈로로마 계통의 콜로누스들의 후손이라고 볼 수 없으며 지위가 추락한 프랑크 자유인들을 포함하여 그 기원이 다양했던 것으로 보인다고 한다.

5 "생제르맹(수도원)의 콜로누스인 고데볼두스는 이름들이 ……인 2명의 자식을 두고 있다."는 문장은, 라틴어 원문에서 "Godeboldus, colonus sancti Germani, habet secum infantes II, his nominibus, ……"라고 하여 우리말 번역과는 달리 토지보유자의 이름, 신분 순서로 기재되어 있다. 이것은 아내가 없는 경우이지만, 이 영지명세장에서 토지보유자의 아내가 있는 일반적인 기술방식을 보여주는 바로 뒤의 제2항의 라틴어 원문에서도 토지보유자의 이름이 역시 맨 앞에 제시되고 이어서 그의 신분, 그의 아내에 관한 사항, 부부의 속민 지위 순서로 기재되고 있다. 이와 같이 라틴어 원문에서 농민보유지를 기술할 때 이름을 맨 앞에 기재하고 있으므로, 우리말 번역에서도 이런 영지명세장의 기재방식을 따라야 마땅할 것이다. 그러나 우리말의 문장에서는 그런 방식을 따르기 어렵다. 토지보유자의 속민 지위와 신분을 표시하는 수식어를 먼저 말한 다음에 그의 이름을 기술할 수밖에 없다. 왜냐하면 보다시피 이 영지명세장은 전체적으로 주어와 서술어로 구성된 문장 체재로 기술되고 있는데, 우리말의 문장 체계에서는 수식어가 명사 뒤에 위치하는 것은 비정상적이기 때문이다. 라틴어 원문처럼 우리말 번역문장에서도 이름 뒤에 신분과 속민임을 표시하려고 하면, 원문에도 없는 괄호나 줄표를 써야 할 것이며 그렇지 않은 경우에는 번잡하고 어색한 글이 될 수밖에는 없을 것이다.

6 여기의 'bun'은 카롤링시대에 곡물경작지를 비롯한 토지면적의 측량단위로 많이 사용된 'bunarium' 또는 'bunuarium', 'bonarius' 따위로 불린 말들을 옮긴이가 줄여 쓴 말이다. 중세의 도량형은 지역과 시대에 따라 그 크기가 달랐으나, 대체로 1bunarium은 1.3헥타르쯤 되었다고 추산되고 있다. 1 bunarium의 크기는 B. Guérard, *Prolegomènes*, pp. 169~171, 197에 의하면 1.2833헥타르이지만, F. L. Ganshof ed., *Le polyptyque de l'abbaye de Saint-Bertin(844~859). Edition critique et commentaire* (Paris: Librarie C. Klincksieck, 1975), pp. 10~11과 P. Guilhiermoz,

⅔arp의[7] 포도밭 및 ½arp의 초지로 구성된 1개의[8] 자유인망스를[9] 보유

"De l'équivalence des anciennes mesures. A propos d'une publication récente", *Bibliothèque de l'Ecole des Chartes*, 74(1913), p. 306에 의하면 1.3850헥타르다. bunarium의 유래와 역사적 · 지역적 사용 및 크기에 관한 연구사 등에 대해서는 L. Musset, "Observations historiques sur une mesure agraire: le bonnier", *Mémoires d'hidtoire du Moyen Age dédiés à la mémoire de L. Halphen* (Paris: Press. univ. de France, 1951), pp. 535~541 참조.

7 여기의 'arp'는 라틴어 원문에서 면적의 크기를 나타내는 단위인 'aripennus' 또는 'aripennis'란 말들을 줄여 쓴 것이다. B. Guérard, *Prolégomènes*, pp. 165~169 및 197에 의하면 1aripennus의 크기는 12.64아르다.

8 B. Guérard, ed., *Polyp. d'Irminon*, p. 1과 A. Longnon, ed., *Polyp. de St. Germain*, p. 1에는 '1(I)'이라는 명시가 없지만, D. Hägermann, ed. *Polyp. von St. Germain*, p. 1에는 'mansum ingenuilem I'이라고 하여 망스가 1개임이 명기되어 있다.

9 '자유인망스'란 'mansus ingenuilis'란 라틴말을 번역한 것이다. 카롤링시대에 갈리아 북부지역에서 고전적 장원의 정상적이고 표준적인 농민보유지는 '망스(mansus)', '후페(huba)', '팍투스(factus)' 등 여러 가지 이름으로 불렸다. 그러나 일반적으로 쓰인 말은 그 가운데서도 '망스'였다. 망스의 종류에는 망스 제도가 성립된 프랑크왕국의 메로빙시대 후기에 그 최초의 보유자가 자유인이냐 노예냐 또는 반(半)자유인이냐에 따라 자유인망스(mansus ingenuilis), 노예망스(mansus servilis), 반자유인망스(mansus lidilis) 등이 있었다. 자유인망스는 성립 당시에 자유인 신분의 농민이 세력가에게 토지를 잃고 예속된 데서 성립한 것이고, 노예망스는 노예가 법적으로 해방되지 않고 노예의 신분 상태를 유지한 채 토지를 분급받아 외거화(外居化)한 데서 성립한 농민보유지이며, 반자유인망스는 자유인과 노예의 중간에 위치한 신분이 주인에게 반쯤 예속된 상태로 토지를 보유한 데서 성립한 농민보유지다. 고전장원에서 농민보유지들 가운데 압도적 다수를 차지한 것은 자유인망스이고, 그 다음으로 노예망스가 10~20% 정도의 비중을 차지하며, 반자유인망스는 생제르맹데프레 수도원의 영지명세장과 같은 일부 영지명세장에만 나타나고 그 수도 대체로 극히 적은 편이다.

망스의 라틴어식 표기인 mansus라는 말은 머물다는 뜻을 가진 라틴어 'maneo'라는 동사에서 유래하는 것으로, 원래는 인간의 주거지로서의 주택을 의미하는 것이었다. 따라서 우리는 당시 사회에서 생산수단으로서의 토지의 중요성에 유의하여 이를 농민보유지로 번역해 쓰고 있지만, 그것은 농민 한 세대가 살아가는 데 기본적으로 필요한 요소들인 토지와 주택으로 구성된 일종의 작은 농장(農場)이라고 할 수 있다. 뿐만 아니라 망스라는 개념에는 토지를 경작하는 데 사용되는 농기구의 소유와 농민의 생활수단을 보족(補足)할 수 있는 공유지 이용권이 포함된다. 망스는 농민 측으로서는 생산과 소비의 터전이자 생활의 장이었으며, 영주 측으로서는 농민에게 노역을 비롯한 현물, 현금 등의 형태로 된 각종 부담을 부과

한다.[10] 그는 이로 인해 (영주직영지의) 포도밭에서 3arp를 작업한다.[11]

할 수 있는 단위조직이었다. 장원농민은 망스라는 농민보유지에서 자신의 노동력 재생산을 위한 필요노동을 행하여 가족의 생계를 유지하고, 이를 바탕으로 해서 노역과 각종 공납의 형태로 영주에게 잉여노동을 제공했다.

10 '보유하다'는 라틴어 원문의 'teneo'라는 동사를 번역한 말이다. 이 말은 장원에서 농민들이 영주로부터 분양받아 경작하는 이른바 농민보유지(mansus)라고 하는 것은 그 소유권과 처분권이 농민에게 있지 않고 영주에게 있으며(소위 영주의 상급소유권), 농민들은 영주에게 지대를 지불한다는 조건 아래 가족의 생계유지와 노동력의 재생산을 위해 경작·이용하는 토지점유(용익권)라는 뜻으로 사용된 것이다.

11 "그는 이로 인해 (영주직영지의) 포도밭에서 3arp를 작업한다."는 말은 라틴어 원문의 "Facit inde in vinea aripennos III."을 번역한 것이다. 여기서 말하는 포도밭이란 영주직영지에 있는 포도밭을 지칭함은 말할 것도 없다. 그렇기 때문에 '작업한다(facit)'는 동사가 실제로 내포한 뜻은 포도밭에서 부역노동을 행한다는 것이다. 카롤링시대의 장원 관련 문서들에서 장원농민들의 부역노동(servitium) 수행의무는 흔히 '작업하다'든가 '일하다'든가 하는 우리말로 번역할 수 있는 'facio'라는 단순한 단어로 표현되었다.

한편 고전장원제 아래서 곡물경작지, 포도밭, 초지 등으로 구성된 영주직영지에 대한 농민의 기본적인 부역노동 수행 방식에는 여기서 보는 바와 같이 일정 크기의 토지면적을 할당받아 책임지고 수행하는 정적부역(定積賦役) 방식과 곧 뒤에서 보게 되는 바와 같이 부역을 수행할 일정한 기간을 정하여 부과하는 정기부역(定期賦役) 방식이 있었다. 정기부역은 다시 연(年) 단위나 월(月) 단위, 주(週) 단위, 일(日)단위 등으로 부역이 부과되는 연부역, 월부역, 주부역, 일부역으로 세분될 수 있지만, 매주 3일 정도의 부역이 부과되는 주부역 방식의 채용이 가장 많은 편이다. 본래, 고전장원제가 형성되던 초기 단계인 8세기 전반(前半)에 보이는 봉건적 부역노동 제도의 원초적 형태에서 영주직영지 경영을 위한 주부역 형태의 정기부역은 노예 신분 출신의 토지보유자의 부역노동 방식이었던 데 비해, 정적부역은 자유인 신분 출신의 토지보유 농민에게 부과되는 부역노동 수행 방식이었다. 토지보유 노예에게 부과되는 매주 3일씩의 주부역(週賦役)에는 경작부역 외에 지주인 주인의 의식주 생활과 관련된 하루 정도의 여러 가지 잡역이 포함되며, 이와는 대조적으로 자유인 출신 부역농민에게는 경작부역과 이의 연장으로서의 수송부역 외에는 잡역이 거의 부과되지 않고 노예 출신보다 공납 부담이 크다는 것이 특징이다(원초적 형태의 봉건적 부역노동 제도에 관해서는 이기영, 「봉건적 부역노동 제도의 원초적 형태」, 『서양사론』, 제83호[2004. 12], pp. 57~92 참조). 노예 출신과 관련된 원초적 형태의 봉건적 부역노동 제도에 비춰볼 때, 연부역, 월부역, 일부역 등의 정기부역은 매주 3일씩의 주부역 부담이 대폭 줄어들었다는 점에서 주부역의 해체 내지 퇴화 형태라고 할 수 있다. 그러나 9세기 초 고전장원제 그는 돼지방목세로[12] 2(md)의[13] 포도주를, (그리고) 3마리의 닭과 15개의 계란을 바친다.

2. 생제르맹(수도원)의 속민(屬民) 들로서[14] 콜로누스인 빌테우스와 콜로

가 성립된 후 생제르맹데프레 수도원영지를 비롯하여 고전장원제로 조직된 9세기의 영지들에서 자유인 출신의 보유지인 자유인망스뿐만 아니라 노예 출신의 보유지인 노예망스에 이르기까지 농민보유지의 종류를 불문하고 지배적인 부역노동 방식은 영주직영지의 일정 면적을 할당받아 경작부역을 수행하는 정적부역 방식이었다. 그렇지만 고전장원들에서 정적부역이 지배적이었다고 해서 농민보유지 보유자들의 부역노동이 순수한 형태의 정적부역 방식으로만 부과된 것은 아니고 정적부역과 더불어 주부역을 비롯한 정기부역이 동시에 부과되는 혼합적 형태의 부역방식이 적지 않았다. 이와 같은 혼합적 부역방식은 대체로 원초적 부역방식보다 경작부역의 부담을 크게 증가시킨다. 특히 정적부역과 주부역이 동시에 부과되는 자유인망스의 경우에는 부역노동 부담이 대폭 증가한다. 고전장원제하의 부역노동 부과방식에 관해서는 이기영, 「고전적 형태의 봉건적 부역노동 부과방식－파리 분지의 중심부 영지들을 중심으로－」, 『서양중세사 연구』, 제32호(2013. 9), pp. 1~51 참조.

12 여기서 '돼지방목세'란 라틴어 원문의 'pascio'란 말을 우리말로 옮긴 것이다. 이 말은 먹이다, 먹이를 주다 등의 뜻을 지닌 'pasco'라는 말에서 유래하지만, 중세 봉건적 농촌사회에서는 장원농민들이 가을철에 도토리 따위의 열매가 열리는 장원의 숲에 돼지를 방목하여 살찌우는 데 대해 영주가 부과하는 조세라고 할 수 있다. 다른 문헌기록들에서는 pastio, passio, paisso, pestio, peiso, pastionaticum, glandaticum 등으로도 불렸다. 숲에 돼지를 방목하여 사육하는 것은 중세 유럽의 일반적인 돼지사육 방법이었다. 이런 돼지방목세는 이 영지명세장에서 자유인망스뿐만 아니라 다수의 노예망스에도 부과된다. B. Guérard, *Prolégomènes,* pp. 686~689에 의하면 돼지는 10월부터 12월까지 석 달 동안 도토리와 너도밤나무의 열매 및 기타 단단한 껍질을 가진 열매들이 열려 있는 숲에서 방목되었다.

13 라틴어 원문에는 이 번역서에서 준말로 쓰고 있는 'modius'란 말이 누락되어 있다. modius는 중세에 포도주, 곡물 등의 용량을 측정하는 단위다. 중세의 도량형이 일반적으로 그렇듯이 modius의 용량도 곳과 시대에 따라 달랐지만, 카롤링시대에 1modius는 대체로 52리터에서 68리터 사이였다. 대략 60리터 전후였다고 할 수 있을 것이다. P. Portet, "Remarques sur la métrologie carolingienne", *Le Moyen-Age*, 1(5e série, 1991), pp. 19~20; B. Guérard, *Prolégomènes,* pp. 183~185, 197; B. H. Slicher van Bath, *De agrarische geschiedenis van West-Europa (500~1850)* (Utrecht-Anvers, 1960), 이기영 역, 『서유럽농업사. 500~1850』(까치, 1999), p. 13 참조. 이 번역서에서 modius는 md로 줄여 쓰도록 하겠다.

14 여기에서 '속민'이란 라틴어 원문에 나타나는 'homo sancti germani'란 어구의

누스이고 이름들이 프라멩길디스인 그의 아내는 이름들이 빨란트루디스, 나딜린디스인[15] 2명의 자식을 두고 있다. 그는 10bun의 곡물경작지로 된 1개의 자유인망스를 보유한다. 그는 이로 인해 돼지방목세로 2md의 포도주를 바친다. 그는 포도밭에서 4arp를 작업하고, 손일과[16] 수송부역[17] 및 나무베기 부역을[18] 수행하며, 3마리의 닭과 15개의 계란

'homo'를 번역한 말이다. 여기의 homo는 자유인, 콜로누스, 노예 등과 같은 고대적 신분을 가리키는 것이 아니라, 그 신분이 무엇이든 간에 현재 시점에서 생제르맹데프레 수도원－보다 정확하게 말하면 이 수도원의 수도원장－을 영주로 하여 이에 종속되어 있는 사람을 가리킨다. 따라서 속민이라고 할 수 있을 것이다. 속민은 그의 영주에 대해 복종, 공납, 부역노동 등의 의무를 진다. 게라르에 따르면 생제르맹데프레 수도원의 속민임이 틀림없음에도 불구하고 제9, 11, 20, 22, 23장 등 몇몇 장원에서는 농민보유지 보유자들의 이름 뒤에 '생제르맹데프레 수도원의 속민들(homines sancti germani)'이라는 말이 거의 생략되어 있다고 한다. 속민에 관해서는 B. Guérard, *Prolmegoenes*, pp. 421~424; A. Longnon, ed., *Polyp. de St. Germain*, tome. 1. *Introduction* (Paris: H. Champion, 1895), pp. 49~52; Ch. Ed. Perrin, "Le servage en France et en Allemagne", *Xe Congresso Internationale di Scienze, Roma, 1955, Relazioni,* III (Florence, 1955), pp. 216~225 참조.

15 B. Guérard, ed., *Polyp. d'Irminon*, p. 1에는 '마딜린디스(Madilindis)'로 되어 있지만, A. Longnon, ed., *Polyp. de St. Germain*, p. 2와 D. Hägermann, ed. *Polyp. von St. Germain*, p. 1에는 '나딜린디스(Nadilindis)'로 되어 있다.

16 여기서 '손일'이란 라틴어 원문의 'manopera' 또는 'manuopera'란 단어를 번역한 말로, 장원농민이 영주직영지에서 쟁기나 수레 없이 손으로 수행하는 부역노동을 뜻한다. 이를테면, 울타리 치기, 제초, 곡식 베기, 타작, 건물의 수리, 음식 만들기, 짐의 적재와 하역 등과 같은 작업들을 지칭한다.

17 '수송부역'이란 라틴어 원문의 'caropera'란 용어를 번역한 것이다. 이 말은 수레를 이용한 수송부역을 뜻한다. 중세 전기에 장원농민은 황소, 말, 노새, 당나귀 따위와 같은 짐바리 짐승의 등을 이용해서도 수송부역을 수행했다. 그러나 역축의 등을 이용한 운반은 도로가 제대로 나 있지 않은 험한 길이나 수레를 가지고 있지 못한 장원농민의 경우에 한해서 예외적으로 행해졌던 것으로 추측된다. 이 영지명세장을 비롯한 서유럽 중세의 문헌기록과 그림들을 통해서 볼 때, 보편적으로 사용된 가장 중요한 수송수단은 수레였다. 고전적 장원제는 평탄하거나 경사가 완만한 유럽의 평원 지대에서 발달했기 때문에, 이런 지형 조건에서 수레는 일찍이 운반수단으로 널리 이용되었던 것으로 보인다. 중세 전기(前期)에 수레를 끄는 역축으로는 말이 사용되지 않았던 것은 아니지만, 문헌기록으로 볼 때 황소가 가장 많이 이용되었다. 말은 주로 승마용으로 사용되었다. 한편 센 강이나 라인 강과 같은 하천 주변지역에서는 선박이 중요한 수송수단으로 이용되기도 하여, 연안지역에

을 (바친다).

3. 생제르맹(수도원)의 콜로누스인 기슬레볼두스. 생제르맹(수도원)의 속민들로서 콜로누스인 에르캄볼두스와 콜로누스이고 이름이 기사인 그의 아내는 이름들이 사이드라, 에르캄베르타, 힐데군디스인 3명의 자식을 두고 있다. 그들 두 명은 8bun의 곡물경작지와 ⅔arp의 포도밭 및 1arp의 초지로 구성된 1개의 자유인망스를 보유한다. 그들은 (위와) 같이 (의무를) 이행한다.[19]

서는 장원농민이 선박을 이용한 수송부역도 수행해야 하기도 했다.

장원농민의 수송부역 부담은 매우 무거웠다. 그들은 소달구지를 이용하여 거름, 포도나무 받침목, 말뚝 등의 농자재를 영주의 밭으로 실어내고 수확된 곡식과 포도 및 건초를 타작마당이나 창고로 운반해야 했으며, 특히 여러 지역에 걸쳐 널리 산재한 장원들에서 생산된 농산물과 영주가 필요로 하는 포도주와 같은 그 밖의 여러 가지 특산품을 매년 0.5톤 이상씩 수십km의 거리를 여러 날 동안 운반해야 했다. 수송거리는 곳에 따라 심지어 근 100km나 수백km에 이르렀고, 수송기간은 보름이나 한 달이 소요되기도 했다. 수송부역이 매우 힘들고 큰 수고를 요하는 중노동이 될 수밖에 없었던 것은 주요 수송수단으로 수레 및 황소와 같은 조야한 교통수단이 사용되고 도로 사정이 로마시대보다 열악했던 데다, 상품화폐경제의 미발달 속에 영주들이 광대한 지역에 산재한 장원들을 대상으로 장원농민의 부역노동을 이용해서 자급자족적 경제를 추구했기 때문이라고 할 수 있다. 같은 장원농민이라도 세속귀족의 영지나 왕실의 왕령지에서보다도 수도원이나 주교좌와 같은 교회기관의 영지들에서 장원농민의 수송부역 부담이 훨씬 컸다. 세속 영지에서는 영주가 가솔을 대동하고 장원들을 순회하면서 직접 소비생활을 영위할 수 있었지만, 교회기관의 영지에서는 수도사들의 수도생활상, 또는 주교좌의 고정된 위치로 인해, 그리고 수도원이나 주교좌에 종사하는 성직자와 보조인원이 워낙 많았던 까닭에 그렇게 하기가 어려웠기 때문이다. 고전장원제하의 수송부역에 대해서는 이기영, 「고전장원제하의 경작부역과 수송부역 실태」, 『독일연구』, 제14호(2007. 12), pp. 128~142 참조.

18 여기서 '나무베기 부역'이란 라틴어 원문의 'caplim'이란 단어를 번역한 말로, 영주 저택의 취사와 난방에 필요한 땔나무를 베는 부역노동을 뜻한다.

19 "그들은 (위와) 같이 (의무를) 이행한다."는 말은 라틴어 원문의 "Solvunt similiter."라는 문장을 번역한 것이다. 이 문장은 망스보유자가 그 앞의 항에서 기술된 내용과 같은 의무를 행함을 뜻한다. 생제르맹데프레 수도원의 라틴어 영지명세장에서는 앞의 농민보유지와 같은 의무를 수행한다는 뜻으로 'solvo'라는 동사와 'facio'라는 동사가 병용되고 있다. 이 두 단어의 뜻은 본래 서로 비슷한 면이 있으며, 이 영지명세장에서도 사실상 같은 뜻으로 사용되고 있다. 그렇지만 엄밀히

4. 생제르맹(수도원)의 콜로누인 스타디우스는 8bun의 곡물경작지와 1½arp의 초지로 구성된 1개의 자유인망스를 보유한다. 그는 (위와) 같이 (의무를) 이행한다.

5. 생제르맹(수도원)의 속민들로서 콜로누스인 아클레둘푸스와 콜로누스이고 이름이 뷔네가르디스인 그의 아내는 이름들이 히둘푸스, 라겐트루디스, 뷔네길디스, 뷔네기스인 4명의[20] 자식을 두고 있다. 생제르맹(수도원)의 속민들로서 콜로누스인 란트베르투스와 콜로누스이고 이름이 안스베르타인 그의 아내는 이름들이 란트베르투스, 할트베르투스, 봘트베르투스, 란트베르타인 5명의[21] 자식을 두고 있다. 그들 두 명은 10bun의 곡물경작지와 1arp의 포도밭 및 1arp의 초지로 구성된 1개의 자유인망스를 보유한다. 그들은 (위와) 같이 (의무를) 이행한다.

6. 생제르맹(수도원)의 속민들로서 노예인 도미니쿠스와 콜로누스이고 이름이 란데드루디스인 그의 아내는 이름들이 발둘푸스, 베르트라우스, 리우타르두스, 그림하리우스인 4명의 자식을 두고 있다. 그는 7bun의 곡물경작지와 ⅔arp의 포도밭 및 1arp의 초지로 구성된 1개의 자유인망스를 보유한다. 그는 (위와) 같이 (의무를) 이행한다.

7. 생제르맹(수도원)의 노예인 레우트하리우스는 8bun의 곡물경작지와

따지자면 solvo라는 말은 빚을 갚거나 의무를 이행함으로써 그 부담으로부터 벗어난다는 뜻을 지니고 있는 데 비해, facio라는 말은 단순히 임무나 의무 또는 일을 수행한다거나 행한다는 뜻을 가진다고 할 수 있다. 그래서 이와 같은 상이성을 감안하여 solvo는 우리말에서 채무자가 채무내용을 실행한다는 뜻도 담고 있는 '이행하다'로, facio는 '수행하다'로 번역하도록 하겠다.

20 B. Guérard, ed., *Polyp. d'Irminon*, p. 2와 A. Longnon, ed., *Polyp. de St. Germain*, p. 2에는 '4(IIII)'라고 기록되어 있지만, D. Hägermann, ed. *Polyp. von St. Germain*, p. 1에는 실제 기재된 자식들의 이름이 4명임에도 불구하고 원래 수사본에 '3(III)'으로 기록되어 있다고 하여 'III'으로 기재되어 있다.

21 자식이 5명이라고 하면서도 이름은 4명만 기재되어 있다. 1명의 이름이 누락되었거나 아니면 '5명'이란 숫자가 잘못되었을 것이다.

½arp의 포도밭 및 ½arp의 초지로 구성된 1개의 노예망스를[22] 보유한다. 그는 (위와) 같이 (의무를) 이행한다.

8. 생제르맹(수도원)의 노예인 레우타르두스는 8bun의 곡물경작지와 ½arp의 포도밭 및 ½arp의 초지로 구성된 1개의 노예망스를[23] 보유한다. 그는 (위와) 같이 (의무를) 이행한다.

9. 생제르맹(수도원)의 콜로누스인 게로스무스는 6bun의 곡물경작지와 ½arp의 포도밭 및 ¼arp의 초지로 구성된 1개의 자유인망스를 보유한다. 그는 (위와) 같이 (의무를) 이행한다.

10. 사제(司祭)인[24] 고디누스는 11bun의 곡물경작지와 1½arp의 포도밭으로 구성된 1개의 자유인망스를 보유한다. 그는 이로 인해 포도밭에서 4arp를 작업한다.

11. 생제르맹(수도원)의 콜로누스인 라인트베르투스는 5½bun의 곡물경작지로 된 1개의 반쪽 자유인망스를 보유한다. 그는 이로 인해 포도밭에서 2arp를 작업한다. 그는 동곡파종을 위해서 2ptc,[25] 하곡파종을 위해서 1ptc를 갈이질하고, 손일과 수송부역을 (수행하며), 계란들과 함께

---

[22] 여기의 '노예망스'는 원문대로임.

[23] 원문대로임.

[24] '사제'란 라틴어 원문의 'presbyter'를 번역한 것이다. 여기의 사제는 영주가 교회로부터 생기는 십일조나 성탄절 및 부활절의 수입을 취하기 위해 자신의 장원에 건립한 그의 사유교회(私有教會)에 고용된 하급 성직자다. 이런 하급 성직자는 여기서 보듯이 일반 장원농민 가운데 영주가 선임했으며, 넓은 의미에서 장원관리인들 가운데 한 사람이다.

[25] 여기의 'ptc'란 'pertica'의 준말로 쓴 것이다. pertica는 원래 측량용 장대를 가리키는 것이었으나, 때로 면적을 가리키는 단위로도 사용되었다. 길이를 측정하는 단위로서의 pertica는 당시 10~20피트(pes) 즉 3미터에서 6미터 정도 사이였다. 게라르에 따르면 면적의 단위로서의 1평방ptc는 2.57아르이고, 항소프에 따르면 3.46아르이다. 각각 B. Guérard, *Prolégomènes*, pp. 177~182, 197과 F. L., Ganshof, "Das Frankisch Reich", H. Kellenbenz, ed., *Handbuch der europäischen Wirtschafts- und Sozialgeschichte*, Band 2. *Handbuch der europäischen Wirtschafts- und Sozialgeschichte in Mittelalter* (Stuttgart: Klett-Cotta, 1980), p. 178 참조.

1½마리의 닭을 (바친다).

12. 생제르맹(수도원)의 콜로누스인 빈트볼두스는 6bun의 곡물경작지와 ½arp의 포도밭으로 구성된 (1개의) 반쪽 자유인망스를 보유한다. 그는 (위와) 같이 (의무를) 이행한다.

13. 생제르맹(수도원)의 속민들로서 반자유인인[26] 악프레두스와 콜로누스이고 이름이 아말트루디스인 그의 아내는 이름이 아말리쿠스인 1명의 자식을 두고 있다. 그는 5bun의 곡물경작지로 된 1개의 노예망스를 보유한다. 그는 이로 인해 포도밭에서 3arp를 작업하고, 3마리의 닭과 15개의 계란을 (바치며), 지시받는 곳에서 손일과 나무베기 부역을 (수행한다).

14. 생제르맹(수도원)의 속민들로서 반자유인인 알란테우스와 콜로누스이고 이름이 잉그베르타인 그의 아내는 이름들이 에르캄베르타, 아달리

[26] '반자유인'이란 라틴어 원문의 'lidus'를 번역한 말이다. 다른 문헌기록에서는 litus, ledus 등으로도 불렸다. 이런 라틴어 명칭의 어원과 뜻은 모호하지만, 이들은 고대 말기와 중세 초기에 자유인과 노예의 중간적 지위를 차지하는 신분이었다. 여기서 비록 반자유인이라고 부르지만, 이 신분은 노예는 아니면서도 주인에게 상당 정도 예속된 부자유인의 일종이었다. 그래서 그들은 주인에게 뒤에서 보게 되는 바와 같이 예속의 표시로서 신공(身貢. litimonium)을 바쳐야 했고, 자유인과의 결혼이 원칙적으로 금지되었으며, 자유인이 되기 위해서는 왕 앞에서 은화(銀貨)의 투척을 통해 해방되는 절차를 밟아야 했다. 반자유인 신분은 로마제정 후기 주로 로마제국의 변경지역에 정착하여 토지를 경작하면서 로마군의 병사로서 역할을 담당했던 게르만족 출신의 둔전병(屯田兵. laetus)들이나 프랑크족에게 복속된 타 종족 출신도 포함되는 등 그 기원과 구성이 복잡하다. 그러나 그 다수는 노예가 완전한 자유인으로 해방되지 못하고 주인에 대해 어느 정도 종속성을 띠고 해방된 이른바 '해방노예(libertus, denarialis, cartularius)'들이었다. 해방노예를 포함한 반자유인의 신분에 관해서는 B. Guérard, *Prolégomènes*, pp. 250~276; E. Zöllner, *Geschichte der Franken bis zur Mitte des sechsten Jahrhunderts* (München: C. H. Beck, 1970), p. 115; J. Ellul, *Histoire des institution de l'époque franque à la Révolution* (Paris: Presses universitaires de France, 1967), p. 63; 이기영, 「영주권의 형성」, pp. 10~11; 같은 필자, 「서유럽 중세 초기 노예제사회로부터 농노제로의 이행과정」, p. 272; 같은 필자, 『초기 프랑크사회에서의 로마인의 지위』, 『서양사연구』, 제4집(1982. 6), pp. 125, 140~142, 148~150 참조.

쿠스, 아우트베르투스인 3명의 자식을 두고 있다. 생제르맹(수도원)의 속민들로서 반자유인인 하이르베르투스와 반자유인이고 이름이 고델린디스인 그의 아내는 이름들이 아이기나르두스, 도도, 레스톨두스인 3명의 자식을 두고 있다. 그들 두 명은 6½bun의 곡물경작지와 1arp의 포도밭 및 1½arp의 초지로 구성된 1개의 노예망스를 보유한다. 그는 포도밭에서 4arp를 작업하고, 지시받는 만큼 손일을 (수행하며), 3마리의 닭과 15개의 계란을 (바친다).

15. 생제르맹(수도원)의 콜로누스인 라게눌푸스와 콜로누스이고 이름이 라트루디스인 그의 아내. 생제르맹(수도원)의 콜로누스인 라겜볼두스. 그들 두 명은 6½bun의 곡물경작지와 4arp의 초지로 구성된 1개의 노예망스를 보유한다. 그는[27] (위와) 같이 (의무를) 이행한다.

16. 생제르맹(수도원)의 노예인 레스톨두스는 5bun의 곡물경작지와 ⅔arp의 포도밭 및 2arp의 초지로 구성된 (1개의) 반쪽 노예망스를 보유한다. 그는 3ptc를 갈이질하고, 1두의 거세된 숫양과 1마리의 닭 및 5개의 계란을 바치며, 지시받는 만큼 손일과 수송부역을 (수행한다).

17. 생제르맹(수도원)의 속민들로서 콜로누스인 발드리쿠스와 콜로누스이고 이름이 마우링가인 그의 아내는 이름들이 불페드루디스, 프람베르타인 2명의 자식을 두고 있다. 그는 5½bun의 곡물경작지로 된 (1개의) 반쪽 노예망스를 보유한다. 그는 이로 인해 포도밭에서 2arp를 작업하고, 1마리의 닭과 5개의 계란을 (바치며), 손일과 수송부역을 (수행한다).

18. 생제르맹(수도원)의 속민들로서 콜로누스인 칼라둘푸스와 콜로누스이고 이름이 나탈리아인 그의 아내는 이름이 나달트루디스인 1명의 자식을 두고 있다. 그는 2½bun의 곡물경작지와 ½arp의 포도밭으로 구성된

---

[27] 원문대로임. 원 작성자가 기록과정에서 보유자가 아니라 망스로 착각한 데서 기인하는 것으로 추측된다.

(1개의) 반쪽 자유인망스를 보유한다. 그는 이로 인해 1두의 거세된 숫양과 3마리의 닭 및 15개의 계란을 바친다.

호스피키움들[28]

19. 생제르맹(수도원)의 속민들로서 콜로누스인 란도이누스와 콜로누스이고 이름이 간도일디스인 그의 아내는 이름들이 간틸디스, 고델릴디스, 살라모누스인 3명의 자식을 두고 있다. 그는 3ant의[29] 곡물경작지를

---

[28] '호스피키움'이라고 하는 것은 라틴어 원문의 'hospitium'이라는 단어를 번역한 말이다. 이 명세장에서는 흔히 'hospicium'으로 기록되고 있다. 그래서 이렇게 음역했다. 이 용어는 거류외인(hospes)에 의해 뒤늦게 개간되어 형성된 작은 규모의 농민보유지를 뜻한다. 호스피키움 가운데 'hospicium servilis'란 것은 노예 신분의 거류외인이 개간하여 형성된 소(小)농민보유지라고 할 수 있다. mansellus, accola, sessus 등의 여타 소농민보유지들과 마찬가지로 호스피키움은 표준적이고 통상적인 농민보유지인 망스의 일반적 크기보다 그 크기가 평균적으로 아주 작다. 생제르맹데프레 수도원의 영지명세장에서 1개 망스의 평균크기는 10.1헥타르이지만, 총 71개가 기록되어 있는 호스피키움의 평균면적은 불과 1.5헥타아르에 지나지 않는다. 호스피키움의 경우에 영주에 대한 부역과 공납의 부담도 일반 망스들보다 훨씬 작다.

[29] 여기서 'ant'란 중세 라틴어에서 andecinga, ancinga, antzinga, andecena 등으로도 불린 원문의 'antsinga'란 말을 줄여 쓴 것이다. antsinga는 원래 영주직영지 경작을 위한 농민보유지 보유자의 부역이 일정한 면적으로 할당되어 수행되는 정적부역이나 그런 부역의 대상토지로서의 정적부역지를 뜻한다. 정적부역은 주 단위나 월 단위 또는 연 단위로 일정 기간을 정하여 부과하는 정기부역과는 대조를 이루는 부역부과 방식이다. 정적부역지는 장원농민이 일정 면적의 영주직영지를 배정받아 파종부터 수확까지 책임지고 경작하는 토지다. 그러나 여기서는 antsinga가 면적단위로 사용되었다. 740년대에 편찬된 바바리아 법(Lex Baiuwariorum) 제 I조 제13항에는 1개의 정적부역지 곧 antsinga는 폭이 4장대(pertica)이고 길이가 40장대이며, 1장대＝10피트라고 명시되어 있다. 1피트는 로마시대에는 29.6cm쯤이었고(B. Guérard, *Prolégomènes*, p. 196; P. Guilhiermoz, "De l'équivalence des anciennes mesures", pp. 278, 283, 286 등 참조) 오늘날에는 30.48cm 정도임을 고려하여 1피트를 약 30cm라고 보면, 1장대는 3m가 된다. 따라서 1antsinga의 면적은 폭 4장대 x 길이 40장대 = 12m x 120m = 1,440m^2 = 14.4아르쯤 된 셈이다. antsinga의 의미와 중세 초기 그 의미의 변화에 대해서는 Ch. Ed. Perrin, "De la condition des terres dites <<ancingae>>", *Mélanges d'histoire du Moyen Age offerts á M. Ferdinand Lot* (Paris: E. Champion, 1925), pp. 619~640 참조.

보유한다. 그는 이로 인해 포도밭에서 2arp를 작업하고, 2마리의 닭과 10개의 계란을 (바친다).

20. 생제르맹(수도원)의 노예인 에브레볼두스는[30] 2ant의 곡물경작지를 보유한다. 그는 이로 인해 매주 1일(의 부역노동)을 수행하고, 1마리의 닭과 5개의 계란을 (바친다).

21. 콜로누스인 베르토이누스는 (1개의) 호스피키움을 보유한다. 그는 이로 인해 매주 1일(의 부역노동)을 수행한다.

22. 반자유인인 고디누스와 나탈리디우스는[31] 4bun의 곡물경작지와 1arp의 포도밭을 보유한다. 그는 이로 인해 포도밭에서 2arp를 작업한다.

23. 생제르맹(수도원)의 반자유인인 아드레마루스는 1bun의 곡물경작지와 1arp의 포도밭 및 1½arp의 초지를 보유한다. 이로 인해 그는 2ptc(의 면적)를 작업한다.[32]

24. 콜로누스인 프로트가리우스는 1ant의 곡물경작지를 보유한다. 이로 인해 그는 1ptc(의 면적)를 작업한다.

---

30 A. Longnon, ed., *Polyp. de St. Germain*, p. 4에는 '에브레볼두스(Evreboldus)'로 되어 있는 데 비해, B. Guérard, ed., *Polyp. d'Irminon*, p. 4와 D. Hägermann, ed. *Polyp. von St. Germain*, p. 2에는 '에우레볼두스(Eureboldus)'로 되어 있다. 이뿐만 아니라 이하 이 영지명세장의 끝까지 이런 경우에 롱뇽은 'Ev'로 판독한 데 비해 게라르와 헤게르만은 'Eu'로 판독하여 표기하고 있다. 이 번역에서는 전자를 따라 음역한다.

31 라틴어 원문에 나탈리디우스에 관해서는 신분이 명시되어 있지 않다.

32 "이로 인해 그는 2ptc(의 면적)를 작업한다."는 것은 라틴어 원문의 "inde facit perticas II."라는 문장을 번역한 것이다. 여기서 '작업하다'고 한 것은, 제25장 제8항에서 "그는 이로 인해 하곡파종을 위해 1ptc(의 면적)를 작업하며,(Facit inde perticam I ad tramisum,)"라는 기록으로 미뤄볼 때, '갈이질하다'라는 의미로 해석된다. 따라서 이런 식의 문장은 일반적으로 갈이질하다는 뜻으로 이해될 수 있을 것이다. 그러나 제16장 제66항에서 "곡식밭에서 6ptc(의 면적)를 작업한다.(in messem perticas VI.)"는 것으로 볼 때는 꼭 그렇게만 이해될 수 있는 것은 아니라고 하겠다.

25. 여자노예인 시클레볼다는 5bun의 곡물경작지와 1arp의 포도밭을 보유한다. 이로 인해 그녀는 4ptc(의 면적)를 작업한다.

26. 콜로누스인 고데마루스는 1bun 2ant의 곡물경작지와 ¼arp의 포도밭을 보유한다. 이로 인해 그는 매주 1일(의 부역노동)을 수행하고 4ptc(의 면적)를 작업한다.

27. 생제르맹(수도원)의 콜로누스인 도도는 2bun의 곡물경작지와 ⅔arp의 포도밭을 보유한다. 이로 인해 그는 2ptc(의 면적)를 작업하고, 첫 해에는 1솔리두스를, 둘째 해에는 3데나리우스를[33] (지불하며), 지시받는

---

[33] '솔리두스(solidus)'와 '데나리우스(denarius)'는 로마시대부터 카롤링시대에 이르기까지 사용된 각각 금화와 은화를 지칭하는 용어들이다. 서로마제국 몰락 후 2세기 동안 게르만왕국들의 통화는 대체로 솔리두스라는 금화를 바탕으로 한 단본위제도였으나, 금 부족난으로 금화의 품위가 점차 저하되어 결국 폭락하는 사태에 이르자 금본위제는 은본위제로 대체되게 되었다. 프랑크왕국에서는 670년대에 금화가 유통되지 않고 데나리우스라고 불린 은화에 기초한 사실상 단일본위제로 대체되었다. 카롤링왕조가 개막되자 피핀 3세는 메로빙시대의 작고 뭉뚝한 형태의 은화를 크고 얇으며 품위가 향상된 은화로 바꾸는 화폐개혁을 단행했다. 그의 왕위를 계승한 카롤루스 대제는 793~794년간과 그의 말년인 812년경 등 두 번에 걸쳐 은화의 두께와 무게 및 품위를 늘리고, 화폐의 규격을 통일하고, 그 자신의 초상화를 새겨 넣으며, 화폐주조 과정을 통제하는 등의 화폐제도 개혁을 실시했다. 루도비쿠스 경건왕은 그의 아버지인 카롤루스 대제의 화폐정책을 계승하는 가운데 812년과 822년에 은화를 두 차례 개주(改鑄)하고 통일된 화폐제도를 강력히 시행했다. 개주된 루도비쿠스 경건왕의 화폐는 864년 카롤루스 대머리왕의 화폐개혁 때까지 오랜 기간 사용되었다. 이와 같이 7세기 말엽부터 9세기 중엽까지 은본위제가 실시되었으나, 한편으로는 카롤루스 대제 자신도 금화를 주조한 적이 있듯이 적은 양이기는 하지만 솔리두스로 불린 금화도 계산화폐로 사용되었다(이상의 내용에 대해서는 M. Blackburn, "Money and coinage", *The New Cambridge Medieval History*, Vol. II, pp. 538~559; S. Coupland, "Charlemagne's coinage: ideology and economy", J. Story, ed., *Charlemagne*, pp. 211~229; 같은 필자, "Money and coinage under Louis the Pious", *Francia*, 17/1[1990], pp. 23~54 참조). 또한 계산화폐로는 솔리두스와 데나리우스 외에도 리브라(libra)도 사용되었다. 리브라는 원래 영국의 중량 단위인 파운드에 해당하는 무게 값을 갖는 로마시대 및 중세의 무게 측정 단위였으나, 금속화폐의 단위로도 사용되었다. 이들 화폐단위는 1리브라 = 20솔리두스, 1솔리두스 = 12데나리우스의 비율관계를 갖는다. P. Portet, "Remarques sur la métrologie carolingienne", pp. 16~19 참조. 옛 프랑스의 화폐

만큼 손일을 (수행하고), 1마리의 닭과 5개의 계란을 (바친다).

28. 생제르맹(수도원)의 콜로누스인 아게눌푸스는 1ant의 곡물경작지와 1arp의 포도밭 및 ½arp의 초지를 보유한다. 이로 인해 그는 4솔리두스의 돈을 지불한다.

29. 생제르맹(수도원)의 콜로누스인 테오드라두스는 ½ant의 곡물경작지를 보유한다. 그는 매주 1일(의 부역노동)을 수행하고, 1마리의 닭과 5개의 계란을 (바친다).

30. 생제르맹(수도원)의 콜로누스인 테우드하르두스는 1ant의 곡물경작지를 보유한다. 이로 인해 그는 매주 1일(의 부역노동)을 수행하고, 1마리의 닭과 5개의 계란을 (바친다).

31. 콜로누스인 안세가리우스는 3bun의 곡물경작지를 보유한다. 그는 1ptc(의 면적)를 작업한다.

32. 콜로누스인 레우트가우두스는 1ant의 곡물경작지를 보유한다. 이로 인해 그는 매주 1일(의 부역노동)을 수행하고, 1마리의 닭과 5개의 계란을 (바친다).

33. 생제르맹(수도원)의 여자콜로누스인 에르멘틸디스는 1ant의 곡물경작지를 보유한다. 그녀는 매주 1일(의 부역노동)을 수행하고, 1마리의 닭과 5개의 계란을 (바친다).

34. 생제르맹(수도원)의 콜로누스인 달베르투스는 1ant의 곡물경작지를 보

단위인 리브르(livre)와 영국의 파운드는 리브라에서 유래한다. 프랑스에서 리브르는 왕정시대까지 사용되다가 프랑스 대혁명기에 프랑(franc)으로 바뀌었다. 과거 프랑스의 수(sou)라는 화폐 단위의 이름은 솔리두스에서 유래하며, 노르만족의 영국 정복으로부터 1971년 이전까지 영국에서 사용된 실링(shilling)도 솔리두스의 영어식 이름이다. 데나리우스로부터는 과거 프랑스의 드니에(denier)라는 화폐단위의 이름이 유래하며, 영국의 페니는 데나리우스의 영어식 이름(영국에서 페니는 d[= denarius]라는 약자로 표시)이다.

유한다. 이로 인해 그는 녹로(轆轤) 세공품을 만든다.[34]

35. 에름가우두스는 (1개의) 호스피키움을 보유한다. 그는 이로 인해 매년 1마리의 닭과 5개의 계란을 바치며, 매주 3일(의 부역노동)을 수행한다.

36. 콜로누스인 시클레프레두스는 2ant의 곡물경작지를 보유한다. 그는 이로 인해 매주 3일(의 부역노동)을 수행하고, 1마리의 닭과 5개의 계란을 (바친다).

37. 반자유인인 안스볼두스는 2ant의 곡물경작지로 된 1개의 호스피키움을 보유한다. 이로 인해 그는 3데나리우스와 1마리의 닭 및 5개의 계란을 바친다.

38. 생제르맹(수도원)의 속민들로서 콜로누스인 가우트셀무스와 콜로누스이고 이름이 에르미나인 그의 아내는 이름들이 테오다루스, 아달군디스인 2명의 자식을 두고 있다. 그는 12bun의 곡물경작지와 2arp의 포도밭 및 3arp의 초지로 구성된 1개의 자유인망스를 보유한다. 그는 이로 인해 6ptc(의 면적)를 작업하고, 코르베를[35] 수행하며, (1필의) 역마(驛

---

[34] "녹로 세공품을 만든다."란 라틴어 원문의 "facit tornatura."를 번역한 것이다. 녹로 즉 물레로 토기나 목공예품을 제조하는 일을 뜻한다.

[35] 여기서 '코르베'라고 한 말은 라틴어 원문에는 'curvada'로 기록되어 있다. curvada는 다른 기록들에서는 corvada, corrogata로도 쓰였다. 이 말들의 어원은 강요하다, 부과하다, 징수하다는 뜻을 지닌 라틴어 'corrogo'다. 부역 또는 고역을 뜻하는 프랑스어의 'corvée'의 본딧말이다. 그러나 고전장원제 아래서 코르베는 표준적인 농민보유지인 망스의 보유자가 일정 크기의 토지를 할당받아 경작하는 정적부역 외에, 주로 파종기에 황소와 쟁기를 스스로 지참하고 영주직영지에 가서 다른 농민들과 팀을 이루어 공동으로 곡물경작지를 추가로 갈이질해야 했던 부역이라는 특별한 의미를 지닌다. 코르베는 흔히 동곡이 파종되는 10월과 하곡이 파종되는 3월에 각각 매주 1~3일씩 부과되었으며, 연간 코르베로 갈이질된 면적은 최소 10~30아르에서 최대 1.3~1.5헥타르에 이르렀다. 코르베에 의한 이런 갈이질 면적은 정적부역으로 갈이질되는 면적보다 대체로 1.5배에서 6배 정도까지 더 컸다. 따라서 코르베는 영주직영지의 작업대(作業隊)에 편입되어 자율성이 없이 공동작업으로 수행한 데다 이처럼 갈이질 면적도 매우 컸으므로, 장원농민에게는 가장 힘든 부역

馬)를[36] 제공한다. 그는 그 외에 2bun의 곡물경작지를 보유한다.

39. 라트기스는 은대지(恩貸地)로[37] 38bun의 곡물경작지와 13½arp의 초지와 6½arp의 포도밭 및 4bun(크기)의 작은 잡목림으로 구성된 3개의 자유인망스를 보유한다.

40. 데오드라두스는 은대지로 30bun의 곡물경작지와 1arp의 포도밭과 5arp의 초지 및 3bun의 방목지로 구성된 2½개의 자유인망스를 보유하고, 사용료(수입)로[38] 15md의 곡식과 3데나리우스(의 돈) 및 2마리의 거위

노동이었다고 할 수 있다. 이기영, 「고전장원제하의 '코르베(corvée)' 제도」, 『독일연구』, 제18호(2009. 12), pp. 3~45 참조.

36 '역마'라고 한 것은 라틴어 원문의 'parveretus'를 번역한 말이다. 다른 기록에서는 paraveredus, paravaridum, parafreda, palefridus 등으로도 쓰인 이 단어는 이 명세장에서는 영주인 수도원장과 그 대리인을 위한 지시의 전달, 가벼운 물품의 운반, 이동수단 제공 등에 사용되는 말을 가리킨다. 따라서 역마라고 할 수 있을 것이다. 그러나 역마라고 한다고 해서 당시 이 수도원의 영지 안에 과거 우리나라에서 보는 것처럼 반드시 역참 조직이 갖춰져 있었다는 뜻은 아니다. 단지 그런 용도에 사용되는 말이라는 의미일 뿐이다.

37 '은대지'란 라틴어 'beneficium'의 번역어다. 중세 봉건사회에서 beneficium이란 말은 매우 다양한 뜻으로 사용되었다. 그 가운데 이 영지명세장에서 사용된 뜻들로 들 수 있는 것은, 우선 이 제39항에서처럼 아무런 부담이 부과되지 않고 용익권만 부여된 농민보유지의 양도나 그런 토지의 향유란 뜻이다. 그리고 다른 하나는 이 영지명세장의 뒤에 부록으로 기록된 단편적인 두 문서들에 분명하게 드러나 있듯이, 봉건적 주종관계에서 봉신에게 수여된 봉토라는 뜻이다. 이 명세장에서 자주 볼 수 있는 '… 은대지 출신의 콜로누스인 …'라고 할 때의 은대지란 바로 이런 봉토로서의 은대지를 뜻하는 것으로 이해된다. 또 아마도 프레카리아(이에 대해서는 뒤의 제9장 제82항에 기록된 프레카리아에 대한 각주 참조) 계약에 의해 지대지불 조건부로 수여된 보유지란 뜻으로도 사용되고 있다. 뿐만 아니라 호의의 표시나 봉사의 대가로 부여되는 은전(恩典)이라는 뜻으로 쓰이고 있기도 하다. 중세에 사용된 beneficium의 여러 가지 뜻에 관해서는 J. E. Niermeyer, *Mediae Latinitatis Lexicon Minus*, pp. 91~96 참조.

38 여기서 '사용료(수입)'란 라틴어 원문의 'census'라는 단어를 번역한 말이다. 고대 로마사회에서 시민의 권리와 의무를 확정하기 위해 5년마다 실시되었던 인구 및 재산의 일제 등록이나 이의 총 조사 또는 등록명부나 등록된 재산을 뜻했던 census라는 말은, 중세사회에서는 조세, 조공, 군인의 봉급, 프레카리아 형태로 보유한 토지나 그 토지 보유자의 지불금 따위 및 심지어 수입, 현금, 화폐주조 등 다양한

가[39] 생기는 1대의 물레방아를[40] (보유한다).

의미로 사용되었다(J. E. Niermeyer, *Mediae Latinitatis Lexicon Minus*, pp. 167~168 참조). 그러나 장원별 재산과 수입을 기록한 영지명세장들에서 사용된 이 용어의 기본적인 뜻은 토지의 용익권자(用益權者)가 상급 소유권자인 영주에 대해 지는 부담이나 이행하지 않으면 안 되는 의무라고 할 수 있다. 따라서 이 영지명세장의 뒤에서도 종종 볼 수 있듯이, 이 말은 사실상 장원농민이 토지를 보유한 대가로 영주에게 이행해야 할 의무나 지불해야 하는 지대라는 의미로 사용되곤 했다. 이런 의무 내지 지대라는 의미의 census에는 영주에 대한 현금이나 현물 형태로 된 장원농민의 여러 가지 공납과 더불어 경작부역을 비롯한 각종 부역노동도 포함된다. 그렇지만 뒤에서 보게 되듯이 주로 이 말은 고전장원 체제에서 오직 화폐 형태로만 지불되는 지대를 가리키거나, 노동, 현물, 화폐 따위로 구성된 장원농민의 여러 의무 가운데서도 유독 화폐로 지불되는 부분만을 지칭하는 데 사용되고 있다. 그러나 우리말에서는 영지명세장에서 이와 같은 의미를 지니고 사용된 census에 해당하는 적합한 단어를 찾아보기 어렵다. 그렇다고 해서 census를 음역해서 그대로 쓰기도 어렵다. 그래서 다소 어폐가 있기는 하지만, 이 번역에서는 이런 census의 뜻에 가장 근접한다고 생각되는 '차지료'라는 우리말 단어로 옮기도록 한다. 한편 제1장 제40항에서도 보듯이 이 영지명세장자에서는 토지 외에 영주가 독점 소유한 물레방아와 같은 시설물의 용익에 대해서도 용익권자는 영주에게 현물이나 화폐 형태로 일정한 액수의 사용료를 지불했다. 그런데 영주가 장원에 설치하여 소유한 물레방아는 두 가지 방식으로 경영되었다. 하나는 농민들 가운데 물레방아의 관리인을 임명하여 직접 경영하는 것이다. 이 경우에 영주는 관리인에게 관리업무 수행의 보상책으로 망스 형태의 토지를 분급해 주고 일부 의무를 면제시켜주면서, 장원농민들이 지불하는 물레방아의 사용료 수입 전부를 직접 수취했다. 다른 한 방식은 영주가 타인에게 일정액의 임대료를 받고 임대하는 것이다. 이 경우에는 일정한 임차료를 영주에게 지불하고 남는 사용료 수입은 임차인 자신의 이윤이 된다. 생제르맹데프레 수도원의 영지명세장에 의하면 이 영지에서는 두 가지 방식이 모두 사용되었다. 예컨대, 전자의 경영방식에 대한 사례는 제19장 제6항에서, 후자의 경영방식은 제7장 제4, 37항과 제22장 92, 93항에서 볼 수 있다. 그렇지만 바로 이런 이유로 해서, 영주직영지에 관한 기술에서 어떤 물레방아로부터 census로 일정액의 현물이나 현금이 생긴다고 간략하게 언급되어 있는 경우에, 그 수입의 원천이 장원농민들의 사용료인지 물레방아 임차인의 임차료인지 구분되지 않는다. 그래서 우리는 이 경우의 census를 사용료나 임차료로 단정해 번역할 수 없다. 그렇지만 이런 모호한 상태에서 임차료도 시설물을 빌려 사용한다는 점에서는 사용료라고 할 수 있으므로, 이 경우의 census는 모두 사용료라는 말로 옮기도록 하겠다.

39 여기서 거위라고 한 것은 라틴어 원문의 'auca pasta'를 번역한 말이다. J. E. Niermeyer, *Mediae Latinitatis Lexicon Minus*, p. 69에 의하면 'auca'의 뜻은 프랑스어의 'oie'와 영어의 'goose'로서, 기러기나 거위를 가리킨다. 가금으로서의 거위는

41. …와 삭사는[41] 11bun의 곡물경작지와 ½arp의 포도밭 및 ¼arp의 초지로 구성된 1개의 자유인망스를 보유한다.

42. 가우기아쿠스에는 매년 군사용으로 4대의 수레나 20두의 황소나 8리브라의 돈과 100두의 거세된 숫양 및 셋째 해에는 88두의 암양을 바치고[42] 넷째 해에는 4데나리우스 가격의 돼지 88마리와 다섯째 해에는

원래 야생 기러기를 길들여 개량한 것이다. 따라서 프랑스어에서 기러기와 거위의 구별은 기러기는 'oie sauvage', 거위는 'oie domestique'라고 하여 야생 상태냐 아니면 길들여져 가축화되었느냐에 기준을 두고 있다. 그러므로 사육된 기러기라는 뜻을 지닌 여기의 auca pasta라는 용어는 거위를 지칭한다고 볼 수 있다. 뒤의 제13장 제99, 101항과 제19장 제1항에는 거위를 auca pasta라고 하지 않고 그냥 auca라고 하고 있다. 여기 제1장 제40항과 뒤의 제19장 제1항에서 거위가 물레방아의 사용료 수입으로 생기는 것은 거위가 물이 있는 곳에서 사육되기 때문일 것이다. 제13장에서 2마리의 거위가 영주에게 바치는 산지기나 부마름의 공납품 가운데 하나인 것도 가금으로서의 거위의 특별한 성격을 보여주는 것이라고 하겠다.

40 여기서 '물레방아'란 이 영지명세장의 라틴어 원문에서 자주 쓰이고 있는 'farinarium' 또는 'farinarius'(이 영지명세장 외의 다른 문헌기록에서는 'farinaria' 형태로 나타나기도 한다.)라는 라틴어 용어들을 번역한 말이다. 이들 라틴어 단어의 문자 그대로의 뜻은 가루(라틴어로 'farina')를 빻는 설비다. 그래서 제분기라고 할 수 있겠지만, 이것은 곧 순수한 우리말로 방아인 것이다. 생제르맹데프레 수도원의 영지명세장에서는 이런 단어 외에 방아를 뜻하는 단어로 'molendinum'이란 말이 종종 사용되고 있기도 하다. 이 단어는 프랑스어의 'moulin', 독일어의 'Mühle', 영어의 'mill' 따위처럼 게르만어 계통에서 가루를 뜻하는 단어(독일어의 'mehl', 영어의 'meal')에 어원을 두고 있으며, 역시 가루를 빻는 방아란 뜻이다. 결국 이 영지명세장에서는 방아를 지칭하는 용어로 두 가지 언어 계통의 단어가 혼용되고 있는 셈이라고 할 수 있다. 이 영지명세장에서 이들 방아는 물레방아라는 명시가 없지만, 물레방아임이 틀림없다. 물레방아는 중동 지방으로부터 로마제국 후기에 서유럽에 전래되어 장원제를 비롯한 봉건체제가 성립하는 9세기 초 이후 장원을 중심으로 농촌사회에 널리 보급되었기 때문이다. 그래서 이 영지명세장에서 사용된 전술한 두 계통의 용어 모두 물레방아로 번역하도록 하겠다.

41 라틴어 원문이 B. Guérard, ed., *Polyp. d'Irminon*, p. 5에서는 토지보유자의 이름이 지워져 있다면서 "A……"라고 되어 있지만, A. Longnon, ed., *Polyp. de St. Germain*, p. 6과 D. Hägermann, ed. *Polyp. von St. Germain*, p. 3에는 "Ab… et Saxa"로 되어 있다.

42 여기서 '군사용으로'란 라틴어 원문의 'ad hostem'을 번역한 말이다. "군사용으로

각자 100개의 지붕널을[43] 바치는 (총) 91개의 자유인망스가 있다.

4대의 수레나 20두의 황소나 8리브라의 돈과 100두의 거세된 숫양 및 셋째 해에는 88두의 암양을 바친다."는 것은 한 마디로 군역세(軍役稅)라고 할 수 있다. 군역세에 대한 중세 라틴어 용어로는 이 영지명세장의 일부 장들에서나 생모르데포세 수도원의 명세장을 비롯한 몇몇 다른 영지명세장에서 hostilicium, ostilitium, hostilense, haribannus 따위가 사용되고 있다. 원래 프랑크왕국의 자유민들은 게르만족의 전통에 따라 전시에 스스로 무장하여 직접 전사로서 활동했다. 그러나 중세 초기에 기사(騎士)라는 전문적인 직업군인이 등장함에 따라 자유민은 전사로서의 역할을 잃고 군수품을 조달하거나 수송하는 보조적인 역할을 담당하게 되었다. 그런 보조적 부담이 군역세로 나타났다. 한편 프랑크왕국에서 성직자들에게는 본인이 직접 전투에 참가하는 것이 금지되었다. 그렇지만 성직자들에게 군역이 면제된 것은 아니었다. 주교나 수도원장과 같은 고위 성직자들은 국왕으로부터 은대지를 받아 보유한 국왕의 봉신이기도 했다. 따라서 고위 성직자들은 교회기관의 은대지를 보유한 봉신들을 전쟁에 내보내고, 영주의 지배 아래 놓이게 된 장원농민들에게 군수품을 수송케 하거나 군역세 명분으로 짐수레나 이를 끌 황소 또는 포도주 따위와 같은 군수품을 징발하여 군대에 조달하는 임무를 부여받았다. 군역세의 징수시기는 보통 군사원정이 행해지는 5월 중순부터 8월 중순까지였다. 군역세는 처음에 자유인망스에만 부과되었으나, 점차 반자유인망스에도 부과되었고 때로는 노예망스에게까지 부과되었다. 원래 군역세는 전시에만 부과되고 부담의 크기도 상황에 따라 가변적이었던 것이 점차 농민보유지 보유자들에게 정기적으로 부과되고 고정된 액수로 징수되는 부담으로 고착되었다. 군역세는 이처럼 원래 국가에 대한 조세의 일종이었으나, 이미 9세기의 고전장원들에서 영주에 대한 장원농민의 부담금으로 변질되고 영주의 중요한 수입원 가운데 하나가 되었다. 그래서 군역세는 영주직영지에 충분히 갖추어져 있었던 황소보다는 현금이나 양(羊)의 형태로 납부되는 경우가 많았다. 양이 군역세 지불수단으로 상당히 많이 사용된 것은 그 털과 가죽이 쉽게 현금화될 수 있었기 때문이다. B. Guérard, *Prolégomènes*, pp. 660~668; Ch. Ed. Perrin, "A propos d'une redevance en fossoirs inscrite au polyptyque d'Irminon", *Etudes d'Histoire du Droit privé offertes à Pierre Petot* (Paris: Monchrestien, 1959), pp. 436~437; D. Hägermann, ed., *Polyptychon und die Notitia de Areis von Saint-Maur-des-Fossés: Analyse und Edition* (Sigmaringen: Jan Thorbecke, 1990), pp. 70~71; 이기영, 「서유럽의 봉건적 주종관계 형성(2)－카롤링왕조와 봉건적 주종관계의 제도적 성립－」, 『역사교육』, 제116집(2010. 12), pp. 281~283 참조. 그런데 J. Durliat, "Le polyptyque d'Irminon et l'impôt pour l'armée", *Bibliothèque de l'Ecole des chartes*, 141(1983), pp. 183~208에서는 군역세가 영주의 사적 수입이 아니라 카롤링제국 군대의 자금조달을 위해 징수된 공적 조세이고 수도원은 이의 징수를 담당하는 하청업체와 같은 것이었으며, 영지명세장도 대토지소유자의 사적 토지대장이 아니라 국가의 공적 조세징수 대장이었다고 주장한다. 그러나 그의 주장은 J.-P. Devroey, "Polyptyques et fiscalité à l'époque

여기에는 포도밭 작업을 수행하고 새로운 포도밭이 생기는 경우에는[44] 36md의 포도주를 바치는 자유인망스와 노예망스가 합계 19개 있다. 330마리의 닭, 1,650개의 계란, 3리브라의 인두세, 1리브라 8솔리두스의 돼지방목세 (수입이 있다).

망스는 모두 110개다.[45]

carolingienne. Une nouvelle approche?", *Revue belge de Philologie et d'Histoire*, LXIII(1985), pp. 783~794, 특히 789~791에서 증거에 기초하지 않은 단순한 가설에 지나지 않는다는 비판을 받았고, D. Hägermann, ed., *Polyptychon und die Notitia de Areis von Saint-Maur-des-Fossés*, p. 70의 각주 403번에서는 생모르데포세(Sait-Maur-des-Fossés) 수도원의 영지명세장에 비춰볼 때도 성립하지 않는다는 반박을 받는다.

43 '지붕널'이란 라틴어 원문의 'scindula'을 번역한 말로, 지붕을 이는 나무 널판을 가리킨다.

44 "새로운 포도밭이 생기는 경우"란 라틴어 원문의 "si venerit in vineis"라는 구절을 번역한 것이다. K. Elmshäuser & A. Konrad, *Studien zum Polyp. von St. Germain*, p. 39에서 이 문구는 수확고가 일정치 않을 새로운 포도밭의 건설을 가리키는 것으로 추측되고 있다.

45 이런 총수로 볼 때, 명세장에 실제로 기재되어 있는 개별 망스의 수는 전체 망스의 절반도 되지 않는 셈이다.

02 팔라티올룸(장원의) 명세서

1. 팔라티올룸에는[1] 저택과 여타 많은 부속건물들을 갖춘 영주직영지가[2]

---

1 B. Guérard, *Prolégomènes*, p. 828과 A. Longnon, ed., *Polyp. de St. Germain*, p. 7의 1번 각주에 의하면 팔라티올룸(Palatiolum) 장원은 일드프랑스 레지옹 세네우아즈(Seine-et-Oise) 도 베르사유 군 팔레조(Palaiseau) 캉통의 캉통 소재지다. 그러나 이곳은 1968년도의 행정구역 개편으로, D. Hägerman, ed., *Polyp. von St. Germain*, p. 226과 K. Elmshäuser & A. Konrad, *Studien zum Polyp. von St. Germain*, p. 41에 의하면 오늘날에는 일드프랑스 레지옹 에손(Essone) 도 팔레조 군의 군청 소재지이자 팔레조 캉통의 소재지다. 이 장원은 파리에 소재한 생제르맹 데프레 수도원으로부터 남서쪽 18km쯤의 거리에 위치한다. A. Longnon, ed., *Polyp. de St. Germain*, p. 7의 1번 각주에 의하면 이 장원은 앞에서 기술된 제1장의 장원이 소재한 주이앙조자스의 동남쪽 8km에 위치한다. 한편 이 팔라티올룸 장원은 명료한 장원체제와 일목요연한 서술로 흔히 고전장원의 모범적 사례로 제시되곤 한다. K. Elmshäuser & A. Konrad, *Studien zum Polyp. von St. Germain*, p. 41 및 F. L. Ganshof, "Das Frankisch Reich", pp. 177~178 참조.

2 영주직영지란, 이 영지명세장에서 'mansus indominicatus'로 기록되어 있는 것을 번역한 말이다. 장원은 대외적으로는 영주의 소유였지만, 내부적으로 소유권과 이용권이 구체적으로 실현되는 측면에서는 영주직영지(mansus dominicatus, mansus indominicatus, dominica curtis, terra indominicata)와 농민보유지(mansus, huba, huoba, sors, factus), 그리고 공유지로 구분되어 경영되었다. 영주직영지는 장원이라는 영주 소유의 대토지 가운데, 영주가 장원농민들로부터 제공받는 노동력을 이용하여 그 자신이나 대리관리인의 직접적 경영에 의해 산출되는 생산물을 그 자신과 그의 식솔들이 이용·소비하기 위하여 농민들에게 분양하지 않고 유보되어 있는 토지이다. 영주직영지는 장원 전체의 농경지면적 가운데 ¼ 내지 ⅓쯤을 차지했다. 우리는 봉건적 농촌사회에서 토지가 기본적이고도 가장 중요한 생산수단이었다는 이유로 토지라는 부분을 중시하여 mansus dominicatus라는 말을 영주

있다.

여기에는 면적이 287bun이고 1,300md의 밀이 파종될 수 있는 6개 쿨투라의[3] 경작지와 800md의 포도주가 채취될 수 있는 127arp의 포도밭이 있다.

여기에는 150수레의 건초가 채취될 수 있는 100arp의 초지가 있다.

여기에는 어림잡아 둘레가 총 1마일로,[4] 50마리의 돼지가 살찔 수

직영지로 번역해서 쓰고 있다. 그러나 영주직영지는 토지만으로 구성되었던 것은 아니다. 영주직영지는 물적인 측면에서는, 농경지와 비농경지로 구성된 토지뿐만 아니라 저택, 부속건물 등의 건물 부분과 부대시설물, 그리고 가축이나 노동용구와 같은 동산을 포함한다. 농경지는 곡물경작지를 주로 해서 포도밭, 초지 등으로 구성된다. 비농경지는 방목지, 임야, 황무지 등과 같은 것들이다. 영주직영지에 딸린 임야는 돼지방목, 땔감과 목재 채취, 꿀과 임산물 채취, 사냥 등을 위해 영주가 개인적으로 독점·사용하는 토지다. 방목지와 황무지도 가축의 방목이나 시비용의 뗏장채취 등에 사용된다. 영주의 저택은 여러 개의 방과 요리실, 제빵실, 발코니, 회랑(回廊) 등을 갖춘 석조 몸채, 솔거노예들이 거처하는 별채, 직조장(織造場), 창고, 가축우리 등으로 된 건물 부분과, 간혹 과수원이나 양어장이 딸리기도 하는 뜰로 이루어졌다. 부대시설물로는 교회, 물레방아, 양조장, 포도압착기, 제빵소 등이 있었다. 또 영주직영지에서는 영주의 축산물이용과 축력이용을 위한 소, 돼지, 양, 염소, 거위, 닭 따위의 가축들이 사육되었고, 영주직영지 경작을 위한 쟁기, 삽, 괭이, 낫 따위의 농기구와 도끼, 대패 따위의 연장들이 비치되어 있었다. 농경지와 저택은 영주직영지의 필수적인 기본 구성요소들이었지만, 그 밖의 것들은 반드시 갖추어져 있었던 것이 아니었으며 장원에 따라 구비 수준이 달랐다. 인적(人的)인 측면에서 영주직영지는 영주의 가족과, 하인 노릇을 하는 솔거노예들로 구성된다.

3 '쿨투라(cultura)'는 영주직영지를 구성하는 상당히 큰 덩어리의 곡물경작지를 뜻한다. '땅덩어리'와 유사한 개념이라고 할 수 있을 것이다. 이것은 나무가 우거지기는 해도 토양은 비옥한 미경작지를 영주직영지의 솔거노예들과 미경작지로 흘러들어온 자유인과 반자유인의 개간으로 생성되었을 것으로 추측되고 있다. 이들 개간자들은 영주직영지의 미개간지를 농민보유지로 분양받아 보유하고서는 확장된 영주직영지의 경작을 위한 부역노동을 비롯한 의무를 수행해야 했다. cultura는 센 강과 라인 강 사이지역에서 사용된 말이고 독일의 중앙부에서는 'territoria'라는 용어가 쓰였다. A. Verhulst, "Economic organization", pp. 489~490 참조.

4 여기서 '마일'이란 라틴어 원문의 'leuva'를 번역한 말이다. 이것은 leuca, lauga, leuwa, lega leva, leuza 등으로도 불린 당시의 길이 내지 거리 측정단위다. 영국의 마일(mile)과 비슷한 것이기 때문에 이렇게 번역했다. B. Guérard, *Prolégomènes*, pp. 161 및 196에 의하면 그 길이는 2222m이고, J. E. Niermeyer, *Mediae Latinitatis*

있는 임야가 있다.[5]

여기에는 3대의 물레방아가 있다. 이들 물레방아로부터는 사용료(수입)로 154md의 곡식이 생긴다.

여기에는 정성들여 만든 모든 설비를 갖춘 교회가 하나 있다. 이곳에는 17bun의 곡물경작지와 5½arp의 포도밭 및 3arp의 초지가 배속되어 있다. 그 외에 여기에는 4bun 2ant의 곡물경작지와 1½arp의 포도밭 및 3arp의 초지로 구성된 1개의 자유인망스가 있다. 여기에는 각자 1jr의[6] 곡물경작지를 보유함으로 인해 매주 1일(의 부역노동)을 수행하고 1마리의 닭과 5개의 계란을 (바치는) 6명의 거류외인들이[7] 있다.

기툼에는[8] 사제인 봐로두스가 보유한 또 하나의 교회가 있다. 이곳

Lexicon Minus, p. 597에 의하면 2250m다. 한편 leuva는 면적단위로도 사용되기도 했다. J. E. Niermeyer는 이 영지명세장에서 사용된 leuva는 B. 게라르와는 달리 임야 측량의 면적단위라고 본다. J. E. Niermeyer, *Mediae Latinitatis Lexicon Minus*, pp. 597~598 참조.

5 중세 유럽사회에서 돼지는 일반적으로 숲에 방목되어 사육되었다. 돼지는 도토리 등의 열매와 풀을 먹고 자라다가, 겨울 초입에 도살되었다. 돼지는 가장 중요한 살코기 공급원이었기 때문에, 임야의 크기는 흔히 방목돼지의 수로 측량되어 표시되었다.

6 여기의 'jr'은 'jornalis'의 준말로 쓴 것이다. jornalis는 어원상으로는 하루 또는 한나절에 쟁기로 밭을 갈 수 있는 면적을 뜻한다. B. Guérard, *Prolégomènes*, pp. 171~175, 197에 의하면, 1jornalis의 크기는 34.13아르다.

7 '거류외인들'이란 라틴어 원문에서 'hospes'의 복수인 'hospites'를 번역한 말이다. hospes는 원래 고전 라틴어에서 손님이라는 뜻이다. 이 영지명세장에서는 일정한 부담을 진다는 조건 아래 어떤 영주의 장원에서 일정 크기의 토지나 집을 일시적으로 보유하는 외지 출신의 거류민이라고 할 수 있다. 그는 그의 본래 신분이 자유인이든 부자유인이든 간에 그가 거류하는 장원의 영주에게는 예속되어 있지 않았다. 이런 거류외인들이 보유하는 토지가 앞에서 봤듯이 'hospitium' 또는 'hospicium'이라고 하는 것이다. 역으로 이런 종류의 토지를 보유한 사람이 hospes로 불리기도 했다.

8 B. Guérard, ed., *Polyp. d'Irminon*, p. 6의 b번 각주와 A. Longnon, ed., *Polyp. de St. Germain*, p. 8의 1번 각주 및 D. Hägerman, ed., *Polyp. von St. Germain,* p. 225에 의하면, 기툼(Gitum)은 팔레조 캉통 내에 있는 오늘날의 지프(Gif)이며, 팔라티움 장원의 주 소재지로부터 서쪽으로 8km 떨어진 이베트(Yvette) 천의 좌측 연변에 위치한다.

에는 7명의 거류외인들이 배속되어 있다. 그리고 이 사제와 그의 거류외인들의 토지를 합쳐 모두 6½bun의 곡물경작지와 5arp의 포도밭과 5arp의 초지 및 1bun의 새로운 임야가 있다. 그들은 음식이 제공되는 경우에는 매주 1일(의 부역노동)을 수행한다. 그들은 1마리의 닭과 5개의 계란 및 4데나리우스를 (바친다). 이 교회로부터는 예물(禮物)로[9] 1필의 말이 (수도원에) 생긴다.

2. 생제르맹(수도원)의 속민들로서 콜로누스이고 마름인[10] 빌라프레두스와 콜로누스이고 이름이 에우디미아인 그의 아내는 이름들이 빌라힐디스, 레우트가르디스인 2명의 자식을 두고 있다. 그는 7bun의 곡물경작지와 6arp의 포도밭 및 4arp의 초지로 구성된 2개의 자유인망스를 보유한다. 그는 1개 망스당 1두의 황소를 바치고, 둘째 해에는 1마리의 돼지를, 나무채취료로[11] 4데나리우스를, 돼지방목세로 2md의 포도주를, 새

---

9 여기서 '예물'이란 라틴어 원문의 'dona'를 번역한 말이다. 로마제국이나 게르만사회에는 군주에게 예물을 바치는 관습이 있었으며, 프랑크왕국에서도 건국 초부터 귀족이나 수도원 등의 상류사회에서 고위 관직이나 은대지를 수여받는 데 대해 대축일 등에 왕에게 매년 예물을 바쳤다. 예물 공납은 루도비쿠스 경건왕(재위 814~840년) 즉위 초부터는 많은 경우 면제되기는 했지만, 수도원을 중심으로 선물관행이 잔존하기도 했다. 선물로는 로마제국 이래 흔히 말이 사용되었다. 이 영지명세장에서도 뒤에서 보는 바와 같이 적지 않은 교회들과 장원의 마름들이 예물로 말을 바치고 있다. 이와 같은 예물 상납에 관해서는 B. Guérard, *Prolégomènes*, pp. 701~703 참조.

10 '마름'이란 원문의 'major'을 번역한 말이다. major는 영주를 대신해서 장원농민들의 부역노동을 감독하고 공납물을 징수하는 등 장원을 관리·감독하는 장원관리인이었다. 곧 뒤에서 보게 되는 바와 같이 장원에는 창고지기, 방앗간 관리인, 산지기 등 여러 종류의 관리인이 있었다. 이런 관리인들 중에서도 major는 장원에 대한 전반적인 경영과 관리 업무를 담당하는 우두머리 관리인이었다고 할 수 있다. 따라서 major는 해방 전 우리나라 농촌사회에서 지주를 대신해서 소작인들을 관리하던 마름과 같은 존재라고 할 수 있을 것이다. 그래서 major를 마름으로 번역한다.

11 '나무채취료'란 라틴어 원문의 'lignericia'를 번역한 말이다. 이 말은 다른 기록에서는 lignaricia, lignaritia, ligneritia 등으로도 불렸다. 이 라틴어 단어는 나무를 뜻하는 라틴어 'lignum'에서 유래한다. J. E. Niermeyer, *Mediae Latinitatis Lexicon Minus*, p. 612에 의하면 lignaricia는 나무수송부역 대납세(redevance pour rachat de services de transport de bois)다. 그러나 니이르마이어의 이런 뜻 해석은 이

끼 양을 가진 1두의 암양을 바친다. 그는 동곡파종을 위해서 4ptc를, 하곡파종을 위해서 2ptc를 갈이질하고, 지시받는 만큼 코르베와 수송 부역과 손일 및 나무베기 부역을 (수행하며), 3마리의 닭과 15개의 계란을 (바친다).

3. 생제르맹(수도원)의 속민들로서 콜로누스인 하이르문두스와 콜로누스이고 이름이 할드라다인 그의 아내는 이름들이 엘리솜, 힐데가우두스, 엘리세우스, 테우드힐디스, 하이리베오인 5명의 자식을 두고 있다. 그는 10bun의 곡물경작지와 2arp의 포도밭 및 1½arp의 초지로 구성된 1개의 자유인망스를 보유한다. 그는 (위와) 같이 (의무를) 이행한다.

4. 생제르맹(수도원)의 콜로누스인 투르피우스는 이름들이 아달트르디스, 에르멩가우다, 아달신디스인 3명의 자식을 두고 있다. 생제르맹(수도원)의 속민들로서 콜로누스인 라게눌푸스와 콜로누스이고 이름이 아달부르그스인 그의 아내는 이름이 라게놀두스인 1명의 자식을 두고 있다. 그들 두 명은 4bun의 곡물경작지와 2arp의 포도밭 및 2arp의 초지로 구성된 1개의 자유인망스를 보유한다. 그들은 (위와) 같이 (의무를) 이행한다.

5. 생제르맹(수도원)의 속민들로서 콜로누스인 시고이누스와 콜로누스이고 이름이 라게닐디스인 그의 아내는 이름들이 라게나르두스, 아이틸디스인 2명의 자식을 두고 있다. 생제르맹(수도원)의 속민들로서 콜로누스인 이트하리우스와 콜로누스이고 이름이 아르딩가인 그의 아내는

영지명세장의 제9장 제153항 등에서 흔히 '1수레의 lignericia를 (바친다)'고 하는 경우에는 그 뜻이 통하지 않는다. 수레에 실린 lignericia는 금전 형태의 나무수송부역 대납세가 아니라 나무와 같은 구체적인 물품일 수밖에 없기 때문이다. 한편 B. Guérard, *Prolégomènes*, pp. 684~686에 의하면 이 용어는 생제르맹데프레 수도원영지의 예속민과 토지보유자들이 수도원의 임야를 이용하는 대가로 수도원에 일정량의 나무를 베어 바치는 나무더미나 지불되는 금전 또는 다른 종류의 부담이다. 게라르의 이런 해석이 타당성이 있다고 생각되므로, 이 번역에서는 그 뜻을 살려 lignericia를 나무채취료로 옮기도록 하고 '1수레의 lignericia를 (바친다)'고 하는 글귀도 '나무채취료로 1수레의 나무를 (바친다)'로 옮기도록 하겠다.

이름이 아다인 1명의 자식을 두고 있다. 그들 두 명은 12bun의 곡물경작지와 2arp의 포도밭 및 2½arp의 초지로 구성된 1개의 자유인망스를 보유한다. 그들은 (위와) 같이 (의무를) 이행한다.

6. 생제르맹(수도원)의 속민들로서 콜로누스인 아말리쿠스와 콜로누스이고 이름이 잉가르디스인 그의 아내. 생제르맹(수도원)의 속민들로서 콜로누스인 군트베르투스와 콜로누스이고 이름이 아달가리아인 그의 아내는 이름들이 아드레아스, 아달길디스인 2명의 자식을 두고 있다. 생제르맹(수도원)의 속민들로서 콜로누스인 에르메놀두스와 콜로누스이고 이름이 크리스토이나인 그의 아내. 생제르맹(수도원)의 속민들로서 콜로누스인 요한네스와 콜로누스이고 이름이 시클레힐디스인 그의 아내는 이름이 엘리사베트인 1명의 자식을 두고 있다. 그들 네 명은 12bun의 곡물경작지와 5arp의 포도밭 및 4arp의 초지로 구성된 1개의 자유인망스를 보유한다. 그들은 이로 인해 (1필의) 역마를 바친다.

7. 생제르맹(수도원)의 속민들로서 콜로누스인 요한네스와 콜로누스이고 이름이 발스마인 그의 아내. 생제르맹(수도원)의 속민들로서 콜로누스인 마달룰푸스와 콜로누스이고 이름이 엘드라다인 그의 아내는 이름들이 아르눌푸스, 레우도, 아달가리아, 마달구디스인 4명의 자식을 두고 있다. 그들 두 명은 2½bun의 곡물경작지와 2arp의 포도밭 및 2arp의 초지로 구성된 1개의 자유인망스를 보유한다. 그들은 (위와) 같이 (의무를) 이행한다.

8. 생제르맹(수도원)의 속민들로서 콜로누스인 아클레하르두스와 콜로누스이고 이름이 테우드힐디스인 그의 아내는 이름들이 테우트하르두스, 시게베르투스, 잉게드루디스, 아클레하르두스, 아클레힐디스인 5명의 자식을 두고 있다. 그는 …bun ½ant의 곡물경작지와 1¼arp의 포도밭 및 2arp의 초지로 구성된 1개의 자유인망스를 보유한다. 그는 (위와) 같이 (의무를) 이행한다.

9. 생제르맹(수도원)의 속민들로서 콜로누스인 시카르두스와 콜로누스이고 이름이 게노베파인 그의 아내는 이름들이 에카르두스, 에브레그림

스인[12] 2명의 자식을 두고 있다. 그는 2bun ½ant의 곡물경작지와 1¾arp의 포도밭 및 3arp의 초지로 구성된 1개의 자유인망스를 보유한다. 그는 (위와) 같이 (의무를) 이행한다.

10. 생제르맹(수도원)의 속민들로서 콜로누스인 고달하르두스와 콜로누스이고 이름이 에를린디스인 그의 아내는 이름들이 콘스탄티누스, 고델하리우스, 고델힐디스, 고델베르가인 4명의 자식을 두고 있다. 그는 3bun 1ant의 곡물경작지와 1½arp의 포도밭 및 3arp의 초지로 구성된 1개의 자유인망스를 보유한다. 그는 (위와) 같이 (의무를) 이행한다.

11. 생제르맹(수도원)의 속민들로서 콜로누스인 트루트깅구스와 콜로누스이고 이름이 살비아인 그의 아내는 이름들이 트루트볼두스, 오델하르트, 고델린디스인 3명의 자식을 두고 있다. 그는 3bun 1ant의 곡물경작지와 2arp의 초지 및 2arp의 포도밭으로 구성된 1개의 자유인망스를 보유한다. 그는 (위와) 같이 (의무를) 이행한다.

12. 생제르맹(수도원)의 속민들로서 콜로누스인 힐데베르투스와 콜로누스이고 이름이 아말힐디스인 그의 아내는 이름이 힐데베르트인 1명의 자식을 두고 있다. 그는 6bun의 곡물경작지와 2½arp의 포도밭 및 2½arp의 초지로 구성된 1개의 자유인망스를 보유한다. 그는 (위와) 같이 (의무를) 이행한다.

13. 생제르맹(수도원)의 속민들로서 콜로누스인 아달그리무스와 콜로누스이고 이름이 라트트루디스인 그의 아내는 이름이 가우트마루스인 1명의 자식을 두고 있다. 그는 3bun의 곡물경작지와 1arp의 포도밭 및 2arp의 초지로 구성된 1개의 자유인망스를 보유한다. 그는 (위와) 같이 (의무를) 이행한다.

---

12 두 자식의 이름 가운데 마지막 이름이 D. Hägerman, ed., *Polyp. von St. Germain*, p. 6에서는 '에브레그리누스(Ebregrinus)'로 되어 있지만, B. Guérard, ed., *Polyp. de Irminon*, p. 7과 A. Longnon, ed., *Polyp. de St. Germain*, p. 9에서는 '에브레그림스(Ebregrims)로 되어 있다.

14. 생제르맹(수도원)의 속민들로서 콜로누스인 에르메나리우스와 콜로누스이고 이름이 테우트베르가인 그의 아내는 이름들이 에르메하리우스, 에르메드루디스인 2명의 자식을 두고 있다. 그는 3bun의 곡물경작지와 1½arp의 포도밭 및 2½arp의 초지로 구성된 1개의 자유인망스를 보유한다. 그는 (위와) 같이 (의무를) 이행한다.

15. 생제르맹(수도원)의 콜로누스인 그림볼두스는 이름들이 아말힐디스, 에르멘트루디스, 뷔나인 3명의 자식을 두고 있다. 생제르맹(수도원)의 속민들로서 콜로누스인 힐트베르투스와 콜로누스이고 이름이 라게닐디스인 그의 아내. 생제르맹(수도원)의 [콜로누스인] 그리몰두스. 그들 세 명은 5bun의 곡물경작지와 2arp의 포도밭 및 4arp의 초지로 구성된 1개의 자유인망스를 보유한다. 그들은 (위와) 같이 (의무를) 이행한다.

16. 생제르맹(수도원)의 속민들로서 콜로누스인 아달그리무스와 콜로누스이고 이름이 라게닐디스인 그의 아내는 이름들이 라게놀두스, 안소이누스, 아달구디스, 라그노이스, 그리마인 5명의 자식을 두고 있다. 그는 3bun 1½ant의 곡물경작지와 1¼arp의 포도밭 및 1arp의 초지로 구성된 1개의 자유인망스를 보유한다. 그는 (위와) 같이 (의무를) 이행한다.

17. 생제르맹(수도원)의 속민들로서 콜로누스인 크리스토이누스와 콜로누스이고 이름이 놀기아인 그의 아내는 이름들이 크리스토리우스, 아달리아, 크리스토포루스, 푸라인 4명의 자식을 두고 있다. 그는 3bun 1½ant의 곡물경작지와 1¼arp의 포도밭 및 1¼arp의 초지로 구성된 1개의 자유인망스를 보유한다. 그는 (위와) 같이 (의무를) 이행한다.

18. 생제르맹(수도원)의 속민들로서 콜로누스인 시켈무스와 이름이 아이틀라인 그의 아내는 이름들이 아이틀란두스, 시킬디스인 2명의 자식을 두고 있다. 생제르맹(수도원)의 콜로누스인 에르멩가우두스. 그들 두 명은 3bun의 곡물경작지와 1½arp의 포도밭 및 2½arp의 초지로 구성된 1개의 자유인망스를 보유한다. 그들은 (위와) 같이 (의무를) 이행한다.

19. 생제르맹(수도원)의 속민들로서 콜로누스인 테우트베르투스와 콜로누스이고 이름이 라트군디스인 그의 아내는 이름들이 란트가리우스, 란

트기스, 테우트베르타인 3명의 자식을 두고 있다. 생제르맹(수도원)의 콜로누스인 에브레하리우스. 그들 두 명은 3bun ½ant의 곡물경작지와 3arp의 포도밭 및 3arp의 초지로 구성된 1개의 자유인망스를 보유한다. 그들은 (위와) 같이 (의무를) 이행한다.

20. 생제르맹(수도원)의 속민들로서 콜로누스인 마이울푸스와 콜로누스이고 이름이 잉갈라다인 그의 아내는 이름이 잉갈베르가인 1명의 자식을 두고 있다. 생제르맹(수도원)의 속민들로서 콜로누스인 게룰푸스와 콜로누스이고 이름이 에르모일디스인 그의 아내는 이름들이 게라르두스, 게로아르두스인 2명의 자식을 두고 있다. 그들 두 명은 4bun의 곡물경작지와 3arp의 포도밭 및 3arp의 초지로 구성된 1개의 자유인망스를 보유한다. 그들은 (위와) 같이 (의무를) 이행한다.

21. 생제르맹(수도원)의 속민들로서 콜로누스인 알라프레두스와 콜로누스이고 이름이 게르힐디스인 그의 아내는 이름들이 알로, 알라리쿠스, 알로이스, 아로이스인 4명의 자식을 두고 있다. 그는 3bun 1½ant의 곡물경작지와 2arp의 포도밭 및 2½arp의 초지로 구성된 1개의 자유인망스를 보유한다. 그는 (위와) 같이 (의무를) 이행한다.

22. 생제르맹(수도원)의 속민들로서 콜로누스인 힐데볼두스와 콜로누스이고 이름이 크리스티나인 그의 아내는 이름들이 힐도아르두스, 힐데보두스, 힐데베르가인 3명의 자식을 두고 있다. 그는 3bun ½ant의 곡물경작지와 2arp의 포도밭 및 3arp의 초지로 구성된 1개의 자유인망스를 보유한다. 그는 (위와) 같이 (의무를) 이행한다.

23. 생제르맹(수도원)의 콜로누스인 에리브란두스는 이름들이 힐도이스, 하이르베르타, 아우트람누스인[13] 3명의 자식을 두고 있다. 생제르맹

---

[13] 세 자식의 이름 가운데 마지막 이름이 B. Guérard, ed., *Polyp. d'Irminon*, p. 9에서는 '아우트란누스(Autrannus)'로 되어 있지만, A. Longnon, ed., *Polyp. de St. Germain*, p. 12와 D. Hägerman, ed., *Polyp. von St. Germain*, p. 7에서는 '아우트람누스(Autramnus)'로 되어 있다. 이하에서 이와 같이 이름의 철자가 'nn'인지 'mn'

(수도원)의 콜로누스인 그리몰두스. 에르멘프레두스. 그들 세 명은 2bun의 곡물경작지와 4arp의 포도밭 및 5arp의 초지로 구성된 1개의 자유인망스를 보유한다. 그들은 (위와) 같이 (의무를) 이행한다.

24. 생제르맹(수도원)의 콜로누스인 알딩구스. 생제르맹(수도원)의 속민들로서 콜로누스인 봔달가리우스와 콜로누스이고 이름이 오산나인 그의 아내는 이름들이 봔트힐디스, 뷔네길디스인 2명의 자식을 두고 있다. 그들 두 명은 3bun ½ant의 곡물경작지와 5arp의 포도밭 및 5arp의 초지로 구성된 1개의 자유인망스를 보유한다. 그들은 (위와) 같이 (의무를) 이행한다.

25. 생제르맹(수도원)의 콜로누스인 아달렐무스는 6bun의 곡물경작지와 1½arp의 포도밭 및 2¼arp의 초지로 구성된 1개의 자유인망스를 보유한다. 그는 (위와) 같이 (의무를) 이행한다.

26. 생제르맹(수도원)의 속민들로서 콜로누스인 힐데가리우스와 콜로누스이고 이름이 아겐트루디스인 그의 아내는 이름들이 에르멘타리우스, 알틸디스인 2명의 자식을 두고 있다. 그는 3bun의 곡물경작지와 2¼arp의 포도밭 및 ⅔arp의 초지로 구성된 1개의 자유인망스를 보유한다. 그는 (위와) 같이 (의무를) 이행한다.

27. 생제르맹(수도원)의 속민들로서 콜로누스인 테우드리쿠스와 콜로누스이고 이름이 아달신디스인 그의 아내는 이름이 가우기아인 1명의 자식을 두고 있다. 생제르맹(수도원)의 콜로누스인 테우트바르두스. 그들 두 명은 8bun의 곡물경작지와 5arp의 포도밭 및 1⅔arp의 초지로 구성된 1개의 자유인망스를 보유한다. 그들은 (위와) 같이 (의무를) 이행한다.

28. 생제르맹(수도원)의 속민들로서 콜로누스인 레우트가리우스와 콜로누스이고 이름이 에르메닐디스인 그의 아내는 이름이 레우트가우두스인

인지 하는 불분명한 문제가 발생할 경우에는 후자들을 좇아 'mn'으로 파악하도록 한다.

1명의 자식을 두고 있다. 생제르맹(수도원)의 콜로누스인 리카리우스. 그들 두 명은 3bun ½ant의 곡물경작지와 ⅔arp의 초지로 구성된 1개의 자유인망스를 보유한다. 그들은 (위와) 같이 (의무를) 이행한다. **이들은 황소를 바치지 않으며, 나머지(의무)는 다른 보유자들처럼 수행한다.**[14]

29. 생제르맹(수도원)의 속민들로서 콜로누스인 베르트라우스와 콜로누스이고 이름이 이달리아인 그의 아내는 이름들이 아클룰푸스, 아이타르두스, 이델린디스인 3명의 자식을 두고 있다. 생제르맹(수도원)의 속민들로서 콜로누스인 나달가리우스와 콜로누스이고 이름이 테우틀린디스인 그의 아내. 생제르맹(수도원)의 속민들로서 콜로누스인 아데리쿠스와 콜로누스이고 이름이 아말갈디스인 그의 아내는 이름들이 콘스탄티누스, 아달트루디스인 2명의 자식을 두고 있다. 그들 세 명은 5bun의 곡물경작지와 3arp의 포도밭 및 2arp의 초지로 구성된 1개의 자유인망스를 보유한다. 그들은 (위와) 같이 (의무를) 이행한다.

30. 생제르맹(수도원)의 속민들로서 콜로누스인 아드룰푸스와 콜로누스이고 (이름이) 아로일디스인 그의 아내는 이름들이 시그라두스, 아로이스, 알로이스, 아달루이누스, 알로아르두스, 아드레힐디스, 아달트루디스, 오산나, 아드릴디스인 8명의[15] 자식을 두고 있다. 그는 7bun의 곡물경작지와 2½arp의 포도밭 및 2½arp의 초지로 구성된 1개의 자유인망스를 보유한다. 그는 (위와) 같이 (의무를) 이행한다.

31. 생제르맹(수도원)의 속민들로서 콜로누스인 아말베르투스와 콜로누스이고 이름이 아달트루디스인 그의 아내는 이름들이 아레디우스, 할트베르투스, 알라리쿠스, 아말베르가인 4명의 자식을 두고 있다. 생제르맹(수도원)의 속민들로서 콜로누스인 안스베르투스와 콜로누스이고

---

[14] 수사본에 이 부분은 속기술로 메모되어 있다고 한다. B. Guérard, ed., *Polyp. d'Irminon*, p. 10; A. Longnon, ed., *Polyp. de St. Germain*, p. 12; D. Hägerman, ed., *Polyp. von St. Germain,* p. 8 참조.

[15] 8명이라고 하지만, 실제 기록되어 있는 이름은 9명이다.

이름이 봔데드루디스인 그의 아내는 이름들이 봐림베르투스, 힐트베르투스, 봔달베르투스인 3명의 자식을 두고 있다. 생제르맹(수도원)의 속민들로서 콜로누스인 에르메놀두스와 콜로누스이고 이름이 게이르베르타인 그의 아내는 이름이 에르메놀트인 1명의 자식을 두고 있다. 그들 세 명은 7bun의 곡물경작지와 2arp의 포도밭 및 4arp의[16] 초지로 구성된 1개의 사유인망스를 보유한다. 그들은 (위와) 같이 (의무를) 이행한다.

32. 생제르맹(수도원)의 속민들로서 콜로누스인 아말가우두스와 콜로누스이고 이름이 아우레스마인 그의 아내는 이름들이 아말그라트, 에르멩가우트인 2명의 자식을 두고 있다. 그는 7bun의 곡물경작지와 2arp의 포도밭 및 2arp의 초지로 구성된 1개의 자유인망스를 보유한다. 그는 (위와) 같이 (의무를) 이행한다.

33. 생제르맹(수도원)의 콜로누스인 에름브라두스. 생제르맹(수도원)의 속민들로서 콜로누스인 나달라두스와 콜로누스이고 이름이 세겜베르가인 그의 아내는 이름들이 아달라두스, 시게프레두스인 2명의 자식을 두고 있다. 그들 두 명은 2bun의 곡물경작지와 2½arp의 포도밭 및 1arp의 초지로 구성된 1개의 자유인망스를 보유한다. 그들은 (위와) 같이 (의무를) 이행한다.

34. 생제르맹(수도원)의 속민들로서 콜로누스인 아말리쿠스와 콜로누스이고 이름이 힝크프레다인 그의 아내. 생제르맹(수도원)의 속민들로서 콜로누스인 란둘푸스와 콜로누스이고 이름이 라겐틸디스인 그의 아내는 이름이 라트베르투스인[17] 1명의 자식을 두고 있다. 생제르맹(수도

[16] 초지의 면적이 B. Guérard, ed., *Polyp. d'Irminon*, p. 11과 A. Longnon, ed., *Polyp. de St. Germain*, p. 13에서는 '4arp(aripennos IIII)'로 되어 있으나, D. Hägerman, ed., *Polyp. von St. Germain,* p. 8에서는 '3arp(aripennos III)'로 되어 있다. 여기서는 헤게르만이 실수를 했을 것으로 보여, 앞의 두 간행자들의 4arp를 따랐다.

[17] B. Guérard, ed., *Polyp. d'Irminon*, p. 11과 A. Longnon, ed., *Polyp. de St. Germain*, p. 13에서는 '라트베르투스(Ratbertus)'로 되어 있으나, D. Hägerman, ed., *Polyp.*

원)의 속민들로서 콜로누스인 아드리아누스와 콜로누스이고 이름이 잉갈트루디스인 그의 아내. 그들 세 명은 6bun의 곡물경작지와 $2\frac{1}{4}$arp의 포도밭 및 $2\frac{1}{2}$arp의 초지로 구성된 1개의 자유인망스를 보유한다. 그들은 (위와) 같이 (의무를) 이행한다.

35. 생제르맹(수도원)의 콜로누스인 가이로이누스. 생제르맹(수도원)의 속민들로서 콜로누스인 군톨란두스와 콜로누스이고 이름이 아달트루디스인 그의 아내. 생제르맹(수도원)의 속민들로서 콜로누스인 군타리우스와 콜로누스이고 이름이 고트볼다인 그의 아내는 이름이 고틀란다인 1명의 자식을 두고 있다. 그들 세 명은 5bun의 곡물경작지와 $2\frac{1}{2}$arp의 포도밭 및 $1\frac{1}{2}$arp의 초지로 구성된 1개의 자유인망스를 보유한다. 그들은 (위와) 같이 (의무를) 이행한다.

36. 생제르맹(수도원)의 속민들로서 콜로누스인 아클레만두스와 콜로누스이고 가족명(家族名)이 베니나인 그의 아내는 이름들이 베롤두스, 베네가리우스, 에브레모두스, 아우드라두스, 리우타르두스, 하이로아르두스, 아달베르타인 6명의[18] 자식을 두고 있다. 생제르맹(수도원)의 콜로누스인 에르멘리쿠스. 생제르맹(수도원)의 콜로누스인 아미쿠스. 생제르맹(수도원)의 속민들로서 콜로누스인 라트볼두스와 콜로누스이고 이름이 고디나인 그의 아내는 이름들이 고디누스, 레우트볼두스, 안세가리우스, 시클레볼다, 고델린디스, 프로트힐디스인 6명의 자식을 두고 있다. 생제르맹(수도원)의 속민들로서 콜로누스인 뷔네볼두스와 콜로누스이고 이름이 에르비나인 그의 아내는 이름들이 라겐텔무스, 뷔네람누스, 뷔네베르가, 뷔네부르그스인 4명의 자식을 두고 있다. 그들 다섯 명은 8bun의 곡물경작지와 3arp의 포도밭 및 2arp의 초지로 구성

---

von St. Germain, p. 8에서는 '라트베르트(Ratbert)'로 되어 있다. 그러나 헤게르만이 편찬한 영지명세장의 인명색인에는 Ratbertus 항은 있어도 Ratbert라는 항은 없으며 라틴어 이름에서 흔히 어미가 '-us'로 되어 있음을 감안할 때, 이 경우에는 헤게르만이 실수를 한 것으로 보인다.

[18] 실제로 이름이 기록된 자식의 수는 7명이다.

된 1개의 자유인망스를 보유한다. 그들은 (위와) 같이 (의무를) 이행하며, 또한 (1개의) 반쪽 망스에 대해 (1필의) 역마를 바친다.

37. 생제르맹(수도원)의 속민들로서 콜로누스인 고델볼두스와 콜로누스이고 이름이 에르멘트루디스인 그의 아내는 이름들이 프로디누스, 하리베르타, 알트베르투스, 에르칸트루디스, 힐데구디스인 5명의 자식을 두고 있다. 생제르맹(수도원)의 속민들로서 콜로누스인 고디누스와 콜로누스이고 이름이 군드라다인 그의 아내는 이름이 만디스마인 1명의 자식을 두고 있다. 그들 두 명은 8bun의 곡물경작지와 2½arp의 포도밭 및 1½arp의 초지로 구성된 1개의 자유인망스를 보유한다. 그들은 (위와) 같이 (의무를) 이행한다.

38. **이들은 황소를 바치지 않는다.**[19] 생제르맹(수도원)의 속민들로서 콜로누스인 에브룰푸스와 노예이고 이름이 에르메닐디스인 그의 아내는 이름들이 메룰푸스, 베르타, 도미니카, 무르나인 4명의 자식을 두고 있다. 생제르맹(수도원)의 속민들로서 노예인 에르메놀두스와 콜로누스이고 이름이 마르타인 그의 아내는 이름들이 에르멘베르투스, 아르데가리우스, 에르메나르두스, 잉갈신디스인 4명의 자식을 두고 있다. 생제르맹(수도원)의 여자노예인 테우트가르디스는 이름이 테우트가리아인 1명의 자식을 두고 있다. 그들 세 명은 4bun 1ant의 곡물경작지와 4arp의 포도밭 및 2arp의 초지로 구성된 1개의 자유인망스를 보유한다. 그들은 포도밭에서 8arp를 작업하고, 돼지방목세로 2md의 포도주를 바치며, 2sest의[20] 겨자를 바친다.

39. 생제르맹(수도원)의 속민들로서 콜로누스인 울데마루스와 콜로누스이

---

19 이 말은 B. Guérard, ed., *Polyp. d'Irminon*, p. 12에는 없고 A. Longnon, ed., *Polyp. de St. Germain*, p. 14와 D. Hägerman, ed., *Polyp. von St. Germain*, p. 9에만 나타나는 것으로, 이들에 의하면 이 말은 가장자리에 속기술로 기록되어 있다.

20 'sest'는 여기서 'sestarius'의 준말로 쓴 것이다. sestarius는 sextarius, sistarium 등으로도 쓰인 것으로, B. Guérard, *Prolégomènes*, pp. 185~187, 197에 의하면 1sextarius = 4.25리터다.

고 이름이 에르멘틸디스인 그의 아내는 이름들이 에르칸프레두스, 에르멩길디스인 2명의 자식을 두고 있다. 생제르맹(수도원)의 콜로누스인 오델루스는 이름들이 아레기우스, 아달라르두스인 2명의 자식을 두고 있다. 그들 두 명은 2bun 2ant의 곡물경작지와 2arp의 포도밭으로 구성된 1개의 자유인망스를 보유한다. 그들은 (위와) 같이 (의무를) 이행한다.

40. **이들은 황소를 바치지 않는다.**[21] 생제르맹(수도원)의 속민들로서 콜로누스인 살라몬과 콜로누스이고 이름이 프로트힐디스인 그의 아내는 이름들이 에르칸프레두스, 삼손,[22] 로트가리우스인 3명의 자식을 두고 있다. 그는 4bun의 곡물경작지와 1⅔arp의 포도밭 및 1⅔arp의 초지로 구성된 1개의 자유인망스를 보유한다. 그는 황소를 바치지 않는 것을 제외하고는 (위와) 같이 (의무를) 이행한다.

41. **이들은 황소를 바치지 않는다.**[23] 생제르맹(수도원)의 속민들로서 노예인 리울푸스와 콜로누스이고 이름이 힐데니비아인 그의 아내는 이름들이 페레길디스, 렉트루디스인 2명의 자식을 두고 있다. 그는 1bun 1ant의 곡물경작지와 1arp의 포도밭으로 구성된 1개의 자유인망스를 보유한다. 그는 포도밭에서 4arp를 작업하고, 돼지방목세로 1md의 포도주를 바치며, 1sest의 겨자를 바친다. 그는 (위와) 같이 (의무를) 이행한다.

---

[21] 이 말은 B. Guérard, ed., *Polyp. d'Irminon*, p. 12에는 없고 A. Longnon, ed., *Polyp. de St. Germain*, p. 15와 D. Hägerman, ed., *Polyp. von St. Germain,* p. 9에만 나타나는 것으로, 이들에 의하면 이 말은 가장자리에 속기술로 기록되어 있다.

[22] 세 자식 가운데 둘째 자식의 이름이 B. Guérard, ed., *Polyp. d'Irminon*, p. 12와 A. Longnon, ed., *Polyp. de St. Germain*, p. 15에는 '산손(Sanson)'이라고 기록되어 있는 데 비해, D. Hägerman, ed., *Polyp. von St. Germain,* p. 9에는 '삼손(Samson)'으로 기록되어 있다. 그러나 앞의 두 라틴어 원서에서도 제9장 제148항에서 이름이 'Sanson'이 아니라 'Samson'으로 되어 있으므로 후자처럼 독해하는 것이 타당하다고 하겠다.

[23] 이 말은 B. Guérard, ed., *Polyp. d'Irminon*, p. 12에는 없고 A. Longnon, ed., *Polyp. de St. Germain*, p. 15와 D. Hägerman, ed., *Polyp. von St. Germain,* p. 9에만 나타나는 것으로, 이들에 의하면 이 말은 가장자리에 속기술로 기록되어 있다.

42. 생제르맹(수도원)의 여자콜로누스인 힐데가르디스는 이름들이 하르드라두스, 아이르하르두스인 2명의 자식을 두고 있다. 생제르맹(수도원)의 콜로누스인 아우트베르투스. 그들 두 명은 3bun ½ant의 곡물경작지와 4arp의 포도밭 및 5arp의 초지로 구성된 1개의 자유인망스를 보유한다. 그들은 (위와) 같이 (의무를) 이행한다.

43. 생제르맹(수도원)의 속민들로서 콜로누스인 베르네하리우스와 콜로누스이고 이름이 프라멩길디스인 그의 아내는 이름들이 프라멩가리우스, 베르네가리우스, 베르네길디스, 베르노아라, 뷔스트릴디스인 5명의 자식을 두고 있다. 그는 4bun의 곡물경작지와 1½arp의 포도밭으로 구성된 (1개의) 반쪽 망스를 보유한다. 그는 (1개) 망스(의무)의 절반을 이행한다.

44~45.[24] 생제르맹(수도원)의 콜로누스인 베르네하르두스. 생제르맹(수도원)의 속민들로서 콜로누스인 안세볼두스와 콜로누스이고 이름이 베로일디스인 그의 아내는 이름들이 안세가리우스, 안세가우두스, 안소이스인 4명의[25] 자식을 두고 있다. 생제르맹(수도원)의 속민들로서 콜로누스인 아드레하리우스와 콜로누스이고 이름이 아클린디스인 그의 아내는 3명의 자식을 두고 있다. 그들 세 명은 10bun의 곡물경작지와 1arp의 포도밭 및 2½[arp]의 초지로 구성된 1개의 자유인망스를 보유한다. 그들은 (위와) 같이 (의무를) 이행한다.

46. 생제르맹(수도원)의 속민들로서 콜로누스인 란드라두스와 콜로누스이고 이름이 라감베르타인 그의 아내는 이름들이 …인 2명의 자식을 두고 있다. 생제르맹(수도원)의 콜로누스인 에르캄볼두스는 이름들이 에르나리우스, 베르팅가인 2명의 자식을 두고 있다. 그들 두 명은 5bun의 곡물경작지와 ½arp의 포도밭 및 1¼arp의 초지로 구성된 1개의 자유인망스를 보유한다. 그들은 (위와) 같이 (의무를) 이행한다.

---

[24] 원래 수사본에 실수로 두 번호가 표기되어 있다고 한다.

[25] 보다시피 실제로 기록된 자식의 이름은 3명뿐이다.

47. 생제르맹(수도원)의 속민들로서 콜로누스인 라그베르투스와 콜로누스이고 이름이 시킬디스인 그의 아내는 이름이 시게부르그스인 1명의 자식을 두고 있다. 그는 6bun의 곡물경작지와 1arp의 포도밭으로 구성된 1개의 자유인망스를 보유한다. 그는 (위와) 같이 (의무를) 이행한다.

48. 생제르맹(수도원)의 속민들로서 콜로누스인 하이리볼두스와 콜로누스이고 이름이 보나인 그의 아내. 그는 4bun의 곡물경작지와 1¼arp의 포도밭으로 구성된 1개의 자유인망스를 보유한다. 그는 (위와) 같이 (의무를) 이행한다.

49. 생제르맹(수도원)의 속민들로서 콜로누스인 에르멘타리우스와 콜로누스이고 이름이 에르멘트루디스인 그의 아내. 생제르맹(수도원)의 속민들로서 콜로누스인 게르문두스와 콜로누스이고 이름이 힐트루디스인 그의 아내는 이름이 오트문두스인 1명의 자식을 두고 있다. 그들 두 명은 4bun의 곡물경작지와 1½arp의 포도밭 및 1½arp의 초지로 구성된 1개의 자유인망스를 보유한다. 그들은 (위와) 같이 (의무를) 이행한다.

50. 생제르맹(수도원)의 콜로누스인 보보는 이름이 풀코이누스인 1명의 자식을 두고 있다. 생제르맹(수도원)의 여자콜로누스인 아익프리다는 이름들이 오델레기우스, 아달기스, 에르멩가우두스인 3명의 자식을 두고 있다. 그들 두 명은 2bun[26] 1ant의 곡물경작지로 된 1개의 자유인망스를 보유한다. 그들은 (위와) 같이 (의무를) 이행한다.

51. 생제르맹(수도원)의 속민들로서 콜로누스인 기슬레하리우스와 콜로누스이고 이름이 아게닐디스인 그의 아내는 이름들이 기슬레하르두스, 아게나, 도미니쿠스, 로트베르투스, 프로데베르가인 5명의 자식을 두고 있다. 생제르맹(수도원)의 속민들로서 콜로누스인 로트베르투스와 콜로누스이고 이름이 콘스탄티나인 그의 아내는 이름이 프로데가르디

---

[26] 숫자가 B. Guérard, ed., *Polyp. d'Irminon*, p. 13과 A. Longnon, ed., *Polyp. de St. Germain*, p. 17에는 'III'으로 표기되어 있지만, D. Hägerman, ed., *Polyp. von St. Germain*, p. 10에는 'III'의 마지막 'I'이 지워져 있다고 하여 'II'로 되어 있다.

스인[27] 1명의 자식을 두고 있다. 그들 두 명은 3bun 1½ant의 곡물경작지와 1arp의 포도밭으로 구성된 1개의 자유인망스를 보유한다. 그들은 (위와) 같이 (의무를) 이행한다.

52. 생제르맹(수도원)의 콜로누스인 시게베르투스. 생제르맹(수도원)의 콜로누스인 프레데베르투스. 그들 두 명은 3[bun] ½ant의[28] 곡물경작지와 1½arp의 포도밭 및 1½arp의 초지로 구성된 1개의 자유인망스를 보유한다. 그들은 (위와) 같이 (의무를) 이행한다.

53[~54].[29] 생제르맹(수도원)의 속민들로서 콜로누스인 아달렐무스와 콜로누스이고 이름이 오산나인 그의 아내는 이름이 알텔무스인 1명의 자식을 두고 있다. 생제르맹(수도원)의 콜로누스인 아클레문두스. 그들 두 명은 3bun ½ant의 곡물경작지와 1arp의 초지로 구성된 1개의 자유인망스를 보유한다. 그들은 (위와) 같이 (의무를) 이행한다.

55. 생제르맹(수도원)의 속민들로서 콜로누스인 아달그림스와 콜로누스이고 이름이 에르멩길디스인 그의 아내는 이름들이 테우트그림스, 에르메나리우스, 마달베르투스, 바르톨로메우스인 4명의 자식을 두고 있다. 그는 2bun 1½ant의 곡물경작지와 1arp의 초지 및 1arp의 포도밭으로 구성된 1개의 자유인망스를 보유한다. 그는 (위와) 같이 (의무를) 이행

---

[27] B. Guérard, ed., *Polyp. d'Irminon*, p. 14에는 '프로데가르두스(Frodegardus)'로 기재되어 있지만, A. Longnon, ed., *Polyp. de St. Germain*, p. 17과 D. Hägerman, ed., *Polyp. von St. Germain,* p. 10에는 '프로데가르디스(Frodegardis)'로 되어 있다.

[28] 라틴어 원문에는 "de terra arabili III et dimidiam antsingam,"으로 기록되어, 'III'이라는 숫자 앞에 면적단위의 표시가 없다. 이에 대해 D. Hägerman, ed., *Polyp. von St. Germain,* p. 10에서는 아무런 언급이 없지만, B. Guérard, ed., *Polyp. d'Irminon*, p. 14와 A. Longnon, ed., *Polyp. de St. Germain*, p. 17에서는 'III' 앞에 'bunuaria'가 누락되어 있다고 본다. 이 영지명세장에서 보통 면적단위가 앞에 오고 그 뒤에 면적을 표시하는 숫자가 기재되어 있는 데다 'III et dimidiam'의 면적단위가 'antsingam'이라고 보는 경우에는 antsingam가 복수가 되어 'antsingas'로 되어야 하므로, 이들 두 편찬자의 해석이 타당하다고 생각된다. 따라서 곡물경작지의 면적은 '3bun ½ant'라고 보아야 할 것이다.

[29] 수사본에 54번이 존재하지 않는다고 한다.

한다.

56. 생제르맹(수도원)의 속민들로서 콜로누스인 시고이누스와 콜로누스이고 이름이 잉갈라다인 그의 아내는 이름들이 마게눌푸스, 잉갈라다, 아달라다, 빌트루디스인 4명의 자식을 두고 있다. 그는 4bun 2ant의 곡물경작지와 1arp의 포도밭 및 1½arp의 초지로 구성된 1개의 자유인망스를 보유한다. 그는 (위와) 같이 (의무를) 이행한다.

57~58. 생제르맹(수도원)의 콜로누스인 힐데볼두스는 이름이 아달볼두스인 1명의 자식을 두고 있다. 생제르맹(수도원)의 속민들로서 콜로누스인 뷔네마루스와 콜로누스이고 이름이 아달린디스인 그의 아내는 이름들이 뷔네베르가, 크리스티나인 2명의 자식을 두고 있다. 그들 두 명은 4bun의 곡물경작지와 1arp의 포도밭 및 1arp의 초지로 구성된 1개의 자유인망스를 보유한다. 그들은 (위와) 같이 (의무를) 이행한다.

59. 생제르맹(수도원)의 콜로누스인 살라몬은 4bun 2ant의 곡물경작지와 2arp의 포도밭 및 2½arp의 초지로 구성된 1개의 자유인망스를 보유한다. 그는 (위와) 같이 (의무를) 이행한다.

60. **이들은 황소를 바치지 않는다.**[30] 생제르맹(수도원)의 속민들로서 콜로누스인 란트베르투스와 콜로누스이고 이름이 아달힐디스인 그의 아내는 이름이 에르메나리우스인 1명의 자식을 두고 있다. 그는 2bun 1ant의 곡물경작지와 1arp의 포도밭 및 ½arp의 초지로 구성된 1개의 자유인망스를 보유한다. 그는 포도밭에서 3arp를 작업한다. 그는 (위와) 같이 (의무를) 이행한다.

61. 생제르맹(수도원)의 속민들로서 콜로누스인 사무엘과 콜로누스이고 이름이 하이르베르타인 그의 아내는 이름들이 아말길디스, 아달힐디스

[30] 이 말은 B. Guérard, ed., *Polyp. d'Irminon*, p. 14에는 없고 A. Longnon, ed., *Polyp. de St. Germain*, p. 18과 D. Hägerman, ed., *Polyp. von St. Germain,* p. 11에만 나타나는 것으로, 이들에 의하면 이 말은 속기술로 가장자리에 기록되어 있다.

인 2명의 자식을 두고 있다. 그는 5bun 1½ant의 곡물경작지와 1arp의 포도밭 및 2arp의 초지로 구성된 1개의 자유인망스를 보유한다. 그는 포도밭에서 3arp를 작업한다.

62. 생제르맹(수도원)의 속민들로서 콜로누스인 아클레문두스와 콜로누스이고 이름이 베르타라인 그의 아내는 이름들이 에르문두스, 오세가리우스, 오산나인 3명의 자식을 두고 있다. 생제르맹(수도원)의 속민들로서 콜로누스인 오델렐무스와 콜로누스이고 이름이 에르메힐디스인 그의 아내는 이름들이 리카르두스, 오델가르디스, 오델길디스인 3명의 자식을 두고 있다. 생제르맹(수도원)의 속민들로서 콜로누스인 렘키아누스와 콜로누스이고 이름이 아달구디스인 그의 아내는 이름들이 아브라함, 에르메드람인 2명의 자식을 두고 있다. 그들 세 명은 5bun 2ant의 곡물경작지와 2arp의 포도밭으로 구성된 1개의 자유인망스를 보유한다. 그들은 (위와) 같이 (의무를) 이행한다.

63. 생제르맹(수도원)의 콜로누스인 악토이누스는 4(bun) 1ant의 곡물경작지와 ¼arp의 포도밭 및 1arp의 초지로 구성된 1개의 자유인망스를 보유한다. 그는 (위와) 같이 (의무를) 이행한다.

64. 생제르맹(수도원)의 속민들로서 콜로누스인 아레기우스와 콜로누스이고 이름이 란드라다인 그의 아내는 이름들이 잉갈베르투스, 아달볼두스인 3명의[31] 자식을 두고 있다. 생제르맹(수도원)의 속민들로서 콜로누스인 파울루스와 콜로누스이고 이름이 아달린디스인 그의 아내. 그들 두 명은 8bun의 곡물경작지와 ¼arp의 포도밭 및 1arp의 초지로 구성된 1개의 자유인망스를 보유한다. 그들은 (위와) 같이 (의무를) 이행한다.

65. 생제르맹(수도원)의 콜로누스인 힐데볼두스는 이름들이 힐데가리우스, 힐데베르트인 2명의 자식을 두고 있다. 콜로누스인 파울리누스와 콜로

---

[31] 실제로 명기된 자식의 이름은 2명뿐이다.

누스이고 이름이 시킬디스인 그의 아내는 이름들이 시카리우스, 아말딜디스인 2명의 자식을 두고 있다. 생제르맹(수도원)의 콜로누스인 베니미우스. 생제르맹(수도원)의 속민들로서 콜로누스인 힐트베르투스와 콜로누스이고 이름이 아로일디스인 그의 아내는 이름이 게르마누스인 1명의 자식을 두고 있다. 그들 네 명은 10bun ½ant의 곡물경작지와 2arp의 포도밭 및 1arp의 초지로 구성된 1개의 자유인망스를 보유한다. 그들은 (위와) 같이 (의무를) 이행한다.

66. 생제르맹(수도원)의 속민들로서 콜로누스인 군트하르두스와 콜로누스이고 이름이 프로틀린디스인 그의 아내는 이름들이 엘렉투스, 뷔네가리우스, 군트하리우스인 3명의 자식을 두고 있다. 생제르맹(수도원)의 콜로누스인 시카리우스. 그들 두 명은 3bun 2ant의 곡물경작지와 1arp의 포도밭으로 구성된 1개의 자유인망스를 보유한다. 그들은 (위와) 같이 (의무를) 이행한다.

67. 생제르맹(수도원)의 속민들로서 콜로누스인 도미니쿠스와 콜로누스이고 이름이 뷔네길디스인 그의 아내는 이름이 도디누스인 1명의 자식을 두고 있다. 생제르맹(수도원)의 콜로누스인 힐데가우두스. 그들 두 명은 5bun 2ant의 곡물경작지와 2arp의 포도밭 및 1arp의 초지로 구성된 1개의 자유인망스를 보유한다. 그들은 (위와) 같이 (의무를) 이행한다.

68. 생제르맹(수도원)의 콜로누스인 불고이누스는 이름들이 풀크라누스, 엘리솜인 2명의 자식을 두고 있다. 생제르맹(수도원)의 콜로누스인 마달비누스. 생제르맹(수도원)의 콜로누스인 아클룰푸스는 이름들이 아클레문두스, 아클룰푸스, 봐데가리우스, 블라트힐디스인 4명의 자식을 두고 있다. 그들 세 명은 5bun 2ant의 곡물경작지와 2arp의 포도밭 및 1arp의 초지로 구성된 1개의 자유인망스를 보유한다. 그들은 (위와) 같이 (의무를) 이행한다.

69. 생제르맹(수도원)의 속민들로서 콜로누스인 아말가우두스와 콜로누스이고 이름이 아우리스마인 그의 아내는 이름들이 아말가르디스, 에르멩가우두스인 2명의 자식을 두고 있다. 그는 10bun의 곡물경작지와

3arp의 포도밭 및 1arp의 초지로 구성된 1개의 자유인망스를 보유한다. 그는 (위와) 같이 (의무를) 이행한다.

70. 생제르맹(수도원)의 속민들로서 사드라볼두스와 콜로누스이고 이름이 그리마인 그의 아내는 이름들이 그리몰두스, 테우틀린디스, 올리바인 3명의 자식을 두고 있다. 그는 4bun 2ant의 곡물경작지와 2arp의 포도밭 및 1arp의 초지로 구성된 1개의 자유인망스를 보유한다. 그는 (위와) 같이 (의무를) 이행한다.

71. 생제르맹(수도원)의 여자콜로누스인[32] 아달힐디스는 이름들이 할트베르트, 아달하르트인 2명의 자식을 두고 있다. 그녀는 4bun의 곡물경작지와 2arp의 포도밭 및 1arp의 초지로 구성된 1개의 자유인망스를 보유한다. 그녀는 (위와) 같이 (의무를) 이행한다.

72. 생제르맹(수도원)의 속민들로서 콜로누스인 기르볼두스와 콜로누스이고 이름이 아우트힐디스인 그의 아내는 이름들이 렉트루디스, 마리아, 라겐틸디스인 3명의 자식을 두고 있다. 그는 4bun 1ant의 곡물경작지와 ¾arp의 포도밭으로 구성된 1개의 자유인망스를 보유한다. 그는 (위와) 같이 (의무를) 이행한다.

73. 생제르맹(수도원)의 속민들로서 콜로누스인 기소이누스와 콜로누스이고 이름이 플로틀린디스인 그의 아내는 이름들이 조수알리스, 프로트힐디스, 프로트볼다인 3명의 자식을 두고 있다. 그는 5bun의 곡물경작지와 2arp의 포도밭으로 구성된 1개의 자유인망스를 보유한다. 그는 (위와) 같이 (의무를) 이행한다.

73-1.[33] 생제르맹(수도원)의 속민들로서 베르네하르두스와 콜로누스이고

---

32 신분이 B. Guérard, ed., *Polyp. d'Irminon*, p. 16과 A. Longnon, ed., *Polyp. de St. Germain*, p. 20에는 'colonus'로 되어 있는 데 비해, D. Hägerman, ed., *Polyp. von St. Germain,* p. 12에는 여자콜로누스를 뜻하는 'colona'로 기재되어 있다. 그 다음에 오는 'Adalhildis'라는 이름의 '-dis'는 여성을 가리키는 접미사이므로, 후자를 따랐다.

이름이 힐트루디스인 그의 아내는 이름들이 베르네가리우스, 힐트베르트, 베르타라인 3명의 자식을 두고 있다. 그는 4bun의 곡물경작지와 1arp의 포도밭으로 구성된 ¾개의 망스를 보유한다. 그는 (위와) 같이 (의무를) 이행한다.

74. 생제르맹(수도원)의 속민들로서 콜로누스인 악미루스와 콜로누스이고 이름이 아클레드루디스인 그의 아내는 이름들이 아클레문두스, 이스라헬, 아르둘푸스, 엘리삼, 다니엘인 4명의[34] 자식을 두고 있다. 그는 2bun의 곡물경작지와 1arp의 포도밭 및 1arp의 초지로 구성된 1개의 자유인망스를 보유한다. 그 외에 그는 3bun의 곡물경작지를 보유한다. 이로 인해 그는 6ptc(의 면적)를 작업하고, 4데나리우스를 바친다.

75. 생제르맹(수도원)의 속민들로서 콜로누스인 프로트프리두스와 이름이 잉갈트루디스인 그의 아내는 이름들이 악프레다, 잉갈신디스인 2명의 자식을 두고 있다. 그는 5bun의 곡물경작지와 2½arp의 포도밭 및 1arp의 초지로 구성된 1개의 자유인망스를 보유한다. 그는 (위와) 같이 (의무를) 이행한다.

76. 콜로누스인 베르테가리우스와 자유인이고 이름이 시그리다인 그의 아내는 이름들이 베르팅가우두스, 파울루스, 베르토일디스인 3명의 자식을 두고 있다. 그는 4bun 1ant의 곡물경작지와 1arp의 포도밭으로 구성된 1개의 자유인망스를 보유한다. 그는 (위와) 같이 (의무를) 이행한다.

78.[35] 생제르맹(수도원)의 속민들로서 콜로누스인 베르트가우두스와 콜로누스이고 이름이 베르네힐디스인 그의 아내는 이름들이 베르팅가우두

---

33 73번이 두 번 기재되어 있다.

34 보다시피 실제로는 5명의 자식 이름이 기록되어 있다.

35 수사본에 77번이 누락되어 있으며, 78번이라는 숫자 뒤에 '그리고 반쪽'이라는 뜻의 "et dimidium"이라는 말이 속기술로 기재되어 있다고 한다. B. Guérard, ed., *Polyp. d'Irminon*, p. 17; A. Longnon, ed., *Polyp. de St. Germain*, p. 21; D. Hägerman, ed., *Polyp. von St. Germain,* p. 13 참조.

스, 베르테길디스인 2명의 자식을 두고 있다. 그는 4bun의 곡물경작지와 ¼arp의 포도밭 및 ½arp의 초지로 구성된 1개의 자유인망스를 보유한다. 그 외에 그는 1bun의 곡물경작지로 된 (1개의) 반쪽 망스를 보유하며, 이로 인해 그는 3ptc(의 면적)를 작업한다. 나머지 (의무)는 위와 같다.

79. 생제르맹(수도원)의 속민들로서 콜로누스인 뷔네가르두스와 [콜로누스이고] 이름이 라겐틸디스인 [그의 아내는] 이름들이 뷔네길디스, 콘스탄티누스, 라겐트루디스인 3명의 자식을 두고 있다. 그는 3bun 2ant의 곡물경작지와 ⅔arp의 포도밭으로 구성된 1개의 자유인망스를 보유한다. 그는 (위와) 같이 (의무를) 이행한다.

80. 생제르맹(수도원)의 속민들로서 콜로누스인 발데가우두스와 콜로누스이고 이름이 아클레힐디스인 그의 아내는 이름들이 아클레하르두스, 발데길디스,[36] 봔델가우두스, 뷔네볼두스인 2명의[37] 자식을 두고 있다. 생제르맹(수도원)의 콜로누스인 뷔네볼두스. 그들 두 명은 3bun 2ant의 곡물경작지와 ½arp의 포도밭으로 구성된 1개의 자유인망스를 보유한다. 그들은 (위와) 같이 (의무를) 이행한다.

81. 생제르맹(수도원)의 여자콜로누스인 이디나는 4bun의 곡물경작지로 된 1개의 자유인망스를 보유한다. 그녀는 (위와) 같이 (의무를) 이행한다.

82. 생제르맹(수도원)의 속민들로서 에르멩가우두스와 콜로누스이고 이름이 라겐틸디스인 그의 아내는 이름들이 시클레하르두스, 라겐텔무스,

---

36 수사본에 '봘데길길디스(Waldegilgildis)'로 적혀 있으나, 원래는 '봘데길디스(Waldegildis)'인 것이 잘못 기재되었다고 판단되고 있다.

37 이름이 실제로 기재되어 있는 자식 수는 4명이다. 그러나 A. Longnon, ed., *Polyp. de St. Germain*, P. 21에서는 이 번역문에 제시된 마지막 자식의 이름과 그 다음에 기재된 두 번째 망스보유자의 이름이 '뷔네볼두스(Winevoldus)'로 동일할 수 없다고 본 때문인지, 실제로 기재된 첫 번째 망스보유자의 자식 수는 3명이고 뷔네볼두스는 두 번째 망스보유자로만 기재하고 있다.

라겐테우스, 아클레프레두스, 라감베르가인 5명의 자식을 두고 있다. 생제르맹(수도원)의 콜로누스인 에르멘베르투스. 그들 두 명은 3bun ½ant의 곡물경작지와 ½arp의 포도밭으로 구성된 1개의 자유인망스를 보유한다. 그들은 (위와) 같이 (의무를) 이행한다.

82-1.[38] 생제르맹(수도원)의 콜로누스인 뷔델프레두스는 2bun의 곡물경작지로 된 (1개의) 반쪽 망스를 보유한다. 그는 반쪽 망스(보유자)처럼 (의무를) 수행한다.

83. 생제르맹(수도원)의 여자콜로누스인 에르멘베르가는 이름들이 콘스탄티누스, 발드람누스, 도미니쿠스, 베네벤타인 4명의 자식을 두고 있다. 그녀는 3bun의 곡물경작지와 1arp의 포도밭으로 구성된 (1개의) 반쪽 망스를 보유한다. 그녀는 반쪽 망스(보유자)처럼 (의무를) 수행한다. 그 외에 그녀는 (1개의) 반쪽 망스를 보유하며, 이로 인해 그녀는 3ptc(의 면적)를 작업한다.

84. 생제르맹(수도원)의 콜로누스인 힐드라두스는 7bun의 곡물경작지와 1½arp의 포도밭 및 1arp의 초지로 구성된 1개의 자유인망스를 보유한다. 그는 (위와) 같이 (의무를) 이행한다. 그 외에 그는 4ant의 곡물경작지로 된 (1개의) 반쪽 망스를 보유하며, 이로 인해 그는 4ptc(의 면적)를 작업한다.

85. 생제르맹(수도원)의 콜로누스인 아달람누스는 7bun의 곡물경작지와 1½arp의 포도밭 및 1½arp의 초지로 구성된 1개의 자유인망스를 보유한다. 그는 (위와) 같이 (의무를) 이행한다.

86. 생제르맹(수도원)의 속민들로서 콜로누스인 뷔네라두스와 콜로누스이고 이름이 올리바인 그의 아내는 이름이 아달가리아인 1명의 자식을

---

[38] 82번이 두 번 기재되어 있다. 이 번호 다음에 '그리고 반쪽'이라는 뜻의 "et dimidium"라는 말이 속기술로 기재되어 있다고 한다. B. Guérard, ed., *Polyp. d'Irminon*, p. 17; A. Longnon, ed., *Polyp. de St. Germain*, p. 21; D. Hägerman, ed., *Polyp. von St. Germain,* p. 13 참조.

두고 있다. 그는 6bun의 곡물경작지와 1½arp의 포도밭 및 1½arp의 초지로 구성된 1개의 자유인망스를 보유한다. 그는 (위와) 같이 (의무를) 이행한다.

87. 생제르맹(수도원)의 속민들로서 콜로누스인 테우드리쿠스와 콜로누스이고 이름이 에르멘베르타인 그의 아내는 이름들이 테우트하르두스, 에르멘틸디스, 에르멘타리우스, 테우트베르투스인 4명의 자식을 두고 있다. 그는 7bun의 곡물경작지와 1½arp의 포도밭 및 1½arp의 초지로 구성된 1개의 자유인망스를 보유한다. 그는 (위와) 같이 (의무를) 이행한다.

88. 생제르맹(수도원)의 속민들로서 콜로누스인 베르트베우스와 콜로누스이고 이름이 에리베르타인 그의 아내는 이름들이 아우트베르투스, 베르트람누스, 악베르투스, 아말베르투스, 에르멘틸디스, 베르티미아인 5명의[39] 자식을 두고 있다. 그는 7bun의 곡물경작지와 1⅔arp의 포도밭으로 구성된 1개의 자유인망스를 보유한다. 그는 (위와) 같이 (의무를) 이행한다.

89. 생제르맹(수도원)의 속민들로서 콜로누스인 알데가리우스와 콜로누스이고 이름이 베르타인 그의 아내는 이름이 알데드루디스인 1명의 자식을 두고 있다. 그는 7bun의 곡물경작지와 ½arp의 포도밭 및 1½arp의 초지로 구성된 1개의 자유인망스를 보유한다. 그는 (위와) 같이 (의무를) 이행한다.

90. 생제르맹(수도원)의 콜로누스인 요한네스는 이름들이 힐데가리우스, 엘레기우스, 요한나, 엘레기아인 5명의[40] 자식을 두고 있다. 그는 5bun의 곡물경작지와 1½arp의 포도밭 및 3½arp의 초지로 구성된 1개의 자유인망스를 보유한다. 그는 (위와) 같이 (의무를) 이행한다.

---

[39] 실제로는 6명의 자식 이름이 기록되어 있다.

[40] 실제로 기재되어 있는 자식의 이름은 4명뿐이다.

91. 생제르맹(수도원)의 속민들로서 콜로누스인 베르트프레두스와 콜로누스이고 이름이 라감베르타인 그의 아내는 이름들이 나달베르가, 테우데리쿠스인 2명의 자식을 두고 있다. 생제르맹(수도원)의 콜로누스인 도데우스. 생제르맹(수도원)의 콜로누스인 엘렉텔무스. 그들 세 명은 2bun 2ant의 곡물경작지와 1½arp의 포도밭 및 1¼arp의 초지로 구성된 1개의 자유인망스를 보유한다. 그들은 (위와) 같이 (의무를) 이행한다.

92. 생제르맹(수도원)의 콜로누스인 레우트프리두스. 생제르맹(수도원)의 콜로누스인 시클레볼두스. 그들 두 명은 4bun의 곡물경작지와 1½arp의 포도밭 및 2½arp의 초지로 구성된 1개의 자유인망스를 보유한다. 그들은 (위와) 같이 (의무를) 이행한다.

93. 생제르맹(수도원)의 콜로누스인 베르노이누스는 어머니와 (1명의) 형제가 동거하고 있다. 그는 2½bun의 곡물경작지와 ½arp의 포도밭 및 1arp의 초지로 구성된 1개의 자유인망스를 보유한다. 그는 (위와) 같이 (의무를) 이행한다.

94. 생제르맹(수도원)의 콜로누스인[41] 아달기스는 3bun의 곡물경작지와 ⅓arp의 포도밭 및 1arp의 초지로 구성된 1개의 자유인망스를 보유한다. 그는 (위와) 같이 (의무를) 이행한다.

95. 생제르맹(수도원)의 속민들로서 콜로누스인 힐데가우두스와 콜로누스이고 이름이 발데길디스인 그의 아내는 이름들이 힐델린디스, 발딩가, 힐데길디스, 베르티미아인 5명의[42] 자식을 두고 있다. 생제르맹(수도원)의 콜로누스인 힐데가리우스. 그들 두 명은 2bun의 곡물경작지와

---

[41] B. Guérard, ed., *Polyp. d'Irminon*, p. 19와 A. Longnon, ed., *Polyp. de St. Germain*, p. 23에는 남자콜로누스를 지칭하는 'colonus'로 되어 있는 데 비해, D. Hägerman, ed., *Polyp. von St. Germain*, p. 12에는 여자콜로누스를 뜻하는 'colona'로 기재되어 있다. 이 영지명세장의 제15장 제5항과 제20장 제28항 등에서도 그 뒤에 오는 'Adalgis'라는 이름은 남자 신분으로 표기되어 있다. 그래서 전자를 따른다.

[42] 실제로 기재되어 있는 자식 이름은 4명뿐이다.

½arp의 포도밭 및 1arp의 초지로 구성된 1개의 자유인망스를 보유한다. 그들은 (위와) 같이 (의무를) 이행한다.

96. 생제르맹(수도원)의 속민들로서 콜로누스인 레우트하리우스와 콜로누스이고 이름이 시클레볼다인 그의 아내는 이름들이 아클레하리우스, 레우트하두스, 레우타르두스인 3명의 자식을 두고 있다. 그는 2½bun의 곡물경작지와 ⅓arp의 포도밭 및 1arp의 초지로 구성된 1개의 자유인망스를 보유한다. 그는 (위와) 같이 (의무를) 이행한다.

97. 생제르맹(수도원)의 속민들로서 콜로누스인 리카르두스와 콜로누스이고 이름이 아클레드루디스인 그의 아내는 이름들이 레우트가우두스, 아드레힐디스인 2명의 자식을 두고 있다. 그는 2bun의 곡물경작지와 ½arp의 초지로 구성된 1개의 자유인망스를 보유한다. 그는 (위와) 같이 (의무를) 이행한다.

97-1. 생제르맹(수도원)의 콜로누스인 아드레마루스는 1½ant의 곡물경작지와 ¼arp의 포도밭 및 ½arp의 초지로 구성된 (1개의) 반쪽 망스를 보유한다. 그는 반쪽 망스(보유자)처럼 (의무를) 수행한다.

98. 생제르맹(수도원)의 속민들로서 콜로누스인 프로트볼두스와 콜로누스이고 이름이 라겐틸디스인 그의 아내는 이름들이 아클레프레두스, 프로틀린디스, 에르메닐디스인 3명의[43] 자식을 두고 있다. 그는 2bun의 곡물경작지와 ½arp의 포도밭 및 ⅔arp의 초지로 구성된 1개의 자유인망스를 보유한다. 그는 (위와) 같이 (의무를) 이행한다.

99. 생제르맹(수도원)의 속민들로서 콜로누스인 라간프레두스와 콜로누스이고 이름이 에르멘볼다인 그의 아내. 그는 3bun의 곡물경작지와 1arp의 포도밭 및 1⅓arp의 초지로 구성된 1개의 자유인망스를 보유한다.

---

[43] B. Guérard, ed., *Polyp. d'Irminon*, p. 20과 D. Hägerman, ed., *Polyp. von St. Germain*, p. 14에는 자식의 수가 3명(III)으로 되어 있지만, A. Longnon, ed., *Polyp. de St. Germain*, p. 24에는 4명(IIII)으로 되어 있다. 그러나 실제로 기재되어 있는 자식의 이름은 3명이므로, 론뇽이 숫자 표기에 실수를 했다고 하겠다.

그는 (위와) 같이 (의무를) 이행한다.

100. 생제르맹(수도원)의 여자콜로누스인 그라마는 이름들이 그리몰두스, 그림하르두스, 가이르베르가인 3명의 자식을 두고 있다. 생제르맹(수도원)의 여자콜로누스인 가우디미아는 이름들이 가우트셀무스, 군타리우스, 테오달두스, 에르메닐디스인 4명의 자식을 두고 있다. 그들 두 명은 2bun의 곡물경작지와 ½arp의 포도밭 및 1⅔arp의 초지로 구성된 1개의 자유인망스를 보유한다. 그들은 (위와) 같이 (의무를) 이행한다.

101. 생제르맹(수도원)의 콜로누스인 아달하리우스는 이름이 란드라다인 (1명의) 누이가 동거하고 있다. 그는 1½bun의 곡물경작지와 ½arp의 포도밭 및 1arp의 초지로 구성된 1개의 자유인망스를 보유한다. 그는 (위와) 같이 (의무를) 이행한다.

102. 생제르맹(수도원)의 속민들로서 콜로누스인 뷘트베르투스와 콜로누스이고 이름이 베르틀라인 그의 아내는 이름들이 베르트가리우스, 아달사다,[44] 라감볼다인 3명의 자식을 두고 있다. 그는 2bun 2ant의 곡물경작지와 ¼arp의 포도밭 및 ¼arp의 초지로 구성된 1개의 자유인망스를 보유한다. 그는 (위와) 같이 (의무를) 이행한다.

103. 생제르맹(수도원)의 콜로누스인 아르드리쿠스는 2bun 2ant의 곡물경작지와 ¼arp의 포도밭 및 ¼arp의 초지로 구성된 1개의 자유인망스를 보유한다. 그는 (위와) 같이 (의무를) 이행한다.

104. 생제르맹(수도원)의 콜로누스인 고달두스. 생제르맹(수도원)의 콜로누스인 케사리우스. 그들 두 명은 2½bun의 곡물경작지와 1½arp의 포도밭으로 구성된 1개의 자유인망스를 보유한다. 그들은 (위와) 같이 (의

---

[44] B. Guérard, ed., *Polyp. d'Irminon*, p. 20과 A. Longnon, ed., *Polyp. de St. Germain*, p. 24에는 '아달사다(Adalsada)'로 되어 있지만, D. Hägerman, ed., *Polyp. von St. Germain*, p. 15에는 '아드살사다(Adsalsada)'로 되어 있다. 그런데 헤게르만이 편찬한 영지명세장의 인명색인에는 두 이름 다 이 102항에 기재되어 있는 것으로 나타난다. 이로 봐서 'Adalsada'라는 이름이 더 정확하다고 하겠다.

무를) 이행한다.

105~106.[45] 생제르맹(수도원)의 속민들로서 콜로누스인 마우론투스와 콜로누스이고 이름이 아달길디스인 그의 아내는 이름들이 아달구디스, 라간프레두스, 아달기스, 아달가리우스, 라감베르투스인 5명의 자식을 두고 있다. 생제르맹(수도원)의 속민들로서 콜로누스인 빌하리우스와 콜로누스이고 이름이 오델힐디스인 그의 아내. 그들 두 명은 2bun 1ant의 곡물경작지와 1arp의 포도밭 및 ½arp의 초지로 구성된 1개의 자유인망스를 보유한다. 그들은 (위와) 같이 (의무를) 이행한다.

107. 생제르맹(수도원)의 콜로누스인 에르멘프레두스는 3½bun의 곡물경작지와 1arp의 포도밭 및 1arp의 초지로 구성된 1개의 자유인망스를 보유한다. 그는 (위와) 같이 (의무를) 이행한다.

108. 생제르맹(수도원)의 노예인 아카리우스. 생제르맹(수도원)의 속민들로서 노예인 에르메놀두스와 콜로누스이고 이름이 아말프리다인 그의 아내는 이름들이 에르메놀두스, 힐데가리우스, 아말프레두스, 아르트카리우스인 4명의 자식을 두고 있다. 그들 두 명은 4ant의 곡물경작지와 1arp의 포도밭으로 구성된 1개의 자유인망스를 보유한다. 그들은 (위와) 같이 (의무를) 이행한다.

109. 생제르맹(수도원)의 콜로누스인 멜기우스는 이름이 베르트라두스인 1명의 자식을 두고 있다. 생제르맹(수도원)의 여자콜로누스인 베르타는 이름들이 에르메나르두스, 에르멩길디스, 베르트라다, 에르멘리쿠스인 4명의 자식을 두고 있다. 그들 두 명은 2bun의 곡물경작지와 1arp의 포도밭 및 ¼arp의 초지로 구성된 1개의 자유인망스를 보유한다. 그들은 (위와) 같이 (의무를) 이행한다.

110. 생제르맹(수도원)의 속민들로서 노예인 엘레가우두스와[46] 콜로누스이

---

[45] 원래 두 개의 번호가 기재되어 있다.

[46] B. Guérard, ed., *Polyp. d'Irminon*, p. 21에는 '엘레간두스(Elegandus)'로 되어 있으

고 이름이 그레고리아인 그의 아내는 이름들이 뷔네가우두스, 엘렉트루디스, 게노베파, 힐데길디스, 힐데게루스인 5명의 자식을 두고 있다. 그는 14bun의 곡물경작지와 3arp의 포도밭 및 1arp의 초지로 구성된 1개의 자유인망스를 보유한다. 그는 포도밭에서 4arp를 작업하고, 돼지방목세로 1md의 포도주를 바치며, 1sest의 겨자를 바친다. **이들은 황소를 바치지 않는다.**

111. 생제르맹(수도원)의 콜로누스인 야고부스. 생제르맹(수도원)의 속민들로서 콜로누스인 가우스베르투스와 콜로누스이고 이름이 에르캄베르타인 그의 아내는 이름들이 에리베우스, 고트베르가, 에르캄베르타인 3명의 자식을 두고 있다. 생제르맹(수도원)의 속민들로서 콜로누스인 아달사두스와 콜로누스이고 이름이 가우스트루디스인 그의 아내. 생제르맹(수도원)의 여자콜로누스인 봔델린디스는 이름들이 스트라타리우스, 아킬디스, 봔달가리우스, 도미니카인 4명의 자식을 두고 있다. 그들 네 명은 12bun의 곡물경작지와 1arp의 포도밭 및 3arp의 초지로 구성된 1개의 자유인망스를 보유한다. 그들은 (위와) 같이 (의무를) 이행한다.

112. 생제르맹(수도원)의 속민들로서 콜로누스인 에르카놀두스와 콜로누스이고 이름이 아레길디스인 그의 아내는 이름들이 아레기우스, 아드레베우스, 에르칸리쿠스, 아르데길디스인 4명의 자식을 두고 있다. 생제르맹(수도원)의 속민들로서 콜로누스인 불프라두스와 콜로누스이고 이름이 힐데가르디스인 그의 아내. 생제르맹(수도원)의 콜로누스인 아르코이누스. 생제르맹(수도원)의 여자콜로누스인 에르칸트루디스는 이름들이 에르카나리우스, 악타르두스, 마이델무스인 3명의 자식을 두고 있다. 그들 네 명은 5bun의 곡물경작지와 2½arp의 포도밭 및 3arp의 초지로 구성된 1개의 자유인망스를 보유한다. 그들은 (위와) 같이 (의무를) 이행한다.

나, A. Longnon, ed., *Polyp. de St. Germain*, p. 25와 D. Hägerman, ed., *Polyp. von St. Germain,* p. 15에는 '엘레가우두스(Elegaudus)'로 되어 있다.

113.[47] 생제르맹(수도원)의 속민들로서 노예인 마우루스와 자유인이고 이름이 아클레힐디스인 그의 아내는 이름들이 알데베르가, 아말트루디스인 2명의 자식을 두고 있다. 생제르맹(수도원)의 콜로누스인 군톨두스. 그들 두 명은 2bun의 곡물경작지와 2½arp의 포도밭 및 1½arp의 초지로 구성된 1개의 노예망스를 보유한다. 이로 인해 그들은 포도밭에서 8arp를 작업하며, 돼지방목세로 4md의 포도주, 2sest의 겨자, 3마리의 닭, 15개의 계란을 바치며, 손일들과 코르베들 및 수송부역들을 (수행한다).

114. 생제르맹(수도원)의 반자유인인 레오다르두스는 2bun의 곡물경작지와 ½arp의 포도밭으로 구성된 (1개의) ¼쪽 망스를 보유한다. 이로 인해 그는 포도밭에서 4arp를 작업하며, 돼지방목세로 1md의 포도주, 1sest의 겨자, 1마리의 닭, 5개의 계란을 바친다.

115. 생제르맹(수도원)의 속민들로서 노예인 나달프레두스와 콜로누스이고 이름이 아레기아인 그의 아내는 이름들이 나달가리우스, 아레길디스, 아말리쿠스인 3명의 자식을 두고 있다. 생제르맹(수도원)의 속민들로서 노예인 엘렉툴푸스와 콜로누스이고 이름이 빌레힐디스인 그의 아내는 이름들이 무스카, 엘렉타, 테우트부르그스인 3명의 자식을 두고 있다. 생제르맹(수도원)의 속민들로서 노예인 테오도이누스와 콜로누스이고 이름이 빌레베르가인 그의 아내. 그들 세 명은 1bun의 곡물경작지와 1arp의 포도밭 및 ½arp의 초지로 구성된 1개의 노예망스를 보유한다. 그들은 포도밭에서 9arp를 작업하며, 돼지방목세로 3(md)의 포도주, 3sest의 겨자를 바친다.

116. 생제르맹(수도원)의 속민들로서 노예인 마키아누스와 콜로누스이고 이름이 기슬라라인 그의 아내. 그는 2bun의 곡물경작지와 1arp의 포도밭

---

47 이하 118번까지는 원래의 수사본에서는 새로운 번호가 1번부터 5번까지 매겨져 있고 119번 이후 121번까지는 아무런 번호도 매겨져 있지 않은 것을 편의상 112번으로부터 이어지는 일련번호를 붙인 것이다.

및 ¼arp의 초지로 구성된 1개의 노예망스를 보유한다. 이로 인해 그는 포도밭에서 4arp를 작업하며, 돼지방목세로 1md의 포도주, 1sest의 겨자를 바친다.

117. 생제르맹(수도원)의 속민들로서 콜로누스인 힐데길구스와[48] 콜로누스이고 이름이 오델길디스인 그의 아내는 이름들이 힐데베르투스, 막달레나인 2명의 자식을 두고 있다. 생제르맹(수도원)의 노예인 아달하리우스. 그들 두 명은 2ant의 곡물경작지와 ⅔arp의 포도밭으로 구성된 1개의 노예망스를 보유한다. 그들은 이로 인해 포도밭에서 4arp를 작업하며, 돼지방목세로 1md의 포도주, 1sest의 겨자를 바친다.

118. 생제르맹(수도원)의 속민들로서 노예인 힐트베르투스와 콜로누스이고 이름이 아우드라다인 그의 아내는 이름이 힐트보두스인 1명의 자식을 두고 있다. 그는 1½ant의 곡물경작지와 ½arp의 포도밭으로 구성된 1개의 노예망스를 보유한다. 그는 포도밭에서 4arp를 작업하며, 돼지방목세로 1md의 포도주, 1sest의 겨자를 바친다.

인두세(납부자들)

119. 사마닐디스는 4데나리우스를 바친다. 게로일디스도 같고, 힐드라다도 같고, 아겐테우스도 같고, 엘레기우스도 같고, 히도이누스도 같고, 라감볼두스도 같고, 기슬레볼두스도 같고, 에르메닐디스도 같고, 펠라기아도 같고, 기슬릴디스도 같고, 에르멘타리우스도 같고, 아카르두스도 같고, 에르메놀두스도 같고, 테우틀린디스도 같고, 그리모이누스도 같고, 고달리쿠스도 같고, 가우디미아도 같고, 아클레볼다도 같고, 벨타도 같고, 아우트트루디스도 같고, 라도이누스도 같고, 잉그볼두스도 같고, 하이리베르타도 같고, 아클룰푸스도[49] 같으며, 플로도이누스도

---

[48] B. Guérard, ed., *Polyp. d'Irminon*, p. 22에는 '힐데길루스(Hildegilus)'로, A. Longnon, ed., *Polyp. de St. Germain*, p. 27에는 '힐데길기스(Hildegilgis)'로, D. Hägerman, ed., *Polyp. von St. Germain,* p. 16에는 '힐데길구스(Hildegilgus)'로 각각 되어 있으나, 이 번역에서는 헤게르만의 판독을 따랐다.

같다.

다음의 자들은 (증인들임을) 선서했다.[50]

120. 마름 봘라프레두스, 아드룰푸스, 악메루스, 힐데볼두스, 야콥, 알베리쿠스, 시카르두스, 알라프레두스, 트루트깅구스, 울데마루스, 아클레만스, 마우란두스, 울파르두스, 힐드라두스,[51] 뷔네가르두스, 프로트프레두스, 아달하리우스, 베렝가리우스, 요한네스, 라간프레두스, 분트베르투스.

121. 팔라티올룸에는 매년 군사용으로 6대의 수레, 셋째 해에는[52] 108마리의 돼지, 둘째 해에는 새끼 양을 가진 108두의 암양, 돼지방목세로 240md의 포도주, 나무채취료로 35솔리두스의 돈, 350마리의 닭, 1,750개의 계란, 9솔리두스의 인두세를 바치는 (총) 108개의 자유인망스가 있다.

자유인망스와 미경작망스[53] 및 노예망스를 합한 망스 총수는 117개다.

---

[49] B. Guérard, ed., *Polyp. d'Irminon*, p. 23에는 '아클루푸스(Aclufus)'로 되어 있으나, A. Longnon, ed., *Polyp. de St. Germain*, p. 28과 D. Hägerman, ed., *Polyp. von St. Germain,* p. 17에는 '아클룰푸스(Aclulfus)'로 되어 있다.

[50] '(증인들임을) 선서했다(juraverunt)'는 것은 팔라티올룸 장원에 관한 제2장의 기록내용이 사실임을 증인들로서 맹세했다는 것을 뜻한다고 하겠다.

[51] 이름이 B. Guérard, ed., *Polyp. d'Irminon*, p. 23에는 '빌드라두스(Bildradus)'로 되어 있으나, A. Longnon, ed., *Polyp. de St. Germain*, p. 28과 D. Hägerman, ed., *Polyp. von St. Germain,* p. 17에는 '힐드라두스(Hildradus)'로 되어 있다.

[52] 원문대로임.

[53] '미경작망스(mansus absus)'란 고정된 보유자가 없거나 불규칙하게 보유되어 정상적으로 경작되지 않는 망스를 의미한다. 경우에 따라서는 타지(他地)의 거주자에 의해 경작되는 망스나 최근에 개간된 토지를 뜻하기도 한다. 이와 반대 개념의 농민보유지가 'mansus(또는 huobe) vestitus'이다. 이것은 보유자가 존재하여 정상적으로 경작되는 농민보유지를 뜻한다. '경작망스'라고 할 수 있을 것이다. 영지명세장들에 특별히 미경작망스라고 명시되어 있지 않은 일반 망스는 경작망스라고 하겠다.

03 켈라 에콸리나(장원의) 명세서

1. 켈라 에콸리나에는[1] 저택과 여타 많은 부속건물들을 갖춘 영주직영지가 있다. 여기에는 면적이 65bun이고 300md의 밀이 파종될 수 있는 8개의 쿨투라가 있다. 여기에는 1½arp의 포도밭과 13arp의 새 포도밭 및 38arp의 초지가 있다. 여기에는 1,000마리의 돼지가 살찔 수 있는

---

1 B. Guérard, *Prolégomènes*, p. 831 및 B. Guérard, ed., *Polyp. d'Irminon*, p. 24의 a번 각주와 A. Longnon, ed., *Polyp. de St. Germain*, p. 29의 1번 각주 및 Ch. Ed. Perrin, "A propos d'une redevance en fossoirs inscrite au polyptyque d'Irminon", pp. 431~432에 의하면 켈라 에콸리나(Cella Equalina) 장원은 세네우아즈 도 랑부예(Rambouille) 군 두르당(Dourdan) 캉통의 라셀레보르드(La Celle-les-Bordes)이며, D. Hägerman, ed., *Polyp. von St. Germain,* p. 224와 K. Elmshäuser & A. Konrad, *Studien zum Polyp. von St. Germain*, p. 48에 의하면 현재의 이블린 도 랑부예 군 두르당노르(Dourdan-nord) 캉통에 위치한다. 론뇽과 페랭에 의하면 이곳은 옛 이블린 숲('Equalina silva')의 가장 중요한 흔적인 랑부예 숲의 동쪽 가장자리에 위치한다. 파리 소재의 생제르맹데프레 수도원으로부터의 거리는 서남쪽으로 45km다. 페랭은 이 장원은 이 영지명세장이 작성되기 전에는 라셀(La Celle)이라는 마을과 이로부터 남동쪽 1km 거리에 떨어져 있는 작은 마을인 레보르드(les-Bordes)라는 작은 마을에 기초를 둔 2개의 장원들로 존재했으나, 생제르맹 수도원의 수입원으로 편입된 후에는 하나의 장원으로 통합되었다고 한다. 이처럼 이 장원이 원래 2개의 마을로 구성되었음은 영주직영지에 관한 기술에서 2개의 교회가 존재한다고 하고 이 장의 제2~36항에 기록된 농민보유지 그룹의 의무와 제37~61항에 기록된 농민보유지 그룹의 의무가 공통점을 가지면서도 상이성을 띤다는 사실로부터 입증된다고 한다. Ch. Ed. Perrin, 같은 논문, pp. 432~434 참조. 이 장원을 구성하는 2개 마을의 역사와 그 위치에 관해서는 K. Elmshäuser & A. Konrad, *Studien zum Polyp. von St. Germain*, p. 48도 참조.

총 5마일 둘레의 임야가 있다. 여기에는 2대의 물레방아가 있다. 이들 물레방아로부터는 사용료(수입)로 27md의 곡식과 1솔리두스의 돈이 생긴다.

여기에는 정성들여 만든 모든 설비를 갖춘 교회가 둘 있다. 이곳에는 10bun의 곡물경작지와 ½arp의 포도밭 및 2arp의 초지가 배속되어 있다. 그 외에 이곳에는 10bun의 곡물경작지와 1¼arp의 포도밭 및 2arp의 초지로 구성된 2개의 자유인망스가 있다.

2. 생제르맹(수도원)의 속민들로서 콜로누스인 아르눌푸스와 콜로누스이고 이름이 파르베르타인 그의 아내는 이름들이 군트베르투스, 파르베르투스, 엘리안타, 게르부르크, 알보일트, 게를라우스인 6명의 자식을 두고 있다. 생제르맹(수도원)의 콜로누스인 가우스베르투스는[2] 이름들이 군소이누스, 에르놀두스, 군트프레두스, 군소일디스인 4명의 자식을 두고 있다. 그들 두 명은 11bun의 곡물경작지와 ½arp의 포도밭 및 2arp의 초지로 구성된 1개의 자유인망스를 보유한다. 그들은 군사용으로 (첫 해에) 2솔리두스와 둘째 해에 1솔리두스의 돈을 지불하고, 돼지 방목세로 4데나리우스를 지불하며, 동곡파종을 위해서 4ptc, 하곡파종을 위해서 2ptc를 갈이질하고, 성탄절에 1개의 괭이와[3] 3마리의 닭과

---

[2] B. Guérard, ed., *Polyp. d'Irminon*, p. 24와 A. Longnon, ed., *Polyp. de St. Germain*, p. 29에는 '가우스베르투스(Gausbertus)'로 되어 있으나, D. Hägerman, ed., *Polyp. von St. Germain*, p. 18에는 '가우스베르트(Gausbert)'로 되어 있다. 그런데 헤게르만 편찬본의 인명색인에는 가우스베르트(Gausbert) 항이 없고 가우스베르투스(Gausbertus)만이 있으며 그것도 이 제3장 제2항의 이름이 후자라고 명시되어 있다. 그러므로 헤게르만이 가우스베르트(Gausbert)로 잘못 기재하는 실수를 저질렀다고 하겠다.

[3] '1개의 괭이'란 라틴어 원문의 'fossorium I'을 번역한 말이다. fossorium의 뜻에 대해서는 학계의 의견이 크게 엇갈린다. 이 말을 B. Guérard, *Prolégomènes*, pp. 731, 832에서는 손으로 갈이질하는 데 쓰는 '괭이'로 본다. Ch. Ed. Perrin 역시 그의 논문 "A propos d'une redevance en fossoirs inscrite au polyptyque d'Irminon", pp. 434~441에서 땅 파는 도구의 일종으로 본다. 그는 1736년 Ch. d. F. du Cange의 *Glossarium ad scriptores mediae et infimae Latinitatis*라는 이름의 유명한 사전에서 fossorium이 '주둥이로 땅을 파는 돼지'라고 해석한 것을 부정하고, fossorium은

15개의 계란을 (바치며), 지시받는 만큼 코르베와 수송부역과 손일 및 나무베기 부역을 (수행한다).

3. 생제르맹(수도원)의 속민들로서 콜로누스인 에르메나리우스와 콜로누스이고 이름이 게를린디스인 그의 아내는 이름들이 오트가리우스, 오스가리우스, 에르메나리우스인 3명의 자식을 두고 있다. 생제르맹(수도원)의 속민들로서 콜로누스인 란트가리우스와 콜로누스이고 이름이 라감볼다인 그의 아내는 이름이 라둘푸스인 1명의 자식을 두고 있다. 그들 두 명은 10bun의 곡물경작지와 ½arp의 포도밭 및 1arp의 초지로 구성된 1개의 자유인망스를 보유한다. 그들은 (위와) 같이 (의무를) 이행한다.

4. 생제르맹(수도원)의 속민들로서 콜로누스인 기롤두스와 콜로누스이고 이름이 군도일디스인 그의 아내는 이름들이 기르하우스, 게링구스, 그림볼두스, 에르메닐디스인 4명의 자식을 두고 있다. 생제르맹(수도원)의 속민들로서 콜로누스인 가이르베르투스와 콜로누스이고 이름이 아르테미아인 그의 아내는 이름들이 게르마루스, 게렐무스, 알디나, 게르

군역세의 일종으로 바치는 것으로 볼 때 '군사원정 시 보루를 쌓는 일 등에 필요한 땅 파는 도구'라고 보았다. Perrin의 이런 견해는 R. Doehaerd, *Le haut Moyen Age occidental. Economies et sociétés* (Paris, 1971)의 영역본 *The Early Middle Ages in the West. Economy and Society* (Amsterdam, N.Y., Oxford: North-Holland, 1978), p. 147에서도 수용되고 있다. 그렇지만 이런 Perrin의 해석은 그 자신도 인정하듯이 이 명세장에서 fossorium은 '성탄절에(ad nativitatem Domini)' 바친다고 한 데 반해 군역세는 보통 봄철에 바친다는 점에서 문제가 있다. 최근 K. Elmshäuser와 A. Konrad는 그들의 저서 *Studien zum Polyp. von St. Germain*, pp. 50~52에서 fossorium이 성탄절에 공납되고 있다는 등의 이유를 들어 페랭의 이런 견해를 비판하고 뒤 캉즈 사전에서 이를 돼지로 본 것이 타당하다고 확인하고 있다. 그러나 이 견해에 따르면 또 다른 문제가 생긴다. 이 명세장 제3장 맨 끝의 제62항에는 "… solvunt ad tertium annum soales XXII et fossorios XXX; …"라는 기록이 나타난다. 이 문장에서 fossorium을 돼지라는 뜻으로 이해하게 되면, 그 바로 앞의 'soalis'도 돼지라는 뜻이어서 돼지 공납이 이중으로 이뤄진다는 문제가 발생하는 것이다. 그래서 이 번역에서는 fossorium의 뜻이 명확하지 않다는 전제 아래 이를 그냥 '괭이' 정도로 번역해 둔다.

베르가인 4명의 자식을 두고 있다. 그들 두 명은 6½bun의 곡물경작지와 ⅔arp의 초지로 구성된 1개의 자유인망스를 보유한다. 그들은 (위와) 같이 (의무를) 이행한다.

5. 생제르맹(수도원)의 속민들로서 콜로누스인 봘데가리우스와 콜로누스이고 이름이 알트게베르가인 그의 아내는 이름들이 할트게베르트, 봐네가리우스, 헬데게르누스인 3명의 자식을 두고 있다. 그들은[4] 6bun의 곡물경작지와 ½arp의 포도밭 및 1arp의 초지로 구성된 1개의 자유인망스를 보유한다. 그는 (위와) 같이 (의무를) 이행한다.

6. 생제르맹(수도원)의 콜로누스인 봘타리우스. 생제르맹(수도원)의 콜로누스인 봔드레마루스. 그들 두 명은 6bun의 곡물경작지로 된 1개의 자유인망스를 보유한다. 그들은 (위와) 같이 (의무를) 이행한다.

7. 생제르맹(수도원)의 속민들로서 마름인 에데눌트프와 콜로누스이고 이름이 아클레베르타인 그의 아내는 이름이 에데넬트인 1명의 자식을 두고 있다. 그들은[5] 6bun의 곡물경작지로 된 1개의 자유인망스를 보유한다. 그는 (위와) 같이 (의무를) 이행한다.

8. 생제르맹(수도원)의 속민들로서 콜로누스인 테우트프레두스와 콜로누스이고 이름이 풀카인 그의 아내는 이름들이 세아트스, 테오다루스, 수스펙타, 기슬레드루디스, 테오다라인 6명의[6] 자식을 두고 있다. 그들은[7] 7bun의 곡물경작지와 ¼arp의 포도밭 및 3arp의 초지로 구성된 1개의 자유인망스를 보유한다. 그는 (위와) 같이 (의무를) 이행한다.

9. 생제르맹(수도원)의 속민들로서 콜로누스인 테오도와 콜로누스이고 이름이 일라리아인 그의 아내는 이름들이 그리말두스, 테우트마루스,

---

[4] 원문대로임.

[5] 원문대로임.

[6] 실제로 기재된 자식의 이름은 5명뿐이다.

[7] 원문대로임.

데오다투스인 3명의 자식을 두고 있다. 그들은[8] 11bun의 곡물경작지와 ¼arp의 포도밭 및 3arp의 초지로 구성된 1개의 자유인망스를 보유한다. 그는 (위와) 같이 (의무를) 이행한다.

10. 생제르맹(수도원)의 속민들로서 콜로누스인 기로아르두스와 반자유인이고 이름이 오델베르가인 그의 아내는 이름이 발도아리우스인[9] 1명의 자식을 두고 있다. 그는 4bun의 곡물경작지로 된 (1개의) 반쪽 망스를 보유한다. 그는 반쪽 망스(보유자)처럼 (의무를) 이행한다.

11. 생제르맹(수도원)의 콜로누스인 할데가리우스는 4bun의 곡물경작지와 1arp의 포도밭 및 1arp의 초지로 구성된 1개의 자유인망스를 보유한다. 그는 (위와) 같이 (의무를) 이행한다.

12. 생제르맹(수도원)의 속민들로서 콜로누스인 봘타두스와 콜로누스이고 이름이 에르멩가르디스인 그의 아내는 이름들이 봘티스무스, 봐르나두스, 봘트루디스, 알딩가, 에르멩길디스, 발도이나인 6명의 자식을 두고 있다. 그들은[10] 3bun 1ant의 곡물경작지와 ½arp의 포도밭 및 ½arp의 초지로 구성된 1개의 자유인망스를 보유한다. 그는 (위와) 같이 (의무를) 이행한다.

13. 생제르맹(수도원)의 속민들로서 콜로누스인 그림볼두스와 콜로누스이고 이름이 하델린디스인 그의 아내는 이름들이 그리몰두스, 힐데마루스, 그림베르가, 알데일디스, 하데나, 에를린디스인 6명의 자식을 두고 있다. 그들은[11] 4bun의 곡물경작지와 ¼arp의 포도밭 및 ½arp의 초지로 구성된 (1개의) 반쪽 망스를 보유한다. 그는 반쪽 망스(보유자)처럼 (의

---

8 원문대로임.

9 B. Guérard, ed., *Polyp. d'Irminon*, p. 25와 A. Longnon, ed., *Polyp. de St. Germain*, p. 31에는 '발도아리움(Baldoarium)'으로 되어 있으나, D. Hägerman, ed., *Polyp. von St. Germain,* p. 19에는 '발도아리우스(Baldoarius)'로 되어 있다. 여기서는 당시 흔한 라틴어 접미사를 가진 후자를 따랐다.

10 원문대로임.

11 원문대로임.

무를) 이행한다.

14. 생제르맹(수도원)의 속민들로서 콜로누스인 시클레베르투스와 콜로누스이고 이름이 아드레힐디스인 그의 아내는 이름들이 기브라우스, 아드레마루스, 아달베르타인 3명의 자식을 두고 있다. 그들은[12] 4bun의 곡물경작지와 1½arp의 포도밭 및 ½arp의 초지로 구성된 1개의 자유인 망스를 보유한다. 그는 (위와) 같이 (의무를) 이행한다. 그 외에 그는 2bun의 곡물경작지와 ½arp의 초지로 구성된 (1개의) 반쪽 망스를 보유한다. 그는 반쪽 망스(보유자)처럼 (의무를) 수행한다.

15. 생제르맹(수도원)의 속민들로서 노예인 란트하리우스와 콜로누스인 그의 아내는 1½bun의 곡물경작지와 2½arp의 초지로 구성된 (1개의) 반쪽 망스를 보유한다. 그는 반쪽 망스(보유자)처럼 (의무를) 수행한다.

16. 생제르맹(수도원)의 콜로누스인 드록트볼두스. 생제르맹(수도원)의 속민들로서 콜로누스인 옥타르두스와 콜로누스이고 이름이 엘리산나인 그의 아내는 이름들이 프람트루디스, 에르멘프레두스, 에르멩가리우스, 손하다인 4명의 자식을 두고 있다. 그들 두 명은 4bun의 곡물경작지와 ½arp의 포도밭 및 1½arp의 초지로 구성된 1개의 자유인망스를 보유한다. 그들은 (위와) 같이 (의무를) 이행한다.

17. 요하네스는 6bun의 곡물경작지와 ½arp의 초지로 구성된 1개의 자유인 망스를 보유한다. 그는 (위와) 같이 (의무를) 이행한다.

18. 생제르맹(수도원)의 콜로누스인 란트베르투스. 생제르맹(수도원)의 콜로누스인 기슬레문두스. 그들 두 명은 3bun의 곡물경작지와 ½arp의 초지로 구성된 (1개의) 반쪽 망스를 보유한다. 그는[13] 반쪽 망스(보유자)처럼 (의무를) 수행한다.

---

12 원문대로임.

13 원문대로임.

19. 생제르맹(수도원)의 속민들로서 콜로누스인 알데가리우스와 콜로누스이고 이름이 오리엔타인 그의 아내는 이름들이 아달구디스, 라게닐디스, 그리모일디스, 아달힐디스, 봘디누스, 라게눌푸스인 6명의 자식을 두고 있다. 그들은[14] 5bun의 곡물경작지와 ⅔arp의 초지로 구성된 1개의 자유인망스를 보유한다. 그는 (위와) 같이 (의무를) 이행한다.

20. 생제르맹(수도원)의 콜로누스인 풀카르두스. 생제르맹(수도원)의 속민들로서 콜로누스인 봐랄레누스와 콜로누스이고 이름이 에다인 그의 아내는 이름들이 에두스, 봘트루디스, 알렉산드라인 3명의 자식을 두고 있다. 그들 두 명은 11bun의 곡물경작지와 1½arp의 포도밭 및 6rp의 초지로 구성된 1개의 자유인망스를 보유한다. 그들은 (위와) 같이 (의무를) 이행한다.

21. 생제르맹(수도원)의 속민들로서 콜로누스인 소인트하두스와 반자유인이고 이름이 테우트베르가인 그의 아내는 이름들이 뷜트루디스, 소인트하다인 2명의 자식을 두고 있다. 생제르맹(수도원)의 속민들로서 콜로누스인 아드레마루스와 콜로누스이고 이름이 오스길디스인 그의 아내는 이름들이 아달순디스, 에르카마루스인 2명의 자식을 두고 있다. 그들 두 명은 4bun의 곡물경작지와 1½arp의 포도밭 및 3rp의 초지로 구성된 1개의 자유인망스를 보유한다. 그들은 (위와) 같이 (의무를) 이행한다.

22. 생제르맹(수도원)의 속민들로서 콜로누스인 노르트만누스와 콜로누스이고 이름이 기블린디스인 그의 아내는 이름들이 시클레드루디스, 시클레람나, 기를라우스, 시클레힐디스, 기르베르가, 레스타두스인 6명의 자식을 두고 있다. 그들은[15] 11bun의 곡물경작지와 1arp의 포도밭 및 2arp의 초지로 구성된 1개의 자유인망스를 보유한다. 그는 (위와) 같이 (의무를) 이행한다.

---

14 원문대로임.

15 원문대로임.

23. 생제르맹(수도원)의 콜로누스인 힝크베르투스. 생제르맹(수도원)의 속민들로서 콜로누스인 힐데볼두스와 콜로누스이고 이름이 기슬레라인 그의 아내. 그들 두 명은 12bun의 곡물경작지와 ½arp의 포도밭으로 구성된 1개의 자유인망스를 보유한다. 그들은 (위와) 같이 (의무를) 이행한다.

24. 생제르맹(수도원)의 속민들로서 콜로누스인 아겜베르투스와 콜로누스이고 이름이 아르칸틸디스인 그의 아내. 그는 4bun의 곡물경작지로 된 (1개의) 반쪽 망스를 보유한다. 그는 반쪽 망스(보유자)처럼 (의무를) 수행한다.

25. 생제르맹(수도원)의 속민들로서 콜로누스인 릭볼두스와 콜로누스이고 이름이 알트킬디스인 그의 아내는 이름들이 릭베르가, 알신디스, 올딜가, 발도인 3명의[16] 자식을 두고 있다. 그들은[17] 9bun의 곡물경작지와 ¼arp의 포도밭 및 ¼arp의 초지로[18] 구성된 1개의 자유인망스를 보유한다. 그는 (위와) 같이 (의무를) 이행한다.

26. 생제르맹(수도원)의 속민들로서 콜로누스인 기르프레두스와 콜로누스이고 이름이 알렉산드라인 그의 아내는 이름이 보이키우스인 1명의 자식을 두고 있다. 그는 5bun의 곡물경작지와 ½arp의 포도밭 및 1ptc의 초지로 구성된 (1개의) 반쪽 망스를 보유한다. 그는 반쪽 망스(보유자)처럼 (의무를) 수행한다.

27. 생제르맹(수도원)의 속민들로서 콜로누스인 베네가리우스와 콜로누스이고 이름이 알데베르타인 그의 아내는 이름이 나달프레두스인 1명의 자식을 두고 있다. 생제르맹(수도원)의 속민들로서 콜로누스인 노달베

---

[16] 3명이라고 하지만, 실제로 기록되어 있는 자식 이름은 4명이다.

[17] 원문대로임.

[18] B. Guérard, ed., *Polyp. d'Irminon*, p. 27에는 초지에 관한 기록이 아예 없으나, A. Longnon, ed., *Polyp. de St. Germain*, p. 33과 D. Hägerman, ed., *Polyp. von St. Germain,* p. 20에는 초지의 면적이 기록되어 있다.

르투스와 콜로누스이고 이름이 에르메닐디스인 그의 아내는 이름들이 오르스베르투스, 에르메놀두스, 에르멘신디스인 3명의 자식을 두고 있다. 그들 두 명은 5bun의 곡물경작지와 1arp의 포도밭 및 1arp의 초지로 구성된 1개의 자유인망스를 보유한다. 그들은 (위와) 같이 (의무를) 이행한다.

28. 생제르맹(수도원)의 속민들로서 콜로누스인 데오둘푸스와 콜로누스이고 이름이 겐드라다인 그의 아내는 이름이 데오도이누스인 1명의 자식을 두고 있다. 생제르맹(수도원)의 콜로누스인 아달베르투스. 그들 두 명은 15bun의 곡물경작지와 ½arp의 포도밭 및 3arp의 초지로 구성된 1개의 자유인망스를 보유한다. 그들은 (위와) 같이 (의무를) 이행한다.

29. 생제르맹(수도원)의 속민들로서 콜로누스인 마우리키올루스와 이름이 고딜라인 그의 아내는 이름들이 소인트힐디스, 에르멘트루디스인 2명의 자식을 두고 있다. 생제르맹(수도원)의 콜로누스인 아달하르두스. 그들 두 명은 8bun의 곡물경작지와 ⅔arp의 포도밭 및 4arp의 초지로 구성된 1개의 자유인망스를 보유한다. 그들은 (위와) 같이 (의무를) 이행한다.

30. 생제르맹(수도원)의 콜로누스인 잉고이누스. 생제르맹(수도원)의 속민들로서 콜로누스인 힝크하리우스와 콜로누스이고 이름이 사로일디스인 그의 아내는 이름들이 사로이누스, 기슬레베르투스인 2명의 자식을 두고 있다. 그들 두 명은 4bun의 곡물경작지와 1arp의 포도밭 및 3arp의 초지로 구성된 1개의 자유인망스를 보유한다. 그들은 (위와) 같이 (의무를) 이행한다.

31. 생제르맹(수도원)의 속민들로서 콜로누스인 악코와 콜로누스이고 이름이 발틸디스인 그의 아내는 이름들이 엘렉테우스, 아달롤두스, 나달가리우스, 라킬디스, 에르멘베르타, 란드라두스인 5명의[19] 자식을 두고

---

[19] 실제로 기재되어 있는 자식 이름은 6명이다.

있다. 그들은[20] 7bun의 곡물경작지와 ½arp의 포도밭으로 구성된 1개의 자유인망스를 보유한다. 그는 (위와) 같이 (의무를) 이행한다.

32. 생제르맹(수도원)의 콜로누스인 스트라타리우스. 생제르맹(수도원)의 콜로누스인 라게놀두스. 그들 두 명은 6½bun의 곡물경작지와 …arp의 포도밭 및 1arp 2ptc의 초지로 구성된 1개의 자유인망스를 보유한다. 그들은 (위와) 같이 (의무를) 이행한다.

33. 생제르맹(수도원)의 속민들로서 콜로누스인 그리모이누스와 콜로누스이고 이름이 아로일디스인 그의 아내는 이름들이 아로이누스, 하이로아르두스, 하도아르두스, 에를린디스인 4명의 자식을 두고 있다. 생제르맹(수도원)의 속민들로서 콜로누스인 기로이누스와 콜로누스이고 이름이 아기나인 그의 아내는 이름이 기로아두스인[21] 1명의 자식을 두고 있다. 그들 두 명은 9½bun의 곡물경작지와 1½arp의 포도밭 및 1½arp의 초지로 구성된 1개의 자유인망스를 보유한다. 그들은 (위와) 같이 (의무를) 이행한다.

34. 생제르맹(수도원)의 속민들로서 콜로누스인 스타이나르두스와 콜로누스이고 이름이 봘데부르그스인 그의 아내는 이름들이 뷜렐무스, 게로일디스, 에르메눌푸스, 게라르두스인 4명의 자식을 두고 있다. 그들은[22] 7bun의 곡물경작지와 1arp의 포도밭 및 4arp의 초지로 구성된 1개의 자유인망스를 보유한다. 그는 (위와) 같이 (의무를) 이행한다.

35. 생제르맹(수도원)의 속민들로서 콜로누스인 그림하리우스와 반자유인이고 이름이 봐르메드루디스인 그의 아내는 이름이 기르바우인 1명의 자식을 두고 있다. 생제르맹(수도원)의 콜로누스인 시켈무스는 어머니

---

[20] 원문대로임.

[21] A. Longnon, ed., *Polyp. de St. Germain*, p. 34에는 '기로아르두스(Giroardus)'로 되어 있으나, B. Guérard, ed., *Polyp. d'Irminon*, p. 28과 D. Hägerman, ed., *Polyp. von St. Germain,* p. 21에는 '기로아두스(Giroadus)'로 되어 있다.

[22] 원문대로임.

가 동거하고 있다. 그들 두 명은 18bun의 곡물경작지와 ½(arp)의 포도밭 및 1arp의 초지로 구성된 1개의 자유인망스를 보유한다. 그들은 (위와) 같이 (의무를) 이행한다.

36. 생제르맹(수도원)의 속민들로서 콜로누스인 레우트베르트투스와 콜로누스이고 이름이 아달길디스인 그의 아내. 그는 8bun의 곡물경작지와 ½arp의 포도밭으로 구성된 1개의 자유인망스를 보유한다. 그는 (위와) 같이 (의무를) 이행한다.

37. 생제르맹(수도원)의 속민들로서 콜로누스인 뷔네문두스와 콜로누스이고 이름이 뷔네틸디스인 그의 아내는 이름들이 뷔드레볼두스, 프람베르타인 2명의 자식을 두고 있다. 그들은[23] 7bun 2ant의 곡물경작지와 1arp의 초지로 구성된 1개의 자유인망스를 보유한다. 그는 군사용으로 (첫 해에) 2솔리두스와 둘째 해에는 1솔리두스의 돈을, 셋째 해에는 1솔리두스 가격의 돼지 1마리를 바친다. 그는 동곡파종을 위해서 4ptc, 하곡파종을 위해서 2ptc를 갈이질하고, 지시받는 만큼 코르베와 수송부역과 손일 및 나무베기 부역을 (수행하며), 3마리의 닭과 15개의 계란을 (바친다).

38. 생제르맹(수도원)의 콜로누스인 소인트베르트투스는 5bun의 곡물경작지와 ¼arp의 포도밭 및 3arp의 초지로 구성된 1개의 자유인망스를 보유한다. 그는 (위와) 같이 (의무를) 이행한다.

39. 생제르맹(수도원)의 [콜로누스인][24] 아달룰푸스는 5bun 2ant의 곡물경

---

[23] 원문대로임.

[24] D. Hägerman, ed., *Polyp. von St. Germain,* p. 22에서는 '속민(homo)'이라는 말이 생략된 것으로 보고 있지만, B. Guérard, ed., *Polyp. d'Irminon*, p. 29와 A. Longnon, ed., *Polyp. de St. Germain*, p. 35에서는 '콜로누스(colonus)'란 말이 누락되었다고 한다. 이 39번 바로 앞의 38번과 바로 뒤의 40번 및 41번 등 이 영지명세장의 다른 항들에서 부인에 대한 언급조차 없이 농민보유지 보유자만 단독으로 기록된 경우에 보통 콜로누스란 신분이 언급되는 것으로 볼 때, 후자의 추정이 타당성이 더 크다고 하겠다.

작지와 ½arp의 포도밭 및 1½arp의 초지로 구성된 1개의 자유인망스를 보유한다. 그는 (위와) 같이 (의무를) 이행한다.

40. 생제르맹(수도원)의 콜로누스인 다로이누스는 8bun의 곡물경작지와 1arp의 포도밭 및 ¼arp의 초지로 구성된 1개의 자유인망스를 보유한다. 그는 (위와) 같이 (의무를) 이행한다.

41. 생제르맹(수도원)의 콜로누스인 불페가리우스는 3bun의 곡물경작지로 된 (1개의) 반쪽 망스를 보유한다. 그는 반쪽 망스(보유자)처럼 (의무를) 수행한다.

42. 생제르맹(수도원)의 속민들로서 아이르마루스와 콜로누스이고 이름이 살비아인 그의 아내는 이름들이 하르트마루스, 가우스트루디스인 2명의 자식을 두고 있다. 그들은[25] 7bun의 곡물경작지와 ¼arp의 포도밭 및 1arp의 초지로 구성된 1개의 자유인망스를 보유한다. 그는 (위와) 같이 (의무를) 이행한다.

43. 생제르맹(수도원)의 속민들로서 콜로누스인 베르테가리우스와 콜로누스이고 이름이 아말가르디스인 그의 아내. 그는 2bun의 곡물경작지와 2arp의 초지로 구성된 (1개의) 반쪽 망스를 보유한다. 그는 (위와) 같이 (의무를) 이행한다.

44. 생제르맹(수도원)의 속민들로서 콜로누스인 아달하르두스와 반자유인이고 8데나리우스를 지불하며[26] 이름이 아달프리다인 그의 아내는 이름이 아달가르디스인 1명의 자식을 두고 있다. 그는 (1)½bun의 곡물경작지와 1arp의 초지로 구성된 (1개의) 반쪽 망스를 보유한다. 그는 반쪽 망스(보유자)처럼 (의무를) 이행한다.

---

[25] 원문대로임.

[26] "8데나리우스를 지불하며 (…, quae solvit denarios VIII)"라는 것은 뒤의 제11장 제14항에 명시되어 있듯이 반자유 신분의 여성이 주인에 대한 예속의 표시로서 신역(身役) 대신에 지불하는 신공을 뜻하는 것이라고 하겠다.

45. 생제르맹(수도원)의 반자유인인 아달하르두스. 생제르맹(수도원)의 속민들로서 콜로누스인 봐르멘프레두스와 콜로누스이고 이름이 가우틀린디스인 그의 아내. 그들 두 명은 10bun의 곡물경작지로 된 1개의 자유인망스를 보유한다. 그들은 (위와) 같이 (의무를) 이행한다.

46. 생제르맹(수도원)의 속민들로서 콜로누스인 에를룰푸스와 콜로누스이고 이름이 마달베르타인 그의 아내는 이름들이 나달리아, 나달부르그스인 2명의 자식을 두고 있다. 그는 5bun의 곡물경작지와 1½arp의 초지로 구성된 (1개의) 반쪽 망스를 보유한다. 그는 반쪽 망스(보유자)처럼 (의무를) 이행한다.

47. 생제르맹(수도원)의 속민들로서 노예인 나달프레두스와 콜로누스이고 이름이 라도히스인 그의 아내는 이름들이 콘스탄티누스, 아달브룩, 나달리아, 라도힐트, 라트베르가인 5명의 자식을 두고 있다. 그들은[27] 8bun의 곡물경작지와 ⅔arp의 포도밭 및 2arp의 초지로 구성된 1개의 자유인망스를 보유한다. 그는 (위와) 같이 (의무를) 이행한다.

48. 생제르맹(수도원)의 노예인 레오도아르두스는 10bun의 곡물경작지와 ½arp의 포도밭 및 ½arp의 초지로 구성된 1개의 자유인망스를 보유한다. 그는 (위와) 같이 (의무를) 이행한다.

49. 생제르맹(수도원)의 속민들로서 콜로누스인 군트볼두스와 콜로누스이고 이름이 가우기나인 그의 아내는 8bun의 곡물경작지와 ½arp의 포도밭 및 1½arp의 초지로 구성된 1개의 자유인망스를 보유한다. 그는 (위와) 같이 (의무를) 이행한다.

50. 생제르맹(수도원)의 속민들로서 콜로누스인 보소와 노예이고 이름이 테오델린디스인 그의 아내는 이름이 할둘푸스인 1명의 자식을 두고 있다. 생제르맹(수도원)의 콜로누스인 우르시니아누스는 이름들이 레스토이누스, 레스토일디스인 2명의 자식을 두고 있다. 그들 두 명은

[27] 원문대로임.

7bun의 곡물경작지와 1arp의 포도밭 및 ½arp의 초지로 구성된 1개의 자유인망스를 보유한다. 그들은 (위와) 같이 (의무를) 이행한다.

51. 생제르맹(수도원)의 속민들로서 콜로누스인 기슬롤두스와 콜로누스이고 이름이 시킬디스인 그의 아내는 이름들이 마게나르두스, 마게닐디스인 2명의 자식을 두고 있다. 그들은[28] 5bun ½ant의 곡물경작지와 3arp의 초지로 구성된 1개의 자유인망스를 보유한다. 그는 (위와) 같이 (의무를) 이행한다.

52. 생제르맹(수도원)의 속민들로서 콜로누스인 라게네우스와 콜로누스이고 이름이 빌힐디스인 그의 아내는 이름들이 라게나리우스, 크리스토폴루스인 2명의 자식을 두고 있다. 그들은[29] 2½bun의 곡물경작지와 2arp의 초지로 구성된 1개의 자유인망스를 보유한다. 그는 (위와) 같이 (의무를) 이행한다.

53. 생제르맹(수도원)의 속민들로서 기롤두스와 반자유인인 그의 아내는 이름들이 기로아르두스, 기로이누스, 기롤두스인 3명의 자식을 두고 있다. 그들은[30] 3bun의 곡물경작지와 3arp의 초지로 구성된 1개의 자유인망스를 보유한다. 그는 (위와) 같이 (의무를) 이행한다.

54. 생제르맹(수도원)의 속민들로서 노예인 뷔네가리우스와 콜로누스이고 이름이 빌란트루디스인 그의 아내는 이름들이 빌라테우스, 빌디나, 라겐트루디스인 3명의 자식을 두고 있다. 생제르맹(수도원)의 속민들로서 노예인 빌데하리우스와 콜로누스이고 이름이 아달린디스인 그의 아내. 그들 두 명은 4½bun의 곡물경작지와 4½arp의 초지로 구성된 1개의 자유인망스를 보유한다. 그들은 (위와) 같이 (의무를) 이행한다.

55. 생제르맹(수도원)의 콜로누스인 기슬로이누스. 생제르맹(수도원)의 속

---

[28] 원문대로임.

[29] 원문대로임.

[30] 원문대로임.

민들로서 콜로누스인 아달루이누스와 노예이고 이름이 아우트겔린디스인 그의 아내는 이름들이 아달볼두스, 켈사인 2명의 자식을 두고 있다. 그들 두 명은 4bun의 곡물경작지와 1½arp의 초지로 구성된 1개의 자유인망스를 보유한다. 그들은 (위와) 같이 (의무를) 이행한다.

56. 생제르맹(수도원)의 속민들로서 콜로누스인 아달마루스와 콜로누스이고 이름이 뷔네길디스인 그의 아내는 이름들이 아달베르투스, 아달모두스, 아달롱구스, 아달기스, 소인트프리다인 5명의 자식을 두고 있다. 그들은[31] 4bun의 곡물경작지와 1arp의 포도밭 및 3arp의 초지로 구성된 1개의 자유인망스를 보유한다. 그는 (위와) 같이 (의무를) 이행한다.

57. 생제르맹(수도원)의 콜로누스인 알드람누스. 생제르맹(수도원)의 콜로누스인 알렉산데르. 그들 두 명은 5bun의 곡물경작지와 1arp의 포도밭 및 1arp의 초지로 구성된 1개의 자유인망스를 보유한다. 그들은 (위와) 같이 (의무를) 이행한다.

58. 생제르맹(수도원)의 속민들로서 콜로누스인 봔달프레두스와 콜로누스이고 이름이 이도아라인 그의 아내는 이름들이 아말트루디스, 힐도이누스, 세쿤두스인 4명의[32] 자식을 두고 있다. 그들은[33] 3bun의 곡물경작지와 1arp의 초지로 구성된 (1개의) 반쪽 망스를 보유한다. 그는 (위와) 같이 (의무를) 이행한다.

59. 생제르맹(수도원)의 속민들로서 콜로누스인 뷜트라누스와[34] 콜로누스이고 이름이 에르카닐디스인 그의 아내는 이름들이 에르칸라두스, 뷔네프레두스, 봘라테오, 뷜레베르가인 4명의 자식을 두고 있다. 생제르

---

31 이름이 B. Guérard, ed., *Polyp. d'Irminon*, p. 31에서는 '알드란누스(Aldrannus)'로 되어 있지만, A. Longnon, ed., *Polyp. de St. Germain*, p. 12와 D. Hägerman, ed., *Polyp. von St. Germain*, p. 7에서는 '알드람누스(Aldramnus)'로 되어 있다.

32 실제로 기록된 자식의 이름은 3명뿐이다.

33 원문대로임.

34 이름이 B. Guérard, ed., *Polyp. d'Irminon*, p. 31에서는 '뷜트란누스(Wiltrannus)'로 되어 있지만, A. Longnon, ed., *Polyp. de St. Germain*, p. 12와 D. Hägerman, ed., *Polyp. von St. Germain*, p. 7에서는 '뷜트라누스(Wiltranus)'로 되어 있다.

맹(수도원)의 노예인 오트가리우스. 그들 두 명은 8bun의 곡물경작지와 1arp의 초지로 구성된 1개의 자유인망스를 보유한다. 그들은 (위와) 같이 (의무를) 이행한다.

60. 생제르맹(수도원)의 콜로누스인 봐스코는 5bun의 곡물경작지와 1arp의 초지로 구성된 1개의 자유인망스를 보유한다. 그는 (위와) 같이 (의무를) 이행한다.

61.[35] **마드리아쿠스 파구스[36] 소재 생제르맹(수도원의) 자유지(自由地)들에[37] 관해. 이 자유지, 즉 니달파라고[38] 불리는 마을의 토지를[39] 교회와 함께**

---

[35] B. Guérard, ed., *Polyp. d'Irminon*, p. 31의 b번 각주와 A. Longnon, ed., *Polyp. de St. Germain*, p. 38의 1번 각주 및 D. Hägerman, ed., *Polyp. von St. Germain,* p. 23의 b번 각주에 의하면, 이 61번 항은 10세기에 추가되었다.

[36] B. Guérard, *Prolégomènes*, pp. 70~75와 A. Longnon, ed., *Polyp. de St. Germain*, p. 38의 2번 각주 및 D. Hägerman, ed., *Polyp. von St. Germain,* p. 226에 의하면, 마드리아쿠스 파구스(pagus Madriacensis)는 외르(Eure) 도 에브뢰(Évreux) 군 파시쉬르외르(Pacy-sur-Eure) 캉통의 메레이(Merey)를 중심으로 한 지역이다. '파구스(pagus)'라는 행정구역은 켈트족사회에서 기원하는 것으로, 원래 로마에서는 보통 촌락이나 읍락을 뜻했지만 갈리아나 게르만 지역에서는 면, 군, 주(州) 등과 같은 행정구역을 뜻했다. 중세에 들어서도 갈리아에서는 파구스가 로마제국에서 속주(provincia)의 하위 행정구역이었던 키비타스(civitas)와 동일시되거나 이보다 더 작은 이런 행정구역을 지칭하는 데 사용되었으며, 카롤링시대에는 'comitia'라고 불린 주와 동일 개념으로 사용되기도 했다. pagus는 오늘날 프랑스어에서 지방이나 나라를 뜻하는 'pays'의 어원을 이룬다. 주나 파구스라는 것의 하위 행정구역 단위가 '켄테나(centena)'나 '비가리아(vigaria, vicaria)'였다. 그 관할구역은 대체로 오늘날의 캉통(canton)에 해당한다.

[37] 자유지는 라틴어 원문의 'alodum'을 번역한 말로, 중세의 다른 문헌에서 alodium, alodis, alode 등으로도 불렸다. 게르만어인 이들 말을 구성하는 'al'은 완전하다든가 모두라는 뜻이며, 'ôd'는 재산 또는 토지란 뜻이다. 따라서 이 말은 어원상으로는 '완전한 소유권을 가진 토지', 곧 완전한 사적 소유지라고 할 수 있다. 봉건사회에서 이런 토지는 기본적으로 상속받았든 새로이 취득되었든 봉건적 관계에 들지 않은 토지, 다시 말하면 충성 및 군사봉사의 대가로 보유하는 봉토나 지대지불 의무가 따르는 농민보유지가 아닌 비(非)봉건적 자유토지를 가리킨다. 이 제61번 항에서는 이 말이 소정의 토지가 생제르맹데프레 수도원에 기증되기 전부터 자유지였을 뿐만 아니라, 기증된 후에도 이 수도원이 봉신에 대한 봉토나 장원농민에 대한 보유지로 분여하지 않고 자유지로 소유하고 있었다는 뜻으로 이해된다.

시게베르투스, 힐두이누스, 풀콜두스, 도도, 뷔니기스, 이스나르두스, 알케루스, 알부이누스, 에르멘리쿠스, 아이마르두스, 라이나르두스, 하르케루스, 프람누스, 자유인 여자인 베르타가 연등(燃燈)용으로 생제르맹(수도원)에 기부했다.[40] 이 사람들은 자유인이었지만 왕을 위한 군역(軍役)을 수행할 수 없었기 때문에, 성 마르티누스 교회와 함께 니달파, 도메리 몬스,[41] 베르헤리 발리스,[42] 겔리스라고[43] 불리는 그들의 자유지들을 양도했

---

[38] 니달파((Nidalfa)는 A. Longnon, ed., *Polyp. de St. Germain*, p. 38의 각주 3번에 의하면 옛 행정구역상으로는 세네우아즈 도 망트(Mantes) 군 보니에르쉬르센(Bonnières-sur-Seine) 캉통의 노플레트(Nauphlette)이고, D. Hägerman, ed., *Polyp. von St. Germain,* p. 226에 의하면 오늘날 행정구역상으로는 이블린 도 망트라졸리(Mantes-la-Jolie) 군 우당(Houdan) 캉통의 노플레트다.

[39] 여기서 '마을의 토지'란 라틴어 원문의 'villa'를 번역한 말이다. 앞에서 이 라틴어 단어를 기본적으로 장원과 마을이라는 두 가지 말로 번역한다고 했지만, 이 두 가지 말이 여기서는 적합하지 않다. 자유지라고 하므로 장원이라고 볼 수 없고, 토지라고 하므로 단순히 마을이라고 볼 수 없기 때문이다. 따라서 여기의 villa는 니달파라는 마을에 딸린 상당한 크기의 토지라고 보아야 할 것이다.

[40] 여기서 '연등용(ad luminaria)'이라고 하는 말은 교회나 수도원에, 특히 여기서 모시는 성자의 유골 앞에 등불이나 촛불을 밝히는 데 쓰이는 경비를 뜻한다. 연등용으로 바친 재산에서 나오는 수입은 연등을 위해서 사용된다. 교회기관의 연등을 위해 투탁한 사람은 생베르탱(Saint-Bertin) 수도원의 영지명세장 등에서 '연등 공납인(luminarius)'이라고 불렸으며, 가끔은 양초를 만드는 원료인 밀랍과 결부되어 '밀랍 공납인(cerarius)'이라고도 불렸다. B. Guérard, *Prolégomènes*, pp. 428~429 참조. 교회 연등의 기원, 연등 비용의 조달방법, 이를 위한 프랑크 왕정 당국의 조치 등에 대해서는 P. Fouracre, "Eternal light and earthly needs: practical aspects of the development of Frankish immunities", W. Davies, & p. Fouracre, eds., *Property and Power in the early Middle Ages* (Cambridge: Cambridge Univ. Press, 1995), pp. 68~78 참조. 이에 의하면 교회의 연등 의무는 구약성서의 레위기에 연원을 두고 있으며, 중세 초기 알프스 이북의 교회들은 마르세유를 통해 북아프리카나 에스파냐 등지로부터 연등용 올리브기름을 구입했다. 이의 구입에는 많은 현금이 필요했음을 고려하여 프랑크 왕정 당국은 교회들에 벌금징수권이나 관세면제권 등을 내용으로 하는 공권면제(公權免除) 특권(immunitas)을 부여했다. 그러나 마르세유는 8세기의 2/4분기에 전쟁과 침략으로 쇠퇴함으로써 교회에 불을 밝히는 데는 기름 대신 양초가 사용되게 되었고, 8세기 중엽부터 이런 방법에 의한 연등을 위해 많은 토지와 수입이 교회에 기부되고 매년 양초나 밀랍 또는 현금을 바치는 사람들이 생겨났다고 한다.

다. 그리고 그들은 하나는 겔리스 마을 위에 있고 다른 히니는 그 마을 아래에 있는 두 곳의 물레방앗간을 기부했다. 또한 그들은 만수스 풀코디에[44] 있다고 말해지는 농장을 (기부했는데,) 이 농장의 곡물경작지와 초지는 살키둠에[45] 소재한 성모 마리아(교회)의 땅에 인접해 있다. 빌라 아이아르디에는[46] 12arp의 초지로 된 5개의 망스가 있다. 니달파로부터 블라리트[47] 마을과 앝틸리아쿰에[48] 이르는 모든 임야는 생제르맹데프레(수도원)

---

41 도메리 몬스(Domeri Mons)가 어디인지는 확인되지 않고 있다.

42 A. Longnon, ed., *Polyp. de St. Germain*, p. 39의 1번 각주에 의하면 베르헤리 발리스(Berheri Vallis)는 세네우아즈 도 망트 군 보니에르쉬르센 캉통의 브레발(Bréval)이며, 노플레트로부터 북쪽으로 2km 이내의 거리에 위치한다. D. Hägerman, ed., *Polyp. von St. Germain,* p. 223에 의하면 베르헤리 발리스는 근래의 행정구역상으로는 이블린 도 망트라졸리 군 보니에르(Bonnières) 캉통의 브레발이다.

43 A. Longnon, ed., *Polyp. de St. Germain*, p. 39의 2번 각주와 D. Hägerman, ed., *Polyp. von St. Germain,* p. 225에 의하면 겔리스(Gellis)는 외레루아르(Eure-et-Loir) 도 드뢰(Dreux) 군 아네(Anet) 캉통의 질(Gilles)이며, 노플레트로부터 남쪽으로 2.5km 거리에 있다.

44 만수스 풀콜디(Mansus Fulcoldi)가 어디인지는 알려져 있지 않다.

45 A. Longnon, ed., *Polyp. de St. Germain*, p. 39의 4번 각주와 D. Hägerman, ed., *Polyp. von St. Germain,* p. 227에 의하면 살키둠(Salcidum)은 외레루아르 도 드뢰 군 아네 캉통 내의 소세(Saussay)이며, 노플레트로부터 남서쪽으로 12km 거리에 있다. 론농은 소세의 땅이 배속된 성모 마리아 교회는 샤르트르의 대성당일 가능성이 높다고 본다.

46 A. Longnon, ed., *Polyp. de St. Germain*, p. 39의 각주 5번에 의하면 빌라 아이아르디(Villa Aiardi)는 외르 도 에브뢰 군 파시(Pacy) 캉통의 빌가(Villegats)다.

47 A. Longnon, ed., *Polyp. de St. Germain*, p. 39의 각주 6번에 의하면 블라리트(Blarit)는 세네우아즈 도 망트 군 보니에르쉬르센 캉통 부아시모부아쟁(Boissy-Mauvoisin) 코뮌의 블레리(Bléry)이며, 노플레트 북북동쪽 7km 거리에 있다. D. Hägerman, ed., *Polyp. von St. Germain,* p. 223에 의하면 이곳은 오늘날의 행정구역상으로는 이블린 도 망트라졸리 군 보니에르 캉통 부아시모부아쟁 코뮌의 블레리다.

48 앝틸리아쿰(Attiliacum)의 오늘날 위치에 대해 B. Guérard, ed., *Polyp. d'Irminon*, p. 32의 a번 각주에서는 특정하지 못하고 있지만, A. Longnon, ed., *Polyp. de St. Germain*, p. 39의 각주 7번과 D. Hägerman, ed., *Polyp. von St. Germain,* p. 223에 의하면 오늘날의 행정구역상으로는 이블린 도 망트라졸리 군 우당 캉통의 틸리

의 소유이며 이 수도원의 영지에 속한다. 이들 마을 가운데는 이전부터 주백(州伯)의 관할권에 속하는 임야들이 있다.

62. 켈라 에콸리나에는 매년 군사용으로 1대의 수레나 6두의 황소나 78솔리두스의 돈을 바치고 돼지방목세로 10솔리두스를 납부하는 53개의 자유인망스가 있다. 그리고 이들 망스 가운데는 셋째 해에 22마리의 돼지와 30개의 괭이를 바치는 22개의 망스가 있다. (이들 망스는) 160마리의 닭과 800개의 계란을 (바친다).

경작망스와 미경작망스를 합한 총 망스 수는 70개다.

(Tilly)다. 론농에 따르면 이곳은 노플레트 남남서쪽 7km 거리에 있다.

04 봐니아쿠스(장원의) 명세서

1. 봐니아쿠스에는[1] 저택과 여타 많은 부속건물들을 갖춘 영주직영지가 있다. 여기에는 면적이 48bun이고 192md의 밀이 파종될 수 있는 4개 쿨투라의 경작지와 400md의 포도주가 채취될 수 있는 66arp의 포도밭이 있다. 여기에는 150마리의 돼지가 살찔 수 있는 총 2마일 둘레의 임야가 있다. 여기에는 30수레의 건초가 채취될 수 있는 14arp의 초지가 있다.

2. 콜로누스인 안세가리우스와 콜로누스이고 이름이 잉갈테우스인 그의 아내는 이름들이 안세길디스, 잉그리스마인 2명의 자식을 두고 있다. 그는 3¼bun의 곡물경작지와 3arp의[2] 포도밭으로 구성된 1개의 자유인 망스를 보유한다. 그는 군사용으로 첫 해에 4솔리두스와[3] 둘째 해에

---

[1] 봐니아쿠스(Waniacus)는 B. Guérard, *Prolégomènes*, p. 833과 A. Longnon, ed., *Polyp. de St. Germain*, p. 41의 각주 1번에 의하면 세네우아즈 도 퐁투아즈(Pontoise)군 고네스(Gonesse) 캉통의 가니(Gagny) 촌이다. D. Hägermann, ed. *Polyp. von St. Germain*, p. 228에 의하면 이곳은 오늘날 행정구역상으로는 센생드니(Seine-Saint-Denis) 도 르랭시(Le Raincy) 군 르랭시 캉통의 가니다. 이곳은 파리의 생제르맹데프레 수도원 소재지로부터 동쪽으로 약 15km쯤 되는 거리에 위치한다.

[2] B. Guérard, ed., *Polyp. d'Irminon*, p. 33과 A. Longnon, ed., *Polyp. de St. Germain*, p. 41에서는 포도밭의 면적이 'III'arp로 되어 있다. 그러나 D. Hägermann, ed. *Polyp. von St. Germain*, p. 25에서는 수사본의 'III' 중 세 번째 'I'가 지워져 있다고 하여 그 면적을 'II'arp로 보면서도, 'III'일지도 모른다는 의문을 제기한다.

2솔리두스의 돈을 지불하고, 돼지방목세로 2md의 포도주를 (바친다). 그는 동곡파종을 위해서 4ptc, 하곡파종을 위해서 2ptc를 갈이질하고, 지시받는 곳에서 코르베와 수송부역과 손일 및 나무베기 부역을 (수행한다). 그는 4마리의 닭과 15개의 계란 및 50개의 지붕널을 (바친다).

3. 생제르맹(수도원)의 속민들로서 콜로누스인 알드리쿠스와 콜로누스이고 이름이 아겐트루디스인 그의 아내는 이름들이 고디누스, 세네데우스인 2명의 자식을 두고 있다. 그는 3½bun의 곡물경작지와 1arp의 포도밭 및 ½arp의 초지로 구성된 1개의 자유인망스를 보유한다. 그리고 나머지(의무)는 (위와) 같다.

4. 생제르맹(수도원)의 콜로누스인 리카르두스는 3½bun의 곡물경작지와 2arp의 포도밭 및 1arp의 초지로 구성된 1개의 자유인망스를 보유한다. 그리고 나머지(의무)는 (위와) 같다.

5. 생제르맹(수도원)의 속민들로서 콜로누스인 디트프레두스와 콜로누스이고 이름이 빌트구디스인 그의 아내는 이름들이 라겐테우스, 빌트가우두스인 2명의 자식을 두고 있다. 그는 3bun의 곡물경작지와 2arp의 포도밭 및 ½arp의 초지로 구성된 1개의 자유인망스를 보유한다. 나머지(의무)는 (위와) 같다.

6. 생제르맹(수도원)의 속민들로서 콜로누스인 마달하리우스와 콜로누스이고 이름이 요닐디스인 그의 아내는 이름들이 요남, 에브리누스, 마달가리우스, 아브람인 4명의 자식을 두고 있다. 그는 4½bun의 곡물경작지와 1arp의 포도밭으로 구성된 1개의 자유인망스를 보유한다. 나머지(의무)는 (위와) 같다.

---

3 B. Guérard, ed., *Polyp. d'Irminon*, p. 33과 A. Longnon, ed., *Polyp. de St. Germain*, p. 41에서는 'IIII'솔리두스로 되어 있으나, D. Hägermann, ed. *Polyp. von St. Germain*, p. 25에서는 'II'솔리두스로 되어 있다. 그러나 2솔리두스로 보는 경우에는 둘째 해에 납부하는 2솔리두스의 군역세와 똑같게 되므로, 4솔리두스로 봄이 타당한 것으로 짐작된다.

7. 생제르맹(수도원)의 여자콜로누스인 에름신디스는 3bun의 곡물경작지와 3½arp의 포도밭으로 구성된 1개의 자유인망스를 보유한다. 그리고 나머지(의무)는 (위와) 같다.

8. 생제르맹(수도원)의 속민들로서 콜로누스인 힐데프레두스와 콜로누스이고 이름이 플렉트루디스인 그의 아내는 이름들이 힐데마루스, 아네마루스인 2명의 자식을 두고 있다. 그는 2bun 1jr의 곡물경작지와 1arp의 포도밭으로 구성된 1개의 자유인망스를 보유한다. 나머지(의무)는 (위와) 같다.

9. 생제르맹(수도원)의 속민들로서 노예인 기롤두스와 콜로누스이고 이름이 도미니카인 그의 아내는 이름들이 기슬롤두스, 게라르두스인 2명의 자식을 두고 있다. 그는 4bun의 곡물경작지와 1arp의 포도밭 및 ½arp의 초지로 구성된 1개의 자유인망스를 보유한다. 나머지(의무)는 (위와) 같다.

10. 생제르맹(수도원)의 속민들로서 콜로누스인 알도와 콜로누스이고 이름이 에를린디스인 그의 아내는 이름이 에를란두스인 1명의 자식을 두고 있다. 그는 3½bun의 곡물경작지와 1arp의 포도밭 및 ½arp의 초지로 구성된 1개의 자유인망스를 보유한다. 나머지(의무)는 (위와) 같다.

11. 콜로누스인 뷔네가리우스와 콜로누스이고 이름이 아달긴디스인 그의 아내는 이름들이 아달가리우스, 프라모이누스인 2명의 자식을 두고 있다. 그는 4bun의 곡물경작지와 1½arp의 포도밭 및 ½arp의 초지로 구성된 1개의 자유인망스를 보유한다. 나머지(의무)는 (위와) 같다.

12. 생제르맹(수도원)의 속민들로서 콜로누스인 둘케드람누스와 콜로누스이고 이름이 에르멩가르디스인 그의 아내는 이름들이 레우드라다, 힐트베르투스, 아달가르디스인 2명의[4] 자식을 두고 있다. 그는 2½bun의 곡물경작지와 1arp의 포도밭 및 ½arp의 초지로 구성된 1개의 자유인망

[4] 실제로 기록되어 있는 자식의 이름은 3명이다.

스를 보유한다. 나머지(의무)는 (위와) 같다.

13. 생제르맹(수도원)의 속민들로서 콜로누스인 고딩구스와 콜로누스이고 이름이 마달힐디스인 그의 아내는 2½bun의 곡물경작지와 1arp의 포도밭 및 같은 크기의 초지로 구성된 1개의 자유인망스를 보유한다. 나머지(의무)는 (위와) 같다.

14. 생제르맹(수도원)의 콜로누스인 식프레두스는 2½bun의 곡물경작지와 1arp의 초지로 구성된 1개의 자유인망스를 보유한다. 나머지(의무)는 (위와) 같다.

15. 생제르맹(수도원)의 속민들로서 콜로누스인 베르네아르두스와 콜로누스이고 이름이 에르메닐디스인 그의 아내는 이름들이 에르메놀두스, 고델린디스, 아르도이스, 베르노이누스인 3명의[5] 자식을 두고 있다. 그는 3½bun의 곡물경작지와 1arp의 포도밭으로 구성된 1개의 자유인망스를 보유한다. 나머지(의무)는 (위와) 같다.

16. 콜로누스인 아우틀라이쿠스와 콜로누스이고 이름이 아레기아인 그의 아내는 이름이 힐데가우두스인 1명의 자식을 두고 있다. 그는 4bun의 곡물경작지와 2arp의 포도밭 및 1arp의 초지로 구성된 1개의 자유인망스를 보유한다. 나머지(의무)는 (위와) 같다.

17. 콜로누스인 힐데가우두스와 콜로누스이고 이름이 아겐트루디스인 그의 아내는 생제르맹(수도원)의 속민들로서, 이름들이 힐데가우스, 아게나르두스, 힐데브란두스, 힐트루디스인 3명의[6] 자식을 두고 있다. 그는 5½bun의 곡물경작지와 2arp의 포도밭 및 1arp의 초지로 구성된 1개의 자유인망스를 보유한다. 나머지(의무)는 (위와) 같다.

18. 콜로누스인 힐데보두스와 콜로누스이고 이름이 베르틸디스인 그의 아

---

[5] 실제로 기록되어 있는 자식의 이름은 4명이다.

[6] 실제로 기록되어 있는 자식의 이름은 4명이다.

내는 이름들이 프란코베르투스, 힐데베르투스, 힐둘푸스인 3명의 자식을 두고 있다. 그는 3½bun의 곡물경작지와 2arp의 포도밭 및 1arp의 초지로 구성된 1개의 자유인망스를 보유한다. 나머지(의무)는 (위와) 같다.

19. 콜로누스인 란트프레두스와 콜로누스이고 이름이 아달힐니스인 그의 아내는 이름들이 아달프레두스, 란트베르가인 2명의 자식을 두고 있다. 그는 3bun의 곡물경작지와 1arp의 포도밭으로 구성된 1개의 자유인망스를 보유한다. 나머지(의무)는 (위와) 같다.

20. 생제르맹(수도원)의 콜로누스인 라감볼두스는 어머니가 동거하고 있다. 그는 3½bun의 곡물경작지와 1½arp의 포도밭 및 ½arp의 초지로 구성된 1개의 자유인망스를 보유한다. 나머지(의무)는 (위와) 같다.

21. 생제르맹(수도원)의 속민들로서 콜로누스인 아레기우스와 콜로누스이고 이름이 블리트길디스인 그의 아내. 콜로누스인 잉겔하우스와 콜로누스이고 이름이 에를린디스인 그의 아내는 이름들이 렉트루디스, 아클레볼다인 2명의 자식을 두고 있다. 노예인 아말가우두스와 콜로누스이고 이름이 프로트볼다인 그의 아내는 이름들이 프로트베르가, 로트베르가인 2명의 자식을 두고 있다. 생제르맹(수도원)의 콜로누스인 론트가우스. 그들 네 명은 4bun의 곡물경작지와 2arp의 포도밭으로 구성된 1개의 자유인망스를 보유한다. 나머지(의무)는 (위와) 같다.

22. 콜로누스인 발드리쿠스와 콜로누스이고 이름이 라감볼다인 그의 아내는 이름들이 힐트베르타, 가말트루디스, 힐드리쿠스인 3명의 자식을 두고 있다. 콜로누스인 아달볼두스. 그들 두 명은 4bun의 곡물경작지와 3arp의 포도밭 및 1arp의 초지로 구성된 1개의 자유인망스를 보유한다. 나머지(의무)는 (위와) 같다.

23. 생제르맹(수도원)의 속민들로서 콜로누스인 군트하르두스와 콜로누스인 그의 아내는 3명의 자식을 두고 있다. 생제르맹(수도원)의 여자콜로누스인 프람베르타. 생제르맹(수도원)의 콜로누스인 베렝가우스. 그들 세 명은 4½bun의 곡물경작지와 2arp의 포도밭으로 구성된 1개의 자유

인망스를 보유한다. 나머지(의무)는 (위와) 같다.

24. 생제르맹(수도원)의 속민들로서 콜로누스인 스트라디디우스와 콜로누스인 그의 아내. 콜로누스인 베르네하우스. 그들 두 명은 3½bun의 곡물경작지와 2arp의 포도밭 및 ½arp의 초지로 구성된 1개의 자유인망스를 보유한다. 나머지(의무)는 (위와) 같다.

25. 생제르맹(수도원)의 속민들로서 콜로누스인 베르트라두스와 콜로누스이고 이름이 빌디나인 그의 아내는 1⅓bun의 곡물경작지와 ½arp의 포도밭으로 구성된 (1개의) 반쪽 망스를 보유한다. 나머지(의무)는 (위와) 같다.

노예들[7]

26. 콜로누스인 알라리쿠스는 3bun의 곡물경작지와 2arp의 포도밭 및 ½arp의 초지로 구성된 1개의 노예망스를 보유한다. 그는 돼지방목세로 3md의 포도주를 바친다. 그는 포도밭에서 4arp를 작업한다. 그는 동곡파종을 위해서 2ptc를 갈이질하고, 지시받는 곳에서 코르베와 수송부역과 손일 및 나무베기 부역을 (수행하며), 7개의 횃불과, 1sest의 겨자 및 4마리의 닭과 15개의 계란을 (바친다).

27. 콜로누스인 도미니쿠스와 콜로누스이고 이름이 에르칸트루디스인 그의 아내는 생제르맹(수도원)의 속민들로서, 이름들이 라게놀두스, 하르드라두스, 힐드라두스인 3명의 자식을 두고 있다. 그는 3bun의 곡물경작지와 1arp의 포도밭으로 구성된 1개의 노예망스를 보유한다.

28. 생제르맹(수도원)의 속민들로서 노예인 기슬레마루스와 콜로누스이고 이름이 베르트라다인 그의 아내는 이름들이 뷔네마루스, 뷔눌푸스, 기

---

7 '노예들'이란 라틴어 원문에 "DE SERVIS"라고 되어 있는 말을 옮긴 것이다. 그러나 그 다음의 기록들에서 보듯이 노예들의 명단이 기록된 것은 아니며, 망스보유자가 반드시 노예 신분인 것도 아니고 오히려 콜로누스 신분이 더 많다. 따라서 "DE SERVIS"라고 표기된 이 말이 실제로 지칭하는 바는 노예망스들이라고 하겠다.

슬레드루디스인 3명의 자식을 두고 있다. 생제르맹(수도원)의 노예인 봔달프레두스. [그들 두 명은] 5½bun의 곡물경작지와 2arp의 포도밭으로 구성된 1개의 노예망스를 [보유한다]. 나머지(의무)는 (위와) 같다.

29. 생제르맹(수도원)의 속민들로서 안스프레두스와 콜로누스이고 이름이 에르멩가르디스인 그의 이내. 생제르맹(수도원)의 노예인 기슬레베르투스. 그들 두 명은 3½bun의 곡물경작지와 1arp의 포도밭으로 구성된 1개의 노예망스를 보유한다. 나머지(의무)는 (위와) 같다.

30. 생제르맹(수도원)의 속민들로서 콜로누스인 잉갈베르투스와 콜로누스이고 이름이 봔델린디스인 그의 아내는 이름이 발타두스인 1명의 자식을 두고 있다. 그는 4bun의 곡물경작지와 1½arp의 포도밭 및 ¼arp의 초지로 구성된 1개의 노예망스를 보유한다.

31. 생제르맹(수도원)의 속민들로서 콜로누스인 아달모두스와 콜로누스이고 이름이 고다인 그의 아내. 그는 3bun의 곡물경작지와 1arp의 포도밭으로 구성된 1개의 노예망스를 보유한다. 나머지(의무)는 (위와) 같다.

32. 생제르맹(수도원)의 속민들로서 콜로누스인 요한네스와 콜로누스이고 이름이 올리바인 그의 아내는 이름들이 잉그볼다, 에름브라두스, 요한나, 에름볼드라인 5명의[8] 자식을 두고 있다. 그는 2bun의 곡물경작지와 1½arp의 포도밭으로 구성된 1개의 노예망스를 보유한다. 나머지(의무)는 (위와) 같다.

인두세 (납부자들)

33. 엘레기우스는 3데나리우스를 (바치며), 힐데만스도 같고, 엘리산나도 같고, 힐데가르디스도 같고, 엘라리아도 같고, 오달리쿠스도[9] 같고, 아

---

[8] 실제로 기록되어 있는 자식의 이름은 4명뿐이다.

[9] B. Guérard, ed., *Polyp. d'Irminon*, p. 37에는 '올달리쿠스(Oldalricus)'로 되어 있으나, A. Longnon, ed., *Polyp. de St. Germain*, p. 45와 D. Hägermann, ed. *Polyp. von St. Germain*, p. 27에는 '오달리쿠스(Odalricus)'로 되어 있다.

킬디스도 같고, 엘리사리아도 같고, 아이로이누스도 같고, 란트베르투스도 같고, 엘렉트루디스도 같고, 도미니카도 같고, 프람볼다도 같고, 아멜리우스도 같고, 아데가리우스도 같고, 마우루스도 같고, 게르마나도 같고, 또한 아데가리우스도[10] 같고, 베르틀린디스도 같으며, 프라멩디스도 같다.

봉헌자들[11]

34. 나탈리피아, 베르티스마, 나달린디스, 나탈리스마, 엘리피아, 시켈무스, 마르티누스, 시킬디스, 아달트루디스, 베르네가리아, 아기아, 베르네힐디스, 아달기스디스, 아달트루디스, 판틀린디스, 도미니카, 발데가리우스, 마달트루디스, 탕쿨푸스, 군트베르가, 레우디스마, 시클리나, 레우델린디스, 그리오르기아, 란트보두스, 잉그볼두스, 기렐마, 노예인 베르툴푸스.

35. (봐니아쿠스 장원에는 합계) 23½개의 자유인망스와 7개의 노예망스가 있다. 이들로부터 군역세로 첫 해에 4리브라 10솔리두스의 돈이, 둘째 해에는 군수용(軍需用)의 가축공납 면제세로[12] 2리브라 5솔리두스(의

---

[10] B. Guérard, ed., *Polyp. d'Irminon*, p. 37에는 '알데가리우스(Aldegarius)'로 되어 있으나, A. Longnon, ed., *Polyp. de St. Germain*, p. 46과 D. Hägermann, ed. *Polyp. von St. Germain*, p. 27에는 '아데가리우스(Adegarius)'로 되어 있다.

[11] '봉헌자'란 라틴어 원문의 'votivus homo'란 말을 번역한 것이다. 이 명세장의 제20장 제47항에서는 'votivus'라고만 기록되어 있기도 하다. 이 말은 성자를 섬기는 데 자신을 바친 사람(votivus homo)이란 뜻으로, 어떤 교회나 수도원에 인신과 재산을 투탁하여 예속민이 된 사람을 가리킨다. 생제르맹데프레 수도원의 영지명세장에서는 파리의 주교를 역임하고 576년에 사망한 성(聖) 게르마누스에게 봉헌된 사람들을 가리킨다. 다른 문헌들에서는 oblatus, donatus, condonatus 등의 말들로 불리고 있다. 투탁의 동기는 신앙심이나 가난, 보호를 받을 필요성 등 여러 가지다. 투탁자는 자신의 재산에 대한 용익권을 유지하며 자손에게 물려줄 수도 있었다. 그러나 투탁자는 수탁기관에 종속의 표시로 매년 일정액의 금전을 바쳐야 했다. 생르미 수도원의 영지에서는 그 금액이 1인당 4데나리우스였다. 그렇지만 밀랍과 같은 현물을 바쳐야 하는 경우도 있었다. B. Guérard, *Prolégomènes*, pp. 427~429 참조.

돈)가 생기고, 돼지방목세로 66md의 포도주(가 생기며), 계란과 함께 118마리의 닭(이 생긴다). 그리고 6솔리두스 4데나리우스의 인두세 (수입이 생긴다).

36.[13] 영주인 수도원장 봘로[14] 시절에 안토니아쿠스[15] 장원에는 두 형제가 있었는데, 그 중의 하나는 이름이 군프레두스인 우리들의 마름이었고 다른 하나는 심지어 자신들이 귀족들이라고 자랑하는 풀베르투스였다. 영주인 수도원장 봘로는 그들이 생제르맹(수도원)의 노예들이라고 단언하면서 그들을 취득해서는 인두세를 지불케 했다. 군프레두스에게는 3명의[16] 아들과 7명

---

12 '군수용의 가축공납 면제세로'란 말은 라틴어 원문의 "propter carnaticum"이란 말을 번역한 것이다. 'carnaticum'은 B. Guérard, *Prolégomènes*, pp. 668~670; J. E. Niermeyer, *Mediae Latinitatis Lexicon Minus*, p. 146; Ch. Ed. Perrin, "A propos d'une redevance en fossoirs inscrite au polyptyque d'Irminon", pp. 437 등에 의하면 군대 보급용 가축, 특히 양의 공납 의무를 가리킨다. 따라서 '둘째 해에는 군수용의 가축공납 면제세로 2리브라 5솔리두스의 돈이 생긴다.'는 것은 장원농민이 출전군대의 군수용으로 주로 양을 바쳐왔으나 양을 바치는 대신 금전으로 바침으로써 생기는 수입을 의미한다고 할 수 있다. 그 앞의 '군역세로 첫 해에 4리브라 10솔리두스의 돈이 생긴다.'는 것은 군역의 일환으로 흔히 군수품 수송용 황소와 수레를 제공하는 대신 지불해야 하는 금전상의 부담인 데 비해, 후자는 출전군대의 식량용으로 징발되는 양 대신에 부과되는 금전부담이라고 하겠다.

13 B. Guérard, ed., *Polyp. d'Irminon*, p. 37의 a번 각주와 A. Longnon, ed., *Polyp. de St. Germain*, p. 46의 1번 각주 및 D. Hägermann, ed. *Polyp. von St. Germain*, p. 28의 b번 각주에 의하면, 이하 제36번에서 제38번까지는 10세기 말이나 11세기 초에 추가되었다고 한다.

14 B. Guérard, ed., *Polyp. d'Irminon*, p. 37의 a번 각주와 A. Longnon, ed., *Polyp. de St. Germain*, p. 46의 2번 각주와 D. Hägermann, ed. *Polyp. von St. Germain*, p. 28의 3번 각주 및 K. Elmshäuser & A. Konrad, *Studien zum Polyp. von St. Germain*, p. 55에 의하면, 봘로(Walo)는 960년에 생제르맹데프레 수도원의 수도원장으로 선출되었으며 979년에 사망했다.

15 B. Guérard, ed., *Polyp. d'Irminon*, p. 37의 b번 각주와 A. Longnon, ed., *Polyp. de St. Germain*, p. 46의 3번 각주 및 D. Hägermann, ed. *Polyp. von St. Germain*, p. 223에 의하면, 안토니아쿠스(Antoniacus)는 세네우아즈(오늘날에는 오드센[Hauts-de-Seine]) 도 소(Sceaux) 군 소 캉통의 앙토니(Antony)다. 이곳은 수도원이 소재한 파리 중심부에서 남서쪽으로 11km 거리에 위치한다.

16 D. Hägermann, ed. *Polyp. von St. Germain*, p. 28에는 '두 명의 아들(filii duo)'로

의 딸이 있었다. 그런데 그의 딸들 가운데 역시 자신의 인두세를 지불하던 에르민트루디스라는 이름의 한 딸과 플레톨두스가[17] 결혼했다.

37. 이름이 알부르기스이고 생제르맹(수도원)의 노예인 한 여인은 안토니아쿠스 장원에서 태어나, 이름들이 알부르기스와 에바인 딸들을 (두고 있다). 에바 또한 이름이 요스베르가인[18] 딸을 두고 있다.

38. 마트리올레[19] 장원 소속: 헤르메날다, 이름이 힐데아르드디스인 그의 딸, 어머니인 군테리, 그리고 그녀의 자매인 오딜라.

또한 같은 장원 소속: 빌렐무스,[20] 아들인 헤르메날데. 자신들의 딸들을 가진 그의 누이들인 헤르메날다와 힐데부르기스.

또한 전술한 장원 소속: 이름들이 군타르두스와 후고인 아들들을 둔 봘드레아. 이름이 라우렌티누스이고 자신의 아들들을 가진 동일인인 봘드레아의 남자형제. 전술한 여자는 또한 이름이 리킬디스인 딸을 두고 있다.

되어 있지만, B. Guérard, ed., *Polyp. d'Irminon*, p. 37과 A. Longnon, ed., *Polyp. de St. Germain*, p. 46에는 '3명의 아들(filii III)'으로 기재되어 있다.

17 B. Guérard, ed., *Polyp. d'Irminon*, p. 37에서는 이름이 '플레토두스(Fletodus)'로 되어 있지만, A. Longnon, ed., *Polyp. de St. Germain*, p. 47과 D. Hägermann, ed. *Polyp. von St. Germain*, p. 28에는 '플레톨두스(Fletoldus)'로 되어 있다.

18 B. Guérard, ed., *Polyp. d'Irminon*, p. 37에서는 이름이 '요셈베르가(Josemberga)'로 되어 있지만, A. Longnon, ed., *Polyp. de St. Germain*, p. 47과 D. Hägermann, ed. *Polyp. von St. Germain*, p. 28에는 '요스베르가(J[또는 I]osberga)'로 되어 있다.

19 A. Longnon, ed., *Polyp. de St. Germain*, p. 47의 2번 각주에 의하면, 마트리올레(Matriolae)는 세네마른(Seine-et-Marne) 도 퐁텐블로(Fontainebleau) 군 몽트로(Montereau) 캉통의 마롤쉬르센(Marolles-sur-Seine)이고, D. Hägermann, ed. *Polyp. von St. Germain*, p. 226에 의하면 세네마른 도 프로뱅(Provins) 군 몽트로 캉통 몽트로 코뮌의 옛 비엘마롤(vielles-Marolles)이다.

20 B. Guérard, ed., *Polyp. d'Irminon*, p. 37에서는 이름이 '빌레르무스(Willermus)'로 되어 있지만, A. Longnon, ed., *Polyp. de St. Germain*, p. 47과 D. Hägermann, ed. *Polyp. von St. Germain*, p. 28에는 '빌렐무스(Willelmus)'로 되어 있다.

05 베드라리에(장원의) 명세서

1. 베드라리에에는[1] 면적이 257bun이고 1,100md(의 밀)가 파종될 수 있는 4개 쿨투라의 영주경작지와, 1,600md의 포도주가 채취될 수 있는 95arp의 포도밭과, 60수레의 건초가 채취될 수 있는 60arp의 초지 및 어림잡아 그 둘레가 총 2마일로 250마리의 돼지가 살찔 수 있는 임야가 있다.

2. 카스티니둠에는[2] (그 둘레가) ⅔마일인 잡목림이 있다.

---

[1] B. Guérard, *Prolégomènes*, p. 835 및 B. Guérard, ed., *Polyp. d'Irminon*, p. 38의 a번 각주와 A. Longnon, ed., *Polyp. de St. Germain*, p. 48의 1번 각주에 의하면 베드라리에(Vedrariae)는 세네우아즈 도 베르사유 군 팔레조 캉통의 베리에르(Verrières) 마을에 해당한다. 그러나 D. Hägermann, ed. *Polyp. von St. Germain*, p. 228과 K. Elmshäuser & A. Konrad, *Studien zum Polyp. von St. Germain*, p. 58에 의하면 베드라리에는 오늘날 에손 도 팔레조 군 팔레조 캉통 베리에르레뷔송(Verrières-les-Buissons)이다. 이곳은 파리의 생제르맹데프레 수도원 소재지로부터 남서쪽으로 13km 거리에 있다.

[2] B. Guérard, ed., *Polyp. d'Irminon*, p. 38의 b번 각주와 A. Longnon, ed., *Polyp. de St. Germain*, p. 48의 각주 2번에 의하면 카스티니둠(Castinidum)은 센(Seine) 도 소 군 소 캉통의 샤트네레바뇌(Châtenay-les-Bagneux)다. 이곳은 베리에르 북쪽 2.3km 거리에 있다. 그러나 D. Hägermann, ed. *Polyp. von St. Germain*, p. 224와 K. Elmshäuser & A. Konrad, *Studien zum Polyp. von St. Germain*, p. 58에 의하면 이곳은 오늘날엔 오드센 도 앙토니 군 샤트네말라브리(Châtenay-Malabry)다. 샤트네레바뇌(Châtenay-les-Bagneux)는 샤트네말라브리(Châtenay-Malabry)의 옛 이름이다.

3. 생제르맹(수도원)의 속민들로서 마름이고 콜로누스인 프로돌두스와 콜로누스이고 이름이 힐데가르디스인 그의 아내는 3명의 아들과 1명의 딸을 두고 있다. 그들은[3] 3bun ½ant의 곡물경작지와 6arp의 포도밭 및 3arp의 초지로 구성된 (1개의) 자유인망스와 2bun 1ant의 곡물경작지와 4arp의 포도밭 및 1arp의 초지로 구성된 또 하나의 망스를 보유한다. 그는 1개 망스마다 군사용으로 4솔리두스의 돈과 둘째 해에 2두의 거세된 숫양 및 셋째 해에 군수용 마초(馬草)공납 면제세로[4] 1두의 암양을 바치고, 돼지방목세로 3md의 포도주를 (바치며), 4데나리우스의 나무채취료를 (바친다). 그는 동곡파종을 위해서 4ptc, 하곡파종을 위해서 2ptc를 갈이질하고, 지시받는 곳에서 코르베와 나무베기 부역과 수송부역 및 손일을 (수행하며), 4마리의 닭과 15개의 계란을 (바친다). 그는 포도밭에서 1arp를 작업한다.

4. 생제르맹(수도원)의 속민들로서 콜로누스인 아말가우두스와 콜로누스이고 이름이 고이틀라인 그의 아내는 4명의 자식을 두고 있다. 그는 3bun의 곡물경작지와 3½arp의 포도밭 및 3arp의 초지로 구성된 1개의 자유인망스를 보유한다. 그는 (위와) 같이 (의무를) 이행한다.

---

3 원문대로임.

4 '군수용 마초공납 면제세로'란 라틴어 원문의 'propter herbaticum'을 번역한 말이다. 이 영지명세장의 제5장 이후에 나타나는 'herbaticus'라는 용어는 풀을 뜻하는 라틴어 'herba'에서 파생된 말이다. B. Guérard, *Prolégomènes*, pp. 677~680에 의하면 'herbaticum'은 카롤링시대의 칙령이나 특허장 따위의 일부 문헌기록들에서 군수용 마초공납 의무를 뜻하기도 하지만, 일부 문헌기록에서는 군역세와는 상관없이 말들을 풀베기가 끝난 후의 초지에 방목하는 데 대해 지불되는 세이기도 하다. 그러나 그는 생제르맹데프레 수도원의 영지명세장에서는 herbaticum이 건초와 곡식의 수확 후 말과 소 및 양을 영주의 땅에서 풀을 뜯게 하는 데 대해서 지불되는 부담금일 가능성이 있다고 한다. 그렇지만 제5장 제3항을 비롯하여 이 용어가 나타나는 다수의 이에 관한 이 명세장의 기술에서 이 부담이 군역세와 연관되어 보통 셋째 해에 1두의 양을 바치는 것으로 기록되고 있음을 볼 때, 이 명세장에서는 이 용어가 오히려 군수용 마초공납 면제세의 의미로 쓰였다고 이해되어야 할 것이다.

5. 생제르맹(수도원)의 속민들로서 콜로누스인 고달리쿠스와 콜로누스이고 이름이 라그발다인 그의 아내는 4명의 자식을 두고 있다. 그는 1½bun의 곡물경작지와 2arp의 포도밭 및 ½arp의 초지로 구성된 1개의 자유인망스를 보유한다. 그는 (위와) 같이 (의무를) 이행한다.

6. 생제르맹(수도원)의 여자콜로누스인 베르틀레이스는 7bun의 곡물경작지와 2arp의 포도밭 및 1¼arp의[5] 초지로 구성된 1개의 자유인망스를 보유한다. 그녀는 (위와) 같이 (의무를) 이행한다.

7. 생제르맹(수도원)의 속민들로서 콜로누스인 라간헬무스와 콜로누스이고 이름이 아글리디스인 그의 아내는 5명의 자식을 두고 있다. 그리고 콜로누스인 잉갈마루스. 그들 두 명은 2bun 1ant의 곡물경작지와 2arp의 포도밭 및 2arp의 초지로 구성된 1개의 자유인망스를 보유한다. 그들은 (위와) 같이 (의무를) 이행한다.

8. 생제르맹(수도원)의 속민들로서 콜로누스인 뽤라프레두스와 콜로누스이고 이름이 라트베르가인 그의 아내는 3명의 자식을 두고 있다. 그는 3½bun의 곡물경작지와 2⅔arp의 포도밭 및 3arp의 초지로 구성된 1개의 자유인망스를 보유한다. 그는 (위와) 같이 (의무를) 이행한다.

9. 생제르맹(수도원)의 콜로누스인 게르하우스와 생제르맹(수도원)의 콜로누스인 풀크라우스는 4½bun의 곡물경작지와 2⅔arp의 포도밭 및 3⅓ arp의 초지로 구성된 1개의 자유인망스를 보유한다. 그들은 (위와) 같이 (의무를) 이행한다.

10. 생제르맹(수도원)의 속민들로서 콜로누스인 에리베르투스와 콜로누스이고 이름이 노달린디스인 그의 아내는 1명의 딸을 두고 있다. 생제르맹(수도원)의 콜로누스인 잉굴푸스. 그들 두 명은 3½bun의 곡물경작지

---

[5] 초지의 면적이 D. Hägermann, ed. *Polyp. von St. Germain*, p. 29에는 '2¼(II et quarta pars)'arp로 되어 있으나, B. Guérard, ed., *Polyp. d'Irminon*, p. 38과 A. Longnon, ed., *Polyp. de St. Germain*, p. 49에는 '1¼(I et quarta pars)'arp로 되어 있다.

와 2½arp의 포도밭 및 1¼arp의 초지로 구성된 1개의 자유인망스를 보유한다. 그들은 (위와) 같이 (의무를) 이행한다.

11. 생제르맹(수도원)의 여자콜로누스인 엘렉타와 (이름이) 엘레기우스인 그의 아들. 생제르맹(수도원)의 여자노예인 드록트람나. 그들 세 명은 6bun의 곡물경작지와 2arp의 포도밭 및 ⅔arp의 초지로 구성된 1개의 자유인망스를 보유한다. 그들은 (위와) 같이 (의무를) 이행한다.

12. 테우드리쿠스는 6bun의 곡물경작지와 2arp의 포도밭 및 ⅔arp의 초지로 구성된 1개의 자유인망스를 보유한다. 그는 (위와) 같이 (의무를) 이행한다.

13. 콜로누스인 알둘푸스와 콜로누스이고 이름이 아말베르가인 그의 아내는 2명의 자식을 두고 있다. 콜로누스인 풀카르두스. 아이툴푸스. 그들 세 명은 2bun의 곡물경작지와 3arp의 포도밭 및 ½arp의 초지로 구성된 1개의 자유인망스를 보유한다. 그들은 (위와) 같이 (의무를) 이행한다.

14. 콜로누스인 플라비두스. 생제르맹(수도원)의 속민들로서 콜로누스인 에름베르투스와[6] 콜로누스이고 이름이 레우트베르가인 그의 아내는 4명의 자식을 두고 있다. 그들은 4bun의 곡물경작지와 2½arp의 포도밭 및 1½arp의 초지로 구성된 1개의 자유인망스를 보유한다. 그들은 (위와) 같이 (의무를) 이행한다.

15. 생제르맹(수도원)의 속민들로서 콜로누스인 에르날두스와 콜로누스이고 이름이 에르멘트루디스인 그의 아내는 5명의 자식을 두고 있다. 리우트프리두스와 콜로누스이고 이름이 봔드레힐디스인 그의 아내는 2명의 자식을 두고 있다. 콜로누스인 에르메놀두스와 콜로누스이고 이름이 아이킬디스인 그의 아내. 그들 세 명은 6bun의 곡물경작지와 3arp

6 B. Guérard, ed., *Polyp. d'Irminon*, p. 39에서는 '에르멤베르투스(Ermembertus)'로 되어 있으나, A. Longnon, ed., *Polyp. de St. Germain*, p. 50과 D. Hägermann, ed. *Polyp. von St. Germain*, p. 30에는 '에름베르투스(Ermbertus)'로 되어 있다.

의 포도밭 및 3arp의 초지로 구성된 1개의 자유인망스를 보유한다. 그들은 (위와) 같이 (의무를) 이행한다.

16. 생제르맹(수도원)의 콜로누스인 게롤두스. 생제르맹(수도원)의 속민들로서 오트프레두스와 콜로누스이고 이름이 간슬린다인 그의 아내는 4명의 자식을 두고 있다. 그들 두 명은 6bun의 곡물경작지와 3arp의 포도밭 및 4arp의 초지로 구성된 1개의 자유인망스를 보유한다. 그들은 (위와) 같이 (의무를) 이행한다.

17. 생제르맹(수도원)의 콜로누스인 잉고이누스. 아달가우두스와 콜로누스이고 이름이 고틀레드루디스인 그의 아내는 4명의 자식을 두고 있다. 생제르맹(수도원)의 속민들로서 콜로누스인 라그노아르두스와 콜로누스이고 이름이 기슬라인 그의 아내. 그들 세 명은 1bun 1ant의 곡물경작지와 2arp의 포도밭 및 ½arp의 초지로 구성된 1개의 자유인망스를 보유한다. 그들은 (위와) 같이 (의무를) 이행한다.

18. 생제르맹(수도원)의 속민들로서 콜로누스인 테우돌두스와 콜로누스이고 이름이 뷔네길디스인 그의 아내는 4명의 자식을 두고 있다. 생제르맹(수도원)의 콜로누스인 뷔네마루스. 생제르맹(수도원)의 여자콜로누스인 불플린디스는 4명의 자식을 두고 있다. 그들 세 명은 6bun의 곡물경작지와 6arp의 포도밭 및 1arp의 초지로 구성된 1개의 자유인망스를 보유한다. 그들은 (위와) 같이 (의무를) 이행한다.

19. 생제르맹(수도원)의 콜로누스인 오트베르투스. 생제르맹(수도원)의 콜로누스인 이셈베르투스. 생제르맹(수도원)의 콜로누스인 불프라두스. 그들 세 명은 6bun의 곡물경작지와 3arp의 포도밭 및 1½arp의 초지로 구성된 1개의 자유인망스를 보유한다. 그들은 (위와) 같이 (의무를) 이행한다.

20. 생제르맹(수도원)의 속민들로서 콜로누스인 세고아르두스와 콜로누스이고 이름이 레우틸디스인 그의 아내. 생제르맹(수도원)의 여자콜로누스인 사드릴디스. 생제르맹(수도원)의 콜로누스인 에르메놀두스. 그들 네 명은[7] 3½bun의 곡물경작지와 2½arp의 포도밭 및 3½arp의 초지로

구성된 1개의 자유인망스를 보유한다. 그들은 (위와) 같이 (의무를) 이행한다.

21. 생제르맹(수도원)의 콜로누스인 안스브란두스. 생제르맹(수도원)의 콜로누스인 잉갈하리우스. 그들 두 명은 5½bun의 곡물경작지와 3arp의 포도밭 및 3arp의 초지로 구성된 1개의 자유인망스를 보유한다. 그들은 (위와) 같이 (의무를) 이행한다.

22. 생제르맹(수도원)의 콜로누스인 라감볼두스. 생제르맹(수도원)의 속민들로서 콜로누스인 오딜헤우스와 콜로누스이고 이름이 라트베르트타인 그의 아내는 1명의 아들을 두고 있다. 생제르맹(수도원)의 속민들로서 콜로누스인 시카우스와 콜로누스이고 이름이 도미니카인 그의 아내는 5명의 자식을 두고 있다. 그들 세 명은 4bun 2ant의 곡물경작지와 3arp의 포도밭 및 3arp의 초지로 구성된 1개의 자유인망스를 보유한다. 그들은 (위와) 같이 (의무를) 이행한다.

23. 생제르맹(수도원)의 속민들로서 콜로누스인 에르멘프레두스와 콜로누스이고 이름이 에르카닐디스인 그의 아내는 2명의 자식을 두고 있다. 생제르맹(수도원)의 콜로누스인 베를로이누스. 생제르맹(수도원)의 속민들로서 콜로누스인 기소이누스와 콜로누스이고 이름이 에르캄베르타인 그의 아내는 2명의 자식을 두고 있다. 그들 세 명은 3½bun의 곡물경작지와 1½arp의 포도밭 및 1arp의 초지로 구성된 1개의 자유인망스를 보유한다. 그들은 (위와) 같이 (의무를) 이행한다.

24. 생제르맹(수도원)의 속민들로서 콜로누스인 군도이누스와 콜로누스이고 이름이 발신다인 그의 아내는 5명의 자식을 두고 있다. 생제르맹(수도원)의 콜로누스인 아달프레두스. 그들 두 명은 2bun의[8] 곡물경작지

---

[7] 다른 항들에 기록된 관례와는 달리 여기서는 세고아르두스뿐만 아니라 그의 아내까지도 망스보유자로 산입하여 망스보유자의 총수가 4명이라고 기재하고 있는 것으로 보인다. 그렇지 않으면 총수가 3명이 된다.

[8] B. Guérard, ed., *Polyp. d'Irminon*, p. 41과 A. Longnon, ed., *Polyp. de St. Germain*,

와 3arp의 포도밭으로 구성된 1개의 자유인망스를 보유한다. 그들은 (위와) 같이 (의무를) 이행한다.

25. 생제르맹(수도원)의 속민들로서 콜로누스인 에브레베르투스와 콜로누스이고 이름이 발다인 그의 아내는 9명의 자식을 두고 있다. 그는 4bun의 곡물경작지와 4arp의 포도밭 및 4arp의 초지로 구성된 1개의 자유인망스를 보유한다. 그는 (영주직영지의 포도밭에서) ½arp를 작업하는 것을 제외하고는 (위와) 같이 (의무를) 이행한다.

26. 생제르맹(수도원)의 콜로누스인 군트하리우스. 생제르맹(수도원)의 속민들로서 콜로누스인 게룰푸스와 콜로누스이고 이름이 에르멩길디스인 그의 아내는 1명의 아들을 두고 있다. 봔드레힐디스는 1명의 아들을 두고 있다. 그들 세 명은 3bun ½ant의 곡물경작지와 4arp의 포도밭 및 3arp의 초지로 구성된 1개의 자유인망스를 보유한다. 그들은 (위와) 같이 (의무를) 이행한다.

27. 생제르맹(수도원)의 속민들로서 콜로누스인 프레데가리우스와 콜로누스이고 이름이 아달구디스인 그의 아내는 3명의 자식을 두고 있다. 생제르맹(수도원)의 콜로누스인 라그네리쿠스. 그들 두 명은 3bun 2ant의 곡물경작지와 3arp의 포도밭 및 2¼arp의 초지로 구성된 1개의 자유인망스를 보유한다. 그들은 (위와) 같이 (의무를) 이행한다.

28. 생제르맹(수도원)의 콜로누스인 잉게눌푸스는 어머니와 (1명의) 누이가 동거하고 있다. 그는 3bun 1ant의 곡물경작지와 2arp의 포도밭 및 1arp의 초지로 구성된 1개의 자유인망스를 보유한다. 그는 군사용으로 4솔리두스의 돈과 둘째 해에 2두의 거세된 숫양과 셋째 해에 군수용 마초공납 면제세로 1두의 암양을 바치며, 돼지방목세로 3md의 포도주를 (바친다). 그는 동곡파종을 위해서 4ptc, 하곡파종을 위해서 2ptc를

---

p. 51에는 곡물경작지의 면적이 '3bun(bunuaria III)'으로 되어 있지만, D. Hägermann, ed. *Polyp. von St. Germain*, p. 31에서는 수사본에 'III'이 축약되어 '2bun(bunuaria II)'로 되어 있다고 한다.

갈이질하고, 4마리의 닭과 15개의 계란을 (바친다). 그는 지시받는 곳에서 수송부역과 손일과 코르베 및 나무베기 부역을 (수행한다).

29. 생제르맹(수도원)의 속민들로서 콜로누스인 블리트하리우스와 콜로누스이고 이름이 아다인 그의 아내는 3명의 자식을 두고 있다. 그는[9] 2bun 2ant의 곡물경작지와 ⅔arp의 포도밭 및 ½arp의 초지로 구성된 1개의 자유인망스를 보유한다. 그는 (위와) 같이 (의무를) 이행한다.

30. 생제르맹(수도원)의 속민들로서 콜로누스인 게랄두스와 콜로누스이고 이름이 게르트루디스인 그의 아내는 2명의 자식을 두고 있다. 그는[10] 3bun의 곡물경작지와 2½arp의 포도밭 및 ½arp의 초지로 구성된 1개의 자유인망스를 보유한다. 그는 (위와) 같이 (의무를) 이행한다.

31. 생제르맹(수도원)의 속민들로서 콜로누스인 뷔네라두스와 콜로누스이고 이름이 베르틀린디스인 그의 아내는 4명의 자식을 두고 있다. 생제르맹(수도원)의 콜로누스인 봐림베르투스. 생제르맹(수도원)의 여자콜로누스인 불파라. 그들 세 명은 3bun 1ant의 곡물경작지와 2arp의 포도밭 및 ½arp의 초지로 구성된 1개의 자유인망스를 보유한다. 그들은 (위와) 같이 (의무를) 이행한다.

32. 생제르맹(수도원)의 콜로누스인 불파르두스는 1명의 아들을 두고 있다. 그는 7bun의 곡물경작지와 2arp의 포도밭 및 ½arp의 초지로 구성된 1개의 자유인망스를 보유한다. 그는 (위와) 같이 (의무를) 이행한다.

33. 생제르맹(수도원)의 콜로누스인 아도. 생제르맹(수도원)의 속민들로서 콜로누스인 고트하리우스와 콜로누스이고 이름이 베르트수인디스인

---

9 B. Guérard, ed., *Polyp. d'Irminon*, p. 41과 A. Longnon, ed., *Polyp. de St. Germain*, p. 52에는 3인칭 복수로 되어 있지만, D. Hägermann, ed. *Polyp. von St. Germain*, p. 31에는 3인칭 단수로 되어 있다.

10 B. Guérard, ed., *Polyp. d'Irminon*, p. 41과 A. Longnon, ed., *Polyp. de St. Germain*, p. 52에는 3인칭 복수로 되어 있지만, D. Hägermann, ed. *Polyp. von St. Germain*, p. 31에는 3인칭 단수로 되어 있다.

그의 아내는 6명의 자식을 두고 있다. 그들 두 명은 2bun의 곡물경작지와 2arp의 포도밭 및 $\frac{1}{2}$arp의 초지로 구성된 1개의 자유인망스를 보유한다. 그들은 (위와) 같이 (의무를) 이행한다.

34. 생제르맹(수도원)의 속민들로서 콜로누스인 마우루스와 콜로누스이고 이름이 에르멩가르디스인 그의 아내는 3명의 자식을 두고 있다. 생제르맹(수도원)의 속민들로서 콜로누스인 아게베르투스와 콜로누스이고 이름이 율리아인 그의 아내는 2명의 자식을 두고 있다. 생제르맹(수도원)의 콜로누스인 에이트프레두스. 그들 세 명은 4bun의 곡물경작지와 2arp의 포도밭 및 2arp의 초지로 구성된 1개의 자유인망스를 보유한다. 그들은 (위와) 같이 (의무를) 이행한다.

35. 생제르맹(수도원)의 콜로누스인 불프리쿠스. 생제르맹(수도원)의 여자콜로누스인 게르발다는 2명의 자식을 두고 있다. 그들은 4bun의 곡물경작지와 1$\frac{1}{2}$arp의 포도밭 및 $\frac{1}{2}$arp의 초지로 구성된 1개의 자유인망스를 보유한다. 그들은 (위와) 같이 (의무를) 이행한다.

36. 생제르맹(수도원)의 콜로누스인 게로스무스. 생제르맹(수도원)의 콜로누스인 도미니쿠스. 그들은 3bun의 곡물경작지와 2$\frac{1}{2}$arp의 포도밭 및 $\frac{1}{4}$arp의 초지로 구성된 1개의 자유인망스를 보유한다. 그들은 (위와) 같이 (의무를) 이행한다.

37. 생제르맹(수도원)의 여자콜로누스인 불플레이스는 3bun 1ant의 곡물경작지와 2arp의 포도밭 및 $\frac{1}{2}$arp의 초지로 구성된 1개의 자유인망스를 보유한다. 그녀는 (위와) 같이 (의무를) 이행한다.

38. 생제르맹(수도원)의 콜로누스인 에르멘리쿠스는 2bun 1ant의 곡물경작지와 2arp의 포도밭으로 구성된 1개의 자유인망스를 보유한다. 그는 (위와) 같이 (의무를) 이행한다.

39. 생제르맹(수도원)의 콜로누스인 시카리우스. 생제르맹(수도원)의 속민들로서 콜로누스인 에림가우두스와 콜로누스이고 이름이 테우트힐디스인 그의 아내. 그들 두 명은 2bun $\frac{1}{2}$ant의 곡물경작지와 2$\frac{1}{2}$arp의 포도

밭 및 ½arp의 초지로 구성된 1개의 자유인망스를 보유한다. 그들은 (위와) 같이 (의무를) 이행한다.

40. 생제르맹(수도원)의 속민들로서 콜로누스인 테우데리쿠스와 콜로누스이고 이름이 에르멩가르디스인 그의 아내는 4명의 자식을 두고 있다. 생제르맹(수도원)의 속민들로서 콜로누스인 불팔두스와 콜로누스이고 이름이 알게베르가인 그의 아내는 5명의 자식을 두고 있다. 그들 두 명은 2bun 2ant의 곡물경작지와 2¼arp의 포도밭으로 구성된 1개의 자유인망스를 보유한다. 그들은 (위와) 같이 (의무를) 이행한다.

41. 생제르맹(수도원)의 콜로누스인 엘드라두스. 생제르맹(수도원)의 속민들로서 콜로누스인 라겐텔무스와 콜로누스이고 이름이 반드레발다인 그의 아내는 3명의 자식을 두고 있다. 그들 두 명은 2bun의 곡물경작지와 2arp의 포도밭 및 ½arp의 초지로 구성된 (1개의) 자유인망스를 보유한다. 그들은 (위와) 같이 (의무를) 이행한다.

42. 생제르맹(수도원)의 콜로누스인 마달베르투스. 생제르맹(수도원)의 콜로누스인 마달가리우스. 그들 두 명은 3½bun의 곡물경작지와 1½arp의 포도밭으로 구성된 1개의 자유인망스를 보유한다. 그들은 (위와) 같이 (의무를) 이행한다.

43. 생제르맹(수도원)의 속민들로서 콜로누스인 테우트발두스와 콜로누스이고 이름이 아달린디스인 그의 아내는 1명의 자식을 두고 있다. 생제르맹(수도원)의 속민들로서 콜로누스인 테우달두스와 콜로누스이고 이름이 아달라다인 그의 아내는 4명의 자식을 두고 있다. 생제르맹(수도원)의 콜로누스인 잉갈가리우스. 그들 세 명은 3bun 1ant의 곡물경작지와 2½arp의 포도밭으로 구성된 1개의 자유인망스를 보유한다. 그들은 (위와) 같이 (의무를) 이행한다.

44. 생제르맹(수도원)의 콜로누스인 불프라두스. 생제르맹(수도원)의 여자 콜로누스인 마리아는 4명의 자식을 두고 있다. 그들 두 명은 3bun ½ant의 곡물경작지와 1½arp의 포도밭으로 구성된 1개의 자유인망스를 보유한다. 그들은 (위와) 같이 (의무를) 이행한다.

45. 생제르맹(수도원)의 속민들로서 콜로누스인 잉갈란두스와 콜로누스이고 이름이 아게드루디스인 그의 아내는 2명의 자식을 두고 있다. 게를린디스는 3명의 자식을 두고 있다. 생제르맹(수도원)의 여자콜로누스인 아드릴디스는 3명의 자식을 두고 있다. 그들 세 명은 2bun 2ant의 곡물경작지와 1arp의 포도밭 및 1arp의 초지로 구성된 1개의 자유인망스를 보유한다. 그들은 (위와) 같이 (의무를) 이행한다.

46. 생제르맹(수도원)의 콜로누스인 레데리우스. 생제르맹(수도원)의 콜로누스인 란도아리우스. 그들 두 명은 2bun 1ant의 곡물경작지와 2½arp의 포도밭으로 구성된 1개의 자유인망스를 보유한다. 그들은 (위와) 같이 (의무를) 이행한다.

47. 생제르맹(수도원)의 콜로누스인 잉갈라르두스. 생제르맹(수도원)의 속민들로서 콜로누스인 파스코이누스와 콜로누스이고 이름이 아글레닐디스인 그의 아내는 6명의 자식을 두고 있다. 그들 두 명은 3bun 2ant의 곡물경작지와 1⅔arp의 포도밭 및 ¼arp의 초지로 구성된 1개의 자유인망스를 보유한다. 그들은 (위와) 같이 (의무를) 이행한다.

48. 생제르맹(수도원)의 속민들로서 콜로누스인 아익타르두스와 콜로누스이고 이름이 프로틀린디스인 그의 아내. 생제르맹(수도원)의 속민들로서 콜로누스인 잉고이누스와 콜로누스이고 이름이 그리마인 그의 아내는 2명의 자식을 두고 있다. 그들 두 명은 3½bun의[11] 곡물경작지와 1¼arp의 포도밭으로 구성된 1개의 자유인망스를 보유한다. 그들은 (위와) 같이 (의무를) 이행한다.

49. 생제르맹(수도원)의 콜로누스인 에르메날두스는 2½bun의 곡물경작지와 ½arp의 포도밭 및 ½arp의 초지로 구성된 1개의 자유인망스를 보유한다. 그는 군사용으로 2두의 거세된 숫양을 바치고, 셋째 해에 군수용

---

11 D. Hägermann, ed. *Polyp. von St. Germain*, p. 33에는 '3bun(bunuaria .III.)'으로 되어 있지만, B. Guérard, ed., *Polyp. d'Irminon*, p. 43과 A. Longnon, ed., *Polyp. de St. Germain*, p. 55에는 '3½bun(bunuaria III et dimidium)'으로 되어 있다.

마초공납 면제세로 1두의 암양을 바치며, 돼지방목세로 4데나리우스를 (바친다). 그는 동곡파종을 위해서 4ptc, 하곡파종을 위해서 2ptc를 갈이질하고, 3마리의 닭과 15개의 계란을 (바친다). 그는 손일을 (수행하며), 포도밭에서 1arp를 (작업한다).

50. 생제르맹(수도원)의 콜로누스인 베랄두스는 2½bun의 곡물경작지와 ½arp의 포도밭 및 ½arp의 초지로 구성된 1개의 자유인망스를 보유한다. 그는 (위와) 같이 (의무를) 이행한다.

51. 생제르맹(수도원)의 여자콜로누스인 라겐트루디스는 1명의 자식을 두고 있다. 그녀는 3bun 1ant의 곡물경작지로 된 1개의 자유인망스를 보유한다.

52. 생제르맹(수도원)의 속민들로서 콜로누스인 뷔네가리우스와 콜로누스이고 이름이 도다인 그의 아내는 1명의 자식을 두고 있다. 그들은[12] 2bun의 곡물경작지로 된 (1개의) 반쪽 자유인망스를 보유한다. 그는 군사용으로 1두의 거세된 숫양을 바치고, 돼지방목세로 2데나리우스를 (바치며), 셋째 해에 군수용 마초공납 면제세로 ½두의 암양을 (바친다). 그는 동곡파종을 위해서 2ptc, 하곡파종을 위해서 1ptc를 갈이질하고, 3마리의 닭과 15개의 계란을 (바친다). 그는 포도밭에서 ½arp(의 면적)를 작업한다.

베드라리에 소속

53. 생제르맹(수도원)의 속민들로서 콜로누스인 게르베르투스와 콜로누스이고 이름이 시고일디스인 그의 아내는 4명의 자식을 두고 있다. 그는 3bun ½ant의 곡물경작지와 1½arp의 포도밭 및 1½arp의 초지로 구성된 1개의 자유인망스를 보유한다. 그는 군사용으로 4솔리두스의 돈과 둘째 해에 2두의 거세된 숫양과 셋째 해에 군수용 마초공납 면제세로 1두의 암양을 바치고, 돼지방목세로 3md의 포도주를 (바치며), 나무채

[12] 원문대로임.

취료로 4데나리우스를 (바친다). 그는 동곡파종을 위해서 4ptc, 하곡파종을 위해서 2ptc를 갈이질한다. 그는 지시받는 곳에서 코르베와 나무베기 부역과 수송부역 및 손일을 (수행하며), 4마리의 닭과 15개의 계란을 (바친다). 그는 포도밭에서 1arp(의 면적)를 작업한다.

54. 아카리우스와 콜로누스이고 이름이 베르틀라우인 그의 아내는 4명의 자식을 두고 있다. 그레고리우스와 (이름이) 콘스탕키아이고 생제르맹(수도원)의 콜로누스인 그의 아내는 2명의 자식을 두고 있다. 그들은 3bun ½ant의 곡물경작지와 2arp의 포도밭 및 2arp의 초지로 구성된 1개의 자유인망스를 보유한다. 그들은 (위와) 같이 (의무를) 이행한다.

55. 생제르맹(수도원)의 속민들로서 콜로누스인 에름베르투스와 콜로누스이고 이름이 식발다인 그의 아내. 고델하르두스와 생제르맹(수도원)의 콜로누스이고 이름이 시클레힐디스인 그의 아내는 2명의 자식을 두고 있다. 생제르맹(수도원)의 콜로누스인 뷔네볼두스. 그들 세 명은 2bun 1ant의 곡물경작지와 1arp의 포도밭 및 2arp의 초지로 구성된 1개의 자유인망스를 보유한다. 그들은 (위와) 같이 (의무를) 이행한다.

56. 생제르맹(수도원)의 속민들로서 콜로누스인 시카르두스와 콜로누스이고 이름이 발데힐디스인 그의 아내는 3명의 자식을 두고 있다. 그들은[13] 3bun ½ant의 곡물경작지와 1½arp의 포도밭 및 2arp의 초지로 구성된 1개의 자유인망스를 보유한다. 그는 (위와) 같이 (의무를) 이행한다.

57. 생제르맹(수도원)의 속민들로서 콜로누스인 아이트리쿠스와 콜로누스이고 이름이 고델린디스인 그의 아내는 5명의 자식을 두고 있다. 생제르맹(수도원)의 속민들로서 콜로누스인 아이툴푸스와 콜로누스이고 이름이 에르멤베르가인 그의 아내는 3명의 자식을 두고 있다. 그들 두 명은 3bun의 곡물경작지와 1½arp의 포도밭 및 2½arp의 초지로 구성된

[13] 원문대로임.

1개의 자유인망스를 보유한다. 그들은 (위와) 같이 (의무를) 이행한다.

58. 생제르맹(수도원)의 콜로누스인 아달라르두스. 생제르맹(수도원)의 콜로누스인 아브라함과 콜로누스이고 이름이 콘스탄티나인 그의 아내는 4명의 자식을 두고 있다. 그들 두 명은 3bun의 곡물경작지와 1½arp의 포도밭 및 1½arp의 초지로 구성된 1개의 자유인망스를 보유한다. 그들은 (위와) 같이 (의무를) 이행한다.

59. 생제르맹(수도원)의 속민들로서 콜로누스인 봐르메드람누스와 콜로누스이고 이름이 수산나인 그의 아내는 1명의 자식을 두고 있다. 생제르맹(수도원)의 속민들로서 콜로누스인 테우트하리우스와 콜로누스이고 이름이 엘리사비아인 그의 아내는 1명의 자식을 두고 있다. 그들 두 명은 1bun ½ant의 곡물경작지와 1arp의 포도밭 및 ¼arp의 초지로 구성된 1개의 자유인망스를 보유한다. 그들은 (위와) 같이 (의무를) 이행한다.

60. 생제르맹(수도원)의 속민들로서 콜로누스인 리카르두스와 콜로누스이고 이름이 라킬디스인 그의 아내는 4명의 자식을 두고 있다. 생제르맹(수도원)의 속민들로서 콜로누스인 시클레하르두스와 콜로누스이고 이름이 프로트베르가인 그의 아내는 1명의 자식을 두고 있다. 그들 두 명은 3bun ½ant의 곡물경작지와 1arp의 포도밭 및 1½arp의 초지로 구성된 1개의 자유인망스를 보유한다. 그들은 (위와) 같이 (의무를) 이행한다.

61. 생제르맹(수도원)의 속민들로서 콜로누스인 도트베르투스와 콜로누스이고 이름이 아글릴디스인 그의 아내는 4명의 자식을 두고 있다. 생제르맹(수도원)의 속민들로서 콜로누스인 봘트카우두스와 콜로누스이고 이름이 도미니카인 그의 아내는 2명의 자식을 두고 있다. 그들 두 명은 3bun ½ant의 곡물경작지와 ½arp의 포도밭 및 1arp의 초지로 구성된 1개의 자유인망스를 보유한다. 그들은 (위와) 같이 (의무를) 이행한다.

62. 생제르맹(수도원)의 속민들로서 노예인 아이굴푸스와 콜로누스이고 이름이 레우트힐디스인 그의 아내는 6명의 자식을 두고 있다. 그는

2bun 1ant의 곡물경작지와 2arp의 포도밭 및 ½arp의 초지로 구성된 1개의 자유인망스를 보유한다. 그는 (위와) 같이 (의무를) 이행한다.

63. 에를레게루스. 생제르맹(수도원)의 속민들로서 콜로누스인 군둘푸스와 콜로누스이고 이름이 봔드레힐디스인 그의 아내는 1명의 자식을 두고 있다. 그들 두 명은 3bun 1ant의 곡물경작지와 2arp의 포도밭 및 1½arp의 초지로 구성된 1개의 자유인망스를 보유한다. 그들은 (위와) 같이 (의무를) 이행한다.

64. 아드라발두스와 콜로누스이고 이름이 겐드라다인 그의 아내는 2명의 자식을 두고 있다. 생제르맹(수도원)의 콜로누스인 파스코이누스. 그들 두 명은 3bun의 곡물경작지와 4arp의 포도밭 및 ½arp의 초지로 구성된 1개의 자유인망스를 보유한다. 그들은 (위와) 같이 (의무를) 이행한다.

65. 생제르맹(수도원)의 속민들로서 콜로누스인 라트헬무스와 콜로누스이고 이름이 아기아인 그의 아내는 1명의 자식을 두고 있다. 그는 4½bun의 곡물경작지와 3arp의 포도밭 및 2arp의 초지로 구성된 1개의 자유인망스를 보유한다. 그는 (위와) 같이 (의무를) 이행한다.

66. 생제르맹(수도원)의 콜로누스인 에르칸프레두스. 생제르맹(수도원)의 콜로누스인 라게나르두스. 그들 두 명은 3bun ½ant의 곡물경작지와 2arp의 포도밭 및 1½arp의 초지로 구성된 1개의 자유인망스를 보유한다. 그들은 (위와) 같이 (의무를) 이행한다.

67. 생제르맹(수도원)의 속민들로서 콜로누스인 베르팅구스와[14] 콜로누스이고 이름이 아게닐디스인 그의 아내는 2명의 자식을 두고 있다. 아글레하리우스. 그들 두 명은 6bun의 곡물경작지와 2½arp의 포도밭 및

---

[14] 이름이 D. Hägerman, ed., *Polyp. von St. Germain,* p. 34에는 '베르팅기누스(Bertinginus)'로 되어 있지만, B. Guérard, ed., *Polyp. d'Irminon*, p. 46과 A. Longnon, ed., *Polyp. de St. Germain*, p. 57에는 '베르팅구스(Bertingus)'로 되어 있다.

4½arp의 초지로 구성된 1개의 자유인망스를 보유한다. 그들은 (위와) 같이 (의무를) 이행한다.

68. 생제르맹(수도원)의 속민들로서 콜로누스인 아팅구스와 콜로누스이고 이름이 아글린디스인 그의 아내는 4명의 자식을 두고 있다. 생제르맹(수도원)의 여자콜로누스인 아들레드루디스는 5명의 자식을 두고 있다. 그들 두 명은 3½bun의 곡물경작지와 1arp의 포도밭 및 1½arp의 초지로 구성된 1개의 자유인망스를 보유한다. 그들은 (위와) 같이 (의무를) 이행한다.

69. 생제르맹(수도원)의 속민들로서 콜로누스인 봘타리우스와 콜로누스이고 이름이 풀크라다인 그의 아내는 1명의 자식을 두고 있다. 그는 3bun 2ant의 곡물경작지와 1½arp의 포도밭 및 1½arp의 초지로 구성된 1개의 자유인망스를 보유한다. 그는 (위와) 같이 (의무를) 이행한다.

70. 생제르맹(수도원)의 콜로누스인 알트베르투스. 생제르맹(수도원)의 속민들로서 콜로누스인 도미니쿠스와 콜로누스이고 이름이 에르멘트리다인 그의 아내는 2명의 자식을 두고 있다. 그들 두 명은 5bun ½ant의 곡물경작지와 1arp의 포도밭 및 1½arp의 초지로 구성된 1개의 자유인망스를 보유한다. 그들은 (위와) 같이 (의무를) 이행한다.

71. 생제르맹(수도원)의 속민들로서 콜로누스인 사드레하리우스와 콜로누스이고 이름이 에르멩길디스인 그의 아내. 생제르맹(수도원)의 속민들로서 콜로누스인 게로아르두스와 콜로누스이고 이름이 안소일디스인 그의 아내는 1명의 자식을 두고 있다. 그들 두 명은 2bun 1ant의 곡물경작지와 ¼arp의 포도밭으로 구성된 1개의 자유인망스를 보유한다. 그들은 (위와) 같이 (의무를) 이행한다.

72. 생제르맹(수도원)의 속민들로서 콜로누스인 시카리우스와 콜로누스이고 이름이 아말베르가인 그의 아내는 4명의 자식을 두고 있다. 생제르맹(수도원)의 속민들로서 콜로누스인 아달람누스와[15] 콜로누스이고 이름이 베르트힐디스인 그의 아내는 1명의 자식을 두고 있다. 그들 두 명은 3bun 1ant의 곡물경작지와 2½arp의 포도밭 및 2½arp의 초지로

구성된 1개의 자유인망스를 보유한다. 그들은 (위와) 같이 (의무를) 이행한다.

73. 생제르맹(수도원)의 콜로누스인 베르팅구스. 생제르맹(수도원)의 콜로누스인 우르시우스. 그들 두 명은 4bun의 곡물경작지와 3arp의 포도밭 및 3½arp의 초지로 구성된 1개의 자유인망스를 보유한다. 그들은 (위와) 같이 (의무를) 이행한다.

74. 생제르맹(수도원)의 콜로누스인 잉갈베르투스. 생제르맹(수도원)의 속민들로서 콜로누스인 게르하리우스와 콜로누스이고 이름이 아달길디스인 그의 아내는 2명의 자식을 두고 있다. 생제르맹(수도원)의 속민들로서 콜로누스인 에르메날두스와 콜로누스이고 이름이 봔딜발다인 그의 아내는 3명의 자식을 두고 있다. 그들 세 명은 3bun의 곡물경작지와 1arp의 포도밭 및 …의 초지로 구성된 1개의 자유인망스를 보유한다. ……

75. 콜로누스인 아달라두스는 8bun 1ant의 곡물경작지와 4arp의 포도밭 및 5arp의 초지로 구성된 2개의 자유인망스를 보유한다. 그는 (포도밭에서) 8arp를 작업하며, (위와) 같이 (의무를) 이행한다.

76. 생제르맹(수도원)의 콜로누스인 프레데르누스는 1bun 1ant의 곡물경작지와 2arp의 포도밭 및 2arp의 초지로 구성된 1개의 노예망스를 보유한다. 그는 돼지방목세로 2md의 포도주와, 4마리의 닭과 15개의 계란을 바치고, 포도밭에서 6arp를 작업한다.

77. 생제르맹(수도원)의 속민들로서 콜로누스인 아이울푸스와 여자콜로누스인 수산나. 그들 두 명은 1bun ½ant의 곡물경작지와 2arp의 포도밭 및 1½arp의 초지로 구성된 1개의 노예망스를 보유한다. 그들은 (위와)

---

15 이름이 B. Guérard, ed., *Polyp. d'Irminon*, p. 47에는 '아달라누스(Adalranus)'로 되어 있지만, A. Longnon, ed., *Polyp. de St. Germain*, p. 58과 D. Hägerman, ed., *Polyp. von St. Germain*, p. 35에는 '아달람누스(Adalramnus)'로 되어 있다.

같이 (의무를) 이행한다.

78. 생제르맹(수도원)의 속민들로서 콜로누스인 테우드리쿠스와 콜로누스이고 이름이 게를린디스인 그의 아내는 5명의 자식을 두고 있다. 그는 3½bun의 곡물경작지와 3½arp의 포도밭 및 2½arp의 초지로 구성된 1개의 자유인망스를 보유한다. 그는 군사용으로 4솔리두스의 돈과 둘째 해에 2두의 거세된 숫양과 셋째 해에 군수용 마초공납 면제세로 1두의 암양을 바치고, 돼지방목세로 3md의 포도주를 (바치며), 나무채취료로 4데나리우스를 (지불한다). 그는 동곡파종을 위해서 4ptc, 하곡파종을 위해서 2ptc를 갈이질한다. 그는 지시받는 곳에서 코르베와 나무베기 부역과 수송부역 및 손일을 (수행한다). (그는) 4마리의[16] 닭과 15개의 계란을 (바친다). 그는 포도밭에서 1arp를 작업한다.

79. 생제르맹(수도원)의 속민들로서 콜로누스인 릭베르투스와 콜로누스이고 이름이 에르멘테라인 그의 아내는 2명의 자식을 두고 있다. 생제르맹(수도원)의 속민들로서 콜로누스인 아드레발두스와 콜로누스이고 이름이 테우트힐디스인 그의 아내는 4명의 자식을 두고 있다. 그들 두 명은 2bun 1ant의 곡물경작지와 2arp의 포도밭 및 1½arp의 초지로 구성된 1개의 자유인망스를 보유한다. 그들은 (위와) 같이 (의무를) 이행한다.

80. 생제르맹(수도원)의 속민들로서 콜로누스인 리굴푸스와 콜로누스이고 이름이 아드리아나인 그의 아내는 1명의 자식을 두고 있다. 생제르맹(수도원)의 콜로누스인 게르마누스는 2명의 자식을 두고 있다. 그들 두 명은 2bun의 곡물경작지와 2½arp의 포도밭 및 2arp의 초지로 구성된 1개의 자유인망스를 보유한다. 그들은 (위와) 같이 (의무를) 이행한다.

---

16 B. Guérard, ed., *Polyp. d'Irminon*, p. 47에는 '3마리의 닭(pullos III)'으로 되어 있지만, A. Longnon, ed., *Polyp. de St. Germain*, p. 59와 D. Hägerman, ed., *Polyp. von St. Germain*, p. 35에는 '4마리의 닭(pullos IIII)'으로 되어 있다.

81. 생제르맹(수도원)의 속민들로서 콜로누스인 아이굴푸스와 콜로누스이고 이름이 나달리아인 그의 아내는 4명의 자식을 두고 있다. 그들은[17] 1bun 1ant의 곡물경작지와 1½arp의 포도밭 및 1arp의 초지로 구성된 1개의 자유인망스를 보유한다. 그는 (위와) 같이 (의무를) 이행한다.

82. 생제르맹(수도원)의 속민들로서 콜로누스인 게랄두스와 콜로누스이고 이름이 아길디스인 그의 아내는 3명의 자식을 두고 있다. 그들은[18] 4½bun의 곡물경작지와 2arp의 포도밭 및 ⅔arp의 초지로 구성된 1개의 자유인망스를 보유한다. 그는 (위와) 같이 (의무를) 이행한다.

83. 생제르맹(수도원)의 콜로누스인 베르툴푸스는 4bun의 곡물경작지와 3½arp의 포도밭 및 4arp의 초지로 구성된 1개의 자유인망스를 보유한다. 그는 (위와) 같이 (의무를) 이행한다.

84. 생제르맹(수도원)의 속민들로서 콜로누스인 베르타두스와 콜로누스이고 이름이 빌디아나인 그의 아내는 3명의 자식을 두고 있다. 그들은[19] 2bun 1ant의 곡물경작지와 2arp의 포도밭 및 4arp의 초지로 구성된 1개의 자유인망스를 보유한다. 그는 (위와) 같이 (의무를) 이행한다.

85. 생제르맹(수도원)의 콜로누스인 베르네헤루스는 2bun ½ant의 곡물경작지와 2½arp의 포도밭 및 1arp의 초지로 구성된 1개의 자유인망스를 보유한다. 그는 (위와) 같이 (의무를) 이행한다.

86. 인두세 (납부자들). 아클릴디스는 4데나리우스를 (지불한다). 뷔네길디스도 같고, 마리누스도 같고, 베르팅가도 같고, 라감볼다도 같고, 레우트하리아도 같고, 빌로누스도 같고, 헤르카닐디스도 같으며, 고달트루디스도 같다.

87. 생제르맹(수도원)의 속민들로서 콜로누스인 스페렌데우스와 콜로누스

---

17 원문대로임.

18 원문대로임.

19 원문대로임.

이고 이름이 게닐디스인 그의 아내는 3명의 자식을 두고 있다. 그는 7½bun의 곡물경작지와 4arp의 포도밭 및 3arp의 초지로 구성된 1½개의 자유인망스를 보유한다.

88. 야코부스는[20] 1½bun의 곡물경작지와 3½arp의 포도밭 및 2½arp의 초지로 구성된 (1개의) 자유인망스를 보유한다.

89. 봐라쿨푸스는 3bun ½ant의 곡물경작지와 3arp의 포도밭 및 1½arp의 초지로 구성된 (1개의) 자유인망스를 보유한다.

90. 콜로누스인 힐드리쿠스는 2ant의 곡물경작지와 1½arp의 포도밭 및 1arp의 초지로 구성된 (1개의) 반쪽 자유인망스를 보유한다.

91. 메라르두스는 1bun의 곡물경작지와 1arp의 포도밭 및 1arp의 초지로 구성된 (1개의) 반쪽 자유인망스를 보유한다.

92. 고디누스는 은대지로 1개의 망스를 보유한다. 이 망스는 12bun의 곡물경작지와 2arp의 포도밭 및 8arp의 초지로 구성된다.

93. 앞에서 기술된 바와 같이 베드라리에에는 셋째 해에 304솔리두스의 군역세, 셋째 해에 159두의 거세된 숫양, 셋째 해에 79두의 암양, 돼지 방목세로 232md의 포도주와 1솔리두스 2데나리우스의 돈, 나무채취료로 25솔리두스 4데나리우스, 계란들과 함께 251마리의 닭, 84마리의 국왕 대접용 닭을[21] 바치는 89개의 망스가 있다.

---

20 이름이 B. Guérard, ed., *Polyp. d'Irminon*, p. 48과 A. Longnon, ed., *Polyp. de St. Germain*, p. 61에는 '야코부스(Jacobus)'로 되어 있으나, D. Hägerman, ed., *Polyp. von St. Germain,* p. 36에는 '야콥(Iacob)'으로 되어 있다. 그런데 헤게르만 간행본의 인명색인에는 제5장 88항의 이름이 'Iacobus'라고 되어 있다. 따라서 헤게르만이 이름 기록에 실수를 했다고 하겠다.

21 '국왕 대접용 닭'이란 라틴어 원문의 'pullus regalis'를 번역한 말이다. 이 말의 문자 그대로의 뜻은 '국왕의 닭' 또는 '국왕용 닭'이라고 할 수 있다. 오늘날의 독일 아이펠 고원에 위치한 프륌(Prüm) 수도원의 영지명세장 제 VIII, XXIII, XXIIII, XXVII장에는 망스보유자들이 '국왕 왕림 시(in aduentu regis)' 닭 1마리나 7마리를 바친다고 되어 있다. 이에 비춰볼 때, pullus regalis는 국왕이 장원이나

94.[22] 바우겡키[23] 소속: 귀도, 마리아, 소피사, 이사벨, 로둘푸스, 팔가르두스와 그의 아내 알베레아,[24] 발리스 노시 출신의 마리아, 대장장이 에르나우두스와 그의 어머니 도인,[25] 갈테리우스와 그의 아내 발트루디스, …와[26] 그의 아내 힐데알디스.

푸르누스 상크티레오비니 소속. 테올트, 카르노툼의[27] 여자, 오리올디

영지를 찾아왔을 때, 대접하는 닭이라고 할 수 있다. 옮긴이가 참고한 프륌 수도원의 영지명세장은 H. Beyer, ed., *Urkundenbuch zur Geschichte der, jetzt die Preussischen Regierungsbezirke Coblenz und Trier bildenden Mittelrheinischen Territorien*, Erster Band (Coblenz: J. Hölscher, 1860), pp. 142~201의 "Güterverzeichnis der Abtei Prüm von 893"이다.

22 A. Longnon, ed., *Polyp. de St. Germain*, p. 61의 각주 1번과 D. Hägerman, ed., *Polyp. von St. Germain*, p. 36의 d번 각주 및 B. Guérard, ed., *Polyp. d'Irminon*, p. 49의 a번 각주 등에 의하면, 다음의 94~104번 기록은 11세기 말 또는 12세기 초에 추가되었으며, 루아레(Loiret) 도의 보장시(Baugency) 지역과 샤르트르(Chartres) 지방 및 페르쉬(Perche) 지방 등 여러 고장에 있는 생제르맹데프레 수도원 소속 사람들의 명단이다.

23 A. Longnon, ed., *Polyp. de St. Germain*, p. 61의 각주 1번과 D. Hägerman, ed., *Polyp. von St. Germain*, p. 36의 d번 각주에 의하면, 바우겡키(Baugenci)는 루아레도 보장시 군의 군청 소재지다.

24 아내의 이름이 B. Guérard, ed., *Polyp. d'Irminon*, p. 49에는 '알베르타(Alberta)'로 되어 있으나, A. Longnon, ed., *Polyp. de St. Germain*, p. 61과 D. Hägerman, ed., *Polyp. von St. Germain*, p. 36에는 '알베레아(Alberea)'으로 되어 있다.

25 B. Guérard, ed., *Polyp. d'Irminon*, p. 49에는 '에르나르두스, 대장장이와 그의 어머니 도네(Ernaudus, Faber et Done mater ejus)'로 되어 있으나, A. Longnon, ed., *Polyp. de St. Germain*, p. 61과 D. Hägerman, ed., *Polyp. von St. Germain*, p. 36에는 여기에 번역한 바와 같이 'Ernaudus faber et Doen mater eius'으로 되어 있다.

26 번역문에서 '…'라고 공백으로 처리한 부분이 B. Guérard, ed., *Polyp. d'Irminon*, p. 49와 A. Longnon, ed., *Polyp. de St. Germain*, p. 61에는 '갈라테우스(Galateus)'로 되어 있으나, D. Hägerman, ed., *Polyp. von St. Germain*, p. 36에는 'Richoldis'란 글자가 긁어 지워져 있다고 한다.

27 D. Hägerman, ed., *Polyp. von St. Germain*, p. 224에 의하면 라틴어 원문의 '카르노텐시스(Carnotensis)'란 곳은 샤르트르(Chartres)이며, B. Guérard, *Prolégomènes*, pp. 65~68에 의하면 이 영지명세장의 다른 곳들에 나타나는 'pagus Carnotinus'나 'pagus Carnotenus' 또는 'pagus Carnotensis'는 오늘날의 샤르트르 시를 중심으로 한 그 주변 일대 지역을 뜻한다. 오늘날의 샤르트르를 가리키는 카르노텐시스는

스, 알베레아, 길레르무스,[28] 게리누스,[29] 가코,[30] 오도, 기랄두스, 알프레두스, 에르센디스,[31] 가리누스, 에르센디스, 갈테리우스,[32] 테발두스, …,[33] 기라르두스, 리콜디스, 윌타, 프레에베르기스, 레기나.

95. 바우겡키 소속: 베네딕투스, 기르바우두스, 밀레센다, 요스프레두스,[34] 리케리우스, 라임베르가, 아르간트, 길레르무스, 엘베르가우트, 기랄두스, 갈테리우스, 오도,[35] 플로귀누스.

96. 후고, 리가르트, 아그네스, 오델리나, 람눌푸스, 마르카리우스, 페트루스,

라틴어로 흔히 'Carnotum' 또는 'Carnutum'으로 불렸으므로, 여기서는 카르노툼으로 통일해서 번역하도록 하겠다.

28 B. Guérard, ed., *Polyp. d'Irminon*, p. 49에는 '빌레르무스(Villermus)'로 되어 있으나, A. Longnon, ed., *Polyp. de St. Germain*, p. 61과 D. Hägerman, ed., *Polyp. von St. Germain,* p. 37에는 '길레르무스(Gillermus)'으로 되어 있다. 이하 여기의 인명들과 관련해서는 후자를 따른다.

29 B. Guérard, ed., *Polyp. d'Irminon*, p. 49에는 '베리누스(Verinus)'로 되어 있으나, A. Longnon, ed., *Polyp. de St. Germain*, p. 61과 D. Hägerman, ed., *Polyp. von St. Germain,* p. 37에는 '게리누스(Gerinus)'로 되어 있다.

30 B. Guérard, ed., *Polyp. d'Irminon*, p. 49에는 '바코(Vaco)'로 되어 있으나, A. Longnon, ed., *Polyp. de St. Germain*, p. 61과 D. Hägerman, ed., *Polyp. von St. Germain,* p. 37에는 '가코(Gaco)'로 되어 있다.

31 B. Guérard, ed., *Polyp. d'Irminon*, p. 49에는 '에르센플리스(Ersenflis)'로 되어 있으나, A. Longnon, ed., *Polyp. de St. Germain*, p. 61과 D. Hägerman, ed., *Polyp. von St. Germain,* p. 37에는 여기에 음역한 바와 같이 'Ersendis'로 되어 있다.

32 B. Guérard, ed., *Polyp. d'Irminon*, p. 49에는 '발테리스(Valteris)'로 되어 있으나, A. Longnon, ed., *Polyp. de St. Germain*, p. 61과 D. Hägerman, ed., *Polyp. von St. Germain,* p. 37에는 '갈테리우스(Galterius)'로 되어 있다.

33 D. Hägerman, ed., *Polyp. von St. Germain,* p. 36에 의하면 'Giraldus'란 글자가 긁어 지워져 있다고 한다.

34 B. Guérard, ed., *Polyp. d'Irminon*, p. 49에는 '요프프레두스(Joffredus)'로 되어 있으나, A. Longnon, ed., *Polyp. de St. Germain*, p. 62와 D. Hägerman, ed., *Polyp. von St. Germain,* p. 37에는 '요스프레두스(Josfredus)'로 되어 있다.

35 B. Guérard, ed., *Polyp. d'Irminon*, p. 49에는 '아도(Ado)'로 되어 있으나, A. Longnon, ed., *Polyp. de St. Germain*, p. 62와 D. Hägerman, ed., *Polyp. von St. Germain,* p. 37에는 '오도(Odo)'로 되어 있다.

베네딕타, 로틀렌두스,[36] 미나르두스, 아알레스, 렌부르기스, 스테파누스, 기르베르가, 고알룸,[37] 하우이스, 란드리쿠스, 렌부르기스, 갈테리우스, 오델리나, 후베르투스.

97. 레오이스, 알레르무스, 헤르베르투스, 베르놀두스, 라돌푸스, 아아노이트흐, 갈테리우스, 아이에, 베르타.

98. 구아리누스, 귈렐무스, 아말리쿠스, 고데프레두스, 알라리쿠스, 기라르두스, 헤르산두스, 귈렐무스, 아스켈리나, 기슬레베르투스, 리스비아, 후고, 요스켈리나, 라돌푸스, 알부르기스, 라인가르디스,[38] 레가르디스,[39] 라이네리우스, 헬비스, 에르날두스, 밀레신디스, 기슬레베르투스, 알베르투스, 우르수스, 헬비스, 리카르두스, 에르멩가르디스, 오델리나, 오도, 마리아, 고데프레두스, 마리아, 헨리쿠스, 귀아르두스, 후고, 고이스베르투스, 안스타시아, 프로도, 후고, 구아리누스, 오산나, 로돌푸스, 보베발디스, 크리스티아누스, 모스테르스 출신의 오도, 보네발 출신의 에르놀두스, 힐데에르 델 살리베, 로베르투스 엘리오트, 마르티누스, 소피시아, 스테파누스, 풀코, 레가르디스,[40] 오스모이에, 고스카, 헤르베르투스, 로돌푸스, 아알레

---

[36] B. Guérard, ed., *Polyp. d'Irminon*, p. 49에는 '로틀레두스(Rotledus)'로 되어 있으나, A. Longnon, ed., *Polyp. de St. Germain*, p. 62와 D. Hägerman, ed., *Polyp. von St. Germain,* p. 37에는 '로틀렌두스(Rotlendus)'로 되어 있다.

[37] B. Guérard, ed., *Polyp. d'Irminon*, p. 49에는 '고알루스(Goalus)'로 되어 있으나, A. Longnon, ed., *Polyp. de St. Germain*, p. 62와 D. Hägerman, ed., *Polyp. von St. Germain,* p. 37에는 '고알룸(Goalum)'으로 되어 있다.

[38] B. Guérard, ed., *Polyp. d'Irminon*, p. 49에는 '라인가르두스(Raingardus)'로 되어 있으나, A. Longnon, ed., *Polyp. de St. Germain*, p. 62와 D. Hägerman, ed., *Polyp. von St. Germain,* p. 37에는 '라인가르디스(Raingardis)'로 되어 있다.

[39] B. Guérard, ed., *Polyp. d'Irminon*, p. 49에는 '레가르두스(Legardus)'로 되어 있으나, A. Longnon, ed., *Polyp. de St. Germain*, p. 62와 D. Hägerman, ed., *Polyp. von St. Germain,* p. 37에는 '레가르디스(Legardis)'로 되어 있다.

[40] B. Guérard, ed., *Polyp. d'Irminon*, p. 49에는 '레가르두스(Legardus)'로 되어 있으나, A. Longnon, ed., *Polyp. de St. Germain*, p. 62와 D. Hägerman, ed., *Polyp. von St. Germain,* p. 37에는 '레가르디스(Legardis)'으로 되어 있다.

스, 에렌부르기스,[41] 밀레센디스, 고스카, 힐데부르기스, 리카르두스, 란프레두스, 아우가르디스,[42] 구아렝게리우스, 아알레스, 욜두이누스, 하우이스, 그라알란즈, 헤르베우스, 로이틀렘,[43] 라둘푸스, 멤펠리스,[44] 오렘, 아이메리쿠스, 레가르디스, 라이날무스, 안드레아스, 힐데센디스, 구알테리우스, 에렌부르기스, 엘리난두스, 길리아, 훙크게리우스, 소피키아, 레가르디스, 모리누스, 비탈리스, 두아, 오스베르누스, 라우렌티아, 힐두이누스, 리카르두스, 레다, 구알테리우스, 구아르부르기스, 엥게르베르투스,[45] 구알테리우스, 구알테리우스,[46] 귈렐무스, 로스카, 오스문디스, 귈렐무스, 오리엘디스, 베르타, 이사벨, 라둘푸스, 에렌부르기스, 요스프레두스, 헤

---

41 B. Guérard, ed., *Polyp. d'Irminon*, p. 49에는 '에렘부르기스(Eremburgis)'로 되어 있으나, A. Longnon, ed., *Polyp. de St. Germain*, p. 62와 D. Hägerman, ed., *Polyp. von St. Germain,* p. 37에는 '에렌부르기스(Erenburgis)'로 되어 있다. 이처럼 게라르는 수사본에 'n'으로 된 글자를 'm'으로 잘못 판독한 것으로 보인다. 따라서 이하 이 장의 끝까지는 그런 이름마다 별도의 주석을 붙이지 않고 'n'으로 판독한 론뇽과 헤게르만에 따른다.

42 B. Guérard, ed., *Polyp. d'Irminon*, p. 49에는 '아우가르두스(Augardus)'로 되어 있으나, A. Longnon, ed., *Polyp. de St. Germain*, p. 62와 D. Hägerman, ed., *Polyp. von St. Germain,* p. 37에는 '아우가르디스(Augardis)'로 되어 있다. 이와 같이 게라르는 수사본에 'i'로 된 글자를 'u'로 잘못 판독한 것으로 보인다. 따라서 이하 이 장의 끝까지는 그런 이름마다 별도의 주석을 붙이지 않고 'i'로 판독한 론뇽과 헤게르만에 따른다.

43 B. Guérard, ed., *Polyp. d'Irminon*, p. 49에는 '로이틀레인(Roetlein)'으로 되어 있으나, A. Longnon, ed., *Polyp. de St. Germain*, p. 62와 D. Hägerman, ed., *Polyp. von St. Germain,* p. 37에는 '로이틀렘(Roetlem)'으로 되어 있다.

44 B. Guérard, ed., *Polyp. d'Irminon*, p. 49에는 '메인펠리스(Meinfelis)'로 되어 있으나, A. Longnon, ed., *Polyp. de St. Germain*, p. 62와 D. Hägerman, ed., *Polyp. von St. Germain,* p. 37에는 '멤펠리스(Memfelis)'로 되어 있다. 그러니까 게라르는 수사본에 'm'으로 된 글자를 'in'으로 잘못 판독한 것으로 보인다. 따라서 이하 이 장의 끝까지는 그런 이름마다 별도의 주석을 붙이지 않고 'm'으로 판독한 론뇽과 헤게르만에 따른다.

45 B. Guérard, ed., *Polyp. d'Irminon*, p. 49에는 '에이트게르베르투스(Eitgerbertus)'로 되어 있으나, A. Longnon, ed., *Polyp. de St. Germain*, p. 62와 D. Hägerman, ed., *Polyp. von St. Germain,* p. 37에는 '엥게르베르투스(Engerbertus)'로 되어 있다.

46 '구알테리우스(Gualterius)'라는 똑같은 이름이 연속 두 번 기재되어 있음.

르만두스, 오델리나, 마리아, 리스비아, 오델리나, 기슬레베르투스, 엔멜리나, 헨마르두스,[47] 아바, 아벨리나, 로베르투스, 아알란트, 오도, 헨리쿠스, 힐데부르기스, 구아르네리우스, 엔멜리나, 라두알라, 비엘루스, 귈렐무스, 리켈디스, 구알테리우스, 마이나르두스, 아알레스, 로베르투스, 에르멩가르디스, 귈렐무스, 오델리나, 에르산두스, 군테리우스, 귈렐무스, 라둘푸스, 아알레스, 헤르메닐디스, 모란두스, 에렌부르기스, 메놀두스, 라이날두스, 리카르두스, 고데프레두스, 스테파누스, 테오데리쿠스, 엔멜리나, 구아리누스, 에렌부르기스, 아우구아르트, 풀케리우스, 후고, 라이날두스, 로둘푸스, 말레스바우스 출신의 헤르베우스, 귀도, 테바우두스, 노이의 아들 베르나르두스, 라이날무스, 벨바이즈 출신의 드로고, 마르티누스, 밀레센디스, 귈렐무스, 엥겔볼두스, 베네딕투스, 후고, 수산나, 구알테리우스, 아알리즈, 엔멜리나, 기슬레베르투스, 기라르두스, 마리아, 수레 제작꾼 귈렐무스, 아델리나, 레가르디스, 라부르기스, 란베르투스, 오델리나, 후고, 마빌리아, 요스프레두스, 아스켈리나, 요한네스, 에르멩가르디스, 로베르투스, 에르메날두스, 구알테리우스, 오델리나, 고스프레두스, 엔멜리나, 비엘루스, 아델리나, 라이날두스, 오델란트.

99. 오델리나, 후베르투스, 게프레두스, 아알레스와 칸포 렘발트[48] 출신의 그의 아내, 힐데아르디스와 그의 아들 미카엘, 바르톨로메우스 드로아르즈[49]리 페우트레스, 안솔두스와 프로부륵, 로게리우스, 그의 아내인 마리아, 풀카르부스, 카르노툼의 테켈리나, 길레르무스와 안네스, 바우겡키 출신의

[47] B. Guérard, ed., *Polyp. d'Irminon*, p. 49에는 '헤우마르두스(Heumardus)'로 되어 있으나, A. Longnon, ed., *Polyp. de St. Germain*, p. 62와 D. Hägerman, ed., *Polyp. von St. Germain,* p. 37에는 '헨마르두스(Henmardus)'로 되어 있다.

[48] B. Guérard, ed., *Polyp. d'Irminon*, p. 50에는 '렘바브트(Rembabt)'로 되어 있으나, A. Longnon, ed., *Polyp. de St. Germain*, p. 63과 D. Hägerman, ed., *Polyp. von St. Germain,* p. 37에는 '렘발트(Rembalt)'로 되어 있다.

[49] B. Guérard, ed., *Polyp. d'Irminon*, p. 50에는 '드로아르(Droar)'로 되어 있으나, A. Longnon, ed., *Polyp. de St. Germain*, p. 63과 D. Hägerman, ed., *Polyp. von St. Germain,* p. 37에는 '드로아르즈(Droarz)'로 되어 있다.

플게리우스, 갈테리우스와 아알레스, 콘스탕키아, 브루올로스 출신의 후베르트, 그의 아내인 리콜트, 길레르무스, 이스라헬, 사제인 귀도, 아알레스, 로게리우스, 요한네스, 알렉산드라, 이사벨, 에렌부르기스, 리케리우스, 호디에르나, 이센바르두스, 리켈디스, 알베르트, 밀레센디스, 티볼트, 밀레센디스.

100. 풀퀴스, 아이울, 에르멘갈트, 요슬렌, 뷔베르트, 훌데아루스, 에르나우두스, 에멜리나, 테젤리나, 에멜리나, 아스켈리나, 갈테리우스, 메르케르, 이부,[50] 시몬 갈테르, 마리아, 베르네리우스, 그의 아내인 아델리나, 콜라스티케, 네르베르타마, 요스켈무스,[51] 귈레르무스, 리카르두스.

101. 스테파누스, 베르노이스, 구아리누스, 아이메리쿠스, 로트베르투스 토르기스, 고스프레두스,[52] 그의 아내인 요스카, 요한네스, 베렝게르와 그의 아내인 베르타, 레가르트, 구에르리와 그의 아내, 후고 루코트, 헤르베르투스 귈레르무스, 베아트릭스와 그의 딸 바실리아, 라이네리우스와 그의 아내 알부르기스, 가르네리우스, 알부르기스, 이센바르두스와 그의 아내, 메나르두스, 아알레스, 로둘푸스, 아이메리쿠스와 그의 아내, 홀데센디스, 마르티누스와 그의 아내, 헤르베르투스.

102. 페르멘타리우스, 마리아, 요두이누스, 그의 아내인 베아트릭스, 풀베르투스, 또 (같은 이름의) 풀베르투스, 릭볼두스, 아알레스, 에르멩가르디스, 그의 아들 아르눌푸스, 카오르스 출신의 후고, 길로, 아이아, 베아트릭스,

---

[50] B. Guérard, ed., *Polyp. d'Irminon*, p. 50에는 '루우(Luu)'로 되어 있으나, A. Longnon, ed., *Polyp. de St. Germain*, p. 63과 D. Hägerman, ed., *Polyp. von St. Germain,* p. 37에는 '이부(Ivu)'로 되어 있다.

[51] B. Guérard, ed., *Polyp. d'Irminon*, p. 50에는 '요스켈리누스(Joscelinus)'로 되어 있으나, A. Longnon, ed., *Polyp. de St. Germain*, p. 63과 D. Hägerman, ed., *Polyp. von St. Germain,* p. 37에는 '요스켈무스(Joscelmus)'로 되어 있다.

[52] B. Guérard, ed., *Polyp. d'Irminon*, p. 50에는 '고프프레두스(Goffredus)'로 되어 있으나, A. Longnon, ed., *Polyp. de St. Germain*, p. 63과 D. Hägerman, ed., *Polyp. von St. Germain,* p. 37에는 '고스프레두스(Gosfredus)'로 되어 있다. 이하 이 장의 끝까지는 별도의 주석 없이 후자를 따른다.

테바우두스, 풀코이누스 리 필즈[53] 롤포, 로트베르투스, 아알레스, 풀케리우스, 기르베르가, 란베르투스, 도아, 로베르투스, 귀트부르디스, 프로문두스,[54] 에르멩가르디스, 에르센디스, 가울테리우스, 아알레스.

103. 힐데리우스, 요스코, 알렐무스, 기라르두스 만셀, 로오나르트,[55] 귈렐무스,[56] 블라이 출신의 라이나르두스, 로트베르투스 오크레아,[57] 파가누스 파트리키이,[58] 솔리네 출신의 마트헤우스, 힐드리쿠스, 에렌부르기스, 후베르투스, 야인독스, 발겡키[59] 출신의 엔멜리나, 엘리사베트, 아내 아멜리나, 귈레무스, 드로고, 기부르기스, 마리아, 오즈문두스, 프로문두스, 마우리타니아[60] 출신의 로트베르투스, 람베르투스, 가리누스 레벨, 귈레르무스,

---

53 D. Hägerman, ed., *Polyp. von St. Germain,* p. 38에는 '피즈(fiz)'로 되어 있으나, B. Guérard, ed., *Polyp. d'Irminon*, p. 50과 A. Longnon, ed., *Polyp. de St. Germain*, p. 63에는 '필즈(filz)'로 되어 있다.

54 B. Guérard, ed., *Polyp. d'Irminon*, p. 50에는 '프로문디스(Fromundis)'로 되어 있으나, A. Longnon, ed., *Polyp. de St. Germain*, p. 63과 D. Hägerman, ed., *Polyp. von St. Germain,* p. 37에는 '프로문두스(Fromundus)'로 되어 있다.

55 B. Guérard, ed., *Polyp. d'Irminon*, p. 50에는 '요오나르트(Joonart)'로 되어 있으나, A. Longnon, ed., *Polyp. de St. Germain*, p. 63과 D. Hägerman, ed., *Polyp. von St. Germain,* p. 38에는 '로오나르트(Loonart)'로 되어 있다.

56 B. Guérard, ed., *Polyp. d'Irminon*, p. 50에는 '귈레르무스(Guillermus)'로 되어 있으나, A. Longnon, ed., *Polyp. de St. Germain*, p. 63과 D. Hägerman, ed., *Polyp. von St. Germain,* p. 38에는 '귈렐무스(Guilelmus)'로 되어 있다. 이하 이 장의 끝까지 이런 경우에는 별도의 각주를 일일이 달지 않고 '귈렐무스'로 음역한다.

57 B. Guérard, ed., *Polyp. d'Irminon*, p. 50에는 '오트레아(Otrea)'로 되어 있으나, A. Longnon, ed., *Polyp. de St. Germain*, p. 63과 D. Hägerman, ed., *Polyp. von St. Germain,* p. 38에는 오크레아(Ocrea)'로 되어 있다.

58 B. Guérard, ed., *Polyp. d'Irminon*, p. 50에는 '라가누스, 파트리키우스(Raganus, Patricius)'로 되어 있으나, A. Longnon, ed., *Polyp. de St. Germain*, p. 63과 D. Hägerman, ed., *Polyp. von St. Germain,* p. 38에는 '파가누스 파트리키이(Paganus Patricii)'로 되어 있다.

59 D. Hägerman, ed., *Polyp. von St. Germain,* p. 223에 의하면 발겡키(Balgenci)는 바우겡키(Baugenci)와 동일한 지명이다.

60 D. Hägerman, ed., *Polyp. von St. Germain,* p. 226과 A. Longnon, ed., *Polyp. de St. Germain*, p. 64의 4번 각주에 의하면 마우리타니아(Mauritania)는 노르망디 레

파가누스, 로스카 출신의 로게리우스, 그의 아내인 테칸다, 기슬레베르투스, 힐데부르기스, 후고, 에르나우두스, 로트베르투스, 귈레르무스, 로트베르토우스와 루베리 출신의 그의 아내 힐두이디스.[61]

104. 상크타 마리아 소속: 아이메리쿠스, 갈테리우스, 헤르베우스, 리게리우스, 란드리쿠스와 그의 아내 잇센베르가, 옷산나, 기랄두스와 노겐툼 출신의 그의 아내, 롤렌두스, 마우리타니아 출신의 힐데베르가, 기슬레베르투스, 라이날두스와 바우겐키 출신의 그의 아내, 호디에르나, 알부르기스, 오델리나, 요한네스, 우고, 에르메놀두스, 에렌부르기스, 잇사벨, 요스프레두스, 벤딕타, 라이날두스와 그의 아내, 프로게루스와 그의 아내, 라둘푸스, 길…, 헹게르볼두스, 오도, 크리스티아누스.

105. 카르노툼 사람들:[62] 헤르멘부르기스, 로트베르투스, 에렘부르기스.[63]

106. 사제 귈렐무스; 기룰푸스, 구아르네리우스, 사제들; 호르리스, 사피엔키아와 그의 아내, 귈렐무스와 그의 어머니 호란다, 베르나르두스와 그의 아내.

107. 노이와 그의 아내 마리아, 크리스티아누스와 그의 아내 레오가르디스, 후고, 인노게, 프로문두스, 기라르두스, 그의 아내, 로베르투스, 그의 아내, 귈렐무스, 그의 아내, 귈렐무스 랄로이르,[64] 로둘푸스, 카인, 오도와 그의

지옹 오른(Orne) 도의 모르타뉴(Mortagne) 군의 군청 소재지다.

61 D. Hägerman, ed., *Polyp. von St. Germain,* p. 38에는 '힐두일디스(Hilduildis)'로 되어 있으나, B. Guérard, ed., *Polyp. d'Irminon*, p. 50과 A. Longnon, ed., *Polyp. de St. Germain*, p. 63에는 '힐두이디스(Hilduidis)'로 되어 있다. 아마도 헤게르만의 실수가 아닌가 생각된다.

62 앞에서 말한 바와 같이 D. Hägerman, ed., *Polyp. von St. Germain,* p. 224에 의하면 '카르노텐시스(Carnotensis)'란 곳은 샤르트르(Chartres) 지역을 가리킨다. 따라서 카르노툼 사람들(Carnotenses)은 샤르트르 주민을 뜻한다.

63 A. Longnon, ed., *Polyp. de St. Germain*, p. 64에는 '에렌부르기스(Erenburgis)'로 되어 있으나, B. Guérard, ed., *Polyp. d'Irminon*, p. 50과 D. Hägerman, ed., *Polyp. von St. Germain,* p. 38에는 '에렘부르기스(Eremburgis)로 되어 있다.

64 B. Guérard, ed., *Polyp. d'Irminon*, p. 50에는 '귈레르무스, 랄로이르(Guillermus, Laloer)'로 되어 있으나, A. Longnon, ed., *Polyp. de St. Germain*, p. 64와 D. Hägerman, ed., *Polyp. von St. Germain,* p. 38에는 '귈렐무스 랄로이르(Guillelmus

아내, 마트리올라이[65] 출신의 라이날두스, 귈렐무스 리 필 안베르트,[66] 안드리스, 그의 아들 랄크리네, 요프레두스 리 필 호르리, 그리몰과 그의 아내 밀렛센트, 카펠라 출신의 프로문두스.

108. 리카르두스, 로트베르투스, 이사벨, 그라울니우, 라이날두스, 크리스티아누스.

109. 밀레센디스, 귈렐무스, 풀코, 프레에센디스, 리켈디스, 로게리우스, 구아리누스, 놀카트,[67] 콘스탄티아, 구오스프리두스,[68] 아알레스, 두란누스, 아멜리나, 헤르베르투스, 구아리누스, 란눌푸스, 힐데부르기스, 고스프레두스, 로베르투스, 콘스탄티우스, 에르멩가르디스, 라이날두스, 스테파누스, 로둘푸스, 로베르투스, 로베스, 갈테리우스, 귀드보이스, 기슬레베르투스, 기슬라르두스, 아우부르기스,[69] 에르멩가르디스,[70] 예를렌트, 마르티누스, 레가르디스,[71] 헤르베르투스, 리카르두스, 리켈디스[72], 귈렐무스, 에르멩

---

l'Aloer)'로 되어 있다.

[65] 앞에서 본 바와 같이, '마트리올라이(Matriolae)'는 세네마른 도 프로뱅 군 몽트로 캉통 몽트로 코뮌의 옛 비엘마롤이다.

[66] B. Guérard, ed., *Polyp. d'Irminon*, p. 50에는 '귈레르무스 리 필 아우브리(Guillermus li fil Aubri)'로 되어 있으나, A. Longnon, ed., *Polyp. de St. Germain*, p. 64와 D. Hägerman, ed., *Polyp. von St. Germain,* p. 38에는 '귈렐무스 리 필 안베르트(Guillelmus li fil Anbert)'로 되어 있다.

[67] B. Guérard, ed., *Polyp. d'Irminon*, p. 50에는 '홀카트(Holchat)'로 되어 있으나, A. Longnon, ed., *Polyp. de St. Germain*, p. 64와 D. Hägerman, ed., *Polyp. von St. Germain,* p. 38에는 '놀카트(Nolchat)'로 되어 있다.

[68] B. Guérard, ed., *Polyp. d'Irminon*, p. 50에는 '구오프프레두스(Guoffredus)'로 되어 있으나, A. Longnon, ed., *Polyp. de St. Germain*, p. 64와 D. Hägerman, ed., *Polyp. von St. Germain,* p. 38에는 '구오스프리두스(Guosfridus)'로 되어 있다.

[69] B. Guérard, ed., *Polyp. d'Irminon*, p. 51에는 '아우부르구스(Auburgus)'로 되어 있으나, A. Longnon, ed., *Polyp. de St. Germain*, p. 64와 D. Hägerman, ed., *Polyp. von St. Germain,* p. 38에는 '아우부르기스(Auburgis)'로 되어 있다.

[70] B. Guérard, ed., *Polyp. d'Irminon*, p. 51에는 '에르멩가르두스(Ermengardus)'로 되어 있으나, A. Longnon, ed., *Polyp. de St. Germain*, p. 64와 D. Hägerman, ed., *Polyp. von St. Germain,* p. 38에는 '에르멩가르디스(Ermengardis)'로 되어 있다.

가르디스,[73] 울리쿠스의 아들 요스프레두스, 구두 제조인 요슬레누스, 헤르베르투스와 그의 아내, 요한네스, 마이네리우스의 아들과 그의 아내, 노겐트 출신의 후고와 그의 아들 및 딸, 보슬레누스의 아들 로게리우스와[74] 그의 아내, 라우렌티아, 라이날두스, 귀스문두스와 그의 아내, 플라하우즈와 그의 아내, 귈렐무스, 보나 발리스 출신의 로둘푸스, 크리스티아누스, 모나스테리아 출신의 오도, 보나 발리스 출신의 아르눌푸스, 살리베이 출신의 오트게리우스, 로베르투스, 헬리오트.

110. 마우리타니아 소속: 상인 귈레르무스, 로베르투스와 그의 아내 시킬리아, 보스켈 출신의 기랄두스와 그의 아내 이사벨, 헨리쿠스와 그의 아내 에렌부르기스, 헤르세에스 출신의 가롤두스와 그의 아내 에르메놀디스.

111. 몬스 미랄[75] 소속: 베네딕투스, 붓순,[76] 에렌부르기스, 프로일리나, 로베르

---

71 B. Guérard, ed., *Polyp. d'Irminon*, p. 51에는 '레가르두스(Legardus)'로 되어 있으나, A. Longnon, ed., *Polyp. de St. Germain*, p. 64와 D. Hägerman, ed., *Polyp. von St. Germain,* p. 38에는 '레가르디스(Legardis)'로 되어 있다.

72 B. Guérard, ed., *Polyp. d'Irminon*, p. 51에는 '리켈두스(Richeldus)'로 되어 있으나, A. Longnon, ed., *Polyp. de St. Germain*, p. 64와 D. Hägerman, ed., *Polyp. von St. Germain,* p. 38에는 '리켈디스(Richeldis)'로 되어 있다.

73 B. Guérard, ed., *Polyp. d'Irminon*, p. 51에는 '에르멩가르두스(Ermengardus)'로 되어 있으나, A. Longnon, ed., *Polyp. de St. Germain*, p. 64와 D. Hägerman, ed., *Polyp. von St. Germain,* p. 38에는 '에르멩가르디스(Ermengardis)'로 되어 있다.

74 B. Guérard, ed., *Polyp. d'Irminon*, p. 51에는 '아들 로게리우스, 보셀무스와 그의 아내(Rogerius filius, Boselmus et uxor ejus)'로 되어 있으나, A. Longnon, ed., *Polyp. de St. Germain*, p. 64와 D. Hägerman, ed., *Polyp. von St. Germain,* p. 38에는 '보솔레누스의 아들 로게리우스와 그의 아내(Rogerius filius Bosoleni et uxor ejus)'로 되어 있다.

75 D. Hägerman, ed., *Polyp. von St. Germain,* p. 226과 A. Longnon, ed., *Polyp. de St. Germain*, p. 65의 1번 각주에 의하면 몬스 미랄(Mons Miral)은 사르트(Sarthe) 도 마메르(Mamers) 군의 몽미라이(Montmirail) 캉통의 소재지이며, 옛날에는 샤르트르 주교구에 속했다.

76 B. Guérard, ed., *Polyp. d'Irminon*, p. 51에는 '붓수스(Bussus)'로 되어 있으나, A. Longnon, ed., *Polyp. de St. Germain*, p. 64와 D. Hägerman, ed., *Polyp. von St. Germain,* p. 38에는 '붓순(Bussun)'으로 되어 있다.

투스, 헤르베르투스 라벨, 페트루스와 그의 아내 마리아, 기라르두스의 아들 귈렐무스와 그의 아내 리카르디스, 다비드, 프로트문두스와 그의 아내 이사벨, 테발두스와 렌부르기스,[77] 리케리우스와 그의 아내.

112. 세농카 카스트룸[78] 소속: 후베르투스, 라둘푸스, 풀케리우스, 퀸티누스, 이수아르두스, 에르켐발두스, 게르마누스, 크리스티아누스.

113. 마우리타니아 소속: 로트베르투스, 마렌스 출신의 귈렐무스, 몬트코를렌 출신의 귈렐무스, 프룰레이 출신의 로베르투스, 보스코 출신의 후고, 마틸디스, 레베리 출신의 요스프레두스, 레에젤리나,[79] 벨페이 출신의 길레르무스,[80] 라 메스네레이 출신의 아르눌푸스, 후베르투스, 아스프레스 출신의 귈렐무스, 힐데아르디스의 아들 라둘푸스, 귀도.

114. 마우리타니아 또는 바우겐키 소속: 테오데리쿠스,[81] 게르마누스, 레누이스, 대장장이 아미쿠스, 로트베르투스, 안스테사.

115. 바우겐키 소속: 소매상 로게르, 아내 에멜리나, 목동인 베르나르, 귀귀누스

---

[77] B. Guérard, ed., *Polyp. d'Irminon*, p. 51에는 '렘부르기스(Remburgis)'로 되어 있으나, A. Longnon, ed., *Polyp. de St. Germain*, p. 65와 D. Hägerman, ed., *Polyp. von St. Germain,* p. 38에는 '렌부르기스(Renburgis)'로 되어 있다.

[78] D. Hägerman, ed., *Polyp. von St. Germain,* p. 227과 A. Longnon, ed., *Polyp. de St. Germain*, p. 65의 2번 각주에 의하면 세농카 카스트룸(Senoncha castrrum)은 외레르아르 도 드뢰 군의 세농쉐(Senonches) 캉통의 소재지이며, 옛날에는 샤르트르 주교구에 속했다.

[79] B. Guérard, ed., *Polyp. d'Irminon*, p. 51에는 '예에젤리나(Jeezelina)'로 되어 있으나, A. Longnon, ed., *Polyp. de St. Germain*, p. 65와 D. Hägerman, ed., *Polyp. von St. Germain,* p. 39에는 '레에젤리나(Leezelina)'로 되어 있다.

[80] B. Guérard, ed., *Polyp. d'Irminon*, p. 51에는 '벨페트 출신의 빌레르무스(Villermus de Belfet)'로 되어 있으나, A. Longnon, ed., *Polyp. de St. Germain*, p. 65와 D. Hägerman, ed., *Polyp. von St. Germain,* p. 39에는 '벨페이 출신의 길레르무스(Gillermus de Belfei)'로 되어 있다.

[81] B. Guérard, ed., *Polyp. d'Irminon*, p. 51에는 '레오데리쿠스(Leodericus)'로 되어 있으나, A. Longnon, ed., *Polyp. de St. Germain*, p. 65와 D. Hägerman, ed., *Polyp. von St. Germain,* p. 39에는 '테오데리쿠스(Teodericus)'로 되어 있다.

와 그의 아내 오델리나, 마르틴스, 암리가우데,[82] 로트베르투스 포르테구에레와 구두제조공 헴리스,[83] 에르멩가르 라 로세.

116. 성시인(城市人)인 기슬레베르투스, 베르트란누스, 헤르베르투스, 후베르투스.

[82] A. Longnon, ed., *Polyp. de St. Germain*, p. 65에는 'am.. Rigaude'로 되어 있지만, B. Guérard, ed., *Polyp. d'Irminon*, p. 51과 D. Hägerman, ed., *Polyp. von St. Germain,* p. 39에는 'Amrigaude'로 되어 있다.

[83] B. Guérard, ed., *Polyp. d'Irminon*, p. 51에는 '헤인리스(Heinris)'로 되어 있으나, A. Longnon, ed., *Polyp. de St. Germain*, p. 65와 D. Hägerman, ed., *Polyp. von St. Germain,* p. 39에는 헴리스(Hemris)'로 되어 있다.

06 스피노길룸(장원의) 명세서

1. 스피노길룸에는[1] 저택과 여타 많은 부속건물들을 갖춘 영주직영지가 있다. 여기에는 면적이 150bun이고 250md(의 밀)가 파종될 수 있는 6개 쿨투라의 경작지가 있다. 여기에는 850md의 포도주가 채취될 수 있는 100arp의 포도밭이 있다. 여기에는 50수레의 건초가 채취될 수 있는 30arp의 초지가 있다. 여기에는 그 둘레가 총 1½마일이고 200마리의 돼지가 살찔 수 있는 임야가 있다. 여기에는 사용료(수입)로 60md의 곡식이 생기는 물레방아가 1대 있다.

2. 여기에서 릭베르투스는 정성들여 만든 모든 설비를 갖춘 한 교회를 은전으로 보유한다. 이 교회에는 4bun의 곡물경작지와 7½arp의 포도밭 및 3arp의 초지로 구성된 1개의 망스가 배속되어 있다. 그리고 이 교회의 관할권 안에는 11bun의 곡물경작지와 12arp의 포도밭 및 6arp의 초지로 구성된 2개의 망스가 있다.

---

[1] B. Guérard, *Prolégomènes*, p. 836 및 B. Guérard, ed., *Polyp. d'Irminon*, p. 52의 a번 각주와 A. Longnon, ed., *Polyp. de St. Germain*, p. 66의 각주 1번에 의하면 스피노길룸(Spinogilum)은 세네우아즈 도 코르베이(Corbeil) 군 롱쥐모(Lonjumeau) 캉통의 에피네쉬르오르주(Épinay-sur-Orge) 마을에 해당하며, 파리 남쪽 24km 거리에 있는 오르주 천과 이베트 천 사이에 있다. D. Hägermann, ed. *Polyp. von St. Germain*, p. 227과 K. Elmshäuser & A. Konrad, *Studien zum Polyp. von St. Germain*, p. 63에 의하면 스피노길룸은 오늘날의 행정구역상으로는 에손 도 팔레조 군 사비니쉬르오르주(Savigny-sur-Orge) 캉통 에피네쉬르오르주다.

3. 생제르맹(수도원)의 속민들로서 콜로누스인 가말프레두스와 콜로누스이고 이름이 아달힐디스인 그의 아내는 4명의 자식을 두고 있다. 그는 8bun의 곡물경작지와 3arp의 포도밭 및 5arp의 초지로 구성된 1개의 자유인망스를 보유한다. 그는 돼지방목세로 3md의 포도주, 둘째 해에 1두의 거세된 숫양, 둘째 해에 2솔리두스 3데나리우스(의 돈), 나무채취료로 4데나리우스 및 100개의 지붕널을 바친다. 그리고 그는 영주의 포도밭에서 1arp를 작업한다. 그는 하곡파종을 위해서 2ptc를 갈이질하고, 지시받는 만큼 코르베와 손일 및 수송부역을 (수행한다).

4. 생제르맹(수도원)의 콜로누스인 도네프레두스는 5bun ½ant의 곡물경작지와 3¼arp의 포도밭 및 1½arp의 초지로 구성된 1개의 자유인망스를 보유한다. 그는 (위와) 같이 (의무를) 이행한다.

5. 생제르맹(수도원)의 속민들로서 콜로누스인 에르메나리우스와 콜로누스이고 이름이 시클레프리다인 그의 아내는 이름이 시클레힐디스인 1명의 자식을 두고 있다. 생제르맹(수도원)의 콜로누스인 반달베르투스. 그들 두 명은 5bun ½ant의 곡물경작지와 3½arp의 포도밭 및 1½arp의 초지로 구성된 1개의 자유인망스를 보유한다. 그들은 (위와) 같이 (의무를) 이행한다.

6. 생제르맹(수도원)의 속민들로서 콜로누스인 라감볼두스와 콜로누스이고 이름이 아클레발다인 그의 아내는 (이름들이) 힐데볼두스, 라감베르가인 2명의 자식을 두고 있다. 생제르맹(수도원)의 속민들로서 콜로누스인 바르나두스와 콜로누스이고 이름이 아달구디스인 그의 아내는 이름들이 아달기스, 드록타라인 2명의 자식을 두고 있다. 그들 두 명은 11bun의 곡물경작지와 3½arp의 포도밭 및 2½arp의 초지로 구성된 1개의 자유인망스를 보유한다. 그들은 (위와) 같이 (의무를) 이행한다.

7. 생제르맹(수도원)의 속민들로서 콜로누스인 아클레베르투스와 콜로누스이고 이름이 란디스마인 그의 아내는 이름들이 엘렉테오, 기슬레베르투스, 엘릭틸디스, 울프람나인 4명의 자식을 두고 있다. 그는 10bun 1ant의 곡물경작지와 3¼arp의 포도밭 및 5arp의 초지로 구성된 1개의

자유인망스를 보유한다. 그는 (위와) 같이 (의무를) 이행한다.

8. 생제르맹(수도원)의 콜로누스인 아달하리우스는 (이름들이) 레스토이누스, 아달구디스인 2명의 자식을 두고 있다. 여자자유인인 빨데미아. 그들 두 명은 10bun의 곡물경작지와 3arp의 포도밭 및 7arp의 초지로 구성된 1개의 자유인망스를 보유한다. 그들은 (위와) 같이 (의무를) 이행한다.

9. 생제르맹(수도원)의 속민들로서 콜로누스인 베르타리우스와 콜로누스이고 이름이 드록베르타인 그의 아내는 3명의 자식을 두고 있다. 생제르맹(수도원)의 속민들로서 콜로누스인 에를레프레두스와 콜로누스이고 이름이 라그힐디스인 그의 아내는 이름들이 라임하르두스,[2] 길트람나, 라겐트루디스인 3명의 자식을 두고 있다. 그들 두 명은 10bun 1ant의 곡물경작지와 2½arp의 포도밭 및 7arp의 초지로 구성된 1개의 자유인망스를 보유한다. 그들은 (위와) 같이 (의무를) 이행한다.

10. 생제르맹(수도원)의 속민들로서 콜로누스인 발돌두스와 콜로누스이고 이름이 발트프리다인 그의 아내는 이름들이 발도이누스, 아이르힐디스, 발디스마, 빨타리우스인 4명의 자식을 두고 있다. 생제르맹(수도원)의 콜로누스인 엘도이누스. 그들 두 명은 11bun 2ant의 곡물경작지와 3⅔arp의 포도밭 및 2½arp의 초지로 구성된 1개의 자유인망스를 보유한다. 그들은 (위와) 같이 (의무를) 이행한다.

11. 생제르맹(수도원)의 속민들로서 콜로누스인 베르네아르두스와 콜로누스이고 이름이 로트베르타인 그의 아내는 이름이 에르멩가리우스인 1명의 자식을 두고 있다. 그는 10bun 1ant의 곡물경작지와 2arp의 포도밭 및 3arp의 초지로 구성된 1개의 자유인망스를 보유한다. 그는 (위와) 같이 (의무를) 이행한다.

---

[2] 이름이 B. Guérard, ed., *Polyp. d'Irminon*, p. 53과 A. Longnon, ed., *Polyp. de St. Germain*, p. 67에서는 '라인트하르두스(Rainthardus)'로 되어 있지만, D. Hägerman, ed., *Polyp. von St. Germain,* p. 41에서는 '라임하르두스(Raimhardus)'로 되어 있다.

12. 생제르맹(수도원)의 속민들로서 콜로누스인 에르메놀두스와 콜로누스이고 이름이 아클리스마인 그의 아내는 이름들이 에르메나리우스, 아말리쿠스인 2명의 자식을 두고 있다. 생제르맹(수도원)의 속민들로서 콜로누스인 프라멩가리우스와 콜로누스이고 이름이 란데드루디스인 그의 아내는 이름들이 플로도일디스, 프라멩길디스, 플로도이스인 3명의 자식을 두고 있다. 그들 두 명은 11bun 2ant의 곡물경작지와 2⅔arp의[3] 포도밭 및 4½arp의 초지로 구성된 1개의 자유인망스를 보유한다. 그들은 (위와) 같이 (의무를) 이행한다.

13. 생제르맹(수도원)의 속민들로서 콜로누스인 란트프레두스와 콜로누스이고 이름이 겐틸디스인 그의 아내는 이름들이 군트베르가, 드룩틸디스인 2명의 자식을 두고 있다. 생제르맹(수도원)의 속민들로서 콜로누스인 마르티누스와 콜로누스이고 이름이 플렉트루디스인 그의 아내는 4명의 자식을 두고 있다. 그들 두 명은 5bun의 곡물경작지와 2arp의 포도밭 및 5arp의 초지로 구성된 1개의 자유인망스를 보유한다. 그들은 (위와) 같이 (의무를) 이행한다.

14. 콜로누스인 에브레하니우스는 어머니와 (1명의) 누이가 동거하고 있다. 그는 7bun의 곡물경작지와 1½arp의[4] 포도밭 및 1arp의 초지로 구성된 1개의 자유인망스를 보유한다. 그는 (위와) 같이 (의무를) 이행한다.

15. 생제르맹(수도원)의 속민들로서 콜로누스인 베르네하리우스와 콜로누스이고 이름이 유딜디스인 그의 아내는 이름들이 베르네기스, 베르노이누스인 2명의 자식을 두고 있다. 생제르맹(수도원)의 속민들로서 콜로누스인 스트라디디우스와[5] 콜로누스이고 이름이 빨란트루디스인 그

---

[3] D. Hägerman, ed., *Polyp. von St. Germain,* p. 41에서는 'III'이 'II'로 축약되었다고 보고 2⅔arp로 판독되고 있다.

[4] D. Hägerman, ed., *Polyp. von St. Germain,* p. 41에서는 수사본에서 포도밭의 면적 중 'II'가 'I'로 축약되었다고 보고 1⅔arp로 판독되고 있다.

[5] 이름이 B. Guérard, ed., *Polyp. d'Irminon*, p. 54에는 '스트라디디부스(Stradidivus)'

의 아내는 이름이 안스타시우스인 1명의 아들을 두고 있다. 그들 두 명은 7bun 1ant의 곡물경작지와 3arp의 포도밭 및 1arp의 초지로 구성된 1개의 자유인망스를 보유한다. 그들은 (위와) 같이 (의무를) 이행한다.

16. 생제르맹(수도원)의 속민들로서 콜로누스인 에르멘프레두스와 콜로누스이고 이름이 스쿠필리아인 그의 아내는 이름들이 스코필리우스, 아간프레두스, 안사리우스, 블리트가리우스, 에르멘프리다인 5명의 자식을 두고 있다. 그는 8bun의 곡물경작지와 2½arp의 포도밭 및 3arp의 초지로 구성된 1개의 자유인망스를 보유한다. 그는 (위와) 같이 (의무를) 이행한다.

17. 생제르맹(수도원)의 속민들로서 콜로누스인 안스타시우스와 콜로누스이고 이름이 베르틸디스인 그의 아내는 이름들이 라이드라두스, 마킬디스인 2명의 자식을 두고 있다. 그는 11bun의 곡물경작지와 3arp의 포도밭 및 같은 크기의 초지로 구성된 1개의 자유인망스를 보유한다. 그는 (위와) 같이 (의무를) 이행한다.

18. 게르메눌푸스와 생제르맹(수도원)의 콜로누스인 그의 아내는 이름들이 게르마누스, 파스쿠아리우스, 아클레힐디스, 게르마나인 4명의 자식을 두고 있다. 그는 10bun의 곡물경작지와 2½arp의 포도밭 및 ½arp의 초지로 구성된 1개의 자유인망스를 보유한다. 그는 (위와) 같이 (의무를) 이행한다.

19. 군트베르투스와 생제르맹(수도원)의 콜로누스이고 이름이 테우델린디스인 그의 아내는 4명의 자식을 두고 있다. 그는 7bun의 곡물경작지와 2arp의 포도밭 및 2arp의 초지로 구성된 1개의 자유인망스를 보유한다. 그는 (위와) 같이 (의무를) 이행한다.

로 되어 있지만, A. Longnon, ed., *Polyp. de St. Germain*, p. 68과 D. Hägerman, ed., *Polyp. von St. Germain*, p. 41에는 '스트라디디우스(Stradidius)'로 되어 있다.

20. 생제르맹(수도원)의 속민들로서 콜로누스인 빨데가리우스와 콜로누스이고 이름이 아달가르디스인 그의 아내는 이름들이 아달기스, 레우트가르디스인 2명의 자식을 두고 있다. 그는 4bun의 곡물경작지와 1½arp의 포도밭 및 1arp의 초지로 구성된 1개의 자유인망스를 보유한다. 그는 돼지방목세로 1md의 포도주와 1두의 암양을 바친다. 나머지(의무)는 가말프레두스처럼[6] 이행한다.

21. 생제르맹(수도원)의 속민들로서 콜로누스인 엘드라두스와 콜로누스이고 이름이 아달가르디스인 그의 아내는 이름들이 아달라두스, 라감베르타인 2명의 자식을 두고 있다. 생제르맹(수도원)의 속민들로서 콜로누스인 에르메놀두스와 콜로누스이고 이름이 헤르칸힐디스인 그의 아내는 이름이 헤르칸라다인 1명의 자식을 두고 있다. 그들 두 명은 7bun의 곡물경작지와 1½arp의 포도밭 및 2arp의 초지로 구성된 1개의 자유인망스를 보유한다. 그들은 (위와) 같이 (의무를) 이행한다.

22. 생제르맹(수도원)의 속민들로서 콜로누스인 풀코이누스와 콜로누스이고 이름이 아달그림나인 그의 아내는 이름들이 베르트프레두스, 풀코이스인 2명의 자식을 두고 있다. 그는 7bun의 곡물경작지와 2½arp의 포도밭 및 3arp의 초지로 구성된 1개의 자유인망스를 보유한다. 그는 (위와) 같이 (의무를) 이행한다.

23. 생제르맹(수도원)의 속민들로서 콜로누스인 아우트가리우스와 콜로누스이고 이름이 란다인 그의 아내는 이름들이 란트베르투스, 아우트베르투스, 아우트길디스인 3명의 자식을 두고 있다. 그는 7bun의 곡물경작지와 1½arp의 포도밭 및 1½arp의 초지로 구성된 1개의 자유인망스를 보유한다. 그는 (위와) 같이 (의무를) 이행한다.

24. 생제르맹(수도원)의 속민들로서 콜로누스인 시카우스와 콜로누스이고 이름이 블라트신다인 그의 아내는 이름들이 힐트루디스, 아우스트루디

---

[6] 가말프레두스는 앞의 제6장 제3항에 기록된 망스보유자다.

스, 시길디스인 3명의 자식을 두고 있다. 그는 4bun의 곡물경작지와 1¼arp의 포도밭으로 구성된 1개의 자유인망스를 보유한다. 그는 (위와) 같이 (의무를) 이행한다.

25. 생제르맹(수도원)의 속민들로서 콜로누스인 아달만누스와 콜로누스이고 이름이 엘도이스인 그의 아내는 이름이 아달라다인 1명의 자식을 두고 있다. 생제르맹(수도원)의 속민들로서 콜로누스인 잉고와 콜로누스이고 이름이 아달볼다인 그의 아내는 이름이 아감보두스인 1명의 자식을 두고 있다. 그들 두 명은 10bun의 곡물경작지와 2arp의 포도밭 및 1arp의 초지로 구성된 1개의 자유인망스를 보유한다. 그들은 (위와) 같이 (의무를) 이행한다.

26. 생제르맹(수도원)의 속민들로서 콜로누스인 란드리쿠스와 콜로누스이고 이름이 아겐트루디스인 그의 아내는 이름들이 란드라다, 프라멩길디스인 2명의 자식을 두고 있다. 생제르맹(수도원)의 여자콜로누스인 알데드루디스는 이름들이[7] 할트베르투스인 1명의 자식을 두고 있다. 생제르맹(수도원)의 여자콜로누스인 다네길디스는 이름들이 도미니쿠스, 란돌두스, 아말베르가인 3명의 자식을 두고 있다. 그들 세 명은 6½bun의 곡물경작지와 3½arp의 포도밭 및 2arp의 초지로 구성된 1개의 자유인망스를 보유한다. 그들은 (위와) 같이 (의무를) 이행한다.

27. 생제르맹(수도원)의 콜로누스인 라감베르투스는 이름들이 라게나리우스, 라감베르타, 고델린디스인 3명의 자식을 두고 있다. 그는 5bun의 곡물경작지와 1½arp의 포도밭 및 1arp의 초지로 구성된 1개의 자유인망스를 보유한다. 그는 (위와) 같이 (의무를) 이행한다.

28. 생제르맹(수도원)의 속민들로서 콜로누스인 시카리우스와 콜로누스이고 이름이 오스테드루디스인 그의 아내는 이름들이 에르메놀두스, 리카리우스, 에르메나리우스, 에르메닐디스인 4명의 자식을 두고 있다.

---

[7] 원문대로임.

그는 5bun의 곡물경작지와 $1\frac{2}{3}$arp의 포도밭 및 1arp의 초지로 구성된 1개의 자유인망스를 보유한다. 그는 (위와) 같이 (의무를) 이행한다.

29. 생제르맹(수도원)의 속민들로서 콜로누스인 베르네하르두스와 콜로누스이고 이름이 겐틸디스인 그의 아내는 이름들이 아겐테우스, 힐도이스, 아감베르가, 알데베르가인 4명의 자식을 두고 있다. 아드레하리우스와 생제르맹(수도원)의 콜로누스이고 이름이 아우틀린디스인 그의 아내는 이름들이 힐데볼두스, 파로힐디스인 2명의 자식을 두고 있다. 그들 두 명은 7bun의 곡물경작지와 $2\frac{1}{2}$arp의 포도밭 및 $7\frac{1}{2}$arp의 초지로 구성된 1개의 자유인망스를 보유한다. 그들은 (위와) 같이 (의무를) 이행한다.

30. 생제르맹(수도원)의 속민들로서 콜로누스인 아달하리우스와 콜로누스이고 이름이 란도일디스인 그의 아내는 이름들이 라트베르투스, 라트기스, 아달힐디스인 3명의 자식을 두고 있다. 그는 6bun $\frac{1}{2}$ant의 곡물경작지와 1arp의 포도밭 및 2arp의 초지로 구성된 1개의 자유인망스를 보유한다. 그는 (위와) 같이 (의무를) 이행한다.

31. 생제르맹(수도원)의 속민들로서 콜로누스인 란도이누스와 콜로누스이고 이름이 기소일디스인 그의 아내는 이름들이 알도이누스, 라겐테우스, 기르볼두스인 3명의 자식을 두고 있다. 그는 4bun의 곡물경작지와 $1\frac{1}{2}$arp의 포도밭 및 1arp의 초지로 구성된 1개의 자유인망스를 보유한다. 그는 (위와) 같이 (의무를) 이행한다.

32. 잉갈마루스와 생제르맹(수도원)의 콜로누스이고 이름이 베를라인 그의 아내는 이름들이 사울, 잉갈신디스인 2명의 자식을 두고 있다. 그는 4bun의 곡물경작지와 $2\frac{1}{2}$arp의 포도밭 및 2arp의 초지로 구성된 1개의 자유인망스를 보유한다. 그는 (위와) 같이 (의무를) 이행한다.

33. 생제르맹(수도원)의 속민들로서 콜로누스인 베르트람누스와 콜로누스이고 이름이 아우트루디스인 그의 아내는 4명의 자식을 두고 있다. 그는 4bun의 곡물경작지와 $1\frac{2}{3}$arp의 포도밭 및 1arp의 초지로 구성된 1개의 자유인망스를 보유한다. 그는 돼지방목세로 2md의 포도주와 1두의

거세된 숫양을 바친다. 그는 포도밭에서 1arp를 작업한다. 그는 동곡파종을 위해서 4ptc, 하곡파종을 위해서 1ptc를 갈이질한다. 그는 지시받는 만큼 손일과 수송부역을 (수행한다). 그는 3마리의 닭과 15개의 계란을 (바친다.).

34. 생제르맹(수도원)의 속민들로서 콜로누스인 에름볼두스와 콜로누스이고 이름이 아클레트루디스인 그의 아내는 2명의 자식을 두고 있다. 생제르맹(수도원)의 콜로누스인 아말리쿠스. 그들 두 명은 6½bun의 곡물경작지와 1½arp의 포도밭으로 구성된 1개의 자유인망스를 보유한다. 그들은 (위와) 같이 (의무를) 이행한다.

35. 생제르맹(수도원)의 속민들로서 콜로누스인 아르도이누스와 콜로누스이고 이름이 리세군디스인 그의 아내는 이름들이 프로트베르투스, 다고베르투스, 요한나인 3명의 자식을 두고 있다. 생제르맹(수도원)의 콜로누스인 아클룰푸스. 그들 두 명은 3bun ½ant의 곡물경작지와 1arp의 포도밭 및 2½arp의 초지로 구성된 (1개의) 반쪽 노예망스를 보유한다. 그들은 돼지방목세로 1½md의 포도주를 바치고, 영주의 포도밭에서 4arp를 작업하며, 매주 2일의 손일을 수행한다. 그는 3마리의 닭과 15개의 계란을 (바친다.).

36. 생제르맹(수도원)의 속민들로서 반자유인인 라도아르두스와 반자유인이고 이름이 시클레트루디스인 그의 아내－그녀는 8데나리우스(의 신공)를 바친다－는 3명의 자식을 두고 있다. 그는 7bun의 곡물경작지와 1arp의 포도밭으로 구성된 1개의 자유인망스를 보유한다. 그는 돼지방목세로 3md의 포도주를 바친다. 그는 포도밭에서 4arp를 작업하고, 매주 2회의 코르베를 수행하며, 지시받는 만큼 손일과 수송부역을 수행한다.

37. 생제르맹(수도원)의 속민들로서 노예인 잉갈베르투스와 콜로누스이고 이름이 다네길디스인 그의 아내는 3명의 자식을 두고 있다. 그는 3bun ½ant의 곡물경작지와 1arp의 포도밭으로 구성된 1개의 노예망스를 보유한다. 그는 2md의 포도주를 바친다. 그는 포도밭에서 4arp를 작업하

고, 손일을 수행한다. 그는 3마리의 닭과 15개의 계란을 (바친다.).

38. 생제르맹(수도원)의 콜로누스인 아클레하르두스는 3½bun의 곡물경작지와 1arp의 포도밭 및 1¼arp의 초지로 구성된 1개의 노예망스를 보유한다. 그는 (위와) 같이 (의무를) 이행한다.

39. 생제르맹(수도원)의 속민들로서 콜로누스인 발데가리우스와 콜로누스이고 이름이 에르메닐디스인 그의 아내. 그는 3bun의 곡물경작지와 ¼arp의 포도밭으로 구성된 1개의 노예망스를 보유한다. 그는 돼지방목세로 1md의 포도주를 바친다. 그는 포도밭에서 4arp를 작업하고, 매주 손일을 수행한다. 그는 3마리의 닭과 15개의 계란을 (바친다.).

40. 생제르맹(수도원)의 속민들로서 콜로누스인 마우론두스와 콜로누스이고 이름이 아길디스인 그의 아내는 2명의 자식을 두고 있다. 그는 3bun 1ant의 곡물경작지와 ½arp의 포도밭 및 ⅔arp의 초지로 구성된 1개의 노예망스를 보유한다. 그는 (위와) 같이 (의무를) 이행한다.

41. 생제르맹(수도원)의 콜로누스인 마우리누스는 1명의 자식을 두고 있다. 그는 4bun 1ant의 곡물경작지와 1½arp의 포도밭으로 구성된 1개의 자유인망스를 보유한다. 나머지(의무)는 라도아르두스처럼[8] 이행한다.

42. 생제르맹(수도원)의 속민들로서 노예인 도미니쿠스와 콜로누스이고 이름이 가우딜디스인 그의 아내는 3명의 자식을 두고 있다. 그는 5½bun의 곡물경작지와 1½arp의 포도밭 및 1½arp의 초지로 구성된 1개의 노예망스를 보유한다. 나머지(의무)는 발데가리우스처럼[9] 이행한다.

43. 생제르맹(수도원)의 속민들로서 콜로누스인 군돌두스와 콜로누스이고 이름이 아우트볼다인 그의 아내. 그는 4bun의 곡물경작지와 1arp의 포

---

[8] 앞의 제36항 참조.
[9] 앞의 제39항 참조.

도밭 및 2arp의 초지로 구성된 1개의 자유인망스를 보유한다. 나머지(의무)는 라도아르두스처럼 이행한다.

44. 콜로누스인 콘스탄티누스와 콜로누스이고 이름이 잉겔트루디스인 그의 아내는 1명의 자식과 어머니와 2명의 형제 및 1명의 누이가 동거하고 있다. 그는 7bun의 곡물경작지와 2arp의 포도밭으로 구성된 1개의 노예망스를 보유한다. 나머지(의무)는 봘데가리우스처럼 이행한다.

45. 노예인 갈트프리디두스와 콜로누스인 그의 아내는 5½bun의 곡물경작지와 1½arp의 포도밭 및 1½arp의 초지로 구성된 1개의 자유인망스를 보유한다.

46. 생제르맹(수도원)의 속민들로서 콜로누스인 스쿠비쿨루스와 콜로누스이고 이름이 테오딜디스인 그의 아내는 2명의 자식을 두고 있다. 그는 1ant의 곡물경작지와 1arp의 포도밭으로 구성된 1개의 호스피키움을 보유한다. 이로 인해 그는 영주의 포도밭에서 1arp를 작업하며, 매주 1일(의 부역노동)을 수행한다. 그는 3마리의 닭과 15개의 계란을 (바친다.).

47. 생제르맹(수도원)의 콜로누스인 군트하두스는 1명의 누이가 동거하고 있다. 그는 1½ant의 곡물경작지와 1arp의 포도밭으로 구성된 1개의 호스피키움을 보유한다. 그리고 그는 이로 인해 1arp를 작업한다. 나머지(의무)는 (위와) 같다.

48. 생제르맹(수도원)의 콜로누스들인 아마두스와 라게놀두스는 어머니가 동거하고 있다. 그들 두 명은 1ant의 곡물경작지와 1½arp의 포도밭으로 구성된 (1개의) 호스피키움을 보유한다. 그들은 1md의 포도주를 바치고, 포도밭에서 2arp를 작업하고, 매주 3일(의 부역노동)을 수행하며, 10개의 계란과 2마리의 닭을 (바친다.).

49. 생제르맹(수도원)의 콜로누스인 엘디엥구스는 2bun ½ant의 곡물경작지와 ½arp의 포도밭으로 구성된 (1개의) 호스피키움을 보유한다. 이로 인해 그는 포도밭에서 1arp를 작업하며, 매주 1일(의 부역노동)을 수행

한다. 그는 2마리의 닭과 10개의 계란을 (바친다.).

50. 생제르맹(수도원)의 여자콜로누스인 아클레발다는 2명의 자식을 두고 있다. 그녀는 1ant의 곡물경작지로 된 1개의 호스피키움을 보유한다. 이로 인해 그녀는 포도밭에서 ½arp를 작업한다. 그녀는 1마리의 닭과 5개의 계란을 (바친다.).

51. 생제르맹(수도원)의 속민들로서 콜로누스인 만케모두스와 콜로누스이고 이름이 베르트힐디스인 그의 아내는 1명의 자식을 두고 있다. 그는 2ant의 곡물경작지와 ⅔arp의 포도밭으로 구성된 1개의 호스피키움을 보유한다. 그는 1md의 포도주를 바친다. 그는 포도밭에서 ½arp를 작업하며, 그리고 영주의 텃밭에서 작업한다. 그는 3마리의 닭과 15개의 계란을 (바친다.).

52. 생제르맹(수도원)의 사제이고 고도이누스(보유)의 은대지 출신인 잉갈볼두스는 2bun 1ant의 곡물경작지와 ¾arp의 포도밭으로 구성된 (1개의) 우리(수도원)의 호스피키움을 보유한다. 그는 1md의 포도주를 바치고, 1arp 1ant(의 포도밭에서)를 작업하며, 매주 1회의 코르베와 1일(의 부역노동)을 수행한다. 그는 3마리의 닭과 15개의 계란을 (바친다.).

53. 생제르맹(수도원)의 콜로누스인 마르티누스는 2명의 자식을 두고 있다. 그는 1ant의 곡물경작지와 1arp의 포도밭으로 구성된 1개의 호스피키움을 보유한다. 그리고 이로 인해 그는 영주의 포도밭에서 1arp를 작업한다. 그리고 그는 영주의 임야와 포도밭 지킴이다.

54. 운도이누스는 3bun의 곡물경작지로 된 1개의 호스피키움을 보유한다. 그는 1md의 포도주와 3데나리우스(의 돈)를 바친다. 그리고 그는 1arp 5ptc를 작업한다. 그는 지시받는 만큼 코르베와 손일을 (수행한다).

55. 여기에서 라감볼두스는 11bun 1½ant의 곡물경작지와 4arp의 포도밭 및 3½arp의 초지로 구성된 1개의 망스를 은대지로 보유한다.

56. 다음의 자들은 (증인들임을) 선서했다
: 엘드라두스, 안스타시우스, 에를레프레두스, 스쿠비쿨루스, 도네프레

두스, 아달만누스, 베르네아르두스, 라감베르투스, 라도아르두스, 마우리누스, 아우트가리우스, 봘데가리우스.

57. 앞에서 기술된 바에 의하면 스피노길룸에는 (총) 32개의 자유인망스가 있다. 이들 망스는 군역세로 68솔리두스, 셋째 해에 19두의 거세된 숫양, 셋째 해에 13두의 암양을 바치고, 나무채취료로 10솔리두스, 돼지방목세로 68md의 포도주, 3,000개의 지붕널, 계란들과 함께 96마리의 닭을 바친다.

(총) 11개의 노예망스가 있다. 이들 망스는 돼지방목세로 19½md의 포도주, 계란들과 함께 33마리의 닭을 바친다.

여기에는 (총) 9개의 호스피키움이 있다. 이들 호스피키움은 4md의 포도주, 계란들과 함께 17마리의 닭, 3데나리우스를 바친다.

58. 다음의 자들은 스피노길룸 장원 출신의 노예들이다.
: 도미니쿠스, 고트볼두스, 요르다니스, 도미니카, 힐데가르디스, 라도아라, 프로틀린디스, 베르트힐디스, 라게나르디스, 베아타, 라노이스, 도네프레두스, 에드랄루스, 엘리아, 엘리사비아, 아달라르두스, 오딜라르두스, 라이노이스, 아달린디스, 아달라다, 힐데가르디스, 아달힐디스, 플로달두스, 가우달두스, 마르티나, 고델베르투스, 세카두스, 아달베르투스, 리카르두스, 잉갈베르투스.

59. **베순켄시스 파구스에는**[10] **두비움 강변에**[11] **상크티 우르시니 수도원이**[12]

---

[10] B. Guérard는 *Prolegomènes*, pp. 107~108과 A. Longnon, ed., *Polyp. de St. Germain*, p. 75의 3번 각주 및 D. Hägerman, ed., *Polyp. von St. Germain,* p. 228에 의하면 베순켄시스 파구스(pagus Vesuncensis)는 브장송 교구 내의 아주아(Ajoye) 지역에 해당한다.

[11] A. Longnon, ed., *Polyp. de St. Germain*, p. 76의 1번 각주와 D. Hägerman, ed., *Polyp. von St. Germain,* p. 225에 의하면 두비움 강(Dubium fluvius)은 손(Saône) 강의 한 지류인 두(Doubs) 강이다.

[12] A. Longnon, ed., *Polyp. de St. Germain*, p. 75의 4번 각주와 D. Hägerman, ed., *Polyp. von St. Germain,* p. 227 및 K. Elmshäuser & A. Konrad, *Studien zum Polyp. von St. Germain*, p. 64에 의하면 상크티 우르시니(Sancti Ursini) 수도원은 스위스

있으며, 이 수도원에는 쿠비니아쿠스,[13] 쿠르티스 울둘피라는[14] 이름들을 가진 생제르맹 수도원 소유의 장원들이 배속되어 있다.

의 베른 캉통에 있는 상크티 우르시츠(Sankt Ursitz) 수도원이며, 여기의 'Ursini'란 말은 'Ursicini'의 오기라고 한다.

13 A. Longnon, ed., *Polyp. de St. Germain*, p. 76의 2번 각주와 D. Hägerman, ed., *Polyp. von St. Germain,* p. 224에 의하면 쿠비니아쿠스(Chuviniacus)는 스위스 베른 캉통의 케베나하(Kevenach)다.

14 A. Longnon, ed., *Polyp. de St. Germain*, p. 76의 3번 각주와 D. Hägerman, ed., *Polyp. von St. Germain,* p. 224에 의하면 쿠르티스 울둘피(Curtis Uldulfi)는 스위스 베른 캉통의 쿠르트두(Courtedoux)다.

07 빌라리스(장원의) 명세서

1. 빌라리스에[1] 있는 수도사들의 거처지에는 저택과 여타 많은 부속건물들을 갖춘 영주직영지가 있다.

2. 여기에는 정성들여 만든 모든 설비를 갖춘 2개의 교회가 있다.

3. 여기에는 600md(의 밀)가 파종될 수 있는 10개 쿨투라의 경작지가 있다.
   여기에는 53arp의 오래된 포도밭과 영주인 수도원장 이르미노가[2] 식재한 9arp의 새 포도밭이 있다. 이들 포도밭에서는 총 400md(의 포도

---

[1] B. Guérard, *Prolégomènes*, p. 838 및 B. Guérard, ed., *Polyp. d'Irminon*, p. 60의 a번 각주와 A. Longnon, ed., *Polyp. de St. Germain*, p. 77의 각주 1번 및 Ch. Ed. Perrin, "A propos d'une redevance en fossoirs inscrite au polyptyque d'Irminon", p. 432에 의하면, 빌라리스(Villaris)는 세네우아즈 도 베르사유 군 마를리르루아(Marly-le-Roi) 캉통의 라셀생클루(La Celle-Saint-Cloud) 마을에 해당한다. D. Hägermann, ed. *Polyp. von St. Germain*, p. 228과 K. Elmshäuser & A. Konrad, *Studien zum Polyp. von St. Germain*, p. 68에 의하면 이곳은 오늘날의 행정구역상으로는 이블린 도 생제르맹앙래(Saint-Germain-en-Laye) 군 라셀생클루 캉통의 소재지다. 빌라리스는 빌라리스 켈라 프라트룸(Villaris cella fratrum)이라고도 불린다. 그것은 이 지명 뒤의 'cella fratrum'이란 말이 시사하듯이, 그 곳에는 수도사들의 소규모 거처지가 있었기 때문이다. 게라르에 의하면 이곳은 파리 서쪽 19km에 위치하고 베르사유 북쪽 4km에 소재한다.

[2] 이르미노(Irmino)는 794~829년간에 생제르맹데프레 수도원의 수도원장직에 재임한 승려다. 그는 이 영지명세장 속에 자주 등장하는 것으로 볼 때, 이 명세장의 작성을 주도한 인물이라는 것이 일반적인 견해다.

주)가 채취될 수 있다.

여기에는 40수레의 건초가 채취될 수 있는 50arp의 초지가 있다.

여기에는 어림잡아 그 둘레가 총 2½마일인 임야가 있다.

니르바니움에는[3] 3bun의 임야가 있다.

레비아쿠스에는[4] 총 170마리의 돼지가 살찔 수 있는 임야가 있다.

4. 생제르맹(수도원)의 속민들로서 콜로누스인 보도와 콜로누스이고 이름이 에르멘트루디스인 그의 아내는 3명의 자식을 두고 있다. 그는 8bun 2ant의 곡물경작지와 2arp의 포도밭 및 7arp의 초지로 구성된 1개의 자유인망스를 보유한다. 그는 군사용으로 2솔리두스의 돈과 돼지방목세로 2md의 포도주를 바치고, 셋째 해에 100개의 지붕널을 바치며, 3ptc의 울타리를 (친다). 그는 동곡파종을 위해서 4ptc, 하곡파종을 위해서 2ptc를 갈이질한다. 그는 매주 2회의 코르베와 1회의 손일을 (수행한다). 그는 3마리의 닭과 15개의 계란을 (바치며), 지시받는 곳에서 수송부역을 (수행한다). 그는 물레방아의 절반을 보유하며, 이로 인해 2솔리두스의 돈을 지불한다.

5. 생제르맹(수도원)의 속민들로서 콜로누스인 프람베르투스와 콜로누스이고 이름이 오델린디스인 그의 아내는 1명의 자식을 두고 있다. 그는 8bun의 곡물경작지와 1⅔arp의 포도밭 및 2⅓arp의 초지로 구성된 1개의 자유인망스를 보유한다. 지붕널을 제외하고는 나머지(의무)는 보도

---

[3] B. Guérard, ed., *Polyp. d'Irminon*, p. 60의 b번 각주에 따르면 니르바니움(Nirbanium)은 빌라리스 서쪽 20km 거리에 있는 벤(Beyne)이다. 그러나 A. Longnon, ed., *Polyp. de St. Germain*, pp. 77의 각주 3번과 D. Hägermann, ed. *Polyp. von St. Germain*, p. 226과 K. Elmshäuser & A. Konrad, *Studien zum Polyp. von St. Germain*, p. 68에 의하면 게라르의 이런 비정은 받아들이기 어려우며, 오늘날의 위치는 확인되지 않는다고 한다.

[4] B. Guérard, ed., *Polyp. d'Irminon*, p. 60의 c번 각주와 A. Longnon, ed., *Polyp. de St. Germain*, p. 78의 각주 1번 및 D. Hägermann, ed. *Polyp. von St. Germain*, p. 225에 의하면 레비아쿠스(Lebiacus)는 세네우아즈 도(현재는 이블린 도) 랑부예 군 쉬브뢰즈(Chevreuse) 캉통의 레비생농(Lévy-Saint-Nom) 마을에 해당하며, 라셀생클루로부터는 남서쪽 20km 지점에 위치한다.

처럼 이행한다.

6. 그들 두 명은 13bun의 곡물경작지와 6arp의 포도밭 및 6arp의 초지로 구성된 1개의 또 다른 망스를 차지료(지불) 조건으로 보유한다. 이로 인해 그들은 5솔리두스 4데나리우스를 지불한다.

7. 노예인 봘테리우스는 1명의 자식을 두고 있다. 노예인 봘데가우두스와 콜로누스이고 이름이 엘레기아인 그의 아내. 그들 두 명은 4bun 1ant의 곡물경작지와 1½arp의 포도밭 및 2arp의 초지로 구성된 1개의 자유인 망스를 보유한다. 지붕널을 제외하고 나머지(의무)는 보도처럼 이행한다.

8. 콜로누스인 라게놀두스와 콜로누스이고 이름이 아달신디스인 그의 아내는 6명의 자식을 두고 있다. 생제르맹(수도원)의 속민들로서 콜로누스인 플로도이누스와 (이름이) 아게닐디스인 그의 아내. 그들 두 명은 10bun의 곡물경작지와 2arp의 포도밭 및 2arp의 초지로 구성된 1개의 자유인망스를 보유한다. 나머지(의무)는 보도처럼 이행한다.

9. 생제르맹(수도원)의 속민들로서 콜로누스인 요셉과 콜로누스이고 이름이 베르타인 그의 아내는 6명의 자식을 두고 있다. 그는 11bun의 곡물경작지와 1½arp의 포도밭 및 1½arp의 초지로 구성된 1개의 자유인망스를 보유한다. 지붕널을 제외하고 나머지(의무)는 (위와) 같이 이행한다.

10. 상크투스 페트루스(수도원)의 속민인 에름프레두스는 6bun 2ant의 곡물경작지와 1½arp의 포도밭 및 2arp의 초지로 구성된 1개의 자유인망스를 보유한다. 나머지(의무)는 (위와) 같다.

11. 생제르맹(수도원)의 속민들로서 콜로누스인 베르툴푸스와 콜로누스이고 이름이 에우세비아인 그의 아내는 5명의 자식을 두고 있다. 그는 4bun의 곡물경작지와 1arp의 포도밭 및 1(arp)의 초지로 구성된 1개의 자유인망스를 보유한다. 지붕널을 제외하고 나머지(의무)는 (위와) 같다.

12. 생제르맹(수도원)의 속민들로서 콜로누스인 아겐리쿠스와 콜로누스이고 이름이 게릴디스인 그의 아내. 그는 6bun의 곡물경작지와 1arp의 포도밭 및 ⅓arp의 초지로 구성된 1개의 자유인망스를 보유한다. 지붕널을 제외하고 나머지(의무)는 (위와) 같다.

13. 생제르맹(수도원)의 속민들로서 콜로누스인 테오달두스와 콜로누스이고 이름이 에리볼다인 그의 아내는 3명의 자식을 두고 있다. 생제르맹(수도원)의 콜로누스인 에브레발두스. 그들 두 명은 6bun의 곡물경작지와 1½arp의 포도밭 및 1½arp의 초지로 구성된 1개의 자유인망스를 보유한다. 나머지(의무)는 (위와) 같다.

14. 생제르맹(수도원)의 속민들로서 노예인 뷔트헬무스와 콜로누스이고 이름이 에르멘트루디스인 그의 아내는 2명의 자식을 두고 있다. 그는 8bun의 곡물경작지와 1½arp의 포도밭 및 1½arp의 초지로 구성된 1개의 자유인망스를 보유한다. 그는 (영주직영지의) 포도밭에서 4arp를 작업한다. 나머지(의무)는 (위와) 같다.

15. 생제르맹(수도원)의 속민들로서 노예인 라도이누스와 콜로누스이고 이름이 게르멘트라다인 그의 아내는 3명의 자식을 두고 있다. 그는 6½bun의 곡물경작지와 2arp의 초지로 구성된 1개의 자유인망스를 보유한다. 그는 포도밭에서 4arp를 작업한다. 지붕널을 제외하고 나머지(의무)는 (위와) 같다.

16. 콜로누스인 라둘푸스. 생제르맹(수도원)의 속민들로서 콜로누스인 에를롤두스와 콜로누스이고 이름이 오딜베르가인 그의 아내는 5명의 자식을 두고 있다. 생제르맹(수도원)의 여자콜로누스인 빌트신다는 4명의 자식을 두고 있다. 그들 세 명은 8bun의 곡물경작지와 1½arp의 포도밭 및 1arp의 초지로 구성된 1개의 자유인망스를 보유한다. 나머지(의무)는 (위와) 같다.

17. 생제르맹(수도원)의 속민들로서 콜로누스인 에르멩가우두스와 콜로누스이고 이름이 베르트람나인 그의 아내는 3명의 자식을 두고 있다. 그는 8bun의 곡물경작지와 ½arp의 포도밭 및 2arp의 초지로 구성된 1개

의 자유인망스를 보유한다. 지붕널을 제외하고 나머지(의무)는 (위와) 같다.

18. 생제르맹(수도원)의 속민들로서 노예인 신둘푸스와 노예이고 이름이 베르테드루디스인 그의 아내는 1명의 자식을 두고 있다. 베네가우두스와 생제르맹(수도원)의 노예이고 이름이 라인베르가인[5] 그의 아내는 2명의 자식을 두고 있다. 그들 두 명은 8bun의 곡물경작지와 ½arp의 포도밭 및 1½arp의 초지로 구성된 1개의 자유인망스를 보유한다. 지붕널을 제외하고 나머지(의무)는 (위와) 같다.

19. 에르모이누스. 생제르맹(수도원)의 속민들로서 콜로누스인 나탈리스와 콜로누스이고 이름이 아우디미아인 그의 아내는 2명의 자식을 두고 있다. 그들 두 명은 4½bun의 곡물경작지와 1½arp의 포도밭 및 2½arp의 초지로 구성된 1개의 자유인망스를 보유한다. 지붕널을 제외하고 나머지(의무)는 (위와) 같다.

20. 생제르맹(수도원)의 노예인 프로트볼두스. 생제르맹(수도원)의 속민들로서 콜로누스인 데오다투스와 콜로누스이고 이름이 봐르네힐디스인 그의 아내. 그들 두 명은 8bun 1ant의 곡물경작지와 ½arp의 포도밭 및 1arp의 초지로 구성된 1개의 자유인망스를 보유한다. 그들은 군사용으로 2솔리두스의 돈과, 1md의 포도주를 바친다. 그들은 동곡파종을 위해서 4ptc, 하곡파종을 위해서 2ptc를 갈이질하며, 매주 2회의 코르베를 (수행한다). 그들은 포도밭에서 4arp를 작업하며, 셋째 해에 3ptc의 울타리를 (친다).

21. 콜로누스인 힐데가우두스와 콜로누스이고 이름이 뷔틀린디스인 그의 아내는 3명의 자식을 두고 있다. 그는 4bun의 곡물경작지와 3arp의 포도밭 및 2arp의 초지로 구성된 1개의 자유인망스를 보유한다. 하곡파종을

---

[5] 이름이 B. Guérard, ed., *Polyp. d'Irminon*, p. 62에서는 '람베르가(Ramberga)'로 되어 있지만, A. Longnon, ed., *Polyp. de St. Germain*, p. 80과 D. Hägerman, ed., *Polyp. von St. Germain,* p. 47에서는 '라인베르가(Rainberga)'로 되어 있다.

위해 작업하지 않는 것을 제외하고 나머지(의무)는 보도처럼 수행한다.

부슬로니 쿠르티스[6] 소속

22. 생제르맹(수도원)의 콜로누스인 크리키아누스. 생제르맹(수도원)의 속민들로서 콜로누스인 크리스토폴루스와 콜로누스이고 이름이 힐데구디스인 그의 아내는 2명의 자식을 두고 있다. 그들 두 명은 6bun의 곡물경작지와 1½arp의 포도밭 및 1arp의 초지로 구성된 1개의 자유인망스를 보유한다. 그들은 군사용으로 2솔리두스의 돈과, 2md의 포도주, 셋째 해에 100개의 지붕널을 바치며, 3ptc의 울타리를 (친다). 그들은 3마리의 닭과 15개의 계란을 (바친다). 그들은 동곡파종을 위해서 4ptc를 갈이질한다. 그들은 지시받는 곳에서 수송부역을 (수행한다).

23. 기로아르두스와 콜로누스이고 이름이 발틸디스인 그의 아내는 2명의 자식을 두고 있다. 그는 4bun 2ant의 곡물경작지와 2arp의 포도밭 및 1arp의 초지로 구성된 1개의 자유인망스를 보유한다. 나머지(의무)는 크리키아누스처럼 이행한다.

24. 생제르맹(수도원)의 속민들로서 콜로누스인 로트하리우스와 콜로누스이고 이름이 레스티비아인 그의 아내. 콜로누스인 테우트가우두스. 그들 두 명은 5bun의 곡물경작지와 1arp의 포도밭 및 ½arp의 초지로 구성

---

6 부슬로니 쿠르티스(Busloni Curtis)는 B. Guérard, ed., *Polyp. d'Irminon*, p. 62의 a번 각주에서 빌라리스 장원의 주 소재지로부터 서쪽으로 27km쯤 떨어져 있는 불랭쿠르(Boulincourt)라고 하지만, A. Longnon, ed., *Polyp. de St. Germain*, p. 80의 1번 각주에서는 문헌학적으로 이런 추정은 타당치 않고 오히려 빌라리스 장원의 주 소재지로부터 동남동쪽으로 8km 거리에 위치한 센 도 생드니(Saint-Denis) 군 뇌이(Neuilly) 캉통 불로뉴쉬르센(Boulogne-sur-Seine) 코뮌의 빌랑쿠르(Billancourt)라고 한다. 한편 K. Elmshäuser & A. Konrad, *Studien zum Polyp. von St. Germain*, p. 68과 D. Hägerman, ed., *Polyp. von St. Germain*, p. 224에서는 롱농의 이런 견해를 비판하고 부슬로니 쿠르티스는 이블린 도 생제르맹앙래 군 마를리르루아 캉통 빌프뢰(Villepreux) 코뮌의 불랑쿠르(Boulancour)라고 추정한다. 맨 뒤의 이들이 비정하는 곳은 빌라리스 장원의 주 소재지인 라셀생클루로부터 게라르가 비정하는 불랭쿠르까지의 거리의 절반 정도밖에 되지 않는다.

된 1개의 자유인망스를 보유한다. 나머지(의무)는 크리키아누스처럼 이행한다.

25. 풀칼두스와 콜로누스이고 이름이 릭트루디스인 그의 아내는 5명의 자식을 두고 있다. 콜로누스인 안스발두스와 콜로누스이고 이름이 엘릴린디스인 그의 아내는 3명의 자식을 두고 있다. 그들은 5bun 1ant의 곡물경작지와 1arp의 포도밭 및 1arp의 초지로 구성된 1개의 자유인망스를 보유한다. 그들은 (위와) 같이 (의무를) 이행한다.

26. 콜로누스인 프람노이누스와 그의 아내 에르네군디스는 1명의 자식을 두고 있다. 콜로누스인 기슬로이누스. 콜로누스인 시카르두스와 콜로누스이고 이름이 에르칸트루디스인 그의 아내는 3명의 자식을 두고 있다. 그들 세 명은 4bun의 곡물경작지와 3arp의 포도밭 및 2arp의 초지로 구성된 1개의 자유인망스를 보유한다. 그들은 군사용으로 2솔리두스의 돈과, 2md의 포도주를 바치며, 매주 2회의 코르베를 (수행한다). 그는 셋째 해에 3ptc의 울타리를 친다. 그들은 동곡파종을 위해서 4ptc를 갈이질한다. 그들은 3마리의 닭과 15개의 계란을 (바친다).

27. 생제르맹(수도원)의 속민들로서 콜로누스인 아말베르트와 콜로누스이고 이름이 힐트루디스인 그의 아내는 4bun의 곡물경작지와 4arp의 포도밭 및 1½arp의 초지로 구성된 1개의 자유인망스를 보유한다. 나머지(의무)는 지금까지 크리키아누스처럼 이행한다.

28. 생제르맹(수도원)의 속민들로서 콜로누스인 에르칸테우스와 콜로누스이고 이름이 테이틀라인 그의 아내는 3명의 자식을 두고 있다. 그는 10bun의 곡물경작지와 2arp의 포도밭 및 1arp의 초지로 구성된 1개의 자유인망스를 보유한다. 나머지(의무)는 보도처럼 이행한다.

29. 생제르맹(수도원)의 속민들로서 콜로누스인 아르도이누스와 (이름이) 풀베르타인 그의 아내는 9bun의 곡물경작지와 1⅔arp의 포도밭 및 3arp의 초지로 구성된 1개의 자유인망스를 보유한다. 나머지(의무)는 보도처럼 이행한다.

30. 생제르맹(수도원)의 속민들로서 콜로누스인 잉고보두스와 콜로누스이고 이름이 콜로니아인 그의 아내는 1명의 자식을 두고 있다. 콜로누스인 아클로이누스. 그들 두 명은 11bun의 곡물경작지와 ⅔arp의 포도밭 및 1arp의 초지로 구성된 1개의 자유인망스를 보유한다. 그들은 (위와) 같이 (의무를) 이행한다.

31. 생제르맹(수도원)의 속민들로서 콜로누스인 에르메드람누스와 콜로누스이고 이름이 에르멘테라인 그의 아내는 2명의 자식을 두고 있다. 그는 8bun의 곡물경작지와 ⅔arp의 포도밭 및 2arp의 초지로 구성된 1개의 자유인망스를 보유한다. 그는 (위와) 같이 (의무를) 이행한다.

32. 생제르맹(수도원)의 콜로누스인 마달리쿠스. 아달카리우스와 생제르맹(수도원)의 콜로누스이고 (이름이) 마달트루디스인 그의 아내는 2명의 자식을 두고 있다. 그는[7] 7bun 2ant[의 곡물경작지]와 1½arp의 포도밭 및 1½arp의 초지로 구성된 1개의 자유인망스를 보유한다. 그는 (위와) 같이 (의무를) 이행한다.

33. 생제르맹(수도원)의 콜로누스인 에르메나리우스는 8bun의 곡물경작지와 1arp의 포도밭 및 1½arp의 초지로 구성된 1개의 자유인망스를 보유한다. 그는 (위와) 같이 (의무를) 이행한다.

34. 생제르맹(수도원)의 속민들로서 콜로누스인 베르티누스와 콜로누스이고 이름이 라게닐디스인 그의 아내는 3명의 자식을 두고 있다. 생제르맹(수도원)의 콜로누스인 에브리누스. 그들은 11bun ½ant의 곡물경작지와 1arp의 포도밭 및 3(arp)의 초지로 구성된 1개의 자유인망스를 보유한다. 그는[8] (위와) 같이 (의무를) 이행한다.

35. 생제르맹(수도원)의 속민들로서 콜로누스인 에리발두스와 콜로누스이고 이름이 라게닐디스인 그의 아내는 3명의 자식을 두고 있다. 생제르

---

[7] 원문대로임.

[8] 원문대로임.

맹(수도원)의 콜로누스인 레스탈두스. 그들 두 명은 8bun의 곡물경작지와 1arp의 포도밭 및 3arp의 초지로 구성된 1개의 자유인망스를 보유한다. 그는[9] 1md의 적은 포도주(공납)를 제외하고 나머지(의무)는 (위와) 같이 이행한다.

36. 생제르맹(수도원)의 콜로누스인 불파르두스는 7bun 1ant의 곡물경작지와 1arp의 포도밭 및 1arp의 초지로 구성된 1개의 자유인망스를 보유한다. 나머지(의무)는 보도처럼 이행한다.

37. 생제르맹(수도원)의 콜로누스인 군스베르투스. 생제르맹(수도원)의 콜로누스인 크리스토폴루스. 생제르맹(수도원)의 속민들로서 콜로누스인 모르트길루스와 콜로누스이고 이름이 에르멩구디스인 그의 아내는 3명의 자식을 두고 있다. 그들 세 명은 9bun의 곡물경작지와 3½arp의 포도밭 및 1arp의 초지로 구성된 1개의 자유인망스를 보유한다. 그들은 군사용으로 2솔리두스의 돈과, 4md의 포도주를 바친다. 그들은 동곡파종을 위해서 8ptc를 갈이질한다. 그들은 6마리의 닭과 30개의 계란을 (바친다). 그들은 셋째 해에 3ptc의 울타리를 (친다). 그리고 그들은 1대의 물레방아를 보유하며, 이로 인해 16md의 포도주를 지불한다. 그들은 매주 2회의 코르베를 (수행하고), 지시받는 만큼 손일과 나무베기 부역을 (수행하며), 지시받는 곳에서 수송부역을 (수행한다).

38. 생제르맹(수도원)의 속민들로서 콜로누스인 고데베르투스와 콜로누스이고 이름이 잉게닐디스인 그의 아내는 3명의 자식을 두고 있다. 그는 2bun 1ant의 곡물경작지와 2arp의 포도밭으로 구성된 (1개의) 반쪽 자유인망스를 보유한다. 그는 군사용으로 1솔리두스의 돈과, 1md의 포도주를 바친다. 그는 동곡파종을 위해서 2ptc를 갈이질한다. 그는 매주 3일(의 부역노동)을 (수행한다). 그는 3마리의 닭과 15개의 계란을 (바친다). 그는 지시받는 곳에서 수송부역을 (수행한다).

---

9 원문대로임.

39. 생제르맹(수도원)의 콜로누스인 발타리우스는 2bun 1ant의 곡물경작지와 1arp의 포도밭 및 ⅔arp의 초지로 구성된 (1개의) 반쪽 망스를 보유한다. 그는 군사용으로 8데나리우스(의 돈)와, 1md의 포도주를 바친다. 그는 동곡파종을 위해서 4ptc를 갈이질한다. 그는 3마리의 닭과 15개의 계란을 (바친다). 그는 지시받는 곳에서 손일을 (수행한다).

40. 생제르맹(수도원)의 속민들로서 콜로누스인 마르티누스와 콜로누스이고 이름이 베르토아라인 그의 아내는 4명의 자식을 두고 있다. 생제르맹(수도원)의 속민들로서 콜로누스인 베르탈두스와 콜로누스이고 이름이 아달가르디스인 그의 아내는 6명의 자식을 두고 있다. 생제르맹(수도원)의 속민들로서 콜로누스인 헤르카나리우스와[10] 콜로누스이고 이름이 뷘트베르타인 그의 아내는 4명의 자식을 두고 있다. 그들 세 명은 9bun의 곡물경작지와 4arp의 포도밭 및 4arp의 초지로[11] 구성된 1개의 자유인망스를 보유한다. 하곡파종을 위한 (1)ant(의 갈이질 부역)를 제외하고 나머지(의무)는 보도와 같다.

41. 생제르맹(수도원)의 콜로누스인 시클레베르투스. 생제르맹(수도원)의 콜로누스인 세게베르투스. 생제르맹(수도원)의 콜로누스인 시클레발두스. 그들 세 명은 4bun의 곡물경작지와 3arp의 포도밭 및 3arp의 초지로 구성된 1개의 자유인망스를 보유한다.

42. 생제르맹(수도원)의 속민들로서 노예인 라겐틀란두스와 콜로누스이고 이름이 잉그람나인 그의 아내는 3명의 자식을 두고 있다. 그는 6bun

---

10 이름이 B. Guérard, ed., *Polyp. d'Irminon*, p. 65에서는 '헤르타나리우스(Hertanarius)' 로 되어 있지만, A. Longnon, ed., *Polyp. de St. Germain*, p. 83과 D. Hägerman, ed., *Polyp. von St. Germain,* p. 49에서는 '헤르카나리우스(Hercanarius)'로 되어 있다.

11 수사본에는 초지의 면적표기가 두 번 중복해서 나타난다고 한다. 그러나 이 영지명세장에서 농민보유지를 구성하는 토지의 종류와 크기에 대한 기술 관례로 볼 때, 중복 표기 중 앞의 부분은 '포도밭(vinea)'으로 봐야 할 것이다. D. Hägerman, ed., *Polyp. von St. Germain,* p. 49; B. Guérard, ed., *Polyp. d'Irminon*, p. 65; A. Longnon, ed., *Polyp. de St. Germain*, p. 83 참조.

1ant의 곡물경작지와 1½arp의 포도밭 및 4arp의 초지로 구성된 1개의 자유인망스를 보유한다. 그는 군사용으로 2솔리두스의 돈과, 3md의 포도주를 바친다. 그는 동곡파종을 위해서 8ptc를 갈이질한다. 그는 셋째 해에 100개의 지붕널을 (바치고), 3ptc의 울타리를 (친다). 그는 매주 2회의 코르베를 (수행한다). 그는 3마리의 닭과 15개의 계란을 (바친다). 그는 지시받는 곳에서 수송부역을 (수행한다). 그는 포도밭에서 4arp를 작업한다.

43. 생제르맹(수도원)의 콜로누스인 고달하리우스. 생제르맹(수도원)의 속민들로서 콜로누스인 오게베르트투스와 콜로누스이고 이름이 스타르기사인 그의 아내는 4명의 자식을 두고 있다. 그들 두 명은 3bun 1ant의 곡물경작지와 1¼arp의 포도밭 및 2arp의 초지로 구성된 1개의 자유인망스를 보유한다. 하곡파종을 위한 (1)ant(의 갈이질 부역)을 제외하고 나머지(의무)는 보도처럼 수행한다.

44. 생제르맹(수도원)의 콜로누스인 프람베르투스. 생제르맹(수도원)의 콜로누스인 에브레하르두스. 그들 두 명은 3½bun의 곡물경작지와 2arp의 포도밭 및 2½arp의 초지로 구성된 1개의 자유인망스를 보유한다. 그는[12] (위와) 같이 (의무를) 이행한다.

45. 생제르맹(수도원)의 속민들로서 콜로누스인 아마놀두스와 콜로누스이고 이름이 에르칸트루디스인 그의 아내는 3명의 자식을 두고 있다. 생제르맹(수도원)의 속민들로서 콜로누스인 나틀라하리우스와 콜로누스이고 이름이 에르메닐디스인 그의 아내는 3명의 자식을 두고 있다. 그들 두 명은 6bun의 곡물경작지와 2arp의 포도밭 및 1arp의 초지로 구성된 1개의 자유인망스를 보유한다. 그는[13] (위와) 같이 (의무를) 이행한다.

46. 콜로누스인 기보이누스와 콜로누스이고 이름이 잉길디스인 그의 아내

---

[12] 원문대로임.

[13] 원문대로임.

는 2명의 자식을 두고 있다. 그는 2bun의 곡물경작지와 1½arp의 포도밭 및 2arp의 초지로 구성된 (1개의) 반쪽 자유인망스를 보유한다. 그는 군사용으로 1솔리두스와, 1md의 포도주를 바친다. 그는 동곡파종을 위해서 2ptc를 갈이질한다. 그는 지시받는 곳에서 코르베와 수송부역을 (수행한다). 그는 세 마리의 닭과 15개의 계란을 (바친다).

47. 콜로누스인 기롤두스와 콜로누스이고 이름이 아마다인 그의 아내는 2명의 아들과 1명의 딸을 두고 있다. 그는 3½bun의 곡물경작지와 2arp의 포도밭 및 1arp의 초지로 구성된 (1개의) 반쪽 망스를 보유한다. 그는 군사용으로 1솔리두스의 돈과, 1md의 포도주를 바친다. 그는 동곡파종을 위해서 2ptc를 갈이질한다. 그는 셋째 해에 2ptc의 울타리를 (친다). 그는 3마리의 닭과 15개의 계란을 (바친다). 그는 지시받는 곳에서 수송부역을 (수행한다).

48. 생제르맹(수도원)의 속민들로서 콜로누스인 하이르테우스와 콜로누스이고 이름이 라겐트루디스인 그의 아내는 1명의 자식을 두고 있다. 그는 20bun의 곡물경작지와 1⅔arp의 포도밭 및 4arp의 초지로 구성된 1개의 자유인망스를 보유한다. 이로 인해 그는 동곡파종을 위한 2ant(의 갈이질 부역)과, 코르베들을 수행하며, (1필의) 역마를 바친다.

49. 생제르맹(수도원)의 속민들로서 콜로누스인 테우데리쿠스와 콜로누스이고 이름이 라그닐디스인 그의 아내는 2명의 자식을 두고 있다. 그는 4bun의 곡물경작지와 ⅔arp의 포도밭으로[14] 구성된 1개의 자유인망스를 보유한다. 그는 군사용으로 1솔리두스(의 돈)과, 1md의 포도주를 바친다. 그는 동곡파종을 위해서 4ptc, 하곡파종을 위해서 2ptc를 갈이질한다. 그는 지시받는 곳에서 코르베와 수송부역을 (수행하고), 손일

[14] B. Guérard, ed., *Polyp. d'Irminon*, p. 66과 A. Longnon, ed., *Polyp. de St. Germain*, p. 85와는 달리, D. Hägerman, ed., *Polyp. von St. Germain,* p. 50에서는 '4bun의 곡물경작지와 ⅔arp의 포도밭' 외에 '⅔arp의 초지(de prato duas partes de aripenno)'가 추가되어 있다.

을 (수행한다). 그는 3마리의 닭과 15개의 계란을 (바친다). 그는 셋째 해에 1½ptc의 울타리를 (친다).

50. 생제르맹(수도원)의 속민들로서 콜로누스인 잉고와 콜로누스이고 이름이 라트트루디스인 그의 아내는 4명의 자식을 두고 있다. 그는 4bun의 곡물경작지와 ⅓arp의 포도밭 및 1arp의 초지로 구성된 1개의 자유인망스를 보유한다. 그는 새끼 양을 가진 1두의 암양과 돼지방목세로 4md의 포도주를 바치고, 3마리의 닭과 15개의 계란을 (바치며), 손일을 (수행한다).

51. 콜로누스인 잉갈람누스는 5bun 2ant의 곡물경작지와 ⅓arp의 포도밭 및 2arp의 초지로 구성된 1개의 자유인망스를 보유한다. 나머지(의무)는 잉고처럼 수행한다.

52. 기슬롤두스는 6½bun의 곡물경작지와 ⅔arp의 포도밭 및 1arp의 초지로 구성된 1개의 자유인망스를 보유한다. 나머지(의무)는 잉고처럼 수행한다.

53. 생제르맹(수도원)의 콜로누스인 에르메나리우스. 생제르맹(수도원)의 여자콜로누스인 베틀리나는 4명의 자식을 두고 있다. 그들 두 명은 6bun의 곡물경작지와 1arp의 포도밭 및 1arp의 초지로 구성된 1개의 자유인망스를 보유한다. 그들은 군사용으로 1솔리두스의 돈과, 1md의 포도주를 바친다. 그는[15] 동곡파종을 위해서 4ptc, 하곡파종을 위해서 2ptc를 갈이질한다. 그들은 손일과 코르베를 (수행한다). 그들은 3마리의 닭과 15개의 계란을 (바친다). 그들은 셋째 해에 3ptc의 울타리를 (친다). 그들은 지시받는 곳에서 수송부역을 (수행한다).

54. 생제르맹(수도원)의 속민들로서 콜로누스인 마르티누스와 콜로누스이고 이름이 힐트트루디스인 그의 아내는 4명의 자식을 두고 있다. 그는 3bun 1ant의 곡물경작지와 1½arp의 포도밭 및 1arp의 초지로 구성된

---

[15] 원문대로임.

(1개의) 반쪽 자유인망스를 보유한다. 그는 군사용으로 1솔리두스의 돈과, 1md의 포도주를 바친다. 그는 동곡파종을 위해서 2ptc, 하곡파종을 위해서 1ptc를 갈이질한다. 그는 지시받는 곳에서 손일과 수송부역을 (수행한다). 그는 3마리의 닭과 15개의 계란을 (바친다).

55. 생제르맹(수도원)의 속민들로서 콜로누스인 안티아누스와 콜로누스이고 이름이 게나나인 그의 아내는 4명의 자식을 두고 있다. 그는 2bun 1ant의 곡물경작지와 1arp의 초지로 구성된 (1개의) 반쪽 망스를 보유한다. 그는 군사용으로 6데나리우스를 바친다. 그는 동곡파종을 위해서 2ptc를 갈이질한다. 그는 손일을 (수행한다). 그는 3마리의 닭과 15개의 계란을 (바친다).

56. 생제르맹(수도원)의 속민들로서 콜로누스인 레스탈두스와 콜로누스이고 이름이 아드릴디스인 그의 아내는 3명의 자식을 두고 있다. 그는 1bun 1ant의 곡물경작지를 보유하고, 매주 1일(의 부역노동)을 수행한다. 그는 3마리의 닭과 15개의 계란을 (바친다).

57. 기슬롤두스는 1ant의 곡물경작지와 1arp의 포도밭을 보유한다. 그는 이로 인해 1md의 포도주와 1마리의 닭 및 5개의 계란을 바치며, 매주 1일(부역노동)을 (수행한다).

58. 콜로누스인 에르멘라두스와 콜로누스이고 이름이 베레길디스인 그의 아내는 6명의 자식을 두고 있다. 그는 6bun의 곡물경작지와 3½arp의 포도밭으로 구성된 1개의 자유인망스를 보유한다. 이로 인해 그는 동곡파종을 위해서 4ptc(의 갈이질 부역)을 수행하고, (1필의) 역마를 바친다.

59. 콜로누스인 에브랄두스는 1bun의 곡물경작지를 보유한다. 이로 인해 그는 (1)주일에 1일(의 부역노동)을 수행한다. 그는 1마리의 닭을 (바친다).

60. 시켈무스는 1jr의 토지를 보유한다. 이로 인해 그는 (1)주일에 1일(의 부역노동)을 수행한다. 그는 1마리의 닭과 5개의 계란을 (바친다).

61. 오게베르투스는 2arp의 포도밭을 보유하며, 이로 인해 수행하는 것은 아무 것도 없다.

62. 노예인 게니스무스는 2명의 자식을 두고 있다. 그는 3bun 2ant의 곡물경작지로 된 1개의 노예망스를 보유한다. 그는 포도주를[16] 바친다. 그는 (1)주일에 2회의 코르베를 (수행하고), 손일을 (수행한다). 그는 3마리의 닭과 15개의 계란을 (바친다). 그는 포도밭에서 4arp를 작업하며, 셋째 해에 1ptc의 울타리를 (친다).

63. 노예인 뷔틀레이스와 콜로누스이고 이름이 기슬레힐디스인 그의 아내는 4명의 자식을 두고 있다. 그는 3bun의 곡물경작지와 1arp의 포도밭 및 1arp의 초지로 구성된 1개의 노예망스를 보유한다. 나머지(의무)는 게니스무스처럼 이행한다.

64. 콜로누스인 라그프리디두스와 노예이고 이름이 아달군디스인 그의 아내는 3명의 자식을 두고 있다. 그는 3bun의 곡물경작지와 2arp의 포도밭으로 구성된 1개의 노예망스를 보유한다. 그는 2md의 포도주를 바친다. 그는 손일을 (수행한다). 그는 3마리의 닭과 15개의 계란을 (바친다). 그는 셋째 해에 1ptc의 울타리를 (친다). 그는 포도밭에서 4arp를 작업한다.

65. 생제르맹(수도원)의 속민들로서 노예인 에르카날두스와 콜로누스이고 이름이 에리베르타인 그의 아내는 1명의 자식을 두고 있다. 그는 5bun의 곡물경작지와 1arp의 포도밭 및 1arp의 초지로 구성된 1개의 노예망스를 보유한다. 그는 2md의 포도주와 3마리의 닭 및 15개의 계란을 바친다. 그는 코르베와 손일을 (수행한다). 그는 셋째 해에 1ptc의 울타리를 (친다). 그는 포도밭에서 4arp를 작업한다.

66. 노예인 군트하리우스와 콜로누스이고 이름이 에르카닐디스인 그의 아

---

[16] B. Guérard, ed., *Polyp. d'Irminon*, p. 67의 각주 a번에서는 포도주에 '2md(modios II)'란 말이 추가되어야 한다고 한다.

내는 5명의 자식을 두고 있다. 그는 2bun 2ant의 곡물경작지와 ½arp의 포도밭 및 1arp의 초지로 구성된 (1개의) 반쪽 노예망스를 보유한다. 그는 1md의 포도주를 바친다. 그는 동곡파종을 위해서 2ptc를 갈이질 한다. 그는 3마리의 닭과 15개의 계란을 (바친다). 그는 셋째 해에 1ptc의 울타리를 (친다). 그는 손일과 코르베를 (수행한다).

67. 노예인 베르탈두스와 노예이고 이름이 에르멘트루디스인 그의 아내는 4명의 자식을 두고 있다. 그는 2bun 1ant의 곡물경작지와 1arp의 포도밭으로 구성된 (1개의) 반쪽 노예망스를 보유한다. 그는 1md의 포도주와 3마리의 닭 및 10개의 계란을 바친다. 그는 수송부역과 손일을 (수행한다).

68. 노예인 뷔트발두스와 콜로누스이고 이름이 에르메닐디스인 그의 아내는 4명의 자식을 두고 있다. 그는 2bun 1ant의 곡물경작지로 된 (1개의) 반쪽 노예망스를 보유한다. 그는 3마리의 닭과 15개의 계란을 (바친다). 그는 포도밭에서 4arp를 작업하며, 손일과 수송부역을 (수행한다).

69. 라도아르두스는 4bun 2ant의 곡물경작지와 2½arp의 포도밭 및 1arp의 초지로 구성된 1개의 자유인망스를 보유한다. 그는 1ant(의 갈이질 부역)를 수행한다. 그리고 그는 5솔리두스의 돈을 지불한다.

70. 크리스팅가우두스, 라게누스, 게르신다, 라도아르두스. 그들 네 명은 2ant의 곡물경작지와 ½arp의 포도밭을 보유한다. 이로 인해 그들은 1솔리두스의 돈을 지불한다.

71. 프람누스는 1bun의 곡물경작지와 1arp의 포도밭을 보유한다. 이로 인해 그는 6데나리우스를 지불한다.

72. 아이팅가우두스는 2ant의 토지를 보유한다. 이로 인해 그는 8데나리우스를 지불하고, 곡식밭에서 1일(의 부역노동)을 (수행하며), 초지에서 마찬가지로 (수행한다).

73. 힐데가우두스는 3솔리두스를 지불한다.

74. 로트프리두스는 차지료로 4데나리우스를 지불한다.

75. 불플란두스와 이름이 클라라인 그의 아내. 그는 2bun의 곡물경작지와 1arp의 포도밭 및 2arp의 초지를 보유한다. 이로 인해 그는 2솔리두스의 돈을 지불한다. 그는 동곡파종을 위해서 2ptc를 갈이질한다.

76. 생제르맹(수도원)의 속민들로서 콜로누스인 힐데가리우스와 콜로누스이고 이름이 기슬레프레다인 그의 아내는 1명의 자식을 두고 있다. 그는 5bun ½ant의 곡물경작지와 1arp의 포도밭 및 1ant의 초지로 구성된 1개의 자유인망스를 보유한다. 그는 차지료로 3솔리두스의 돈을 지불한다. 그는 동곡파종을 위해서 1ant를 갈이질한다. 그는 1md의 포도주와 3마리의 닭 및 15개의 계란을 (바친다).

77. 게라르두스는 (1)bun의 토지를 보유한다. 그는 이로 인해 차지료로 2솔리두스의 돈을 지불한다.

78. 에르멘리쿠스와 콜로누스이고 이름이 아드레힐디스인 그의 아내는 2bun의 (곡물경작)토지와 합계 ½arp의 포도밭 및 초지를 보유한다. 이로 인해 그는 1솔리두스 6데나리우스의 돈을 지불한다.

79. 생제르맹(수도원)의 속민인 기슬룰푸스는 1bun의 (곡물경작)토지와 ¼arp의 포도밭 및 ½arp의 초지를 보유한다. 이로 인해 그는 1ant(의 갈이질 부역)를 수행한다. 그리고 그는 차지료로 2솔리두스의 돈을 (지불한다).

80. 빨타리우스는 차지료로 3데나리우스를 (지불한다).

81. 빨타리우스는 4데나리우스를 (지불하며), 엘리스무스도 같고, 안스트루디스도 같고, 하도아르두스도 같고,[17] 라도일디스도 같고, 에우세비

---

[17] A. Longnon, ed., *Polyp. de St. Germain*, p. 88에는 '하도아르두스도 같다'는 말이 없지만, B. Guérard, ed., *Polyp. d'Irminon*, p. 69와 D. Hägerman, ed., *Polyp. von St. Germain*, p. 52에는 안스트루디스(Anstrudis)와 라도일디스(Radoildis) 사이에 '하도아르두스도 같다(Hadoardus similiter)'라는 말이 끼어 있다.

아도 같고, 아바도 같고, 힐두일디스도 같고, 하이르하르두스도 같고, 알레무누스도 같고, 힐데가리우스도 같고, 기슬라도 같고, 라게누스도 같고, 란트구다도 같고, 고틀린디스도 같고, 노르도이누스도 같고, 기슬레프리다도 같고, 라간프리디스도 같고, 크리스텡가우두스도 같고, 시클레힐디스도 같고, 게르신다도 같고, 라감베르투스도 같고, 하르트가리우스도 같고, 오트발다도[18] 같고, 에르칸프리두스도 같고, 시클레베르타도 같고, 에사우도 같고, 안드레하리우스도 같고, 모론두스도 같으며 그의 누이도 같다.

82. 필쿠세에는[19] 7arp의 포도밭이 있다.

83.[20] **뷔트람누스 주(州)[21] 핀키아켄시스 파구스에는[22] 마게돈이라고[23] 불리는**

---

[18] 이 이름은 이 영지명세장의 세 간행자들 사이에 서로 다르게 판독되어 있다. D. Hägerman, ed., *Polyp. von St. Germain,* p. 52에는 '오트발다(Otbalda)'로 되어 있지만, B. Guérard, ed., *Polyp. d'Irminon*, p. 69에는 '오트발데라(Otbaldera)'로 되어 있으며 A. Longnon, ed., *Polyp. de St. Germain*, p. 88에는 '오트발담(Otbaldam)'으로 되어 있다.

[19] B. Guérard, ed., *Polyp. d'Irminon*, p. 69의 a번 각주와 A. Longnon, ed., *Polyp. de St. Germain*, p. 88의 각주 1번과 D. Hägerman, ed., *Polyp. von St. Germain,* p. 225 및 K. Elmshäuser & A. Konrad, *Studien zum Polyp. von St. Germain*, p. 68에 의하면, 필쿠세(Filcusae)는 빌라리스 장원 소재지로부터 북북서쪽 7km 거리에 있는 오늘날 이블린 도 생제르맹앙래 군 생제르맹앙래 캉통의 푸르쾌(Fourqueux)다.

[20] A. Longnon, ed., *Polyp. de St. Germain*, p. 89의 1번 각주와 D. Hägerman, ed., *Polyp. von St. Germain,* p. 52의 b번 각주에 의하면, 이 제83항은 이 영지명세장의 전체가 작성된 지 얼마 지나지 않은 9세기 중의 어느 시점에 작성되어 추가되었다.

[21] 여기서 '주'란 라틴어 원문의 'comitatus'를 번역한 말이다. comitatus는 카롤링시대에 주백(comes)이라는 지방관이 행정을 담당한 지방행정 구역이다.

[22] 핀키아켄시스 파구스(pagus Pinciacensis)는 오늘날 베르사유 북서쪽의 센 강변에 위치한 푸아시(Poissy) 시를 중심으로 한 지역에 해당한다. B. Guérard, *Prolegomènes*, pp. 78~80; A. Longnon, ed., *Polyp. de St. Germain*, p. 279의 각주 1번 및 D. Hägermann, ed. *Polyp. von St. Germain*, p. 227 참조. 오늘날 푸아시는 행정구역상으로는 일드프랑스 레지옹 이블린 도 생제르맹앙래 군 쉬(Chie) 캉통 내의 한 코뮌이다.

[23] B. Guérard, ed., *Polyp. d'Irminon*, p. 69의 b번 각주와 A. Longnon, ed., *Polyp.*

장원이 있다. 그리고 이 장원에는 1개의 영주직영지가 있으며, 이 직영지에는 영주의 교회, 쿨투라들, 초지들, 포도밭들, 1대의 물레방아 그리고 전술한 이 직영지에 딸린 모든 것과 함께 24개의 호스피키움이 부속되어 있다.

84. 전술한 바에 의하면 빌라리스 켈라 프라트룸에는[24] 매년 83솔리두스 2데나리우스의 군역세를 지불하고, 85md의 포도주로 된 돼지방목세를 (바치고), 1솔리두스의 돈과 28솔리두스 7데나리우스의 차지료와 17md의 포도주 및 3두의 암양을 (바치며), 셋째 해에 2,200개의 지붕널을 (바치는) (총) 50개의 자유인망스가[25] 있다.

(총) 5½개의 노예망스가 있다. 이들 망스는 10md의 포도주를 바친다. 이들 망스는 계란들과 함께 모두 합쳐 183마리의 닭을 바친다. 이들 망스는 보유지 양도세로[26] 10솔리두스를 바친다.

85.[27] **연로한 수도원장 알브리쿠스 시절에 이름이 잉가이고 귀족인 어떤 여자가 찾아와서는 매년 4데나리우스를 지불하기로 하고 생제르맹(수도원)에 투탁했다.**

---

de St. Germain, p. 89의 3번 각주에 의하면 마게돈(Magedon)은 세네우아즈 도 베르사유 군 푸아시 캉통의 메당(Médan)이다. D. Hägerman, ed., *Polyp. von St. Germain,* p. 226에 의하면 마겐돈은 오늘날 이블린 도 생제르맹앙래 캉통의 푸아시 캉통의 메당이다.

[24] 이 장의 각주 1번에서 이미 말한 바와 같이 빌라리스 켈라 프라트룸이란 빌라리스 장원을 가리킨다.

[25] 자유인망스의 총수가 A. Longnon, ed., *Polyp. de St. Germain*, p. 90에는 '51개(LI)'로 되어 있지만, B. Guérard, ed., *Polyp. d'Irminon*, p. 69와 D. Hägerman, ed., *Polyp. von St. Germain,* p. 52에는 '50개(L)'로 되어 있다.

[26] '보유지 양도세'란 라틴어 원문의 'forcapium'을 번역한 말이다. 이것은 농민보유지의 양도에 대한 허가를 받기 위해 영주에게 지불하는 부담이다. J. E. Niermeyer, *Mediae Latinitatis Lexicon Minus*, p. 441 참조.

[27] B. Guérard, ed., *Polyp. d'Irminon*, p. 69의 c번 각주와 A. Longnon, ed., *Polyp. de St. Germain*, p. 90의 1번 각주 및 D. Hägerman, ed., *Polyp. von St. Germain,* p. 52의 c번 각주에 의하면, 이 제85항에서 언급되는 알브리쿠스 수도원장의 임기는 990년에 끝난다. 이 때문에 헤게르만은 이 제85항은 10세기에 추가된 것으로 본다.

08 노비겐툼(장원의) 명세서

1. 노비겐툼에는[1] 저택과 여타 많은 부속건물들을 갖춘 영주직영지가 있다.

   여기에는 면적이 55bun이고 …md의 밀이 파종될 수 있는 3개 쿨투라의 경작지가 있다.

   여기에는 300md의 포도주가 채취될 수 있는 41½arp의 포도밭이 있다.

   여기에는 120수레의 건초가 채취될 수 있는 43arp의 초지가 있다.

   여기에는 어림잡아 그 둘레가 총 15마일로, 1,000마리의 돼지가 살찔 수 있는 임야가 있다.

   여기에는 사용료(수입)로 30md의 곡식이 생기는 1대의 물레방아가 있다.

2. 여기에는 정성들여 만든 모든 설비를 갖춘 1개의 교회가 있다. 이 교회에는 6bun의 곡물경작지와 1arp의 포도밭 및 2½arp의 초지로 구성된

---

[1] B. Guérard, *Prolégomènes*, p. 841 및 B. Guérard, ed., *Polyp. d'Irminon*, p. 70의 각주 a번과 A. Longnon, ed., *Polyp. de St. Germain*, p. 91의 각주 1번과 D. Hägermann, ed. *Polyp. von St. Germain*, p. 226 및 K. Elmshäuser & A. Konrad, *Studien zum Polyp. von St. Germain*, p. 74에 의하면, 노비겐툼(Novigentum)은 엔(Aisne) 도 샤토티에리(Châteaux-Thierry) 군 샤를리(Charly) 캉통 노장라르토(Nogent-l'Artaud)다. 이 장원은 파리의 수도원 소재지로부터 동쪽으로 75km 떨어진 마른 강변에 위치한다.

1개의 자유인망스가 배속되어 있다.

3. 콜로누스인 불파르두스와 자유인이고 이름이 에르모아라인 그의 아내는 이름들이 불프리쿠스, 알데베르가, 불필디스인 3명의 자식을 두고 있다. 그는 11bun의 곡물경작지와 2arp의 포도밭 및 3½arp의 초지로 구성된 1개의 자유인망스를 보유한다. 그는 군사용으로 10md의 포도주와 돼지방목세로 3md(의 포도주) 및 1솔리두스 가격의 돼지 1마리를 바친다. 그는 동곡파종을 위해서 6ptc, 하곡파종을 위해서 3ptc를 갈이질한다. 그는 지시받는 만큼 코르베와 나무베기 부역과 수송부역 및 손일을 (수행한다). 그는 3마리의 닭과 15개의 계란을 (바친다). 그는 지시받는 곳으로 포도주를 수송한다. 그는 100개의 지붕널을 (바친다). 그는 초지에서 1arp를 작업한다.

4. 생제르맹(수도원)의 속민들로서 반자유인인 베르툴푸스와 콜로누스이고 이름이 기소베르가인 그의 아내는 이름들이 아카르두스, 아게나르두스, 아기아인 3명의 자식을 두고 있다. 그는 3½bun의 곡물경작지와 2arp의 포도밭 및 3arp의 초지로 구성된 1½개의 자유인망스를 보유한다. 그는 (위와) 같이 (의무를) 이행한다.

5. 콜로누스인 힐데발두스와 자유인이고 이름이 트루틀린디스인 그의 아내는 이름들이 풀크라우스, 힐드라두스, 마우르신다인 3명의 자식을 두고 있다. 그는 5bun의 곡물경작지와 1½arp의 포도밭 및 5arp의 초지로 구성된 1개의 자유인망스를 보유한다. 그는 (위와) 같이 (의무를) 이행한다.

6. 생제르맹(수도원)의 속민들로서 콜로누스인 게룰푸스와 콜로누스이고 이름이 삭사인 그의 아내. 그는 2½bun의 곡물경작지와 1¼arp의 포도밭으로 구성된 1개의 자유인망스를 보유한다. 그는 동곡파종을 위해서 4ptc, 하곡파종을 위해서 2ptc를 갈이질한다. 나머지(의무)는 불프라두스처럼 이행한다.

7. 생제르맹(수도원)의 콜로누스인 고데하리우스는 이름들이 베르트라두스, 베를로인디스인 2명의 자식을 두고 있다. 그는 7bun의 곡물경작지

와 1arp의 포도밭 및 5arp의 초지로 구성된 1개의 자유인망스를 보유한다. 그는 (위와) 같이 (의무를) 이행한다.

8. 생제르맹(수도원)의 콜로누스인 기슬롤두스는 이름이 기슬린디스인 1명의 자식을 두고 있다. 그는 7bun의 곡물경작지와 1¼arp의 포도밭 및 7arp의[2] 초지로 구성된 1개의 자유인망스를 보유한다. 그는 (위와) 같이 (의무를) 이행한다.

9. 생제르맹(수도원)의 콜로누스인 풀코이누스는 3½bun의 곡물경작지와 1½arp의 포도밭 및 1arp의 초지로 구성된 1개의 자유인망스를 보유한다. 그는 (위와) 같이 (의무를) 이행한다.

10. 에를레프레두스와 콜로누스이고 이름이 그리밀디스인 그의 아내는 이름들이 빨트그림누스,[3] 에를로이스, 고이틀라인 3명의 자식을 두고 있다. 그는 1½bun의 곡물경작지와 1arp의 초지 및 ½arp의 포도밭으로 구성된 (1개의) 반쪽 자유인망스를 보유한다. 그는 돼지방목세로 1md의 포도주를 바친다. 나머지(의무)는 반쪽 망스와 같다.

11. 생제르맹(수도원)의 속민들로서 콜로누스인 기로이누스와 콜로누스이고 이름이 빨데가르디스인 그의 아내는 이름들이 게로아르두스, 기로이스, 게로일디스, 마달린디스, …인 5명의 자식을 두고 있다. 생제르맹(수도원)의 속민들로서 콜로누스인 불프리쿠스와 콜로누스이고 이름이 기슬로아라인[4] 그의 아내는 이름들이 로트마루스, 기슬로이누스

---

2 B. Guérard, ed., *Polyp. d'Irminon*, p. 71에는 '4arp(aripennos IIII)'로 판독되어 있지만, A. Longnon, ed., *Polyp. de St. Germain*, p. 92와 D. Hägermann, ed. *Polyp. von St. Germain*, p. 53에는 '7arp(aripennos VII)'로 판독되어 있다.

3 B. Guérard, ed., *Polyp. d'Irminon*, p. 71에는 '빨트그리누스(Waltgrinus)'라고 되어 있지만, A. Longnon, ed., *Polyp. de St. Germain*, p. 93과 D. Hägerman, ed. *Polyp. von St. Germain*, p. 54에는 '발트그림누스(Waltgrimnus)'로 되어 있다.

4 B. Guérard, ed., *Polyp. d'Irminon*, p. 71에는 '기슬레아라(Gisleara)'로 되어 있지만, A. Longnon, ed., *Polyp. de St. Germain*, p. 93과 D. Hägerman, ed. *Polyp. von St. Germain*, p. 54에는 '기슬로아라(Gisloara)'로 되어 있다.

인 2명의 자식을 두고 있다. 그들 두 명은 6bun의 곡물경작지와 1¼arp의 포도밭 및 4arp의 초지로 구성된 1개의 자유인망스를 보유한다. 그들은 (위와) 같이 (의무를) 이행한다.

12. 생제르맹(수도원)의 콜로누스인 훅볼두스는 어머니와 이름들이 기슬린디스, 기슬레드루디스인 2명의 형제가[5] 동거하고 있다. 그는 3bun의 곡물경작지와 1¼arp의 포도밭 및 2½arp의 초지로 구성된 1개의 자유인망스를 보유한다. 그는 (위와) 같이 (의무를) 이행한다.

13. 생제르맹(수도원)의 속민들로서 콜로누스인 피니투스와 콜로누스이고 이름이 힝크베르타인 그의 아내. 그는 3bun의 곡물경작지와 1¼arp의 포도밭 및 2½arp의 초지로 구성된 1개의 자유인망스를 보유한다. 그는 (위와) 같이 (의무를) 이행한다.

14. 생제르맹(수도원)의 속민들로서 콜로누스인 플로트기스와 콜로누스이고 이름이 고델가르디스인 그의 아내는 이름들이 오델기스, 테우트기스, 플로트시디스, 힐데가르디스인 4명의 자식을 두고 있다. 그는 4bun 1ant의 곡물경작지와 2arp의 포도밭 및 3arp의 초지로 구성된 1개의 자유인망스를 보유한다. 그는 (위와) 같이 (의무를) 이행한다.

15. 생제르맹(수도원)의 속민들로서 콜로누스인 로이틀루스와 콜로누스이고 이름이 아달베르가인 그의 아내는 이름들이 아우도이누스, 고도알두스, 사비아인 3명의 자식을 두고 있다. 그는 4bun의 곡물경작지와 2arp의 포도밭 및 1arp의 초지로 구성된 1개의 자유인망스를 보유한다. 그는 (위와) 같이 (의무를) 이행한다.

16. 생제르맹(수도원)의 속민들로서 콜로누스인 루트발두스와 콜로누스이고 이름이 비르타인 그의 아내는 이름들이 뷔트람누스, 푸스킬디스, 이스길디스인 3명의 자식을 두고 있다. 그는 10bun의 곡물경작지와 1arp의 포도밭 및 5arp의 초지로 구성된 1개의 자유인망스를 보유한다.

---

[5] 이름으로 봐서는 자매들임에도 불구하고 '형제들(fratres)'로 표기되어 있다.

그는 (위와) 같이 (의무를) 이행한다.

17. 생제르맹(수도원)의 콜로누스인 힐데깅구스는 이름이 아말가르디스인 어머니와 이름이 봔드레가리우스인 (1명의) 형제와 이름이 에브레가르디스인 (1명의) 누이가 동거하고 있다. 그는 6bun의 곡물경작지와 1arp의 포도밭 및 1½arp의 초지로 구성된 1개의 자유인망스를 보유한다. 그는 (위와) 같이 (의무를) 이행한다.

18. 생제르맹(수도원)의 속민들로서 콜로누스인 암브리쿠스와 반자유인이고 이름이 베린틸디스인 그의 아내. 생제르맹(수도원)의 속민들로서 콜로누스인 아말가우두스와 콜로누스이고 이름이 에르네시디스인 그의 아내. 그들 두 명은 5½bun의 곡물경작지와 1arp의 포도밭 및 3arp의 초지로 구성된 (1개의) 자유인망스를 보유한다. 그는[6] (위와) 같이 (의무를) 이행한다.

19. 생제르맹(수도원)의 속민들로서 콜로누스인 시게볼두스와 콜로누스이고 이름이 테우다시아인 그의 아내는 이름들이 시게브란두스, 에름브란두스, 드록텔린디스, 테우트힐디스,[7] 시게부르기스인 5명의 자식을 두고 있다. 그는 8bun의 곡물경작지와 2arp의 포도밭 및 2½arp의 초지로 구성된 1개의 자유인망스를 보유한다. 그는 (위와) 같이 (의무를) 이행한다.

20. 로트하리우스와 콜로누스이고 이름이 아말길디스인 그의 아내는 이름들이 로틀린디스, 라트힐디스, 아말가르디스, 스코필리우스, 빨트하리우스인 6명의[8] 자식을 두고 있다. 그는 5bun의 곡물경작지와 2arp의 포도밭 및 3arp의 초지로 구성된 1개의 자유인망스를 보유한다. 그는

---

[6] 원문대로임.

[7] B. Guérard, ed., *Polyp. d'Irminon*, p. 72에는 '테우트볼두스(Teutboldus)'로 되어 있지만, A. Longnon, ed., *Polyp. de St. Germain*, p. 94와 D. Hägermann, ed. *Polyp. von St. Germain*, p. 54에는 '테우트힐디스(Teuthildis)'로 되어 있다.

[8] 실제 기록된 자식 이름은 5명뿐이다.

(위와) 같이 (의무를) 이행한다.

21. 생제르맹(수도원)의 콜로누스인 테우돌두스는 5bun의 곡물경작지와 1½arp의 포도밭 및 2½arp의 초지로 구성된 1개의 자유인망스를 보유한다. 그는 (위와) 같이 (의무를) 이행한다.

22. 라트기스와 생제르맹(수도원)의 콜로누스인 그의 아내는 이름들이 에르메나리우스, 로트하두스인 3명의[9] 자식을 두고 있다. 그는 2½bun의 곡물경작지와 1arp의 포도밭 및 4arp의 초지로 구성된 1개의 자유인망스를 보유한다. 그는 (위와) 같이 (의무를) 이행한다.

23. 마름인 뷔네가리우스는 8bun의 곡물경작지와 1arp의 포도밭 및 3arp의 초지로 구성된 1개의 자유인망스를 보유한다. 그는 (위와) 같이 (의무를) 이행한다.

24. 생제르맹(수도원)의 콜로누스인 불페가우두스는 5½bun의 곡물경작지와 1¼arp의 포도밭 및 2½arp의 초지로 구성된 1개의 자유인망스를 보유한다. 그는 포도밭에서 2arp를 작업한다. 그는 1두의 거세된 숫양을 (바치고), 돼지방목세로 3md의 포도주를 (바친다). 그는 동곡파종을 위해서 4ptc, 하곡파종을 위해서 2ptc를 갈이질한다. 그는 지시받는 곳에서 코르베와 나무베기 부역과 수송부역 및 손일을 (수행한다). 그는 100개의 지붕널과 3마리의 닭 및 15개의 계란을 (바친다).

25. 생제르맹(수도원)의 콜로누스인 아이울푸스는 2½bun의 곡물경작지와 1arp의 포도밭 및 6arp의 초지로 구성된 1개의 자유인망스를 보유한다. 그는 (위와) 같이 (의무를) 이행한다.

26. 생제르맹(수도원)의 속민들로서 콜로누스인 에름길루스와 콜로누스이고 이름이 발데가르디스인 그의 아내는 이름이 에르메시디스인 1명의 자식을 두고 있다. 그는 2½bun의 곡물경작지와 1⅓arp의 포도밭 및

---

[9] 실제 기록된 자식 이름은 2명뿐이다.

5½arp의 초지로 구성된 1개의 자유인망스를 보유한다. 그는 (위와) 같이 (의무를) 이행한다.

27. 생제르맹(수도원)의 속민들로서 콜로누스인 고델사두스와 콜로누스이고 이름이 아겐트루디스인 그의 아내는 이름들이 라겐트루디스, 불페드루디스, 봘트힐디스인 3명의 자식을 두고 있다. 그는 2bun의 곡물경작지와 1arp의 포도밭 및 2arp의 초지로 구성된 1개의 자유인망스를 보유한다. 그는 (위와) 같이 (의무를) 이행한다.

28. 생제르맹(수도원)의 속민들로서 노예인 봐림베르트투스와 콜로누스이고 이름이 바를린디스인 그의 아내는 이름들이 봐를라이쿠스, 봐나리우스인 2명의 자식을 두고 있다. 그는 4½bun의[10] 곡물경작지와 1½arp의 포도밭 및 2arp의 초지로 구성된 1개의 노예망스를 보유한다. 그는 돼지방목세로 3md의 포도주와, 1두의 거세된 숫양을 바친다. 그는 포도밭에서 4arp를 작업한다. 그는 동곡파종을 위해서 3ptc, 하곡파종을 위해서 1ptc를 갈이질한다. 그는 지시받는 곳에서 손일과 수송부역과 코르베 및 나무베기 부역을 (수행한다). 그는 3마리의 닭, 15개의 계란, 100개의 지붕널 및 한 컵[11] 가득한 겨자를 (바친다).

29. 프레데가리우스와 생제르맹(수도원)의 콜로누스이고 이름이 안델린디스인 그의 아내는 이름이 프레데쿠스인 1명의 자식을 두고 있다. 그는 2bun의 곡물경작지와 1¼arp의 포도밭 및 1½arp의 초지로 구성된 1개의 노예망스를 보유한다. 그는 (위와) 같이 (의무를) 이행한다.

30. 생제르맹(수도원)의 콜로누스인 에르메람누스. 생제르맹(수도원)의 속

---

[10] 곡물경작지의 면적이 B. Guérard, ed., *Polyp. d'Irminon*, p. 73에는 '3½bun (bunuaria. III. et dimidium)'으로 되어 있지만, A Longnon, ed., *Polyp. de St. Germain*, p. 95와 D. Hägermann, ed., *Polyp. von St. Germain*, p. 55에는 '4½bun(bunuaria. III. et dimidium)'으로 되어 있다.

[11] 여기서 컵이라고 하는 것은 라틴어 원문의 'staupus'란 말을 번역한 것으로, B. Guérard, *Prolegomènes*, pp. 188, 197에 의하면 카롤루스 대제 시절과 생제르맹데프레 수도원의 수도원장 이르미노 시절의 1컵(staupus) = 0.82리터이다.

민들로서 콜로누스인 불피누스와 콜로누스이고 이름이 안스트루디스인 그의 아내는 이름이 안스볼디인 1명의 자식을 두고 있다. 그는[12] 5bun의 곡물경작지와 2arp의 포도밭 및 1½arp의 초지로 구성된 1개의 노예망스를 보유한다. 그는 (위와) 같이 (의무를) 이행한다.

31. 힐데보두스와 생제르맹(수도원)의 콜로누스이고 이름이 아로이스인 그의 아내는 이름들이 힐데스모두스, 아이로알두스, 힐데프레두스, 하이메리쿠스, 에브레아리우스인 5명의 자식을 두고 있다. 그는 5bun의 곡물경작지와 1¼arp의 포도밭 및 1arp의 초지로 구성된 1개의 노예망스를 보유한다. 그는 (위와) 같이 (의무를) 이행한다.

32. 에르캄베르투스와 생제르맹(수도원)의 콜로누스이고 이름이 아달린디스인 그의 아내는 이름들이 란트프레두스, 에르칼린디스, 에르멩가르디스, 잉갈베르투스인 4명의 자식을 두고 있다. 그는 3bun의 곡물경작지와 1¾arp의 포도밭 및 1½arp의 초지로 구성된 1개의 노예망스를 보유한다. 그는 (위와) 같이 (의무를) 이행한다.

33. 생제르맹(수도원)의 속민들로서 반자유인인 알라기수스와 콜로누스이고 이름이 라감부르기스인 그의 아내는 이름들이 라감베르투스, 아달기수스인 2명의 자식을 두고 있다. 그는 2½bun의 곡물경작지와 1arp의 포도밭 및 1½arp의 초지로 구성된 (1개의) 반쪽 노예망스를 보유한다.

34. 생제르맹(수도원)의 속민들로서 콜로누스인 고데베르투스와 콜로누스이고 이름이 라인틀린디스인 그의 아내는 이름이 라감베르투스인 1명의 자식을 두고 있다. 그는 5½[bun]의 곡물경작지와 ⅔arp의 포도밭 및 4⅔arp의 초지로 구성된 1개의 노예망스를 보유한다. 그는 (위와) 같이 (의무를) 이행한다.

35. 생제르맹(수도원)의 속민들로서 안세기스와 생제르맹(수도원)의 노예이고 (이름이) 기슬레베르가인 그의 아내는 (이름들이) 쿠스투이누스,

---

[12] 원문대로임.

군트프레두스, 가우스프레두스, 암브로시아인 4명의 자식을 두고 있다. 그는 2½bun의 곡물경작지와 2arp의 초지로 구성된 1개의 노예망스를 보유한다. 이로 인해 그는 … 작업한다. 그는 이로 인해 4데나리우스 가격의 거세된 숫양 1두를 바치고, 3마리의 닭 및 15개의 계란을 (바친다). 그는 동곡파종을 위해서 2ptc, 하곡파종을 위해서 1ptc를 갈이질한다.

36. 생제르맹(수도원)의 콜로누스인 프로바르두스는 2bun의 곡물경작지와 4arp의 초지로 구성된 1개의 노예망스를 보유한다. 그는 동곡파종을 위해서 2ptc, 하곡파종을 위해서 1ptc를 갈이질한다. 그는 3마리의 닭과 15개의 계란을 (바친다). 그는 매주 3일(의 부역노동)을 (수행한다).

37. 생제르맹(수도원)의 속민들로서 노예인 에우달두스와 콜로누스이고 이름이 란다인 그의 아내는 이름들이 힐데베르투스, 힐데브란두스, 란트프레두스, 가우디아인 4명의 자식을 두고 있다. 그는 2½bun의 곡물경작지와 ¾arp의 포도밭 및 2arp의 초지로 구성된 1개의 노예망스를 보유한다. 그는 이로 인해 1두의 거세된 숫양과 돼지방목세로 3md의 포도주를 바친다. 그는 동곡파종을 위해서 2ptc, 하곡파종을 위해서 1ptc를 갈이질한다. 그는 3마리의 닭과 15개의 계란을 (바친다). 그는 지시받는 곳에서 코르베와 나무베기 부역과 수송부역 및 손일을 (수행한다).

38. 생제르맹(수도원)의 콜로누스인 에를레발두스는 2bun의 곡물경작지와 ½arp의 포도밭 및 1arp의 초지로 구성된 (1개의) 반쪽 망스를 보유한다.

39. 베르노이스는 4데나리우스를 (지불하며), 딜레길디스도 같고, 그리마도 같고, 힐델릴디스도 같으며 아우트볼두스도 같다.

40. 불파르두스는 ½bun의 곡물경작지를 보유하고, 고달하리우스는 1bun, 플로트기스는 ½bun, 알라키스는 1bun, 힐데기누스는 1bun, 기슬롤두스는 ⅔bun, 에를레프레두스는 1½bun, 게로이누스는 1bun,[13] 불프리쿠스는 1bun, 식볼두스는 ⅓bun, 봐림베르투스는 (앞과) 같은 크기, 프로바르두스는 ⅔bun(의 곡물경작지)을 (보유한다).

41. 아들들을 거느린 헬비디스.

42. 전술한 바에 의하면 노비겐툼에는 (총) 24½개의 자유인망스가 있다. 이들 망스(보유자)는 군역세로 205md의 포도주, 돼지방목세로 74md의 포도주, 20½마리의 돼지, 4두의 거세된 숫양 및 계란들과 함께 74마리의 닭을 바친다.

(총) 10개의 노예망스가 있다. 이들 망스(보유자)는 돼지방목세로 21½md의 포도주, 8½두의 거세된 숫양, 650개의 지붕널 및 계란들과 함께 30마리의 닭을 바친다.

---

13 D. Hägermann, ed. *Polyp. von St. Germain*, p. 56에는 '1½bun(bunuarium .I. et dimidium)'으로 되어 있지만, B. Guérard, ed., *Polyp. d'Irminon*, p. 75와 A. Longnon, ed., *Polyp. de St. Germain*, p. 97에는 '1bun(bunuarium I)'으로 되어 있다. 여기서는 후자를 따랐다.

09 빌라밀트(장원의) 명세서[1]

1. 빌라밀트에는[2] 저택과 여타 많은 부속건물들을 갖춘 영주직영지가 있

---

1 고전장원제의 성립에 관한 유명한 학설을 제시한 논문인 A. Verhulst, "La genèse du régime domanial classique en France au haut Moyen Age", *Agriculture e mondo rurale in Occidente nell'alto medioevo*, XIII(1966)의 pp. 147~149에 의하면 고전장원제가 성립하기 위해서는 일반적으로 석회와 진흙 땅으로 된 프랑스 북부의 고원지대에서 광범위한 개간이 필요했지만, 생제르맹데프레 수도원영지의 빌라밀트 장원은 증여와 구입을 통해 취득된 토지의 통합과 재조직을 통해 형성되었다. 이 장원은 하나의 중심 촌락(villa)이 존재하지만, 이 중심 촌락에는 3km에서 37km까지 떨어져 있는 약 20개의 벽촌들이 딸려 있을 만큼 분산이 심하다. 고전장원제의 본고장인 파리 지역 바깥에 위치한 이 장원은 고전장원이 왜곡된 것으로, 이 영지명세장의 작성 당시에는 고전장원으로서의 형성이 완성되지 못했다고 한다. 한편 Duby는 파리 근처지역에 위치한 장원들과는 달리 빌라밀트 장원처럼 파리로부터 멀리 떨어져 있는 서쪽 지역에 위치한 장원들에서는 부역노동을 통한 영주직영지와 농민보유지들의 결합관계가 느슨하다고 한다. G. Duby, *L'économie rurale et la vie des campagnes dans l'Occident médiéval(France, Angleterre, Empire, IXe-XVe siècles). Essai de synthèse et perspectives de recherches*, 2 vols. (Paris: Aubier, 1962), pp. 120~121 참조.

2 B. Guérard, *Prolégomènes*, p. 844 및 B. Guérard, ed., *Polyp. d'Irminon*, p. 76의 a번 각주와 A. Longnon, ed., *Polyp. de St. Germain*, p. 98의 1번 각주와 D. Hägermann, ed. *Polyp. von St. Germain*, p. 228 및 K. Elmshäuser & A. Konrad, *Studien zum Polyp. von St. Germain*, p. 127에 의하면 빌라밀트(Villamilt)는 외레루아르 도 드뢰 군 노장르루아(Nogent-le-Roi) 캉통 빌르모쉬르외르(Villemeaux-sur-Eure) 마을이다. 이곳은 파리의 수도원 소재지로부터 서쪽으로 80여km 떨어져 있다.

다. 여기에는 총 3개의 부(副)마름 관할구역에[3] 걸쳐 면적이 446bun이고 1,500md의 밀이 파종될 수 있는 크고 작은 합계 21개의 쿨투라가 있다. 여기에는 68arp의 오래된 포도밭과 영주인 (수도원장) 이르미노가 식재한 17arp의 새 포도밭이 있으며, 이들 포도밭으로부터는 150md의 포도주가 채취될 수 있다. 여기에는 100수레의 건초가 채취될 수 있는 76arp의 초지가 있다. 여기에는 부마름 관할구역 모두를 합쳐 (면적이) 70bun이고 100마리의 돼지가 살찔 수 있는 떡갈나무 숲이 있으며, 영주 이르미노가 (돼지를) 방사(放飼)하도록 지시한 7bun의 새로운 숲이 있다.

2. 빌라밀트와 알니둠에는[4] 총 22대의 물레방아가 있다. 이들 물레방아

---

[3] '부마름 관할구역'이란 라틴어 원문의 'decania'란 말을 번역한 것이다. decania는 원래 'decanus'라는 장원관리인의 관할구역을 뜻한다. decanus는 영주를 대신한 우두머리 장원관리인인 마름(major)의 업무를 보좌하는 사람이다. 따라서 과거 우리나라의 하마름(下舍音)에 해당한다고 할 수 있다. 그러나 하마름이란 말은 오늘날 일반 사람들에게 익숙하지 않으므로, 차라리 부(副)마름이라고 하는 것이 나을 것이다. 그래서 이 번역에서는 decanus를 '부마름'으로, decania를 '부마름 관할구역'으로 번역하겠다. 생제르맹데프레 수도원의 현존 영지명세장에서 부마름은 이 제9장의 빌라밀트 장원 외에 제13장의 북시둠, 제14장의 테오닥시움, 제19장의 악만투스, 제21장의 만툴라, 제22장의 식카발리스, 제24장의 비스콩켈라 등 비교적 규모가 큰 편에 속하는 장원들에 존재한다. 부마름의 신분은 모두 콜로누스이며, 그들이 보유한 농민보유지는 대체로 다른 장원농민들의 보유지보다 크다. 그들은 그들이 수행하는 특별한 직무 때문에 일반 농민보유지 보유자들이 수행하는 부역을 면제받고 그 대신에 말의 사육과 같은 특별한 임무를 수행한다. 제9장의 빌라밀트 장원의 경우에는 부마름 관할구역이 각각 17곳과 15곳 및 10곳을 포괄하는 3개가 존재한다. 그러나 8곳의 토지는 이와 같은 부마름 관할구역에 편입되어 있지 않다. 이 장원에서 부마름은 다시 'decanus junior'라고 불린 보조인을 거느리고 있다. 그래서 여기서는 decanus junior는 '부마름 보조인'이라고 번역하겠다. decanus에 관해서는 B. Guérard, *Prolégomènes*, pp. 461~465를, decania에 관해서는 J. E. Niermeyer, *Mediae Latinitatis Lexicon Minus*, p. 304 참조.

[4] B. Guérard, ed., *Polyp. d'Irminon*, p. 76의 b번과 A. Longnon, ed., *Polyp. de St. Germain*, p. 98의 2번 각주와 D. Hägermann, ed. *Polyp. von St. Germain*, p. 223 및 K. Elmshäuser & A. Konrad, *Studien zum Polyp. von St. Germain*, p. 117에 의하면, 알니둠(Alnidum)은 외레루아르 도 드뢰 군 드뢰 캉통의 오내수크레시(Aunay-sous-Crécy)이며, 빌라밀트 서쪽 12km쯤의 거리에 있다.

(임차인)는 사용료로 합계 1,490(md)의 알곡,[5] 177md의 맥아(麥芽), 16솔리두스의 돈, 12마리의 살찐 돼지, 36마리의 암평아리 및 600개의 계란을 바친다. 그리고 각각의 물레방아(임차인)는 그들이 바치는 살찐 돼지들과 더불어 2데나리우스를 지불한다. 그리고 빌라밀트에서 이들 물레방아를 관리하는 자들은 강물에서 잡을 수 있는 경우에는 각자 100마리의 뱀장어를 바치며, 그 합계 수는 900마리가 된다. 그러나 뱀장어를 잡을 수 없는 경우에는 바치지 않는다.

3. 여기에는 영주 이르미노가 제작했으나 지금까지도 사용료가 징수되지 않고 있는 4대의 물레방아가 있다.

4. 여기에는 성 마우리티우스를 기리기 위한 잘 지어진 교회가 (하나) 있다. 이 교회에는 24bun의 영주 경작지와 1arp의 포도밭과 4arp의 초지 및 1bun의 방목지가 배속되어 있다.

이 교회에는 6개의 망스가 배속되어 있지만, (이들 망스의) 보유세대수는 16세대다. (이들 망스의) 합계면적은 경작지가 74bun, 초지가 1arp, 방목지가 1bun이다. 이들 망스는 군사용으로 12솔리두스의 돈, 6솔리두스의 인두세, 35md의 스펠트밀, 계란들과 함께 54마리의 닭, 700개의 산자(橵子)널[6] 및 700개의 지붕널을 바친다.

여기에는 음식이 제공되는 경우에 교회에 매주 1일(의 부역노동)을 수행하는 13명의 거류외인들이 있다.

5. 여기에는 성모 마리아를 기리기 위한 잘 지어진 또 하나의 교회가 있으며, 이 교회는 앞에 말한 교회에 부속되어 있다. 이 교회에는 4bun의

---

[5] 여기서 '알곡'이라 함은 라틴어 원문의 'viva annona'란 말을 번역한 것이다. 이 말은 생곡식이란 뜻으로, 제분되지 않았음은 물론 겉껍질도 벗겨지지 않은 상태의 곡물을 가리키는 것으로 이해된다. 이 말의 정확한 뜻을 파악하기가 어려워 때로 빻지 않은 곡식 내지 밀로 이해되기도 하고, 빵의 원료가 되는 밀이나 호밀과 같은 곡식으로 이해되기도 한다. K. Elmshäuser & A. Konrad, *Studien zum Polyp. von St. Germain*, p. 184의 각주 134번 참조.

[6] '산자널'이란 라틴어 원문의 'axiculus'를 번역한 말이다. 지붕의 서까래 위나 고미 위에 흙을 받쳐 기와나 이엉을 이는 데 사용되는 널빤지를 뜻한다.

곡물경작지, 1arp의 초지, 1bun의 임야 및 두 명의 노예가 배속되어 있다.

6. 비돌리둠에는[7] 잘 지어진 교회가 (하나) 있다. 이 교회에는 6명의 거류외인이 배속되어 있다. 이 교회의 사제와 이들 거류외인의 토지를 합쳐 모두 20bun의 곡물경작지와 3bun의 방목지가 있다. 이들은 모두 합쳐 16데나리우스의 군역세와 2솔리두스의 인두세, 2데나리우스의 수확부역 면제세,[8] 20sest의 스펠트밀, 계란들과 함께 15마리의 닭을 바친다. 이들은 매주 1일(의 부역노동)을 수행하고, 곡식수확기에는 2(일의 부역노동)를 수행한다. 이들은 ½개의 이랑을[9] 갈이질한다.

7. 기소니 빌라에는[10] 잘 지어진 교회가 (하나) 있다. 이 교회에는 12bun의

---

7 A. Longnon, ed., *Polyp. de St. Germain*, p. 100의 1번 각주와 D. Hägermann, ed. *Polyp. von St. Germain*, p. 223 및 K. Elmshäuser & A. Konrad, *Studien zum Polyp. von St. Germain*, p. 118에 의하면, 비돌리둠(Bidolidum)은 외레루아르 도 드뢰군 노장르루아 캉통에 있는 불래티에리(Boullay-Thierry)다. 이곳은 장원의 주 소재지인 빌라밀트로부터 남서쪽 약 4km 지점에 위치한다. 이에 비해 B. Guérard, ed., *Polyp. d'Irminon*, p. 77의 a번 각주에서는 빌라밀트 남쪽 인근에 비돌리둠의 오늘날 지명에 해당하는 'Boulay'라는 말로 된 지명이 'Boulay-les-deux-Églises', 'Boulay-Mivoye', 'Boulay-Thierry' 등 3개가 있다고 할 뿐이다.

8 '수확부역 면제세'란 라틴어 원문의 'augustaticus'를 번역한 말이다. augustaticus는 곡식을 수확하는 부역노동이나 이런 부역노동을 면제 받는 대신 영주에게 지불하는 금전적 부담을 지칭한다.

9 여기서 '이랑''이란 라틴어 원전의 'riga'를 번역한 말이다. 이랑 단위의 갈이질 부역이란 물론 밭갈이되어야 할 영주직영지의 크기를 이랑 단위로 배정받아 수행되는 것이므로, 일정 기간을 단위로 하여 부과되는 정기부역과는 다른 정적부역의 일종이라고 할 수 있다. P. de Saint-Jacob은 그의 논문 "Recherches sur la structure terrienne de la seigneurie", *Géographie et Histoire agraires*, *Annales de l'Est*, Memoire n° 21 (Nancy, 1959), p. 428에서 riga는 영주 저택의 근처에 있는 삼밭이나 포도밭 또는 정원과 같은 특별히 많이 가꿔야 하는 아주 작은 크기의 토지에서 '아마도 쟁기보다는 삽으로' 수행되는 부역일 가능성이 있다고 한다.

10 B. Guérard, ed., *Polyp. d'Irminon*, p. 77의 b번 각주와 A. Longnon, ed., *Polyp. de St. Germain*, p. 100의 2번 각주와 D. Hägermann, ed. *Polyp. von St. Germain*, p. 225 및 K. Elmshäuser & A. Konrad, *Studien zum Polyp. von St. Germain*, pp. 121~122에 의하면, 기소니 빌라(Gisoni Villa)는 외레루아르 도 드뢰 군 샤토뇌프

곡물경작지가 배속되어 있다.

8. 마름이고 콜로누스인 불프람누스와 콜로누스이고 이름이 레우트가르디스인 그의 아내. 고데베르투스, 마우론투스, 굴프람누스, 오산나, 엘리산나, 고달신디스는 그의[11] 자식들이다. 그는 테오둘피 빌라에[12] 거주한다. 그는 36bun의 곡물경작지로 된 2개의 자유인망스를 보유한다. 그는 이로 인해 부역노동을 감독하고 (1필의) 말을 (예물로) 바치며, 다른 또 하나의 말을 기르고, 성탄절에 큰 돼지 2마리와 작은 돼지 2마리로 구성된 4마리의 돼지와 1두의 암소를 바친다.

9. 콜로누스인 이보리우스와 콜로누스이고 이름이 에르미나인 그의 아내. 에르멩가르디스, 프루다, 아달부르기스는 그들의 자식들이다. 그리고 콜로누스인 프로다쿠스와 콜로누스이고 이름이 아이틀라인 그의 아내. 레우트가르디스, 프로트부르기스는 그들의 자식들이다. 그리고 프로도아르두스와 콜로누스이고 이름이 에르베딜디스인 그의 아내. 아도아르두스,[13] 힐도아르두스, 에르보아르두스, 악베르가는 그들의 자식들이다. 그들 모두는 생제르맹(수도원)의 속민들이며, 빌라밀트에 거주한다. 그들은 11bun의 곡물경작지와 ½arp의 포도밭으로 구성된 1개의 자유인망스를 보유한다. 그들은 능력이 되는 경우에는 군사용으로 ½두

앙티므레(Châteauxneuf-en-Thymerais) 캉통의 지롱빌레뇌빌(Gironville-et-Neuville)이다. 이곳은 이 장원의 주 소재지인 빌라밀트 남서쪽 약 8km 지점에 위치한다.

11 원문대로임.

12 테오둘피 빌라(Teodulfi Villa) 또는 테우둘피 빌라(Teudulfi Villa)에 대해 B. Guérard, ed., *Polyp. d'Irminon*, p. 77의 c번 각주에서는 빌라밀트 남쪽 38km 거리의 퇴빌(Theuville)이라고 하지만, A. Longnon, ed., *Polyp. de St. Germain*, p. 100의 3번 각주에서는 세네우아즈 도 망트 군 우당 캉통의 티옹빌쉬르옵통(Thionville-sur-Opton)이라고 한다. D. Hägermann, ed. *Polyp. von St. Germain*, p. 227과 K. Elmshäuser & A. Konrad, *Studien zum Polyp. von St. Germain*, p. 126에서는 이의 위치가 미상으로 되어 있다.

13 이름이 B. Guérard, ed., *Polyp. d'Irminon*, p. 77에서는 '아데아르두스(Adeardus)'로 되어 있지만, A. Longnon, ed., *Polyp. de St. Germain*, p. 101과 D. Hägermann, ed. *Polyp. von St. Germain*, p. 58에는 '아도아르두스(Adoardus)'로 되어 있다.

의 황소를 바치지만, ½두의 황소를 바칠 능력이 되지 않는 경우에는 4두의 거세된 숫양을 바친다. 그리고 각자는 4데나리우스의 인두세를 (지불한다). 그들은 모두 합해서 4데나리우스의 나무채취료와 말의 사료용으로 5md의 스펠트밀을 (바친다). 그들은 임야가 제공되지 않는 경우에는 100개의 산자널을 바치지만, 임야가 제공되는 경우에는 200개의 산자널을 바친다. 그리고 이 망스를 보유한 자들은 이 산자널들을 영주의 뜰로 운반하되, 산자널의 절반은 영주직영지에 남겨두고, 다른 절반은 2개 망스씩 힘을 합쳐 (생제르맹) 수도원으로 운반한다. 그리고 그들은 모두 합해서 100개의 지붕널을 바치되, 영주의 임야에서 마련하지 않고 스스로 구입해서 바친다. 그들은 계란들과 함께 6마리의 닭을 (바친다). 그리고 그들은 셋째 해에 1년생 작은 양을 바친다. 그들은 동곡파종을 위해서 4ptc, 하곡파종을 위해서 2ptc를 갈이질한다. 그들은 필요한 만큼 코르베를 수행하고, 갈이질을 하지 않을 때는 3일(의 부역노동)을 수행하며, 손일을 (수행한다). 그리고 그들은 지시가 떨어지면, 매년 3개의 부마름 관할구역 모두의 협력 속에 1수레의 수송부역을 수행한다.[14]

10. 생제르맹(수도원)의 속민들로서 콜로누스인 봐눌푸스와 콜로누스인 뷔네기수스. 그들 두 명은 빌라밀트에 거주한다. 그들은 12bun의 곡물경작지와 1arp의 포도밭으로 구성된 1개의 자유인망스를 보유한다. 그

[14] 라틴어 원문에서 이 부분은 “Et faciunt omni anno inter totas tres decanias carrum I ad wichariscam, si eis injungitur.”라고 기록되어 있다. 이 문장이 기본적으로 뜻하는 바는 구체적인 수송부역의 이행이지만, 그 가운데 ‘wicharisca’란 말이 무엇인지는 명확하지 않다. B. Guérard, *Prolégomènes*, pp. 780~790, 851에서는 이것을 카롤링시대에 유명한 항구였던 파드칼레 도 불로네(Boulonnais) 소재 ‘콩토빅(Quantovic)까지의 수송부역’으로 본다. 이에 비해 J. E. Niermeyer, *Mediae Latinitatis Lexicon Minus*, p. 1134에서는 수송부역의 일종이되 아마도 ‘잠두 속(屬) 살갈퀴의 수송’일 것이라고 추측되고 있다. 그러나 최근 엘름스호이저와 콘라트(K. Elmshäuser & A. Konrad)는 그들의 저서 *Studien zum Polyp. von St. Germain*, pp. 86~88에서 이들의 주장을 비판하고 wicharisca는 영주직영지의 숲이나 그 주변지역과 같은 좁은 공간 내에서의 수송부역이라고 한다.

들은 (위와) 같이 (의무를) 수행한다.

11. 생제르맹(수도원)의 여자콜로누스인 아달릴디스. 락베르투스, 잉갈베르투스는 그녀의 자식들이다. 그리고 보누스. 그리고 생제르맹(수도원)의 속민들로서 콜로누스인 봐림프리두스와 콜로누스이고 이름이 뷔네가르디스인 그의 아내. 그들 세 명은 빌라밀트에 거주한다. 그들은 10bun의 곡물경작지와 2arp의 초지 및 ¼arp의 포도밭으로 구성된 1개의 망스를 보유한다. 그들은 (위와) 같이 (의무를) 이행한다.

12. 콜로누스인 알라쿠스와 콜로누스이고 이름이 겡군디스인 그의 아내. 오스트레발두스, 살라쿠스, 블라트프리두스, 아마쿠스, 데도이쿠스는 그들의 자식들이다. 그리고 콜로누스인 뷔네가우두스. 오스트레볼두스, 그리마, 뷔네부르기스, 오스트레볼다, 아달그리마는 그의 자식들이다. 그리고 콜로누스인 게로아르두스와 콜로누스이고 이름이 아달트루디스인 그의 아내. 게라르두스, 에르몰두스, 게를라우는 그들의 자식들이다. 그들 세 명은 빌라밀트에 거주한다. 그들은 9bun의 곡물경작지와 1arp의 초지로 구성된 1개의 망스를 보유한다. 그들은 (위와) 같이 (의무를) 이행한다.

13. 외지인인[15] 몬트람누스와 콜로누스이고 이름이 에르메나우라인 그의

15 여기의 '외지인'이란 라틴어 원문의 'extraneus'를 번역한 말이다. extraneus는 원래 살던 곳을 떠나 타지에서 거주하는 외지인이라는 뜻이다. 뒤에서 보게 되는 'advena' 역시 원래의 출생지나 거주지를 떠나 타지에 거주하는 외지인이다. K. Elmshäuser & A. Konrad, *Studien zum Polyp. von St. Germain*, p. 277에 따르면 이들 외지인은 특수한 중간 신분을 형성하여 이 영지명세장에서 '생제르맹 수도원의 속민(homines sancti Germani)'으로 기재되지 않으며 외지인여성의 자녀들 역시 기재되지 않는다. 그렇지만 extraneus는 외지인 내지 외부인이라는 지위가 영속적으로 지속된다는 뜻이 강한 데 비해, advena는 외지 출신이기는 하나 외지인이라기보다는 다른 데서 태어나서 새로이 이주해 온 사람이라는 뜻이 강하다. 그리고 전자는 거주지의 영주에 대한 예속성이 강하여 보통 노예 신분이었던 데 비해, 후자는 일반적으로 자유인이었다. M. Bloch, "The Rise of Dependant Cultivation and Seigneurial Institutions", M. M. Postan, ed., *The Cambridge Economic History of Europe* (Cambridge: Cambridge Univ. Press, 1971), vol. I, p. 27 및 B. Guérard,

아내. 에르메나리우스, 에르메눌푸스, 에르메닐디스, 에르멩가르디스는 그들의 자식들이다. 그리고 콜로누스인 아달기수스와 콜로누스이고 이름이 라인틸디스인 그의 아내. 아달라르두스는 그들의 아들이다. 그리고 콜로누스인 란돌두스와 콜로누스이고 이름이 레우트루디스인 그의 아내. 가우스발두스, 레우토, 기슬레발두스는 그들의 자식들이다. 그들 세 명은 빌라밀트에 거주한다. 그들은 12½bun의 곡물경작지와 ½arp의 포도밭 및 ⅙arp의 초지로 구성된 1개의 망스를 보유한다. 그들은 (위와) 같이 (의무를) 이행한다.

14. 콜로누스인 게루르푸스와 콜로누스이고 이름이 가말트루디스인 그의 아내. 그리고 콜로누스인 아드레가우두스와 콜로누스이고 이름이 안세군디스인 그의 아내. 아드레군디스, 에르멩가르디스는 그들의 자식들이다. 그들 두 명은 빌라밀트에 거주한다. 그들은 13½bun의 곡물경작지와 ½arp의 초지로 구성된 1개의 자유인망스를 보유한다. 그들은 (위와) 같이 (의무를) 이행한다.

15. 콜로누스인 아클루이누스. 아클레아르두스, 가말베르투스, 도데닐디스, 아클레도니아, 다귀누스, 발드람누스는 그의 자식들이다. 그리고 콜로누스인 아말가우두스와 콜로누스이고 이름이 아가나인 그의 아내. 아가누스, 가말볼두스, 아말길디스, 아클레일디스, 아말기스는 그들의 자식들이다. 그리고 기슬레볼두스와 콜로누스이고 이름이 엘리산나이며 로트카리우스(보유)의 은대지 출신인 그의 아내. 잉갈가리우스, 잉갈하르두스, 베르네아르두스, 안스테우스, 락베르가, 요한나는 그들의 자식들이다. 그리고 콜로누스인 안세데우스. 그들 네 명은 빌라밀트에 거주한다. 그들은 12bun의 곡물경작지로 된 1개의 자유인망스를 보유한다. 그들은 (위와) 같이 (의무를) 이행한다.

16. 콜로누스인 아클루이누스와 콜로누스이고 프리기아쿠스(보유)의 은대

Prolégomèness, pp. 426~427 참조. 이와 같은 뜻의 차이를 감안하여 이 번역에서는 같은 외지인이라도 extraneus는 외지인으로, advena는 신이주민(新移住民)으로 번역하도록 하겠다.

지 출신이며 이름이 테우틀릴디스인 그의 아내. 게르마누스, 에르부이누스, 에르보나, 아클레트루디스는 그들의 자식들이다. 그리고 반자유인인 악발두스와 콜로누스이고 이름이 울베르타인 그의 아내. 테우트발두스, 알드라다, 아이트베르가는 그들의 자식들이다. 그들 두 명은 빌라밀트에 거주한다. 그들은 10bun의 곡물경작지와 ¼arp의 포도밭 및 같은 크기의 초지로 구성된 1개의 망스를 보유한다. 그들은 (위와) 같이 (의무를) 이행한다.

17. 반자유인인 게르하우스와 콜로누스이고 이름이 마달힐디스인 그의 아내. 아달라르두스, 게라르두스, 게르하르두스, 게를라우스는 그들의 자식들이다. 그리고 콜로누스인 봔드레마루스. 에르캄발두스, 봘트힐디스, 봘데드루디스는 그의 자식들이다. 그리고 콜로누스인 에르부이누스와 콜로누스이고 이름이 엘리사베트인 그의 아내. 아르뷔스, 게르메나리우스, 이센트루디스, 엘리사비리스는[16] 그들의 자식들이다. 그들 세 명은 빌라밀트에 거주한다. 그들은 11½bun의 곡물경작지로 된 1개의 망스를 보유한다. 그들은 (위와) 같이 (의무를) 이행한다.

18. 여자콜로누스인 에르캄발다. 에르캄베르투스, 아르캄볼두스, 뷜트루디스는 그녀의 자식들이다. 그리고 여자콜로누스인 힐가드루디스. 힐가르누스, 군틀린디스는 그녀의 자식들이다. 그리고 여자콜로누스인 마리나. 힐데가르디스는 그녀의 딸이다. 그리고 콜로누스인 에르멩가르디스와[17] 콜로누스이고 이름이 마리아인 그의 아내. 마르타, 에르메닐디스는 그들의 자식들이다. 그들 모두는 빌라밀트에 거주한다. 그들은 16bun의 곡물경작지와 ½arp의 초지로 구성된 1개의 자유인망스를 보유한다. 그들은 (위와) 같이 (의무를) 이행한다.

---

[16] 이름이 B. Guérard, ed., *Polyp. d'Irminon*, p. 79에서는 '엘리사, 비리스(Elisa, Biris)'라고 하여 두 사람의 이름처럼 띄어져 있으나, A. Longnon, ed., *Polyp. de St. Germain*, p. 103과 D. Hägermann, ed. *Polyp. von St. Germain*, p. 59에는 '엘리사비리스(Elisabiris)'라고 하여 하나의 이름으로 되어 있다.

[17] 이름은 여성형임에도 불구하고 신분은 남자콜로누스로 되어 있다.

19. 알라리쿠스와 콜로누스이고 이름이 디도힐디스인 그의 아내. 아게눌푸스, 아달리쿠스, 디도이누스, 아달라르두스, 베틀라, 베르타는 그들의 자식들이다. 그리고 디도이누스와 콜로누스이고 이름이 라트부르기스인 그의 아내. 데도아르두스, 아달리두스는 그의[18] 자식들이다. 그들 두 명은 빌라밀트에 거주한다. 그들은 12bun의 곡물경작지와 ½arp의 초지로 구성된 1개의 자유인망스를 보유한다. 그들은 (위와) 같이 (의무를) 이행한다.

20. 콜로누스인 파루이누스와 콜로누스이고 이름이 에르메닐디스인 그의 아내. 에르멘테우스, 하분두스, 시게데우스는 그들의 자식들이다. 그리고 콜로누스인 겐드라두스와 콜로누스이고 이름이 힐데부르기스인 그의 아내. 힐데가리우스, 봘트카리우스, 안스테우스, 비네프리두스, 아달신디스는 그들의 자식들이다. 그들 두 명은 빌라밀트에 거주한다. 그들은 10bun의 곡물경작지와 ½arp의 초지로 구성된 1개의 자유인망스를 보유한다. 그들은 (위와) 같이 (의무를) 이행한다.

21. 콜로누스인 에르베마루스와 생제르맹(수도원)의 콜로누스이고 칼라우[19] 출신이며 이름이 아이르볼다인 그의 아내. 고트만누스, 나탈리스, 아달프리다는 그들의 자식들이다. 그리고 콜로누스인 힐데가리우스. 그리고 콜로누스인 레울푸스와 콜로누스이고 이름이 에르멩베르가인 그의 아내. 안세길디스, 아우트카리우스, 아우트베르투스, 오스트레아리우스는 그들의 자식들이다. 그리고 여자콜로누스인 아그리스마. 아그람누스, 잉가는 그녀의 자식들이다. 그리고 여자콜로누스인 유딩가. 유트카리우스, 유델힐디스, 룸파는 그녀의 자식들이다. 그들 모두는 빌

---

[18] 원문대로임.

[19] B. Guérard, ed., *Polyp. d'Irminon*, p. 79의 a번 각주와 A. Longnon, ed., *Polyp. de St. Germain*, p. 103의 1번 각주와 D. Hägermann, ed. *Polyp. von St. Germain*, p. 224 및 K. Elmshäuser & A. Konrad, *Studien zum Polyp. von St. Germain*, p. 119에 의하면, 칼라우(Calau)는 세네우아즈 도 에탕프(Étampes) 군(오늘날에는 에손 도 랑부예 군) 메레빌(Méréville) 캉통의 샬루생마르스(Chalou-Saint-Mars) 마을에 해당한다.

라밀트에 거주한다. 그들은 10½bun의 곡물경작지로 된 1개의 자유인 망스를 보유한다. 그들은 (위와) 같이 (의무를) 이행한다.

22. 외지인인 프루트가우두스. 아드레가우두스, 프루틀린디스는 그의 자식들이다. 그리고 콜로누스인 풀카드람누스와 콜로누스이고 이름이 오델린디스인 그의 아내. 풀크라우스, 풀카리우스는 그들의 자식들이다. 그리고 콜로누스인 블리드리쿠스. 그들 모두는 빌라밀트에 거주한다. 그들은 14bun의 곡물경작지와 ½arp의 초지로 구성된 1개의 자유인망스를 보유한다. 그들은 (위와) 같이 (의무를) 이행한다.

23. 콜로누스인 에르메나리우스와 콜로누스이고 이름이 빨라기스인 그의 아내. 빨트하두스, 에르말두스, 아달문두스, 오스트레발두스는 그들의 자식들이다. 그는 빌라밀트에 거주한다. 그는 12bun의 곡물경작지와 ½arp의 초지로 구성된 1개의 망스를 보유한다. 그는 (위와) 같이 (의무를) 이행한다.

24. 콜로누스인 이둘푸스와 콜로누스이고 이름이 아틀레베르타인 그의 아내. 이트가우두스, 오스트루르푸스는 그들의 자식들이다. 그리고 콜로누스인 빨데가우두스와 콜로누스이고 이름이 클레멘타인 그의 아내. 아달라리우스, 스타디아는 그들의 자식들이다. 그리고 콜로누스인 힐도아르두스와 콜로누스이고 이름이 빨도힐디스인 그의 아내. 힐데가우두스, 힐데가르디스, 힐두이스, 아달힐디스는 그들의 자식들이다. 그들 모두는 빌라밀트에 거주한다. 그들은 12bun의 곡물경작지와 ½arp의 포도밭으로 구성된 1개의 망스를 보유한다. 그들은 (위와) 같이 (의무를) 이행한다.

25. 콜로누스인 에름발두스. 그리고 반자유인인 에르메날두스와 반자유인이고 이름이 아다인 그의 아내. 아달라르두스, 게르발두스, 에르메닐디스는 그들의 자식들이다. 그리고 콜로누스인 프루트베르투스와 콜로누스이고 이름이 울베르타인 그의 아내. 울베르가, 돔레베르가, 프로트카리우스, 프루돌두스, 프로트베르투스는 그들의 자식들이다. 그들 세 명은 반자유인인 어머니에게서 태어난 까닭에 반자유인들이다. 그들 두

명은 빌라밀트에 거주한다. 그들은 9bun의 곡물경작지와 ½arp의 초지로 구성된 1개의 자유인망스를 보유한다. 그들은 (위와) 같이 (의무를) 이행한다.

26. 여자콜로누스인 오스트레볼다. 아달기수스는 그녀의 아들이다. 그리고 콜로누스인 에오둘푸스와 콜로누스이고 이름이 아다인 그의 아내. 아드레발두스, 아우트루디스, 에우트하리우스, 에오델릴디스는 그들의 자식들이다. 그리고 콜로누스인 에오달볼두스와 콜로누스이고 이름이 빌라인 그의 아내. 그리고 콜로누스인 사이스베르투스와 노예이고 이름이 힐드라다인 그의 아내. 그들 모두는 빌라밀트에 거주한다. 그들은 13bun의 곡물경작지로 된 1개의 자유인망스를 보유한다. 그들은 (위와) 같이 (의무를) 이행한다.

플로길빌라[20] 소속

27. 콜로누스인 아드레하리우스와 콜로누스이고 이름이 아다인 그의 아내. 아달테우스, 아드레힐디스, 아드레군디스는 그들의 자식들이다. 그리고 콜로누스인 안데가우두스와 콜로누스이고 이름이 봘드라다인 그의 아내. 게로빌디스, 삭사는 그들의 자식들이다. 그들 두 명은 플로길리빌라에 거주한다. 그들은 12bun의 곡물경작지와 1arp의 초지 및 1bun의 임야로 구성된 1개의 자유인망스를 보유한다. 그들은 (위와) 같이 (의무를) 이행한다.

28. 콜로누스인 게르볼두스와 레메구스(보유)의 은대지 출신 콜로누스이며 이름이 울피나인 그의 아내. 그리고 콜로누스인 단두스. 그리고 콜

---

[20] B. Guérard, ed., *Polyp. d'Irminon*, p. 80의 a번 각주에 의하면 플로길빌라(Flogilvilla) 또는 플로길리빌라(Flogilivilla)는 빌라밀트 남쪽 38km 거리에 위치한 외레루아르 도 드뢰 군 브레졸(Brézolles) 캉통의 플로빌(Floville) 마을에 해당한다. 그러나 A. Longnon, ed., *Polyp. de St. Germain*, p. 105의 각주 1번에서는 이를 부정하면서도 이곳의 확실한 위치를 밝히지 못한다. D. Hägermann, ed. *Polyp. von St. Germain*, p. 225와 K. Elmshäuser & A. Konrad, *Studien zum Polyp. von St. Germain*, p. 121에서도 이곳의 위치는 불명으로 되어 있다.

로누스인 아달볼두스. 그리고 콜로누스인 뵐트하리우스와 콜로누스이고 이름이 뷔네부르기스인 그의 아내. 뷔네가우두스, 유트라두스, 뷔네볼두스, 아달군디스는 그들의 자식들이다. 그리고 여자콜로누스인 아바. 에브레하르두스, …는 그녀의 자식들이다. 그들 모두는 플로길빌라에 거주한다. 그들은 12bun의 곡물경작지와 1arp의 포도밭과 같은 크기의 초지 및 1bun의 방목지로 구성된 1개의 자유인망스를 보유한다. 그들은 (위와) 같이 (의무를) 이행한다.

레벤폰타나[21] 소속

29. 콜로누스인 뵐트하리우스와 콜로누스이고 이름이 이셈베르가인 그의 아내. 그리고 콜로누스인 아달리쿠스. 그리고 테오도(보유)의 은대지 출신 콜로누스인 에르부이누스와 콜로누스이고 이름이 기슬레드루디스인 그의 아내. 그림발두스, 에르보나, 기슬레베르가, 아클레볼다는 그들의 자식들이다. 그들 모두는 레바나 폰타나에 거주한다. 그들은 17bun의 곡물경작지와 2bun의 방목지로 구성된 1개의 자유인망스를 보유한다. 그들은 (위와) 같이 (의무를) 이행한다.

30. 콜로누스인 아달베르투스와 콜로누스이고 이름이 라이니스마인 그의 아내. 라이나르두스, 에르무이누스, 라게닐디스는 그들의 자식들이다. 그리고 콜로누스인 알달두스와 콜로누스이고 이름이 뷔도힐디스인 그의 아내. 알도아르두스, 알도일디스는 그들의 자식들이다. 그들 두 명은 레벤폰타나에 거주한다. 그들은 12bun의 곡물경작지와 ½arp의 초지 및 같은 크기의 임야로 구성된 1개의 자유인망스를 보유한다. 그들은

---

[21] 레벤폰타나(Levenfontana) 또는 레바나 폰타나(Levana Fontana)라고 하는 곳의 위치를 B. Guérard, ed., *Polyp. d'Irminon*, p. 81의 a번 각주에서는 빌라밀트로부터 남동쪽 약 30km 거리에 있는 르뱅빌(Levainville)이라고 한다. 이에 비해 A. Longnon, ed., *Polyp. de St. Germain*, p. 105의 3번 각주와 K. Elmshäuser & A. Konrad, *Studien zum Polyp. von St. Germain*, p. 123에서는 빌라밀트 남동쪽 10km 거리에 있는 외레루아르 도 드뢰 군 노장르루아 캉통의 빌리에르르모르이에르(Villiers-le-Morhier) 코뮌이라고 한다. 그렇지만 D. Hägermann, ed. *Polyp. von St. Germain*, p. 225에서는 후자의 위치 추정을 인정하면서도 회의적으로 본다.

(위와) 같이 (의무를) 이행한다.

31. 콜로누스인 게룰푸스와 아미코(보유)의 은대지 출신 콜로누스이고 이름이 시게닐디스인 그의 아내. 그리고 콜로누스인 란딩구스와 콜로누스이고 이름이 아그나인 그의 아내. 라트프리두스, 울페가우두스, 게롱키우스, 란딩구스, 라트부르기스는 그들의 자식들이다. 그들 두 명은 레벤폰타나에 거주한다. 그들은 14bun의 곡물경작지와 1arp의 초지 및 1bun의 방목지로 구성된 1개의 자유인망스를 보유한다. 그들은 (위와) 같이 (의무를) 이행한다.

32. 콜로누스인 에르멩가우두스. 그리고 콜로누스인 마달가우두스와 콜로누스이고 이름이 아겐플리디스인 그의 아내. 마달카리우스, 마달기스, 마달베르타, 잉고플리디스, 시그라다, 마달구디스는 그들의 자식들이다. 그들 두 명은 레벤폰타나에 거주한다. 그들은 12bun의 곡물경작지와 1arp의 초지 및 1bun의 방목지로 구성된 1개의 망스를 보유한다. 그들은 (위와) 같이 (의무를) 이행한다.

33. 콜로누스인 노달리쿠스와 콜로누스이고 이름이 아간트루디스인 그의 아내. 노달기스, 노달그리마, 노달트루디스는 그들의 자식들이다. 그리고 콜로누스인 노달가우디스와[22] 콜로누스이고 이름이 아게닐디스인 그의 아내. 노달베르투스, 아게놀두스는 그들의 자식들이다. 그리고 콜로누스인 마우리누스와 콜로누스이고 이름이 힐데가르디스인 그의 아내. 그리고 콜로누스인 아클루이누스와 콜로누스이고 이름이 아클레드리스마인 그의 아내. 아클레볼두스, 아클레마루스, 아클로일디스, 알다, 아클레닐디스는 그들의 자식들이다. 그들 모두는 레벤폰타나에 거주한다. 그들은 12bun의 곡물경작지와 ½arp의 초지로 구성된 1개의 망스를 보유한다. 그들은 (위와) 같이 (의무를) 이행한다.

---

[22] '노달가우디스(Nodalgaudis)'의 'dis'라는 접미사가 붙는 이름은 일반적으로 여성이지만, 라틴어 원문에 남자 콜로누스로 기재되어 있다.

손테리 폰스[23] 소속

34. 콜로누스인 게룰푸스와 콜로누스이고 이름이 프람네힐디스인[24] 그의 아내. 게라우스, 그라울푸스, 게로일디스는 그들의 자식들이다. 그리고 콜로누스인 안스기수스와 콜로누스이고 이름이 아달릴디스인 그의 아내. 아달신디스는 그들의 딸이다. 그리고 콜로누스인 베르네가우두스와 테오도(보유)의 은대지 출신 콜로누스이고 이름이 오스트레볼다인 그의 아내. 그들 3명은 손테리 폰스에 거주한다. 그들은 19bun의 곡물경작지와 4arp의 초지 및 1bun의 방목지로 구성된 1개의 자유인망스를 보유한다. 그들은 (위와) 같이 (의무를) 이행한다.

35. 가메눌푸스와 콜로누스이고 이름이 마달구디스인 그의 아내. 그리고 콜로누스인 아이리누스와 아미코(보유)의 은대지 출신 콜로누스이고 이름이 시겜베르가인 그의 아내. 그리고 콜로누스인 레우타두스. 그들 모두는 손테리 폰스에 거주한다. 그들은 20bun의 곡물경작지와 3arp의 초지로 구성된 1개의 자유인망스를 보유한다. 그들은 (위와) 같이 (의무를) 이행한다.

36. 콜로누스인 에르몰두스와 콜로누스이고 이름이 에르미나인 그의 아내. 에르멘리쿠스, 에르메나리우스는 그들의 자식들이다. 그리고 콜로누스인 리기누스. 그리고 콜로누스인 아겐테우스와 콜로누스이고 이름이 마르티나인 그의 아내. 그들 모두는 손테리 폰스에 거주한다. 그들은

---

[23] 손테리 폰스(Sonteri Pons)의 위치는 불분명하지만, B. Guérard, ed., *Polyp. d'Irminon*, p. 82의 a번 각주와 D. Hägermann, ed. *Polyp. von St. Germain*, p. 227 및 K. Elmshäuser & A. Konrad, *Studien zum Polyp. von St. Germain*, p. 125에서는 빌라밀트 북쪽 4.5km 거리에 있는 외레루아르 도 드뢰 군의 샤르퐁(Charpont)으로 추정되고 있다. A. Longnon, ed., *Polyp. de St. Germain*, p. 107의 각주 2번에서는 이런 추정 위치를 인정하지 않는다.

[24] 이름이 B. Guérard, ed., *Polyp. d'Irminon*, p. 82에는 '프라우네힐디스(Fraunehildis)'라고 되어 있으나, A. Longnon, ed., *Polyp. de St. Germain*, p. 107과 D. Hägermann, ed. *Polyp. von St. Germain*, p. 61에는 '프람네힐디스(Framnehildis)'라고 되어 있다.

20bun의 곡물경작지와 1arp의 초지로 구성된 1개의 자유인망스를 보유한다. 그들은 (위와) 같이 (의무를) 이행한다.

아우드리아[25] 소속

37. 콜로누스인 란두이누스와 가우스발두스(보유)의 은대지 출신 콜로누스이고 이름이 그리마인 그의 아내. 그리고 콜로누스인 아드레마루스와 콜로누스이고 이름이 알시니아인 그의 아내. 레스토빌디스는 그들의 딸이다. 그리고 콜로누스인 아말베르투스와 콜로누스이고 이름이 테우틀린디스인 그의 아내. 테우트베르투스, 테우트발두스, 아달구디스, 테우트힐디스는 그들의 자식들이다. 그들 모두는 아우드리아에 거주한다. 그들은 15bun의 곡물경작지와 1bun의 방목지로 구성된 1개의 자유인망스를 보유한다. 그들은 (위와) 같이 (의무를) 이행한다.

38. 콜로누스인 아간프레두스. 아게나르두스, 힝크발두스, 잉갈베르투스, 힝카리우스, 아겐트루디스는 그의 자식들이다. 그리고 콜로누스인 게로스무스와 콜로누스이고 이름이 아달길디스인 그의 아내. 아달카리우스, 아달헬무스, 시게드루디스는 그의[26] 자식들이다. 그들 두 명은 아우드리아에 거주한다. 그들은 12bun의 곡물경작지와 1bun의 임야로 구성된 1개의 자유인망스를 보유한다. 그는[27] (위와) 같이 (의무를) 이행한다.

39. 콜로누스인 마르카마루스와 콜로누스이고 이름이 아달그리마인 그의 아내. 그리고 콜로누스인 아달룰푸스와 콜로누스이고 이름이 아달구디

---

25 아우드리아(Audria)의 위치에 대해 B. Guérard, ed., *Polyp. d'Irminon*, p. 82의 b번 각주에서는 장원의 주 소재지인 빌라밀트 남서쪽 25km 지점에 있는 오트리브(Hauterive)라고 하지만, A. Longnon, ed., *Polyp. de St. Germain*, p. 108의 1번 각주와 D. Hägermann, ed. *Polyp. von St. Germain*, p. 223 및 K. Elmshäuser & A. Konrad, *Studien zum Polyp. von St. Germain*, p. 118에서는 외레루아르 도 드뢰 군 드뢰 캉통의 우에르(Ouerre)라고 한다. 이곳은 빌라밀트 북쪽 3km 거리에 위치한다.

26 원문대로임.

27 원문대로임.

스인 그의 아내. 아달롤두스, 군타르두스는 그들의 자식들이다. 그들 두 명은 아우드리아에 거주한다. 그들은 12bun의 곡물경작지와 1bun의 방목지로 구성된 1개의 망스를 보유한다. 그들은 (위와) 같이 (의무를) 이행한다.

40. 콜로누스인 에오달하르두스와 콜로누스이고 이름이 게르힐디스인 그의 아내. 아클레아르두스, 마우렐루스는[28] 그들의 자식들이다. 그리고 콜로누스인 잉갈볼두스와 콜로누스이고 이름이 에르칸트루디스인 그의 아내. 에르카나르두스, 고달베르타, 잉갈부르기스, 고델린디스는 그들의 자식들이다. 그리고 여자콜로누스인 에르미나. 아클레아리우스, 테오도힐디스는 그녀의 자식들이다. 그들 모두는 아우드리아에 거주한다. 그들은 12bun의 곡물경작지로 된 1개의 자유인망스를 보유한다. 그들은 (위와) 같이 (의무를) 이행한다.

울미둠[29] 소속

41. 콜로누스인 베네딕투스와 콜로누스이고 이름이 울베르가인 그의 아내. 풀크라우스, 풀베르투스는 그들의 자식들이다. 그는 울미둠에 거주한다. 그는 12bun의 곡물경작지로 된 1개의 자유인망스를 보유한다. 그는 (위와) 같이 (의무를) 이행한다.

42. 콜로누스인 베르트하두스. 그리고 콜로누스인 고달두스. 그리고 콜로누스인 도데베르투스. 그리고 반자유인인 도달두스. 그리고 반자유인인 안세가우두스. 그리고 반자유인인 기레베르투스. 그들 모두는 울미

---

[28] 이름이 A. Longnon, ed., *Polyp. de St.. Germain*, p. 108에는 '모렐루스(Morellus)'로 되어 있지만, B. Guérard, ed., *Polyp. d'Irminon*, p. 83과 D. Hägerman, ed., *Polyp. von St. Germain*, p. 62에는 '마우렐루스(Maurellus)'로 되어 있다.

[29] 울미둠(Ulmidum)은 B. Guérard, ed., *Polyp. d'Irminon*, p. 83의 a번 각주에서는 빌라밀트 남동쪽 5km쯤의 거리에 있는 로르무아(Lormoye)라고 하지만, A. Longnon, ed., *Polyp. de St. Germain*, p. 108의 2번 각주와 D. Hägermann, ed. *Polyp. von St. Germain*, p. 228 및 K. Elmshäuser & A. Konrad, *Studien zum Polyp. von St. Germain*, p. 126에 의하면 외레루아르 도 드뢰 군 노장르루아 캉통의 오르무아(Ormoy)이며, 빌라밀트로부터는 남쪽으로 7km 거리에 있다.

둠에 거주한다. 그들은 10bun의 곡물경작지로 된 1개의 자유인망스를 보유한다. 그들은 (위와) 같이 (의무를) 이행한다.

43. 콜로누스인 에브레하르두스와 콜로누스이고 이름이 기슬로일디스인 그의 아내. 기슬로이누스, 뷔네볼두스, 프루도이누스, 프루디나, 에브레하르두스,[30] 기슬린디스, 기슬라, 마달프리두스, 프로트하르두스, 프로트베르가는 그들의 자식들이다. 그리고 콜로누스인 게를루스와 콜로누스이고 이름이 울메다인 그의 아내. 기로아르두스, 에르멩가르디스는 그들의 자식들이다. 그들 두 명은 울미둠에 거주한다. 그들은 16bun의 곡물경작지와 ½arp의 초지로 구성된 1개의 자유인망스를 보유한다. 그들은 (위와) 같이 (의무를) 이행한다.

44. 콜로누스인 베르네아르두스와 콜로누스이고 이름이 아바인 그의 아내. 파스쿠일디스, 에오달부르기스는 그들의 자식들이다. 그리고 콜로누스인 베르네가리우스. 그들 두 명은 빌라리스에[31] 거주한다. 그들은 13bun의 곡물경작지로 된 1개의 망스를 보유한다. 그들은 (위와) 같이 (의무를) 이행한다.

카스돈[32] 소속

---

[30] 아버지의 이름과 아들의 이름이 우리말 표기로는 같지만, 라틴어 원문에서 아버지의 이름은 'Evrehardus'이고 아들의 이름은 'Ebrehardus'로서 'v'와 'b'라는 차이가 있다.

[31] 여기서 말하는 빌라리스(Villaris) 또는 빌라레(Villare)는 B. Guérard, ed., *Polyp. d'Irminon*, p. 83의 b번 각주와 A. Longnon, ed., *Polyp. de St. Germain*, p. 109의 2번 각주와 D. Hägermann, ed. *Polyp. von St. Germain*, p. 228 및 K. Elmshäuser & A. Konrad, *Studien zum Polyp. von St. Germain*, p. 127에 의하면 외레루아르 도 드뢰 군 노장르루아 캉통의 빌리에르모르이외이며, 빌라밀트 남동쪽 10km 거리에 위치한다. 그러나 오늘날의 이 지명을 게라르는 빌리에르레모를리에르(Villiers-les-Morlières)라고 하고 헤게르만은 빌리에르모르이외(Villiers-le-Morhieu)라고 하는 등 다소 다르게 말하지만, 지도상에는 빌리에르모르이외로 되어 있다.

[32] 카스돈(Casdon)은 B. Guérard, ed., *Polyp. d'Irminon*, p. 83의 c번 각주와 A. Longnon, ed., *Polyp. de St. Germain*, p. 109의 3번 각주와 D. Hägermann, ed. *Polyp. von St. Germain*, p. 224 및 K. Elmshäuser & A. Konrad, *Studien zum Polyp. von St. Germain*, p. 119에 의하면 외레루아르 도 드뢰 군 노장르루아 캉통(헤게르만의

45. 콜로누스인 아드레가리우스. 그리고 콜로누스인 라트가우두스와 콜로누스이고 이름이 플라비아인 그의 아내. 라트가리우스, 트루트가우두스, 트루두이누스, 라트가우두스, 트루두일디스는 그들의 자식들이다. 그들 두 명은 카스돈에 거주한다. 그들은 12bun의 곡물경작지와 ⅓arp의 초지 및 1arp의 방목지로 구성된 1개의 자유인망스를 보유한다. 그들은 (위와) 같이 (의무를) 이행한다.

46. 콜로누스인 에우트하리우스와 콜로누스이고 이름이 아달힐디스인 그의 아내. 에우트하리아, 아이를린디스는 그들의 자식들이다. 그는 카스돈에 거주한다. 그는 16bun의 곡물경작지와 1arp의 포도밭과 3arp의 초지 및 1½bun의 새로운 임야로 구성된 1개의 자유인망스를 보유한다. 그는 (위와) 같이 (의무를) 이행한다.

47. 콜로누스인 레우도와 콜로누스이고 이름이 고데마인 그의 아내. 그는 카스돈에 거주한다. 그는 16bun의 곡물경작지와 ½arp의 포도밭과 3arp의 초지 및 1½bun의 임야로 구성된 1개의 자유인망스를 보유한다. 그는 (위와) 같이 (의무를) 이행한다.

48. 콜로누스인 익트루스와 콜로누스이고 이름이 아기나인 그의 아내. 에르멘리쿠스는 그들의 아들이다. 그리고 콜로누스인 알둘푸스. 그리고 콜로누스인 고데프리두스. 그리고 프리게우스(보유)의 은대지 출신 콜로누스인 에르무이누스와 콜로누스이고 이름이 기로힐디스인 그의 아내. 에르모아르두스, 에르모힐디스는 그들의 자식들이다. 그들 세 명은 카스돈에 거주한다. 그들은 14bun의 곡물경작지와 1arp의 초지로 구성된 1개의 자유인망스를 보유한다. 그들은 (위와) 같이 (의무를) 이행한다.

49. 콜로누스인 에우도. 이사다와 아드라마는 그의 누이들이다. 그리고 콜로누스인 힐두이누스와 콜로누스이고 이름이 에르멩가르다인 그의 아내. 힐도아라는 그들의 딸이다. 그들 두 명은 카스돈에 거주한다. 그들

경우에는 샤토뇌프앙티므레 캉통)의 쇼동(Chaudon)이며, 빌라밀트 남동쪽 3km 거리에 위치한다.

은 10bun의 곡물경작지와 2arp의 초지로 구성된 1개의 자유인망스를 보유한다. 그들은 (위와) 같이 (의무를) 이행한다.

50. 콜로누스인 다비드와 콜로누스이고 이름이 잉가인 그의 아내. 알부이누스, 알브리쿠스, 란트세라는 그들의 자식들이다. 그리고 콜로누스인 테우트하르두스와 콜로누스이고 이름이 엘리아인 그의 아내. 아노일디스, 에르멘리쿠스, 테우트가르디스는 그들의 자식들이다. 그리고 콜로누스인 스타빌리스. 그리고 군트헬무스. 그들 모두는 카스돈에 거주한다. 그들은 11½bun의 곡물경작지와 ½arp의 포도밭 및 ⅓arp의 초지로 구성된 1개의 자유인망스를 보유한다. 그들은 (위와) 같이 (의무를) 이행한다.

51. 콜로누스인 디드라두스와 자유인이고 이름이 게를린디스인 그의 아내. 라이핑구스, 에르캄발두스, 오산나, 데도일디스,[33] 고델린디스는 그들의 자식들이다. 그리고 콜로누스인 오달리쿠스와 콜로누스이고 이름이 에우다인 그의 아내. 스테파누스, 아달리쿠스, 에오딜디스는 그들의 자식들이다. 그들 두 명은 카스돈에 거주한다. 그들은 12bun의 곡물경작지와 ½arp의 포도밭과 같은 크기의 초지 및 ½bun의 방목지로 구성된 1개의 망스를 보유한다. 그들은 (위와) 같이 (의무를) 이행한다.

마눌피 빌라[34] 소속

52. 콜로누스인 레스타두스와 콜로누스이고 이름이 레우탈다인 그의 아내.

---

[33] 이름이 D. Hägermann, ed. *Polyp. von St. Germain*, p. 63에는 '데오도일디스(Deodoildis)'로 되어 있으나, B. Guérard, ed., *Polyp. d'Irminon*, p. 84와 A. Longnon, ed., *Polyp. de St. Germain*, p. 110에는 '데도일디스(Dedoildis)'로 되어 있다.

[34] 마눌피 빌라(Manulfi Villa)의 위치는 분명치 않다. 게라르는 B. Guérard, ed., *Polyp. d'Irminon*, p. 84의 a번 각주에서 이곳이 오늘날 빌라밀트 서쪽 5km쯤 거리에 있는 마르빌무티에브륄레(Marville-Moutier-Brûlé)라고 하지만, A. Longnon, ed., *Polyp. de St. Germain*, p. 111의 1번 각주에서는 부정적으로 본다. D. Hägermann, ed. *Polyp. von St. Germain*, p. 226과 K. Elmshäuser & A. Konrad, *Studien zum Polyp. von St. Germain*, p. 123에서는 그 위치가 미상으로 되어 있다.

레우트베르가, 마달베르타는 그들의 자식들이다. 그리고 콜로누스인 베랄두스와 콜로누스이고 이름이 레오도일디스인 그의 아내. 알다, 베레길디스, 가우스발두스는 그들의 자식들이다. 그들 두 명은 마눌피 빌라에 거주한다. 그들은 14bun의 곡물경작지와 ¼arp의 초지 및 1arp의 방목지로 구성된 1개의 망스를 보유한다. 그들은 (위와) 같이 (의무를) 이행한다.

53. 콜로누스인 아게데우스와 콜로누스이고 이름이 알파시아인 그의 아내. 아달카리우스, 아게테우스, 안세데우스, 아기토니아는 그들의 자식들이다. 그리고 콜로누스인 스타르카리우스와 콜로누스이고 이름이 오델릴디스인 그의 아내. 그들 두 명은 마눌피 빌라에 거주한다. 그들은 10bun의 곡물경작지와 ¼arp의 초지 및 1bun의 방목지로 구성된 1개의 자유인망스를 보유한다. 그들은 (위와) 같이 (의무를) 이행한다.

54. 콜로누스인 잉가드람누스. 그리고 콜로누스인 뷔네가우기우스. 그들 두 명은 마눌피 빌라에 거주한다. 그들은 14bun의 곡물경작지와 1bun의 방목지로 구성된 1개의 자유인망스를 보유한다. 그들은 (위와) 같이 (의무를) 이행한다.

모디니 빌라[35] 소속

55. 콜로누스인 군트하리우스와 콜로누스이고 이름이 고델린디스인 그의 아내. 군트하르두스는 그의 아들이다. 그리고 콜로누스인 아말가우두스와 콜로누스이고 이름이 시게드루디스인 그의 아내. 가우슬린디스, 아말봐라는 그들의 자식들이다. 그리고 콜로누스인 그리모. 그들 세

35 B. Guérard, ed., *Polyp. d'Irminon*, p. 85의 a번 각주와 A. Longnon, ed., *Polyp. de St. Germain*, p. 111의 2번 각주에 의하면 모디니 빌라(Modini Villa)는 외레루아르 도 샤르트르 군 오노(Auneau) 캉통의 무엥빌라죌랭(Moinville-la-Jeulin)이며, 빌라밀트 남남동쪽 37km 거리에 위치한다. 그렇지만 K. Elmshäuser & A. Konrad, *Studien zum Polyp. von St. Germain*, p. 124에서는 이곳이 빌라밀트로부터 멀지 않은 우에르 위 쪽의 폐촌인 모랭빌(Morainville)이라고 한다. D. Hägermann, ed. *Polyp. von St. Germain*, p. 226에는 미상으로 되어 있다.

명은 모디니 빌라에 거주한다. 그들은 12bun의 곡물경작지로 된 1개의 자유인망스를 보유한다. 그들은 (위와) 같이 (의무를) 이행한다.

56. 콜로누스인 에르멩가르디스와 콜로누스이고 이름이 시클레베르가인 그의 아내. 에르멩가우두스, 시클레둘푸스는 그들의 자식들이다. 그리고 콜로누스인 라트문두스와 콜로누스이고 이름이 오달트루디스인 그의 아내. 그리고 콜로누스인 라트가우두스. 그리고 콜로누스인 시클레둘푸스와 콜로누스이고 이름이 시게부르기스인 그의 아내. 시게브란두스는 그들의 아들이다. 그들 4명은 모디니 빌라에 거주한다. 그들은 12bun의 곡물경작지로 된 1개의 자유인망스를 보유한다. 그들은 (위와) 같이 (의무를) 이행한다.

57. 콜로누스이고 부마름인[36] 기브롤두스와 콜로누스이고 이름이 피놀라인 그의 아내. 에우트하리우스, 안드레아스, 라하루디스, 트루트힐디스, 오틀리나는 그들의 자식들이다. 그는 카스돈에 거주한다. 그는 14bun의 곡물경작지와 ½arp의 포도밭과 1arp의 초지 및 ½bun의 방목지로 구성된 1개의 자유인망스를 보유한다. 그는 (위와) 같이 (의무를) 이행해야 하지만, 직무 때문에 5월에 5솔리두스를 지불하고 (1필의) 말을 사육한다. 그는 이랑들(의 갈이질 부역)과 코르베들을 수행한다.

58. 콜로누스이고 부마름 보조인인 울파르두스와 콜로누스이고 이름이 아바인 그의 아내. 메룰푸스, 울필디스는[37] 그들의 자식들이다. 그는 빌라밀트에 거주한다. 그는 5½bun의 곡물경작지로 된 (1개의) ¼쪽 망스를 보유한다. 그는 그가 담당하는 직무 때문에, 이랑들(의 갈이질 부역)과 코르베들 외에는 이로 인해 수행하는 것은 아무 것도 없다.

부마름 봐림베르투스 관할구역 소속

59. 콜로누스인 에르멘테우스와 콜로누스이고 이름이 힐데가르디스인 그

---

36 부마름이란 앞에서 말한 바와 같이 'decanus'를 번역한 말이다.

37 이름이 D. Hägermann, ed. *Polyp. von St. Germain*, p. 63에는 '울피디스(Ulfidis)'로 되어 있으나, B. Guérard, ed., *Polyp. d'Irminon*, p. 85와 A. Longnon, ed., *Polyp. de St. Germain*, p. 112에는 '울필디스(Ulfildis)'로 되어 있다.

의 아내. 힐데브란두스, 힐도아르두스, 힐두이스, 레우트가르디스, 에르멘타리아는 그들의 자식들이다. 그는 기소니 빌라에 거주한다. 그는 18bun의 곡물경작지로 된 1개의 자유인망스를 보유한다. 그는 위의 보유자들처럼 모든 차지료를 지불한다.

60. 콜로누스인 에를루이누스와 콜로누스이고 겔라두스(보유)의 은대지 출신이며 이름이 라간베르가인 그의 아내. 그리고 콜로누스인 스테파누스. 그들 두 명은 기소니 빌라에 거주한다. 그들은 13bun의 곡물경작지로 된 1개의 망스를 보유한다. 그들은 (위와) 같이 (의무를) 이행한다.

61. 콜로누스인 고도이누스. 아말베르투스, 라간프레두스, 라인힐디스, 안드리스마는 그의 자식들이다. 그리고 콜로누스인 군도이누스와 콜로누스이고 이름이 아달구디스인 그의 아내. 힐두이누스, 군베르가는 그들의 자식들이다. 그들 두 명은 기소니 빌라에 거주한다. 그들은 11bun의 곡물경작지로 된 1개의 망스를 보유한다. 그는[38] (위와) 같이 (의무를) 이행한다.

62. 콜로누스인 고달리코스. 그는 기소니 빌라에 거주한다. 그는 10bun의 곡물경작지로 된 1개의 망스를 보유한다. 그는 (위와) 같이 (의무를) 이행한다.

63. 콜로누스인 뷔네아리우스와 콜로누스이고 이름이 게르힐디스인 그의 아내. 뷔네기수스는 그들의 아들이다. 그리고 콜로누스인 에르카놀두스. 그들 두 명은 기소니 빌라에 거주한다. 그들은 8bun의 곡물경작지로 된 1개의 자유인망스를 보유한다. 그들은 (위와) 같이 (의무를) 이행한다.

64. 콜로누스인 이부이누스. 그리고 콜로누스인 플로도이누스와 콜로누스이고 이름이 가우스트루디스인 그의 아내. 플루도이쿠스, 플로도길디스, 플로도아르두스, 기라르두스는 그들의 자식들이다. 그들 두 명은

---

[38] 원문대로임.

기소니 빌라에 거주한다. 그들은 10bun의 곡물경작지로 된 1개의 망스를 보유한다. 그들은 (위와) 같이 (의무를) 이행한다.

65. 콜로누스인 드로아르두스와 콜로누스이고 이름이 마달베르타인 그의 아내. 드록타르누스는 그들의 아들이다. 그리고 여자콜로누스인 아우수힐디스. 아이스툴푸스, 포르스툴푸스, 에르풀푸스, 뷔네가르디스는 그녀의 자식들이다. 그리고 콜로누스인 잉갈베르투스와 콜로누스이고 이름이 마다닐디스인 그의 아내. 아달베르투스는 그들의 아들이다. 그들 세 명은 기소니 빌라에 거주한다. 그들은 11bun의 곡물경작지로 된 1개의 망스를 보유한다. 그들은 (위와) 같이 (의무를) 이행한다.

66. 콜로누스인 에름가리우스와[39] 콜로누스이고 이름이 뷔네힐디스인 그의 아내. 에름발두스, 라트프리두스, 라트베르투스는 그들의 자식들이다. 그리고 여자콜로누스인 이뷔나.[40] 이보, 아드라볼다는 그녀의 자식들이다. 그들은 11bun의 곡물경작지로 된 1개의 망스를 보유한다. 그들은 (위와) 같이 (의무를) 이행한다.

67. 콜로누스인 고도이누스와 콜로누스이고 이름이 에브렝가르디스인 그의 아내. 고데릴디스는 그들의 딸이다. 그리고 콜로누스인 아르카마루스와 콜로누스이고 이름이 아겜부르기스인 그의 아내. 아감발두스, 아달프리두스, 아그리스마는 그들의 자식들이다. 그들은 기소니 빌라에 거주한다. 그들은 10½bun의 곡물경작지로 된 1개의 망스를 보유한다.

---

39 이름이 B. Guérard, ed., *Polyp. d'Irminon*, p. 86과 A. Longnon, ed., *Polyp. de St. Germain*, p. 113에는 '에르멩가리우스(Ermengarius)'로 되어 있지만, D. Hägermann, ed. *Polyp. von St. Germain*, p. 64에는 '에름가리우스(Ermgarius)'로 되어 있다. 그런데 자식들의 이름 가운데 '에름발두스'라는 이름이 있는 것으로 미뤄볼 때, 후자가 정확한 것 같다.

40 이름이 B. Guérard, ed., *Polyp. d'Irminon*, p. 86에서는 '이뷔나(Iwina)'로, A. Longnon, ed., *Polyp. de St. Germain*, p. 113에서는 '유비나(Juvina)'로, 그리고 D. Hägermann, ed. *Polyp. von St. Germain*, p. 64에서는 '유위나(Iuuina)'로 되어 있다. 헤게르만의 경우에는 'w'를 흔히 'uu'로 판독하여 표기함을 고려하여 '이뷔나'로 음역한다.

그들은 (위와) 같이 (의무를) 이행한다.

68. 콜로누스인 가우스발두스는 15½bun의 곡물경작지로 된 1개의 망스를 보유한다. 그는 (위와) 같이 (의무를) 이행한다.

69. 여자콜로누스인 아달힐디스. 도도, 에오델릴디스, 아달부르기스, 힐데부르기스는 그녀의 자식들이다. 그녀는 15bun의[41] 곡물경작지로 된 1개의 망스를 보유한다. 그녀는 (위와) 같이 (의무를) 이행한다.

70. 콜로누스인 가우스베르투스와 콜로누스이고 이름이 알트힐디스인 그의 아내. 울플란두스, 레우트하리우스는 그들의 자식들이다. 그리고 콜로누스인 에르멩가르두스와 콜로누스이고 이름이 아클리스마인 그의 아내. 그들은 12bun의 곡물경작지로 된 1개의 망스를 보유한다. 그들은 (위와) 같이 (의무를) 이행한다.

파니스 콕투스[42] 소속

71. 콜로누스인 우르스마루스와 콜로누스이고 이름이 베르네길디스인 그의 아내. 우르솔두스, 베르네가르두스는 그들의 자식들이다. 그는 파니스 콕투스에 거주한다. 그는 15bun의 곡물경작지로 된 1개의 망스를 보유한다. 그는 (위와) 같이 (의무를) 이행한다.

72. 콜로누스인 프로트베르투스와 콜로누스이고 이름이 잉고플리디스인 그의 아내. 프로트부르기스, 잉겔릴디스, 엘렉트루디스, 잉갈가르디스

---

41 곡물경작지의 면적이 B. Guérard, ed., *Polyp. d'Irminon*, p. 87과 A. Longnon, ed., *Polyp. de St. Germain*, p. 113에서는 '15bun(bunuaria XV)'로 표기되어 있으나, D. Hägermann, ed. *Polyp. von St. Germain*, p. 65에서는 수사본에 'IXV'로 모호하게 기재되어 있다면서 모호한 상태 그대로 'bunuaria IXV'로 옮겨 기재되어 있다.

42 파니스 콕투스(Panis Coctus)는 B. Guérard, ed., *Polyp. d'Irminon*, p. 87의 a번 각주와 A. Longnon, ed., *Polyp. de St. Germain*, p. 114의 1번 각주와 D. Hägermann, ed. *Polyp. von St. Germain*, p. 226 및 K. Elmshäuser & A. Konrad, *Studien zum Polyp. von St. Germain*, p. 124에 의하면 외레루아르 도 드뢰 군 샤토뇌프앙티므레 캉통(후자의 두 편·저서에서는 노장르루아 코뮌)의 펭퀴(Paincuit)이며, 빌라밀트 남서쪽 9km 지점에 위치한다.

는 그들의 자식들이다. 그리고 콜로누스인 란드라두스와 콜로누스이고 이름이 알드리스마인 그의 아내. 레스타두스는 그들의 아들이다. 그들은 16bun의 곡물경작지로 된 1개의 망스를 보유한다. 그들은 (위와) 같이 (의무를) 이행한다.

73. 콜로누스인 봘라메우스와 콜로누스이고 이름이 게로일디스인 그의 아내. 봘란두스, 베르네아르두스, 봘라밀트는 그들의 자식들이다. 그리고 반자유인인 마르티누스. 그리고 여자반자유인인 아달길디스. 그리고 여자반자유인인 기베드루디스. 그들은 16bun의 곡물경작지로 된 1개의 망스를 보유한다. 그들은 (위와) 같이 (의무를) 이행한다.

74. 콜로누스인 스타르쿨푸스와 콜로누스이고 이름이 힝크플리디스인 그의 아내. 그리고 콜로누스인 탕쿨푸스. 그들은 14bun의 곡물경작지로 된 1개의 망스를 보유한다. 그들은 (위와) 같이 (의무를) 이행한다.

75. 콜로누스인 봘라테우스와 콜로누스이고 이름이 고달베르타인 그의 아내. 라트하르두스, 고달카리우스, 봘레카리우스, 봘트카우두스는 그들의 자식들이다. 그는 20bun의 곡물경작지로 된 1개의 망스를 보유한다. 그는 (위와) 같이 (의무를) 이행한다.

76. 콜로누스인 알라테우스와 콜로누스이고 이름이 이삼부르기스인 그의 아내. 안스트라다는 그들의 딸이다. 그리고 콜로누스인 라트프리두스와 콜로누스이고 이름이 아달구디스인 그의 아내. 그들은 16bun의 곡물경작지로 된 1개의 망스를 보유한다. 그들은 (위와) 같이 (의무를) 이행한다.

알니둠 소속

77. 콜로누스인 알키스무스와 콜로누스이고 이름이 에르멩가르디스인 그의 아내. 아클롤두스, 가우다는 그들의 자식들이다. 그리고 콜로누스인 라게나르두스와 콜로누스이고 이름이 아달힐디스인 그의 아내. 아말카리우스, 아말가우두스, 라감베르가, 라게나, 라트베르가는 그들의 자식들이다. 그들 두 명은 12bun의 곡물경작지로 된 1개의 망스를 보유한다. 그들은 (위와) 같이 (의무를) 이행한다.

78. 반자유인인 프로트하우스. 그리고 콜로누스인 아달기수스. 그리고 반자유인인 알투이누스와 콜로누스이고 이름이 뷔네드루디스인 그의 아내. 그리고 콜로누스인 라트하리우스. 그리고 반자유인인 프로트가우두스와 콜로누스이고 이름이 아달로니아인 그의 아내. 그들 모두는 60bun의 곡물경작지로 된 1개의 망스를 보유한다. 그들은 (위와) 같이 (의무를) 이행한다.

79. 콜로누스인 에르멩가르디스와 콜로누스이고 이름이 뷔네부르기스인 그의 아내. 에르메나리우스, 크리스토폴루스, 뷜카리우스, 발다는 그들의 자식들이다. 그리고 콜로누스인 뷔네가리우스와 콜로누스이고 게르라르두스(보유)의 은대지 출신이며 이름이 뷜레힐디스인 그의 아내. 그리고 콜로누스인 리쿠이누스와 콜로누스이고 이름이 프로트힐디스인 그의 아내. 프로트문두스, 잉고이누스는 그들의 자식들이다. 그들 모두는 14bun의 곡물경작지와 2bun의 임야로 구성된 1개의 망스를 보유한다. 그들은 (위와) 같이 (의무를) 이행한다.

80. 콜로누스인 드록텐가르두스와 콜로누스이고 이름이 란드리스마인 그의 아내. 아우틀린디스는 그들의 딸이다. 그리고 반자유인인 아우트카리우스와 노예이고 이름이 란도빌디스인 그의 아내. 프루트카리우스는 그들의 아들이다. 그리고 콜로누스인 군도이누스와 반자유인이고 이름이 게르베르가인 그의 아내. 군도아르두스, 게르베우스는 그들의 자식들이다. 그리고 노예인 군돌두스와 외지인이고 이름이 난토일디스인 그의 아내. 그들 모두는 16bun의 곡물경작지와 5bun의 방목지로 구성된 1개의 망스를 보유한다.

81. 콜로누스인 프람볼두스와 콜로누스이고 이름이 프로트베르가인 그의 아내. 그리고 반자유인인 안사리우스와 콜로누스이고 이름이 라인베르타인 그의 아내. 그리고 콜로누스인 베르툴푸스와 콜로누스이고 이름이 아말베르가인 그의 아내. 블라트하리우스, 델타는 그들의 자식들이다. 그리고 콜로누스인 란데우스. 란트베르투스, 란돌두스, 란트신두스, 란데미아는 그들의 자식들이다. 그들 모두는 16bun의 곡물경작지로 된 1개의 망스를 보유한다. 그들은 (위와) 같이 (의무를) 이행한다.

82. 콜로누스인 아클레프레두스와 콜로누스이고 이름이 그림힐디스인 그의 아내. 그림하리우스, 아클로일디스는 그들의 자식들이다. 그리고 콜로누스인 란드리쿠스와 콜로누스이고 이름이 마르카드루디스인 그의 아내. 란둘푸스는 그들의 아들이다. 그리고 콜로누스인 안드레베르투스와 콜로누스이고 이름이 라인힐디스이며 아클레베르투스(보유)의 프레카리아[43] 출신인 그의 아내. 그들 모두는 13bun의 곡물경작지와 2bun의 임야로 구성된 1개의 망스를 보유한다. 그들은 (위와) 같이 (의무를) 이행한다.

83. 콜로누스인 빙쿠이누스와 콜로누스이고 이름이 아우트루디스인 그의 아내. 라간베르투스, 아우툴푸스, 에브루이누스, 빙코일디스는 그들의 자식들이다. 그는 21bun의 곡물경작지와 1bun의 임야로 구성된 1개의 자유인망스를 보유한다. 그들은 (위와) 같이 (의무를) 이행한다.

84. 콜로누스인 아달루이누스와 이름이 레우드리스마인 그의 아내. 아달기

---

43 '프레카리아(precaria)'란 때로 '프레카리움(precarium)'으로도 불리는 것으로, 어떤 사람이 토지소유자에게 얼마간의 사용료를 지불하거나 어떤 봉사를 제공한다는 대가로 그의 일생 동안이나 일정하게 제한된 기간 동안 토지에 대한 용익권(用益權) 양도를 간청하여 향유하는 조건부의 한시적 토지보유 제도나 그런 토지보유 계약을 말한다. 프레카리아의 한 형태는 교회기관의 소유토지를 기사와 같은 봉건사회의 세속 상류계급이 한시적으로 보유하는 것이었다. 다른 한 형태는 교속(教俗)의 세력가들이 농민들에게서 토지를 탈취하여 대토지를 축적하는 과정에서 농민들이 일시적으로 보유하는 것이었다. 이런 후자의 형태가 중세 초기에 가장 흔했다. 우리는 메로빙시대와 카롤링시대의 법률서식집(formula)을 비롯한 중세 초기의 문헌기록 속에서 일반 농민들이 교회기관이나 세속의 권력자들에게 자신의 토지를 온통 기증하는 경우를 많이 볼 수 있다. 이 때 기증자는 토지 수증자에게 자신의 일생 동안 또는 자신의 부인이나 아들의 일생 동안이나마 기증토지를 경작·이용할 수 있게 해달라고 '간청'한다. 기증자는 수증자의 승낙을 얻으면 매년 토지사용료로 일정액의 화폐나 밀랍 따위와 같은 현물을 지불한다. 기증토지를 보유하던 사람이 사망하면, 그 토지는 수증기관에 반환되어야 했다. 반환된 후에는 수증자가 그 토지에 대한 완전한 소유권을 갖는다. 따라서 그 후 토지를 보유하려면 반드시 수증자의 동의가 있어야 했다. 결국 이런 프레카리아 방식의 토지보유는 기본적으로 농민이 권세가에게 자신 소유의 토지를 빼앗기고 예속민으로 전락하는 과정에서 과도적으로 존재한 토지보유 형태라고 할 수 있다.

누스, 아달봐르두스, 가우스비누스, 가우셀무스, 안셀무스, 안달뷜디스, 아달봐라는 그들의 자식들이다. 그리고 콜로누스인 마달길디스.[44] 로트카리우스, 다귀누스, 다가, 마달뷔누스, 마달카리우스는 그의 자식들이다. 그들은 22bun의 곡물경작지와 2bun의 임야로 구성된 1개의 자유인망스를 보유한다. 그들은 (위와) 같이 (의무를) 이행한다.

85. 콜로누스인 로도아리우스와 이름이 프람볼다인 그의 아내. 아그람누스, 라달두스, 아그리스마, 힐데가르디스는 그들의 자식들이다. 그리고 콜로누스인 라트가우두스와 콜로누스이고 이름이 프루다인 그의 아내. 라두이누스, 라트볼두스, 로트카리우스, 시네드루디스는 그들의 자식들이다. 그들은 24bun의 곡물경작지와 4bun의 방목지로 구성된 1개의 망스를 보유한다. 그들은 (위와) 같이 (의무를) 이행한다.

86. 콜로누스인 베르토이누스. 뷘마루스, 빙코아르두스, 안수리쿠스, 아쿠이누스, 아달구디스는 그의 자식들이다. 그리고 콜로누스인 드록타르누스. 그들은 18bun의 곡물경작지로 된 1개의 망스를 보유한다. 그들은 (위와) 같이 (의무를) 이행한다.

87. 반자유인인 알트마루스와 반자유인인 아스문두스. 그들은 15bun의 곡물경작지와 1arp의 초지 및 1½bun의 잡목림으로 구성된 1개의 망스를 보유한다. 그들은 (위와) 같이 (의무를) 이행한다.

88. 콜로누스인 아클룰푸스와 콜로누스이고 이름이 에르멘베르타인[45] 그의 아내. 아말카리우스, 아클루스, 에르멘신타는 그들의 자식들이다. 그리고 콜로누스인 알드루스. 그들은 20bun의 곡물경작지와 1arp의 초

44 여기서는 남자콜로누스임에도 불구하고 라틴어 원문에 여성형 접미사를 가진 '마달길디스(Madalgildis)'라는 이름으로 되어 있다.

45 이름이 B. Guérard, ed., *Polyp. d'Irminon*, p. 89와 A. Longnon, ed., *Polyp. de St. Germain*, p. 116에서는 '에르멤베르타(Ermemberta)'로 되어 있으나, D. Hägermann, ed. *Polyp. von St. Germain*, p. 66에는 '에르멘베르타(Ermenberta)'로 되어 있다. 이 영지명세장에 보이는 이름 가운데는 '에르멤-'으로 된 이름보다는 '에르멘-'으로 된 이름이 훨씬 더 많기 때문에, 후자를 따랐다.

지 및 4bun의 잡목림으로 구성된 1개의 망스를 보유한다. 그들은 (위와) 같이 (의무를) 이행한다.

베돌리둠[46] 소속

89. 콜로누스인 고데눌푸스와 콜로누스이고 이름이 란데드루디스인 그의 아내. 란트베르투스, 고도이누스, 고델릴디스는 그들의 자식들이다. 그리고 콜로누스인 식프리두스와 콜로누스이고 이름이 알디스마인 그의 아내. 그리고 콜로누스인 아그람누스. 그들은 18bun의 곡물경작지와 1bun의 잡목림으로 구성된 1개의 망스를 보유한다. 그들은 (위와) 같이 (의무를) 이행한다.

90. 콜로누스인 에르카하리우스와 콜로누스이고 이름이 마르카드루디스인 그의 아내. 에르카나르두스, 마르카르두스, 에르카닐디스는 그들의 자식들이다. 그리고 콜로누스인 에를루이누스와 콜로누스이고 이름이 뷔네볼다인 그의 아내. 란디스마, 뷔네가르디스, 라인힐디스는 그들의 자식들이다. 그리고 콜로누스인 게롤디스와[47] 콜로누스이고 이름이 게일신디스인 그의 아내. 그리고 콜로누스인 기슬롤두스와 콜로누스이고 이름이 힝크볼다인 그의 아내. 기슬라는 그들의 딸이다. 그들 모두는 20bun의 곡물경작지와 ½arp의 초지 및 2bun의 방목지로 구성된 1개의 망스를 보유한다. 그들은 (위와) 같이 (의무를) 이행한다.

91. 콜로누스인 잉갈하르두스와 콜로누스이고 이름이 가우스트루디스인 그의 아내. 가우스발두스, 게이라두스, 아게놀두스, 게를린디스, 게이리스마는 그들의 자식들이다. 그리고 콜로누스인 가비올두스와 자유인이고 이름이 잉갈뷔스인 그의 아내. 그들 모두는 21bun의 곡물경작지

---

[46] 이 제9장의 장원에 관한 기술의 앞 부분에서 봤듯이, 비돌리둠 또는 베돌리둠(Bedolidum)이라고 하는 곳은 외레루아르 도 드뢰 군 노장르루아 캉통에 있는 불래티에리이다.

[47] 여기서는 남자콜로누스임에도 불구하고 라틴어 원문에 여성형 접미사를 가진 'Geroldis'라는 이름으로 되어 있다.

와 3bun의 잡목림으로 구성된 1개의 망스를 보유한다. 그들은 (위와) 같이 (의무를) 이행한다.

세나르디 빌라[48] 소속

92. 콜로누스인 크리아두스와 콜로누스이고 이름이 레스타다인 그의 아내. 레우트가르디스, 아달군디스, 아달베르타는 그들의 자식들이다. 그리고 콜로누스인 마르카마루스와 콜로누스이고 이름이 그리모일디스인 그의 아내. 세나르두스, 마르코일디스, 크리아다, 고디스마, 마르칸베르가, 마르코힐디스는 그들의 자식들이다. 그들은 21bun의 곡물경작지와 1bun의 방목지로 구성된 1개의 망스를 보유한다. 그들은 (위와) 같이 (의무를) 이행한다.

93. 콜로누스인 오르트라두스와 콜로누스이고 이름이 블라트베르타인 그의 아내. 베네딕투스는 그들의 아들이다. 그리고 콜로누스인 마르카르두스. 그리고 콜로누스인 세나쿠스. 그리고 콜로누스인 프람볼두스와 콜로누스이고 이름이 이셈베르가인 그의 아내. 라트하리우스, 기슬라는 그들의 자식들이다. 그들은 20bun의 곡물경작지와 ½bun의 방목지로 구성된 1개의 망스를 보유한다. 그는[49] (위와) 같이 (의무를) 이행한다.

94. 콜로누스인 아말가르두스와 콜로누스이고 이름이 베르타인 그의 아내. 베르노알라, 베르노아르두스는 그들의 자식들이다. 그리고 여자콜로누

---

48 세나르디 빌라(Senardi Villa)의 위치는 확실하지 않다. B. Guérard, ed., *Polyp. d'Irminon*, p. 89의 a번 각주에서는 빌라밀트 남쪽 3km쯤 거리에 있는 샤르빌(Charville)이라고 한다. 이에 대해 A. Longnon, ed., *Polyp. de St. Germain*, p. 117의 2번 각주에서는 세나르디 빌라가 오늘날 프랑스어로는 스나르빌(Senarville)이라며 이의를 제기하면서도 정확한 위치를 밝히지 않는다. D. Hägermann, ed. *Polyp. von St. Germain*, p. 226과 K. Elmshäuser & A. Konrad, *Studien zum Polyp. von St. Germain*, p. 125에서는 세나르디 빌라가 외레루아르 도 드뢰 군 노장르루아 캉통 빌르모쉬르외르 코뮌의 셰르빌(Cherville)이라고 추측하면서도 불확실하다고 한다.

49 원문대로임.

스인 이셈베르타. 레스타그누스, 라미스타그누스, 가우틀린디스, 이셈부르기스는 그들의[50] 자식들이다. 그들은 22bun의 곡물경작지와 1bun의 방목지로 구성된 1개의 망스를 보유한다. 그들은 (위와) 같이 (의무를) 이행한다.

95. 콜로누스인 라달카리우스. 베르트하리우스, 빨라프레두스, 가우스베르투스, 가우스발두스, 라트베르가는 그들의 자식들이다. 그리고 콜로누스인 잉갈베르투스와 콜로누스이고 이름이 크리아다인 그의 아내. 크리스토필루스, 라도일디스는 그들의 자식들이다. 그리고 콜로누스인 아클룰푸스와 콜로누스이고 이름이 테오딜디스인 그의 아내. 아클롤두스, 바락타, 오틀릴디스는 그들의 자식들이다. 그들은 24bun의 곡물경작지로 된 1개의 망스를 보유한다. 그들은 (위와) 같이 (의무를) 이행한다.

96. 콜로누스인 블라트프리두스와 콜로누스이고 이름이 아달베르가인 그의 아내. 라이닐디스, 레스타다는 그들의 자식들이다. 그리고 콜로누스인 라인가우두스와 콜로누스이고 이름이 아말트루디스인 그의 아내. 그들 두 명은 14bun의 곡물경작지로 된 1개의 망스를 보유한다. 그들은 (위와) 같이 (의무를) 이행한다.

97. 콜로누스인 잉게데우스와 콜로누스이고 이름이 에르카드루디스인 그의 아내. 잉갈마루스, 고도이누스는 그들의 자식들이다. 그리고 콜로누스인 빨데가리우스와 콜로누스이고 이름이 고델릴디스인[51] 그의 아내. 고데니아는 그들의 딸이다. 그리고 반자유인인 뷔네가르두스. 그리고 콜로누스인 베네딕투스와 콜로누스이고 이름이 데오다타인 그의 아내. 이보, 이빙가는 그들의 자식들이다. 그들 모두는 18½bun의 곡물경작지와 1½bun의 방목지로 구성된 1개의 망스를 보유한다. 그들은 (위와) 같이 (의무를) 이행한다.

---

50 원문대로임.

51 이름이 B. Guérard, ed., *Polyp. d'Irminon*, p. 90에는 '고돌릴디스(Godolildis)'로 되어 있으나, A. Longnon, ed., *Polyp. de St. Germain*, p. 118과 D. Hägermann, ed. *Polyp. von St. Germain*, p. 67에는 '고델릴디스(Godelildis)'로 되어 있다.

레바키 빌라[52] 소속

98. 콜로누스인 아달그리무스와 콜로누스이고 이름이 시고아라인 그의 아내. 시게베르투스, 풀코아라는 그들의 자식들이다. 그는 레바키 빌라에 거주한다. 그는 18bun의 곡물경작지로 된 1개의 망스를 보유한다. 그는 (위와) 같이 (의무를) 이행한다.

99. 콜로누스인 안드람누스와 콜로누스이고 이름이 그리마인 그의 아내. 테오도이누스, 아달부르기스, 풀코이스는 그들의 자식들이다. 그는 레바키 빌라에 거주한다. 그는 21bun의 곡물경작지로 된 1개의 망스를 보유한다. 그는 (위와) 같이 (의무를) 이행한다.

100. 콜로누스인 아달하르두스와 콜로누스이고 이름이 테우틀린디스인 그의 아내. 아달라르두스는 그들의 아들이다. 그리고 콜로누스인 아말트람누스. 그리고 콜로누스인 뷔네가우두스와 콜로누스이고 이름이 에르멘트루디스인 그의 아내. 그들 모두는 17bun의 곡물경작지로 된 1개의 망스를 보유한다. 그들은 (위와) 같이 (의무를) 이행한다.

테우둘피 빌라 소속

101. 생제르맹(수도원의) 속민들로서 콜로누스인 테우트하르두스와 콜로누스이고 이름이 프로델린디스인 그의 아내. 테우트가르디스, 군트베르가는 그들의 자식들이다. 그리고 콜로누스인 우레마루스와 콜로누스이고 이름이 베네딕타인 그의 아내. 그들 두 명은 12bun의 곡물경작지로 된 1개의 망스를 보유한다. 그들은 (위와) 같이 (의무를) 이행한다.

---

[52] B. Guérard, ed., *Polyp. d'Irminon*, p. 90의 a번 각주와 A. Longnon, ed., *Polyp. de St. Germain*, p. 118의 1번 각주와 D. Hägermann, ed. *Polyp. von St. Germain*, p. 225 및 K. Elmshäuser & A. Konrad, *Studien zum Polyp. von St. Germain*, p. 123에 의하면, 레바키 빌라(Levaci Villa)는 외레루아르 도 드뢰 군 샤토뇌프앙티므래 캉통 생소뵈르(Saint-Sauveur. 맨 후자의 경우에는 생소뵈르마르빌[Saint-Sauveur-Marville]) 코뮌의 르바빌(Levasville. 게라르의 경우에는 Levâville)이다. 이곳은 빌라밀트로부터 서남서쪽 15km 지점에 있다.

102. 콜로누스인 란돌두스와 잉갈람누스(보유)의 은대지 출신 콜로누스이고 이름이 울필디스인 그의 아내. 란도아르두스, 란드리스마, 울플레우디스는 그들의 자식들이다. 그리고 콜로누스인 엘레기우스와 콜로누스이고 이름이 에르노일디스인 그의 아내. 베르네힐디스, 엘리가르디스는 그들의 자식들이다. 그들 두 명은 18bun의 곡물경작지로 된 1개의 망스를 보유한다. 그는[53] (위와) 같이 (의무를) 이행한다.

103. 콜로누스인 에르멘프레두스와 고도이누스(보유)의 은대지 출신 콜로누스이고 이름이 뷔네길디스인 그의 아내. 그리고 콜로누스인 에르멩가우두스. 그리고 콜로누스인 미카헬과 콜로누스이고 이름이 아우디나인 그의 아내. 아우딩구스, 아우데닐디스, 나달린디스는 그들의 자식들이다. 그들은 18bun의 곡물경작지로 된 1개의 망스를 보유한다. 그들은 (위와) 같이 (의무를) 이행한다.

104. 콜로누스인 아달라르두스와 콜로누스이고 이름이 테오도일디스인 그의 아내. 테우도, 아달롤두스, 아달베르가는 그들의 자식들이다. 그리고 콜로누스인 아간테우스와 콜로누스이고 이름이 알딩가인 그의 아내. 라간테우스, 아간티스무스, 아달기수스는 그들의 자식들이다. 그리고 콜로누스인 프로데리쿠스와 힐데가리우스(보유)의 은대지 출신 콜로누스이고 이름이 발로빌디스인 그의 아내. 그리고 콜로누스인 히트하리우스와 반자유인이고 이름이 레스토빌디스인 그의 아내. 스테파누스, 가달카리우스는 그의 자식들이다. 그들 모두는 데둘피[54] 빌라에 거주한다. 그들은 16bun의 곡물경작지로 된 1개의 망스를 보유한다. 그들은 (위와) 같이 (의무를) 이행한다.

105. 콜로누스인 울파르두스와 콜로누스이고 이름이 게링가인 그의 아내. 빨라메우스, 울플레우스, 에브란두스, 풀카르두스, 울피아르디스는 그들의 자식들이다. 그는 12bun의 곡물경작지로 된 1개의 망스를 보유한

---

[53] 원문대로임.

[54] 원문대로임.

다. 그는 (위와) 같이 (의무를) 이행한다.

106. 콜로누스인 봘데가우두스와 콜로누스이고 이름이 게링가인 그의 아내. 게링구스, 할드링구스, 이상길디스, 게르베르가는 그들의 자식들이다. 그리고 콜로누스인 프로데쿠스와 콜로누스이고 이름이 드록타라인 그의 아내. 이산브란두스, 드룩토이누스, 힐데볼두스, 힐데베르가는 그들의 자식들이다. 그리고 그림발두스(보유)의 은대지 출신인 아달기수스와 콜로누스이고 이름이 아크릴디스인 그의 아내. 아클로일디스는 그들의 딸이다. 그리고 그림볼두스(보유)의 은대지 출신인 군도이누스와 콜로누스이고 이름이 기슬라인 그의 아내. 그들 모두는 13bun의 곡물경작지로 된 1개의 망스를 보유한다. 그들은 (위와) 같이 (의무를) 이행한다.

스트리코빌디 빌라[55] 소속

107. 게라두스. 게르하르두스, 게르하우스, 베네딕타는 그의 자식들이다. 그녀는[56] 스트리코빌디 빌라에 거주한다. 그녀는 17bun의 곡물경작지로 된 1개의 망스를 보유한다. 그녀는 (위와) 같이 (의무를) 이행한다.

108. 콜로누스인 고드레발두스와 외지인인 그의 아내. 그는 17bun의 곡물경작지로 된 1개의 망스를 보유한다. 그는 (위와) 같이 (의무를) 이행한다.

109. 콜로누스인 가우트마루스와 콜로누스이고 이름이 란데두나인 그의 아내. 가우스발두스, 프로트브란두스, 고하르두스, 가우트트루디스, 에르미나는 그들의 자식들이다. 그는 20bun의 곡물경작지로 된 1개의 망스를 보유한다. 그는 (위와) 같이 (의무를) 이행한다.

110. 콜로누스인 에브룰푸스와 콜로누스이고 이름이 아드라볼다인 그의 아내. 에브레만두스, 에브레가우두스는 그들의 자식들이다. 그리고 여자 콜로누스인 크리스티나. 뷔네문두스, 고디스마는 그녀의 자식들이다.

---

[55] 스트리코빌디 빌라(Stricovildi Villa)의 위치는 확인되지 않고 있다.

[56] 원문대로임.

그들 두 명은 13bun의 곡물경작지와 2bun의 방목지로 구성된 1개의 망스를 보유한다. 그들은 (위와) 같이 (의무를) 이행한다.

111. 콜로누스인 고달두스와 콜로누스이고 이름이 그림힐디스인 그의 아내. 아말카리우스, 고달베르가, 아우스구디스는 그들의 자식들이다. 그는 14bun의[57] 곡물경작지로 된 1개의 망스를 보유한다. 그는 (위와) 같이 (의무를) 이행한다.

112. 콜로누스인 프로트가우두스와 고도이누스(보유)의 은대지 출신이고 이름이 게르마나인 그의 아내. 그리고 콜로누스인 프로트문두스와 콜로누스이고 이름이 헤르칸플리디스인 그의 아내. 그리고 콜로누스인 프로데기수스와 콜로누스이고 이름이 테우틀린디스인 그의 아내. 에브룰푸스, 아클레볼다는 그들의 자식들이다. 그들은 16bun의 곡물경작지로 된 1개의 망스를 보유한다. 그들은 (위와) 같이 (의무를) 이행한다.

113. 콜로누스인 프로도이누스와 콜로누스이고 이름이 라인힐디스인 그의 아내. 그리고 콜로누스인 기로아르두스와 콜로누스이고 이름이 란트루디스인 그의 아내. 게르볼두스는 그들의 아들이다. 그리고 여자콜로누스인 가우틀린디스. 란다르두스, 에르무이누스, 에르베딜디스, 라인트볼다, 알시니아, 시기나는 그녀의 자식들이다. 그들은 19bun의 곡물경작지로 된 1개의 망스를 보유한다. 그들은 (위와) 같이 (의무를) 이행한다.

114. 콜로누스인 알데가리우스와 파테르누스(보유)의 은대지 출신 콜로누스이고 이름이 기로일디스인 그의 아내. 그는 12bun의 곡물경작지로 된 1개의 망스를 보유한다. 그는 (위와) 같이 (의무를) 이행한다.

115. 아클레베르투스(보유)의 프레카리아 출신인 안스타시우스와 콜로누스이고 이름이 이슬라인 그의 아내. 이스나르두스는 그들의 아들이다.

---

57 곡물경작지의 면적이 A. Longnon, ed., *Polyp. de St. Germain*, p. 120에는 '13(XIII)'bun으로 되어 있으나, B. Guérard, ed., *Polyp. d'Irminon*, p. 92와 D. Hägermann, ed. *Polyp. von St. Germain*, p. 69에는 '14(XIIII)'bun으로 되어 있다.

그리고 콜로누스인 가우디우스와 콜로누스이고 이름이 플라비아인 그의 아내. 그리고 게르라두스(보유)의 은대지 출신인 봘데가우두스와 콜로누스이고 이름이 에르멩길디스인 그의 아내. 봔달가우두스, 봔달가리우스, 봔달기스, 봔달루스, 봔달부르기스는 그들의 자식들이다. 그들은 17bun의 곡물경작지로 된 1개의 망스를 보유한다. 그들은 (위와) 같이 (의무를) 이행한다.

아몬티스 빌라[58] 소속

116. 콜로누스인 알로이누스와 콜로누스이고 이름이 가우슬린디스인 그의 아내. 아게눌푸스, 가우스베르투스, 아가는 그들의 자식들이다. 그리고 콜로누스인 아게나르두스와 콜로누스이고 이름이 게네시아인 그의 아내. 그들 두 명은 아몬티스 빌라에 거주한다. 그들은 16bun의 곡물경작지로 된 1개의 망스를 보유한다. 그들은 (위와) 같이 (의무를) 이행한다.

117. 콜로누스인 뷔네카리우스. 그리고 콜로누스인 아일무스와 콜로누스이고 이름이 베르타리아인 그의 아내. 그리고 콜로누스인 테우도이누스와 콜로누스이고 이름이 히트힐디스인 그의 아내. 이트하르두스는 그들의 아들이다. 그리고 콜로누스인 알다데우스와 콜로누스이고 이름이 베리틀라인 그의 아내. 기슬레데우스는 그들의 아들이다. 그들은 14bun의 곡물경작지와 3bun의 방목지로 구성된 1개의 망스를 보유한다. 그들은 (위와) 같이 (의무를) 이행한다.

---

[58] 아몬티스 빌라(Amontis Villa)의 위치에 대해서는 의견이 엇갈린다. B. Guérard, ed., *Polyp. d'Irminon*, p. 93의 a번 각주에서는 빌라밀트로부터 남쪽으로 45km쯤 떨어져 있는 몽텡빌(Montainville)이라고 하고, A. Longnon, ed., *Polyp. de St. Germain*, p. 121의 1번 각주에서는 빌라밀트로부터 남남동쪽 25km쯤의 거리에 있는 외레루아르 도 샤르트르 군 오노 캉통 샹스뤼(Champseru) 코뮌의 몽빌(Monville)이라고 하며, D. Hägermann, ed. *Polyp. von St. Germain*, p. 223과 K. Elmshäuser & A. Konrad, *Studien zum Polyp. von St. Germain*, p. 117에서는 외레루아르 도 드뢰 군 샤토뇌프앙티므래 캉통 마르빌레부아(Marville-les-Bois) 코뮌(후자의 경우에는 트랑블레레빌라주[Tremblay-les-Villages] 코뮌)에 소재한 모로리외(Moreaulieux) 인근의 폐촌(廢村)인 몽빌(Monville)이라고 한다.

118. 콜로누스인 가우투스와 콜로누스이고 이름이 베로일디스인 그의 아내. 베로이누스, 베로아르두스는 그들의 자식들이다. 그리고 콜로누스인 라인베르투스와 콜로누스이고 이름이 프라멩가우디아인 그의 아내. 베르타는 그들의 딸이다. 그들은 18bun의 곡물경작지로 된 1개의 망스를 보유한다. 그들은 (위와) 같이 (의무를) 이행한다.

아피아 롤레[59] 소속

119. 콜로누스인 알피우스와 콜로누스이고 이름이 봐르나인 그의 아내. 프로트그리무스, 프로트바이두스, 마우리누스, 봐르네가우두스, 우르살두스, 봐림베르투스, 알피아는 그들의 자식들이다. 그리고 콜로누스인 베르네가리우스와 콜로누스이고 이름이 블리디나인 그의 아내. 봘레밀디스는 그들의 딸이다. 그들 두 명은 18bun의 곡물경작지로 된 1개의 망스를 보유한다. 그는[60] (위와) 같이 (의무를) 이행한다.

120. 콜로누스인 란도와 콜로누스이고 이름이 엘리사베트인 그의 아내. 란도아르두스, 란도이누스, 가일로, 기로아르두스는 그들의 자식들이다. 그리고 콜로누스인 잉카르두스와 콜로누스이고 이름이 알비아인 그의 아내. 프람트루디스, 잉게닐디스는 그들의 자식들이다. 그들 두 명은 21bun의 곡물경작지로 된 1개의 망스를 보유한다. 그들은 (위와) 같이 (의무를) 이행한다.

121. 콜로누스인 기롤두스와 콜로누스이고 이름이 아클레신타인 그의 아내.

---

59 아몬티스 빌라라는 지명과 마찬가지로 아피아 롤레(Apia Rolae)의 위치에 대해서도 의견이 다소 엇갈린다. B. Guérard, ed., *Polyp. d'Irminon*, p. 93의 b번 각주에서는 빌라밀트로부터 남쪽으로 14km쯤 거리에 있는 아셰레(Achères)라고 한다. A. Longnon, ed., *Polyp. de St. Germain*, p. 122의 1번 각주에서는 이런 비정이 기본적으로 타당함을 인정한다. 그러나 D. Hägermann, ed. *Polyp. von St. Germain*, p. 223과 K. Elmshäuser & A. Konrad, *Studien zum Polyp. von St. Germain*, p. 118에서는 외레루아르 도 드뢰 군 샤토뇌프앙티므래 캉통 트랑블레레빌라주 코뮌의 아셰레 인근에 있는 폐촌인 아셰롤레(Acherolles)라고 한다.

60 원문대로임.

식볼두스, 시게베르투스, 게르힐디스는 그들의 자식들이다. 그리고 콜로누스인 벨레가리우스와 프리게우스(보유)의 은대지 출신이고 이름이 고달베르가인 그의 아내. 그리고 콜로누스인 안스프리두스와 콜로누스이고 이름이 안세구디스인 그의 아내. 그들은 20bun의 곡물경작지로 된 1개의 망스를 보유한다. 그들은 (위와) 같이 (의무를) 이행한다.

카스텔룸[61] 소속

122. 콜로누스인 마달길루스와 콜로누스이고 이름이 고디스마인 그의 아내. 고다스만누스, 마달볼두스, 알트프리다는 그들의 자식들이다. 그리고 콜로누스인 빌레리쿠스와 사제 아우둘푸스(보유)의 은대지 출신 콜로누스인 그의 아내. 그들 두 명은 17bun의 곡물경작지와 10bun의 방목지로 구성된 1개의 망스를 보유한다. 그들은 (위와) 같이 (의무를) 이행한다.

123. 콜로누스인 마달베르투스와 콜로누스이고 이름이 프람네트루디스인 그의 아내. 프람트루디스는 그들의 딸이다. 그리고 콜로누스인 그레고리우스와 프로트카리우스(보유)의 은대지 출신이고 이름이 란트루디스인 그의 아내. 그리고 베르톨로메우스. 그들은 14bun의 곡물경작지와 9bun의 방목지로 구성된 1개의 망스를 보유한다. 그들은 (위와) 같이 (의무를) 이행한다.

란둘피 빌라[62] 소속

61 카스텔룸(Castellum)의 위치에 대해 B. Guérard, ed., *Polyp. d'Irminon*, p. 93의 c번 각주에서는 빌라밀트로부터 남서쪽으로 20km쯤 거리에 있는 가스텔(Gastelles)이라고 하고, D. Hägermann, ed. *Polyp. von St. Germain*, p. 224와 K. Elmshäuser & A. Konrad, *Studien zum Polyp. von St. Germain*, p. 119에서도 외레루아르 도 드뢰 군 샤토뇌프앙티므래 캉통의 가텔레(Gâtelles)라고 하여 비슷하게 비정한다. 그러나 A. Longnon, ed., *Polyp. de St. Germain*, p. 122의 3번 각주에서는 게라르의 견해를 부정하고 그 위치는 알 수 없다고 한다.

62 B. Guérard, ed., *Polyp. d'Irminon*, p. 94의 a번 각주와 A. Longnon, ed., *Polyp. de St. Germain*, p. 123의 1번 각주와 D. Hägermann, ed. *Polyp. von St. Germain*,

124. 콜로누스인 봐림볼두스와 콜로누스이고 이름이 난테드루디스인 그의 아내. 베르네아르두스, 베르네가우두스, 봘레밀디스, 게르트루디스는 그들의 자식들이다. 그리고 콜로누스인 프람베르투스와 콜로누스이고 이름이 아달힐디스인 그의 아내. 그들 두 명은 란둘피 빌라에 거주한다. 그들은 18bun의 곡물경작지로 된 1개의 망스를 보유한다. 그들은 (위와) 같이 (의무를) 이행한다.

125. 콜로누스인 프로틀라이쿠스와 콜로누스이고 이름이 아우틀린디스인 그의 아내. 프로트하르두스는 그들의 아들이다. 그리고 콜로누스인 라트가우두스. 그들 두 명은 16bun의 곡물경작지로 된 1개의 망스를 보유한다. 그들은 (위와) 같이 (의무를) 이행한다.

126. 콜로누스인 힐데가우두스와 콜로누스이고 이름이 프루디나인 그의 아내. 프루도이누스, 프로트하르두스, 이바는 그들의 자식들이다. 그리고 콜로누스인 힐드라두스. 그들 두 명은 18bun의 곡물경작지로 된 1개의 망스를 보유한다. 그들은 (위와) 같이 (의무를) 이행한다.

127. 콜로누스인 크리아두스와 콜로누스이고 이름이 알베르타인[63] 그의 아내. 엠모는 그들의 아들이다. 그는 30bun의 곡물경작지로 된 1개의 망스를 보유한다. 그는 (위와) 같이 (의무를) 이행한다.

128. 콜로누스인 아가르두스는 25bun의 곡물경작지로 된 1개의 자유인망스를 보유한다. 그는 (위와) 같이 (의무를) 이행한다.

129. 콜로누스인 아달리쿠스는 25bun의 곡물경작지로 된 1개의 자유인망스

---

p. 225 및 K. Elmshäuser & A. Konrad, *Studien zum Polyp. von St. Germain*, p. 122에 의하면, 란둘피 빌라(Landulfi Villa)는 오늘날 외레루아르 도 드뢰 군 샤토뇌프앙티므래 캉통 트랑블레르비콩트(Tremblay-le-Vicomte) 코뮌의 랑두빌(Landouville)이다. 이곳은 빌라밀트 남쪽 약 11km쯤 거리에 있다.

[63] 이름이 B. Guérard, ed., *Polyp. d'Irminon*, p. 94에는 '알트베르타(Altberta)'로 되어 있으나, A. Longnon, ed., *Polyp. de St. Germain*, p. 123과 D. Hägermann, ed. *Polyp. von St. Germain*, p. 71에는 '알베르타(Alberta)'로 되어 있다.

를 보유한다. 그는 (위와) 같이 (의무를) 이행한다.

130. 콜로누스인 빌레베르투스와 콜로누스이고 이름이 힐데가르디스인 그의 아내. 뷔트베르투스, 뷔네길디스는 그들의 자식들이다. 그리고 콜로누스인 그림베르투스와 프리게우스(보유)의 은대지 출신 콜로누스인 그의 아내. 그리고 콜로누스인 베르툴푸스와 콜로누스이고 이름이 블라트힐디스인 그의 아내. 베르톨두스는[64] 그들의 아들이다. 그들은 22bun의 곡물경작지로 된 1개의 망스를 보유한다. 그들은 (위와) 같이 (의무를) 이행한다.

카데네[65] 소속

131. 콜로누스인 게르문두스와 외지인인 그의 아내. 그는 카테네에 거주한다. 그는 20bun의 곡물경작지로 된 1개의 망스를 보유한다. 그는 (위와) 같이 (의무를) 이행한다.

132. 콜로누스인 아달리쿠스와 고도이누스(보유)의 은대지 출신 콜로누스이고 이름이 게르베르가인 그의 아내. 그리고 콜로누스인 아인발두스와 여자콜로누스인 아달베르타. 그들은 14bun의 곡물경작지로 된 1개의 망스를 보유한다. 그들은 (위와) 같이 (의무를) 이행한다.

133. 고도이누스(보유)의 은대지 출신 콜로누스인 에르칸프레두스와 콜로누

---

64 이름이 B. Guérard, ed., *Polyp. d'Irminon*, p. 94에는 '베르트홀두스(Bertholdus)'로 되어 있으나, A. Longnon, ed., *Polyp. de St. Germain*, p. 123과 D. Hägermann, ed. *Polyp. von St. Germain*, p. 71에는 '베르톨두스(Bertoldus)'로 되어 있다.

65 A. Longnon, ed., *Polyp. de St. Germain*, p. 124의 1번 각주와 D. Hägermann, ed. *Polyp. von St. Germain*, p. 224 및 K. Elmshäuser & A. Konrad, *Studien zum Polyp. von St. Germain*, p. 118에 의하면, 카데네(Cadenae) 또는 카테네(Catenae)는 오늘날 외레루아르 도 드뢰 군 샤토뇌프앙티므래 캉통 셰느쉬뉘(Chêne-Chenu)이며, 빌라밀트 남서쪽 약 14km 지점에 위치한다. 이에 비해 B. Guérard, ed., *Polyp. d'Irminon*, p. 94의 b번 각주에서는 카데네가 빌라밀트 남서쪽 15km 거리에 있는 셴느(Chaisnes)라고 한다. 이렇게 지명이 다소 상이하지만, 그 위치가 같은 것으로 봐서, 동일 마을을 지칭한다고 하겠다.

스이고 이름이 에르메나인 그의 아내. 게로이누스, 에르칸리쿠스, 에르칸라두스, 에르칸트루디스, 에르멘베르가는 그들의 자식들이다. 그는 17bun의 곡물경작지로 된 1개의 망스를 보유한다. 그는 (위와) 같이 (의무를) 이행한다.

134. 고도이누스(보유)의 은대지 출신인 에브레하르두스. 그리고 콜로누스인 아달그리무스와 콜로누스이고 이름이 아말베르가인 그의 아내. 시그람누스, 게라르두스, 프로트하우스, 힐트루디스, 아달트루디스, 아달라다는 그들의 자식들이다. 그들 두 명은 13bun의 곡물경작지로 된 1개의 망스를 보유한다. 그들은 (위와) 같이 (의무를) 이행한다.

빌릳타[66] 소속

135. 콜로누스인 아달볼두스와 외지인인 그의 아내. 그는 빌릳타에 거주한다. 그는 15bun의 곡물경작지와 5bun의 임야로 구성된 1개의 망스를 보유한다. 그는 (위와) 같이 (의무를) 이행한다.

136. 콜로누스인 베라비우스와 고도이누스(보유)의 은대지 출신이고 이름이 게닐디스인 그의 아내. 그리고 콜로누스인 블라트하리우스. 그들 두 명은 18bun의 곡물경작지와 3bun의 임야로 구성된 1개의 망스를 보유한다. 그들은 (위와) 같이 (의무를) 이행한다.

137. 콜로누스인 하이르문두스와 고도이누스(보유)의 은대지 출신이고 이름이 알데드루디스인 그의 아내. 그리고 반자유인인 라트볼두스와 콜로누스이고 이름이 아클로일디스인 그의 아내. 아클룰푸스, 군트베르가

---

[66] B. Guérard, ed., *Polyp. d'Irminon*, p. 95의 a번 각주와 A. Longnon, ed., *Polyp. de St. Germain*, p. 124의 2번 각주와 D. Hägermann, ed. *Polyp. von St. Germain*, p. 228 및 K. Elmshäuser & A. Konrad, *Studien zum Polyp. von St. Germain*, p. 127에 의하면, 빌릳타(Vilitta)는 빌라밀트로부터 남서쪽으로 17km 떨어져 있는 외레루아르 도 드뢰 군 샤토뇌프앙티므래 캉통 셰느쉬뉘 코뮌(맨 뒤의 저서에서는 트랑블레레빌라주 코뮌)의 빌레트레부아(Villette-les-Bois. 게라르의 경우에는 빌레트르무티에[Villette-le-Moutier])에 해당한다.

는 그들의 자식들이다. 그리고 반자유인인 라둘푸스와 이름이 라이오빌디스인 그의 아내. 라트소이스는 그들의 딸이다. 그리고 콜로누스인 돔베르트투스. 그들 모두는 25bun의 곡물경작지로 된 1개의 망스를 보유한다. 그들은 (위와) 같이 (의무를) 이행한다.

138. 콜로누스인 기슬레볼두스와 테오도(보유)의 은대지 출신이고 이름이 잉갈베르타인 그의 아내. 그리고 콜로누스인 레메기우스와 고도이누스(보유)의 은대지 출신이고 이름이 알델린디스인 그의 아내. 그들은 25bun의 곡물경작지와 5bun의 임야로 구성된 1개의 망스를 보유한다. 그들은 (위와) 같이 (의무를) 수행한다.

139. 부마름이고 콜로누스인 봐림베르트투스와 콜로누스이고 이름이 라인트루디스인 그의 아내. 그는 15bun의 곡물경작지와 2bun의 방목지로 구성된 1개의 망스를 보유한다. 그는 완전한 자유인망스의 모든 의무를 수행해야 하지만, 그가 담당하는 직무 때문에 (1필의) 말을 기르고 5솔리두스를 지불한다. 그는 이로 인해 이랑들(의 갈이질 부역)과 수도원장과 부수도원장(副修道院長)을[67] 위한 (1회의) 코르베를 수행한다.

140. 콜로누스이인 겐달베르투스와 콜로누스이고 이름이 엘리다인 그의 아내. 테우트하르두스, 기달베르투스, 가말베르타는 그들의 자식들이다. 그는 9bun의 곡물경작지로 된 (1개의) 반쪽 망스를 보유한다. 그는 이로 인해 (1개) 이랑(의 갈이질 부역)과 수도원장과 부수도원장을 위한 (1회의) 코르베를 수행한다.

다음은 부마름 봐림베르투스 관할구역의 거류외인들이다.

141. 울프리쿠스, 프레데가우두스, 프레데가르두스, 라코이누스, 마우론투스, 외지인인 프로트하리우스, 플렉트루디스.

---

[67] 부수도원장(praepositus)은 중세의 수도원에서 수도원장 다음 가는 제2인자로서, 특히 장원을 관리하고 수도원의 살림살이를 담당하는 중책을 맡은 고위 성직자였다.

역마업무 담당자들의 망스들[68]

부마름 봐림베르투스 관할구역 소속

142. 콜로누스이인 오사리우스와 자유인이고 이름이 발드루나인 그의 아내. 오스가리우스, 켈리니아는 그들의 자식들이다. 그는 레우다르디 빌라에[69] 거주한다. 그는 35bun의 곡물경작지로 된 1개의 망스를 보유한다. 그는 이로 인해 이랑들(의 갈이질 부역)과 수도원장과 부수도원장을 위한 코르베들을 수행한다.

143. 콜로누스인 다달카리우스와 게르라두스(보유)의 은대지 출신 콜로누스이고 이름이 이셍길디스인 그의 아내. 그리고 콜로누스인 고달사두스와 파테르누스(보유)의 은대지 출신 콜로누스이고 이름이 알데드루디스인 그의 아내. 그들은 36bun의 곡물경작지로 된 1개의 자유인망스를 보유한다. 그들은 (위와) 같이 (의무를) 수행한다.

144. 콜로누스인 아르테미우스와 자유인인 그의 아내. 시귀누스, 시게문두스, 시게부르기스, 굴프람누스, 뷔네드루디스는 그들의 자식들이다. 그는 아피아리에에[70] 거주한다. 그는 18bun의 곡물경작지로 된 1개의 자

---

[68] '역마업무 담당자들의 망스'란 라틴어 원문의 'mansi paraveradorum'을 번역한 말이다. 역마를 이용해서 영주를 위한 지시 전달, 물품 운반, 교통수단 제공 등에 종사하는 예속민(paraveredorius)들이 보유하는 망스를 가리킨다.

[69] 레우다르디 빌라(Leudardi Villa)의 위치는 분명하지 않다. B. Guérard, ed., *Polyp. d'Irminon*, p. 96의 a번 각주에서 빌라밀트로부터 남쪽으로 24km쯤 거리에 있는 카르빌(Quarville)로 추정된다고 하지만, A. Longnon, ed., *Polyp. de St. Germain*, p. 125의 2번 각주에서는 게라르의 이런 추정이 타당하지 않다고 한다. 그러나 그는 그러면서도 그 곳이 오늘날 어디인지 구체적으로 밝히지 않는다. D. Hägermann, ed. *Polyp. von St. Germain*, p. 225와 K. Elmshäuser & A. Konrad, *Studien zum Polyp. von St. Germain*, p. 123에서도 그 위치가 불명으로 되어 있다.

[70] 아피아리에(Apiariae)를 B. Guérard, ed., *Polyp. d'Irminon*, p. 96의 b번 각주에서는 전술한 제119항 앞의 아피아롤레와 같은 것으로 보지만, A. Longnon, ed., *Polyp. de St. Germain*, p. 126의 1번 각주와 D. Hägermann, ed. *Polyp. von St. Germain*, p. 223 및 K. Elmshäuser & A. Konrad, *Studien zum Polyp. von St. Germain*, p. 118에서는 빌라밀트로부터 남서쪽으로 14km쯤 거리에 있는 외레루아르 도 드뢰

유인망스를 보유한다. 그는 (위와) 같이 (의무를) 수행한다.

부마름 기브롤두스 관할구역 소속

145. 아내가 자식들과 함께 생제르맹(수도원)에 속하지 않는 알둘푸스.[71] 그는 빌라밀트에 거주한다. 그는 11½bun의 곡물경작지와 1½arp의 초지 및 1bun의 방목지로 구성된 1개의 망스를 보유한다. 그는 (위와) 같이 (의무를) 수행한다.

146. 콜로누스인 에브레프리두스와 콜로누스이고 이름이 릭트루디스인 그의 아내. 에르메나르두스, 프로트베르타는 그들의 자식들이다. 그는 빌라밀트에 거주한다. 그는 12bun의 곡물경작지와 1arp의 초지로 구성된 1개의 망스를 보유한다. 그는 이로 인해 자신의 말[馬]로 여타의 장원 관리인들이 자신에게 명령하는 것은 무엇이든 수행한다.

147. 자유인인 아이틀루스와 콜로누스이고 이름이 안소힐디스인 그의 아내. 그는 4½bun의 곡물경작지와 ⅓arp의 초지로 구성된 (1개의) 반쪽 망스를 보유한다. 그는 자신의 말로 그것을[72] 수행한다.

148. 콜로누스인 살라몬과 콜로누스이고 이름이 세네드리디스인 그의 아내. 세네볼두스, 삼손은 그들의 자식들이다. 그는 울미둠에 거주한다. 그는 16bun의 곡물경작지와 ½bun의 방목지로 구성된 1개의 자유인망스를

군 샤토뇌프앙티므머레 캉통(트랑블레레빌라주 코뮌)의 아셰르(Achères)라고 한다.

71 "아내가 자식들과 함께 생제르맹(수도원)에 속하지 않는 알둘푸스."라는 말은 라틴어 원문의 "Aldulfus, cujus uxor cum infantibus non sunt sancti Germani)"를 번역한 것이다. 망스보유자와 달리 처자식이 생제르맹데프레 수도원의 속민이 아니게 된 것은, 서로 다른 영주에게 속하는 남녀가 결혼하는 경우에 그 자녀는 어머니가 속하는 영주에게 귀속되는 봉건적 관행 때문이다. 따라서 어머니가 외지에서 도래한 사람 즉 신이주민(advena)이거나 외지인(extranea)인 경우에도, 자녀는 생제르맹데프레 수도원의 속민이 아니게 되어 이 영지명세장에 자녀의 이름이 기재되지 않게 된다. 예속민의 결혼 시 자녀 배분에 관해서는 B. Guérard, *Prolégomènes,* pp. 410~420 참조.

72 여기서 '그것(eum)'이란 역마 관련 업무를 지칭하는 것으로 보인다.

보유한다. 그는 여타의 역마업무 담당자처럼 (의무를) 수행한다.

149. 콜로누스인 힐데가리우스와 고도이누스(보유)의 은대지 출신 콜로누스이고 이름이 테우트베르가인 그의 아내. 그리고 콜로누스인 라인텔무스와 고도이누스(보유)의 은대지 출신 콜로누스이고 이름이 플라비아인 그의 아내. 그들 두 명은 콜리둠에[73] 거주한다. 그들은 20bun의 곡물경작지와 1arp의 초지로 구성된 1개의 망스를 보유한다. 그들은 (위와) 같이 (의무를) 수행한다.

150. 콜로누스인 가비올두스는 텔비쿠스에[74] 거주한다. 그는 6bun의 곡물경작지로 된 (1개의) 반쪽 망스를 보유한다. 그는 이로 인해 창(槍)들을[75] 만든다.

151. 살로몬과 베네딕투스는 카스돈에 7bun 2ptc의 곡물경작지와 ⅓arp의 초지 및 1bun의 방목지로 구성된 (1개의) 반쪽 망스를 보유한다. 그리고 그들은 성 게르마누스를 위한 연등용으로 3솔리두스를 바치는 것 외에는 이로 인해 수행하는 것은 아무것도 없다.

---

73 콜리둠(Colridum)은 B. Guérard, ed., *Polyp. d'Irminon*, p. 97의 a번 각주와 A. Longnon, ed., *Polyp. de St. Germain*, p. 126의 2번 각주에 의하면 빌라밀트 동쪽 8km 지점에 있는 외레루아르 도 드뢰 군 노장르루아 캉통 세낭트(Senantes) 코뮌의 작은 마을인 르쿠드래(Le Coudray)다. D. Hägermann, ed. *Polyp. von St. Germain*, p. 224와 K. Elmshäuser & A. Konrad, *Studien zum Polyp. von St. Germain*, p. 119에 의하면 이곳은 오늘날 행정구역상으로는 외레루아르 도 샤르트르 군 샤르트르쉬드(Chartres-sud) 캉통의 르쿠드래다.

74 B. Guérard, ed., *Polyp. d'Irminon*, p. 97의 b번 각주와 A. Longnon, ed., *Polyp. de St. Germain*, p. 126의 3번 각주와 D. Hägermann, ed. *Polyp. von St. Germain*, p. 227 및 K. Elmshäuser & A. Konrad, *Studien zum Polyp. von St. Germain*, p. 126에 의하면, 텔비쿠스(Telvicus)는 빌라밀트 남서쪽 15km 거리에 있는 외레루아르 도 드뢰 군 샤토뇌프(뒤의 두 편・저서에는 샤토뇌프앙티므레) 캉통의 퇴비(Theuvy)다.

75 '창'이란 라틴어 원문의 'blasus'를 번역한 말이다. 여기와 제13장 제102항에 보이는 이 말이 고전 라틴어 사전에서는 찾을 수 없지만 창임에 대해서는 K. Elmshäuser & A. Konrad, *Studien zum Polyp. von St. Germain*, p. 191과 R. Doehaerd, *The Early Middle Ages*, p. 134 참조.

152. 아클레베르투스는 도르캇시누스 파구스[76] 내의 알니둠이라고 불리는 마을에서 기부를 했다. 그는 여기서 4개의 망스와 ¼개의 물레방아를 기증했다.[77]

153. 생제르맹(수도원)의 콜로누스인 크리키아누스는 삼나리에에[78] 거주한다. 그는 12bun의 곡물경작지와 2bun의 방목지로 구성된 1개의 자유인 망스를 보유한다. 그는 군사용으로 2두의 거세된 숫양과, 5md의 스펠트밀을 바친다. 그는 (1개의) 완전한 이랑(의 갈이질 부역)을 수행한다. 그는 계란들과 함께 3마리의 닭을 (바친다). 그리고 파종기마다 1회의 코르베를 수행하고, 빵과 음료수를 제공받아 다른 또 1회의 코르베를 수행한다. 그는 2필의 큰 가축으로 파리시아쿠스나 아우릴리아넨시스 또는 블리센시스로[79] 포도주 수송부역을 수행한다. (그는) 100개의 지

---

[76] B. Guérard는 *Prolegomènes*, pp. 68~70과 D. Hägermann, ed. *Polyp. von St. Germain*, p. 225에 의하면 도르캇시누스 파구스(Dorcassinus pagus)는 드뢰 군의 군청 소재지 주변지역을 가리킨다.

[77] B. Guérard, *Prolégomènes*, pp. 846~847 및 K. Elmshäuser & A. Konrad, *Studien zum Polyp. von St. Germain*, pp. 109~110에 따르면 아클레베르투스가 생제르멩데프레 수도원에 기증한 4개의 망스는 다음의 제152항~제157항에 걸쳐 기재되어 있으며, 제156항과 제157항의 2개 호스피키움은 1개의 망스로 계산되었다. 그는 4개의 망스와 ¼개의 물레방아를 기증한 대가로 제158항에 기재된 영주직영지를 프레카리아로 수도원으로부터 받았다. 이 영주직영지는 1개의 교회와 여기에 배속된 5개의 망스로 구성되어 있다. 아클레베르투스가 프레카리아 형태로 보유한 토지는 뒤의 제269항~제276항에 다시 기재되어 있으나, 제158항의 기록내용과는 다소 다르다.

[78] B. Guérard, ed., *Polyp. d'Irminon*, p. 97의 g번 각주와 A. Longnon, ed., *Polyp. de St. Germain*, p. 127의 5번 각주와 D. Hägermann, ed. *Polyp. von St. Germain*, p. 227 및 K. Elmshäuser & A. Konrad, *Studien zum Polyp. von St. Germain*, p. 124에 의하면, 삼나리에(Samnariae)는 빌라밀트 서쪽 14km 거리에 있는 외레루아르 도 드뢰 군 드뢰 캉통의 솔니에르(Saulnières)다.

[79] B. Guérard는 *Prolegomènes*, pp. 86~89와 B. Guérard, ed., *Polyp. d'Irminon*, p. 97의 h번 각주와 A. Longnon, ed., *Polyp. de St. Germain*, p. 127의 6번 각주 및 D. Hägermann, ed. *Polyp. von St. Germain*, pp. 223, 227에 의하면, 파리시아쿠스(Parisiacus), 아우릴리아넨시스(Aurilianensis), 블리센시스(Blisensis)는 각각 오늘날의 파리, 오를레앙, 블루아를 가리킨다.

붕널과 나무채취료로 1수레의 나무를 (바친다).

154. 콜로누스인 게로이누스와 생제르맹(수도원)의 콜로누스이고 이름이 오이스베르타인 그의 아내. 게르라두스, 잉고, 게르플리디스, 가로일디스, 기슬라, 다이드리스마, 게로아라는 그들의 자식들이다. 그리고 생제르맹(수도원)의 노예인 라우트마루스와 외지인인 그의 아내. 그들 두 명은 알니둠에 거주한다. 그들은 12bun의 곡물경작지와 1arp의 초지로 구성된 1개의 망스를 보유한다. 그들은 (위와) 같이 (의무를) 이행하고, 2개 이상의 이랑(의 갈이질 부역)을 수행한다.

155. 반자유인인 알키아누스와 노예이고 이름이 에를로일디스인 그의 아내. 에를루이누스, 에를로아르두스, 에르멘베르가, 란트힐디스는 그들의 자식들이다. 그는 알니둠에 거주한다. 그는 8bun의 곡물경작지로 된 1개의 자유인망스를 보유한다. 그는 군사용으로 1두의 거세된 숫양과, 5md의 스펠트밀을 바친다. 그는 (1개의) 완전한 이랑(의 갈이질 부역)을 수행한다. 그는 계란들과 함께 3마리의 닭을 (바친다). 그는 코르베들을 여타의 보유자들처럼 수행하고, 1두의 황소로 포도주 수송부역을 수행한다. 그는 100개의 지붕널과 나무채취료로 1수레의 나무를 (바친다).

156. 노예인 알도. 그는 3bun 2ptc의 곡물경작지로 된 (1개의) 호스피키움을 보유한다. 그는 이로 인해 (1)주일에 3[일](의 부역노동)을 수행한다. 그는 계란들과 함께 3마리의 닭을 바친다.

157. 아내와 자식들이 생제르맹(수도원)에 속하지 않는 외지인 베르토. 그는 삼나리에에 거주한다. 그는 1bun의 곡물경작지로 된 1개의 호스피키움을 보유한다. 그는 (위와) 같이 (의무를) 수행한다.

158. 그(아클레베르투스)는 그것(재산 기부)에 대한 반대급부로 생제르맹(수도원)의 소유재산으로부터 저택과 여타 많은 부속건물들을 갖춘 (1개의) 영주직영지와 잘 지어진 1개의 교회를 (프레카리아로) 받았다. 이 영주직영지에는 15bun의 곡물경작지와 4수레의 건초가 채취될 수 있는 3arp의 초지 및 9bun의 새 임야가 딸려 있다. 그리고 이 교회에는

9bun의 곡물경작지가 배속되어 있다. 이 영주직영지에는 또 모두 합쳐 60bun의 곡물경작지와 1½arp의 초지로 된 5개의 다른 망스들이 딸려 있다. 그들(망스보유자)은 모두 합쳐 군사용으로 5두의 거세된 숫양을 바치고, 25md의 스펠트밀, 15마리의 닭, 75개의 계란, 나무채취료로 5수레의 나무, 500개의 지붕널을 바친다. 이 영주직영지에는 1대의 물레방아가 있으며, (그 임차인은) 사용료로 모두 합쳐 100md의 곡식과 1마리의 살찐 돼지, 1두의 거세되지 않은 숫양,[80] 12데나리우스(의 돈), 3마리의 암평아리 및 60개의 계란을 바친다. 여기에는 매주 1일(의 부역노동)을 수행하는 8명의 거류외인들이 있다. 그들은 계란들과 함께 18마리의 닭을 (바친다).

부마름 아클레둘푸스 관할구역 소속

159. 콜로누스인 힝클레아리우스와 콜로누스이고 이름이 아말베르타인 그의 아내. 레스타두스, 레스테문두스, 뷔둘푸스, 풀베르투스, 아달베르타, 레스토빌디스는 그들의 자식들이다. 그는 라둘피 빌라에 거주한다. 그는 10bun의 곡물경작지와 ½bun의 방목지로 구성된 1개의 자유인망스를 보유한다. 그는 여타의 보유자들처럼 의무를 이행한다.

160. 콜로누스인 라인타르두스와 콜로누스이고 이름이 알트라다인 그의 아내. 빨리트카리우스는 그들의 아들이다. 그리고 콜로누스인 이두이누스. 그들은 16bun의 곡물경작지와 1arp의 방목지로 구성된 1개의 망스를 보유한다. 그는[81] (위와) 같이 (의무를) 이행한다.

161. 콜로누스인 베르네가우두스와 콜로누스이고 이름이 잉그라다인 그의 아내. 베르툴푸스, 스타디아, 스타트길디스, 에르카하리우스는 그들의 자식들이다. 그리고 콜로누스인 아말카리우스와 콜로누스이고 이름이 아클릴디스인 그의 아내. 아클레아리우스, 가말베르투스, 란드리스마는 그들의 자식들이다. 그들은 12bun의 곡물경작지와 2bun의 방목지로

---

80 '거세되지 않은 숫양'이란 라틴어 원문의 'learis'를 번역한 말이다.

81 원문대로임.

구성된 1개의 망스를 보유한다. 그들은 (위와) 같이 (의무를) 이행한다.

162. 콜로누스인 오도아르두스와 콜로누스이고 이름이 마르코일디스인 그의 아내. 오딜라르두스, 마르쿠이누스, 오델린디스는 그들의 자식들이다. 그리고 콜로누스인 덴도. 아그룰푸스, 아달가우두스, 아클라라는 그의 자식들이다. 그리고 콜로누스인 아게놀두스와 콜로누스이고 이름이 오달베르가인 그의 아내. 기브롤두스, 아게눌푸스, 아게닐디스, 오틀린디스는 그들의 자식들이다. 그리고 콜로누스인 막베르투스. 그들은 11bun의 곡물경작지로 된 1개의 망스를 보유한다. 그들은 (위와) 같이 (의무를) 이행한다.

163. 콜로누스인 봘트카리우스와 콜로누스이고 이름이 레스틸디스인 그의 아내. 뷔트헬무스, 안토니아는 그들의 자식들이다. 그리고 콜로누스인 게로아르두스. 그들은 14bun의 곡물경작지와 1½bun의 방목지로 구성된 1개의 망스를 보유한다.

아네이스 빌라[82] 소속

164. 콜로누스인 프루두아르두스와 콜로누스이고 이름이 기우리스마인 그의 아내. 프루디누스는 그들의 아들이다. 그리고 콜로누스인 아달가르디스와[83] 콜로누스이고 이름이 울프라다인 그의 아내. 울프람누스, 일가르누스, 아달카리우스, 라도아리우스, 히데가르디스, 테우트가르디스는 그들의 자식들이다. 그리고 콜로누스인 아클루이누스와 콜로누스이고 이름이 아기티아인 그의 아내. 라간테우스, 라간힐디스는 그들의

---

82 B. Guérard, ed., *Polyp. d'Irminon*, p. 99의 a번 각주와 A. Longnon, ed., *Polyp. de St. Germain*, p. 129의 1번 각주에 의하면 아네이스 빌라(Aneis Villa)는 빌라밀트로부터 남쪽으로 11km쯤 떨어져 있는 외레루아르 도 샤르트르 군 맹트농(Maintenon) 캉통 부그랭발(Bouglainval) 코뮌의 작은 마을인 앙빌(Anville)이다. D. Hägermann, ed. *Polyp. von St. Germain*, p. 223에서는 앞에서 말하는 것과 같은 행정구역에 속한다고 하면서도 그 지명이 앙빌 또는 홍빌(Honville)이라고 한다.

83 남자콜로누스임에도 불구하고 라틴어 원문에 여성형 접미사인 '-dis'를 가진 '아달가르디스(Adalgardis)'라는 이름으로 되어 있다.

자식들이다. 그들 모두는 19bun의 곡물경작지와 7bun의 잡목림으로 구성된 1개의 망스를 보유한다. 그들은 (위와) 같이 (의무를) 이행한다.

�포니 빌라[84] 소속

165. 콜로누스인 아달가우두스와 콜로누스이고 이름이 기로일디스인 그의 아내. 게로아르두스, 아달길디스, 아달릴디스, 알트라다, 게이르베르가는 그들의 자식들이다. 그리고 콜로누스인 알라피우스와 콜로누스이고 이름이 아달리나인 그의 아내. 아데가리우스, 아달리나, 악프리다, 군트베르가, 아달신디스는 그들의 자식들이다. 그들은 16bun의 곡물경작지로 된 1개의 망스를 보유한다. 그들은 (위와) 같이 (의무를) 이행한다.

166. 콜로누스인 악신두스와 콜로누스이고 이름이 마다닐디스인 그의 아내. 아게눌푸스, 아클레둘푸스, 아클레볼다는 그들의 자식들이다. 그리고 콜로누스인 아말카리우스와 콜로누스이고 이름이 아달가르디스인 그의 아내. 힐데가르디스, 아말베르가는 그들의 자식들이다. 그리고 여자 콜로누스인 이달라. 테우틀린디스, 이돌린디스, 테우트신디스, 이달베르가는 그녀의 자식들이다. 그들 모두는 17bun의 곡물경작지로 된 1개의 망스를 보유한다. 그들은 (위와) 같이 (의무를) 이행한다.

가우데니 빌라[85] 소속

---

84 옾포니 빌라(Offoni Villa)의 위치에 대한 설명은 이 영지명세장의 편찬자들 사이에 비슷하면서도 약간 차이가 있다. B. Guérard, ed., *Polyp. d'Irminon*, p. 99의 b번 각주에 의하면 그 곳은 빌라밀트 남남서쪽 20km쯤 거리에 있는 오퐁빌(Offonville) 또는 아퐁빌(Affonville)이라고 하고, A. Longnon, ed., *Polyp. de St. Germain*, p. 129의 3번 각주에서는 빌라밀트로부터 남서쪽 20km 거리에 있는 외레루아르 도 드뢰 군 샤토뇌프 캉통 가텔레 코뮌과 같은 도 샤르트르 군 쿠르빌(Courville) 캉통 베리니(Vérigny) 코뮌에 걸쳐 있는 오퐁빌 또는 아퐁빌이라고 하며, D. Hägermann, ed. *Polyp. von St. Germain*, p. 226과 K. Elmshäuser & A. Konrad, *Studien zum Polyp. von St. Germain*, p. 124에서는 외레루아르 도 드뢰 군 샤토뇌프앙티므레 캉통의 아퐁빌이라고 한다.

85 가우데니 빌라(Gaudeni Villa)는 B. Guérard, ed., *Polyp. d'Irminon*, p. 99의 c번 각주와 A. Longnon, ed., *Polyp. de St. Germain*, p. 130의 1번 각주에서는 빌라밀트

167. 콜로누스인 에르메나르두스와 콜로누스이고 이름이 라게힐디스인 그의 아내. 에르멘타리우스는 그들의 아들이다. 그리고 콜로누스인 알데드람누스와 콜로누스이고 이름이 빨도플리디스인 그의 아내. 그리고 콜로누스인 알도이쿠스와 콜로누스이고 이름이 이데르나인 그의 아내. 기술푸스는 그들의 아들이다. 그리고 콜로누스인 벨토. 그들 모두는 14bun의 곡물경작지와 ½arp의 포도밭으로 구성된 1개의 망스를 보유한다. 그들은 (위와) 같이 (의무를) 이행한다.

168. 콜로누스인 에르베놀두스와 콜로누스이고 이름이 아달길디스인 그의 아내. 아달힐디스, 플란타시리카는[86] 그들의 자식들이다. 그리고 콜로누스인 에르멩가리우스와 콜로누스이고 이름이 안스플리디스인 그의 아내. 에르메나리우스와 아말트루디스는 그들의 자식들이다. 그리고 콜로누스인 이델가르디스와 콜로누스이고 이름이 게일린디스인 그의 아내. 이델베르가, 일데베르가, 게일라는 그들의 자식들이다. 그들 모두는 11bun의 곡물경작지와 ½arp의 포도밭으로 구성된 1개의 자유인망스를 보유한다. 그들은 (위와) 같이 (의무를) 이행한다.

169. 콜로누스인 라딩구스와 콜로누스이고 이름이 가우디다인 그의 아내. 아달트루디스, 라딩가, 안스부르기스는 그들의 자식들이다. 그리고 콜로누스인 아달룰푸스와 콜로누스이고 이름이 에르미다인 그의 아내. 아달피두스는 그들의 아들이다. 그리고 콜로누스인 아달기수스와 콜로누스이고 이름이 란도일디스인 그의 아내. 에르미나는 그들의 딸이다.

남서쪽 25km쯤 거리에 있는 외레루아르 도 샤르트르 군 쿠르빌 캉통 생타르눌데부아(Saint-Arnoult-des-Bois) 코뮌의 작은 마을인 구엥빌(Goinville)이라고 하는 데 비해, D. Hägermann, ed. *Polyp. von St. Germain*, p. 225와 K. Elmshäuser & A. Konrad, *Studien zum Polyp. von St. Germain*, p. 121에서는 외레루아르 도 샤르트르 군 노장르루아 캉통 맹트농(Maintenon) 코뮌의 폐촌인 귀농빌(Guignonville)이라고 한다.

[86] B. Guérard, ed., *Polyp. d'Irminon*, p. 100에는 이름이 '플란타'와 '시리카'라는 별개의 두 이름("Planta, Sirica")으로 띄어져 있으나, A. Longnon, ed., *Polyp. de St. Germain*, p. 130과 D. Hägermann, ed. *Polyp. von St. Germain*, p. 75에는 '플란타시리카'라는 하나의 이름으로 기재되어 있다.

그들은 12bun의 곡물경작지와 ½arp의 포도밭 및 1bun의 방목지로 구성된 1개의 망스를 보유한다. 그들은 (위와) 같이 (의무를) 이행한다.

170. 콜로누스인 아틀룰푸스와 콜로누스이고 이름이 라이니스마인 그의 아내. 가우도이누스, 라트가우두스는 그들의 자식들이다. 그리고 콜로누스인 베르네아리우스와 콜로누스이고 이름이 고딜디스인 그의 아내. 베르티누스는 그들의 아들이다. 그들은 12bun의 곡물경작지로 된 1개의 자유인망스를 보유한다.

171. 로트카리우스(보유)의 은대지 출신 콜로누스인 라게나리우스와 콜로누스이고 이름이 아드라마인 그의 아내. 라인볼두스는 그들의 아들이다. 그리고 콜로누스인 라이나르두스. 그리고 콜로누스인 베르노이누스와 콜로누스이고 이름이 아달트루디스인 그의 아내. 아도, 레오도일디스, 아말시다, 트리실디스, 베르티나는 그들의 자식들이다. 그리고 여자콜로누스인 아마일리스. 게링구스, 아말길디스, 아드라다는 그녀의 자식들이다. 그들은 17bun의 곡물경작지와 ½arp의 포도밭으로 구성된 1개의 망스를 보유한다. 그들은 (위와) 같이 (의무를) 이행한다.

172. 콜로누스인 베르토이누스, 그리고 콜로누스인 마다하리우스. 그리고 여자콜로누스인 에르네길디스. 그는[87] 12bun의 곡물경작지와 2bun의 잡목림으로 구성된 1개의 망스를 보유한다. 그는 (위와) 같이 (의무를) 이행한다.

소나니스 빌라[88] 소속

173. 콜로누스인 라이노아르두스와 콜로누스이고 이름이 아게닐디스인 그

87 원문대로임.

88 B. Guérard, ed., *Polyp. d'Irminon*, p. 100의 a번 각주와 A. Longnon, ed., *Polyp. de St. Germain*, p. 131의 1번 각주와 D. Hägermann, ed. *Polyp. von St. Germain*, p. 227 및 K. Elmshäuser & A. Konrad, *Studien zum Polyp. von St. Germain*, p. 125에 의하면, 소나니스 빌라(Sonanis Villa)는 외레루아르 도 샤르트르 군 샤르트르 캉통(헤게르만의 경우에는 샤르트르노르 캉통) 콜탱빌(Coltainville) 코뮌의 작은 마을인 스냉빌(Senainville)이다. 이곳은 빌라밀트 남남동쪽 22km쯤 거리에 위치한다. 맨 뒤의 저서에서는 이렇게 추정하면서도 불확실하다고 한다.

의 아내. 아감볼두스, 아말리쿠스, 라게닐디스, 아달힐디스는 그들의 자식들이다. 그리고 콜로누스인 아그라두스와 콜로누스이고 이름이 기미나인 그의 아내. 마드레베르투스, 아그라다, 베르트리다는 그들의 자식들이다. 그들은 13bun의 곡물경작지로 된 1개의 망스를 보유한다. 그들은 (위와) 같이 (의무를) 이행한다.

174. 콜로누스인 에르멩가르두스와 콜로누스이고 이름이 엘렉타인 그의 아내. 레스테두누스, 마르티누스, 라이노일디스는 그들의 자식들이다. 그리고 콜로누스인 안드레베르투스와 콜로누스이고 이름이 기슬라인 그의 아내. 에브리누스, 고트프리두스, 기슬로아르두스, 안데가우두스, 기슬로일디스, 노달베르타는 그들의 자식들이다. 그들은 13bun의 곡물경작지로 된 1개의 망스를 보유한다. 그들은 (위와) 같이 (의무를) 이행한다.

175. 콜로누스인 프레데가리우스와[89] 콜로누스이고 이름이 라트군디스인 그의 아내. 크리아두스는 그들의 아들이다. 그리고 콜로누스인 베르토이누스와 콜로누스이고 이름이 마리나인 그의 아내. 그들 두 명은 9bun의 곡물경작지로 된 1개의 망스를 보유한다. 그들은 지붕널을 제외하고는 (위와) 같이 (의무를) 이행한다.

울미[90] 소속

176. 외지인인 블리트문두스와 콜로누스이고 이름이 페트로니아인 그의 아

---

[89] B. Guérard, ed., *Polyp. d'Irminon*, p. 100에는 이름이 '프로데가리우스(Frodegarius)'로 되어 있으나, A. Longnon, ed., *Polyp. de St. Germain*, p. 132와 D. Hägermann, ed. *Polyp. von St. Germain*, p. 76에는 '프레데가리우스(Fredegarius)'로 되어 있다.

[90] 울미(Ulmi)의 위치는 분명하지 않다. B. Guérard, ed., *Polyp. d'Irminon*, p. 101의 a번 각주에서는 빌라밀트 서쪽 16km쯤 거리에 있는 레조름(Les Ormes)이라고 하지만, A. Longnon, ed., *Polyp. de St. Germain*, p. 132의 1번 각주에서는 게라르의 이런 추정에 대해 이의를 제기하면서도 그 곳이 정확히 어디인지 더 이상 설명하지 않는다. D. Hägermann, ed. *Polyp. von St. Germain*, p. 228과 K. Elmshäuser & A. Konrad, *Studien zum Polyp. von St. Germain*, p. 126에서는 그 위치가 미상으로 되어 있다.

내. 블리트마루스, 요나탄, 아담, 요나암, 시그리스마, 데오다타는 그들의 자식들이다. 그리고 여자콜로누스인 엘리산나. 게르하우스, 가로빌디스, 에르베딜디스는 그녀의 자식들이다. 그들은 13bun의 곡물경작지로 된 1개의 망스를 보유한다. 그들은 (위와) 같이 (의무를) 이행한다.

177. 콜로누스인 뷔네볼두스와 콜로누스이고 이름이 베르타인 그의 아내. 기비누스, 뷕볼두스, 테우트발두스, 잉그리스마, 도다, 마달베르타는 그들의 자식들이다. 그리고 콜로누스인 이둘푸스와 콜로누스이고 이름이 뷔네볼다인 그의 아내. 봐림베르투스는 그들의 아들이다. 그들은 15bun의 곡물경작지로 된 1개의 자유인망스를 보유한다. 그들은 (위와) 같이 (의무를) 이행한다.

178. 콜로누스인 프루트가우두스와 콜로누스이고 이름이 에브라시아인 그의 아내. 프로트베르가, 아클레드루디스, 프로트힐디스는 그들의 자식들이다. 그리고 콜로누스인 가우스발두스. 그리고 콜로누스인 프로트가우두스와 콜로누스이고 이름이 클레멘타인 그의 아내. 프로트하르두스, 베르타는 그들의 자식들이다. 그들은 12½bun의 곡물경작지로 된 1개의 망스를 보유한다. 그들은 (위와) 같이 (의무를) 이행한다.

179. 콜로누스인 베르톨두스와 콜로누스이고 이름이 아게드루디스인 그의 아내. 도미니쿠스, 레우트베르투스, 아간트루디스는 그들의 자식들이다. 그리고 콜로누스인 라인텔무스와 콜로누스이고 이름이 아우스발다인 그의 아내. 라트가우두스, 베르타, 라이닐디스는 그들의 자식들이다. 그들은 12½bun의 곡물경작지로 된 1개의 망스를 보유한다. 그들은 (위와) 같이 (의무를) 이행한다.

180. 콜로누스인 가룰푸스와 콜로누스이고 이름이 아그라다인 그의 아내. 가우달베르투스, 오달베르투스, 다그라두스,[91] 기슬레둘푸스는 그들의

[91] B. Guérard, ed., *Polyp. d'Irminon*, p. 101에는 이름이 '클라그라두스(Clagradus)'로 되어 있으나, A. Longnon, ed., *Polyp. de St. Germain*, p. 132와 D. Hägermann, ed. *Polyp. von St. Germain*, p. 76에는 '다그라두스(Dagradus)'로 되어 있다.

자식들이다. 그는 15bun의 곡물경작지와 ½arp의 초지로 구성된 1개의 망스를 보유한다. 그는 (위와) 같이 (의무를) 이행한다.

181. 콜로누스인 란다리우스와 콜로누스이고 이름이 게로일디스인 그의 아내. 베르트리쿠스, 그레고리우스, 아말트루디스는 그들의 자식들이다. 그리고 콜로누스인 에르부이누스와 콜로누스이고 이름이 프로트베르가인 그의 아내. 프로트하르두스, 프로트가르디스, 토르베우스, 아달라다는 그들의 자식들이다. 그리고 콜로누스인 프루데가리우스. 콜로누스인 프로트가리우스,[92] 플로데가리우스는 그의 자식들이다. 그들은 15bun의 곡물경작지와 1arp의 초지로 구성된 1개의 망스를 보유한다. 그들은 (위와) 같이 (의무를) 이행한다.

182. 콜로누스인 고데프레두스. 그리고 콜로누스인 에를레가우두스. 그리고 콜로누스인 베롤두스. 그들은 16bun의 곡물경작지와 1arp의 초지로 구성된 1개의 망스를 보유한다. 그들은 (위와) 같이 (의무를) 이행한다.

183. 콜로누스인 라이날투스와 콜로누스이고 이름이 아바인 그의 아내. 그리고 콜로누스인 라트발두스와 콜로누스이고 이름이 베네딕타인 그의 아내. 테우트발두스, 세네드리쿠스, 레오도일디스는 그들의 자식들이다. 그들은 20bun의 곡물경작지와 ½arp의 초지로 구성된 1개의 망스를 보유한다. 그들은 (위와) 같이 (의무를) 이행한다.

184. 콜로누스인 아귀누스와 콜로누스이고 이름이 라이닐디스인 그의 아내. 테오데리쿠스는 그들의 아들이다. 그리고 콜로누스인 아게눌푸스와 콜로누스이고 이름이 가말베르타인 그의 아내. 아달롤두스, 아드라두스, 닉토일디스는 그들의 자식들이다. 그리고 콜로누스인 루푸스와 콜로누스이고 이름이 안실디스인 그의 아내. 베롤두스, 알두이누스, 레우도, 안스군디스, 엘리소리아는 그들의 자식들이다. 그리고 콜로누스인 니발루스와 자유인이고 이름이 잉골플리디스인 그의 아내. 알트루디스는 그들의 딸이다. 그들은 23bun의 곡물경작지와 ½arp의 초지로 구성된

[92] 이례적으로 자식의 이름 앞에 콜로누스라는 신분이 표시되어 있다.

1개의 망스를 보유한다. 그들은 (위와) 같이 (의무를) 이행한다.

빌라 알레니[93] 소속

185. 콜로누스인 레오도이누스와 콜로누스이고 이름이 아간프레다인 그의 아내. 아도는 그들의 아들이다. 그리고 콜로누스인 고달하르두스. 그들은 20bun의 곡물경작지로 된 1개의 망스를 보유한다. 그들은 (위와) 같이 (의무를) 이행한다.

186. 콜로누스인 안드레스와 이름이 가로일디스인 그의 아내. 가로이누스, 가룽키우스, 안다프리두스, 안데기수스, 루피투스는 그들의 자식들이다. 그는 22½bun의 곡물경작지로 된 1개의 자유인망스를 보유한다. 그들은[94] (위와) 같이 (의무를) 이행한다.

187. 콜로누스인 아우트발두스와 콜로누스이고 이름이 란다인 그의 아내. 아간프레두스, 악볼두스, 에오딜디스, 아우트부르기스는 그들의 자식들이다. 그리고 콜로누스인 아우트하리우스와 콜로누스이고 이름이 테오도일디스인 그의 아내. 그들은 20bun의 곡물경작지로 된 1개의 망스를 보유한다. 그들은 (위와) 같이 (의무를) 이행한다.

188. 콜로누스인 베르나르두스와 콜로누스이고 이름이 기슬레베르가인 그의 아내. 그리고 콜로누스인 아달하르두스와 콜로누스이고 이름이 잉그리스마인 그의 아내. 엘라리우스는 그들의 아들이다. 그리고 콜로누스인 게로아르두스. 그리고 콜로누스인 게라르두스. 그들 모두는 21½bun의 곡물경작지로 된 1개의 망스를 보유한다. 그들은 (위와) 같이 (의무를) 이행한다.

---

93 빌라 알레니(Villa Alleni)의 위치는 분명하지 않다. B. Guérard, ed., *Polyp. d'Irminon*, p. 102의 a번 각주에서는 빌라밀트 서서북쪽 12km쯤 거리에 있는 알렝빌(Allainville)이라고 하지만, A. Longnon, ed., *Polyp. de St. Germain*, p. 133의 2번 각주에서는 이에 대해 이의를 제기하면서도 그 위치를 확정하지 못하고 있다. D. Hägermann, ed. *Polyp. von St. Germain*, p. 228과 K. Elmshäuser & A. Konrad, *Studien zum Polyp. von St. Germain*, p. 127에서는 미상으로 되어 있다.

94 원문대로임.

레디 빌라[95] 소속

189. 콜로누스인 베르툴푸스와 콜로누스이고 이름이 아클레볼다인 그의 아내. 베르톨두스, 기슬레드루디스는 그들의 자식들이다. 그리고 콜로누스인 아달볼두스와 콜로누스이고 고도이누스(보유)의 은대지 출신이며 이름이 로트베르가인 그의 아내. 그들은 22bun의 곡물경작지로 된 1개의 망스를 보유한다. 그들은 (위와) 같이 (의무를) 이행한다.

190. 콜로누스인 베르네아르두스와 콜로누스이고 이름이 란도힐디스인 그의 아내. 베르나르두스는 그들의 아들이다. 그는 16bun의 곡물경작지로 된 1개의 망스를 보유한다. 그는 (위와) 같이 (의무를) 이행한다.

191. 콜로누스인 베르나르두스와 콜로누스이고 이름이 리킬디스인 그의 아내. 클레멘투스, 프람네가리우스, 릭베르투스는 그들의 자식들이다. 그리고 여자콜로누스인 베르타. 데오다투스, 아비두스,[96] 리트베르투스, 데오다타, 아비다,[97] 아클레힐디스는 그들의 자식들이다. 그리고 콜로누스인 빌트하리우스와 콜로누스이고 이름이 노달힐디스인 그의 아내. 에브레베르투스, 스트라데가리우스는 그들의 자식들이다. 그들 모두는 20bun의 곡물경작지로 된 1개의 망스를 보유한다. 그들은 (위와) 같이

---

95 레디 빌라(Ledi Villa)의 위치 역시 분명하지 않다. B. Guérard, ed., *Polyp. d'Irminon*, p. 102의 c번 각주에서는 이곳이 빌라밀트 남쪽 37km쯤 거리에 위치하고 테둘피 빌라에서 멀지 않은 작은 마을인 레드빌(Laideville)이라고 한다. 그러나 A. Longnon, ed., *Polyp. de St. Germain*, p. 134의 2번 각주에서는 이에 대한 문제를 제기하고 있지만, 그 곳의 위치를 제시하지 못하고 있다. D. Hägermann, ed. *Polyp. von St. Germain*, p. 225와 K. Elmshäuser & A. Konrad, *Studien zum Polyp. von St. Germain*, pp. 122~123에서도 그 위치가 미상으로 되어 있다.

96 B. Guérard, ed., *Polyp. d'Irminon*, p. 103에는 이름이 '아이우두스(Aiudus)'로 되어 있으나, A. Longnon, ed., *Polyp. de St. Germain*, p. 134와 D. Hägermann, ed. *Polyp. von St. Germain*, p. 77에는 '아비두스(Avidus)'로 되어 있다.

97 이름이 B. Guérard, ed., *Polyp. d'Irminon*, p. 103에는 '아이우다(Aiuda)'라고 되어 있지만, A. Longnon, ed., *Polyp. de St. Germain*, p. 134에는 '아비다(Avida)'로, D. Hägermann, ed. *Polyp. von St. Germain*, p. 77에는 '아우이다(Auida)'로 되어 있다. 여기서는 론농을 따라 아비다로 음역한다.

(의무를) 이행한다.

192. 콜로누스인 아클롤두스. 게이링구스, 아달그리무스, 아달구디스는 그의 자식들이다. 그는 16bun의 곡물경작지로 된 1개의 자유인망스를 보유한다. 그는 (위와) 같이 (의무를) 이행한다.

193. 콜로누스인 악투이누스와 콜로누스이고 이름이 기슬레볼다인 그의 아내. 기슬레볼두스, 풀코이누스, 라이노이누스, 라인베르타는 그들의 자식들이다. 그리고 여자콜로누스인 아클레드리스마. 아클룰푸스는 그들의[98] 아들이다. 그는[99] 12bun의 곡물경작지로 된 1개의 망스를 보유한다. 그들은 (위와) 같이 (의무를) 이행한다.

194. 콜로누스인 잉갈베르투스와 콜로누스이고 이름이 알파시아인 그의 아내. 잉갈베르타는 그들의 딸이다. 그리고 콜로누스인 에르멘볼두스와 콜로누스이고 이름이 에르베딜디스인 그의 아내. 아그람누스, 아이트프레두스, 요한네스, 에르베도니아는 그들의 자식들이다. 그리고 콜로누스인 봔드레마루스와 콜로누스이고 이름이 아게드루디스인 그의 아내. 아노빌디스는 그들의 딸이다. 그들 모두는 15bun의 곡물경작지로 된 1개의 망스를 보유한다. 그들은 (위와) 같이 (의무를) 이행한다.

195. 여자콜로누스인 엘리산나. 시메온, 데오나투스, 아데리스마는 그녀의 자식들이다. 그리고 콜로누스인 레스테두누스와 콜로누스이고 이름이 아가마인 그의 아내. 레스톨두스, 레스토이누스, 할데드링구스, 고달트루디스는 그의[100] 자식들이다. 그들 두 명은 13bun의 곡물경작지로 된 1개의 망스를 보유한다. 그들은 (위와) 같이 (의무를) 이행한다.

196. 콜로누스인 켈소이누스와 콜로누스이고 이름이 아우틀린디스인 그의 아내. 아우트베르투스, 잉글레볼두스, 아우텔린디스는 그들의 자식들이다. 그리고 콜로누스인 나레둘푸스와 콜로누스이고 이름이 아달기사

---

98 원문대로임.

99 원문대로임.

100 원문대로임.

인 그의 아내. 나달리아는 그의 딸이다. 그들은 12bun의 곡물경작지로 된 1개의 망스를 보유한다. 그들은 (위와) 같이 (의무를) 이행한다.

197. 콜로누스인 마달그리무스와 콜로누스이고 이름이 나달베르가인 그의 아내. 마달길디스는 그들의 딸이다. 그리고 콜로누스인 에르멩가르두스. 그리고 콜로누스인 에우도. 그리고 여자콜로누스인 에미나. 그들은 13bun의 곡물경작지로 된 1개의 망스를 보유한다. 그들은 (위와) 같이 (의무를) 이행한다.

198. 콜로누스인 아달문두스. 아달가리우스, 헤를로이누스, 아달힐디스, 알시니아, 에우딜디스, 에우달가르디스는 그의 자식들이다. 그리고 콜로누스인 라트가우두스와 콜로누스이고 이름이 빨트베르타인 그의 아내. 아말리쿠스, 아말길디스는 그의 자식들이다. 그들은 14bun의 곡물경작지로 된 1개의 망스를 보유한다. 그들은 (위와) 같이 (의무를) 이행한다.

199. 콜로누스인 에브로이누스와 콜로누스이고 이름이 발드라다인 그의 아내. 발도이누스는 그들의 아들이다. 그리고 콜로누스인 빨트카리우스와 콜로누스이고 이름이 기슬레베르타인 그의 아내. 아말카리우스, 아클레둘푸스는 그들의 자식들이다. 그들 두 명은 13½bun의 곡물경작지로 된 1개의 망스를 보유한다. 그들은 (위와) 같이 (의무를) 이행한다.

200. 여자콜로누스인 가우스트루디스. 아달기수스, 가우트셀무스, 마달비누스, 기술푸스, 가비오아르두스, 기소아르두스, 마달비스, 힐데가르디스, 기슬라는 그녀의 자식들이다. 그녀는 10bun의 곡물경작지로 된 1개의 망스를 보유한다. 그녀는 (위와) 같이 (의무를) 이행한다.

201. 안드레아리우스. 그리고 레우도이누스. 그리고 니벨룽구스. 그리고 루푸스. 그리고 아우트하리우스. 그리고 아달하리우스. 그리고 베르나르두스. 그리고 기로아르두스. 그리고 기라르두스. 그들 모두는 그들 자신의 망스들 외에 4½bun의 곡물경작지로 된 1개의 망스를 보유한다. 그들은 다 함께 5월의 장거리 수송부역과[101] 지붕널 및 나무채취료를 제외한 모든 의무를 수행한다.

디스보트흐 빌라[102] 소속

202. 여자콜로누스인 기슬레힐디스. 이술푸스, 이센바르두스, 아클레데우스, 라인트베르타는 그녀의 자식들이다. 그리고 콜로누스인 아말하리우스와 게르라두스(보유)의 은대지 출신이고 이름이 빌드링가인 그의 아내. 그들 두 명은 디스보트흐 빌라에 거주하며, 12bun의 곡물경작지를 보유한다. 그들은 (위와) 같이 (의무를) 이행한다.

203. 여자콜로누스인 악프레다. 기슬로아르두스, 기슬레문두스, 아클레마, 아클레딜디스, 기슬로일디스, 알드리스마는 그녀의 자식들이다. 그리고 콜로누스인 에를레문두스와 콜로누스이고 이름이 오산나인 그의 아내. 에르멩가리우스, 에르멩기스, 아우스부르기스는 그들의 자식들이다. 그리고 콜로누스인 에를레아리우스와 콜로누스이고 이름이 아달가르디스인 그의 아내. 아이테놀두스, 에를레만두스, 알다,[103] 아달힐디스, 아이테부르기스는 그들의 자식들이다. 그들 모두는 14bun의 곡물경작지로 된 1개의 망스를 보유한다. 그들은 (위와) 같이 (의무를) 이행한다.

204. 콜로누스인 힐게르누스와 풀크라두스(보유)의 은대지 출신이고 이름이 테우트프리다인 그의 아내. 그리고 외지인인 게룰푸스와 콜로누스이고

---

101 '5월의 장거리 수송부역'이란 라틴어 원문의 'magisca'란 용어를 번역한 말로, 5월에 행해지는 장거리 수송부역을 뜻한다.

102 디스보트흐 빌라(Disboth Villa)의 위치는 분명하지 않고 의견도 엇갈린다. B. Guérard, ed., *Polyp. d'Irminon*, p. 104의 a번 각주에서는 이곳이 빌라밀트 남쪽 48km쯤 거리에 있는 부빌(Bouville)이라고 하지만, A. Longnon, ed., *Polyp. de St. Germain*, p. 136의 1번 각주에서는 이에 대한 이의가 제기되고 있다. 그러나 롱뇽은 이곳의 정확한 위치를 제시하지는 않는다. 한편 D. Hägermann, ed. *Polyp. von St. Germain*, p. 224와 K. Elmshäuser & A. Konrad, *Studien zum Polyp. von St. Germain*, pp. 119~120에서는 이곳이 외레루아르 도 샤르트르 군 샤르트르노르 캉통 세나르몽(Sénarmont) 코뮌의 폐촌인 테수빌(Tessouville)이라고 한다.

103 이름이 A. Longnon, ed., *Polyp. de St. Germain*, p. 136에는 '알마(Alma)'로 되어 있지만, B. Guérard, ed., *Polyp. d'Irminon*, p. 104와 D. Hägermann, ed. *Polyp. von St. Germain*, p. 78에는 '알다(Alda)'로 되어 있다.

이름이 란트힐디스인 그의 아내. 그리고 고도이누스(보유)의 은대지 출신인 플리다스투스와 콜로누스이고 이름이 에브레베르가인 그의 아내. 에브로이누스, 에브란두스, 리트베르가는 그들의 자식들이다. 그들은 13bun의 곡물경작지로 된 1개의 망스를 보유한다. 그들은 (위와) 같이 (의무를) 이행한다.

205. 콜로누스인 하이테눌푸스와 콜로누스이고 이름이 라인트베르타인 그의 아내. 테우트문두스, 테우델린디스, 테우트부르기스, 아말베르가는 그들의 자식들이다. 그리고 콜로누스인 고달리쿠스와 콜로누스이고 이름이 아일산드라인 그의 아내. 나달리우스, 나달부르기스, 아델린디스, 아달구디스는 그들의 자식들이다. 그들 두 명은 12bun의 곡물경작지로 된 1개의 망스를 보유한다. 그들은 (위와) 같이 (의무를) 이행한다.

206. 콜로누스인 봐렝가리우스. 그리고 콜로누스인 아이톨두스. 그들 두 명은 12bun의 곡물경작지로 된 1개의 망스를 보유한다. 그들은 (위와) 같이 (의무를) 이행한다.

207. 콜로누스인 스테파누스와 콜로누스이고 이름이 베틀라인 그의 아내. 베네딕투스, 요한나는 그들의 자식들이다. 그리고 콜로누스인 헤르멘하르두스와 콜로누스이고 이름이 페트레닐라인 그의 아내. 레우트하르두스, 아말베르가, 에르멘라다, 에르멘베르가는 그들의 자식들이다. 그들 두 명은 15bun의 곡물경작지로 된 1개의 망스를 보유한다. 그들은 (위와) 같이 (의무를) 이행한다.

208. 콜로누스인 라도아리우스.[104] 그리고 콜로누스인 에르메나리우스. 그들 두 명은 완전한 망스의 ¾개를 보유한다. 그들은 완전한 망스(의무)의 ¾을 수행한다.

209. 콜로누스이고 부마름인 아클레둘푸스와 콜로누스이고 이름이 가우틀

---

[104] D. Hägermann, ed. *Polyp. von St. Germain*, p. 79에는 '루도아리우스(Rudoarius)'로 되어 있으나, B. Guérard, ed., *Polyp. d'Irminon*, p. 105와 A. Longnon, ed., *Polyp. de St. Germain*, p. 137에는 '라도아리우스(Radoarius)'로 되어 있다.

린디스인 그의 아내. 가우도비두스, 아클레하리우스, 스테파누스, 아클레딜디스, 안세가르디스는 그들의 자식들이다. 그는 도다니스 빌라에[105] 거주한다. 그는 10bun의 면적을 가진 1개의 망스를 보유한다. 그는 이로 인해 (1개) 이랑(의 갈이질 부역)과 수도원장과 부수도원장을 위한 (1회의) 코르베를 수행한다. 그리고 그는 이로 인해 말의 사료와 5솔리두스를 바친다. 그리고 그는 이로 인해 담당하는 직무 이외에는 다른 것은 아무 것도 수행하지 않는다.

210. 콜로누스이고 부마름 보조인인 크리스토이누스와 콜로누스이고 이름이 봘트라다인 그의 아내. 베루스, 봘드리스마는 그들의 자식들이다. 그는 울미에 거주한다. 그는 6bun의 곡물경작지로 된 (1개의) 반쪽 망스를 보유한다. 그는 이로 인해 (1개) 이랑(의 갈이질 부역)과 수도원장과 부수도원장을 위한 (1회의) 코르베를 수행하며, 그가 담당하는 직무 외에 다른 것은 아무 것도 수행하지 않는다.

211. 우리는 트레스베르투스에게 3bun의 곡물경작지로 된 (1개의) 부분보유지를[106] 양도했다. 그는 이로 인해 죔쇠들을 만든다.

---

105 도다니스 빌라(Dodanis Villa)의 위치에 대해 B. Guérard, ed., *Polyp. d'Irminon*, p. 105의 a번 각주에서는 빌라밀트 남쪽 25km쯤 거리에 있는 작은 마을인 도댕빌(Dodainville)이라고 하지만, A. Longnon, ed., *Polyp. de St. Germain*, p. 137의 1번 각주와 D. Hägermann, ed. *Polyp. von St. Germain*, p. 224 및 K. Elmshäuser & A. Konrad, *Studien zum Polyp. von St. Germain*, p. 120에서는 외레루아르 도 샤르트르 군 샤르트르(헤게르만의 경우에는 샤르트르노르, 맨 후자의 경우에는 샤르트르쉬드) 캉통 레브(Lèves) 코뮌의 폐촌인 댕빌(Dainville)이며, 빌라밀트로부터는 남쪽으로 22km 떨어져 있다고 한다.

106 '부분보유지'란 라틴어 원문의 'pars'를 번역한 말이다. pars라는 단어는 이 명세장의 제9장과 제13장에서 jornalis, bunuarium, dexter, campus 등과 함께 분양된 '영주세습지(fiscus dominicus)'의 크기를 표시하는 단위로 사용되고 있다. 그렇지만 jornalis, bunuarium, dexter 등은 분명히 각각의 단위면적 크기가 구체적 수치로 산출될 수 있는 데 비해, pars와 campus는 구체적 면적수치를 표시하는 것이 아니라 단순히 각각 앞의 면적단위들로 그 크기가 표시된 밭뙈기와 땅뙈기를 지칭한다는 차이가 있다. 이런 의미에서 pars와 campus는 영주세습지로부터 분양된 일정 크기의 보유지라고 할 수 있다. 그러나 이 두 보유지는 고전장원의 정상적인 농민

부마름 기브롤두스 관할구역의 노예망스들

212. 에르멘타리우스. 그리고 아달릴디스. 그리고 뷔네베르가. 그들은 3bun

보유지가 아니다. 두 용어는 고전장원의 표준적이고 정상적인 농민보유지인 망스와 다른 성질의 것임은 물론, 반쪽 망스 및 ¼쪽 망스와 같은 쪼가리 망스들이나 'accola' 및 'mansellus'와 같은 소규모 농민보유지들과도 구별된다. 왜냐하면 망스를 비롯한 이와 같은 후자의 소규모 농민보유지들의 보유는 거의 예외 없이 경작부역을 비롯한 각종 부역노동 수행과 공납을 내용으로 한 일정한 의무이행을 수반하지만, pars와 campus는 각각 제9장 제249~252항과 제260항에서 보듯이 그 보유 대가로 의무이행이 수반되지 않는 경우도 제법 많기 때문이다. 더욱이 pars의 경우에는 의무가 부과되더라도 단순히 좸쇠 제조이거나 돼지치기 또는 갈이질인 것으로부터 일반 망스보유자처럼 각종 부역수행과 공납으로 구성된 것에 이르기까지 그 내용이 매우 상이하고 다양하다. 한편 pars와 campus는 이처럼 비슷한 기본 특성들을 지니지만, 상당한 차이도 존재한다. 우선 campus는 제9장의 단 두 곳(제244, 260항)에만 나타나지만, pars는 제9장에 6개(제211, 249~252, 255항), 제13장에 8개(제14, 15, 76-1, 88~90, 96, 97항) 등 이보다 훨씬 많은 14개나 명기되어 있다. 또 2개의 campus 중 하나는 그 보유에 대해 아무런 의무가 부과되지 않고(제260항) 나머지 하나는 보유 대가로 단지 좸쇠 제조 의무가 부과되는 데 비해, pars의 경우에는 아무런 의무가 부과되지 않는 것은 전체 14개 중 4개뿐이며(제9장 제249~252항) 절반이 훨씬 넘는 나머지 10개에서 의무이행이 요구된다. 게다가 10개 중 1개(제9장 제211항)에서 그 보유 대가로 좸쇠 제조 의무가 따르는 것을 제외하면, 무려 9개에서 갈이질 부역을 비롯한 각종 부역이 부과되며 이와 동시에 그 대부분에서 각종 부역과 함께 공납의 의무가 수반된다. 이와 같은 의무내용으로 볼 때, pars는 campus와 달리 망스와의 유사성이 크다고 할 수 있다. 특히 이 명세장의 제13장 제89항과 제90항에서 '노예가 노예적 pars(pars servilis)를 보유하여 갈이질 부역을 비롯한 여러 가지 의무를 수행한다.'고 하는 것은 pars가 망스와 거의 다르지 않으며 적어도 망스로 발전하기 직전단계의 보유지 형태임을 보여주는 것이라고 할 수 있다. 그러나 그렇다고 해서 pars 일반이 고전장원의 정상적인 농민보유지라고 보기는 어렵다. pars는 그 보유에 의무가 수반되지 않는 경우가 적지 않을 뿐만 아니라, 제13장 제88항에서 분명히 볼 수 있듯이 영주토지를 출처로 하여 농민들에게 분급된 지 얼마 지나지 않은 신생 보유지이고, 그 크기는 1개 망스보다 작은 땅때기 수준이며, 장원농민이 이미 보유하고 있는 망스 외에 추가적으로 보유하는 경우도 제법 많기(제9장의 제252, 255, 256항, 제13장 제14항) 때문이다. 이와 같이 pars의 다수가 고전장원에서 아직 온전한 농민보유지로 발전하지는 못했지만 이에 근접하는 자그마한 땅임을 감안하여, 여기서는 부분보유지라고 번역하겠다. 이와 달리 campus는 농민보유지로서의 성격이 매우 약하므로 그냥 밭으로 옮기도록 하겠다. pars에 관해서는 K. Elmshäuser & A. Konrad, *Studien zum Polyp. von St. Germain*, pp. 102~104, 187~189 참조.

의 곡물경작지로 된 (1개의) ¼쪽 노예망스를 보유한다. 그는[107] 이로 인해 4arp의 포도밭(의 구덩이)을 파고,[108] 포도밭을 파지 않을 때는 매주 3일(의 부역노동)을 수행하며, 그리고 파수와 그들에게 지시되는 것은 무엇이든 수행한다. 그리고 그가 작업하는 포도밭에서 포도주를 빚는 경우에는 그는 이로 인해 돼지방목세로 1md의 포도주를 바치며, 물론 빚지 않는 경우에는 아무 것도 바치지 않는다. 그는 3마리의 닭과 15개의 계란을 바친다.[109] 그는 파리까지 수송부역을 수행한다. 그는 코르베들을 수행한다.

213. 노예인 봘데가우두스와 반자유인이고 이름이 엘기아인 그의 아내. 레스투이누스, 엘레기우스, 엘레기아, 엘렉트루디스, 게를린디스는 그들의 자식들이다. 그는 5½bun의 곡물경작지로 된 (1개의) 반쪽 망스를 보유한다. 그는 (위와) 같이 (의무를) 이행한다.

214. 노예인 에르멘베르투스와 노예이고 이름이 오우르슬레이아인 그의 아내. 에르메나리우스, 잉갈베르투스, 에르멘베르가는 그들의 자식들이다. 그는 5½bun의 곡물경작지로 된 (1개의) 반쪽 노예망스를 보유한다. 그는 (위와) 같이 (의무를) 수행한다.

215. 에르멘베르가. 그녀는 5½bun의 곡물경작지로 된 (1개의) 반쪽 노예망스를 보유한다. 그는 (위와) 같이 (의무를) 수행한다.

216. 노예인 봘데가리우스와 노예이고 이름이 마르카드루디스인 그의 아내.

---

107 원문대로임.

108 여기서 '파다'는 라틴어 원문의 'fodio'를 번역한 말로, 포도나무를 심기 위해 구덩이를 판다는 뜻이다.

109 A. Longnon, ed., *Polyp. de St. Germain*, p. 138과 D. Hägermann, ed. *Polyp. von St. Germain*, p. 79에는 이처럼 "물론 빚지 않는 경우에는 아무 것도 바치지 않는다. 그는 3마리의 닭과 15개의 계란을 바친다.(…; si vero non creverit, nihil donat. Solvit pullos III, ova XV.)"고 되어 있으나, B. Guérard, ed., *Polyp. d'Irminon*, p. 105에는 두 문장이 끊어져 있지 않고, "물론 빚지 않는 경우에는 아무 것도 바치지 않고, 단지 3마리의 닭과 15개의 계란을 바친다.(…; si vero non creverit, nihil donat, solum pullos III, ova XV.)"고 되어 있다. 여기서는 전자가 타당성이 있어 보여 전자를 따랐다.

발트베르타는 그들의 자식이다. 그는 6bun의 곡물경작지와 ½arp의 초지로 구성된 (1개의) 반쪽 노예[망스]를 보유한다. 그는 (위와) 같이 (의무를) 수행한다.

217. 노예인 바시누스는 4bun의 곡물경작지로 된 (1개의) ¼쪽 노예망스를 보유한다. 그는 (위와) 같이 (의무를) 수행한다.

218. 노예인 힐데발두스와 콜로누스이고 이름이 베네딕타인 그의 아내. 그는 4bun의 곡물경작지로 된 (1개의) ¼쪽 노예망스를 보유한다. 그는 (위와) 같이 (의무를) 수행한다.

219. 노예인 헤르부이누스. 그리고 여자노예인 그리마. 그리고 여자노예인 아말베르가. 그는[110] 3bun의 곡물경작지로 된 (1개의) ¼쪽 노예망스를 보유한다. 그는 (위와) 같이 (의무를) 수행한다.

220. 노예인 에르누이누스와 노예이고 이름이 에르보나인 그의 아내. 에르보아르두스, 에르베디스디스는 그들의 자식들이다. 그는 3bun의 곡물경작지로 된 (1개의) ¼쪽 노예망스를 보유한다. 그는 (위와) 같이 (의무를) 수행한다.

221. 반자유인인 그리모아르두스와 반자유인이고 이름이 라이닐디스인 그의 아내. 마우론투스, 그리모일디스는 그들의 자식들이다. 그는 4½bun의 곡물경작지로 된 (1개의) 반쪽 노예망스를 보유한다. 그는 (위와) 같이 (의무를) 이행한다.

에브리니 비키니움[111] 소속

[110] 원문대로임.

[111] 에브리니 비키니움(Evrini Vicinium)의 위치는 명확하지 않다. 이 지명의 'Vicinium'이라는 부분은 이웃 또는 인근이란 뜻이다. 그래서 B. Guérard, ed., *Polyp. d'Irminon*, p. 106의 c번 각주에서는 뒤의 제279항에 기록된 노예 신분인 에브리누스(Evrinus)가 거주하는 곳과 관련이 있을 것이라고 추측한다. D. Hägermann, ed. *Polyp. von St. Germain*, p. 225와 K. Elmshäuser & A. Konrad, *Studien zum Polyp. von St. Germain*, pp. 120~121에서는 분명하지는 않지만 이곳은 외레루아르 도 드뢰 군 노장르루아 캉통 쇼동(Chodon) 코뮌의 폐촌인 생테브룰

222. 노예인 랑길루스와 노예이고 이름이 율리다인 그의 아내. 리카르두스, 라이나르두스는 그들의 자식들이다. 그는 4bun의 곡물경작지와 ½arp의 초지 및 1bun의 방목지로 구성된 (1개의) ¼쪽 노예망스를 보유한다. 그는 (위와) 같이 (의무를) 수행한다.

223. 노예인 라이닝구스와 노예이고 이름이 아틀라인 그의 아내. 아틀릴디스, 아틀라, 에르보일디스, 알도플리디스는 그들의 자식들이다. 그는 4bun의 곡물경작지와 ½arp의 초지로 구성된 (1개의) ¼쪽 노예망스를 보유한다. 그는 (위와) 같이 (의무를) 수행한다.

224. 노예인 요남과 노예이고 이름이 빌트시다인 그의 아내. 그는 3bun의 곡물경작지와 ½arp의 초지로 구성된 (1개의) ¼쪽 노예망스를 보유한다. 그는 (위와) 같이 (의무를) 수행한다.

225. 노예인 라이노아르두스와 테오도(보유)의 은대지 출신 콜로누스이고 이름이 아일를린디스인 그의 아내. 그는 4bun의 곡물경작지와 ½arp의 초지로 구성된 (1개의) ¼쪽 노예망스를 보유한다. 그는 (위와) 같이 (의무를) 수행한다.

226. 노예인 테우트하르두스와 콜로누스이고 이름이 에르멘라다인 그의 아내. 그는 4bun의 곡물경작지와 ½arp의 초지로 구성된 (1개의) ¼쪽 노예망스를 보유한다. 그는 (위와) 같이 (의무를) 수행한다.

227. 노예인 베르톨두스. 그는 4bun의 곡물경작지와 ½arp의 초지로 구성된 (1개의) ¼쪽 노예망스를 보유한다. 그는 (위와) 같이 (의무를) 이행한다.

228. 노예이고 고(庫)지기인[112] 아드라볼두스. 그는 7bun의 곡물경작지와

(S.-Evroul)일 가능성이 있다고 한다. A. Longnon, ed., *Polyp. de St. Germain*, p. 139의 1번 각주에서는 이곳의 오늘날 위치를 확인할 수 없다고 한다.

[112] '고지기'란 라틴어 원문의 'celerarius'를 번역한 말이다. 이 영지명세장에는 이의 직무내용에 관한 아무런 언급이 없지만, B. Guérard, *Prolegomènes*, pp. 465~467에 따르면 celerarius는 영주 저택에서 곡식, 고기, 낙농제품, 꿀 등의 식료품은 물론 의복과 각종 도구 등의 비품을 지키고 관리하는 일을 했다. 따라서 옛날 우리나라에 있었던 일종의 고지기라고 할 수 있을 것이다.

$\frac{1}{2}$arp의 초지로 구성된 (1개의) 반쪽 노예망스를 보유한다. 그는 (위와) 같이 (의무를) 이행한다.

229. 노예인 게룰푸스와 노예이고 이름이 에르미나인 그의 아내. 그는 4bun의 곡물경작지와 $\frac{1}{2}$arp의 초지로 구성된 (1개의) $\frac{1}{4}$쪽 노예망스를 보유한다. 그는 (위와) 같이 (의무를) 이행한다.

230. 노예인 아틀룰푸스와 북시둠[113] 출신의 콜로누스이고 이름이 파로일디스인 그의 아내. 고도볼두스, 우르세드람누스, 알둘푸스는 그들의 자식들이다. 그는 4bun의 곡물경작지와 $\frac{1}{2}$arp의 초지로 구성된 (1개의) $\frac{1}{4}$쪽 노예망스를 보유한다. 그는 (위와) 같이 (의무를) 이행한다.

자유인망스를 보유한 포도재배자들

231. 노예인 에르멩가리우스와 콜로누스이고 이름이 라고일디스인 그의 아내. 알디나, 에르멩길디스는 그들의 자식들이다. 그는 빌라밀트에 거주한다. 그는 5bun의 곡물경작지로 된 (1개의) 반쪽 자유인망스를 보유한다. 그는 자유인망스의 차지료를 지불해야 하지만, 그가 작업하는 포도밭 때문에 노예망스의 차지료를 지불한다.

232. 발두이누스와 콜로누스이고 이름이 에브로힐디스인 그의 아내. 에브루이누스, 스테파누스, 힐두이누스, 가우도이누스는 그들의 자식들이다. 그는 5bun의 곡물경작지로 된 (1개의) 반쪽 자유인망스를 보유한다. 그는 (위와) 같이 (의무를) 수행한다.

---

[113] B. Guérard, *Prolegomènes*, p. 856과 B. Guérard, ed., *Polyp. d'Irminon*, p. 107의 a번 각주에 의하면, 여기서 말하는 북시둠(Buxidum)은 빌라밀트로부터 서쪽으로 6km쯤 떨어져 있는 부아시앙드루에(Boissy-en-Drouais)다. 그러나 A. Longnon, ed., *Polyp. de St. Germain*, p. 140의 1번 각주와 D. Hägermann, ed. *Polyp. von St. Germain*, p. 224 및 K. Elmshäuser & A. Konrad, *Studien zum Polyp. von St. Germain*, p. 179에 의하면 북시둠은 오늘날의 행정구역상으로는 오른(Orne) 도 모르타뉴(헤게르만의 경우에는 모르타뉴오페르쉬[Mortagne-au-Perche]) 군 레말라르(Rémalard) 캉통 내의 부아시모지(Boissy-Maugis) 코뮌에 해당한다. 북시둠은 뒤의 제13장 장원의 주 소재지다.

233. 노예인 에를룰푸스는 4bun의 곡물경작지로 된 (1개의) 반쪽 자유인망스를 보유한다. 그는 (위와) 같이 (의무를) 수행한다.

부마름 봐림베르투스 관할구역의 노예망스들

234. 노예인 에브룰푸스와 콜로누스이고 이름이 베아타인 그의 아내. 베이르틀라는 그들의 딸이다. 그는 1½bun의 곡물경작지로 된 (1개의) 반쪽 노예(망스)를 보유한다. 그는 이로 인해 임야를 감시하는 일을 한다. 그는 이로 인해 동곡파종과 하곡파종을 위한 (1개) 이랑(의 갈이질 부역)을 수행한다. 그는 이로 인해 5sest의 스펠트밀과 ½데나리우스의 수확부역 면제세를 바친다. 그는 계란들과 함께 3마리의 닭을 (바친다).

235. 여자노예인 아레이아. 프라메리쿠스, 아드루이누스는 그들의[114] 자식들이다. 그들은[115] 1½bun의 곡물경작지로 된 (1개의) 반쪽 노예(망스)를 보유한다. 그녀는 (1개) 이랑(의 갈이질 부역)을 수행하고, 암평아리들를 기르며, 나머지(의무)는 위와 같다.

부마름 아클레둘푸스 관할구역의 노예망스들

236. 노예인 잉갈가리우스와 콜로누스이고 이름이 아달볼다인 그의 아내. 잉게드람누스는 그들의 아들이다. 그는 가우데니 빌라에 거주한다. 그는 5bun의 곡물경작지로 된 (1개의) 반쪽 노예망스를 보유한다. 그는 이로 인해 암양들을 치는 일을 한다. 그리고 그는 이로 인해 동곡파종과 하곡파종을 위한 (1개) 이랑(의 갈이질 부역)을 수행한다. 그리고 그는 이로 인해 2데나리우스의 수확부역 면제세와 군사용으로 1두의 거세된 숫양을 바치며, 계란들과 함께 3마리의 닭을 (바친다).

237. 여자노예인 오산나. 게룰푸스는 그녀의 아들이다. 그는[116] 소나니스 빌라에 거주한다. 그녀는 5bun 2ptc의 곡물경작지로 된 (1개의) 반쪽 노예망스를 보유한다. 그녀는 (위와) 같이 모든 의무를 이행한다.

---

[114] 원문대로임.

[115] 원문대로임.

[116] 원문대로임.

238. 노예인 드록팅구스와 노예이고 이름이 에르보나인 그의 아내. 아우틀리나, 에르포일디스, 게리스마는 그들의 자식들이다. 그는 울미에 거주한다. 그는 6bun의 곡물경작지로 된 (1개의) 반쪽 노예망스를 보유한다. 그는 (위와) 같이 (의무를) 이행한다.

239. 노예인 귀룰푸스와 그림볼두스(보유)의 은대지 출신이고 이름이 군드리스마인 그의 아내. 그는 울미에 거주한다. 그는 5bun의 곡물경작지로 된 (1개의) 반쪽 노예망스를 보유한다. 그는 이로 인해 충분한 만큼의 코르베들을 수행한다. 그는 이로 인해 4arp의 포도밭(의 구덩이)을 판다. 그는 계란들과 함께 3마리의 닭을 (바친다).

240. 노예인 밀리스와 콜로누스이고 이름이 가말베르가인 그의 아내. 그는 소나니스 빌라에 거주한다. 그는 5½bun의 곡물경작지로 된 (1개의) 반쪽 노예망스를 보유한다. 그는 (위와) 같이 (의무를) 이행한다.

241. 노예인 프로트가우두스. 프로트하르두스, 프로트베르가, 아우틀린디스는 그의 자식들이다. 그는 소나니스 빌라에 거주한다. 그는 5½bun의 곡물경작지로 된 (1개의) 반쪽 노예망스를 보유한다. 그는 (위와) 같이 (의무를) 이행한다.

242. 노예인 데오룰푸스와 반자유인이고 이름이 베르타인 그의 아내. 그는 소나니스 빌라에 거주한다. 그는 3bun의 곡물경작지로 된 (1개의) 반쪽 자유인망스를 보유한다. 그는 이로 인해 코르베를 수행하며, 그리고 이로 인해 4arp의 포도밭(의 구덩이)을 판다. 그리고 그는 계란들과 함께 3마리의 닭을 바친다.

243. 노예인 란드리쿠스. 드로고, 테우둘푸스, 테우트문두스는 그의 자식들이다. 그는 디스보트흐 빌라에 거주한다. 그는 4½bun의 곡물경작지로 된 (1개의) 반쪽 자유인망스를 보유한다. 이로 인해 그는 말의 사료와 1두의 거세된 군사용 숫양 및 2데나리우스의 수확부역 면제세를 바친다. 그는 이로 인해 (1개) 이랑(의 갈이질 부역)을 수행하고, 암양들을 치는 일을 한다. 그는 계란들과 함께 3마리의 닭을 바친다.

부마름 기브롤두스 관할구역 소속

244. 뷔네가우두스는 영주세습지(領主世襲地)[117] 가운데 3bun의 곡물경작지로 된 2개의 밭과 정원사인 고도이누스가 보유했던 토지를 보유했다. 우리는 그 토지들의 일부를 트레스베르투스에게 양도했다. 그리고 그는 이로 인해 죔쇠들을 만든다.

245. 군도이누스는 2jr의 영주세습지를 보유한다.

246. 기브로르두스는 그 자신의 망스 외에 2jr을 보유한다. 그는 이로 인해 9ptc를 갈이질한다.

247. 자유인여자인 에우트하루스의 어머니는 9jr(크기)의 그녀의 고유재산을[118] 자식들에게 양도했다. 그녀는 이로 인해 하곡파종을 위해 1½dext를[119] 갈이질한다.

---

[117] '영주세습지'란 라틴어 원문의 'fiscus dominicus'를 번역한 말이지만, 이 라틴어 용어의 뜻은 명확하게 파악되지 않는다. K. Elmshäuser & A. Konrad, *Studien zum Polyp. von St. Germain*, pp. 102~103 및 188에 의하면 fiscus dominicus는 'indominicatus'와 동의어로, '영주토지(Herrenland)'다. 그런데 indominicatus는 J. E. Niermeyer, *Mediae Latinitatis Lexicon Minus*, p. 528에 의하면 '장원의 농민보유지들과 대조가 되는 영주유보지' 또는 '은대지나 봉토로 분급되지 않은 토지'다. 따라서 fiscus dominicus는 결국 영주직영지라는 뜻이 되며, 이 영지명세장의 장원별 명세서 첫 머리에 보통 'mansus (in)dominicatus'라고 기재되어 있는 용어와 같은 것이 되는 셈이다. 그렇지만 J. E. Niermeyer, *Mediae Latinitatis Lexicon Minus*, p. 436에 의하면 'fiscus'는 '영주의 세습재산을 구성하는 토지(domaine qui fait partie du patrimoine d'un seigneur)'다. 그리고 원래 fiscus는 중세 초기에 왕령지나 이로부터 교회기관과 귀족층에 여러 가지 명목으로 분양된 큰 토지를 가리킨다. 이런 점들을 고려할 때, fiscus dominicus는 영주직영지 가운데서도 국왕으로부터 하사받은 세습토지를 특별히 지칭하는 것일지도 모른다. 그래서 fiscus dominicus를 여기서는 영주직영지에 속하기는 하되 이와는 다소 다를 가능성을 감안하여 영주세습지라고 번역하도록 하겠다.

[118] '고유재산'이란 라틴어 원문의 'propria sua hereditas'를 번역한 말이다.

[119] 여기의 'dext'는 라틴어 원문의 'dexter'의 준말로 쓴 것이다. B. Guérard, *Prolégomènes*, p. 196에 의하면 1dexter=1.48m이다. 그러니까 여기서 갈이질 부역은 이랑의 일정 길이로 부과되었다고 할 수 있다.

248. 뷔네기수스는 그 자신(보유)의 망스 외에, 우리가 힐도아르두스에게 양도하기로 결정했던 1dext(크기)의 영주세습지와 군도이누스가 보유했던 2jr(의 토지)을 (1개의) 반쪽 망스를 보유하는 것처럼 보유한다.

249. 게로스무스는 1개의 부분보유지를 보유했으며,[120] 전에는 이로 인해 의무를 수행하는 것이 아무 것도 없었다. 뷔네가우드스와 기로아르두스도 마찬가지다.

250. 시발두스는 6bun의 곡물경작지로 된 ½개의 부분보유지를 보유하며, 전에는 이로 인해 의무를 수행하는 것이 아무 것도 없었다.

251. 레메기우스는 1개의 부분보유지를 보유하며, (전에는) 이로 인해 의무를 수행하는 것이 아무 것도 없었다.

252. 디드라두스는 그 자신(보유)의 망스 외에 1개의 부분보유지를 보유하지만, 이로 인해 의무를 수행하는 것이 아무 것도 없다.

253. 우리는 아가르두스와 아달리쿠스에게 그들이 이로 인해 모든 의무를 이행하도록 그들(보유)의 토지를 1개의 망스로 만들어 양도했다.[121]

254. 뷔네드람누스는 6jr(의 토지)을 보유한다. 그는 이로 인해 물레방아를 관리하는 일을 한다.

부마름 아클레둘푸스 관할구역

255. 아클롤두스는 그 자신(보유)의 망스 외에 1개의 부분보유지를 보유하며, 그는 이로 인해 (1개) 이랑(의 갈이질 부역)을 수행하고 파종(작업)을 한다. 아이토이노도 마찬가지다.

256. 알트마루스는 그 자신(보유)의 망스 외에 그 자신이 말했던 바와 같이

---

[120] 원문 그대로임. 라틴어 원문에 'habebat'라는 미완료 형으로 되어 있음.

[121] 이 제253항은 영주직영지로부터 수시로 분양된 토지가 통합되어 고전장원제에서 영주를 위해 여러 가지 의무를 수행하는 표준적이고 정상적인 농민보유지인 망스로 창출됨을 보여주는 사례로 지적되고 있다. K. Elmshäuser & A. Konrad, *Studien zum Polyp. von St. Germain*, pp. 103~104 참조.

영주인 수도원장이 그에게 양도한 2bun의 영주세습지를 보유한다. 그는 이로 인해 ½ptc를[122] 갈이질한다.

257. 생제르맹(수도원의) 콜로누스인 에르멩가리우스는 카르노툼 파구스에서 1⅔bun의 곡물경작지와 ⅓arp의 포도밭으로 구성된 토지를 취득했다. 지금은 그 토지를 그의 조카들인 아가르드두스와 알라리쿠스가[123] 보유하며, 그들은 이로 인해 의무를 수행하는 것이 아무 것도 없다.

258. 게르라두스는 이삭이 그에게 양도한 3bun의 곡물경작지를 보유한다.

259. 에오달볼두스와 프로도아르두스는 2½jr의 곡물경작지로 된 에우트브란두스의 기부토지를 보유한다.

260. 힐도아르두스는 영주세습지 가운데 1개의 밭을 보유한다.

261. 발가리우스는 영주세습지 가운데, 그 자신이 말했던 것처럼 영주인 수도원장이 그에게 양도한 1bun의 곡물경작지를 보유한다.

262. 굴프람누스는 1dext의 영주세습지를 보유한다.

263. 살라몬과 베네딕투스는 카스돈에 있는 7bun 2ptc(의 토지)를 보유한다. 그리고 그들은, 전술한 망스(의 보유)에 대해 성 게르마누스를 위한

---

122 우리말 번역에서 'ptc'라고 한 부분이 B. Guérard, ed., *Polyp. d'Irminon*, p. 109와 A. Longnon, ed., *Polyp. de St. Germain*, p. 142에는 "dimidiam **partem**"으로 되어 있고 K. Elmshäuser & A. Konrad, *Studien zum Polyp. von St. Germain*, p. 102의 각주 178번에서도 이 부분을 이들처럼 보고 있으나, D. Hägermann, ed. *Polyp. von St. Germain*, p. 82에는 "dimidiam **perticam**"으로 되어 있다. 전자의 'pars'는 토지조각을 가리키는 데 비해 후자의 'pertica'는 면적의 단위를 지칭한다는 차이가 있다. 여기서는 '영주의 세습재산 보유의 대가로 …를 **갈이질한다.**'고 하고 있는 것으로 미뤄볼 때, 토지보유자의 갈이질 의무에 관한 이 명세장의 기술에서 흔히 그렇듯이 토지의 면적크기를 나타낸다고 보고 후자를 따랐다.

123 론뇽은 여기의 알라리쿠스(Alaricus)는 제253항의 아달리쿠스(Adalricus)인 것으로 보인다고 한다. A. Longnon, ed., *Polyp. de St. Germain*, p. 142의 각주 1번 참조. K. Elmshäuser & A. Konrad, *Studien zum Polyp. von St. Germain*, p. 103에서도 그렇게 보며, 아가르드두스와 아달리쿠스는 에르멩가리우스의 조카들로서 형제간임이 분명하다고 한다.

연등용으로 바치는 것 외에는, 이로 인해 의무를 수행하는 것이 아무것도 없다.[124]

264. 란다가 도르캇시누스 파구스 내의 빌라밀트라고 불리는 장원에서 행한 기부. 그는 7bun의 곡물경작지와 ¼arp의 초지로 구성된 1개의 망스를 기부했다. 그는 성 게르마누스를 위한 연등용으로 4데나리우스를 바치고, ½개 이랑(의 갈이질 부역)을 수행한다.

265. 힝클레두스가 도르가시누스 파구스[125] 내의 삼나리에 마을에서 행한 기부. 그는 여기서 13bun의 곡물경작지를 기부했다. 지금은 그 토지를 탕쿨푸스의 조카들인 다비드와 힝클레두스가 보유하며, 이로 인해 1솔리두스를 바친다.

266. 탕쿨푸스가 도르카시누스 파구스의[126] 마티아니 빌라라고[127] 불리는 곳에서 행한 기부. 그는 16bun의 곡물경작지로 된 1개의 망스를 기부했다. 지금은 그 망스를 반자유인인 프로트카리우스와 콜로누스이고 이름이 시도니아인 그의 아내가 보유한다. 파로아르두스, 란드리쿠스는 그들의 자식들이다. 그는 이로 인해 군사용으로 1솔리두스,[128] 손일 대신에 같은 금액의 돈, 5md의 스펠트밀, 계란들과 함께 3마리의 닭을

[124] 앞의 제9장 제151항 참조. 기록내용이 서로 아주 유사하다.

[125] 도르가시누스(Dorgasinus) 파구스는 바로 앞의 도르캇시누스(Dorcassinus) 파구스와 같은 것이다.

[126] 도르카시누스(Dorcasinus) 파구스도 도르캇시누스 파구스와 동일한 것이다.

[127] B. Guérard, ed., *Polyp. d'Irminon*, p. 110의 c번 각주와 A. Longnon, ed., *Polyp. de St. Germain*, p. 143의 3번 각주와 D. Hägermann, ed. *Polyp. von St. Germain*, p. 22 및 K. Elmshäuser & A. Konrad, *Studien zum Polyp. von St. Germain*, p. 1236에 의하면, 마티아니 빌라(Matiani Villa)는 외레루아르 도 드뢰 군 드뢰 캉통 솔니에르 코뮌 내의 작은 마을인 마젱빌(Majainville)이며, 빌라밀트로부터는 서쪽으로 16km 거리에 있다. 솔니에르 코뮌은 앞에서 본 바와 같이 삼나리에 마을에 해당한다.

[128] A. Longnon, ed., *Polyp. de St. Germain*, p. 143에는 '솔리두스(solidus)' 표시 없이 그냥 '1(I)'이라고 되어 있지만, B. Guérard, ed., *Polyp. d'Irminon*, p. 110과 D. Hägermann, ed. *Polyp. von St. Germain*, p. 83에는 솔리두스가 명기되어 있다.

바친다. 그리고 그는 파종기마다 7ptc를 [갈이질한다].

267. 빨도와 게네리스마가 니게르 루쿠스 마을에서[129] 행한 기부. 여기서 그들은 둘이 합쳐 13bun의 곡물경작지로 된 1개의 망스를 기부했다.

콜로누스인 게노아르두스와 콜로누스이고 이름이 에오달베르가인 그의 아내. 빨도, 빨도빌디스는 그들의 자식들이다. 그는 니게르 루쿠스에 거주한다. 그는 6½bun의 곡물경작지로 된 그 기부토지의 절반을 보유한다. 그는 이로 인해 2솔리두스를 지불한다. 그는 3개 이랑(의 갈이질 부역)과 코르베들을 수행한다.

자유인인 울피누스는 6½bun의 곡물경작지와 1arp의 포도밭으로 구성된 그 기부토지의 다른 절반을 보유한다. 그는 이로 인해 (1개의) 이랑(의 갈이질 부역)을 수행하며, 이로 인해 연등용으로 2솔리두스를 바쳐야 했었으며, 이로 인해 (그 밖에) 수행하는 것은 아무 것도 없다.

268. 밀로가 도르캇시누스 파구스에 있는 브로트칸툼 마을에서[130] 행한 기부. 그는 여기서 9bun의 곡물경작지와 1arp의 초지 및 1½bun의 임야로 구성된 1개의 망스를 기부했다. 지금은 그 망스를 문서를 통해 생제르맹(수도원)의 보호를 받고 있는 하이메리쿠스라는 그의 아들이 보유한다. 그리고 생제르맹(수도원)에 속하지 않는 그의 형제들이 그 망스를 그와 함께 보유한다. 그러나 하이물푸스의 자식들은 생제르맹(수도원)의 속민들이다. 그들은 이로 인해 연등용으로 12데나리우스를 지불한다.

---

[129] 니게르 루쿠스(Niger Lucus)가 오늘날 어디인지는 명확하지 않다. B. Guérard, ed., *Polyp. d'Irminon*, p. 110의 d번 각주에서는 이곳이 빌라밀트 서쪽 18km 지점에 있는 그룰뤼(Groulu)로 추정된다고 한다. 그러나 A. Longnon, ed., *Polyp. de St. Germain*, p. 143의 4번 각주와 D. Hägermann, ed. *Polyp. von St. Germain*, p. 226 및 K. Elmshäuser & A. Konrad, *Studien zum Polyp. von St. Germain*, p. 124에서는 오늘날의 위치가 미상으로 되어 있다.

[130] B. Guérard, ed., *Polyp. d'Irminon*, p. 110의 e번 각주와 A. Longnon, ed., *Polyp. de St. Germain*, p. 144의 1번 각주와 D. Hägermann, ed. *Polyp. von St. Germain*, p. 224 및 K. Elmshäuser & A. Konrad, *Studien zum Polyp. von St. Germain*, p. 118에 의하면, 브로트칸툼(Brotcantum)은 오늘날 빌라밀트 동쪽 5km쯤 거리에 위치한 외레루아르 도 드뢰 군 노장르루아 캉통의 브레샹(Bréchamps)에 해당한다.

269. 아클레베르투스가 알니둠 마을에서 보유한 프레카리아. 여기에는 저택과 여타 많은 부속건물들을 갖춘 (1개의) 영주직영지가 있다. 이 영주직영지에는 15bun의 곡물경작지와 4arp의 초지와 8bun의 임야 및 1대의 물레방아가 딸려 있다.

270. 여기에는 잘 지어진 (1개의) 교회가 있다. 이 교회에는 12bun의 곡물경작지와 두 명의 거류외인들이 배속되어 있다. 이들 거류외인은 매주 1일(의 부역노동)을 수행하고, 계란들과 함께 1마리의 닭을 바친다.

271. 마름이고 콜로누스인 안스타시우스는 12bun의 곡물경작지로 된 1개의 망스를 보유한다. 그는 군사용으로 1두의 거세된 숫양과, (1)md의 스펠트밀을 바친다. 그는 1두의 황소로 포도주 수송부역을 수행한다. 그는 100개의 지붕널과, 계란들과 함께 3마리의 닭을 (바친다). 그는 2회의 코르베와 (1개의) 이랑(의 갈이질 부역) 및 (1)주일에 2일(의 부역)을 수행한다.

272. 콜로누스인 크리스테우스와 테오도(보유)의 은대지 출신 콜로누스인 그의 아내. 그는 알니둠에 거주한다. 그는 12bun의 곡물경작지로 된 1개의 자유인망스를 보유한다. 그는 (위와) 같이 (의무를) 수행한다.

273. 콜로누스인 크리스투이누스. 그리고 콜로누스인 아드리아누스. 그는[131] 알니둠에 거주한다. 그는 12bun의 곡물경작지로 된 1개의 자유인망스를 보유한다. 그는 (위와) 같이 (의무를) 수행한다.

274. 콜로누스인 힝크베르투스와 콜로누스이고 이름이 빌레드루디스인 그의 아내. 빌란두스, 빌라프리두스, 잉겔베르투스, 베르팅구스는 그들의 자식들이다. 그리고 잉겔플리디스.[132] 그리고 콜로누스인 울페가우두

---

[131] 원문대로임.

[132] B. Guérard, ed., *Polyp. d'Irminon*, p. 111에는 이름이 '잉겔플리두스(Ongelflidus)'라는 남성형으로 되어 있지만, A. Longnon, ed., *Polyp. de St. Germain*, p. 145와 D. Hägermann, ed. *Polyp. von St. Germain*, p. 84에는 '잉겔플리디스(Ongelflidis)'라는 여성형으로 되어 있다.

스와 콜로누스이고 이름이 라고일디스인 그의 아내. 그들 모두는 12bun의 곡물경작지로 된 1개의 망스를 보유한다. 그들은 (위와) 같이 (의무를) 수행한다.

275. 빨트카리우스와 콜로누스이고 이름이 엘리사비아인 그의 아내. 빨프리두스, 빨베르투스, 빨드리스마는 그들의 자식들이다. 그는 11bun의 곡물경작지로 된 1개의 자유인망스를 보유한다. 그는 (위와) 같이 (의무를) 수행한다.

276. 콜로누스인 아달카리우스. 그는 12bun의 곡물경작지로 된 1개의 자유인망스를 보유한다. 그는 (위와) 같이 (의무를) 수행한다.

277. 나는 로트문두스가 보유한 프레카리아를 기술할 수 없다.
그리고 아이르비스가 보유한 것 …….[133]

278. 덴다와 히슬라가 카르노툼 파구스의 봐드리키 빌라라고 불리는 곳에서[134] 행한 기부. 그들은 여기에서 저택이 있는 영주직영지를 기부했으며, 그리고 여기에서 2½개의 망스를 기부했다. 이 영주직영지에는 40md의 스펠트밀과 귀리가 파종될 수 있는 10bun의 곡물경작지와 3수레의 건초가 채취될 수 있는 4arp의 초지가 딸려 있다. 여기에는 어림잡아 둘레가 총 2마일로, 200마리의 돼지가 살찔 수 있는 임야가 있다.

279. 노예인 에브리누스와 반자유인이고 이름이 에르멘틸디스인 그의 아내.

---

133 이하 공백이라고 함. 게라르는 영지명세장의 작성자가 아마도 필요한 정보자료가 부족했던 까닭으로 상세하게 기술하지 못한 것이라고 본다. B. Guérard, *Prolégomènes*, p. 847 참조.

134 B. Guérard, ed., *Polyp. d'Irminon*, p. 111의 d번 각주에서는 봐드리키 빌라(Wadrici Villa)의 위치가 빌라밀트 남동쪽 51km쯤 거리에 있는 고드르빌(Gaudreville)이라고 한다. 그러나 이런 추정은 A. Longnon, ed., *Polyp. de St. Germain*, p. 145의 2번 각주에서 반박된다. D. Hägermann, ed. *Polyp. von St. Germain*, p. 228과 K. Elmshäuser & A. Konrad, *Studien zum Polyp. von St. Germain*, pp. 127~128에 의하면 그 곳은 외레루아르 도 샤르트르 군 샤르트르쉬드 캉통 모랑세(Morancez) 코뮌의 구르데(Gourdez)다.

에브레만누스, 베로이누스, 에르멘라다, 베롤두스, 에르무이누스는 그들의 자식들이다. 그는 봐드리키 빌라에 거주한다. 그는 5½bun의 곡물경작지로 된 (1개의) 반쪽망스를 보유한다. 그는 군사용으로 12데나리우스를 지불하며, (1)주일에 2일(의 부역노동)을 수행한다. 그러나 그는 그가 관리를 맡고 있는 (영주의) 소떼로 인해 금전을 지불하지는 않지만, (장원)관리인이 자기에게 지시하는 것이 얼마가 되든 코르베들과 이랑들(의 갈이질 부역)을 수행한다. 그리고 그는 계란들과 함께 3마리의 닭을 바친다.

280. 콜로누스인 아클레아리우스와 콜로누스이고 이름이 에를레드루디스인 그의 아내. 나달리누스, 아클레아르두스, 에를레길디스, 에를레가우두스, 에를로일디스, 아클레일디스는 그들의 자식들이다. 그리고 콜로누스인 힐딩구스와 자유인인 그의 아내. 힐데베르누스, 게이르트람누스는 그들의 자식들이다. 그들 두 명은 9½bun의 곡물경작지로 된 1개의 망스를 보유한다. 그는 군사용으로 2솔리두스를 지불하며, 계란들과 함께 6마리의 닭을 바친다. 그는 코르베들과 이랑들(의 갈이질 부역 riga)을 수행하며, (1)주일에 2일(의 부역노동)을 수행한다.

모르나니스 빌라리스[135] 소속

281. 콜로누스인 게네아리우스. 그리고 콜로누스인 안스마루스와 콜로누스이고 이름이 뷔네힐디스인 그의 아내. 그들 두 명은 10bun의 곡물경작지로 된 1개의 망스를 보유한다. 그들은 (위와) 같이 (의무를) 이행한다.

282. 콜로누스인 라이나르두스와 게르베르누스(보유)의 은대지 출신 콜로누

[135] 모르나니스 빌라리스(Mornanis Villaris)가 오늘날 어디인지는 분명하지 않다. B. Guérard, ed., *Polyp. d'Irminon*, p. 112의 a번 각주에서는 이곳이 빌라밀트 남쪽 25km쯤 거리에 있는 맹빌리에(Mainvilliers)라고 한다. 그러나 A. Longnon, ed., *Polyp. de St. Germain*, p. 146의 1번 각주에서는 이에 대한 의문이 제기되고 있다. D. Hägermann, ed. *Polyp. von St. Germain*, p. 226과 K. Elmshäuser & A. Konrad, *Studien zum Polyp. von St. Germain*, p. 124에서는 오늘날의 그 위치가 미상으로 되어 있다.

스이고 이름이 마르카드루디스인 그의 아내. 그리고 반자유인인 잉가데우스. 그들 두 명은 12bun의 곡물경작지로 된 1개의 망스를 보유한다. 그들은 (위와) 같이 (의무를) 이행한다.

283. 콜로누스인 에르칸테우스와 자유인이고 이름이 아달트루디스인 그의 아내. 그는 디니아쿠스에[136] 거주한다. 그는 13bun의 곡물경작지로 된 1개의 망스를 보유한다. 그는 여타의 속민들처럼 모든 차지료를 바쳐야 하지만, 이로 인해 지불하는 것은 아무 것도 없다.

284. 사제인 울마루스가 카르노툼 파구스의 카우노켄시스 켄테나에[137] 있는 이도니스 빌라리스라고[138] 불리는 마을에서 행한 기부. 여기서 그는 집이 딸린 1개의 망스를 기부했다. 이 망스에는 10bun의 곡물경작지와 1bun의 임야가 딸려 있다. 이 망스는 아무도 보유하지 않는다. 그래서 이 망스로부터는 아무런 차지료가 징수되지 않는다.

285. 반자유인인 에우세비우스와 반자유인이고 이름이 베로일디스인 그의

---

[136] B. Guérard, ed., *Polyp. d'Irminon*, p. 112의 b번 각주와 A. Longnon, ed., *Polyp. de St. Germain*, p. 146의 2번 각주와 D. Hägermann, ed. *Polyp. von St. Germain*, p. 224 및 K. Elmshäuser & A. Konrad, *Studien zum Polyp. von St. Germain*, p. 119에 의하면, 디니아쿠스(Diniacus)는 빌라밀트로부터 남서쪽으로 28km 떨어져 있는 외레루아르 도 드뢰 군 세농쉬(Senonches) 캉통의 디니(Digny)다.

[137] A. Longnon, ed., *Polyp. de St. Germain*, p. 147의 1번 각주와 D. Hägermann, ed. *Polyp. von St. Germain*, p. 224 및 K. Elmshäuser & A. Konrad, *Studien zum Polyp. von St. Germain*, p. 119에 의하면 카우노켄시스 켄테나(Caunocensis centena)는 외레루아르 도 샤르트르 군 샤르트르쉬드(롱농의 경우에는 샤르트르) 캉통 퐁트내쉬르외르(Fontenay-sur-Eure) 코뮌의 쇼내(Chaunay)에 해당한다. '켄테나(centena)'는 'vigaria'(또는 'vicaria')라고도 불린 것으로, 'comitia'라고 불린 주(州)나 파구스의 하위 행정구역이다.

[138] 이도니스 빌라리스(Idonis Villaris)가 오늘날 어디인지는 분명하지 않다. B. Guérard, ed., *Polyp. d'Irminon*, p. 112의 c번 각주에서는 이곳이 빌라밀트 남동쪽 54km쯤 거리에 있는 이빌리에(Ivilliers)라고 하지만, A. Longnon, ed., *Polyp. de St. Germain*, p. 147의 2번 각주에서는 이를 부정하고 그 마을이 파괴되거나 이름이 바뀌었으리라고 본다. D. Hägermann, ed. *Polyp. von St. Germain*, p. 225와 K. Elmshäuser & A. Konrad, *Studien zum Polyp. von St. Germain*, p. 122에서도 그 위치가 불명으로 되어 있다.

아내. 베르나르두스는 그들의 아들이다. 그리고 그는 (아무 토지도) 보유하지 않지만, 돼지들을 치는 일을 한다.

286. 기슬레드루디스, 오소빌디스. 그는[139] 1bun의 곡물경작지로 된 (1개의) 호스피키움을 보유한다. 그는 계란들과 함께 2마리의 닭을 바친다. 그는 매주 1일(의 부역노동)을 수행하며, 수확기에 2일(의 부역노동)을 수행한다.

폰타넬라[140] 소속

287. 여기에는 저택과 여타의 부속건물들을 가진 영주직영지가 있다. 이 영주직영지에는 9md의 호밀이 파종될 수 있는 3bun의 곡물경작지가 딸려 있다. 여기에는 어림잡아 (둘레가) 4마일로, 400마리의 돼지가 살찔 수 있는 임야가 있다.

288. 반자유인인 에를룰푸스와 힐데가리우스(보유)의 은대지 출신 콜로누스이고 이름이 다나힐디스인 그의 아내. 그는 5bun의 곡물경작지로 된 1개의 망스를 보유한다. 이로 인해 그는 군사용으로 6데나리우스를 지불한다. 그는 동곡파종을 위해 3ptc, 하곡파종을 위해 3ptc를 갈이질한다. 그는 코르베를 수행하지 않을 때는, (1)주일에 2일(의 부역노동)을 수행한다. 그는 계란들과 함께 3마리의 닭을 바친다.

289. 반자유인인 뷔트발두스와 외지인이고 이름이 힐데드루디스인 그의 아

---

139 원문대로임.

140 폰타넬라(Fontanella)의 오늘날 위치도 분명하지 않다고 할 수 있다. B. Guérard, ed., *Polyp. d'Irminon*, p. 112의 f번 각주에서는 이곳이 샤르트르 서쪽 60km쯤 거리에 있는 노장르로트루(Nogent-le-Rotrou)의 퐁트넬(Fontenelle)이라고 하는 데 비해, D. Hägermann, ed. *Polyp. von St. Germain*, p. 225와 K. Elmshäuser & A. Konrad, *Studien zum Polyp. von St. Germain*, p. 121에서는 외레루아르 도 샤르트르 군 쿠르빌쉬르외르(Courville-sur-Eure) 캉통 파브릴(Favril) 코뮌의 작은 마을인 라 퐁트넬(La Fontenelle)이라고 한다. 이들과는 달리 A. Longnon, ed., *Polyp. de St. Germain*, p. 147의 3번 각주에서는 라 퐁트넬의 지명을 가진 곳은 몇 군데가 있어 이 영지명세장에서 말하는 퐁트넬의 위치를 확정하기 어렵다고 한다.

내. 그들의 자식들은 생제르맹(수도원)에 속하지 않는다. 그는 7½bun의 곡물경작지로 된 1개의 망스를 보유한다. 그는 (위와) 같이 (의무를) 이행한다.

290. 반자유인인 프로트베르투스와 외지인이고 이름이 게를릴디스인 그의 아내. 그들의 자식들은 생제르맹(수도원)에 속하지 않는다. 그리고 반자유인인 식볼두스와 콜로누스이고 이름이 울핑가인 그의 아내. 그들 두 명은 7½bun의 곡물경작지로 된 1개의 망스를 보유한다. 그들은 (위와) 같이 (의무를) 이행한다.

291. 여기에는 6bun의 곡물경작지로 된 1개의 미경작망스가 있다.

292. 반자유인인 아달프리두스와 외지인인 그의 아내. 그는 1bun의 곡물경작지로 된 (1개의) 호스피키움을 보유한다. 그는 계란들과 함께 2마리의 닭을 바치며, 매주 1일(의 부역노동)을 수행한다.

293. 다음의 자들은 4데나리우스의 인두세를 바친다.
: 아클리스마, 테오디스마, 베르팅가, 란트베르가, 테우틀릴디스, 넬리아.

294. 다음의 자들은 증인들임을 선서했다.
: 에를룰푸스, 란둘푸스, 아스마루스, 뷔트볼두스.

295. 다음의 자들은 부마름 봐림베르투스 관할구역의 증인들임을 선서했다.
: 크리아두스, 에를로이누스, 빙코이누스, 아달볼두스, 기슬레볼두스, 할트마루스, 프로트문두스, 잉갈가리우스, 라간베르투스, 봘라테우스, 에브루르푸스, 봘라메우스, 알라테우스.

다음의 자들은 마찬가지로 부마름 아클레둘푸스 관할구역의 증인들임을 선서했다.
: 레스테두누스, 아게눌푸스, 베르나르두스, 아이톨두스, 아이토이누스, 시메온, 플리다스투스, 힐트게르누스, 잉글레하리우스, 베르네가우두스, 아말카리우스, 라인베르투스, 아우도아르두스.

다음의 자들은 마찬가지로 부마름 기브롤두스 관할구역의 증인들임을 선서했다.
: 프로도아르두스, 알라리쿠스, 에르메나리우스, 레스타두스, 잉가드람누스, 안기수스, 스타르트카리우스, 아말가우두스, 뷔네가우두스, 풀카드람누스, 봐눌푸스, 뷔네기수스, 보나르두스.

296. 다음의 자들은 부마름 기브롤두스 관할구역의 여자노예들이다.[141]
: 악볼두스, 게르하우스, 에르메놀두스, 도데베르투스, 도달두스, 안세가우두스, 기레베르투스, 에우도.

다음의 자들은 여자반자유인들이다.
: 라인틸디스, 게르베르가, 라이니스마, 고도빌디스, 힐데가르디스, 힐트가, 군스베르타, 군실디스, 할트베르타.

다음의 자들은 부마름 기브롤두스 관할구역의 여자노예들이다.
: 힐드라다, 봘트센타, 기로플리디스, 에르미나, 할도뷔스, 아틀라, 란트길디스, 에르보나, 에르메닐디스, 마르카드루디스, 우르플레이아, 힐트트루디스, 봘트시다.

297. 다음의 자들은 부마름 봐림베르투스 관할구역의 반자유인들이다.
: 마르티누스, 프로트하우스, 알투이누스, 프로트가우두스, 아우트카리우스, 안사리우스, 베르토이누스, 알트마루스, 아스문두스, 잉게데우스, 봘데가리우스, 뷔네가르두스.

다음의 자들은 여자반자유인들이다.
: 잉갈뷔스, 겔드라베르타, 군힐디스, 비아다, 란도뷜디스, 프로트힐디스, 게르베르가, 잉고빌디스, 아우트베르가, 아달가르디스, 아달트루디스, 레스토일디스.

다음의 자들은 부마름 봐림베르투스 관할구역의 여자노예들이다.

---

141 B. Guérard, ed., *Polyp. d'Irminon*, p. 113의 각주 a번과 A. Longnon, ed., *Polyp. de St. Germain*, p. 149의 각주 1번 및 D. Hägermann, ed., *Polyp. von St. Germain*, p. 87의 각주 a번에 따르면, '여자노예들(ancille)'로 기재되어 있지만 실제로는 '반자유인들(lidi)'의 오기라고 한다.

: 돔노빌디스, 아리아, 뷔네드루디스, 레우도빌디스, 아드리스마.

298. 다음의 자들은 부마름 아클레둘푸스 관할구역의 여자노예들이다.
: 오산나, 에르보나, 아고빌디스,[142] 베르타.

벨로니스의[143] 망스

299. **아달베르투스는 벨로니스에 (1개의) 망스를 보유한다. 그는 6데나리우스의 군역세를 지불한다. 그는 세 윤작포에 걸쳐[144] 18ptc를 갈이질한다. 그는 3마리의 닭을 바친다. 그는 매주 2일(의 부역노동)을 수행한다. 그러나 그는 손일 대신에 2통 들이 수레를 1대 바친다.**

그림하리우스도 마찬가지다.[145] 엘레기우스도 마찬가지다. 도미니쿠스와 그의 공동보유자들도 마찬가지다. 뷔틀라이우스와 (공동보유자인) 엘렉테우스도 마찬가지다.

스트라딜리우스는 (1개의) ¼쪽(망스)을 보유한다. 에르메하리우스는 1

---

[142] 이름이 B. Guérard, ed., *Polyp. d'Irminon*, p. 114에는 '아르고빌디스(Argovildis)'로 되어 있지만, A. Longnon, ed., *Polyp. de St. Germain*, p. 150과 D. Hägermann, ed., *Polyp. von St. Germain*, p. 88에는 '아고빌디스(Agovildis)'로 되어 있다.

[143] 벨로니스(Belonis)의 오늘날 위치는 분명하지 않다. B. Guérard, ed., *Polyp. d'Irminon*, p. 114의 a번 각주에서는 이곳이 샤르트르 서쪽 60km쯤 거리에 있는 블루수레말라르(Belou-sous-Regmalard)라고 했지만, A. Longnon, ed., *Polyp. de St. Germain*, p. 150의 1번 각주에서는 이런 위치 추정에 대해 의문을 제기하고 있다. 그러면서도 롱농은 오늘날의 그 위치를 밝히지 못하고 있다. D. Hägermann, ed. *Polyp. von St. Germain*, p. 223에서는 그 위치에 대해 아예 아무런 언급이 없다.

[144] '세 윤작포에 걸쳐'란 라틴어 원문의 'per tres sationes'를 번역한 말로, '세 윤작포 전체에 대해'란 뜻이다. 윤작포(輪作圃)는 삼포윤작제 아래서 농토가 추경동곡지, 춘경하곡지, 휴경지 등 세 부분으로 나뉘어 순차적으로 돌아가면서 경작되었던 각각의 토지 부분을 지칭한다. 이 수도원의 영지명세장에 거의 모든 장원마다 영주직영지의 동곡파종과 하곡파종을 위한 망스보유 농민의 갈이질 의무가 기록되어 있는 데서 보듯이, 이미 9세기 초엽에 장원들에서는 삼포제가 널리 실시되고 있었다. 윤작포와 삼포윤작제에 관해서는 M. Bloch, *Les caractères originaux de l'histoire rurale française* (Oslo, 1931), 이기영 역,『프랑스 농촌사의 기본성격』(나남, 2007), pp. 91~100, 110~112, 114~115 참조.

[145] 이하 제299항의 기술체재는 게라르와 롱농의 편찬본을 따랐다.

개의 호스피키움을 (보유하고), 매주 1일(의 부역노동)을 수행하고, 2마리의 닭을 바친다.

마게나르두스는 (1개의) 반쪽 호스피키움을 (보유한다). 그는 매주 1일(의 부역노동)을 수행하고, 1마리의 닭을 바친다.

아달하리우스도 마찬가지다.

아달베르투스는 4데나리우스를 지불한다.

그림하리우스는 3½데나리우스를 (지불한다).

300. 인두세를 지불해야 하는 부마름 기브롤두스 관할구역 소속 장원 안 거주자들[146]

: 프람누스, 아말가우두스, 에르멘테우스, 라이노아르두스, 뷔네마루스, 군트하리우스, 라트볼두스, 기슬레아리우스, 사마리누스, 에르메나르두스, 이디누스, 아클라베르투스, 라트베르투스, 잉가라두스, 하이나라두스, 봘라리쿠스, 에르메나리우스, 란트볼두스, 아이그리두스, 트레스베르투스, 알브리쿠스, 아달프리두스, 에브레마루스, 프로트가우두스, 알토아르두스, 에르멩가우두스, 기데놀두스, 아게놀두스, 아귀누스, 힐트카리우스, 아클레아리우스, 베르토이누스, 다네가우두스, 봐림베르투스, 식발두스, 봔드레마루스, 시니구스, 베르틀라이쿠스, 베르나르두스, 에르메놀두스, 에달볼두스, 릭볼두스, 아말카리우스, 페리스탄토, 에르모프리두스, 에르보이누스, 프람네가리우스, 레우트하두스, 가

---

[146] '장원 안 거주자'란 라틴어 원문의 'inframiticus'라는 용어를 번역한 말이다. inframiticus와 대조를 이루는 용어는 'forasticius'로서, 아래에서 '장원 바깥 거주자'라고 번역했다. B. Guérard, *Prolegomènes*, pp. 430, 847~848에서는 이 두 용어를 이와 같은 뜻으로 이해한다. 그러나 K. Elmshäuser & A. Konrad, *Studien zum Polyp. von St. Germain*, pp. 114~115에서는 이 두 용어를 각각 생제르맹 수도원의 장원 내부 출신과 외부 출신으로 파악한다. 한편 니이르마이어의 중세 라틴어 사전에서는 전자에 관해 설명하는 항목은 없고, 후자에 대해서만 J. E. Niermeyer, *Mediae Latinitatis Lexicon Minus*, p. 440에서 거주장원에 속하지 않는 예속민이라고 할 뿐이다. 이와 같이 이 두 용어의 의미에 대해서는 연구자들 사이에 의견이 일치되지 않고 있는 실정이다. 이런 상황을 고려하면서 이 번역에서는 두 용어를 각각 장원 안 거주자와 바깥 거주자로 옮기도록 하겠다.

트하리우스, 에르메놀두스, 알빌투스, 아간볼두스, 에르메나리우스, 식바르두스,[147] 에르메나르두스, 아도아리우스, 시브라쿠스, 알로이누스, 테우트하르두스, 뷔네가우두스, 라이노아르두스, 게힐하르두스, 뷔네둘푸스, 게이르베르투스, 아클레아르두스.

장원 바깥 거주자들
: 에부레하르두스, 아나우디누스, 에르멘마루스, 스테파나, 아클레신타, 엘라리우스, 술피키우스, 프로트베르투스, 이손, 시귀누스, 아게놀두스, 에브레가우두스, 알트카리우스, 에르베마루스, 릭베르투스, 에르메드루디스, 힐데볼두스.

301. 4데나리우스의 인두세를 납부해야 하는 부마름 봐림베르투스 관할구역 소속 장원 안 거주자들
: 페트루스, 라간볼두스, 가비올두스, 마르티누스, 라인베르투스, 살라쿠스, 에르캄볼두스, 베르네가리우스, 아르둘푸스, 드로이트베르투스, 요남, 뷜트프리두스, 잉갈하르두스, 에르메눌푸스, 가우투스, 기슬레마루스, 에르캉가리우스, 프람네일디스, 뷔드레베르투스, 게르메나리우스, 고트프리두스, 베르톨두스, 아인발두스, 아클레리쿠스, 크리티아누스, 플로트베우스, 봐림보두스, 라간발두스, 라트가우두스, 울드링구스.

장원 바깥 거주자들
: 에브로힐디스, 봘드리스마.

302. 부마름 아클레둘푸스 관할구역 소속 장원 안 거주자들

147 B. Guérard, ed., *Polyp. d'Irminon*, p. 115와 A. Longnon, ed., *Polyp. de St. Germain*, p. 151에서는 이름이 '식바르두스(Sicbardus)'로 되어 있는 데 비해, D. Hägermann, ed. *Polyp. von St. Germain*, p. 89에는 '시카르두스(Sichardus)'로 되어 있다. 그러나 헤게르만의 편찬서 p. 257의 인명색인에는 이들 두 이름이 다 제300항에 존재하는 것으로 표시되어 있지만, 그의 편찬서 중 제300항에는 'Sichardus'라는 이름 하나만 실제로 기재되어 있고 'Sicbardus'는 찾아볼 수 없다. 그러므로 헤게르만은 이 이름과 관련해서는 실수를 했다고 볼 수 있다.

: 아달라두스, 아드라볼두스, 아달볼다, 레우도, 알데데우스, 에브레마루스, 게이라르두스, 게룰푸스, 아게눌푸스, 아달루이누스, 악툴푸스, 아달가르두스, 잉갈가리우스, 아클레둘푸스, 아달프레두스, 게나두스, 베르트람누스, 잉게놀두스, 레스텡키우스, 뷔둘푸스, 시클레아리우스, 시클루이누스, 아드라베우스, 아드라가우두스, 다귀누스, 란드람누스, 아클로아르두스, 이트기우스, 아달베르투스, 뷔두이누스, 고달사두스, 테오도일디스, 에르멩가르디스, 에르메스테우스, 시게마루스, 힐소아르두스.

303. **우리는 에브라르두스와의 (토지)교환으로 빌라리스에 있는 5jr(크기)의 그의 자유지를 취득했으며, 그 중에 ½개의 ¼쪽(망스)을 시겜볼트에게 보유지로 분양했다. 그 대신에 우리는 방금 말한 에브라르두스에게 카테네에 있는 6jr(의 토지)을 양도했다. 우리는 방금 말한 마을에 있는 9jr의 토지를 9데나리우스(의 돈)를 받는 대가로 양도했다.**

힐데모두스의 기부

304.[148] **켈시아쿠스[149] 장원에는 7bun의 곡물경작지가 딸린 미경작(상태)의 영주직영지가 있다. 여기에는 6개의 망스가 있으며, 이들 망스(보유자)는 매년 9솔리두스의 돈을 지불하고 트레케까지의[150] 수송부역 대신에 9데나리우스를 지불한다. 망스(보유자)들은 동곡파종을 위해서 10ptc, 하곡파종을 위해서 4ptc를 갈이질하고, 황소들을 가지고 있는 경우에는 4회의 코르**

---

[148] B. Guérard, *Prolegomènes*, p. 848에 의하면 이 제304항과 다음의 제305항은 이 영지명세장이 작성된 후에 이루어진 토지기부를 기록한 문서들이다.

[149] B. Guérard, ed., *Polyp. d'Irminon*, p. 116의 d번 각주와 A. Longnon, ed., *Polyp. de St. Germain*, p. 152의 4번 각주 및 D. Hägermann, ed. *Polyp. von St. Germain*, p. 224에 의하면, 켈시아쿠스(Celsiacus)는 세네우아즈 도(오늘날에는 에손 도) 에탕프 군 에탕프 캉통 소재지의 북쪽 가까이에 있는 수지라브리쉬(Souzy-la-Briche)다.

[150] A. Longnon, ed., *Polyp. de St. Germain*, p. 152의 5번 각주와 D. Hägermann, ed. *Polyp. von St. Germain*, p. 228에 의하면, 트레케(Trecae)는 파리 남동쪽에 위치한 오브(Aube) 도의 트루아(Troyes)다. 에탕프에서 트루아까지의 거리는 140여km다.

베를 수행하며, 셋째 해에 에퀼리나까지[151] 수송부역을 (수행한다). 그들은 셋째 해에 2일 동안 운반할 수 있는 만큼의 거름을 운반하며, 영주의 벌령(罰令)에 의해 3수레의 운반작업을 (수행한다).[152] 여기에는 20데나리우스(의 돈)를 지불하는 5명의 생제르맹(수도원)의 속민들이 있다. 그들은 곡식 수확기에 매주 6일(의 부역노동)을 수행한다. 그들은 3회의 코르베를 수행하고, 빵과 부식(副食)을 제공받는다. 그들은 계란들과 함께 6마리의 닭을 바친다. 여기에는 2bun의 임야가 있다. 여기에는 성 마르티누스를 기리기 위해 건축되고 기본재산을 가진 교회가 소속되어 있으나 아무것도 바치지 않는다. 이 교회에는 5개의 호스피키움이 배속되어 있으나, 이 교회에 5솔리두스를 바치는 1개(의 호스피키움) 외에는 미경작 상태다. 이 교회에는 8솔리두스의 돈을 지불하는 1개 망스(크기)의 은대지가[153] 있다.

브루나르두스의 기부

305. **켈시아쿠스 장원에서 브루나르두스가 그 자신이 상속받은 자유지에 대해**

---

151 '에퀼리나(Æquilina)'는 오늘날의 파리 서쪽 지역을 둘러싸고 남쪽으로 뻗은 이블린(Yveline) 숲을 가리킨다. A. Longnon, ed., *Polyp. de St. Germain*, p. 152의 6번 각주에 의하면 옛날의 에퀼리나 숲(silva Aequilina)은 오늘날의 이블린 숲보다 더 컸다. 파리 서쪽에 있는 베르사유를 중심으로 한 오늘날의 이블린 도의 이름은 이 숲에서 유래한다.

152 여기서 '영주의 벌령에 의해 3수레의 운반작업을 (수행한다).'고 한 것은 라틴어 원문의 'bannos III'을 번역한 말이다. 서양 중세 사회에서 'bannum' 또는 'bannus'라고 하는 것은 원래 어떤 행위를 강제하거나 금지하고 위반 시 처벌할 수 있는 권력인 벌령권(罰令權)이라고 할 수 있다. 이것은 본래 군주가 배타적으로 향유한 권리였으나, 프랑크왕국에서 차차 수도원과 같은 교회기관에 양도되고 카롤링제국의 붕괴 후에는 대부분의 큰 영주들이 행사했다. 그러나 여기에서 보는 것처럼 장원농민의 의무로서 부과되는 '방(bannus)'이란 단순한 벌령권이 아니고, 영주의 벌령권에서 기인하여 부과되는 농민들의 부담이다. B. Guérard, *Prolégomènes*, pp. 762~763에 의하면 bannum 또는 bannus는 영주의 명령으로 징발되는 부역노동이다. B. Guérard, ed., *Polyptique de l'abbaye de Saint-Remi de Reims …, vers le milieu du neuvième siècle de notre ère* (Paris: Impr. impériale, 1853)에 의하면 생르미 수도원영지에서는 그것이 보통 몇 수레의 땔나무나 건초 또는 널판과 같은 물품을 영주직영지나 수도원으로 운반하는 부역노동 형태로 부과되었다.

153 여기서 '은대지(beneficium)'란 교회에 기부된 토지란 의미로 이해된다.

행한 기부. 신성하고 불가분한 삼위일체의 이름으로. 자유인 부모로부터 태어난 자유인인 나 브루나르두스는 나의 영혼구제를 위해서, 그리고 나의 아버지와 나의 어머니 및 나의 친척들의 영혼구제를 위해서 파리 시의 크나큰 축복을 받은 주교였던 게르마누스에게[154] 스탐핀시스 파구스 내에[155] 위치한 이 거룩한 주교(소유)의 켈시아쿠스라고 불리는 장원에 있는 나의 세습재산 가운데서 2개의 망스를 양도 · 이전한다. 우리는 우리가 그의 경건한 공덕과 중보(仲保)로 주님에 의해 완전무결한 영혼에 이르고 영광의 보좌에 앉아 있는[156] 주님을 명상할 수 있도록 하기 위해, 지불될 차지료 발생(수입)으로 그의 거룩한 무덤 앞에 등불을 밝힌다는 조건으로, 이 성자에게 모든 것을 남김없이 그 모든 부속물과 경작지 및 미경작지와 초지와 함께 그리고 하나의 물레방앗간과 함께 양도한다. 그러나 우리는 결코 상상할 수 없는 일이지만 우리의 상속자들 가운데 이런 양도에 거역하려고 하는 자가 있다면, 그는 10리브라의 벌금을 물지 않으면 안 될 뿐만 아니라 그가 요구하는 바를 결코 이루지 못할 것이며, 성서에 쓰인 온갖 저주가 그에게 가해지리라.

고즐리누스가 수도원장으로 재임하던[157] 카롤루스 왕 치세 10년[158] 4월

---

[154] 304년 사라고사에서 순교한 성 빈켄티우스(Vincentius)의 유품을 수장하기 위해 메로빙 왕조의 힐데베르투스 왕과 함께 558년에 파리에 성 빈켄티우스 교회와 수도원을 건립했던 게르마누스는 건립 당시 파리의 주교였다. 생제르맹 수도원의 초기 이름이었던 성 빈켄티우스는 8세기 중엽에 성 게르마누스, 즉 생제르맹으로 바뀌었다.

[155] 스탐핀시스 파구스(Stampinsis pagus 또는 pagus Stampinsis)는 오늘날 파리 남서쪽 48km 지점에 위치한 에탕프 시를 중심으로 한 지역을 가리킨다. 이 지역은 현재의 행정구역상으로는 에손 도 랑부예 군에 속한다. B. Guérard, *Prolegomènes*, pp. 64~65; A. Longnon, ed., *Polyp. de St. Germain*, p. 153의 1번 각주 및 D. Hägermann, ed. *Polyp. von St. Germain*, p. 227 참조.

[156] '영광의 보좌에 앉다.'라는 말은 신약성서 마태복음 제19장 제28절과 제25장 제31절에 나오는 성구다.

[157] 고즐리누스(Gozlinus)는 848~853년간과 867~884년간 2차에 걸쳐 생제르맹데프레 수도원의 수도원장을 역임했으며, 그는 884년에 파리 주교로 선출되어 재임하다가 886년에 사망했다.

[158] 여기서 말하는 카롤루스 왕은 카롤루스 2세로서 카롤루스 대머리 왕을 지칭한다.

1일에 파리에서 (토지기부가) 행해짐.

이 토지기부가 이루어지도록 요청한 나 브루나르두스는 내 손으로 확인했다. 주백인 콘라두스가[159] 서명했다. 수도원장 고즐리누스가 서명했다. 브루나루두스의 아들들인 풀코와 뷔베르투스와 예로니무스가 서명했다.

그는 서(西) 프랑키아 왕으로서 840년에 즉위해서 877년까지 재위했다. 따라서 카롤루스 왕 치세 10년이란 849년이 된다.

159 당시의 파리 주백을 가리킨다.

10 비트리아쿠스(장원의) 명세서[1]

1. 비트리아쿠스 골짜기에는[2] 저택과 여타의 많은 부속건을 갖춘 영주직영지가 있다. 여기에는 정성들여 만든 모든 설비를 갖춘 (하나의) 큰 교회와 하나의 예배당이 있다. 여기에는 600md(의 밀)가 파종될 수 있는 10개 쿨투라의 경작지가 있으며, 성 게르마누스가 식재한 53arp의 오래된 포도밭이 있다. 여기에는 52arp의 초지가 있다. 여기에는 이 장원에 속하는 푸키올루스라고 불리는 임야가[3] 있으며, 이 임야는 물론 이 장원과 함께

---

[1] H.-W. Goetz, "Bäuerliche Arbeit und regionale Gewohnheit im Pariser Raum im frűhen 9. Jahrundert. Beobachtungen zur Grundherrschaft von Saint-Germain-des-Prés", H. Atsma, éd., *La Neustrie. Les pays au nord de la Loire de 650 à 850* (Sigmaringen: Jan Thorbecke, 1989), p. 511에서는 이 장원의 명세서가 10세기에 작성된 것이라고 하지만, 대부분의 연구자들은 11세기에 작성된 것이라고 본다. A. Longnon, ed., *Polyp. de St. Germain*, p. 155의 각주 1번; D. Hägermann, ed. *Polyp. von St. Germain*, p. 94의 각주 a번; D. Lohrmann, "Le moulin à eau dans le cadre de l'économie rurale de la Neustrie (VIIe-IXe siècles)", H. Atsma, éd., *La Neustrie*, p. 401 참조.

[2] B. Guérard, *Prolégomènes*, p. 852 및 B. Guérard, ed., *Polyp. d'Irminon*, p. 117의 각주 b번; A. Longnon, ed., *Polyp. de St. Germain*, p. 155의 각주 2번; D. Hägermann, ed. *Polyp. von St. Germain*, p. 228에 의하면, '비트리아쿠스 골짜기(vallis Vitriacus)'라고 할 때의 비트리아쿠스는 오늘날 니에브르(Nièvre) 도 콘(Cosne) 군 생타망(Saint-Amand) 캉통의 비트리(Bitry) 촌락에 해당한다. 이 촌락은 파리 남쪽 200km 지점에 위치한다.

[3] 푸키올루스 임야(puciolus silva)의 소재지가 영주직영지가 있는 비트리와 가까운 곳임은 틀림없어 보이지만, 그 정확한 위치는 확인되지 않고 있다.

성 게르마누스의 자유지였다. 이 장원에 거주하는 콜로누스들은 확실히 성 게르마누스 때와 마찬가지로 지금까지도 자유인들이다. 그들은 수도원장이나 고위직의 명령 없이는 강제적으로든 자발적으로든 어떤 사람들에게도 부역노동을 제공해서는 안 된다. 이 자유지를 성 게르마누스가 성 십자가와 최초의 순교자 성 스테파누스 및 부제이고 순교자인 성 빈켄티우스의 교회의[4] 연등을 위해 기부했기 때문이다. 그들은 매년 이 교회에 8sest의 기름이나 22리브라의[5] 밀랍을 바쳐야 한다.

2. 변두리에는 발리아쿠스라고[6] 불리는 또 하나의 소유지가 있으며, 멀리 떨어진 곳에는 갈리아쿠스라고[7] 불리는 또 하나의 소유지가 있다. 성 게르마누스의 아버지는 이 소유지들을 주백인 에르멘프리두스로부터[8] 구입했으며, 앞에서 말한 성자 주교가[9] 이 소유지들을 그에 딸린 모든 부속물과 함께 전술한 성 십자가와 최초의 순교자 성 스테파누스 및 부제이고 순교자

---

4 앞에서 말했듯이, 성 빈켄티우스 교회는 생제르맹데프레 수도원의 초기 이름이다. 이 교회는 곧 성 게르마누스의 이름을 따서 성 게르마누스 수도원, 즉 생제르맹 수도원으로 개칭된다.

5 여기의 리브라(libra)는 화폐단위가 아니라 무게측정 단위인 것으로 보인다. B. Guérard, *Prolégomènes*, pp. 192, 198에 의하면 1리브라는 0.408킬로그램이다.

6 B. Guérard, *Prolégomènes*, p. 852 및 B. Guérard, ed., *Polyp. d'Irminon*, p. 117의 각주 d번과 A. Longnon, ed., *Polyp. de St. Germain*, p. 156의 각주 1번 및 D. Hägermann, ed. *Polyp. von St. Germain*, p. 228에 의하면, 발리아쿠스(Valliacus)는 오늘날 니에브르 도 콘 군 콘 캉통 알리니(Alligny) 코뮌의 작은 마을인 바이(Vailly)로서, 비트리로부터 남남동쪽 4km쯤의 지점에 위치한다.

7 갈리아쿠스(Galliacus)가 B. Guérard, *Prolégomènes*, p. 852 및 B. Guérard, ed., *Polyp. d'Irminon*, p. 117의 각주 e번에서는 발리아쿠스로부터 남동쪽으로 9km쯤 떨어져 있는 오늘날의 바이(Bailly)라고 하나, A. Longnon, ed., *Polyp. de St. Germain*, p. 156의 각주 2번과 D. Hägermann, ed. *Polyp. von St. Germain*, p. 225에서는 확실하지는 않지만 비트리아쿠스로부터 북쪽 4km 지점에 있는 오늘날의 생타망당퓌이세(Saint-Amand-en-Puisaye)이거나 남서쪽 2km 지점의 생브랭(Saint-Verain)일 가능성이 있다고 한다.

8 에르멘프리두스(Ermenfridus)는 A. Longnon, ed., *Polyp. de St. Germain*, p. 156의 각주 3번에서 오세르의 주백으로 추측되고 있다.

9 성자 주교란 앞의 제9장 제305항에서 언급했듯이 파리 주교를 역임했던 성 게르마누스를 가리킨다.

인 성 빈켄티우스의 교회에 기부했다. 이 소유지들의 보유자들은 매년 그의 아버지와 어머니의 탄생을 기리어 이들의 무덤에 각각 8리브라의 무게가 나가는 2개의 양초와 수도사들의 식사용으로 20솔리두스를 바쳐야 한다. 전술한 성자 주교는 또한 19명의 주교들이 보는 앞에서, 그가 그의 교회에 기증한 기부재산을 무모하게도 본래의 지당한 소유로부터 빼앗으려고 하는 자는, 그 소유지들이 소재한 교구의 오세르 시 주교이든 관할 영역의 너베르 주백이든 간에, 누구나 배신자 유다와 함께 이 세상에서 그리고 영원히 천벌을 받는다는 파문을 추가했다.

3. 이름이 엘레우트헤리우스인 성 게르마누스의 아버지의 사망일(은) 11월 1일(이고), 이름이 에우세비아인 그의 어머니의 사망일(은) 12월 28일(이다).

11 누빌리아쿠스(장원의) 명세서

A. 누빌리아쿠스에는[1] (저택과) 여타 많은 부속건물들을 갖춘 영주직영지가 있다. 여기에는 면적이 40bun이고 200md의 귀리가 파종될 수 있는 10개의 작은 밭들과 10수레의 건초가 채취될 수 있는 9arp의 초지가 있다. 여기에는 어림잡아 길이가 3마일이고 폭이 1마일로서, 800마리의 돼지가 살찔 수 있는 임야가 있다.

1. 생제르맹(수도원)의 속민들로서 노예인 엘렉테우스와 콜로누스이고 이름이 란디나인 그의 아내는 누빌리아쿠스에 거주한다. 그는 6bun의 곡물경작지와 ½arp의 초지로 구성된 (1개의) 반쪽 망스를 보유한다.

---

1 누빌리아쿠스(Nuviliacus) 장원의 위치에 대해서는 의견이 크게 엇갈린다. B. Guérard, *Prolegomènes*, p. 853과 B. Guérard, ed., *Polyp. d'Irminon*, p. 119의 a번 각주에서는 이 장원이 파리의 수도원 소재지로부터 서쪽 175km 떨어진 오른(Orne) 도 알랑송(Alençon) 군 내에 있는 뇌이르비송(Neuilly-le-Bisson) 코뮌이라고 하며, 이런 비정은 La-Motte-Collas의 지지를 받고 있다(K. Elmshäuser & A. Konrad, *Studien zum Polyp. von St. Germain*, pp. 140~141 참조). 이에 비해 A. Longnon, ed., *Polyp. de St. Germain*, p. 158의 각주 1번에서는 이를 비판하고 파리 남쪽 약 200여km 거리에 소재한 베리(Berry) 지방인 엥드르(Indre) 도 샤토루(Châteauroux) 군 뷔장세(Buzançais) 캉통의 뇌이레부아(Neuillay-les-Bois)라고 하며, D. Lohrmann의 지지를 받고 있다(D. Lohrmann, "Le moulin à eau", H. Atsma, éd., *La Neustrie*, p. 401). 한편 D. Hägermann, ed. *Polyp. von St. Germain*, p. 226과 K. Elmshäuser & A. Konrad, *Studien zum Polyp. von St. Germain*, pp. 140~142에서는 이곳을 파리 서쪽 약 120km 거리에 위치한 오른 도 모르타뉴오페르쉬 군 롱뇨페르쉬(Longny-au-Perche) 캉통 내의 뇌이쉬르외르(Neuilly-sur-Eure)라고 한다.

그는 동곡파종을 위해서 4ptc, 하곡파종을 위해서 13ptc를 갈이질한다. 그는 영주의 쿨투라로 거름을 운반하며, 담당하는 직무 때문에 다른 작업을 하지도 다른 것을 바치지도 않는다.

2. 생제르맹(수도원)의 속민들로서 노예인 아브라힐과 반자유인이고 이름이 베르트힐디스인 그의 아내. 아브람, 아브레마루스, 베르트라다는 그들의 자식들이다. 그리고 반자유인인 케슬리누스와 반자유인이고 이름이 레우트베르가인 그의 아내. 레우트가르디스, 잉고힐디스는 그들의 자식들이다. 그리고 반자유인인 고달베르투스. 고달카우스, 켈소빌디스, 블라도빌디스는 그들의[2] 자식들이다. 그들 3명은 누빌리아쿠스에 거주한다. 그들은 15bun의 곡물경작지와 4arp의 초지로 구성된 1개의 망스를 보유한다. 그들은 앙주에서 그리고 5월에는 파리에서 장거리 집단 수송부역을[3] 수행한다. 그들은 군사용으로 2두의 거세된 숫양, 9마리의 닭, 30개의 계란, 100개의 산자널과 같은 수량의 지붕널, 12개의 통널, 6개의 테,[4] 12개의 횃불을 바치며, 수스트라둠까지[5] 2수레의 땔나무를 운반한다. 그들은 영주의 뜰에 4ptc의 울타리와 초지에 4ptc

---

[2] 원문대로임.

[3] '장거리 집단 수송부역'이란 라틴어 원문의 'angaria'를 번역한 말이다. 이 용어는 때로 말이나 수레를 사용해서 영주의 명령을 전달하는 심부름을 뜻하기도 하지만, 여기서는 망스보유자들이 조를 짜서 집단으로 포도주나 곡식 또는 수공업 제품을 멀리 수송하는 부역을 뜻한다.

[4] 여기서 '통널(dova)'이란 포도주 통과 같은 통을 만들기 위해 이어붙이지 않고 통째 그대로 사용되는 널빤지를 가리킨다. '테(circulus)'란 널빤지로 통을 만들 때 통의 몸체를 둘러매는 줄을 뜻한다.

[5] 수스트라둠(Sustradum)의 오늘날 위치에 대해 B. Guérard, *Prolegomènes*, p. 853과 B. Guérard, ed., *Polyp. d'Irminon*, p. 119의 b번 각주에서는 누빌리아쿠스로부터 남남동쪽으로 다소 떨어진 오른 도의 마메르(Mamers) 인근의 쉬레(Suré)라고 하는 데 비해, A. Longnon, ed., *Polyp. de St. Germain*, p. 159의 각주 2번에서는 뇌이레부아로부터 서북서쪽으로 17km 거리에 위치한 메지에르장브렌(Mézières-en-Brenne. 엥드르 도 블랑 군 캉통 소재지) 코뮌에 오늘날 통합되어 있는 옛 쉽트레(Subtray) 또는 쉬트레(Sutray) 교구(paroisse)라고 한다. 그러나 D. Hägermann, ed. *Polyp. von St. Germain*, p. 227에서는 수스트라둠이 지명인지는 분명치 않다고 한다.

의 울타리를 설치하며, 곡식밭에도 필요한 만큼의 울타리를 친다. 그들은 동곡파종을 위해서 8ptc, 하곡파종을 위해서 26ptc를 갈이질한다. (그들은) 코르베들과 이랑들(의 갈이질 부역) 둘 다를 (수행하며), 그들은 수레로 거름을 영주의 쿨투라로 운반한다.[6] 그는[7] 각기 4데나리우스의 인두세를 지불한다.

3. 노예인 기슬레베르투스와 반자유인이고 이름이 고트베르가인 그의 아내. 라그노, 가우스베르투스, 가비오이누스, 가우틀린디스는 그들의 자식들이다. 그리고 노예인 시노푸스와 노예이고 이름이 프롤라이카인 그의 아내. 시클란두스, 프로트하르두스, 마렐루스, 아달루일디스, 프로틀릴디스는 그들의 자식들이다. 그리고 여자노예인 안세구디스. 잉갈베르투스, 프로트베르투스, 프로틀라이쿠스, 프로트베르가는 그들의[8] 자식들이다. 그들 세 명은 누빌리아쿠스에 거주한다. 그들은 26bun

---

6 "(그들은) 코르베들과 이랑들(의 갈이질 부역) 둘 다를 (수행하며),"라고 번역한 문장은 라틴어 원문에서 실제로는 정확하게 파악하기 어렵게 되어 있다. 이 문장을 전후한 라틴어 원문은 "Arant ad hibernaticum perticas VIII, ad tramisum perticas XXVI. Inter curvadas et rigas, trahunt fimum in cultura dominicata."라고 되어 있다. 이런 라틴어 원문의 기록은 게라르와 론농 및 헤게르만의 편찬본에서 구두점에 이르기까지 사실상 서로 완전히 일치한다. 그런데 게라르는 *Prolegomènes*, p. 854에서 문제가 되고 있는 'Inter curvadas et rigas'라는 라틴어 문구를 그 앞의 "perticas XXVI"과 연결되는 것으로 보고 "겨울철을 위해 8ptc를 갈이질하고 코르베로나 이랑으로 26ptc를 갈이질한다."고 해석하고 있다. 그러나 이렇게 파악될 수는 없다. 왜냐하면 라틴어 원문에서 'ad tramisum perticas XXVI'라는 구절과 'Inter curvadas et rigas'라는 구절 사이에는 구두점이 없거나 쉼표가 있는 것이 아니라 분명히 마침표가 찍혀 있고 쉼표는 오히려 'Inter curvadas et rigas'와 'trahunt fimum in cultura dominicata' 사이에 사용되고 있기 때문이다. 그리고 그렇게 이해하는 경우 '하곡파종을 위한(ad tramisum)' 갈이질 면적이 무시되는 문제도 생긴다. 그러나 게라르의 해석이 잘못되었다고 할지라도 그렇다고 해서, 'Inter curvadas et rigas, trahunt fimum in cultura dominicata.'라는 문장을 문자 그대로 서로 연결되어 있는 것으로 보고 '그들은 코르베들과 이랑들(의 갈이질 부역)을 합하여 영주의 쿨투라로 거름을 운반한다.'라고 번역해도 뜻이 통하지 않는다.

7 원문대로임.

8 원문대로임.

의 곡물경작지와 8arp의 초지로 구성된 1개의 망스를 보유한다. 그들은 (위와) 같이 (의무를) 이행한다.

4. 반자유인인 마우리피우스와 콜로누스이고 이름이 에르멩가르디스인 그의 아내. 에르멩길디스는 그들의 아들이다. 그리고 반자유인인 가우둘푸스와 반자유인이고 이름이 켈사인 그의 아내. 가우딜디스는 그들의 아들이다. 그들 두 명은 누빌리아쿠스에 거주한다. 그들은 28bun의 곡물경작지와 4arp의 초지로 구성된 1개의 망스를 보유한다. 그들은 (위와) 같이 (의무를) 이행한다.

5. 노예인 라게나르두스와 콜로누스이고 이름이 다게나인 그의 아내. 라게나우스는 그들의 아들이다. 그리고 노예인 가우스볼두스와 반자유인이고 이름이 파레길디스인 그의 아내. 그들 두 명은 누빌리아쿠스에 거주한다. 그들은 11bun의 곡물경작지와 4arp의 초지로 구성된 1개의 망스를 보유한다. 그들은 (위와) 같이 (의무를) 수행한다.

6. 노예인 페레문두스와 콜로누스이고 이름이 크레아다인 그의 아내. 그리고 노예인 페로아르두스와 반자유인이고 이름이 아달가르디스인 그의 아내. 일레가르디스는 그들의 딸이다. 그리고 노예인 파로이누스. 그리고 노예인 아달그리무스. 그들 4명은 누빌리아쿠스에 거주한다. 그들은 8bun의 곡물경작지와 4arp의 초지로 구성된 1개의 망스를 보유한다. 그들은 (위와) 같이 (의무를) 수행한다.

7. 노예인 가우트마루스와 반자유인이고 이름이 시갈시스인 그의 아내. 시클레볼두스, 시클레아르두스는 그들의 자식들이다. 그는 누빌리아쿠스에 거주한다. 그는 1½bun의 곡물경작지와 1arp의 초지로 구성된 (1개의) ¼쪽 망스를 보유한다. 그는 완전한 망스의 ¼만큼(의 의무)을 이행한다.

8. 노예인 힐데볼두스와 반자유인이고 이름이 베르테닐디스인 그의 아내. 알데드람누스, 아달베르투스, 힐데가우두수, 트루트가우두스, 베르나르두스, 베르트람누스, 힐도이누스, 할데드루디스, 마르팅가는 그들의 자식들이다. 그리고 노예인 할데마루스와 콜로누스이고 이름이 모트베

르가인 그의 아내. 마르티누스, 시클레힐디스, 베르네길디스는 그들의 자식들이다. 그들 두 명은 누빌리아쿠스에 거주한다. 그들은 6bun의 곡물경작지와 ½arp의 초지로 구성된 (1개의) [반쪽 망스]를 보유한다. 그들은 완전한 망스 의무의 절반을 수행한다.

9. 반자유인인 베르틀리누스와 콜로누스이고 이름이 란트시다인 그의 아내. 크레아투스, 마르티누스, 란트베르투스는 그들의 자식들이다. 그는 누빌리아쿠스에 거주한다. 그는 3bun의 곡물경작지와 2arp의 초지로 구성된 (1개의) ¼쪽 망스를 보유한다. 그는 (1개) 이랑(의 갈이질 부역)을 수행한다. 그는 완전한 망스의 ¼만큼(의 의무)을 이행해야 하나, 이 의무 대신에 돼지 치는 일을 한다.

10. 누빌리아쿠스에는 (총) 6½개의 경작망스가 있으며, 다른 ½개는 미경작 상태다. 이 망스들은 16세대가 보유한다. 망스(보유자)들은 12두의 거세된 군사용 숫양, 5솔리두스 4데나리우스의 인두세, 48마리의 닭, 160개의 계란, 600개의 산자널과 같은 수량의 지붕널, 54개의 통널과 같은 수량의 테, 82개의 횃불을 바친다. 그들은 두 수레의 포도주 수송부역을[9] 수행하고, 5월에 두 수레 반의 장거리 수송부역을 수행하며, 반 마리의 황소를 제공한다.

11. 다음의 자들은 노예들이다.
: 엘렉테우스, 기슬레베르투스, 시노푸스, 라게나르두스, 가우스볼두스, 페레문두스, 게달베르투스, 파로아르두스, 아브라힐, 파로이누스, 아달그리무스, 가우트마루스, 힐데볼두스.
그들은 횃불들을 바치고 운반부역을 수행한다.

12. 다음의 자들은 반자유인들이다.
: 마우리피우스, 가우둘푸스, 베르틀리누스, 케슬리누스, 게달베르투스.

---

9 '포도주 수송부역'이란 라틴어 원문의 'vinericia'를 번역한 말이다.

13. 다음의 자들은 여자노예들이다.

: 프로틀리나, 안세군디스, 알다, 프람베르타.

그들은 암평아리들을 기르며, 양모를 제공받으면 옷감 짜는 작업을 한다.

14. 다음의 자들은 여자반자유인들이다.

: 베르트힐디스, 레우트베르가, 고트베르가, 켈사, 파레길디스, 시갈시스, 베르테닐디스.

그들은 4데나리우스의 신공을 지불한다.

15. 라게나르두스는 1bun(크기)의 영주세습지를 보유한다.

기슬레베르투스는 그 자신(보유)의 망스 외에 2개의 텃밭을 보유한다.

12 코르보넨시스 켄테나(의 기부재산) 명세서[1]

1. 옥시멘시스 파구스의[2] 코르보넨시스 켄테나에[3] 있는 폰투스라고[4] 일

---

1 지금까지 보아왔듯이, 생제르맹데프레 수도원의 영지명세장에서 장원별로 영주직 영지의 재산현황을 먼저 기록한 다음에 농민보유지별로 그 보유자와 크기 및 의무 내용을 기술하는 것이 일반적인 기재방식이다. 그러나 이와는 달리 다음에서 보는 바와 같이 이 제12장에서는 생제르맹 수도원에 대한 재산 기부를 중심으로 기술되고 있다. 이 장에서는 대체로 이 수도원에 대한 토지를 비롯한 부동산과 노예와 같은 동산 기부의 내용과 기부 후 기부자가 한시적으로 비교적 가벼운 부담을 지고 토지를 경작하는 프레카리아 형태의 토지보유 조건이 기부 건별로 기재되어 있다.

2 B. Guérard, *Prolegomènes*, pp. 50~58 및 B. *Guérard*, ed., *Polyp. d'Irminon*, p. 122의 각주 a번과 그리고 A. Longnon, ed., *Polyp. de St. Germain*, p. 162의 각주 1번과 D. Hägermann, ed. *Polyp. von St. Germain*, p. 226 및 K. Elmshäuser & A. Konrad, *Studien zum Polyp. von St. Germain*, p. 151에 의하면, 옥시멘시스 파구스(Oximensis pagus)는 노르망디의 오른 도에 소재한 오늘날 엑스메(Exmes)를 중심으로 한 이에무아(Hiémois) 지역을 가리킨다. 이 파구스의 행정구역은 루앙(Rouen) 지역을 중심으로 한 '사기움 키비타스(civitas Sagiorum)'에 해당하며, 세즈(Séez) 주교구와 일치한다. 이 파구스는 9세기 전반에 3개의 파구스 내지 주(州. comitatus)로 분할되었다.

3 코르보넨시스 켄테나(centena Corbonensis)는 B. Guérard, *Prolegomènes*, pp. 57~58과 B. Guérard, ed., *Polyp. d'Irminon*, p. 122의 각주 a번 및 A. Longnon, ed., *Polyp. de St. Germain*, p. 162의 각주 2번에 의하면 근대 노르망디의 오른 도에 소재한 모르타뉴 캉통의 단지 한 코뮌일 뿐이지만, 옥시멘시스 파구스가 분할되었을 때 새로운 코르보네(Corbonais) 파구스의 소재지이자 세즈 주교구 내의 코르보네 및 벨렘(Bellémes) 부주교구가 되었다고 한다. 한편 D. Hägermann, ed. *Polyp. von St. Germain*, p. 224에 의하면 코르보넨시스 켄테나는 오른 도 모르타뉴

컬어지는 마을에서[5] 이데르나가 행한 기부. 그는 여기에서 25bun의 곡물경작지와 13arp의 초지로 구성된 4개의 망스와 1대의 물레방아 및 노예들을 기부했다. 이들 노예의 이름은 다음과 같다. 뷔네베르투스와 그의 아내인 가우트힐디스, 그들의 자식들인 뷔네베르투스,[6] 뷔네볼두스, 뷔네만누스, 뷔네길디스, 아드레힐디스, 뷔네베르가; 그리고 시에베르투스와 그의 아내인 솔베르타, 그들의 자식들인 세게난두스, 실바니우스, 시엠베르가, 시게닐디스, 세스베르가; 그리고 테우트가르디스; 그리고 뷔네카리우스; 그리고 아드레베르가; 그리고 시봐라.

2. 같은 파구스의 같은 켄테나에 있는 쿠르티스 사오니스라고 일컬어지는 마을에서[7] 고델하르두스가 행한 기부. 그는 여기에서 15bun의 곡물경

오페르쉬 군 모브(Mauves) 캉통의 소재지인 코르봉(Corbon)이다.

4 B. Guérard, ed., *Polyp. d'Irminon*, p. 122의 각주 b번과 A. Longnon, ed., *Polyp. de St. Germain*, p. 162의 각주 3번과 D. Hägermann, ed. *Polyp. von St. Germain*, p. 227 및 K. Elmshäuser & A. Konrad, *Studien zum Polyp. von St. Germain*, p. 152에 의하면 폰투스(Pontus) 마을의 오늘날 위치는 명확하게 파악되지 않는다. 그렇지만 앞의 두 간행자들은 폰투스가 코르봉으로부터 서쪽과 북쪽으로 2~4km 정도의 거리에 위치한 두 개의 르 퐁(Le Pont) 중 하나일 것이라고 하며, K. Elmshäuser & A. Konrad는 코르봉으로부터 남서쪽으로 5km 떨어진 거리에 르 퐁이라는 이름을 가진 3개의 마을이 있다고 한다.

5 여기의 '마을'은 라틴어 원문의 'villa'라는 말을 옮긴 것이다. 이 번역서의 제1장 각주 2번에서 villa라는 단어는 이 명세장에서 대체로 두 가지 뜻을 가지고 있어 예속적 노동력을 사용한 대소유지인 경우에는 장원으로, 자유로운 인간들의 단순한 거주 집합체인 경우에는 마을로 번역하도록 하겠다고 했다. 그러나 그럼에도 불구하고 생제르맹데프레 수도원에 대한 토지기부를 기록한 여기 제12장의 제1항 이하에서 농민보유지(mansus) 1개나 그 이하 크기의 소규모 토지를 기부하는 경우는 물론이고 영주직영지나 여러 개의 농민보유지를 흔히 노예들과 함께 기부하는 경우에도 이와 관련되어 언급되는 villa는 장원이 아니라 말단 행정구역 단위로서의 마을이라고 보아야 할 것이다. 왜냐하면 기부가 행해지는 곳의 villa가 카롤링시대의 상급 지방 행정구역이었던 파구스와 이의 바로 하위 행정구역 단위였던 켄테나에 속해 있다고 하기 때문이다.

6 여기서 아버지와 아들의 이름이 우리말로는 같지만, 원래 라틴어 원문에서 아버지의 이름은 'Winevertus'이고 아들의 이름은 'Winebertus'라는 차이가 있다. '베'의 알파벳 표기가 전자에서는 've'인데 비해 후자에서는 'be'인 것이다.

작지와 8arp의 초지로 구성된 1개의 영주직영지와, 그리고 20bun의 곡물경작지와 7arp의 초지 및 3bun의 임야로 구성된 3개의 다른 망스들, 그리고 1대의 물레방아, 그리고 노예들을 기부했다. 이들 노예의 이름은 다음과 같다. 라트가우두스; 그리고 자식들이 생제르맹(수도원)에 속하지 않는 랑가우두스; 그리고 자식들 즉 아들레볼두스, 라인볼두스를 거느린 로트힐디스; 그리고 테우트가르디스; 그리고 자식들 즉 발두이누스, 소안두스, 아레가리우스, 아이르볼다를 거느린 아이르프리두스; 그리고 자식들 즉 식파루스, 아이르트루디스, 식파라, 코킥투스, 시킬디스를 거느린 소아라.

망스의 합계 수는 8개다.[8] 이들 망스(보유자)는 모두 합해서 수송부역 대신에 2솔리두스 8데나리우스, 그리고 아마포 대신에 4½솔리두스, 그리고 계란들과 함께 5마리의 닭을 바친다.

3. 옥시멘시스 파구스의 코르보넨시스 켄테나에 있는 란데라고 일컬어지는 마을(villa)에서[9] 알다가 행한 기부. 그는 여기에서 그가 그의 아내

---

[7] 쿠르티스 사오니스(Curtis Saonis)의 오늘날 위치에 대해 B. Guérard, ed., *Polyp. d'Irminon*, p. 122의 각주 c번에서는 코르봉으로부터 북쪽으로 3km 거리에 위치한 쿠르종(Courgeon)이라고 한다. 그러나 A. Longnon, ed., *Polyp. de St. Germain*, p. 162의 각주 4번에서는 'Curtis Saonis'라는 라틴어 지명으로부터는 'Courson'이나 'Coursan'이란 말들만 생겨날 수 있다고 하여 게라르의 이런 위치 비정을 부정한다. 그러면서도 그는 그것의 현재 위치가 어디인지 밝히지 않는다. D. Hägermann, ed. *Polyp. von St. Germain*, p. 224에서는 쿠르티스 사오니스가 제12장의 제25항과 제34항에서 언급되는 쿠르티스 삭소니스(Curtis Saxonis)와 동일한 곳이 아닐까 추측한다. 이에 의하면 쿠르티스 삭소니스는 코르봉으로부터 남동쪽 4km쯤의 거리에 위치한 쿠르스로(Courcerault) 코뮌의 쿠르스생(Coursessin)이다. 쿠르스로 코뮌은 오늘날 행정구역상으로는 오른 도 몽타뉴오페르쉬 군 노세(Nocé) 캉통에 속한다. K. Elmshäuser & A. Konrad, *Studien zum Polyp. von St. Germain*, p. 153에서는 쿠르티스 사오니스가 확인되지 않는다면서도 모르타뉴오페르쉬 군 바조슈쉬르오엔(Bazoches-sur-Hoëne) 캉통 쿠르주(Courgeoût) 코뮌의 쿠르상송(Coursanson)일 가능성이 있다고 한다.

[8] 망스의 합계가 8개라는 것은 앞의 제1항에서 이데르나가 기부한 망스가 4개이고 제2항에서 고델하르두스가 기부한 것이 영주직영지 1개와 망스 3개이기 때문이다.

[9] 란데(Landae) 마을의 위치에 대해 B. Guérard, ed., *Polyp. d'Irminon*, p. 122의 각주

아클레아르두스와 함께 매입한 재산 외에도 44bun의 곡물경작지와 4arp의 초지 및 4bun의 임야로 구성된 2개의 망스를 기부했다. 그는 텃밭, 곡물경작지, 임야 및 초지뿐만 아니라 건물까지 포함된 매입재산 전부와 상속재산의 ⅓을 생제르맹(수도원)에 기부했다. 그리고 그는 노예들을 (기부했으며), 이들 노예의 이름은 다음과 같다. 베르틀란두스와 이름이 봐르신다인 그의 아내 및 그들의 자식들인 봐르누이누스, 베르틀라이쿠스, 란딩구스, 베르트가우두스, 란트부르기스, 시겜부르기스, 시게드루디스, 베르트카르디스; 그리고 테우트프리두스, 그리고 아달기수스. 이런 기부의 대가로 그는 앞에서 말한 기부재산, 즉 고달하르두스와 이데르나의 기부재산을 프레카리아로 받았다. 그는 이로 인해 성 게르마누스를 위한 연등용으로 3솔리두스를 지불한다.

망스의 전체 합계 수는 10개다.[10]

4. 옥시멘시스 파구스의 코르보넨시스 켄테나에 있는 쿠르티스 안스길리라고 일컬어지는 곳에서[11] 알다가 이름이 알토인 그의 아들을 위해

---

d번에서는 코르봉으로부터 남남동쪽 9km에 거리에 있는 레 랑드(les Landes)이거나 남서쪽 약 3km 거리의 랑드르(Landre)라고 하고, A. Longnon, ed., *Polyp. de St. Germain*, p. 163의 각주 1번에서는 "레 랑드이지 않을까?"라고 보는 데 비해, D. Hägermann, ed. *Polyp. von St. Germain*, p. 225와 K. Elmshäuser & A. Konrad, *Studien zum Polyp. von St. Germain*, p. 153에서는 오늘날 행정구역상으로 오른도 모르타뉴오페르쉬 군 레말라르 캉통 블루쉬르윈(Bellou-sur-Huisne) 코뮌의 레 랑드라고 한다.

10 이데르나가 기부한 망스 수가 4개이고, 고델하르두스가 기부한 망스 수가 영주직영지(mansus indominicatus) 1개와 망스 3개이며, 알다 자신이 기부한 망스 수가 2개다. 따라서 알다가 프레카리아로 받은 망스 수는 모두 10개가 된다.

11 쿠르티스 안스길리(Curtis Ansgili)의 위치에 대해서는 의견이 엇갈린다. B. Guérard, ed., *Polyp. d'Irminon*, p. 123의 각주 a번에서는 코르봉 북쪽 약 10km 거리의 한 오지마을인 쿠르타이(Courtail)라고 하는 데 비해, A. Longnon, ed., *Polyp. de St. Germain*, p. 163의 각주 2번에서는 외레루아르 도 오통(Authon) 코뮌의 쿠르탕지(Courtangis)이거나 사르트(Sarthe) 도 피아세(Piacé)와 생장데제셸(Saint-Jean-des-Échelles)이라고 추측한다. 한편 D. Hägermann, ed. *Polyp. von St. Germain*, p. 224와 K. Elmshäuser & A. Konrad, *Studien zum Polyp. von St. Germain*, p. 153에서는 쿠르티스 안스길리가 오늘날 행정구역상으로 오른 도 모르

행한 기부. 그는 여기에서 4bun의 곡물경작지와 4arp의 초지를 기부했다. 알다는 이 기부토지를 여타의 기부재산과 함께 보유한다.

5. 옥시멘시스 파구스의 코르보넨시스 켄테나에 있는 가마르지아케라고 일컬어지는 마을에서[12] 요한네스가 행한 기부. 그는 여기에서 4bun의 곡물경작지와 1½arp의 초지로 구성된 1개의 망스를 기부했다.

6. 옥시멘시스 파구스의 코르보넨시스 켄테나에 있는 쿠르티스 프루다니스라고 일컬어지는 곳에서[13] 그리고 가마르티아제 마을에서[14] 발트카우스가 행한 기부. 그는 여기에서 또한 저택과 여타의 부속건물들과 함께 8bun의 곡물경작지와 7arp의 초지 및 1bun의 임야로 구성된 1개의 영주직영지를 기부했다. 생제르맹(수도원)의 노예인 게롤두스는 이 영주직영지를 보유하며, 그의 아내는 이름이 라인볼다로 게르라두스(보유)의 은대지 출신이고, 라인마루스는 그들의 아들이다.

7. 또한 같은 파구스와 같은 켄테나에 있는 쿠르티스 도틀레니라고 일컬어지는 마을에서[15] 행한 발트카리우스의 기부. 그는 여기에서 2½bun의 곡물경작지와 1½arp의 초지를 기부했다. 이 토지는 생제르맹(수도원)의 속민이 보유하지 않는다.[16]

타뉴오페르쉬 군 모브 캉통 라샤펠몽트리종(La Chapelle-Montligeon) 코뮌 앙글루아(Anglois)라고 한다.

12 가마르지아케(Gamarziacae) 마을의 오늘날 위치가 어디인지는 알려져 있지 않다.

13 쿠르티스 프루다니스(Curtis Frudanis) 마을의 오늘날 위치가 어디인지도 전혀 알려져 있지 않다.

14 가마르티아제(Gamartiazae)는 앞의 가마르지아카이와 같은 곳이겠지만, 이 위치 역시 알려진 바 없다.

15 B. Guérard, ed., *Polyp. d'Irminon*, p. 123의 각주 d번과 A. Longnon, ed., *Polyp. de St. Germain*, p. 164의 각주 3번과 D. Hägermann, ed. *Polyp. von St. Germain*, p. 224 및 K. Elmshäuser & A. Konrad, *Studien zum Polyp. von St. Germain*, p. 153에 의하면 쿠르티스 도틀레니(Curtis Dotleni) 마을은 오늘날 오른 도 모르타뉴오페르쉬 군 바조슈쉬르오엔 캉통 바조슈쉬르오엔 코뮌의 쿠르툴랭(Courtoulin)에 해당한다. 이 마을은 코르봉으로부터 북서쪽으로 14km 거리에 위치한다.

16 이 제7항의 발트카리우스(Waltcarius)는 바로 앞에 있는 제6항의 발트카우스

8. 또한 같은 파구스와 같은 켄테나에 있는 몬스 알둘피라고 일컬어지는 마을에서[17] 행한 봘트카리우스의 기부. 그는 여기에서 부속건물들이 딸린 (1개의) 영주직영지와, 모두 합쳐 19bun의 곡물경작지와 4arp의 초지 및 1arp의 임야로 구성된 다른 3개의 망스와, 그리고 노예들을 기부했다. 이들 노예(의 이름)는 다음과 같다. 플로트베우스, 그리고 사로아르두스, 그리고 게로이누스. 게로이누스의 아내는 이름이 오델릴디스로, 생제르맹(수도원)의 콜로누스이고 북시둠 출신이며, 오달두스, 오달리쿠스, 기라르두스, 게르베르가는 그들의 자식들이다.

9. 또한 같은 파구스와 같은 켄테나에 있는 만비스라고 일컬어지는 마을에서[18] 행한 동일인인 봘트카리우스의 기부. 그는 여기에서 15bun의 곡물경작지와 13arp의 초지로 구성된 2개의 망스를 기부했다. 이 망스들을 지금은 생제르맹(수도원)의 콜로누스인 아귀누스와, 처자식들이 모두 생제르맹(수도원)에 속하는 피보호민[19] 아달베르투스가 보유한다.

10. 또한 같은 파구스와 같은 켄테나에 있는 쿠르티스 안스길리라고 일컬어지는 마을에서 행한 동일인인 봘트카리우스의 기부. 그는 여기에서

(Waltcaus)와 동일 인물로 보인다. 왜냐하면 이름이 비슷한 데다 '또한(item)'이라는 부사가 문두에 사용되고 있기 때문이다. 봘트카리우스라는 이름이 제7항에서 제10항까지 연속적으로 많이 사용되고 있는 것으로 볼 때, 제6항의 'Waltcaus'는 'Waltcarius'의 오기인 것으로 추측된다.

17 몬스 알둘피(mons Aldulfi) 마을의 오늘날 위치는 파악되지 않고 있다.

18 B. Guérard, ed., *Polyp. d'Irminon*, p. 123의 각주 g번과 A. Longnon, ed., *Polyp. de St. Germain*, p. 165의 각주 1번에 의하면 만비스(Manvis) 마을의 위치는 코르봉 남서쪽 600미터 거리에 있는 오른 도 모르타뉴 군 모브 캉통의 소재지인 모브다. D. Hägermann, ed. *Polyp. von St. Germain*, p. 226과 K. Elmshäuser & A. Konrad, *Studien zum Polyp. von St. Germain*, p. 153에 의하면 이곳은 오늘날 행정구역상으로는 오른 도 모르타뉴오페르쉬 군 모브쉬르윈(Mauves-sur-Huisne. 헤게르만의 경우에는 모브쉬르오엔[Mauve-sur-Hoëne]) 캉통의 소재지다.

19 '피보호민'이란 라틴어 원문의 'munboratus'를 옮긴 말이다. 보호를 받는 예속민이라는 뜻이다.

4bun의 곡물경작지와 4arp의 초지로 구성된 1개의 망스를 기부했다. 그리고 그 망스를 생제르맹(수도원)의 여자노예이고 자식들이 뷔네라두스, 라인마루스, 뷔네릴디스인 라인힐디스가 보유한다. 그들 모두는[20] 반작(半作)으로 경작한다.

11. 옥시멘시스 파구스의 코르보넨시스 켄테나에 있는 몬스 악보디라고 일컬어지는 곳에서[21] 잉고가 행한 기부. 그는 여기에서 3bun의 곡물경작지와 1arp의 초지 및 1bun의 임야로 구성된 1개의 망스를 기부했다. 지금은 그 망스를 생제르맹(수도원)의 여자콜로누스이고 자식들이 라인베르투스, 아이네리쿠스, 아이로이누스, 아이밍구스, 아이룰푸스, 기르베르타인 라인베르타가 보유한다.

12. 같은 파구스와 같은 켄테나와 같은 마을에서 잉고보두스가 행한 기부. 그는 여기에서 3bun의 곡물경작지와 1arp의 초지 및 1bun의 임야로 구성된 1개의 망스를 기부했다. 지금은 이 망스를 생제르맹(수도원)의 콜로누스이고 자식들이 생제르맹(수도원)에 속하지 않는 게이르봐스가 보유한다.

13. 같은 파구스와 같은 켄테나와 같은 마을에서 에블리누스가 행한 기부. 그는 여기에서 3bun의 곡물경작지와 1arp의 초지 및 1bun의 임야로 구성된 1개의 망스와 노예들을 기부했다. 이들 노예의 이름은 다음과 같다. 아귀누스와 그의 자식인 아인베르투스, 그리고 아우두이누스, 로트길두스, 로트베르가 그리고 아고일디스. 그리고 이 토지는 모두 망스 보유자들 사이에 분배되어 (보유되고) 있다.

14. 같은 파구스와 같은 켄테나와 같은 마을에서 엘렉타가 베르나르두스를

---

20 '그들 모두'는 라틴어 원문의 'omnes isti'를 번역한 말로, 바로 앞에 열거된 여자노예의 자식들이 아니고 앞의 제4항 이후의 기부토지를 보유한 자들을 가리킨다고 봐야 할 것이다. 따라서 앞의 기부토지 보유자들은 모두 토지를 절반 소작한다는 뜻이 된다고 하겠다.

21 몬스 악보디(Mons Acbodi)의 오늘날 위치가 어디인지는 알려져 있지 않다.

위해 행한 기부. 그는 여기에서 3bun의 곡물경작지와 1arp의 초지 및 1bun의 임야로 구성된 1개의 망스를 기부했다. 그리고 이 토지도 마찬가지로 망스보유자들 사이에 분배되어 (보유되고) 있다.

15. 같은 파구스와 같은 켄테나와 같은 마을에서 행한 엡보와 에르멘베르가의 기부. 그는 여기에서 여타의 부속건물들과 함께 12bun의 곡물경작지와 8arp의 초지 및 12bun의 임야로 구성된 (1개의) 영주직영지와, 그리고 같은 마을에서 모두 합쳐 23bun의 곡물경작지와 6arp의 초지 및 5bun의 방목지로 구성된 다른 9개의 작은 망스들과,[22] 그리고 (노예들을) 기부했다. 이들 노예(의 이름)는 다음과 같다. 아우딩가, 자식들을 거느린 아우트베르가, 레우딩가, 자식들이 생제르맹(수도원)에 속하지 않는 링고, 그리고 벨릴디스. 그들은 인두세로 3솔리두스 4데나리우스를 지불한다. 그들은 포도주 수송을 위한 장거리 집단 부역과 지시받는 것은 모두 수행한다. 그들은 닭들과 계란들을 바친다.

이들 11건의 기부재산을[23] 에르멘베르가가 프레카리아로 받았으며, 그는 이로 인해 성 게르마누스를 위한 연등용으로 2솔리두스를 지불한다. 그리고 (그는) 안데카부스에서[24] 1개의 망스를 (보유한다).

16. 옥시멘시스 파구스의 코르보넨시스 켄테나에 있는 모소니라고 일컬어지는 마을에서[25] 오소가 행한 기부. 그는 여기에서 4bun의 곡물경작지와 3arp의[26] 초지 및 2bun의 임야로 구성된 1개의 망스를 기부했다.

---

[22] '작은 망스'란 라틴어 원문의 'mansura'를 번역한 말이다. 소규모의 망스를 뜻하며, 'mansellus'와 같은 것이라고 할 수 있다.

[23] 11건의 기부재산이란 앞의 제5항으로부터 제15항에 이르는 기부재산을 뜻한다.

[24] A. Longnon, ed., *Polyp. de St. Germain*, p. 166의 각주 1번과 D. Hägermann, ed. *Polyp. von St. Germain*, p. 223에 의하면 안데카부스(Andecavus)는 앙주(Anjou)를 가리킨다. 앙주는 프랑스 중서부의 앙제(Anger)를 중심으로 한 지역이다.

[25] 모소니(Mosoni)의 오늘날 위치가 어디인지는 알려져 있지 않다.

[26] 초지의 크기가 B. Guérard, ed., *Polyp. d'Irminon*, p. 125에는 '4(IIII)'bun으로 되어 있지만, A. Longnon, ed., *Polyp. de St. Germain*, p. 166과 D. Hägermann, ed. *Polyp. von St. Germain*, p. 99에는 '3(III)'bun으로 되어 있다.

17. 같은 파구스와 같은 켄테나와 같은 마을에서 스타이놀두스가 행한 기부. 그는 여기에서 4bun의 곡물경작지와 3arp의 초지 및 2bun의 임야로 구성된 1개의 망스를 기부했다.

18. 같은 파구스와 같은 켄테나와 같은 마을에서 아달힐디스가 행한 기부. 그는 여기에서 4bun의 곡물경작지와 4arp의 초지와 3bun의 임야 및 1bun의 방목지로 구성된 1개의 망스를 기부했다. 그리고 이 기부에 대해 그는 전술한 두 건의 기부재산을[27] 프레카리아로 받았다. 그는 이로 인해 4데나리우스를 지불한다.

19. 옥시멘시스 파구스의 코르보넨시스 켄테나에 있는 몬스 드로이트문디라고 일컬어지는 마을에서[28] 하우타리우스가 행한 기부. 그는 여기에서 3bun의 곡물경작지와 1½arp의 초지 및 ½jr의 잡목림을 기부했다. 뷔네라두스는 이 토지를 보유하며, 반작으로 이 토지를 경작하거나 12데나리우스를 (지불한다는) 조건으로 경작한다.

20. 옥시멘시스 파구스의 코르보넨시스 켄테나에 있는 같은 마을에서 뷔네라두스의[29] 아내인 프로트신디스가 행한 기부. 그녀는 여기에서 3bun의 곡물경작지와 2arp의 초지로 구성된 1개의 망스를 기부했다. 이 두 건의 기부재산을, 생제르맹(수도원)의 콜로누스이고 자식들이 뷔네람누스, 뷔클레라두스, 우놀두스, 아이나르두스, 프로트베르가인 뷔네라두스가 보유한다. 그리고 이 뷔네라두스는 그의 …와[30] 함께 몬스 도로이트문디에 2bun의 곡물경작지와 2bun의 임야로 구성된 그의 매입재

---

[27] 두 건의 기부재산이란 앞의 제16~17항의 기부재산을 가리킨다.

[28] 몬스 드로이트문디(Mons Droitmundi)의 오늘날 위치가 어디인지는 파악되지 않고 있다.

[29] 뷔네라르두스는 바로 앞의 제19항에서 하우타리우스가 기부한 토지를 보유한 사람이다.

[30] D. Hägermann, ed. *Polyp. von St. Germain*, p. 100의 각주 a번에 의하면 일곱 철자쯤이 비어 있다고 한다. 비어 있는 그 단어는 아마도 아내라는 뜻의 라틴어 'uxor'의 탈격일 가능성이 있다.

산을 보유한다. 그는 인두세를 지불한다.

21. 옥시멘시스 파구스의 코르보넨시스 켄테나에 있는 쿠르티스 안스길리라고 일컬어지는 곳에서 뷔네가우두스의 아내인 에르멘드라다가 행한 기부. 그녀는 여기에서 1⅔bun의 곡물경작지를 기부했다. 이 기부토지를 그와 그의 아내가 보유한다.

22. 옥시멘시스 파구스의 코르보넨시스 켄테나에 있는 로트니스라고 일컬어지는 마을에서[31] 아인하르두스가 행한 기부. 그는 여기에서 17bun의 곡물경작지와 5arp의 초지와 2bun의 임야 및 2bun의 방목지를 기부했다. 이런 연고로 그의 아들들이[32] 이 기부토지를 보유한다. 즉 생제르맹(수도원)의 콜로누스인 뷔네가우두스와 자유인이고 이름이 에르멘라다인 그의 아내[33]—뷔네가우스, 베르나르두스, 아달가르디스는 그들의 자식들이다—; 그리고 생제르맹(수도원)의 콜로누스인 뷔네가르두스와 자유인이고 이름이 로트신디스인 그의 아내—뷔네람누스, 우놀두스, 아이나르두스, 빌레라두스, 로트베르가는 그들의 자식들이다—; 그리고 생제르맹(수도원)의 여자콜로누스인 엘레나—그리몰두스, 뷔네가르디스, 뷔네베르투스, 뷔네볼두스, 에르멘트루디스, 그리마는 그녀의 자식들이다—; 그리고 생제르맹(수도원)의 여자콜로누스인 잉갈트

---

31 B. Guérard, ed., *Polyp. d'Irminon*, p. 125의 각주 d번에서는 로트니스(Rotnis)가 코르봉으로부터 북쪽으로 6km쯤 떨어진 생마르드레노(Saint-Mard-de-Réno)로 추측된다고 한다. 그러나 A. Longnon, ed., *Polyp. de St. Germain*, p. 167의 각주 3번에서는 이런 추정을 부정하고 로트니스는 코르봉으로부터 북서쪽 2km 거리에 있는 오른 도 모르타뉴 군 모르타뉴 캉통의 모브 코뮌의 작은 촌락인 로널(Rônel)이라고 한다. D. Hägermann, ed. *Polyp. von St. Germain*, p. 227과 K. Elmshäuser & A. Konrad, *Studien zum Polyp. von St. Germain*, p. 153에서도 롱농의 비정을 인정하여 로트니스는 오늘날 행정구역상으로 오른 도 모르타뉴오페르쉬 군 모르타뉴오페르쉬 캉통 쿠르종 코뮌의 로널이라고 한다.

32 기부토지의 보유자들이 기부자의 '아들들(filii)'이라고 하지만, 곧 뒤에서 부연되듯이 공동보유자는 2명의 아들과 2명의 딸로 구성되어 있다.

33 여기의 '에르멘라다(Ermenrada)'는 뷔네가우두스의 아내로서, 바로 앞의 제21항에서 토지를 기부한 '에르멘드라다(Ermendrada)'와 동일 인물이라고 하겠다.

루디스. 그들 4명은 그 망스를 보유한다. 그들은 그 망스를 반작으로 경작한다. 그들은 그 토지 외에 4bun의 곡물경작지로 된 자유로운 소유지를 매입했다. 그리고 게르라두스는 그들이 매각한 5bun의 곡물경작지로 된 외부인의 소유지를 보유한다.

23. 옥시멘시스 파구스의 코르보넨시스 켄테나에 있는 빌라리스라고 일컬어지는 마을에서[34] 엘리누스가 행한 기부. 그는 여기에서 6bun의 곡물경작지와 ⅔arp의 초지로 구성된 1개의 망스를 기부했다. 이 망스를 지금은 생제르맹(수도원)의 속민들로서 콜로누스인 아마틀라이쿠스와 콜로누스이고 이름이 뷔네라다인 그의 아내가 보유한다. 에르메나르두스, 아말가우스, 에르메닐디스, 뷔네릴디스는 그들의 자식들이다. 그는 이 토지를 반작으로 경작한다. 그는 4데나리우스의 인두세와 닭들과 계란들을 바친다.

24. 옥시멘시스 파구스의 코르보넨시스 켄테나에 있는 쿠르티스 도들레니라고 일컬어지는 곳에서[35] 뷔니우디스가[36] 행한 기부. 그녀는 여기에서 8bun의 곡물경작지와 1arp의 초지로 구성된 1개의 망스를 기부했다. 이 망스를 지금은 생제르맹(수도원)의 속민들로서 콜로누스인 군톨두스와 콜로누스이고 이름이 뷔네길디스인 그의 아내가 보유한다. 군트

---

34 B. Guérard, ed., *Polyp. d'Irminon*, p. 126의 각주 a번과 A. Longnon, ed., *Polyp. de St. Germain*, p. 168의 각주 1번에 의하면 빌라리스(Villaris)는 코르봉으로부터 북쪽으로 10km쯤 떨어져 있는 오른 도 모르타뉴 군 모르타뉴 캉통의 빌리에르쉬르모르타뉴(Villiers-sur-Mortagne)에 해당하며, D. Hägermann, ed. *Polyp. von St. Germain*, p. 228과 K. Elmshäuser & A. Konrad, *Studien zum Polyp. von St. Germain*, p. 153에 의하면 이는 오늘날 행정구역상으로는 모르타뉴오페르쉬 군 모르타뉴오페르쉬 캉통의 빌리에르수모르타뉴(Villiers-sous-Mortagne. 롱농이 빌리에르쉬르모르타뉴라고 한 것은 빌리에르수모르타뉴의 착오로 보인다.)다.

35 쿠르티스 도들레니(Curtis Dodleni)는 앞의 제7항의 쿠르티스 도틀레니(Curtis Dotleni)와 같은 곳이다.

36 A. Longnon, ed., *Polyp. de St. Germain*, p. 168에서는 뷔누이디스(Winuidis)로 되어 있으나, B. Guérard, ed., *Polyp. d'Irminon*, p. 126과 D. Hägermann, ed. *Polyp. von St. Germain*, p. 100에서는 뷔니우디스(Winiudis)로 되어 있다.

베르투스, 군트루디스는 그들의 자식들이다. 그는 4데나리우스의 인두세와 닭들과 계란들을 바친다.

25. 같은 파구스의 같은 비카리아에[37] 있는 쿠르티스 삭소네라고 일컬어지는 마을에서[38] 하도아르두스가 행한 기부. 그는 여기에서 4bun의 곡물경작지와 1½arp의 초지로 구성된 1개의 망스를 기부했다. 이 망스는 자식들이 생제르맹(수도원)에 속하지 않는 여자자유인인 아달가르디스가 보유한다.

26. 옥시멘시스 파구스의 코르보넨시스 켄테나에 있는 빌라리스라고 일컬어지는 마을에서 이셈볼두스가 행한 기부. 그는 여기에서 2½bun의 곡물경작지와 2½arp의 초지 및 1bun의 임야로 구성된 1개의 망스를 기부했다. 이 망스는 아달가르디스가 보유한다. 그녀는 그 토지를 반작으로 경작한다.

27. 옥시멘시스 파구스의 코르보넨시스 켄테나에 있는 쿠르티스 세솔디라고 일컬어지는 마을에서[39] 레미스가 행한 기부. 그는 여기에서 3bun의

---

[37] 앞에서 본 바와 같이, '비카리아(vicaria)' 또는 '비가리아(vigaria)'는 주(州. comitia)나 파구스의 하위 행정구역으로서, 대체로 그 관할범위가 오늘날의 프랑스 캉통에 해당하는 켄테나와 같은 것이다.

[38] 쿠르티스 삭소네(Curtis Saxone) 또는 쿠르티스 삭소니스(Curtis Saxonis)의 위치에 대해서는 의견이 엇갈린다. B. Guérard, ed., *Polyp. d'Irminon*, p. 126의 각주 c번에서는 코르봉 북서쪽 3km 거리에 있는 쿠르종(Courgeon)이라고 보는 데 반해, A. Longnon, ed., *Polyp. de St. Germain*, p. 168의 각주 3번에서는 이들 라틴어 지명으로부터 생겨날 수 있는 프랑스어는 'Coursesne' 또는 'Coursêne'일 수밖에 없다는 이유로, 게라르의 견해를 부정한다. 그러나 롱농은 이들 프랑스어 지명이 어디인지는 더 이상 밝히지 않는다. 한편 D. Hägermann, ed. *Polyp. von St. Germain*, p. 224와 K. Elmshäuser & A. Konrad, *Studien zum Polyp. von St. Germain*, p. 154에서는 쿠르티스 삭소니스가 오른 도 모르타뉴오페르쉬 군 노세 캉통 쿠르스로 코뮌의 쿠르스생이라고 한다.

[39] B. Guérard, ed., *Polyp. d'Irminon*, p. 126의 각주 d번과 A. Longnon, ed., *Polyp. de St. Germain*, p. 168의 각주 4번에 의하면 쿠르티스 세솔디(Curtis Sesoldi)는 오른 도 모르타뉴 군 모브 캉통의 쿠르스로이며, 대체로 코르봉이나 모브로부터 남동쪽 3km 거리에 위치한다. D. Hägermann, ed. *Polyp. von St. Germain*, p. 224와

곡물경작지와 1arp의 초지로 구성된 1개의 망스를 기부했다. 이 망스를 지금은 로트베우스가 보유한다. 그는 보호를 받는 데 대해 1데나리우스의 값어치가 있는 밀랍을 바친다. 프로트하르두스, 고달라르두스, 로트카우스는 그의 자식들이다. 그는 그 망스를 반작으로 경작하거나 2솔리두스를 지불한다.

28. 옥시멘시스 파구스의 같은 켄테나에 있는 가마르티아케라고 일컬어지는 곳에서[40] 아들레베르타가 행한 기부. 그는 여기에서 13bun의 곡물경작지와 1½arp의 초지로 구성된 1개의 망스를 기부했다. 이 망스는 아무도 보유하지 않고 있다.

29. 옥시멘시스 파구스와 같은 켄테나에 있는 쿠르티스 봘드라다니스라고 일컬어지는 마을에서[41] 스코타르두스가 행한 기부. 그는 여기에서 1bun의 곡물경작지와 1arp의 초지를 기부했다. 이 토지를 지금은 아밍구스가 보유한다.

30. 옥시멘시스 파구스와 같은 켄테나에 있는 쿠르티스 봘드라다니스라고 일컬어지는 마을에서 고데나르두스가 행한 기부. 그는 여기에서 1arp의 초지를 기부했다. 지금은 이 토지를 솔리그나누스가 보유한다.

K. Elmshäuser & A. Konrad, *Studien zum Polyp. von St. Germain*, p. 154에 의하면 이는 오늘날 행정구역상으로는 오른 도 모르타뉴오페르쉬 군 노세 캉통에 속하는 쿠르스로다.

40 앞에서 본 가마르지아케 또는 가마르티아제처럼 가마르티아케(Gamartiacae) 마을의 오늘날 위치가 어디인지는 파악되지 않고 있다.

41 B. Guérard, ed., *Polyp. d'Irminon*, p. 127의 각주 b번과 A. Longnon, ed., *Polyp. de St. Germain*, p. 169의 각주 2번에 의하면 쿠르티스 봘드라다니스(Curtis Waldradanis)는 코르봉으로부터 북쪽 6km쯤 거리에 있는 오른 도 모르타뉴 군 모브 캉통 생마르드레노 코뮌의 벽촌인 쿠고드레(Cougaudré) 또는 쿠고드레(Cougaudray)에 해당한다. D. Hägermann, ed. *Polyp. von St. Germain*, p. 224와 K. Elmshäuser & A. Konrad, *Studien zum Polyp. von St. Germain*, p. 154에 의하면 이는 오늘날 행정구역상으로는 오른 도 모르타뉴오페르쉬 군 모브 캉통 생마르드레노 코뮌의 쿠고드레(Cougaudré)다.

31. 같은 파구스와 같은 켄테나에 있는 빌라리스라고 일컬어지는 마을에서 에르풀푸스가 행한 기부. 그는 여기에서 2½bun의 곡물경작지와 2½arp의 초지로 구성된 1개의 망스를 기부했다.

32. 같은 파구스와 같은 켄테나와 같은 마을에서 라인란다가 행한 기부. 그는 여기에서 3½bun의 곡물경작지와 2½arp의 초지를 기부했다. 이들 두 건의 기부토지를 생제르맹(수도원)의 반자유인인 아이룰푸스가 보유한다. 그는 그 기부토지들을 반작으로 경작한다.

33. 같은 파구스와 같은 켄테나와 같은 마을에서 아달카우스와 라인란다가 그들의 아들인 고데베르투스를 위해 행한 기부. 그는 여기에서 4bun의 곡물경작지와 3arp의 초지로 구성된 1개의 망스를 기부했다. 지금은 이 망스를 생제르맹(수도원)의 노예인 라인볼두스와 노예이고 이름이 프람베르타인 그의 아내가 보유한다. 그는 이 망스를 반작으로 경작한다. 그는 4데나리우스와 닭들 및 계란들을 바친다.

34. 같은 파구스와 같은 켄테나에 있는 쿠르티스 삭소네라고 일컬어지는 마을에서 뵐라테우스가 행한 기부. 그는 여기에서 2bun의 곡물경작지와 1arp의 초지 및 ¼bun의 임야를 기부했다.

35. 같은 파구스와 같은 켄테나와 같은 마을에서 아마데우스가 행한 기부. 그는 여기에서 2½bun의 곡물경작지와 1arp의 초지 및 ¼bun의 잡목림을 기부했다. 그리고 이런 기부의 대가로 그는 앞에서 말한 뵐라테우스의 기부토지를 프레카리아로 받았으며, 이로 인해 12데나리우스를 바친다.

36. 옥시멘시스 파구스의 코르보넨시스 켄테나에 있는 빌라리스 아드 일람 뽝탐이라고 일컬어지는 곳에서[42] 스코타르두스와 이데르나가 행한 기

---

[42] 빌라리스 아드 일람 뽝탐(Villaris ad illam Wactam)의 위치에 대해 B. Guérard, ed., *Polyp. d'Irminon*, p. 127의 각주 c번과 A. Longnon, ed., *Polyp. de St. Germain*, p. 170의 각주 2번에서는 코르봉 남쪽 21km 거리에 위치한 생제르맹드라쿠드르(Saint-Germain-de-la-Coudre)로 추정하는 반면에, D. Hägermann, ed. *Polyp. von*

부. 그들은 여기에서 1½bun의 곡물경작지와 1bun의 잡목림 및 ¾arp의 초지를 기부했다. 이 기부토지를 엘로가 보유하며, 그는 이로 인해 2데나리우스를 지불한다.

37. 같은 파구스와 같은 켄테나에 있는 쿠르티스 안스문디라고 일컬어지는 마을에서[43] 에르멩가리우스의 기부. 그는 여기에서 3bun의 곡물경작지로 된 1개의 망스를 기부했다.

38. 같은 파구스와 같은 켄테나와 같은 마을에서 힐두이누스의 기부. 그는 여기에서 6¾bun의 곡물경작지와 ¾arp의 초지로 구성된 1개의 망스를 기부했다. 그는 여기에서 1대의 물레방아와 1bun의 임야를 보유한다.

39. 같은 파구스와 같은 켄테나와 같은 마을에서 힐데가리우스의 기부. 그는 여기에서 14½bun의 곡물경작지와 4½arp의 초지 및 1bun의 임야로 구성된 1개의 망스를 기부했다. 그리고 이런 기부의 대가로 그는 앞에서 말한 에르멩가리우스와 힐두이누스의 기부토지를 프레카리아로 받았다.

40. 옥시멘시스 파구스의 코르보넨시스 켄테나에 있는 몰레바르디라고 일컬어지는 마을에서[44] 뷔틀라이쿠스가 그의 아들 뷔트베르투스를 위해 행한 기부. 그는 여기에서 4½bun의 곡물경작지와 1½arp의 초지로 구성된 1개의 망스를 기부했다. 이 망스를 지금은 생제르맹(수도원)의 콜로누스인 테오프리두스가 보유한다. 그는 이로 인해 12데나리우스

St. Germain, p. 228에서는 모르타뉴오페르쉬 군 모르타뉴오페르쉬 캉통의 빌리에르수모르타뉴와 동일한 곳일 가능성이 크다고 한다.

43 쿠르티스 안스문디(Curtis Ansmundi)의 오늘날 위치가 어디인지는 전혀 알려져 있지 않다.

44 몰레바르디(Molevardi)의 오늘날 위치가 어디인지는 잘 모르고 있다. 다만 B. Guérard, ed., *Polyp. d'Irminon*, p. 128의 각주 b번에서는 이곳이 코르봉으로부터 남동쪽 45km 거리에 위치한 물라르(Moulhard)일 가능성이 있다고 할 뿐이다. 그러나 A. Longnon, ed., *Polyp. de St. Germain*, p. 171의 각주 1번에서는 게라르의 이런 추측은 음성학적인 면에서나 지리학적인 면에서나 타당성이 없다고 한다.

(의 돈)와, 4데나리우스의 인두세, 닭들 및 계란들을 바친다.

41. 또한 옥시멘시스 파구스의 코르보넨시스 켄테나에 있는 몰레바르디라고 일컬어지는 마을에서 스코트하르두스의 기부. 그는 여기에서 4bun의 곡물경작지와 1arp의 초지로 구성된 1개의 망스를 기부했다. 지금은 이 망스를, 이데르나가 생제르맹(수도원)에 기증했던 생제르맹(수도원)의 콜로누스인 실바니우스가 보유한다.[45] 그는 이로 인해 12데나리우스(의 돈)와, 4데나리우스의 인두세, 닭들 및 계란들을 바친다.

42. 같은 파구스와 같은 켄테나와 같은 마을에서 아밍구스의 기부. 그는 여기에서 1½bun 10ptc의 곡물경작지를 기부했으며, 이런 기부토지를 위에서 말한 실바니우스가 보유한다.

43. 옥시멘시스 파구스의 코르보넨시스 켄테나에 있는 몬스 아인힐디스라고 일컬어지는 마을에서[46] 힐드라두스가 그의 아들 힐트카리우스를 위해 행한 기부. 그는 여기에서 3bun 37ptc의 곡물경작지와 1arp 10ptc의 초지로 구성된 1개의 망스를 기부했다. 그리고 이 망스를 지금은 생제르맹(수도원)의 콜로누스로 게르라두스(보유)의 은대지 출신인 아들레베르투스가 보유한다. 그는 이 토지를 반작으로 경작한다.

---

45 스코트하르두스가 생제르맹 수도원에 기부한 1개 망스를 현재 보유하고 있는 콜로누스 신분의 실바니우스는 전술한 이 장의 제1항에서 이데르나가 이 수도원에 기부한 두 쌍의 노예부부 중 마지막 부부의 자녀 가운데 한 명이다. 여기서 기부 당시에는 신분이 노예였지만 토지를 보유한 뒤에는 콜로누스로 바뀌고 있음을 볼 수 있다.

46 몬스 아인힐디스(Mons Ainhildis)의 오늘날 위치에 대해 B. Guérard, ed., *Polyp. d'Irminon*, p. 128의 각주 d번에서는 불명이라고 한다. 그러나 A. Longnon, ed., *Polyp. de St. Germain*, p. 171의 각주 3번에서는 코르봉 북쪽 4.5km 거리에 있는 오른 도 모르타뉴 군 모브 캉통 생마르드레노 코뮌의 벽촌인 몽이노(Monhinot)로 보인다고 한다. D. Hägermann, ed. *Polyp. von St. Germain*, p. 226과 K. Elmshäuser & A. Konrad, *Studien zum Polyp. von St. Germain*, p. 154에서도 같은 견해를 보여 몬스 아인힐디스는 같은 행정구역(단, 군은 모르타뉴오페르쉬 군)의 몽티노(Monthinot)라고 한다.

44. 옥시멘시스 파구스의 코르보넨시스 켄테나에 있는 페키아우라고 일컬어지는 마을에서[47] 행한 빨라테우스의 기부. 그는 여기에서 13½bun의 곡물경작지와 2½arp의 초지로 구성된 1개의 망스와, 에브리누스와 그의 처자식[48] 및 기타 2명의 여자노예를 기부했다. 지금은 이 망스를 힐데가우스와 에브렐리누스 및 알데가우스가 보유하며, 반작으로 이것을 경작한다. 에브렐레누스는[49] 4데나리우스의 인두세와 닭들 및 계란들을 바친다.

45. 옥시멘시스 파구스의 코르보넨시스 켄테나에 있는 아르시키우스라고 일컬어지는 마을에서[50] 오스트레볼두스가 행한 기부. 그는 여기에서 7bun 30ptc의 곡물경작지와 4arp 28ptc의 초지로 구성된 1개의 망스를 기부했다. 지금은 그 토지를 생제르맹(수도원)의 속민들인 게르하우스와 게롤두스와 게로아르두스가 보유한다. 그들은 이로 인해 2솔리두스

---

[47] 페키아우(Peciau)의 오늘날 위치에 대해 B. Guérard, ed., *Polyp. d'Irminon*, p. 128의 각주 e번에서는 확인하기 어렵다고 한다. 그러나 D. Hägermann, ed. *Polyp. von St. Germain*, p. 227과 K. Elmshäuser & A. Konrad, *Studien zum Polyp. von St. Germain*, p. 154에 의하면 이곳은 오늘날 오른 도 모르타뉴오페르쉬 군 모브 캉통 라샤펠몽리종 코뮌의 르 피소(Le Pissot)다. A. Longnon, ed., *Polyp. de St. Germain*, p. 171의 각주 4번에서는 코르봉으로부터 북쪽 4.5km 떨어져 있는 라샤펠몽라종의 벽촌인 페소(Pesot. '보다 정확하게는 Pesau'라고 한다.)다. 론뇽이 말하는 페소는 헤게르만이 비정하는 르 피소와 같은 곳을 가리킨다고 할 수 있지만, '페소(Pesot)'는 프랑스의 오늘날 행정구역상으로는 존재하지 않는 지명인 것으로 보인다.

[48] 기부의 대상이 되고 바로 뒤에서 '기타 2명의 여자노예'라고 하는 데서 알 수 있듯이, 이들은 노예들임이 틀림없다.

[49] 에브렐레누스(Evrelenus)는 바로 앞의 에브렐리누스(Evrelinus)와 동일인임이 틀림없을 것이지만, 기재과정에서 어느 쪽인가 오자(誤字)가 발생한 것으로 보인다.

[50] B. Guérard, ed., *Polyp. d'Irminon*, p. 129의 각주 a번과 A. Longnon, ed., *Polyp. de St. Germain*, p. 172의 각주 1번과 D. Hägermann, ed. *Polyp. von St. Germain*, p. 223 및 K. Elmshäuser & A. Konrad, *Studien zum Polyp. von St. Germain*, p. 154에 의하면 아르시키우스(Arsicius)는 코르봉 서쪽 300m 지점에 위치한 작은 마을이며, 오늘날 행정구역상으로는 오른 도 모르타뉴오페르쉬 군 모브 캉통 코르봉 코뮌의 아르시스(Arcisse)다.

를 지불하며, 인두세와 닭들 및 계란들을 바친다.

46. 같은 파구스와 같은 켄테나에 있는 라우세이라고 일컬어지는 마을에서[51] 봐라피우스가 행한 기부. 그는 여기에서 1bun 17ptc의 곡물경작지와 3ptc의 초지로 구성된 1개의 소규모 농민보유지를[52] 기부했다. 지금은 그 땅을 생제르맹(수도원)의 콜로누스이며 자식들이 생제르맹(수도원)에 속하지 않는 아게베르투스가 보유한다. 그들은[53] 고작 인두세를 바칠 뿐이다.

47. 옥시멘시스 파구스의 코르보넨시스 켄테나에 있는 발리스 마우르하리라고 일컬어지는 곳에서[54] 이름이 마우르하우스인 생제르맹(수도원)의 노예가 취득(하여 기부)한 토지. 생제르맹(수도원)은 여기에 19bun 20ptc의 곡물경작지와 7arp의 초지로 구성된 1개의 망스를 소유하고

---

[51] 라우세이(Lausei)의 위치에 대해 B. Guérard, ed., *Polyp. d'Irminon*, p. 129의 각주 b번에서는 코르봉으로부터 북쪽으로 6km가량 떨어진 마을인 루아사이(Loisail)이거나 아니면 코르봉으로부터 북서쪽으로 9km 거리에 있는 루아세(Loisé)라고 추정한다. 그러나 A. Longnon, ed., *Polyp. de St. Germain*, p. 172의 각주 2번에서는 라우세이가 루아세라고 단정하며, D. Hägermann, ed. *Polyp. von St. Germain*, p. 225와 K. Elmshäuser & A. Konrad, *Studien zum Polyp. von St. Germain*, p. 154에서도 오늘날 행정구역상으로 오른 도 모르타뉴오페르쉬 군 모르타뉴오페르쉬 캉통 모르타뉴오페르쉬 코뮌의 루아세라고 한다.

[52] '소규모 농민보유지'란 라틴어 원문의 'curtilis'를 번역한 말이다. curtilis는 원래 뜰이나 텃밭이란 뜻으로, 작은 규모의 보유지를 가리킨다.

[53] 원문대로임.

[54] B. Guérard, ed., *Polyp. d'Irminon*, p. 129의 각주 c번에서는 봘리스 마우르하리(Vallis Maurharii)가 코르봉 북쪽 6km쯤 거리에 있는 보메나르(Vauménard)라고 추측되고 있지만, A. Longnon, ed., *Polyp. de St. Germain*, p. 172의 각주 3번에서는 'Vallis Maurharii'는 프랑스어로 'Vaumorier'이어야 한다면서 게라르의 추정을 부정한다. 그러나 론뇽은 Vaumorier가 오늘날 어디인지는 더 이상 밝히지 않는다. 한편 D. Hägermann, ed. *Polyp. von St. Germain*, p. 228과 K. Elmshäuser & A. Konrad, *Studien zum Polyp. von St. Germain*, p. 154에서는 봘리스 마우르하리가 오늘날 행정구역상으로는 오른 도 모르타뉴오페르쉬 군 노세 캉통 콜로나르코뤼베르(Colonard-Corubert) 코뮌의 르발모로(Le Val Moreau)라고 한다. 이곳은 코르봉 남동쪽 약 7km 거리에 위치한다.

있다. 지금은 이 토지를 뷔틀라이쿠스가 은대지로 보유한다. 여기에는 2명의 외지인이 거주하며, 두 명의 생제르맹(수도원) 여자속민이 있다. 알트베르투스, 아달만누스, 라겐보두스, 에르캄플리디스, 아달가리아, 라겐베르가, 아겐베르가는 여자속민들의 자식들이다.

백작 부인 에바의 기부[55]

48. **신성하고 불가분한 삼위일체의 이름으로. 자유인 부모로부터 태어나 자유인인 나 에바는 나의 영혼구제를 위해서, 그리고 나의 남편 빌테리우스와[56] 또한 친척들의 영혼구제를 위해서 카스트린시스 파구스 내의 루돌미스 마을에 있는 풀로니 캄푸스라고 불리는 자유지와 만수스 로트베르티를[57] 양도・이전하며, 성 게르마누스에게 그의 경건한 공덕과 중보로 주님에 의해 완전무결한 영혼에 이르고 영광의 보좌에 앉아 있는 주님을 명상할 수 있도록 하기 위해 발생하는 수입으로 그의 거룩한 무덤 앞에 등불을 밝힌다는 조건으로 모든 것을 완전히 그리고 그들 토지의 모든 부속물들과 경작지 및 미경작지와 초지와 함께 양도・이전한다. 그러나 우리는 결코 상상할**

---

[55] A. Longnon, ed., *Polyp. de St. Germain*, p. 172의 각주 4번에 의하면 다음의 문서는 10세기 말에 전사(轉寫)되었다고 한다.

[56] B. Guérard, ed., *Polyp. d'Irminon*, p. 129의 각주 e번에서는 여기에서 언급되는 빌테리우스(Walterius)라는 백작 이름은 카롤링왕조 말기에 여럿이기 때문에, 에바의 남편이 누구인지 특정할 수 없다고 한다. 그러나 A. Longnon, ed., *Polyp. de St. Germain*, p. 173의 각주 1번에서는 여기의 백작은 백생과 아미앵의 백작으로 987년까지도 생존해 있었던 빌테리우스(프랑스어로는 고티에[Gautier]) 1세임이 확실하다고 한다. 롱농은 이 백작의 부인은 965년 이전에 지참재산으로 드뢰 백작령을 가져왔다고 한다.

[57] 여기에 기록된 카스트린시스 파구스(pagus Castrinsis)나 루돌미스 마을(villa Ludolmis), 풀로니 캄푸스(Fulloni Campus), 만수스 로트베르티(Mansus Rotberti) 등의 정확한 위치가 오늘날 어디인지는 확인되지 않고 있다. B. Guérard, *Prolegomènes*, pp. 91~93과 A. Longnon, ed., *Polyp. de St. Germain*, p. 173의 각주 2번에 의하면 카스트린시스 파구스는 센 강 좌안에 위치한 옛 파리 주교구의 일부로서, 샤트르(Châtres)를 중심도시로 한 조나스(Jonas) 부주교구와 대체로 일치한다. '만수스 로트베르티'는 이미 이 문서 작성 당시에 지명으로 굳어진 것으로 보이지만 아마도 그 크기가 1개 망스 정도였던 것으로 추측된다.

수 없는 일이지만 우리의 상속자들 가운데 이런 양도에 거역하려고 하는 자가 있다면, 그는 10리브라의 벌금을 물지 않으면 안 될 뿐만 아니라 그가 요구하는 바를 결코 이루지 못할 것이며, 성서에 쓰인 온갖 저주가 그에게 가해지리라. 아멘. (그렇게) 이루어지소서. 마라나타.[58]

49. 멜디스 파구스에는[59] 이름이 에르멘하르두스인 귀족과 이름이 에밀신디스인 그의 아내가 있는데, 그들은 이름이 하비디스인 그들의 딸과 함께 파리시의 주교였던 성 게르마누스에게 탁신하여 그들의 자손들과 더불어 그들의 일생 동안 매년 4데나리우스를 지불하기로 했다. 그리고 이름이 한타시우스이고[60] 테오다시움 장원[61] 출신의 우리의 콜로누스인 사람이 이들에

---

[58] B. Guérard, ed., *Polyp. d'Irminon*, p. 130의 각주 a번과 A. Longnon, ed., *Polyp. de St. Germain*, p. 173의 각주 3번 및 D. Hägermann, ed. *Polyp. von St. Germain*, p. 102의 각주 g번에 의하면 '마라나타(Maranatha)'란 말은 다음에서 보는 모노그램 즉 두 개 이상의 문자를 합쳐 하나의 글자 모양으로 만든 문양을 가리키는 것으로, 수사본의 가장자리에 나타난다고 한다. 다음의 모노그램은 아마도 'Walter'라는 글자를 표시하는 것으로 보고 있다.

[59] B. Guérard, *Prolegomènes*, pp. 93~96과 A. Longnon, ed., *Polyp. de St. Germain*, p. 173의 각주 4번 및 D. Hägermann, ed. *Polyp. von St. Germain*, p. 226에 의하면 멜디스 파구스(pagus Meldis)는 세네마른 도의 모(Meaux) 지방에 해당한다.

[60] B. Guérard, ed., *Polyp. d'Irminon*, p. 130에는 한트사리우스(Hantsarius)로 되어 있지만, A. Longnon, ed., *Polyp. de St. Germain*, p. 173과 D. Hägermann, ed. *Polyp. von St. Germain*, p. 103에는 한타시우스(Hantasius)로 되어 있다.

[61] B. Guérard, ed., *Polyp. d'Irminon,* p. 130의 d번 각주와 A. Longnon, ed., *Polyp. de St. Germain*, p. 174의 각주 2번에 의하면 테오다시움(Thodasium)은 센 도 소군 빌쥐프(Villejuif) 캉통의 티애(Thiais)다. D. Hägermann, ed. *Polyp. von St. Germain*, p. 227과 K. Elmshäuser & A. Konrad, *Studien zum Polyp. von St. Germain*, p. 207에 의하면 티애는 현행 행정구역상으로는 발드마른(Val-de-Marne)

대한 증인이다.

그의 아들인 드로고미스와 (이름들이)[62] 봐린부르기스와 알불기스이고 생제르맹(수도원)의 여자노예들인 그의 아내들.[63]

50. **다음은 우리에게 있는 영주 봘케리우스의 장식물들이다.**
: 등받이 장식 1개, 방석 2개, 양탄자 2개, 탁상보 1개, 침대덮개 7개, 커튼 2개, 다섯 조각으로 된 텐트 1개.

51. **… 국왕이 뷔도라는 가족명을 가진 ……(에게) 테오다시움이라고 불리는 생제르맹(수도원)의 한 장원에 대한 관습적 권리[64] 즉 세대당 매년 1sest의 귀리를 ……(징수할) 관습적 권리를 수여했다. 이 관습적 권리는 마시아쿠스에서[65] 그리고 속칭 스포를레스라고[66] 일컬어지는 마을 주민들의**

도 소 군 이브리쉬르센(Ivry-sur-Seine) 캉통에 속한다. 테오다시움 장원에 관한 명세서는 뒤의 제14장에서 별도로 기록되어 있다.

62 원래 아내들에 관한 라틴어 원문은 “et uxores eius, … Warinburgis et Albulgis, ancille sancti Germani.”이라고 하여, 그의 아내들의 이름 앞에 한 단어 정도가 공백 상태라고 한다. 이 공백에서 누락된 단어는 ‘이름들에 있어’라는 뜻의 ‘nominibus’로 추측된다.

63 B. Guérard, ed., *Polyp. d’Irminon,* p. 130의 각주 f번과 A. Longnon, ed., *Polyp. de St. Germain*, p. 174의 각주 4번에 의하면 이 제49항의 문서와 다음의 제50항의 문서는 앞의 제48번의 문서보다 다소 뒤늦은 시기에 작성된 것이다.

64 B. Guérard, ed., *Polyp. d’Irminon,* p. 130의 각주 g번과 A. Longnon, ed., *Polyp. de St. Germain*, p. 174의 각주 5번 및 D. Hägermann, ed. *Polyp. von St. Germain*, p. 103의 각주 g번에 의하면 이 부분의 번역문에 해당하는 “Consuetudo quam dedit …… rex …… cognomento in quandam villam sancti Germani, Theodasium nomine,”라는 라틴어 원문 중 ‘dedit’와 ‘rex’ 사이 그리고 ‘rex’와 ‘cognomento’ 사이에 반 줄가량이 판독할 수 없는 상태라고 한다. 이 부분뿐만 아니라 아래 글에서 ‘……’라고 표시된 부분은 글자의 상당 부분이 판독되지 않는다고 한다. 따라서 이 제51항의 문서는 그 전체 뜻이 정확하게 파악되지 않으며, 번역의 정확성을 기하기도 어렵다.

65 B. Guérard, ed., *Polyp. d’Irminon,* p. 130의 각주 h번에서는 마시아쿠스(masiacus)가 오를레앙 시 인근의 마시(Macy)라고 한다. 그러나 A. Longnon, ed., *Polyp. de St. Germain*, p. 174의 각주 6번에서는 마시아쿠스가 세네우아즈 도 코르베이 군 롱쥐모 캉통의 마시(Massy)라고 하며, D. Hägermann, ed. *Polyp. von St. Germain*, p. 226에서는 에손 도 팔레조 군 마시 캉통의 소재지라고 한다.

…… 황소들(을 이용한 수송)에 관한 것으로.[67] 생제르맹(수도원)의 장원 관리인들은 동일 장원에서 포도 수확기에 포도주를 수거하여 동일인인 뷔도의 재판소 서기들과 장원재산 관리인들에게 인도할 것이며, 그리고 재판소 서기들은 그들의 영주가 원하는 집으로 포도주를 운반토록 해야 할 것이다. 그러나 흉작으로 포도주 생산이 감퇴하는 불행한 사태가 발생하여 장원의 콜로누스들이 자신들에게 부과된 포도주 공납 의무를 수행할 수 없다고 생각하는 경우에는, 그들 각자는 관습적 공납 의무가 있는 포도밭의 수확된 포도를 생제르맹(수도원의) 장원관리인들 앞에 그리고 관습적 권리를 담당하는 재판소 서기들 앞에 …(가져와) 설명하고 포도주 공납 의무를 소멸시켜야 할 것이며, 이로 말미암아 공납 의무로 부과되는 것은 무엇이든 모두 받아들여야 할 것이다. 마을 주민들의 포도밭들에서 도합 200md의 포도주가 수취될 수 없다고 할지라도, 전술한 뷔도와 그의 가족이 수취하는 것은 그들에게 충분해야 하며, 반발심으로 말미암아 포도밭이 망가지지 않도록 하기 위해 칙령에서 자신들에게 포고되고 규정된 바와 같이 생제르맹(수도원의) 영지에 대해서도 농민들에 대해서도 더 이상 어떤 것도 감히 요구해서는 안 된다. 이런 관습적 권리는 의당 전술한 장원에서 포도 수확기에 그의 포도주 징수원들이 경비로 5솔리두스를 갖는 것을 제외하고는 다른 어떤 관습적 권리도, 곧 숙박권도 환대받을 권리도 탚사티오도[68] 타이유 징수권도 폭력 행사권도 갖지 않는다는 조건으로, 국왕의 양도 특허장에 의해 동일인인 뷔도에게 수여된다.

66 스포를레스(Sporles)의 오늘날 위치가 어디인지는 파악되지 않고 있다.

67 관습적 권리에 관한 “Hic mos est de bobus apud Masiacum et …… villanorum, quod vulgo dicitur sporles”라는 라틴어 원문에서 상당 부분을 판독할 수 없기 때문에 정확하게 말하기는 어려우나, 아마도 황소를 가지고 마시아쿠스를 비롯한 여러 곳에서 농사일을 하거나 수송부역을 수행하는 것을 규정한 것으로 짐작된다.

68 ‘탚사티오(tapsatio)’가 무엇을 뜻하는지는 알 수 없다.

13 북시둠(장원의) 명세서[1]

도르가시누스[2] 소속

A. 북시둠에는[3] 저택과 여타 많은 부속건물들을 갖춘 영주직영지가 있다. 여기에는 면적이 192bun이고 480md의 밀이 파종될 수 있는 10개의 큰 쿨투라와 2개의 작은 쿨투라로 구성된 영주의 경작지와 100수레의 건초가 채취될 수 있는 82arp의 초지가 있다. 여기에는 7대의 물레방아, 즉 보유자가 있는 6대의 물레방아와 영주인 수도원장 이르미노가 제작한 1대의 물레방아가 있으며, 이들 물레방아(보유자)는 사용료로 350md(의 곡식)을 바친다. 여기에는 어림잡아 그 둘레가 모두 5마일로서, 200마리의 돼지가 살찔 수 있는 임야(가 있다). 페르티쿠스에는[4]

---

1 뒤비는 앞의 제9장에서 본 빌라밀트 장원처럼 파리 서쪽 멀리 위치한 이 장원에서도 부역노동을 통한 영주직영지와 농민보유지들의 결합관계가 느슨하다고 한다. G. Duby, *L'économie rurale et la vie des campagnes*, pp. 120~121 참조.

2 도르가시누스(Dorgasinus)는 앞의 제9장에서 본 도르캇시누스 파구스와 같은 곳으로, 외레루아르 도의 드뢰군 군청 소재지 주변지역을 가리킨다.

3 여기서 말하는 북시둠(Buxidum)은 앞의 제9장 제230항에서 말하는 북시둠과 같은 곳이다. 앞에서 보았듯이 북시둠의 오늘날 위치에 대해 게라르는 외레루아르 도 드뢰 군 부아시앙드루에라고 하는 데 비해, 론농과 헤게르만 및 K. Elmshäuser & A. Konrad는 오른 도 모르타뉴오페르쉬 군 레말라르 캉통의 부아시모지라고 한다. 전자의 경우에는 북시둠 장원이 파리의 수도원 소재지로부터 서쪽 90km 지점에 위치하고, 후자의 경우에는 파리 서남쪽 128km 거리에 위치한다.

4 B. Guérard, *Prolegomènes*, pp. 75~77과 B. Guérard, ed., *Polyp. d'Irminon*, p. 131의

어림잡아 그 둘레가 모두 10마일로서, 800마리의 돼지가 살찔 수 있는 임야가 있다.

B. 북시둠에는 잘 지어지고 여타 많은 부속건물들이 딸린 2개의 교회가 있다. 이 교회에는 11¼bun의 곡물경작지와 5arp의 초지 및 ½bun의 잡목림이 배속되어 있다. 여기에는 모두 합쳐 34½bun의 곡물경작지와 11½arp의 초지로 구성된 5개의 망스가 배속되어 있다. 그들 망스(보유자)는 모두 합쳐 군역세로 9두의 거세된 숫양을 바치며, 그들 중 한 사람은 12데나리우스를 지불한다. (그들은) 3솔리두스 9데나리우스의 인두세를 (지불하고), 9md의 스펠트밀, 500개의 지붕널, 계란들과 함께 36마리의 닭, 36개의 통널, 같은 수량의 테를 (바친다). 그들은 두 수레의 포도주 수송부역을 수행하고, 5월에 같은 분량의 장거리 수송부역을 수행한다. 그들은 코르베들을 수행하고 여러 ptc(면적의 토지)를 갈이질한다. 그들은 정원과 뜰 및 곡식밭에 울타리 작업을 하며, 일부역(日賦役)들을[5] 수행한다. 이 교회는 이로 인해 (1필의) 말을 (예물로) 바친다.

비사우에는[6] 여타의 부속건물들이 딸린 (1개의) 교회가 있다. 이 교

각주 b번, 그리고 A. Longnon, ed., *Polyp. de St. Germain*, p. 175의 각주 3번과 D. Hägermann, ed. *Polyp. von St. Germain*, p. 227에 의하면 페르티쿠스(Perticus)는 프랑스 북부의 오른, 외르, 외레루아르 및 사르트 등의 도들에 걸쳐 있는 오늘날의 페르쉬(Perche) 지방으로서, 생제르맹데프레 수도원의 영지명세장 작성 무렵에는 광활한 숲으로 뒤덮여 있었고 주(州) 또는 백령(伯領)으로 승격되지 못한 상태에 있었다.

5 여기서 말하는 일부역(日賦役. dies)이란 매주 며칠간씩 수행되는 주부역일 가능성이 없지 않지만, 주부역이든 연부역이든 막연히 일(日) 단위로 부과·수행되는 부역을 뜻할 가능성이 더 크다.

6 비사우(Bisau)의 위치에 대해 B. Guérard, ed., *Polyp. d'Irminon,* p. 131의 각주 c번에서는 게라르가 비정하는 북시둠 즉 부아시앙드루에에서 남서쪽으로 45km가량 떨어져 있는 비주(Bizou)라고 하고, A. Longnon, ed., *Polyp. de St. Germain,* p. 176의 각주 1번에서는 롱뇽 자신이 북시둠의 근대적 위치라고 비정하는 부아시모지 북쪽 6km 거리에 있는 외레루아르 도 모르타뉴 군 롱니(Longny) 캉통의 비주라고 하며, D. Hägermann, ed. *Polyp. von St. Germain*, p. 223과 K. Elmshäuser

회에는 6bun의 곡물경작지가 배속되어 있다. 이 토지(의 보유자)는 5솔리두스를 바친다.

쿰비스[7] 소속

1. 생제르맹(수도원)의 콜로누스인 힐데가우두스와 자유인이고 이름이 프람힐디스인 그의 아내. 힐데가우스는 그들의 아들이다. 그리고 생제르맹(수도원)의 콜로누스이고 그의 공동보유자인 나달리누스와 자유인인 그의 아내. 울파르두스, 드로이톨두스, 에를레문두스, 프람힐디스, 울베르타는 그의 자식들이다. 그리고 콜로누스인 라인란두스. 그들 세 명은 쿰비스에 거주한다. 그들은 17bun의 곡물경작지와 4arp의 초지 및 2bun의 잡목림으로 구성된 1개의 자유인망스를 보유한다. 그들은 군사용으로 매년 3솔리두스를 지불하며, 4데나리우스의 나무채취료를 지불한다. 그들은 4데나리우스의 인두세를 (지불하며), 이 망스의 일부를 보유하고 자유인이었던 모든 사람은 2md의 스펠트밀을 (바치며), 세대당 ½md의 알곡을 (바친다). 그리고 이 망스를 보유한 사람들은 모두 합쳐 100개의 산자널과 같은 수량의 지붕널, 12개의 통널, 6개의 테를 (바치며), 각자 3마리의 닭과 10개의 계란을 (바친다). 그들은 동곡파종을 위해서 4ptc, 하곡파종을 위해서 4ptc, 휴경지를 파일구기 위

& A. Konrad, *Studien zum Polyp. von St. Germain*, p. 178에서는 오른 도 모르타뉴 오페르쉬 군 롱뇨페르쉬 캉통의 비주라고 한다. 비사우의 위치에 대한 이들의 설명은 각각 다르지만, 그들이 비사우의 오늘날 위치라고 하는 비주는 동일한 곳을 지칭한다고 할 수 있다.

7 쿰비스(Cumbis) 또는 쿰바(Cumba) 또는 쿰비(Cumbi)의 위치에 대해 B. Guérard, ed., *Polyp. d'Irminon,* p. 131의 각주 d번에서는 게라르가 비정하는 북시둠 즉 부아시앙드루에에서 남서쪽으로 45km쯤의 거리에 있는 콩브르(Combres)라고 하지만, A. Longnon, ed., *Polyp. de St. Germain*, p. 176의 각주 2번과 D. Hägermann, ed. *Polyp. von St. Germain*, p. 224 및 K. Elmshäuser & A. Konrad, *Studien zum Polyp. von St. Germain*, p. 177에서는 확실하지는 않으나 외레루아르 도 노장르로트루 군 티롱(Thiron) 캉통의 콩브르(Combres. 헤게르만이 론농과 똑같은 행정구역에 속한다고 하면서도 'Combre'라고 한 것은 'Combres'의 착오나 오기[誤記]로 보인다.)일 가능성이 있다고 한다.

해 4ptc를 갈이질하며, 파종기마다 3회의 코르베를 (수행하고) 빵과 음료스를 제공받아 ¼회 내지 ⅕회의 코르베를 (수행한다). 그리고 그들은 코르베를 하지 않을 때는 손으로 매주 3일(의 부역노동)을 수행하며, 코르베를 수행할 때는 절박한 필요성이 있는 경우를 제외하고는 어떤 날에도 영주를 위해 작업하지 않는다. 그리고 그들은 영주의 뜰에 1ptc의 울타리를 치고, 곡식밭에 8ptc의 울타리를 친다. 그들은 망스의 큰 가축[8] 두 필로 앙주에서 포도주 수송작업을 수행하며, 소나니스 빌라까지[9] 운반한다. 그리고 5월에 마찬가지로 두 필의 큰 가축으로 파리로 산자널 수송작업을 수행한다.

2. 생제르맹(수도원)의 콜로누스인 에를로이누스와 자유인이고 이름이 풀크라다인 그의 아내. 보보, 알드라다, 훌드라다, 나드람나는[10] 그들의 자식들이다. 그리고 생제르맹(수도원)의 속민들로서 콜로누스인 마론투스와 콜로누스이고 이름이 로트길디스인 그의 아내. 프로트베르가, 뷔네베르가는 그들의 딸들이다. 그리고 콜로누스인 파로이누스와 콜로누스이고 이름이 아이르볼다인 그의 아내. 페레가우스, 파레길디스는 그들의 자식들이다. 그들 세 명은 쿰비스에 거주한다. 그들은 17½bun의 곡물경작지와 8arp의 초지 및 2bun의 임야로 구성된 (1개의) 자유인망스를 보유한다. 그들은 (위와) 같이 (의무를) 수행한다.

3. 생제르맹(수도원)의 속민들로서 콜로누스인 시그람누스와 콜로누스이고 이름이 …인 그의 아내. 이소비누스, 시기리쿠스, 이소아르두스, 시게베르투스, 시게드람누스, 시그라두스, 아말힐디스는 그들의 자식들

---

8 여기서 '큰 가축'이란 라틴어 원문의 'animalia'란 단어를 번역한 말로, 소를 지칭한다.

9 소나니스 빌라의 위치에 관해서는 제9장의 172항 다음의 각주에서 본 바와 같이 샤르트르 군 콜탱빌(Coltainville) 코뮌의 작은 마을인 스냉빌이다. 앙제에서 콜탱빌까지의 거리는 거의 200km에 이른다.

10 B. Guérard, ed., *Polyp. d'Irminon,* p. 132에서는 '나드람마(Nadramma)'로 되어 있으나, A. Longnon, ed., *Polyp. de St. Germain*, p. 177과 D. Hägermann, ed. *Polyp. von St. Germain*, p. 105에는 '나드람나(Nadramna)'로 되어 있다.

이다. 그리고 생제르맹(수도원)의 속민들로서 콜로누스인 콩켓수스와 콜로누스이고 이름이 빌트베르타인 그의 아내. 고다, 빌트루디스는 그들의 자식들이다. 그들 두 명은 쿰비스에 거주한다. 그들은 14bun의 곡물경작지와 4arp의 초지 및 1bun의 임야로 구성된 1개의 자유인망스를 보유한다. 그는[11] (위와) 같이 (의무를) 수행한다.

4. 생제르맹(수도원)의 속민들로서 콜로누스인 히술푸스와 콜로누스이고 이름이 아길신디스인 그의 아내. 이셍가우두스, 이셈베르투스, 아우트문두스,[12] 이세나르두스, 이셈베르가는 그들의 자식들이다. 그리고 생제르맹(수도원)의 속민들로서 콜로누스인 에르메놀두스, 콜로누스인 발두이누스, 콜로누스인 안세도니우스. 그들 4명은 쿰비스에 거주한다. 그들은 16bun의 곡물경작지와 6arp의 초지로 구성된 1개의 자유인망스를 보유한다. 그들은 (위와) 같이 (의무를) 수행한다.

노바 빌라[13] 소속

5. 생제르맹(수도원)의 속민들로서 콜로누스인 에를로이누스와 콜로누스이고 이름이 베르토일디스인 그의 아내. 나달리누스, 베르노아르두스,[14] 베르누스, 베르나르두스, 에를로일디스, 클레멘티아는 그들의 자

---

[11] 원문대로임.

[12] B. Guérard, ed., *Polyp. d'Irminon,* p. 132에서는 '안트문두스(Antmundus)'로 되어 있으나, A. Longnon, ed., *Polyp. de St. Germain*, p. 178과 D. Hägermann, ed. *Polyp. von St. Germain*, p. 105에는 '아우트문두스(Autmundus)'로 되어 있다.

[13] 노바 빌라(Nova Villa)의 위치에 대해 B. Guérard, ed., *Polyp. d'Irminon*, p. 133의 각주 a번에서는 게라르가 추정하는 북시둠 즉 부아시앙드루에에서 남쪽으로 16km 쯤 떨어진 푸테올루스(Puteolus. Puiseux) 인근의 작은 마을인 뇌빌라마르(Neuville-la-Mare)라고 하지만, A. Longnon, ed., *Polyp. de St. Germain*, p. 178의 각주 1번과 D. Hägermann, ed. *Polyp. von St. Germain*, p. 226 및 K. Elmshäuser & A. Konrad, *Studien zum Polyp. von St. Germain*, p. 177에서는 부아시모지 북동쪽 45km 거리에 있는 외레루아르 도 드뢰 군 브레졸(Brézolles) 캉통의 샤탱쿠르(Châtaincourt) 코뮌의 벽촌인 뇌빌레부아(Neuville-les-Bois)라고 한다.

[14] B. Guérard, ed., *Polyp. d'Irminon*, p. 133에서는 '베르네아르두스(Berneardus)'로 되어 있으나, A. Longnon, ed., *Polyp. de St. Germain*, p. 178과 D. Hägermann,

식들이다. 그리고 생제르맹(수도원)의 속민들로서 공동보유자인 콜로누스 베랄두스와 콜로누스이고 이름이 울파인 그의 아내. 베리누스, 파로아르두스, 잉갈트루디스, 잉갈신디스, 군도발두스는 그들의 자식들이다. 그리고 생제르맹(수도원)의 속민들로서 콜로누스인 식파루스와 콜로누스이고 이름이 안세길디스인 그의 아내. 베르트라두스, 안소이누스, 안세가우두스, 시카리우스, 안세가우스, 안도이누스, 악토힐디스는 그들의 자식들이다. 그리고 생제르맹(수도원)의 속민들로서 콜로누스인 우르스베르투스와 콜로누스이고 이름이 뷔네라다인 그의 아내. 우르스마루스, 뷔네라두스, 뷔클레릭은 그들의 자식들이다. 그들 4명은 노바 빌라에 거주한다. 그들은 18bun의 곡물경작지와 16arp의 초지 및 2bun의 임야로 구성된 1개의 자유인망스를 보유한다. 그들은 (위와) 같이 (의무를) 수행한다.

라인베르토빌라리스[15] 소속

6. 생제르맹(수도원)의 속민들로서 콜로누스인 아이토이누스와 반자유인이고 이름이 알토일디스인 그의 아내. 알토아르두스, 온힐디스, 아이토일디스, 안도일디스는 그들의 자식들이다. 그리고 그의 공동보유자로서 콜로누스인 봘드라두스. 봘데드람누스, 봐라틀리누스, 봘트힐디스, 사로아라는 그의 자식들이다. 그리고 생제르맹(수도원)의 속민들로서 자유인인 파라문두스와[16] 콜로누스이고 이름이 라인힐디스인 그의 아

---

ed. *Polyp. von St. Germain*, p. 105에서는 '베르노아르두스(Bernoardus)'로 되어 있다.

15 B. Guérard, ed., *Polyp. d'Irminon*, p. 133의 각주 b번과 A. Longnon, ed., *Polyp. de St. Germain*, p. 178의 각주 2번과 D. Hägermann, ed. *Polyp. von St. Germain*, p. 227 및 K. Elmshäuser & A. Konrad, *Studien zum Polyp. von St. Germain*, p. 178에 의하면 라인베르토빌라리스(Rainberto Villaris)는 외레루아르 도 드뢰 군 샤토뇌프(Châteauneuf. 뒤의 두 편・저서에서는 샤토뇌팡티므레[Châteauneuf-en-Thymerais]) 캉통의 생장드르베르빌리에(Saint-Jean-de-Rebervilliers)다.

16 B. Guérard, ed., *Polyp. d'Irminon*, p. 133에서는 '프라라문두스(Fraramundus)'로 되어 있으나, A. Longnon, ed., *Polyp. de St. Germain*, p. 179와 D. Hägermann, ed. *Polyp. von St. Germain*, p. 105에서는 '파라문두스(Faramundus)'로 되어 있다.

내. 벨토, 아우트문두스, 파로아르두스, 아이토힐디스는 그들의 자식들이다. 그들 세 명은 14bun의 곡물경작지와 8arp의 초지로 구성된 1개의 자유인망스를 보유한다. 그들은 (위와) 같이 (의무를) 수행한다.

7. 생제르맹(수도원)의 반자유인인 오스트로볼두스와 외지인인 그의 아내. 그리고 콜로누스인 가우트힐디스. 마르티누스, 힐트프레두스, 닥베르투스, 다이르베우스는 그들의 자식들이다. 그리고 콜로누스인 닥프레두스와 콜로누스이고 이름이 가이르볼다인 그의 아내. 가이프리두스는 그들의 아들이다. 그들 세 명은 14½bun의 곡물경작지와 2arp의 초지로 구성된 1개의 자유인망스를 보유한다. 그들은 (위와) 같이 (의무를) 수행한다.

8. 생제르맹(수도원)의 여자콜로누스인 란데길디스. 라게눌푸스, 란데가우스, 유네길디스, 유닐디스, 라이닐디스, 란트힐디스는 그들의 자식들이다. 그녀는 4bun의 곡물경작지로 된[17] (1개의) 반쪽 망스를 보유한다. 그녀는 완전한 망스(의무)의 절반을 이행한다.

비사우 소속

9. 생제르맹(수도원)의 속민들로서 콜로누스인 마우론투스와 콜로누스이고 이름이 아우트볼다인 그의 아내. 베르네하우스, 아우트베르투스는 그들의 자식들이다. 그리고 생제르맹(수도원)의 속민들로서 콜로누스인 빌하우스와 콜로누스이고 이름이 라인베르가인 그의 아내. 빌보두스, 라인나르두스, 뷔네드루디스는 그들의 자식들이다. 그리고 외지인인 아이스툴푸스와 생제르맹(수도원)의 콜로누스이고 이름이 에르멘팅가인 그의 아내. 뷔도, 이보, 이보니아는 그들의 자식들이다. 그들 3명은 비사우에 거주한다. 그들은 14bun의 곡물경작지와 8arp의 초지 및 2bun의 잡목림으로 구성된 1개의 자유인망스를 보유한다. 그들은 (위와) 같이 (의무를) 수행한다.

---

17 반쪽 망스를 구성하는 토지로 B. Guérard, ed., *Polyp. d'Irminon*, p. 133에서는 4bun의 곡물경작지 외에 4arp의 초지가 더 기재되어 있다.

캅페[18] 소속

10. 생제르맹(수도원)의 콜로누스인 켈수이누스와 외지인인 그의 아내. 그리고 생제르맹(수도원)의 속민들로서 콜로누스인 스탈라르두스와 콜로누스이고 이름이 에르멘타리아인 그의 아내. 에르멤베르투스, 켈소일디스는 그들의 자식들이다. 그리고 외지인인 아달베르투스와 생제르맹(수도원)의 콜로누스인 그의 아내. 에르모이누스, 에르멩가우두스는[19] 그들의 자식들이다. 그들 3명은 캅페에 거주한다. 그들은 5½bun의 곡물경작지와 2½arp의 초지 및 ½bun의 임야로 구성된 1개의 자유인망스를 보유한다. 그는[20] (위와) 같이 (의무를) 이행한다.

11. 생제르맹(수도원)의 속민들로서 콜로누스인 시클란두스와 콜로누스이고 이름이 발트힐디스인 그의 아내. 프로트바누스,[21] 시게문두스, 시그라두스는 그들의 자식들이다. 그리고 생제르맹(수도원)의 속민들로서 콜로누스인 세게난두스와 반자유인이고 이름이 프로도힐디스인 그의 아내. 그들 두 명은 캅페에 거주한다. 그들은 8bun의 곡물경작지와

---

[18] 캅페(Cappae)의 위치에 대해 B. Guérard, ed., *Polyp. d'Irminon*, p. 134의 각주 a번에서는 게라르가 비정하는 북시둠 즉 부아시앙드루에에서 남쪽으로 16km쯤 떨어진 샤프(Chappes)라고 하고, A. Longnon, ed., *Polyp. de St. Germain*, p. 179의 각주 3번에서는 생장드르베르빌리에 남서쪽 4km 지점에 있는 외레루아르 도 드뢰 군 샤토뇌프 캉통 생맥슴(Saint-Maixme) 코뮌의 작은 마을인 샤프라고 하는 데 비해, D. Hägermann, ed. *Polyp. von St. Germain*, p. 224와 K. Elmshäuser & A. Konrad, *Studien zum Polyp. von St. Germain*, p. 178에서는 확실하지 않기는 하지만 오른 도 모르타뉴오페르쉬 군 노세 캉통 생장드라포레(Saint-Jean-de-la-Forêt) 코뮌의 레 샤프(Les Chappes)라고 한다.

[19] 이름이 B. Guérard, ed., *Polyp. d'Irminon*, p. 134에는 '에름가우두스(Ermgaudus)'로 되어 있으나, A. Longnon, ed., *Polyp. de St. Germain*, p. 180과 D. Hägermann, ed. *Polyp. von St. Germain*, p. 106에는 '에르멩가우두스(Ermengaudus)'로 되어 있다.

[20] 원문대로임.

[21] 이름이 B. Guérard, ed., *Polyp. d'Irminon*, p. 134에는 '프로트반누스(Frotbannus)'로 되어 있지만, A. Longnon, ed., *Polyp. de St. Germain*, p. 180과 D. Hägermann, ed. *Polyp. von St. Germain*, p. 106에는 '프로트바누스(Frotbanus)'로 되어 있다.

2½arp의 초지 및 1bun의 임야로 구성된 1개의 자유인망스를 보유한다. 그들은 (위와) 같이 (의무를) 수행한다.

비키니움[22] 소속

12. 생제르맹(수도원)의 속민들로서 콜로누스인 에르메눌푸스와 콜로누스이고 이름이 힐데베르타인 그의 아내. 아이트베르투스, 라트가우두스는 그들의 자식들이다. 그리고 외지인인 세를루스와 생제르맹(수도원)의 콜로누스인 그의 아내. 아를레베르투스, 사르라는 그들의 자식들이다. 그리고 콜로누스인 라트하우스. 라트베르투스는 그의 아들이다. 그들 세 명은 비키니움에 거주한다. 그들은 6½bun의 곡물경작지와 2½arp의 초지 및 1개½bun의 잡목림으로 구성된 1개의 자유인망스를 보유한다. 그들은 (위와) 같이 (의무를) 수행한다.

13. 생제르맹(수도원)의 속민들로서 콜로누스인 라이놀두스와 콜로누스이고 이름이 프로트베르가인 그의 아내. 라이나르두스는 그들의 아들이다. 그는 비키니움에 거주한다. 그는 4½bun의 곡물경작지와 1arp의 임야로 구성된 1개의 반쪽 망스를 보유한다. 그는 포도주 수송부역을 제외하고 반쪽 망스(보유자)처럼 모든 것을 수행한다.

14. 콜로누스인 에를루이누스는 그의 공동보유자들과 함께 보유한 4bun(크기)의 곡물경작지로 된 망스 외에 1개의 부분보유지를 보유한다. 그는 이로 인해 지붕널과 산자널을 합쳐 … 2솔리두스를 지불하며,[23]

---

[22] 비키니움(Vicinium)의 위치에 대해 B. Guérard, ed., *Polyp. d'Irminon*, p. 134의 각주 b번에서는 게라르가 비정하는 북시듐 즉 부아시앙드루에에서 남쪽으로 24km쯤 떨어진 부아쟁(Voisin)이라고 하고, A. Longnon, ed., *Polyp. de St. Germain*, p. 180의 각주 1번에서는 부아시모지 동쪽 57km 거리에 있는 외레루아르 도 샤르트르 군 샤르트르 캉통 바르주빌(Barjouville) 코뮌의 작은 마을인 부아쟁이라고 한다. D. Hägermann, ed. *Polyp. von St. Germain*, p. 228과 K. Elmshäuser & A. Konrad, *Studien zum Polyp. von St. Germain*, p. 178에서는 이곳의 오늘날 위치가 확인되지 않는다고 한다.

[23] B. Guérard, ed., *Polyp. d'Irminon*, p. 134에서는 이 부분에 대한 라틴어 원문이 "Solvit inde inter scindulas et acxiculos;"라고 기록되어 있으면서 'acxiculos' 다음

군사용으로 9데나리우스를 지불한다. 그는 세 파종기를 합쳐 3ptc를 갈이질한다. 그리고 그는 나무채취료로 1데나리우스를 (지불한다). 그리고 수송부역과, ½두의 황소를 가지고 5월의 장거리 수송부역을 (수행한다).

15. 생제르맹(수도원)의 속민들로서 콜로누스인 레메기우스와 콜로누스이고 잉갈람누스(보유)의 은대지 출신이며 이름이 에를리스마인 그의 아내. 그는[24] 4bun의 곡물경작지와 ½arp의 초지로 구성된 1개의 부분보유지를 보유한다. 그리고 그는 포도주 수송부역과 5월의 장거리 수송부역을 합쳐 1두의 황소를 보낸다. 그는 닭들과 계란들, 25개의 지붕널, 같은 수량의 산자널, 3개의 통널, 3개의 테, 1md의 스펠트밀 및 4데나리우스의 인두세를 바친다. 그는 군사용으로 9데나리우스를 지불한다. 그는 코르베들을 수행하며, 여타(의 의무)는 다른 보유자들과 같다.

16. 생제르맹(수도원)의 속민들로서 콜로누스인 프로트프리두스와 콜로누스인 그의 형제 빨딩구스. 그들은 4½bun의 곡물경작지와 4arp의 초지 및 2jr의 임야로 구성된 (1개의) 반쪽 자유인망스를 보유한다. 그들은 완전한 망스 의무의 절반을 수행한다.

리둠[25] 소속

에 숫자가 비어 있다고 각주를 달고 있으나, A. Longnon, ed., *Polyp. de St. Germain*, p. 180과 D. Hägermann, ed. *Polyp. von St. Germain*, p. 106에서는 "Solvit inde inter scindulas et acxiculos … solidos II;"라고 기록되어 있으면서 한 단어나 4개가량의 글자가 공백 상태라고 한다.

24 A. Longnon, ed., *Polyp. de St. Germain*, p. 180과 D. Hägermann, ed. *Polyp. von St. Germain*, p. 106에서는 제15항의 기록 중 여기에서만 '보유하다'는 뜻의 라틴어 동사가 3인칭 복수 현재인 'Tenent'로 되어 있으나, B. Guérard, ed., *Polyp. d'Irminon*, p. 135에서는 3인칭 단수 현재인 'Tenet'로 되어 있다.

25 리둠(Ridum)의 위치에 대해 B. Guérard, ed., *Polyp. d'Irminon*, p. 135의 각주 a번에서는 게라르가 비정하는 북시둠 즉 부아시앙드루에에서 남쪽으로 22km쯤 떨어진 레(Ray) 또는 르 부아 리동(le bois Ridon)이라고 하고, A. Longnon, ed., *Polyp. de St. Germain*, p. 181의 각주 1번에서는 오른 도 모르타뉴 군 레말라르 캉통의 레(Ray)라고 하며, D. Hägermann, ed. *Polyp. von St. Germain*, p. 227에서는 오른

17. 외지인인 아도와 생제르맹(수도원)의 콜로누스이고 이름이 베르트힐디스인 그의 아내. 알로, 아달모두스, 잉갈신디스는 그들의 자식들이다. 그리고 그의 공동보유자로서 외지인인 봔달레누스와 생제르맹(수도원)의 콜로누스이고 이름이 알드라다인 그의 아내. 봔도일디스, 봔달뷔스는 그들의 자식들이다. 그들 두 명은 리둠에 거주한다. 그들은 19½bun의 곡물경작지와 8arp의 초지 및 1bun의 임야로 구성된 1개의 자유인망스를 보유한다. 그들은 (위와) 같이 (의무를) 수행한다.

18. 생제르맹(수도원)의 속민들로서 콜로누스이고 부마름인 봘라테우스와 콜로누스이고 이름이 힐데가르디스이며 로트문두스(보유)의 은대지 출신인 그의 아내. 그리고 생제르맹(수도원)의 속민들로서 콜로누스인 그의 공동보유자 봘드레담누스와 콜로누스이고 이름이 잉갈베르가인 그의 아내. 봘트만누스, 잉갈베르투스, 봘드라다는 그들의 자식들이다. 그들 2명은 리둠에 거주한다. 그들은 9½bun의 곡물경작지와 6arp의 초지 및 1½bun의 임야로 구성된 1개의 자유인망스를 보유한다. 그들은 (위와) 마찬가지의 의무를 이행한다.

19. 생제르맹(수도원)의 속민들로서 콜로누스인 란도이누스와 콜로누스이고 이름이 라이노힐디스인 그의 아내. 마르티누스, 라게닐디스는 그들의 자식들이다. 그리고 외지인이고 이름이 힐데가우두스인 그의 공동보유자와 생제르맹(수도원)의 콜로누스인 그의 아내. 파레가우두스, 힐데구디스는 그들의 자식들이다. 그들 두 명은 리둠에 거주한다. 그들은 6bun의 곡물경작지와 3arp의 초지 및 1bun의 임야로 구성된 1개의

도 모르타뉴오페르쉬 군 레말라르 캉통 레말라르 코뮌의 르 그랑 레(Le Grand Rhay)라고 하며, K. Elmshäuser & A. Konrad, *Studien zum Polyp. von St. Germain*, p. 178에서는 모르타뉴오페르쉬 군 레말라르 캉통 부아시모지 코뮌의 르 퍼티 레(Le Petit Rhay)라고 한다. 헤게르만과 맨 뒤의 저자들이 각각 추정하는 르 그랑 레와 르 퍼티 레는 지도상에서 보면, K. Elmshäuser & A. Konrad, *Studien zum Polyp. von St. Germain*, pp. 178~179에서 설명하듯이 불과 500미터밖에 떨어져 있지 않을 정도로 서로 근접해 있다 여기의 리둠과 뒤의 제90항에 나타나는 리둠겐드리쿰은 인접해 있었던 것으로 보인다. 론뇽이 추정하는 리둠의 위치도 헤게르만과 맨 뒤의 저자들이 추정하는 이들 위치와 다르지 않은 것으로 짐작된다.

자유인망스를 보유한다. 그들은 (위와) 같이 (의무를) 수행한다.

20. 생제르맹(수도원)의 여자콜로누스인 아말베르타. 시긴베르투스, 시긴베르가, 가우스볼다는 그녀의 자식들이다. 그녀는 리둠에 거주한다. 그녀는 4½bun의 곡물경작지와 2½arp의 초지로 구성된 (1개의) 반쪽 망스를 보유한다. 그녀는 완전한 망스 의무의 절반을 이행한다.

북시둠 소속

21. 콜로누스인 드록톨두스와 콜로누스이고 이름이 아말베르타인 그의 아내. 그리고 생제르맹(수도원)의 콜로누스인 힝크베르투스. 잉가눌푸스, 잉갈베르투스는 그의 자식들이다. 그리고 생제르맹(수도원)의 콜로누스인 베르네가우스. 그리고 여자콜로누스인 잉그라다. 엘리세우스, 요한네스, 잉고는 그녀의 자식들이다. 그들 3명은 북시둠에 거주한다. 그들은 10bun의 곡물경작지와 4½arp의 초지 및 1bun의 잡목림으로 구성된 1개의 자유인망스를 보유한다. 그들은 (위와) 같이 (의무를) 수행한다.

22. 생제르맹(수도원)의 속민들로서 콜로누스인 마달비누스와 콜로누스이고 이름이 힐데브란다인 그의 아내. 울프람누스, 울프라두스는 그들의 자식들이다. 그리고 생제르맹(수도원)의 콜로누스인 가이르볼두스. 그들 두 명은 북시둠에 거주한다. 그들은 6½bun의 곡물경작지와 1arp의 초지로 구성된 1개의 자유인망스를 보유한다. 그들은 (위와) 같이 (의무를) 수행한다.

포메리둠[26] 소속

---

[26] 포메리둠(Pomeridum)의 위치에 대해서는 의견이 엇갈린다. B. Guérard, ed., *Polyp. d'Irminon*, p. 136의 각주 a번에서는 게라르가 비정하는 북시둠 즉 부아시앙드루에에서 남쪽으로 22km쯤 떨어진 포머레(Pommeraye)라고 하는가 하면, A. Longnon, ed., *Polyp. de St. Germain*, p. 182의 각주 1번에서는 부아시모지 동쪽 44km 거리에 있는 외레루아르 도 드뢰 군 가텔레 캉통의 포메래(Pommeray)이지만 1820년경에 파괴되었다고 하며, D. Hägermann, ed. *Polyp. von St. Germain*, p. 227과 K. Elmshäuser & A. Konrad, *Studien zum Polyp. von St. Germain*, p. 180에서는 오른도 모르타뉴오페르쉬 군 레말라르 캉통 부아시모지 코뮌의 포메레(Pomerai)라고 한다.

24.[27] 생제르맹(수도원)의 속민들로서 반자유인인 봐닝구스와 콜로누스이고 이름이 시킬디스인 그의 아내. 레우트카우스, 식마루스, 봘라킬디스는 그들의 자식들이다. 그리고 생제르맹(수도원)의 여자반자유인인 아달길디스. 브리키우스, 아달가르두스, 아달기수스, 아달릴디스, 에브레가르디스, 힐데가르디스는 그녀의 자식들이다. 그들 두 명은 포메리둠에 거주한다. 그들은 9½bun의 곡물경작지와 3arp의 초지로 구성된 1개의 자유인망스를 보유한다. 그들은 (위와) 같이 (의무를) 수행한다.

25. 생제르맹(수도원)의 속민들로서 반자유인인 프로틀라이쿠스와 콜로누스이고 이름이 아달트루디스인 그의 아내. 프로트볼두스, 마르티누스, 아달기수스, 로트베르가, 라겐트루디스는 그들의 자식들이다. 그리고 생제르맹(수도원)의 속민들로서 반자유인인 하이르베우스와 반자유인이고 이름이 봘트힐디스인 그의 아내. 알데드람누스, 아이로일디스는 그들의 자식들이다. 그리고 반자유인인 마르길두스와 반자유인이고 이름이 잉갈트루디스인 그의 아내. 잉갈베르투스, 잉갈보두스, 프로트베르투스, 아말트루디스는 그들의 자식들이다. 그들 3명은 포메리둠에 거주한다. 그들은 14½bun의 곡물경작지와 2½arp의 초지로 구성된 1개의 자유인망스를 보유한다. 그들은 (위와) 같이 (의무를) 이행한다.

26. 생제르맹(수도원)의 속민들로서 반자유인인 알트람누스와 반자유인이고 이름이 봐르나인 그의 아내. 봐르날두스, 알트브란두스, 알드루스는 그들의 자식들이다. 그리고 콜로누스인 힐두이누스. 힐데가르디스, 힐데구디스는 그의 딸들이다. 그리고 생제르맹(수도원)의 속민들로서 외지인인 기랄두스와 콜로누스이고 이름이 에름트루디스인 그의 아내. 엘레가르두스, 잉갈가르두스는 그들의 자식들이다. 그들 3명은 포메리둠에 거주한다. 그들은 6½bun의 곡물경작지와 8arp의 초지로 구성된 1개의 자유인망스를 보유한다. 그들은 (위와) 같이 (의무를) 이행한다.

---

[27] B. Guérard, ed., *Polyp. d'Irminon,* p. 136의 각주 b번과 D. Hägermann, ed. *Polyp. von St. Germain*, p. 107의 각주 1번에 의하면 원 수사본에 제23항이 누락되어 있다고 한다.

오소니스 빌라[28] 소속

27. 생제르맹(수도원)의 속민들로서 콜로누스인 마달베르투스와 콜로누스이고 이름이 에르칸틸디스인 그의 아내. 파로이누스, 에르카놀두스, 마달베르타, 뷔네라다는 그들의 자식들이다. 그리고 생제르맹(수도원)의 속민들로서 콜로누스인 마달프레두스와 콜로누스이고 이름이 테오도릴디스인 그의 아내. 테우틀린디스, 빨드라다는 그들의 자식들이다. 그들 두 명은 오소니스 빌라에 거주한다. 그들은 16bun의 곡물경작지와 3arp의 초지 및 2bun의 임야로 구성된 1개의 자유인망스를 보유한다. 그들은 (위와) 같이 (의무를) 수행한다.

28. 생제르맹(수도원)의 속민들로서 콜로누스인 노트볼두스와 콜로누스이고 이름이 레스타타인 그의 아내. 파로일디스는 그들의 딸이다. 그리고 생제르맹(수도원)의 여자콜로누스인 잉고일디스. 빨드라두스, 잉갈베르투스는 그녀의 자식들이다. 그들 두 명은 오소니스 빌라에 거주한다. 그들은 8bun의 곡물경작지와 2arp의 초지로 구성된 1개의 자유인망스를 보유한다. 그들은 (위와) 같이 (의무를) 수행한다.

빌라리스[29] 소속

---

[28] 오소니스 빌라(Osonis Villa)의 위치는 분명치 않다. B. Guérard, ed., *Polyp. d'Irminon,* p. 136의 각주 c번에서는 게라르가 비정하는 북시둠 즉 부아시앙드루에 남남동쪽으로 45km 거리에 있는 오쟁빌(Aujainville) 내지 완빌(Oynville) 또는 부아시앙드루에 남쪽 22km 거리의 아퐁빌이라고 하지만, A. Longnon, ed., *Polyp. de St. Germain*, p. 183의 각주 1번에서는 게라르의 이런 추정을 부정하고 샤르트르 동쪽의 우아종빌(Oisonville)일 가능성이 높다고 한다. 한편 D. Hägermann, ed. *Polyp. von St. Germain*, p. 226과 K. Elmshäuser & A. Konrad, *Studien zum Polyp. von St. Germain*, p. 180에서는 이곳의 오늘날 위치는 미상이라고 한다.

[29] 여기의 빌라리스(Villaris)의 위치에 대해서는 의견이 엇갈린다. B. Guérard, ed., *Polyp. d'Irminon,* p. 137의 각주 a번에서는 게라르가 비정하는 북시둠 즉 부아시앙드루에 남동쪽 25km쯤의 거리에 있는 빌리에르레모를리에르(또는 부아시앙드루에 남쪽 9km쯤 거리의 빌리에르[Villiers])라고 하는 데 비해, A. Longnon, ed., *Polyp. de St. Germain*, p. 184의 각주 1번에서는 게라르의 이런 추정을 부정하고 앞의 제6항에서 언급된 생장드레베르빌리에르 남동쪽 4km 거리의 티메르

29. 생제르맹(수도원)의 콜로누스인 잉굴푸스와 자유인이고 이름이 상크토니아인 그의 아내. 아클렌티우스, 에울라리아, 앙갈라는 그들의 자식들이다. 그리고 생제르맹(수도원)의 속민들로서 콜로누스인 뷔네문두스와 콜로누스이고 이름이 호틀린디스인 그의 아내. 아우토이누스, 뷕베르투스, 뷔도, 힐도아라는 그들의 자식들이다. 그들은 9bun의 곡물경작지와 8arp의 초지 및 2arp의 잡목림으로 구성된 1개의 자유인망스를 보유한다. 그리고 잉굴푸스는 이 망스 외에 2bun(크기)의 영주의 쿨투라를[30] 보유한다.

30. 생제르맹(수도원)의 속민들로서 콜로누스인 울가우두스와 콜로누스이고 이름이 아이를릴디스인 그의 아내. 아이르베르투스, 아이룰푸스, 아이르베우스, 아우트루디스는 그들의 자식들이다. 그리고 생제르맹(수도원)의 속민들로서 콜로누스인 그의 공동보유자 기슬로이누스와 콜로누스이고 이름이 테우트베르가인 그의 아내. 기슬레드루디스, 기슬레길디스, 기슬라는 그들의 자식들이다. 그들 두 명은 빌라리스에 거주한다. 그들은 6bun의 곡물경작지와 ½arp의 초지로 구성된 1개의 자유인망스를 보유한다. 그들은 (위와) 같이 (의무를) 이행한다.

31. 생제르맹(수도원)의 속민들로서 콜로누스이고 마름인 아간프레두스와 콜로누스이고 이름이 파로힐디스인 그의 아내. 빌딩구스, 페레두스, 아게나르두스, 테우트가르디스, 아인부르기스는 그들의 자식들이다. 그

(Thimert)라고 보는 것이 더 타당하다고 보며, D. Hägermann, ed. *Polyp. von St. Germain*, p. 228과 K. Elmshäuser & A. Konrad, *Studien zum Polyp. von St. Germain*, p. 180에서는 오른 도 모르타뉴오페르쉬 군 롱뇨페르쉬 캉통 생빅토르드레노(S.-Victor-de-Réno) 코뮌의 로텔빌레레(L'Hotel Villeret)라고 한다.

30 '영주의 쿨투라'란 라틴어 원문의 'cultura dominicata'를 번역한 것이다. 이것은 영주의 개인적 소유지 곧 봉건사회에서 봉건적 관계에 편입되지 않은 이른바 자유지를 가리킨다. 이런 사유지의 일부를 인굴푸스라는 농민이 이미 보유하고 있는 1개의 자유인망스 외에 추가로 보유한다는 것은 장원제 속의 작은 농민보유지로 분급된다는 것을 뜻한다. 영주 자유지의 이런 분급에 의한 농민보유지 창출에 관해서는 K. Elmshäuser & A. Konrad, *Studien zum Polyp. von St. Germain*, p. 188 참조.

는 아긴베르티 발리스에[31] 거주한다. 그는 13bun의 곡물경작지와 13arp의 초지 및 3bun의 잡목림으로 구성된 1개의 자유인망스를 보유한다. 그는 여타의 보유자들처럼 (의무를) 이행한다.

32. 생제르맹(수도원)의 속민들로서 콜로누스인 뷜레리쿠스와 콜로누스이고 이름이 테우틀린디스인 그의 아내. 아달길디스, 게르베르가는 그들의 자식들이다. 그리고 콜로누스인 뷜레베르투스와 생제르맹(수도원)의 콜로누스이고 이름이 알도일디스이며 빌라밀트 출신인 그의 아내. 뷜베르가는 그들의 딸이다. 그들 두 명은 아인베르티 발리스에[32] 거주한다. 그들은 11bun의 곡물경작지와 10arp의 초지 및 1½bun의 임야로 구성된 1개의 자유인망스를 보유한다. 그들은 (위와) 같이 (의무를) 이행한다.

33. 생제르맹(수도원)의 속민들로서 콜로누스인 빨라메우스와 콜로누스이고 이름이 아달신디스인 그의 아내. 그는 빌라리스에 거주한다. 그는 6bun의 곡물경작지와 3arp의 초지로 구성된 (1개의) 반쪽 망스를 보유한다. 그는 (1개의) 완전한 이랑(의 갈이질 부역)을 수행하며, 여타(의 의무)는 반쪽 망스와 같다.

---

31 B. Guérard, ed., *Polyp. d'Irminon,* p. 137에는 '김베르티 발리스(Gimberti vallis)'라고 판독되어 있지만, A. Longnon, ed., *Polyp. de St. Germain*, p. 184와 D. Hägermann, ed. *Polyp. von St. Germain*, p. 108에서는 '아긴베르티 발리스(Aginberti Vallis)'로 되어 있다. 게라르는 이에 관한 각주 b번에서 이곳을 그가 비정하는 북시둠 즉 부아시앙드루에 남남동쪽 9km 거리에 있는 엥베르메(Imbermais)라고 추정하지만, A. Longnon, ed., *Polyp. de St. Germain*, p. 184의 각주 2번에서는 게라르의 이런 추정이 부정된다. 그러나 론뇽이나 D. Hägermann, ed. *Polyp. von St. Germain*, p. 223 및 K. Elmshäuser & A. Konrad, *Studien zum Polyp. von St. Germain*, p. 181에서는 아긴베르티 발리스의 오늘날 위치가 미상으로 되어 있다.

32 '아인베르티 발리스(Ainberti Vallis)'는 앞의 제31항의 '아긴베르티 발리스(Aginberti Vallis)'와 같은 곳이라고 하겠다. B. Guérard, ed., *Polyp. d'Irminon,* p. 137에서는 '아임베르티 발리스(Aimnberti vallis)'로 기록되어 있지만, A. Longnon, ed., *Polyp. de St. Germain*, p. 185와 D. Hägermann, ed. *Polyp. von St. Germain*, p. 108에는 '아인베르티 발리스(Ainberti Vallis)'라고 기록되어 있다.

34. 생제르맹(수도원)의 속민들로서 콜로누스인 프로데가우스와 콜로누스이고 이름이 테우트베르가인 그의 아내. 테우트베르투스, 군도이누스, 테우도일디스는 그들의 자식들이다. 그는 빌라리스에 거주한다. 그는 (1개의) 반쪽 망스를 보유한다. 그리고 생제르맹(수도원)의 속민들로서 이름이 프레데베르투스이고 콜로누스인 그의 형제와 콜로누스이고 이름이 뷔클레베르가인 그의 아내. 힐데보두스, 뷔네베르가는 그들의 자식들이다. 그들은[33] 5bun의 곡물경작지와 2arp의 초지 및 2bun의 임야로 구성된 (1개의) 반쪽 망스를 보유한다. 그들은 (위와) 같이 (의무를) 수행한다.

35. 생제르맹(수도원)의 속민들로서 콜로누스인 요한네스와 콜로누스이고 이름이 봘도일디스인 그의 아내. 봘트하우스는 그들의 아들이다. 그는 비둘피 빌라에[34] 거주한다. 그는 5bun의 곡물경작지와 1arp의 초지로 구성된 (1개의) 반쪽 자유인망스를 보유한다. 그는 (위와) 같이 (의무를) 수행한다.

36. 노예인 봐르누이누스와 콜로누스이고 이름이 라다밀디스인 그의 아내. 마우렐루스, 마인베르투스, 봐르노일디스는 그들의 자식들이다. 그리고 노예인 마우리누스와 콜로누스이고 이름이 아달베르가인 그의 아내. 아달기수스는 그들의 자식들[35]이다. 그들은 비사우에 거주한다. 그들은 5bun의 곡물경작지와 1arp의 초지 및 1bun의 임야로 구성된 (1개의)

---

[33] 원문대로임.

[34] 비둘피 빌라(Bidulfi Villa)의 위치는 분명하지 않다. B. Guérard, ed., *Polyp. d'Irminon,* p. 138의 각주 a번에서는 게라르가 말하는 북시둠 즉 부아시앙드루에 남동쪽 19km 거리의 바동빌(Badonville)이거나 서쪽 9km 거리의 바댕빌(Badinville)이라고 추정하지만, A. Longnon, ed., *Polyp. de St. Germain*, p. 185의 각주 1번에서는 이런 추정을 부정하고 외레루아르 도 샤르트르 군 샤르트르 캉통 젤렝빌(Gellainville) 코뮌의 옛 봉토 이름인 부빌(Bouville)일 가능성이 높다고 한다. D. Hägermann, ed. *Polyp. von St. Germain*, p. 223과 K. Elmshäuser & A. Konrad, *Studien zum Polyp. von St. Germain*, p. 180에서는 이곳의 오늘날 위치가 미상이라고 한다.

[35] 원문대로임.

반쪽 자유인망스를 보유한다. 그는[36] (위와) 같이 (의무를) 이행한다.

37. 생제르맹(수도원)의 속민들로서 콜로누스인 파루이누스와 콜로누스이고 이름이 알드리다인 그의 아내. 발두이누스, 콩가우디아는 그들의 자식들이다. 그리고 생제르맹(수도원)의 콜로누스인 발데가우스. 에르몰두스, 발데가우두스, 에르멩가르두스는 그의 자식들이다. 그리고 생제르맹(수도원)의 속민들로서 노예인 아말베르투스와 콜로누스이고 이름이 힝클레힐디스인 그의 아내. 그들 세 명은 북시둠에 거주한다. 그들은 5bun의 곡물경작지와 ½arp의 초지로 구성된 1개의 자유인망스를 보유한다. 그들은 포도주 수송부역을 제외하고 완전한 망스(보유자)처럼 모든 의무를 이행해야 한다.

38. 또한 아도는[37] 드레아우시아에서[38] 4bun의 곡물경작지와 1½arp의 초지로 구성된 (1개의) 반쪽 자유인망스를 보유한다. 그는 여타의 반쪽 자유인망스(보유자)들처럼 (의무를) 수행해야 하지만, 그의 손으로 (하는 작업을 통해) 의무를 이행한다.

로트문두스(보유)의 은대지 출신 콜로누스인 블라트하우스는 드라아비아에서[39] 3½bun의 곡물경작지로 된 (1개의) 반쪽 자유인망스를

---

[36] 원문대로임.

[37] 앞의 제17항 참조.

[38] 드레아우시아(Dreausia)의 위치에 대해 B. Guérard, ed., *Polyp. d'Irminon,* p. 138의 각주 b번에서는 게라르가 비정하는 북시둠 즉 부아시앙드루에 북서쪽 13km 거리의 드루이시(Drouisy)라고 하지만, A. Longnon, ed., *Polyp. de St. Germain*, p. 186의 각주 1번에서는 이런 추정이 음성학적인 면에서 성립되지 않는다면서 부정한다. 그러나 론뇽은 드레아우시아의 위치가 어디인지 더 이상 밝히지 못한다. 한편 D. Hägermann, ed. *Polyp. von St. Germain*, p. 225와 K. Elmshäuser & A. Konrad, *Studien zum Polyp. von St. Germain*, p. 181에서는 이곳이 오늘날 오른 도 몽타뉴오페르쉬 군 레말라르 캉통 블루쉬르윈 코뮌의 라 드루아즈리(La Drouaserie)라며 드라이아(Draauia)와 같은 곳일 가능성이 있다고 한다.

[39] 드라아비아(Draavia)의 위치에 대해 B. Guérard, ed., *Polyp. d'Irminon,* p. 138의 각주 c번에서는 게라르가 지칭하는 북시둠 즉 부아시앙드루에 남남동쪽 36km 거리의 드루(Droue)라고 하지만, A. Longnon, ed., *Polyp. de St. Germain*, p. 186의 각주 2번과 D. Hägermann, ed. *Polyp. von St. Germain*, p. 225 및 K. Elmshäuser

보유한다. 그는 반쪽 망스(보유자)들처럼 (의무를) 수행하며, 포도주 수송부역을 제외하고 5월의 장거리 수송부역을 수행한다.

반자유인망스(의 보유)에 대해 금전을 지불하는 자들

39. 생제르맹(수도원)의 속민들로서 콜로누스인 에르몰두스와 그의 형제들인 게라르두스, 에르메나우스, 에르메눌푸스, 이셈부르기스. 그리고 생제르맹(수도원)의 속민들로서 콜로누스인 안사르두스와 콜로누스이고 이름이 잉그라다인 그의 아내. 게롤두스는 그의[40] 아들이다. 그들 두 명은 쿰비스에 거주한다. 그들은 16½bun의 곡물경작지와 6bun의[41] 초지로 구성된 1개의 반자유인망스를 보유한다. 그들은 양자를 합해서 군사용으로 2솔리두스를 지불하며, 나머지(의무)는 군사용으로 1솔리두스(를 지불하는 것)를 제외하고는 자유인망스 보유자들과 같다.

40. 생제르맹(수도원)의 속민들로서 콜로누스인 아우트하우스와 콜로누스이고 이름이 고델린디스인 그의 아내. 그리고 여자콜로누스인 군트베르타. 군톨두스, 군다두스, 울파이쿠스, 베르트힐디스는 그녀의 자식들이다. 그들 두 명은 쿰비스에 거주한다. 그들은 16bun의 곡물경작지와 9arp의 초지로 구성된 1개의 반자유인망스를 보유한다. 그는[42] (위와) 같이 (의무를) 이행한다.

41. 외지인인 봐림베르투스와 생제르맹(수도원)의 콜로누스이고 이름이 힝클레힐디스인 그의 아내. 블라트하우스, 잉갈리쿠스, 잉갈만누스, 잉갈라우스, 봐람볼두스는 그들의 자식들이다. 그리고 생제르맹(수도원)의 속민들로서 콜로누스인 크리스티아누스와 콜로누스이고 이름이 아클레일디스인 그의 아내. 빨라메우스, 시도니우스는 그들의 자식들이

& A. Konrad, *Studien zum Polyp. von St. Germain*, p. 181에서는 이곳을 바로 앞의 드레아우시아(Dreausia)와 같은 곳으로 추정한다.

[40] 원문대로임.

[41] 일반적으로 초지의 면적단위는 'arp(aripennis)'임에도 불구하고 여기서는 'bun(bunuarium)'으로 되어 있어 이례적이다.

[42] 원문대로임.

다. 그들 두 명은 13bun의 곡물경작지와 5arp의 초지로 구성된 1개의 반자유인망스를 보유한다. 그는[43] 수송부역을 위해 (보내는) ½두의 황소를 제외하고 (위와) 같이 (의무를) 이행한다.

42. 생제르맹(수도원)의 속민들로서 콜로누스인 닥볼두스와 반자유인이고 이름이 가우도빌디스인 그의 아내. 가우비누스, 닥베르투스, 악베르가는 그들의 자식들이다. 그리고 콜로누스인 베르트미루스와 콜로누스이고 이름이 데들라인 그의 아내. 베르테드루다와 베틀리나는 그들의 딸들이다. 그리고 외지인인 에를레마루스와 생제르맹(수도원)의 콜로누스인 그의 아내. 아클레베르투스는 그들의 아들이다. 그들 세 명은 쿰비스에 거주한다. 그들은 10bun의 곡물경작지와 2arp의 초지로 구성된 1개의 반자유인망스를 보유한다. 그들은 여타의 보유자들처럼 (의무를) 이행한다.

43. 생제르맹(수도원)의 속민들로서 콜로누스인 베르티니아누스와 콜로누스이고 이름이 기를린디스인 그의 아내. 기로아르두스, 마르티누스, 기룰푸스, 아나스타시아는 그들의 자식들이다. 그리고 생제르맹(수도원)의 속민들로서 콜로누스인 발데베르투스와 콜로누스이고 이름이 힐데가르디스인 그의 아내. 벨토, 잉갈라르두스는 그들의 자식들이다. 그들 두 명은 노바빌라에 거주한다. 그들은 16bun의 곡물경작지와 4arp의 초지 및 3jr의 임야로 구성된 1개의 반자유인망스를 보유한다. 그들은 (위와) 같이 (의무를) 이행한다.

44. 생제르맹(수도원)의 콜로누스인 가우트신두스와[44] 노예이고 이름이 시클라르두스인 그의 아들 및 노예이고 이름이 발디스마인 그의 누이. 그리고 반자유인인 파라문두스와 콜로누스이고 이름이 시클란다인 그

---

43 원문대로임.

44 A. Longnon, ed., *Polyp. de St. Germain*, p. 187에는 '여자콜로누스인 가우트신디스(Gautsindis, colona)'로 되어 있지만, B. Guérard, ed., *Polyp. d'Irminon*, p. 139와 D. Hägermann, ed. *Polyp. von St. Germain*, p. 110에는 '콜로누스인 가우트신두스(Gautsindus, colonus)'로 되어 있다.

의 아내. 그들 두 명은 노바빌라에 거주한다. 그들은 7bun의 곡물경작지와 ½arp의 초지로 구성된 1개의 반자유인망스를 보유한다. 그는[45] (위와) 같이 (의무를) 이행한다.

45. 생제르맹(수도원)의 속민들로서 콜로누스인 가우트사우스와[46] 반자유인이고 이름이 파로일디스인 그의 아내. 가우두스, 파레가우스, 가우기올두스, 가우도일디스는 그들의 자식들이다. 그리고 생제르맹(수도원)의 속민들로서 노예인 에르켕가우두스와 콜로누스이고 이름이 이슬레부르기스인 그의 아내. 그리고 콜로누스인 베르네아우스와 외지인인 그의 아내. 그리고 생제르맹(수도원)의 속민들로서 노예인 라인하우스와 콜로누스이고 이름이 로틀린디스인 그의 아내. 나달리누스, 보나는 그들의 자식들이다. 그들 네 명은 노바빌라에 거주한다. 그들은 14bun의 곡물경작지와 8arp의 초지로 구성된 1개의 반자유인망스를 보유한다. 그들은 (위와) 같이 (의무를) 수행한다.

46. 반자유인인 뷔틀라이쿠스. 뷔트하우스, 뷔트힐디스는 그의 자식들이다. 그리고 생제르맹(수도원)의 속민들로서 반자유인인 뷔트볼두스와 반자유인이고 이름이 잉갈베르타인 그의 아내. 잉갈베르투스, 뷜트람누스, 잉갈베르가는 그들의 자식들이다. 그리고 반자유인인 뷔네가우스와 콜로누스이고 이름이 힝킬디스인 그의 아내. 뷔네기수스, 라인베르가는 그들의 자식들이다. 그리고 생제르맹(수도원)의 속민들로서 반자유인인 알드리스무스와 콜로누스이고 이름이 베노일디스인 그의 아내. 크리스페데우스, 알드리스마는 그들의 자식들이다. 그들 네 명은 노바빌라에 거주한다. 그들은 12bun의 곡물경작지와 5arp의 초지 및 1bun의 임야로 구성된 1개의 반자유인망스를 보유한다.

47. 생제르맹(수도원)의 속민들로서 콜로누스인 뷜딩구스와 콜로누스이고

---

[45] 원문대로임.

[46] D. Hägermann, ed. *Polyp. von St. Germain*, p. 110에서는 '가우트사오(Gautsao)'로 되어 있으나, B. Guérard, ed., *Polyp. d'Irminon*, p. 139와 A. Longnon, ed., *Polyp. de St. Germain*, p. 187에서는 '가우트사우스(Gautsaus)'로 되어 있다.

이름이 아나힐디스인 그의 아내. 베르네가우스, 에도일디스는 그들의 자식들이다. 그리고 콜로누스인 파로이누스와 반자유인이고 이름이 베르틀라인 그의 아내. 나일디스는 그의[47] 딸이다. 그리고 생제르맹(수도원)의 속민들로서 반자유인인 아이토이누스와 콜로누스이고 이름이 마다힐디스인 그의 아내. 녹토이누스, 아이토아르두스, 마달베르가, 마달베르타는 그들의 자식들이다. 그리고 생제르맹(수도원)의 속민들로서 콜로누스인 베로이누스와 반자유인이고 이름이 봔다일디스인 그의 아내. 베르노이누스는 그들의 아들이다. 그리고 반자유인인 오트볼두스와 콜로누스이고 이름이 프람네길디스인 그의 아내. 에를로일디스는 그들의 딸이다. 그리고 반자유인인 아이타르두스와 그의 아들인 기로아르두스. 그들 여섯 명은 하켈미 빌라리스에[48] 거주한다. 그들은 14bun의 곡물경작지와 8arp의 초지로 구성된 1개의 반자유인망스를 보유한다. 그들은 (위와) 같이 (의무를) 수행한다.

48. 생제르맹(수도원)의 속민들로서 콜로누스인 가우기올두스와 콜로누스이고 이름이 마델린디스인 그의 아내. 뷔틀라이쿠스, 아클레일디스는 그들의 자식들이다. 그리고 생제르맹(수도원)의 속민들로서 콜로누스인 가비오비누스와 콜로누스이고 이름이 뷔네라다인 그의 아내. 그리고 콜로누스인 아게데우스. 그리고 생제르맹(수도원)의 속민들로서 콜

---

[47] 원문대로임.

[48] 하켈미 빌라리스(Hachelmi Villaris)의 위치에 대한 의견은 엇갈린다. B. Guérard, ed., *Polyp. d'Irminon*, p. 140의 각주 a번에서는 게라르가 말하는 북시둠 즉 부아시앙드루에에서 남쪽 22km 거리의 클레빌리에르무티에(Clévilliers-le-Moutier)라고 하는 데 비해, A. Longnon, ed., *Polyp. de St. Germain*, p. 188의 각주 1번에서는 이를 부정하고 부아시모지 동쪽 78km 거리에 있는 생레제데죠베(Saint-Léger-des-Aubées) 코뮌의 쇼빌리에르(Chauvilliers) 농장이라고 하며, D. Hägermann, ed. *Polyp. von St. Germain*, p. 225에서는 하켈미 빌라리스가 오늘날 외레루아르 도 드뢰 군 드뢰 캉통 오내수크레시(Aunay-sous-Crécy) 코뮌의 빌리에르(Villiers) 농장이라고 본다. 이들 세 명 모두 하켈미 빌라리스가 이 장 제78항의 악셀리 빌라리스(Axelli Villaris)와 동일한 곳으로 추정한다. 한편 K. Elmshäuser & A. Konrad, *Studien zum Polyp. von St. Germain*, p. 178에서는 이곳의 오늘날 위치를 헤게르만처럼 비정하면서도 불확실한 것으로 본다.

로누스인 울시누스와 그의 형제들인 잉갈베르투스, 마달그리무스. 그들 네 명은 쿰비스에 거주한다. 그들은 10½bun의 곡물경작지와 4arp의 초지로 구성된 1개의 반자유인망스를 보유한다. 그들은 (위와) 같이 (의무를) 수행한다.

49. 생제르맹(수도원)의 속민들로서 반자유인인 잉가베르투스와 콜로누스이고 이름이 갈디스마인 그의 아내. 잉갈프리두스, 히스파넬루스, 잉갈베르투스, 힝크베르투스, 에르멘트리다는 그들의 자식들이다. 그리고 생제르맹(수도원)의 속민들로서 반자유인인 나달리우스와 콜로누스이고 이름이 테오딜디스인[49] 그의 아내. 그리고 반자유인인 나달그리무스. 그들 3명은 비사우에 거주한다. 그들은 10bun의 곡물경작지와 1arp의 초지로 구성된 1개의 반자유인망스를 보유한다. 그들은 (위와) 같이 (의무를) 수행한다.

50. 생제르맹(수도원)의 속민들로서 콜로누스인 아클레둘푸스와 콜로누스이고 이름이 아우트구디스인 그의 아내. 그리고 노예인 프로트문두스와 콜로누스이고 이름이 로틀레이아인 그의 아내. 로트베르투스는 그들의 아들이다. 생제르맹(수도원의) 속민들로서 노예인 베랄두스와 콜로누스이고 이름이 아인힐디스인 그의 아내. 베르날두스, 베르노이누스, 베르노일디스는 그들의 자식들이다. 그리고 생제르맹(수도원)의 속민들로서 반자유인인 아우도이누스와 콜로누스이고 이름이 알데길디스인 그의 아내. 그들 4명은 노바빌라에 거주한다. 그들은 8bun의 곡물경작지와 8arp의 초지로 구성된 1개의 반자유인망스를 보유한다. 그들은 (위와) 같이 (의무를) 수행한다.

51. 생제르맹(수도원)의 속민들로서 콜로누스인 혼트하르두스와 콜로누스이고 이름이 군트베르가인 그의 아내. 군트하르두스는 그들의 아들이

---

[49] A. Longnon, ed., *Polyp. de St. Germain*, p. 189에는 '테오틀릴디스(Teotlildis)'로 되어 있지만, B. Guérard, ed., *Polyp. d'Irminon*, p. 140과 D. Hägermann, ed. *Polyp. von St. Germain*, p. 110에는 '테오딜디스(Teodildis)'로 되어 있다.

다. 그리고 콜로누스인 힝크볼두스와 노예이고 이름이 에브레힐디스인 그의 아내. 혼트하우스, 에브리누스, 힝크볼다는 그들의 자식들이다. 생제르맹(수도원)의 속민들로서 콜로누스인 시클레볼두스와 콜로누스이고 이름이 베르네힐디스이며 잉갈람누스(보유)의 은대지 출신인 그의 아내. 그들 3명은 바둘피 빌라에 거주한다. 그들은 7½bun의 곡물경작지와 3arp의 초지 및 ½arp의 임야로 구성된 1개의 반자유인망스를 보유한다. 그들은 (위와) 같이 (의무를) 수행한다.

52. 생제르맹(수도원)의 속민들로서 콜로누스인 로드람누스와 콜로누스이고 이름이 란디스마인 그의 아내. 란트보두스, 란트베르투스, 프로트베르투스, 프로트트루디스는 그들의 자식들이다. 그리고 콜로누스인 프로데가르두스와 콜로누스이고 이름이 빨드라다인 그의 아내. 프로데가우스, 빨두이누스는 그들의 자식들이다. 그들 두 명은 오소니스 빌라 거주한다. 그들은 9½bun의 곡물경작지와 2arp의 초지로 구성된 1개의 반자유인망스를 보유한다. 그들은 포도주 수송부역을 위해 (보내는) 1두의 황소를 제외하고 여타의 반자유인망스(보유자)들과 마찬가지로 (의무를) 수행한다.

53. 생제르맹(수도원)의 속민들로서 콜로누스인 잉갈라우스와 콜로누스이고 이름이 아달베르타인 그의 아내. 그는 북시둠에 거주한다. 그는 5½bun의 곡물경작지와 2arp의 초지로 구성된 1개의 반자유인망스를 보유한다. 그는 (위와) 같이 (의무를) 수행한다.

54. 생제르맹(수도원)의 속민들로서 콜로누스인 고도이누스와 반자유인이고 이름이 로딩가인 그의 아내. 고데나르두스, 고달트루디스는 그들의 자식들이다. 그리고 생제르맹(수도원)의 속민들로서 반자유인인 게일리누스와 노예이고 이름이 아우트베르가인 그의 아내. 아우트문두스는 그들의 자식들이다.[50] 그들 두 명은 포메리둠에 거주한다. 그들은 5bun

---

[50] B. Guérard, ed., *Polyp. d'Irminon*, p. 141의 각주 a번과 A. Longnon, ed., *Polyp. de St. Germain*, p. 190의 각주 1번 및 D. Hägermann, ed. *Polyp. von St. Germain*,

의 곡물경작지와 2arp의 초지로 구성된 1개의 반자유인망스를 보유한다. 그들은 (위와) 같이 (의무를) 수행한다.

55. 생제르맹(수도원)의 반자유인인 아이룰푸스와 자유인인 그의 아내. 그리고 생제르맹(수도원)의 속민들로서 콜로누스인 유니가우두스와 콜로누스이고 이름이 발도플리디스이며 로트문두스(보유)의 은대지 출신인 그의 아내. 그들은 오소니스 빌라에 거주한다. 그들은 13½bun의 곡물경작지와 2arp의 초지 및 1½bun의 임야로 구성된 1개의 반자유인망스를 보유한다. 그들은 여타의 반자유인망스(보유자)들처럼 모든 의무를 수행한다.

56. 생제르맹(수도원)의 속민들로서 반자유인인 힐데가우두스와 노예이고 이름이 베르토일디스인 그의 아내. 베렝가우스, 힐데가우스, 베르네아르두스, 사레가우두스는 그들의 자식들이다. 그리고 생제르맹(수도원)의 여자콜로누스인 로트볼다. 아이메리쿠스, 프로델린디스는 그녀의 자식들이다. 그들 두 명은 포메리둠에 거주한다. 그들은 7bun의 곡물경작지와 8arp의 초지 및 4bun의 임야로 구성된 1개의 반자유인망스를 보유한다. 그들은 (위와) 같이 (의무를) 수행한다.

57. 생제르맹(수도원)의 속민들로서 콜로누스인 힐데볼두스와 반자유인이고 이름이 테우트베르가인 그의 아내. 힐델라이쿠스, 힐도일디스, 베르토힐디스는 그들의 자식들이다. 그리고 생제르맹(수도원)의 속민들로서 콜로누스인 고도와 노예이고 이름이 아달베르가인 그의 아내. 그리고 반자유인인 봐르누이누스. 그들 3명은 포메리둠에 거주한다. 그들은 11bun의 곡물경작지와 5arp의 초지 및 1bun의 잡목림으로 구성된 1개의 반자유인망스를 보유한다. 그들은 (위와) 같이 (의무를) 수행한다.

58. 생제르맹(수도원)의 속민들로서 반자유인인 프로데가우두스와 신이주

---

p. 111의 각주 1번에 의하면 '자식들(infantes)'이라고 복수로 되어 있으면서도 실제의 이름은 1명만 나타난다고 한다.

민이고[51] 이름이 베네딕타인 그의 아내. 베네딕투스, 프로트기우스, 프레데길디스, 기슬레베르가, 기슬레힐디스는 그들의 자식들이다. 그리고 생제르맹(수도원)의 속민들로서 콜로누스인 파로이누스와 콜로누스이고 이름이 라이노이스인 그의 아내. 알트베우스, 세알투스, 라이리쿠스, 라인베르투스는 그들의 자식들이다. 그들 두 명은 포메리둠에 거주한다. 그들은 9½bun의 곡물경작지와 3½arp의 초지로 구성된 1개의 반자유인망스를 보유한다. 그들은 여타의 보유자들과 마찬가지로 (의무를) 수행한다.

59. 생제르맹(수도원)의 속민들로서 콜로누스인 메를루스와 콜로누스이고 이름이 프로틀린디스인 그의 아내. 뷔트볼두스, 뷔트베르투스, 뷔트베르가, 아이루일디스, 에름길디스는 그들의 자식들이다. 그리고 생제르맹(수도원)의 속민들로서 콜로누스인 프로데베르투스와 콜로누스이고 이름이 베르토일디스인 그의 아내. 그들 두 명은 포메리둠에 거주한다. 그들은 6bun의 곡물경작지와 3arp의 초지 및 1arp의 임야로 구성된 1개의 반자유인망스를 보유한다. 그들은 (위와) 같이 (의무를) 수행한다.

60. 생제르맹(수도원)의 속민들로서 콜로누스인 유네가우스와 콜로누스이고 이름이 나달길디스인 그의 아내. 나달리누스는 그들의 아들이다. 그리고 생제르맹(수도원)의 속민들로서 콜로누스인 요나트한과 콜로누스이고 이름이 베를란다인[52] 그의 아내. 베르토이누스는 그들의 아들이다. 그들 두 명은 아우소니스 빌라에 거주한다. 그들은 7bun의 곡물경작지와 1½arp의 초지로 구성된 1개의 반자유인망스를 보유한다. 그들은 (위와) 같이 (의무를) 수행한다.

61. 외지인인 사룰푸스와 생제르맹(수도원)의 콜로누스이고 이름이 프레

---

[51] 여기의 '신이주민'이란 라틴어 원문의 'advena'를 번역한 말이다. 전술한 제9장 제13항의 각주 참조.

[52] B. Guérard, ed., *Polyp. d'Irminon*, p. 142에는 '베르틀란다(Bertlanda)'로 되어 있으나, A. Longnon, ed., *Polyp. de St. Germain*, p. 191과 D. Hägermann, ed. *Polyp. von St. Germain*, p. 112에는 '베를란다(Berlanda)'로 되어 있다.

데베르가인 그의 아내. 프레데르누스, 사로힐디스, 군도일디스는 그들의 자식들이다. 그리고 외지인인 사로아르두스와 생제르맹(수도원)의 콜로누스이고 이름이 라이노일디스인 그의 아내. 아클란두스, 가비오비누스, 라이노비누스, 라이노이스는 그들의 자식들이다. 그들 두 명은 북시둠에 거주한다. 그들은 6bun의 곡물경작지와 2arp의 초지 및 ½bun의 잡목림으로 구성된 1개의 반자유인망스를 보유한다. 그들은 (위와) 같이 (의무를) 이행한다.

62. 생제르맹(수도원)의 속민들로서 콜로누스인 프로트베우스와 콜로누스이고 이름이 안스프링가인 그의 아내. 프로트베르투스, 프로틀란두스, 프로트베르타, 안스베르타, 아나스타시아는 그들의 자식들이다. 그리고 생제르맹(수도원)의 속민들로서 반자유인인 리게놀두스와 신이주민이고 이름이 란데가리아인 그의 아내. 베르네프리두스는 그들의 아들이다. 그리고 생제르맹(수도원)의 속민들로서 콜로누스인 아이모이누스와 콜로누스이고 이름이 프로틀라이카인 그의 아내. 아메데우스, 프로틀레베르투스, 프로도이누스, 프로트베르가, 시그라다, 시고빌디스, 프레데길디스, 베르트힐디스는 그들의 자식들이다. 그들 3명은 북시둠에 거주한다. 그들은 6½bun의 곡물경작지와 2½arp의 초지로 구성된 1개의 반자유인망스를 보유한다. 그들은 (위와) 같이 (의무를) 수행한다.

63. 생제르맹(수도원)의 속민들로서 반자유인인 고달볼두스와 콜로누스이고 이름이 잉가인 그의 아내. 잉가데우스, 마르티나는 그들의 자식들이다. 그리고 생제르맹(수도원)의 속민들인 라인하르두스와[53] 콜로누스이고 이름이 아클로힐디스인 그의 아내. 가우슬린디스, 가우도일디스, 에브레가르디스는 그들의 자식들이다. 그리고 반자유인인 프로트베우스와 콜로누스이고 이름이 아클레베르타인 그의 아내. 로트길디스는

53 B. Guérard, ed., *Polyp. d'Irminon*, p. 143에는 '라인바르두스(Rainbardus)'로 되어 있으나, A. Longnon, ed., *Polyp. de St. Germain*, p. 192와 D. Hägermann, ed. *Polyp. von St. Germain*, p. 112에는 '라인하르두스(Rainhardus)'로 되어 있다.

그들의 딸들이다. 그들 3명은 노바빌라에 거주한다. 그들은 6½bun의 곡물경작지와 2arp의 초지로 구성된 1개의 반자유인망스를 보유한다. 그들은 (위와) 같이 (의무를) 이행한다.

노예망스들

64. 생제르맹(수도원)의 속민들로서 노예인 아우틀레마루스와 콜로누스이고 이름이 아달베르타인 그의 아내. 라게눌푸스는 그들의 아들이다. 그는 노바빌라에 거주한다. 그는 3bun의 곡물경작지와 2arp의 초지로 구성된 (1개의) 반쪽 노예망스를 보유한다. 그는 1두의 거세된 군사용 숫양, 4데나리우스의 인두세, 100리브라의 쇠, 50개의 지붕널, 50개의 산자널, 6개의 통널, 3개의 테, 2sest의 홉,[54] 7개의 횃불을 바친다. 그는 또한 연간(年間) 6ptc를 갈이질한다. 그는 수송부역을 수행한다. 그는 영주의 뜰에 1ptc,[55] 곡식밭에 4ptc의 울타리를 친다. 그는 3마리의 닭과 15개의 계란을 (바친다). 그는 국세(國稅)로[56] ½md의 곡식을 (바친다).

---

[54] 홉(humolo, humlo, humblo, umlo, humulus)이란 뽕나무과에 딸린 여러해살이 덩굴풀 또는 그 열매인 홉(hop)을 뜻한다. 여기서는 그 열매를 가리킨다. 홉의 열매는 방향과 쓴맛이 있어 맥주의 향미제로 쓰인다. 유럽에서는 광범하게 분포한 석회암 지층으로 인해 물이 좋지 않아, 맥주와 포도주는 일상적으로 많이 소비된 생활음료수였다. 특히 경제적 여유가 있었던 봉건사회의 지배층에서 이런 술 소비가 많았다. 교회기관도 마찬가지였다. 그래서 영주들이 장원농민들에게 이런 주류 관련 물자의 공납을 요구하는 경우가 잦았다.

[55] 이에 관한 라틴어 원문의 “Claudit in curte dominica de tunino parietem I”이라는 기록 가운데 ‘parietem’은 ‘perticam’의 오기로 보인다. 왜냐하면 ‘paries’는 담 또는 벽이라는 뜻을 가지고 있기는 하지만 그 바로 앞의 ‘tuninus’란 라틴 단어 자체가 울타리라는 뜻을 지니고 있는 데다, 이 문장의 뒤에 나오는 ‘곡식밭에 4ptc의 울타리를’ 친다는 뜻의 “ad messes perticas IIII.”라는 글귀와 대구를 이루기 때문이다.

[56] 여기서 ‘국세’란 라틴어 원문의 ‘conjectus’를 번역한 말이다. 이 명세장에서는 제13장의 제64, 76-1, 77, 99항에서만 나타나는 conjectus는 J. E. Niermeyer, *Mediae Latinitatis Lexicon Minus*, p. 247에 의하면 ‘공권력에 의해 징수되는 모든 종류의 직접세(tout impôt direct levé par l’autorité publique)’이고, J.-P. Devroey, “Problèmes de critique autour du polyptyque de l’abbaye de Saint-Germain-des-Prés”, A. Hartmut, éd., *La Neustrie*, p. 454에 의하면 ‘군역세에 추가되는 세(redevance complémentaire à la taxe d’ost)’다. 따라서 이것은 영주가 자신의 사적

그는 영주의 뜰에서 파수를 서며, 필요한 것은 무엇이든 (수행한다).

65. 생제르맹(수도원)의 속민들로서 노예인 마르티누스와 노예이고 이름이 프로틀린디스인 그의 아내. 다음은 그들의 자식들이다. 그들의 딸인 라간볼다는 노예다. 파레가우스, 뷔클레리쿠스, 뷔네볼두스는 여자콜로누스에게서 출생했기 때문에 반자유인들이다.[57] 그는 노바빌라에 거주한다. 그는 4bun의 곡물경작지와 1arp의 초지로 구성된 (1개의) 반쪽 망스를 보유한다. 그는 (위와) 같이 (의무를) 이행한다.

66. 생제르맹(수도원)의 속민들로서 노예인 힐데가르두스와 그의 아내인 울풀디스. 울핑구스는 그들의 아들이다. 그리고 생제르맹(수도원)의 속민들로서 노예인 알트람누스와 콜로누스이고 이름이 아긴볼다인 그의 아내. 알드링구스는 그들의 아들이다. 그들 두 명은 노바빌라에 거주한다. 그들은 5½bun의 곡물경작지와 1½arp의 초지로 구성된 (1개의) 반쪽 노예망스를 보유한다. 그들은 각자 100리브라의 쇠를 바치며, 나머지(의무)는 (위와) 같다.

67. 생제르맹(수도원)의 속민들로서 노예인 두도이누스와 콜로누스이고 이름이 켈시니아인 그의 아내. 베르하우스, 아클레베르투스, 도도, 파레가우스, 아클레베르가, 아우디나는 다른 여자에게서 태어난 두도이누스의 아들들이고[58] 노예들이다. 그는 노바빌라에 거주한다. 그는 5bun의 곡물경작지와 1½arp의 초지로 구성된 (1개의) 반쪽 노예망스를 보유한다. 그는 (위와) 같이 (의무를) 이행한다.

68. 여자노예인 뷔트볼다와 노예들이고 이름들이 혼트볼두스, 빌트람누스

수입으로 수취하는 세와 구별되어 군역세처럼 군주정부의 수입으로 수취되는 공적인 조세라는 뜻에서 국세라고 할 수 있을 것이다. 이 명세장의 제13장에서는 망스를 보유한 세대별로 ½md의 곡식이 이 세목으로 징수되고 있다.

[57] 이 영지명세장에서 부모의 신분에 따라 자녀의 신분이 어떻게 결정되는지에 대해서는 이 번역서의 뒤에 제시되어 있는 문헌해제의 제5장 "영지명세장에 보이는 장원농민의 가족제" 참조.

[58] 원문대로임.

인 그의 아들들. 그녀는 노바빌라에 거주한다. 그녀는 6bun의 곡물경작지와 1arp의 초지 및 1bun의 임야로 구성된 (1개의) 반쪽 노예망스를 보유한다. 그녀는 (위와) 같이 (의무를) 이행한다.

69. 반자유인인 오스트레볼두스와 외지인인 그의 아내. 그는 라인베르티빌라리스에[59] 거주한다. 그는 4bun의 곡물경작지와 2arp의 초지로 구성된 (1개의) 반쪽 노예망스를 보유한다. 그는 쇠를 제외하고는 (위와) 같이 (의무를) 이행한다.

70. 생제르맹(수도원)의 속민들로서 반자유인인 봔데아리우스와 콜로누스이고 이름이 파로힐디스인 그의 아내. 파레가우두스, 파로이누스, 파로아르두스, 봘딩구스, 봐라틀리누스, 봔도일디스, 봘트힐디스는 그들의 자식들이다. 그는 노바빌라에 거주한다. 그는 3½bun의 곡물경작지와 2arp의 초지로 구성된 (1개의) 반쪽 노예망스를 보유한다. 그는 쇠를 제외하고는 (위와) 같이 (의무를) 이행한다.

71. 콜로누스인 프로데베르투스와 콜로누스이고 이름이 베르토빌디스인 그의 아내. 프레데베르가는 그들의 딸이다. 그리고 콜로누스인 베르놀두스. 그들 두 명은 포메리둠에 거주한다. 그들은 3bun의 곡물경작지와 1arp의 초지로 구성된 (1개의) 반쪽 노예망스를 보유한다. 그들은 쇠를 제외하고는 (위와) 같이 (의무를) 이행한다.

72. 생제르맹(수도원)의 속민들로서 노예인 아우틀레프레두스와 노예이고 이름이 겡크볼다인 그의 아내. 그는 바둘피 빌라에 거주한다. 그는 2½bun의 곡물경작지와 1arp의 초지로 구성된 (1개의) 반쪽 노예망스를 보유한다. 그는 (위와) 같이 (의무를) 이행하고, 쇠를 바친다.

73. 생제르맹(수도원)의 반자유인인 뷜트람누스. 알트베르투스, 파로일디스는 그의 자식들이다. 그는 포메리둠에 거주한다. 그는 2⅔bun의 곡물

---

59 라인베르티빌라리스(Rainbertivillaris)는 앞의 제6~8항에 기재된 라인베르토빌라리스(Rainbertovillaris)와 같은 곳이다.

경작지와 ½arp의 초지로 구성된 (1개의) 반쪽 노예망스를 보유한다. 그는 쇠를 제외하고는 (위와) 같이 (의무를) 이행한다.

74. 생제르맹(수도원)의 속민들로서 반자유인인 잉그라두스와 노예이고 이름이 기를린디스인 그의 아내. 아우틀레마루스, 잉갈베르투스, 잉갈라르두스, 파레길디스, 베르트라다는 그들의 자식들이다. 그리고 반자유인인 뷔트하우스와 반자유인이고 이름이 잉갈베르가인 그의 아내. 뷔드람누스는 그들의 아들이다. 그들 두 명은 포메리둠에 거주한다. 그들은 5½bun의 곡물경작지와 7arp의 초지 및 1jr의 잡목림으로 구성된 1개의 노예망스를 보유한다. 그들은 쇠를 제외하고는 완전한 노예망스(보유자)처럼 모든 의무를 수행한다.

75. 생제르맹(수도원)의 속민들로서 콜로누스인 고도이누스와 반자유인이고 이름이 로딩가인 그의 아내. 고데나르두스, 고달트루디스는 그들의 자식들이다. 그리고 생제르맹(수도원)의 속민들로서 반자유인인 가일리누스와 노예이고 이름이 오트베르가인 그의 아내. 오트문두스, 풀코이누스, 기로이누스, 오틀릴디스, 게일릴디스는 그들의 자식들이다. 그들 두 명은 포메리둠에 거주한다. 그들은 6bun의 곡물경작지와 2arp의 초지로 구성된 1개의 노예망스를 보유한다. 그들은 수송부역을 위해 (보내는) 1두의 황소와 쇠를 제외하고는 (위와) 같이 (의무를) 수행한다.

76. 생제르맹(수도원)의 속민들로서 반자유인인 에르메놀두스와 반자유인이고 이름이 베르타라인 그의 아내. 에르메나르두스, 에르메나우스, 에르몰두스는 그들의 자식들이다. 그리고 생제르맹(수도원)의 속민들로서 콜로누스인 고데놀푸스와 콜로누스이고 이름이 빨드라다인 그의 아내. 빨드라두스, 고델린디스는 그들의 자식들이다. 그리고 자식들을 거느린 여자노예 빨트루디스. 그들 세 명은 8bun의 곡물경작지와 3arp의 초지 및 2bun의 잡목림으로 구성된 1개의 노예망스를 보유한다. 그들은 쇠를 제외하고 노예(망스)의 모든 의무를 이행한다.

76-1.[60] 아인프레두스. 그리고 생제르맹(수도원)의 속민들로서 콜로누스인 안도이누스와 콜로누스이고 이름이 아클레드루디스인 그의 아내. 아인

베르투스, 안드라두스, 아인테우스, 데우도일디스, 안도일디스는 그들의 자식들이다. 그들은 5bun의 곡물경작지로 된 2개의 부분보유지를 보유한다. 그들은 군사용으로 6데나리우스, 4데나리우스의 인두세, ½md의 (곡물로 된) 국세, 그리고 1md의 스펠트밀과 닭들 및 계란들을 바친다. 그들은 코르베들과 전체 파종기를 합쳐 6ptc(의 갈이질 부역)와 손일을 (수행하며), 다른 것은 아무 것도 (수행하지 않는다).

77. 여자콜로누스인[61] 아달구디스. 가우스마루스, 가우도이누스, 가우슬리누스는 생제르맹(수도원)의 속민들로서 그녀의 자식들이다. 그녀는 노바빌라에 거주한다. 그녀는 8½bun의 곡물경작지와 4arp의 초지 및 1bun의 임야로 구성된 1개의 노예망스를 보유한다. 그녀는 2두의 거세된 군사용 숫양, 4데나리우스의 인두세, 100개의 지붕널, 100개의 산자널, 6개의 통널, 6개의 테, 4sest의 홉, 12개의 횃불, 3마리의 닭과 10개의 계란을 바치고, 세대당 ½md의 (곡물로 된) 국세를 바치며, 세대당 같은 분량의 곡식을 바친다. 그들은[62] 그 외에도 정적부역으로 연간 12ptc를 갈이질한다. 그녀는 3회의 코르베를 (수행하고), 빵과 음료수를 제공받아 ¼회 내지 ⅕회의 코르베를 (수행한다). 그리고 그들은[63] 수송부역을 위해 (보내는) 황소를 제외하고 자유인망스들을 보유한 자들과 마찬가지로 (의무를) 수행한다.

78. 생제르맹(수도원)의 속민들로서 콜로누스인 빌트하우스와 콜로누스이고 이름이 란트보르타인 그의 아내. 란트베르투스, 빌데드람누스, 빌트

---

[60] 76번이 두 번 나타난다고 한다.

[61] D. Hägermann, ed. *Polyp. von St. Germain*, p. 114에는 여자콜로누스를 뜻하는 'colona'로 되어 있는 반면에, B. Guérard, ed., *Polyp. d'Irminon*, p. 145와 A. Longnon, ed., *Polyp. de St. Germain*, p. 194에는 남자콜로누스를 뜻하는 'colonus'로 되어 있다. 그러나 이 신분의 이름인 '아달구디스(Adalgudis)'의 'dis'라는 접미사는 일반적으로 여성을 뜻하므로, 여기서는 헤게르만의 편찬본에 따라 여자콜로누스로 본다.

[62] 원문대로임.

[63] 원문대로임.

힐디스, 봘딜다는 그들의 자식들이다. 그리고 생제르맹(수도원)의 속민들로서 노예인 기파르두스와 반자유인이고 이름이 아틀로일디스인 그의 아내. 기보힐디스, 아고힐디스, 기브라다, 닥토일디스는 그들의 자식들이다. 그리고 생제르맹(수도원)의 속민들로서 반자유인인 오스트룰푸스와 콜로누스이고 이름이 가우길디스인 그의 아내. 봐르노이누스, 오스트롤두스, 오스트라피우스, 라인테우스, 가우도일디스, 가울릴디스는 그들의 자식들이다. 그리고 반자유인인 아클룰푸스와 콜로누스이고 이름이 봘다인 그의 아내. 아게눌푸스, 봘레베길디스, 봘디스마는 그들의 자식들이다. 그들 4명은 악셀리 빌라리스에[64] 거주한다. 그들은 7bun의 곡물경작지와 4arp의 초지로 구성된 1개의 노예망스를 보유한다. 그들은 (위와) 같이 (의무를) 이행하며, 수송부역을 위해 2두의 황소를 보낸다.

79. 생제르맹(수도원)의 속민들로서 노예인 라인하우스와 노예이고 이름이 프로디스마인 그의 아내. 라이나리우스, 라인프리다. 라인베르가는 그들의 자식들이다. 그는 노바빌라에 거주한다. 그는 4bun의 곡물경작지와 1arp의 초지로 구성된 1개의 노예망스를 보유한다. 그는 (위와) 같이 (의무를) 이행하며, 수송부역을 위해 1두의 황소를 보낸다.

80. 생제르맹(수도원)의 속민들로서 반자유인인 아귀누스와 노예이고 이름이 베르트라다인 그의 아내. 아클루이누스, 베르토일디스는 그들의 자식들이다. 그는 노바빌라에 거주한다. 그는 13bun의 곡물경작지와 6arp의 초지로 구성된 1개의 노예망스를 보유한다. 그는 (위와) 같이 (의무를) 이행하며, 수송부역을 위해 1두의 황소를 보낸다.

81. 생제르맹(수도원)의 속민들로서 노예인 아우둘푸스와 노예이고 이름이 봐르나인 그의 아내. 봐르눌푸스, 봐르날두스, 봐르네아우스, 마우

---

[64] B. Guérard, ed., *Polyp. d'Irminon,* p. 145의 각주 a번과 A. Longnon, ed., *Polyp. de St. Germain*, p. 195의 각주 1번 및 D. Hägermann, ed. *Polyp. von St. Germain*, p. 223에 따르면, 여기의 악셀리 빌라리스(Axelli Villaris)의 위치는 앞에서 본 제47항의 하켈미 빌라리스(Hachelmi Villaris)와 같은 곳이다

로니아, 베르노일디스, 아우데닐디스, 아우트루디스는 그들의 자식들이다. 그리고 생제르맹(수도원)의 속민들로서 노예인 잉고와 콜로누스이고 이름이 아우트힐디스인 그의 아내. 힝크보두스, 힝크베르투스, 라이노아르두스, 아이트볼다는 그들의 자식들이다. 그들 두 명은 비사우에 거주한다. 그들은 4½bun의 곡물경작지와 6arp의 초지로 구성된 1개의 노예망스를 보유한다. 그들은 (위와) 같이 (의무를) 이행하며, 쇠를 바친다.

82. 노예인 베르틀리누스. 그리고 생제르맹(수도원)의 속민들로서 노예인 베르트길루스와 반자유인이고 이름이 봐레길디스인 그의 아내. 그리고 노예인 가우기누스와 외지인인 그의 아내. 그리고 생제르맹(수도원)의 속민들로서 노예인 프라무이누스와[65] 신이주민이고 이름이 게네드루디스인 그의 아내. 게나르두스, 프람네가우스, 마인보두스, 프람베르투스는 그들의 자식들이다. 그들 4명은 비사우에 거주한다. 그들은 11bun의 곡물경작지와 6arp의 초지로 구성된 1개의 노예망스를 보유한다. 그들은 (위와) 같이 (의무를) 이행하며, 쇠를 바친다.

83. 생제르맹(수도원)의 속민들로서 노예인 프로트가우두스와 콜로누스이고 이름이 유니사인 그의 아내. 프로데가우두스, 요난, 마우리키우스, 프로딩구스, 프로도일디스, 유닐디스, 프로트베르가는 그들의 자식들이다. 그리고 노예인 프람네리쿠스. 라인베르투스, 마우릴리오는 그들의 자식들이다. 그들 두 명은 비사우에 거주한다. 그들은 5½bun의 곡물경작지와 3arp의 초지로 구성된 1개의 노예망스를 보유한다. 그들은 (위와) 같이 (의무를) 이행하며, 쇠를 바친다.

84. 생제르맹(수도원)의 속민들로서 콜로누스인 봐닝구스와 콜로누스이고 이름이 뷔클릴디스인 그의 아내. 봔달로누스, 봔두이누스, 에를레가르

---

[65] B. Guérard, ed., *Polyp. d'Irminon*, p. 146에는 '프라누이누스(Franuinus)'로 되어 있으나, A. Longnon, ed., *Polyp. de St. Germain*, p. 195와 D. Hägermann, ed. *Polyp. von St. Germain*, p. 114에는 '프라무이누스(Framuinus)'로 되어 있다.

디스, 뷔니기수스, 뷔데리쿠스, 봔도일디스, 봘틸디스, 페레길디스, 뷔넬린디스는 그들의 자식들이다. 그리고 콜로누스인 베랄두스와 콜로누스이고 이름이 로트트루디스인 그의 아내. 베네가르두스는 그들의 아들이다. 그들 2명은 비사우에 거주한다. 그들은 5bun의 곡물경작지와 3arp의 초지로 구성된 1개의 노예망스를 보유한다. 그들은 쇠를 제외하고 (위와) 같이 (의무를) 이행한다.

85. 생제르맹(수도원)의 속민들로서 노예인 아달마루스와 반자유인이고 이름이 기를린디스인 그의 아내. 아달만누스, 아달리쿠스, 게이라다는 그들의 자식들이다. 그리고 생제르맹(수도원)의 속민들로서 노예인 파로이누스와 반자유인이고 이름이 알데드루디스인 그의 아내. 아말부르기스는 그들의 딸이다. 그들 두 명은 포메리둠에 거주한다. 그들은 7bun의 곡물경작지와 8arp의 초지로 구성된 1개의 노예망스를 보유한다. 그들은 (위와) 같이 (의무를) 이행하며, 쇠를 바친다.

86. 생제르맹(수도원)의 속민들로서 노예인 사부델루스와 콜로누스이고 이름이 드로그틀라인 그의 아내. 드록타르누스, 드루트베르가는 그들의 자식들이다. 그리고 생제르맹(수도원)의 속민들로서 노예인 봐틀리누스와 반자유인이고 이름이 가우다인 그의 아내. 그들 두 명은 포메리둠에 거주한다. 그들은 9bun의 곡물경작지와 4arp의 초지로 구성된 1개의 노예망스를 보유한다. 그들은 (위와) 같이 (의무를) 이행하며, 쇠를 바친다.

87. 생제르맹(수도원)의 속민들로서 노예인 베르트훈두스와[66] 콜로누스이고 이름이 드로틀라인 그의 아내. 파라문두스, 에르멤베르가는 그들의 자식들이다. 그리고 생제르맹(수도원)의 속민들로서 노예인 게롤두스

---

[66] A. Longnon, ed., *Polyp. de St. Germain*, p. 196에는 '베르트훈디스(Berthundis)'로 되어 있지만, B. Guérard, ed., *Polyp. d'Irminon*, p. 147과 D. Hägermann, ed. *Polyp. von St. Germain*, p. 115에는 '베르트훈두스(Berthundus)'로 되어 있다. 이의 신분이 남자노예를 뜻하는 'servus'로 되어 있으므로 후자가 타당하다고 하겠다.

와 반자유인이고 이름이 오스트레볼다인 그의 아내. 게라르두스, 기르문두스, 베르트라다, 오스트릴디스는 그들의 자식들이다. 그리고 노예인 아달리쿠스와 콜로누스이고 이름이 가우틀릴디스인 그의 아내. 에바는 그들의 딸이다. 그리고 노예인 아이르베우스. 그리고 생제르맹(수도원)의 속민들로서 반자유인인 마우론투스와 콜로누스이고 이름이 봐르프리다인 그의 아내. 봐닝구스는 그들의 아들이다. 그들 5명은 포메리둠에 거주한다. 그들은 13bun의 곡물경작지와 4arp의 초지 및 2bun의 임야로 구성된 1개의 노예망스를 보유한다. 그들은 (위와) 같이 (의무를) 이행한다. 노예인 자들은 ……를[67] 제외하고 쇠를 바치며, 반자유인인 자는 (1)md의 스펠트밀을 바친다.

88. 생제르맹(수도원)의 콜로누스인 안세데우스와 외지인인 그의 아내. 그는 쿰비스에 거주한다. 그는 영주세습지 가운데 3bun의 곡물경작지로 된 1개의 부분보유지를 보유한다. 그는 군사용으로 3데나리우스를 지불하며, 또한 연간 3ptc를 갈이질한다.[68]

89. 생제르맹(수도원)의 속민들로서 노예인 베르노아르두스와 콜로누스이고 이름이 세네라인 그의 아내. 그는 노바빌라에 거주한다. 그는 2½bun의 곡물경작지와 1arp의 초지로 구성된 1개의 노예적 부분보유지를[69] 보유한다. 그는 1개의 부분보유지처럼 모든 차지료를 지불한다. 그는 군사용으로 3데나리우스, 3마리의 닭, 10개의 계란, 쇠, 1sest의 홉, 3개의 횃불, 25개의 지붕널, 25개의 산자널, 3개의 통널, 3개의 테를 바치

---

[67] B. Guérard, ed., *Polyp. d'Irminon*, p. 147의 각주 a번과 A. Longnon, ed., *Polyp. de St. Germain*, p. 197의 각주 1번 및 D. Hägermann, ed. *Polyp. von St. Germain*, p. 115의 각주 c번에 따르면, 여기에 15자 정도의 공간이 비어 있다고 한다.

[68] 이 제88항도 영주의 개인적 소유지인 자유지를 작은 땅뙈기로 분급해서 농민보유지가 창출됨을 보여준다. K. Elmshäuser & A. Konrad, *Studien zum Polyp. von St. Germain*, p. 188 참조.

[69] '1개의 노예적 부분보유지'란 라틴어 원문의 'pars I servilis'를 번역한 말이다. 그 뜻은 '노예가 보유한 1개의 부분보유지'라고 하겠다. 이 pars I servilis는 노예망스로서 성립되기 직전의 형태라고 할 수 있다.

고, 연간 3ptc를 (갈이질하며), 수송부역들과 코르베들을 (수행한다).[70]

90. 생제르맹(수도원)의 속민들로서 노예인 프로트기우스와 노예이고 이름이 라감볼다인 그의 아내. 온트볼두스는 그들의 아들이다. 그는 리둠 겐드리쿰에[71] 거주한다. 그는 3½bun의 곡물경작지로 된 1개의 노예적 부분보유지를 보유한다. 그는 (위와) 같이 (의무를) 수행해야 하지만, 이런 의무 대신에 돼지들을 치는 일을 한다.

91. 생제르맹(수도원)의 속민들로서 콜로누스인 파레가우두스와 콜로누스이고 이름이 나달릴디스인 그의 아내. 파라문두스, 파로아르두스, 나달리누스, 시게닐디스, 오틀린디스는 그들의 자식들이다. 그리고 생제르맹(수도원)의 속민들로서 콜로누스인 에브레가우두스와 콜로누스이고 이름이 프로트길디스인 그의 아내. 라트볼두스, 도메가르두스, 프로트카우스, 프로트힐디스는 그들의 자식들이다. 그들 두 명은 4bun 1jr의 곡물경작지로 된 1개의 노예망스를 보유한다. 그들은 1두의 거세된 숫양을 바치고, 5월에 (수송작업을 위해) 1두의 황소를 보내며, 포도주 수송부역을 제외한 나머지(의무)를 수행한다.

---

[70] 이 제89항을 비롯한 뒤의 제96, 97항도 비록 영주의 자유지에 관한 명시는 없지만, 바로 앞의 제88항처럼 영주의 자유지로부터 노예보유지가 창출됨을 보여준다. K. Elmshäuser & A. Konrad, *Studien zum Polyp. von St. Germain*, p. 188 참조.

[71] 리둠 겐드리쿰(Ridum Gendricum)의 위치에 대해 B. Guérard, ed., *Polyp. d'Irminon*, p. 147의 각주 b번에서는 게라르가 말하는 북시둠 즉 부아시앙드루에에서 남쪽으로 18km쯤 떨어진 조드레(Jaudrais)라고 하는 데 비해, A. Longnon, ed., *Polyp. de St. Germain*, p. 197의 각주 3번에서는 이를 부정하고 앞의 제17항에 나타나는 리둠의 위치인 오른 도 모르타뉴 군 레말라르 캉통의 레라고 한다. D. Hägermann, ed. *Polyp. von St. Germain*, p. 227에서는 이곳이 오른 도 모르타뉴오페르쉬 군 레말라르 캉통 부아시모지 코뮌의 르 프티 레(Le Petit Rhay)라고 하며, K. Elmshäuser & A. Konrad, *Studien zum Polyp. von St. Germain*, p. 178에서는 오른 도 모르타뉴오페르쉬 군 레말라르 캉통 레말라르 코뮌의 르 그랑 레(Le Grand Rhay)라고 한다. 앞에서도 말했듯이 여기서 말하는 리둠 겐드리쿰과 앞의 제17항에 보이는 리둠 겐드리쿰은 서로 인접해 있었음이 틀림없으며, 르 그랑 레와 르 퍼티 레도 서로 인접해 있다.

92. 콜로누스인 아밍구스와 외지인인 그의 아내. 그리고 생제르맹(수도원)의 속민들로서 콜로누스인 테우돌푸스와 콜로누스이고 이름이 에르캄베르타인 그의 아내. 테오도아르두스, 테우트가우두스, 테오돌두스, 테우트베르타, 잉갈신디스는 그들의 자식들이다. 그들 두 명은 북시둠에 거주한다. 그들은 4bun의 곡물경작지로 된 1개의 노예망스를 보유한다. 그들은 2두의 거세된 숫양을 바치며, 포도주 수송부역을 제외하고 나머지(의무)는 (위와) 같다.

93. 생제르맹(수도원)의 속민들로서 콜로누스인 아달베르투스와 콜로누스이고 이름이 기를린디스인 그의 아내. 그리고 여자콜로누스인 베틀리나. 블라트힐디스, 파로힐디스는 그녀의 자식들이다. 그들 두 명은 북시둠에 거주한다. 그들은 7bun의 곡물경작지와 3arp의 초지 및 2bun의 임야로 구성된 1개의 노예망스를 보유한다. 그들은 노예망스(보유자)처럼 모든 차지료를 지불한다.

94. 생제르맹(수도원)의 속민들로서 노예인 봐틀룰푸스와 콜로누스이고 이름이 라간트루디스인 그의 아내. 봘드레베르투스는 그들의 아들이다. 그리고 생제르맹(수도원)의 속민들로서 노예인 봘데가우두스와 노예이고 이름이 뷔디스마인 그의 아내. 봘드리쿠스, 봐틀리누스, 봘도이누스, 에르캄볼두스, 파로힐디스는 그들의 자식들이다. 그들 두 명은 북시둠에 거주한다. 그들은 6bun의 곡물경작지와 1arp의 초지 및 1bun의 임야로 구성된 1개의 노예망스를 보유한다. 그들은 노예(망스)의 모든 의무를 이행한다.

95. 생제르맹(수도원)의 속민들로서 콜로누스인 솔리니아누스와 콜로누스인 그의 아내. 노르베르투스, 플로드리쿠스, 그리모일두스는[72] 그들의

---

[72] D. Hägermann, ed. *Polyp. von St. Germain*, p. 116에는 '그리모일디스(Grimoildis)'라는 여성 접미사로 되어 있는 데 반해, B. Guérard, ed., *Polyp. d'Irminon*, p. 148과 A. Longnon, ed., *Polyp. de St. Germain*, p. 198에는 '그리모일두스(Grimoildus)'라는 남성 접미사로 되어 있다.

자식들이다. 잉귀누스, 가일라, 잉갈부르기스 등 3명은 여자노예에게서 출생했다. 그는 북시듐에 거주한다. 그는 6bun 1jr의 곡물경작지와 1arp의 초지로 구성된 1개의 노예망스를 보유한다. 그는 (위와) 같이 (의무를) 이행한다.

96. 또한 힐데가우두스는 2bun의 곡물경작지와 ½arp의 초지로 구성된 1개의 부분보유지를 보유한다. 그는 이로 인해 4데나리우스를 지불한다. 그는 이로 인해 또한 연간 3ptc를 갈이질한다.

97. 노예들인 고데눌푸스와 악볼두스. 그리고 여자신이주민인 베르노일디스. 베르네가리우스, 기슬롤두스, 뷔클레라두스, 베르네길디스는 그녀의 자식들이다. 그들 세 명은 비사우에 거주한다. 그들은 3bun의 곡물경작지와 1arp의 초지로 구성된 2개의 부분보유지를 보유한다. 그들은 군사용으로 1두의 거세된 숫양을 바치고, 노예들 가운데 한 명은 4데나리우스의 인두세를 지불하며, 또한 연간 3ptc를 (갈이질하고), 3마리의 닭과 10개의 계란을 (바친다).

98. 또한 봐닝구스는 1bun의 곡물경작지를 보유하며, 이로 인해 파종기마다 ½ptc를 갈이질한다.

99. (여기에는 총) 31½개의 자유인망스가 있다. 6명의 장원관리인들을 제외하고 그들(망스보유자들)은 3리브라 9솔리두스 9데나리우스의 군역세를 지불하며, 그들 관리인은 (그 가운데) 12솔리두스 9데나리우스를 자신들의 몫으로 갖는다. 여기에는 6솔리두스를 지불하는 한 개의 차지료 지불 망스가 있다. (합계) 4리브라 4솔리두스 9데나리우스(의 수입)가 있다. 여기에는 12데나리우스(의 수입)가 생기는 4ptc(의 토지)가 있다.

(여기에는 총) 24개의 반자유인망스가 있다. 2명의 장원관리인들 즉 산지기와 부마름을 제외하고 그들(망스보유자들)은 2리브라 6솔리두스 9데나리우스의 군역세를 바치며, 이들 2명의 장원관리인은 (그 중) 1솔리두스 3데나리우스를 자신들의 몫으로 갖는다. (도합) 6½리브라 2솔리두스 6데나리우스(의 화폐로 된 수입)나 20두의 황소(로 된 수입)

가 있다.

(여기에는 총) 25½개의 노예망스가 있다. 그들(망스보유자들)은 군사용으로 47두의 거세된 숫양을 바친다.

자유인망스와 반자유인망스 및 노예망스를 합하여 총 81개의 망스와 1ptc가 있으며, 이들 토지는 182세대가 보유하고 있다. 그들 망스(보유자)는 50솔리두스[73] 19데나리우스의 인두세를 지불한다.

여기에는 자유인망스와 반자유인망스를 합하여 124md의 스펠트밀을 바치는 124세대가 있다. 장원관리인들을 제외하고, 자유인망스와 반자유인망스 및 노예망스를 합하여 망스(보유자)들은 파수 대신에 (총) 6800개의 산자널과 같은 수량의 지붕널을 바친다.

장원관리인들과 …하는[74] 자들을 제외하고 포도주 수송을 위한 장거리 집단 부역을 수행하는 망스가 65½개 있고, 수레를 제작하는 망스가 32½개 있다. 자유인망스와 반자유인망스 및 노예망스를 합하여 망스(보유자)들은 36개의 통을 만들 수 있는 780개의 통널을 바치고, 비슷한 수의 테를 (바치며), 500마리의 닭과 2,000개의 계란을 (바친다). 망스(보유자)들은 산지기에게 99md의 알곡으로 된 국세와 180마리의 닭을 바친다. 이로 인해 이 산지기는 영주를 위해 60md(의 알곡)와 1개의 받침쇠,[75] 12데나리우스(의 돈), 1개의 가마솥, 1sest의 꿀, 1sest

---

[73] 금액이 A. Longnon, ed., *Polyp. de St. Germain*, p. 199에는 '1솔리두스(solidos I)'로 되어 있지만, B. Guérard, ed., *Polyp. d'Irminon*, p. 149와 D. Hägermann, ed. *Polyp. von St. Germain*, p. 116에는 '50솔리두스(solidos L)'로 되어 있다. 이 금액은 북시둠 장원의 모든 망스보유자의 인두세 납부 총액이므로, 후자들의 액수가 타당하다고 하겠다.

[74] B. Guérard, ed., *Polyp. d'Irminon*, p. 149의 각주 a번과 A. Longnon, ed., *Polyp. de St. Germain*, p. 199의 각주 1번 및 D. Hägermann, ed. *Polyp. von St. Germain*, p. 116의 각주 d번에 따르면, 여기에 다섯 글자나 한 단어 정도의 공간이 비어 있다고 한다.

[75] 여기의 '받침쇠'란 라틴어 원문의 'ingium'을 번역한 말이다. 이 라틴어 단어는 사실은 매우 모호한 말이다. B. Guérard, *Prolegomènes*, pp. 467, 731에서나 K. Elmshäuser & A. Konrad, *Studien zum Polyp. von St. Germain*, p. 193에서나 또 J.-P. Devroey, "Problèmes de critique autour du Polyp. de St. Germain", p. 454에서

의 비누,[76] 1리브라의 밀랍, 2마리의 거위, 1마리의 참매, 3마리의 새매를 바치며, 그가 이들을 바칠 수 없을 때에는 3솔리두스를 지불하며, 영주를 위해 100마리의 어미돼지를[77] (바친다).[78]

자유인망스와 반자유인망스를 합쳐 망스(보유자)들은 (총) 17솔리두스의 나무채취료를 지불한다.

100. 마름인 아인프레두스와 같은 장원의 마름이었던 자는 누구나 성탄절에 2마리의 돼지와 쇠로 테를 두른 2개의 통 및 8개의 도끼를 바친다. 그들 각자는 부활절에도 같은 수량의 차지료를 지불한다.

101. 같은 장원의 부마름인 봘라테우스는 양대 축제일에 도합 2마리의 작은 돼지를, 축제일마다 4데나리우스(의 돈)을 바치며, 양 축제일에 합계

나 모두 이를 'indium'으로 읽고 있다. 이의 뜻을 게라르는 'landier' 즉 고기 굽는 쇠꼬챙이를 올려놓는 갈고리 달린 쇠꼬챙이로 보는 데 비해, 엘름스호이저 등은 게라르의 해석을 따르면서도 'Feuerbock' 즉 벽난로 앞의 장작 받침 내지 장작시렁이 아닐까 추측하고 있다. 이 번역에서는 그냥 받침쇠로 번역한다.

[76] 여기서 말하는 비누는 액체로 된 물비누를 뜻한다. B. Guérard, *Prolegomènes*, p. 467 참조.

[77] '어미돼지'란 라틴어 원문의 'scrofa'를 옮긴 말이다. 이 라틴어 단어는 사실은 모호한 말이다. B. Guérard, *Prolegomènes*, p. 467의 각주 4번과 p. 731의 각주 4번에서는 이것은 공납물이라기보다는 땅을 파는 부역노동의 일종일 가능성이 있다고 하지만, K. Elmshäuser & A. Konrad, *Studien zum Polyp. von St. Germain*, p. 218에서는 이런 추측을 비판하고 '어미돼지(Mutterschweine)'라고 본다. 이 번역에서는 후자의 견해를 따랐다.

[78] 여기서 보는 바와 같이 산지기는 망스보유자들로부터 국세로 99md의 알곡과 180마리의 닭을 거둬들인 후 영주에게 60md의 곡식과 여러 가지 종류의 철제품 및 특별한 물품 등으로 바꿔 바친다. J.-P. Devroey는 이와 관련하여 이 산지기가 그렇게 하기 위해서는 곡식, 가금, 수공예품 등을 기르거나 팔거나 사는 일이 필요했다면서, 카롤링시대에는 로마제국 후기의 로마정부처럼 대토지소유자나 군주가 예속농민들이나 납세자들로부터 부과조와 조세를 직접 징수하지 않고 위계서열화된 대행자들에 대한 청부를 통해 필요한 물품을 안정적으로 확보하고자 했다고 한다. 그는 마름, 집사 등과 같은 중간 대행자들은 단순한 집행자가 아니라 책임과 전문성을 지닌 자들이라고 한다. J.-P. Devroey, "Problèmes de critique autour du Polyp. de St. Germain", pp. 454~455.

2마리의 거위를 바친다.

102. 고지기인 힐두이누스는 1개의 받침쇠를 바친다. (1개의) 반쪽 망스를 (보유한) 아이토이누스는[79] 여섯 개의 창을 바친다.[80]

103. (1개의) 반쪽 망스를 (보유한) 대장장이 에르메눌푸스는 6개의 창을 (바친다).

104. 대장장이 하도는[81] (1개의) 반쪽 망스를 (보유한 대가로) 대장간(의 일)을 수행한다.

105. 솔리니아누스와 아밍구스는 두 사람이 함께 그들의 손으로 (하는 작업을 통해) 1개 노예망스(의 의무)를 이행하며, 수송부역을 수행하지 않을 때는 수레 1대당 3솔리두스를 지불해야 한다.

106. 그들은 같은 장원에서 일 년에 세 번 1md의 귀리(로 맥주)를 양조한 후, 가마솥마다 (남김없이) 다 바친다.

107. 방앗간 관리인들은[82] 6솔리두스와 4데나리우스를 지불한다.

108. 다음의 자들은 노예들이다.
: 봘트룰푸스, 봘데가우두스, 마르티누스, 아말베르투스, 봘디누스, 기롤두스, 사보델루스, 베르트훈디스, 알드리쿠스, 아달마루스, 파로이누스, 아우둘푸스, 잉고, 베르틀리누스, 베르트길루스, 프라모이누스, 가

---

[79] R. Doehaerd, *The Early Middle Ages*, p. 134에서는 원문에 '아이토이누스(Aitoinus)'라고 되어 있는 이름을 '안토이누스(Antoinus)'로 읽고 있다.

[80] K. Elmshäuser & A. Konrad, *Studien zum Polyp. von St. Germain*, pp. 191~193에서 지적되듯이, 북시둠 장원에서는 수공업이 장원 차원에서 전문화되고 통합되어 있는 가운데 장원관리인들이 일반 농민들과 달리 일부 의무를 면제받는 대신 수공업 제품, 특히 철제품을 공납한다는 것이 특징이다.

[81] A. Longnon, ed., *Polyp. de St. Germain*, p. 200에는 '호도(Hodo)'로 되어 있지만, B. Guérard, ed., *Polyp. d'Irminon*, p. 149와 D. Hägermann, ed. *Polyp. von St. Germain*, p. 117에는 '하도(Hado)'로 되어 있다.

[82] 방앗간 관리인이란 원문의 'mulinarius'를 번역한 말이다.

우기누스, 프라메리쿠스, 프로트가우두스, 또한 (같은 이름의) 마르티누스, 아우도마루스, 힐데가르두스, 라간하우스, 랑카우스, 에르캉가우두스, 도도이누스, 베롤두스, 베르노아르두스, 기파르두스, 온트볼두스, 아우틀레프레두스.

그들은 33펜사의[83] 쇠와[84] 8md 4sest의 홉 및 300개의 횃불을 바친다.

109. 다음의 자들은 여자노예들이다.

: 뷔디스마, 프로돌라, 발테드루디스, 오트베르가, 아달베르가, 베르토일디스, 봘트루디스, 기를린디스, 겐볼다, 프로틀릴디스, 라인볼다, 로디스마, 봐르나, 베르트라다.

그들은 아마포 직조 작업을 부과받는 경우에는 내의(內衣) 제조용 아마포들을[85] 제조한다.

---

83 '펜사'는 라틴어 원문의 'pensa'를 발음 그대로 옮긴 것이다. 이것은 무게의 측량 단위이다. B. Guérard, *Prolegomènes*, pp. 193~196에 의하면 카롤루스 대제 시절에 1펜사 = 75리브라(파운드) = 30kg이다.

84 이와 같이 제13장의 북시듐 장원에서 쇠나 철제품의 공납이 많았던 데는 그럴 만한 이유가 있었다. 이 장원이 위치한 페르쉬 지방에는 철광산들이 존재하여 고대 후기 이후부터 채굴되었기 때문이다. 이 지방에서 철 생산이 일찍부터 이루어졌다는 여러 증거와 광석을 녹여 쇠를 추출하는 노(爐)의 규모 및 철의 생산량 등에 관해서는 K. Elmshäuser & A. Konrad, *Studien zum Polyp. von St. Germain*, pp. 196~199 참조.

85 '내의 제조용 아마포'란 라틴어 원문의 'camsilis'를 번역한 말이다. camsilis는 다른 문헌기록들에서는 camis-, camps-, -ial, -al-, -e, -a, -us 등으로도 표기되며, 아마포를 재료로 한 일정 크기의 내의 제조용 피륙을 가리킨다. 셔츠 또는 여성용 내의를 가리키는 프랑스어의 '슈미즈(chemise)'란 말은 이 말에서 유래한다. 이에 비해 이 영지명세장의 제15장 제70항 이후에 나타나는 라틴어 원문의 'sarcilis'는 양모로 짠 천 조각을 일컫는다. 그런데 A. Verhulst, "Economic organization", p. 500과 J. E. *Niermeyer, Mediae Latinitatis Lexicon Minus*, pp. 938~939에서는 sarcilis를 양모뿐만 아니라 아마로 짠 옷감을 뜻하는 것으로 이해하고 있다. 그러나 camsilis와 sarcilis는 카롤링시대의 문헌기록에서 서로 구별되어 앞의 용어는 아마를 재료로 하여 짠 직물을, 뒤의 용어는 양모를 재료로 하여 짠 모직물을 지칭했던 것으로 보인다. 프륌 수도원의 영지명세장 제 XLV장 정도에서만 '아마로 camsilis나 sarcilis를 만든다.'고 할 뿐, 여타의 기록에서는 이와 같이 구분되어 사용되고 있기

110. 다음의 자들은 여자반자유인들이다.

: 테우드라다, 호스트라볼다, 테우트베르가, 프라멩길디스, 가우다, 기를릴디스, 베르타라, 봐르나, 베릴디스, 잉갈베르가, 잉갈트루디스, 봐트힐디스, 알데드루디스, 봐레길디스, 가우틀릴디스, 파릴디스, 잉갈베르타, 베이르틀라, 파로일디스.

그들 모두는 여덟 자의[86] 내의 제조용 아마포를 제조하든가 아니면 4데나리우스(의 돈)를 지불한다.

111. 다음의 자들은 (증인들임을) 선서한 사람들이다.

: 아인프레두스, 힐데가우두스, 봘라테우스, 가우트하우스, 마론투스, 알트람누스, 베르티니아누스, 나달리누스, 마달루이누스, 봘트하우스,

---

때문이다. 같은 프륌 명세장의 제 LIX장과 제 LXII장에서는 '아마로 camsilis를 만든다.'고 하고 있는 것이다. 또 이들 직물의 재료에 관한 기록이 훨씬 더 많이 나타나는 바이센부르크 수도원의 영지명세장(이 번역에서 참고하는 바이센부르크 수도원의 명세장은 C. Zeuss, ed., *Traditiones possessionesque Wizenburgenses* [Speyer: Typis Johannis Friederiei Kranzbühler, 1842], pp. 269~316에 수록된 "Edelini abbatis liber possessionum" 및 Ch. Dette, ed. & comment., *Liber possessionum Wizenburgensis* [Mainz: Gesellschaft für Mittelrheinische Kirchengeschichte, 1987], pp. 93~160에 수록된 "Liber possessionum Wizenburgensis"이다)에서도 한결같이 camsilis는 아마를 재료로 하여 제조되는 데 비해 sarcilis는 양모를 재료로 하여 제조됨이 명시되고 있다(제 VIII, IX, XXV, LXI, CLXII, CCII, CCXXXII, CCXXXV, CCLIX, CCLXXXI장 참조). 뒤에서 보듯이 생제르맹데프레 수도원의 영지명세장 제15장 제70, 76, 82항과 제23장 제27항에서도 sarcilis가 '영주의 양모'로 제조됨이 명기되고 있다. 그래서 이 번역에서 camsilis와 sarcilis는 구별하여 각각 내의(內衣) 제조용 아마포와 모직물로 번역하도록 하겠다. 알자스 지방과 라인란트팔츠 지방의 경계에 위치하고 장원들이 라인강 중류 유역 일대에 분포한 바이센부르크 수도원의 영지명세장에는 영주에게 장원농민이 바치는 아마포를 비롯한 직물 1장의 크기가 명시되어 있는 경우가 꽤 있다. 이에 의하면 직물 1장의 크기는 흔히 길이 5미터에 폭 2미터가량이다.

86 여기서 '자[尺]'라 함은 라틴어 원문의 'alna'를 번역한 말이다. alna는 'ulna'라고도 한 것으로, B. Guérard, *Prolegomènes*, pp. 161, 196에 의하면 그 길이는 약 44cm에 해당한다. 이 말에서 유래하고 독일에서 사용된 '엘레(Elle)'의 길이는 55~85cm 정도였고, 역시 이 말에서 유래하고 1837년까지도 사용된 프랑스어의 '온(aune)'은 1.188m에 상당한다.

에를로이누스, 봘딩구스, 봐닝구스, 봘데드람누스, 봔드레하우스, 요한네스, 이술푸스, 에르메눌푸스, 켈수이누스, 가우스마루스, 악투이누스, 마르티누스, 세도니우스, 메를루스, 마르길디스, 봘라메우스, 마달프리두스, 가우기올두스, 시그람누스, 뷜하우스, 힐데가르두스, 기파르두스, 또한 (같은 이름의) 마르티누스, 아우둘푸스, 베르트훈디스, 베르틀리누스, 게롤두스, 도도이누스, 아말베르투스, 봐틀리누스.

14 테오닥시움(장원의) 명세서

1. 테오닥시움에는[1] 저택과 여타 많은 부속건물들을 갖춘 영주직영지가 있으며, 면적이 170bun이고 800md(의 밀)가 파종될 수 있는 6개 쿨투라의 경작지가 있다. 여기에는 135arp의 오래된 포도밭들과 영주인 수도원장 이르미노가 식재한 8½arp의 새 포도밭이 있으며, 이들 포도밭에서는 모두 합하여 1,300md의 포도주가 채취될 수 있다. (여기에는) 250수레의 건초가 채취될 수 있는 110arp의 초지가 있다.

2. 여기에는 정성들여 만든 모든 설비와 저택과 여타의 부속건물들을 갖춘 교회가 (하나) 있다. 여기에는 8bun의 곡물경작지와 9arp의 포도밭 및 6(arp)의 초지로 구성된 2개의 자유인망스와 2명의 노예가 배속되어 있다. 이 교회로부터는 예물로 1필의 말이 생긴다.

3. 생제르맹(수도원)의 속민들로서 콜로누스인 기롤두스와 콜로누스이고 이름이 아달게라인 그의 아내는 14bun의 곡물경작지와 5½arp의 포도

---

[1] 앞에서 본 바와 같이 테오닥시움(Theodaxium)은 B. Guérard, *Prolégomènes*, p. 859와 A. Longnon, ed., *Polyp. de St. Germain*, p. 202의 1번 각주에 의하면 센도 소 군 빌쥐프 캉통의 티에이고, D. Hägermann, ed. *Polyp. von St. Germain*, p. 227과 K. Elmshäuser & A. Konrad, *Studien zum Polyp. von St. Germain*, p. 207에 의하면 발드마른 도 소 군 이브리쉬르센 캉통에 속한다. 그러나 현재의 정확한 행정구역상으로는 발드마른 도 라이레로즈(l'Haÿ-les-Roses) 군 티애 캉통의 소재지다. 티애 장원은 파리 남동쪽 12km에 위치한다.

밭 및 11arp의 초지로 구성된 1½개의 자유인망스를 보유한다. 그는 군사용으로 4솔리두스의 돈을, 둘째 해에 군수용의 가축공납 면제세로 2솔리두스를, 셋째 해에 군수용 마초공납 면제세로 1두의 암양을 바치고, 돼지방목세로 3md의 포도주를 (바치며), 셋째 해에 100개의 산자널을 (바친다). 그는 동곡파종을 위해서 4ptc, 하곡파종을 위해서 2ptc를 갈이질한다. 그는 매주 2회의 코르베와 1회의 손일을 (수행하고), 3마리의 닭과 15개의 계란을 (바치며), 지시받는 곳으로 수송부역을 (수행하고), 포도밭에서 1arp를 작업한다.

4. 생제르맹(수도원)의 속민들로서 콜로누스인 고데발두스와 콜로누스이고 이름이 마게닐디스인 그의 아내는 4명의 자식을 두고 있다. 생제르맹(수도원)의 속민들로서 콜로누스인 라감볼두스와 콜로누스이고 이름이 프람볼다인 그의 아내는 2명의 딸을 두고 있다. 그들 두 명은 5bun의 곡물경작지와 3¼arp의 포도밭 및 3arp의 초지로 구성된 1개의 자유인망스를 보유한다. 나머지(의무)는 기롤두스처럼 이행한다.

5. 생제르맹(수도원)의 속민들로서 콜로누스인 데오티미우스와 콜로누스이고 이름이 스타티아인 그의 아내는 3명의 자식을 두고 있다. 생제르맹(수도원)의 속민들로서 콜로누스인 마달하리우스와 콜로누스이고 이름이 요한나인 그의 아내는 1명의 딸을 두고 있다. 그들 두 명은 5bun의 곡물경작지와 3½arp의 포도밭 및 1¼arp의 초지로 구성된 1개의 자유인망스를 보유한다. 나머지(의무)는 (위와) 같이 이행한다.

6. 생제르맹(수도원)의 속민들로서 콜로누스인 불프리쿠스와 콜로누스이고 이름이 리켈디스인 그의 아내는 2명의 자식을 두고 있다. 콜로누스인 잉겔프리두스와 콜로누스이고 이름이 고델힐디스인 그의 아내는 4명의 자식을 두고 있다. 생제르맹(수도원)의 속민들로서 콜로누스인 란달베르투스와 콜로누스이고 이름이 아달베르타인 그의 아내는 4명의 자식을 두고 있다. 그들 세 명은 5bun 1ant의 곡물경작지와 3¼arp의 포도밭 및 3arp의 초지로 구성된 1개의 자유인망스를 보유한다. 나머지(의무)는 (위와) 같이 이행한다.

7. 생제르맹(수도원)의 속민들로서 자유인인 라도이누스와 콜로누스이고 이름이 아달귀스인 그의 아내는 1명의 아들을 두고 있다. 그들은[2] 2bun의 곡물경작지와 3arp의 포도밭 및 1½arp의 초지로 구성된 1개의 자유인망스를 보유한다. 나머지(의무)는 (위와) 같이 이행한다.

8. 생제르맹(수도원)의 속민들로서 콜로누스인 베르텔무스와 콜로누스이고 이름이 오델린디스인 그의 아내는 5bun 1ant의 곡물경작지와 4arp의 포도밭 및 1¼arp의 초지로 구성된 1개의 자유인망스를 보유한다. 나머지(의무)는 (위와) 같이 이행한다.

9. 생제르맹(수도원)의 속민들로서 콜로누스인 라둘푸스와 콜로누스이고 이름이 프로트힐디스인 그의 아내는 6명의 자식을 두고 있다. 생제르맹(수도원)의 콜로누스인 아달라르두스는 어머니와 (1명의) 형제가 동거하고 있다. 그들 두 명은 6bun의 곡물경작지와 2½arp의 포도밭 및 4½arp의 초지로 구성된 1개의 자유인망스를 보유한다. 나머지(의무)는 (위와) 같다.

10. 생제르맹(수도원)의 속민들로서 콜로누스인 세카우스와 콜로누스이고 이름이 헬름베르가인 그의 아내는 5명의 자식을 두고 있다. 콜로누스인 마달기스와 콜로누스이고 이름이 베르타인 그의 아내는 3명의 자식을 두고 있다. 그들 두 명은 10bun의 곡물경작지와 3arp의 포도밭 및 4arp의 초지로 구성된 1개의 자유인망스를 보유한다. 나머지(의무)는 (위와) 같이 이행한다.

11. 생제르맹(수도원)의 속민들로서 콜로누스인 아달비누스와 콜로누스이고 이름이 아젠틸디스인 그의 아내는 7명의 자식을 두고 있다. 생제르맹(수도원)의 속민들로서 콜로누스인 도드람누스와 콜로누스이고 이름이 베네딕타인 그의 아내. 그는 2명의 형제가 동거하고 있다. 그들 두 명은 5bun ½ant의 곡물경작지와 3arp의 포도밭 및 2¼arp의 초지로

---

[2] 원문대로임.

구성된 1개의 자유인망스를 보유한다. 나머지(의무)는 (위와) 같이 이행한다.

12. 생제르맹(수도원)의 속민들로서 콜로누스인 트루트가우두스와 콜로누스이고 이름이 아달베르가인 그의 아내는 5명의 자식을 두고 있다. 생제르맹(수도원)의 속민들로서 콜로누스인 고데프레두스와 콜로누스이고 이름이 알타나인 그의 아내는 3명의 자식을 두고 있다. 그들 두 명은 4bun 1ant의 곡물경작지와 2½arp의 포도밭 및 2½arp의 초지로 구성된 1개의 자유인망스를 보유한다.

13. 콜로누스인 마달가리우스와 콜로누스이고 이름이 클라우디아인 그의 아내는 4명의 자식을 두고 있다. 그들은 12bun의 곡물경작지와 3½arp의 포도밭 및 4arp의 초지로 구성된 1개의 자유인망스를 보유한다. 나머지(의무)는 (위와) 같다.

14. 생제르맹(수도원)의 속민들로서 콜로누스인 바딜로와 콜로누스이고 이름이 아말길디스인 그의 아내는 3명의 자식을 두고 있다. 그들은 12bun의 곡물경작지와 4½arp의 포도밭 및 4arp의 초지로 구성된 1개의 자유인망스를 보유한다. 나머지(의무)는 (위와) 같다.

15. 생제르맹(수도원)의 콜로누스인 도도는 (1명의) 누이가 동거하고 있다. 생제르맹(수도원)의 속민들로서 콜로누스인 도미니쿠스와 콜로누스이고 이름이 테우트베르가인 그의 아내는 한 명의 아들을 두고 있다. 그들 두 명은 2bun 2ant의 곡물경작지와 4arp의 포도밭 및 1¼arp의 초지로 구성된 1개의 자유인망스를 보유한다. 나머지(의무)는 (위와) 같다.

16. 생제르맹(수도원)의 콜로누스인 기로이누스는 6bun의 곡물경작지와 4arp의 포도밭 및 3arp ½ant의 초지로 구성된 1개의 자유인망스를 보유한다. 나머지(의무)는 (위와) 같다.

17. 생제르맹(수도원)의 속민들로서 콜로누스인 테우데리쿠스와 콜로누스이고 이름이 알데드루디스인 그의 아내는 2명의 아들을 두고 있다. 생제르맹(수도원)의 속민들로서 콜로누스인 뵌드레하우스와 콜로누스이

고 이름이 아말베르타인 그의 아내는 3명의 자식을 두고 있다. 그들 두 명은 4bun의 곡물경작지와 2¾arp의 포도밭 및 2½arp의 초지로 구성된 1개의 자유인망스를 보유한다. 나머지(의무)는 (위와) 같다.

18. 생제르맹(수도원)의 속민들로서 콜로누스인 프로틀란두스와 콜로누스이고 이름이 라메드루디스인 그의 아내는 2명의 딸을 두고 있다. 생제르맹(수도원)의 콜로누스인 로트간두스는 2명의 누이가 동거하고 있다. 생제르맹(수도원)의 속민들로서 콜로누스인 기슬레하르두스와 콜로누스이고 이름이 프로트베르가인 그의 아내는 1명의 아들을 두고 있다. 그들 세 명은 6bun 1ant의 곡물경작지와 4arp의 포도밭 및 3arp의 초지로 구성된 1개의 자유인망스를 보유한다. 나머지(의무)는 (위와) 같다.

19. 생제르맹(수도원)의 속민들로서 콜로누스인 에르메놀두스와 콜로누스이고 이름이 발틸디스인 그의 아내는 2명의 딸을[3] 두고 있다. 그들은[4] 4bun의 곡물경작지와 4arp의 포도밭 및 2arp의 초지로 구성된 1개의 자유인망스를 보유한다. 나머지(의무)는 (위와) 같다.

20. 생제르맹(수도원)의 속민들로서 콜로누스인 에르메나우스와 콜로누스이고 이름이 아달린디스인 그의 아내는 1명의 아들을 두고 있다. 그들은[5] 4bun의 곡물경작지와 4arp의 포도밭 및 2arp의 초지로 구성된 1개의 자유인망스를 보유한다. 나머지(의무)는 (위와) 같다.

21. 생제르맹(수도원)의 속민들로서 콜로누스인 봐르테데누스와 콜로누스이고 이름이 로트프레다인 그의 아내는 3명의 자식을 두고 있다. 생제르맹(수도원)의 속민들로서 콜로누스인 하이리볼두스와 콜로누스이고

---

[3] B. Guérard, ed., *Polyp. d'Irminon*, p. 153에는 '아들들을'이란 뜻의 'filios'로 되어 있으나, A. Longnon, ed., *Polyp. de St. Germain*, p. 205와 D. Hägermann, ed. *Polyp. von St. Germain*, p. 121에는 '딸들을'이란 뜻의 'filias'로 되어 있다.

[4] 원문대로임.

[5] 원문대로임.

이름이 아달린디스인 그의 아내는 1명의 아들을 두고 있다. 그들 두 명은 4bun의 곡물경작지와 2¾arp의 포도밭으로 구성된 1개의 자유인망스를 보유한다. 나머지(의무)는 (위와) 같다.

22. 생제르맹(수도원)의 속민들로서 콜로누스인 아달리쿠스와 콜로누스이고 이름이 엘리엘디스인 그의 아내는 3명의 아들과 1명의 딸을 두고 있다. 생제르맹(수도원)의 속민들로서 콜로누스인 아달프레두스와 콜로누스이고 이름이 테우틀린디스인 그의 아내는 4명의 자식을 두고 있다. 그들 두 명은 13bun의 곡물경작지와 6arp의 포도밭 및 7½arp의 초지로 구성된 1개의 자유인망스를 보유한다. 그들은 돼지방목세로 3md의 포도주를 바치며, (1필의) 역마를 (바친다). 그들은 동곡파종을 위해서 4ptc, 하곡파종을 위해서 2ptc(의 갈이질 부역)를 수행한다. 그들은 매주 3회의 코르베를 수행한다. 그들은 3마리의 닭과 15개의 계란을 (바친다).

23. 생제르맹(수도원)의 콜로누스인 악볼두스는 2½bun의 곡물경작지와 3arp의 포도밭 및 2arp의 초지로 구성된 1개의 자유인망스를 보유한다. 나머지(의무)는 게롤두스처럼 이행한다.

24. 생제르맹(수도원)의 속민들로서 콜로누스인 아나스타시우스와 콜로누스이고 이름이 기르볼다인 그의 아내는 3명의 자식을 두고 있다. 그들은[6] 3bun의 곡물경작지와 3½arp의 포도밭 및 3½arp의 초지로 구성된 1개의 자유인망스를 보유한다. 나머지(의무)는 (위와) 같다.

25. 생제르맹(수도원)의 속민들로서 콜로누스인 프로트베르투스와 콜로누스이고 이름이 아달린디스인 그의 아내는 2명의 딸을[7] 두고 있다. 그들은 6bun 1ant의 곡물경작지와 3¼arp의 포도밭 및 3⅔arp의 초지로 구성

---

[6] 원문대로임.

[7] B. Guérard, ed., *Polyp. d'Irminon*, p. 154에는 '아들들을(filios)'로 되어 있으나, A. Longnon, ed., *Polyp. de St. Germain*, p. 205와 D. Hägermann, ed. *Polyp. von St. Germain*, p. 122에는 '딸들을(filias)'로 되어 있다.

된 1개의 자유인망스를 보유한다. 나머지(의무)는 (위와) 같다.

26. 생제르맹(수도원)의 속민들로서 콜로누스인 마달베르투스와 콜로누스이고 이름이 아우트길디스인 그의 아내는 4명의 자식을 두고 있다. 그들은 6bun 1ant의 곡물경작지와 4½arp의 포도밭 및 4arp의 초지로 구성된 1개의 자유인망스를 보유한다. 나머지(의무)는 (위와) 같다.

27. 생제르맹(수도원)의 콜로누스인 마게나루스는 어머니와 (1명의) 질녀가 동거하고 있다. 그는 6bun 1ant의 곡물경작지와 4¼arp의 포도밭 및 3arp의 초지로 구성된 1개의 자유인망스를 보유한다. 나머지(의무)는 (위와) 같다.

28. 생제르맹(수도원)의 속민들로서 콜로누스인 게르하우스와 콜로누스이고 이름이 베네딕타인 그의 아내는 3명의 자식을 두고 있다. 그들은 6bun의 곡물경작지와 3¼arp의 포도밭 및 2arp의 초지로 구성된 1개의 자유인망스를 보유한다. 나머지(의무)는 (위와) 같다.

29. 생제르맹(수도원)의 콜로누스인 봔달베우스는 3명의 형제와 어머니가 동거하고 있다. 그는 4½bun의 곡물경작지와 3arp의 포도밭 및 1arp의 초지로 구성된 1개의 자유인망스를 보유한다. 나머지(의무)는 (위와) 같다.

30. 생제르맹(수도원)의 속민들로서 콜로누스인 아클레하리우스와 콜로누스이고 이름이 에르멘트루디스인 그의 아내는 6명의 자식을 두고 있다. 그들은 5bun의 곡물경작지와 3½arp의 포도밭 및 3½arp의 초지로 구성된 1개의 자유인망스를 보유한다. 나머지(의무)는 (위와) 같다.

31. 생제르맹(수도원)의 속민들로서 콜로누스인 마게나르두스와 콜로누스이고 이름이 게르트루디스인 그의 아내는 3명의 자식을 두고 있다. 생제르맹(수도원)의 콜로누스인 가우트셀무스. 생제르맹(수도원)의 콜로누스인 가우스베르투스. 생제르맹(수도원)의 속민들로서 콜로누스인 테우도이누스와 콜로누스이고 이름이 가우디나인 그의 아내는 이름들이 가우데누스, 테오드라다, 고틀린디스인 3명의 자식을 두고 있다. 그

들 4명은 5bun 1ant의 곡물경작지와 2¾arp의 포도밭 및 1arp의[8] 초지로 구성된 1개의 자유인망스를 보유한다. 나머지(의무)는 (위와) 같다.

32. 생제르맹(수도원)의 속민들로서 콜로누스인 에브룰푸스와 콜로누스이고 이름이 뷔네길디스인 그의 아내. 생제르맹(수도원)의 속민들로서 콜로누스인 아드로이누스와 콜로누스이고 이름이 아말프레다인 그의 아내는 이름들이 아말가리우스, 아말가우두스인 2명의 자식을 두고 있다. 그들 두 명은 6bun 1ant의 곡물경작지와 4¾arp의 포도밭 및 2½arp의 초지로 구성된 1개의 자유인망스를 보유한다. 나머지(의무)는 (위와) 같다.

33. 생제르맹(수도원)의 속민들로서 콜로누스인 아게놀두스와 콜로누스이고 이름이 란다인 그의 아내. 생제르맹(수도원)의 속민들로서 콜로누스인 다고이누스와 콜로누스이고 이름이 스쿠필리아인 그의 아내. 그들 두 명은 (1개의) 반쪽 망스를 보유한다. 그들은 반쪽 망스(보유자)처럼 의무를 수행한다. 그들은 4bun의 곡물경작지와 4¼arp의 포도밭 및 1½arp의 초지를 보유한다.[9]

34. 생제르맹(수도원)의 속민들로서 콜로누스인 플로도이누스와 콜로누스이고 이름이 세도니아인 그의 아내는 이름들이 시귀누스, 고데베르투스인 2명의 자식을 두고 있다. 생제르맹(수도원)의 속민들로서 콜로누스인 가우트베르투스와 콜로누스이고 이름이 요한나인 그의 아내는 이름이 고도이누스인 1명의 자식을 두고 있다. 그들 두 명은 6bun의 곡물경작지와 3½arp의 포도밭 및 3¼arp의 초지로 구성된 1개의 자유인망스를 보유한다.

---

8 초지의 면적이 D. Hägermann, ed. *Polyp. von St. Germain*, p. 122에는 '2 arp(aripennum II)'로 되어 있으나, B. Guérard, ed., *Polyp. d'Irminon*, p. 155와 A. Longnon, ed., *Polyp. de St. Germain*, p. 206에는 '1arp(aripennum I)'로 되어 있다. 여기서는 후자를 따랐다.

9 여기서는 통례와는 달리 망스보유 기록과 망스를 구성하는 토지 종류별 면적 기재가 떨어져 있다.

35. 생제르맹(수도원)의 속민들로서 콜로누스인 켈가우두스와 콜로누스이고 이름이 군드람나인 그의 아내는 이름이 엘드라두스인 1명의 아들을 두고 있다. 생제르맹(수도원)의 속민들로서 콜로누스인 게롤두스와 콜로누스이고 이름이 발티스마인 그의 아내는 이름들이 발탈두스, 군틀린디스, 게르힐디스인 3명의 자식을 두고 있다. 그들 두 명은 3½bun (1)ant의 곡물경작지와 3arp의 포도밭 및 2arp의 초지로 구성된 1개의 자유인망스를 보유한다. 그는[10] 군사용으로 2솔리두스의 돈을, 둘째 해에 군수용의 가축공납 면제세로 1솔리두스를, 셋째 해에 100개의 지붕널을 바치며, 돼지방목세로 2md의 포도주를 바친다. 그들은 동곡파종을 위해서 4ptc, 하곡파종을 위해서 2ptc(의 갈이질 부역)를 수행하며, 매주 2회의 코르베를 (수행하고), 지시받는 곳에서 손일과 수송부역을 (수행한다). 그들은 3마리의 닭과 15개의 계란을 (바친다). 그들은 포도밭에서 1arp를 작업한다.

36. 생제르맹(수도원)의 속민들로서 콜로누스인 에르메나리우스와 콜로누스이고 이름이 도디나인 그의 아내는 이름이 도디누스인 1명의 아들을 두고 있다. 그들은[11] 3½bun (1)ant의 곡물경작지와 3arp의 포도밭 및 1¼arp의 초지로 구성된 1개의 자유인망스를 보유한다. 나머지(의무)는 (위와) 같다.

37. 생제르맹(수도원)의 콜로누스인 가말프레두스와 콜로누스이고 이름이 아말베르가인 그의 아내는 이름들이 아말리쿠스, 테우데리쿠스, 가말베우스, 아달가리아, 아말리아, 가마닐디스인 6명의 자식을 두고 있다. 그들은 3bun 1ant의 곡물경작지와 3arp의 포도밭 및 2arp의 초지로 구성된 1개의 자유인망스를 보유한다. 그는 (위와) 같이 (의무를) 이행한다.

38. 생제르맹(수도원)의 콜로누스인 베르토이누스. 생제르맹(수도원)의 콜

---

[10] 원문대로임.

[11] 원문대로임.

로누스인 벨레마루스는 어머니와 (1명의) 누이가 동거하고 있다. 그들 두 명은 3bun 2ant의 곡물경작지와 3arp의 포도밭 및 2arp의 초지로 구성된 1개의 자유인망스를 보유한다. 그는 (위와) 같이 (의무를) 이행한다.

39. 생제르맹(수도원)의 속민들로서 콜로누스인 군도이누스와 콜로누스이고 이름이 뷔네길디스인 그의 아내는 이름들이 에르모이누스, 에름가우두스, 마리아, 군다인 4명의 자식을 두고 있다. 그들은[12] 3bun 2ant의 곡물경작지와 3arp의 포도밭 및 2arp의 초지로 구성된 1개의 자유인망스를 보유한다. 그는 (위와) 같이 (의무를) 이행한다.

40. 생제르맹(수도원)의 콜로누스인 라트베르투스는 어머니와 (1명의) 형제 및 (1명의) 누이가 동거하고 있다. 콜로누스인 군두라두스와 콜로누스이고 이름이 군데힐디스인 그의 아내는 이름들이 이소아르두스, 엘리산나, 알데프리다이고 생제르맹(수도원)의 속민들인 3명의 자식을 두고 있다. 그들 두 명은 4bun의 곡물경작지와 3arp의 포도밭 및 2arp의 초지로 구성된 1개의 자유인망스를 보유한다. 그는[13] (위와) 같이 (의무를) 이행한다.

41. 생제르맹(수도원)의 속민들로서 콜로누스인 베르네하르두스와[14] 콜로누스이고 이름이 아클리스마인 그의 아내. 생제르맹(수도원)의 속민들로서 콜로누스인 란다르두스와 콜로누스이고 이름이 군드라다인 그의 아내는 이름들이 란트베르투스, 군트하리우스, 그리말두스, 시킬디스, 란드라다인 5명의 자식을 두고 있다. 그들 두 명은 4bun 2ant의 곡물경작지와 3arp의 포도밭 및 1¼arp의 초지로 구성된 1개의 자유인망스를 보유한다. 그는 (위와) 같이 (의무를) 이행한다.

---

12 원문대로임.

13 원문대로임.

14 B. Guérard, ed., *Polyp. d'Irminon*, p. 156에는 '베르네아르두스(Berneardus)'로 되어 있지만, A. Longnon, ed., *Polyp. de St. Germain*, p. 208과 D. Hägermann, ed. *Polyp. von St. Germain*, p. 123에는 '베르네하르두스(Bernehardus)'로 되어 있다.

42. 생제르맹(수도원)의 속민들로서 콜로누스인 멜리아누스와 콜로누스이고 이름이 발틸디스인 그의 아내. 생제르맹(수도원)의 콜로누스인 뷔네가우스. 그들 두 명은 3bun의 곡물경작지와 3arp의 포도밭 및 2arp의 초지로 구성된 1개의 자유인망스를 보유한다. 나머지(의무)는 (위와) 같다.

43. 생제르맹(수도원)의 속민들로서 콜로누스인 요르도이누스와 콜로누스이고 이름이 에르멘타리아인 그의 아내는 이름들이 아킬로, 아달하르두스, 요르다니스, 에르멘텔무스, 요르딜디스인 5명의 자식을 두고 있다. 생제르맹(수도원)의 속민들로서 콜로누스인 고디누스와 콜로누스이고 이름이 도미니카인 그의 아내는 이름들이 스트라타우스, 고델베르가인 2명의 자식을 두고 있다. 그들 두 명은 6bun 1ant의 곡물경작지와 3arp의 포도밭 및 1arp의 초지로 구성된 1개의 자유인망스를 보유한다. 나머지(의무)는 (위와) 같다.

44. 생제르맹(수도원)의 속민들로서 콜로누스인 고도와 콜로누스이고 이름이 그리모일디스인 그의 아내는 이름들이 그리몰두스, 그리모아르두스, 고델마루스인 3명의 자식을 두고 있다. 생제르맹(수도원)의 속민들로서 콜로누스인 드록텔무스와 콜로누스이고 이름이 봐르닝가인 그의 아내. 그들 두 명은 1½bun의 곡물경작지와 2arp의 포도밭 및 1arp의 초지로 구성된 (1개의) 반쪽 자유인망스를 보유한다. 그는[15] 반쪽 망스(보유자)와 마찬가지로 (의무를) 이행한다.

45. 생제르맹(수도원)의 콜로누스인 베르네하르두스. 생제르맹(수도원)의 속민들로서 콜로누스인 베랄두스와 콜로누스이고 이름이 아나스타시아인 그의 아내는 이름들이 아클라르두스, 아기아인 2명의 자식을 두고 있다. 그들 두 명은 4bun의 곡물경작지와 2¼arp의 포도밭 및 3arp의 초지로 구성된 1개의 자유인망스를 보유한다. 그는[16] (위와) 같이 (의무

---

[15] 원문대로임.

[16] 원문대로임.

를) 이행한다.

46. 생제르맹(수도원)의 속민들로서 콜로누스인 스트라타우스와 콜로누스이고 이름이 아달베르가인 그의 아내는 이름들이 프로틀레이우스, 군데빌디스인 2명의 자식을 두고 있다. 생제르맹(수도원)의 속민들로서 콜로누스인 알베리쿠스와 콜로누스이고 이름이 아기아인 그의 아내는 이름들이 악베르투스, 알텔무스, 이셈발두스, 에르모일디스인 4명의 자식을 두고 있다. 그들 두 명은 10bun의 곡물경작지와 1arp의[17] 포도밭으로 구성된 1개의 자유인망스를 보유한다. 그는[18] (위와) 같이 (의무를) 이행한다.

47. 생제르맹(수도원)의 속민들로서 콜로누스인 알타누스와 콜로누스이고 이름이 베르토이나인 그의 아내는 이름들이 알트베르투스, 마리아, 엘리가르디스인 3명의 자식을 두고 있다. 그들은[19] 5bun 2ant의 곡물경작지와 ¾arp의 포도밭으로 구성된 (1개의) 자유인망스를 보유한다. 그들은 돼지방목세로 2md의 포도주를 바친다. 그는 (위와) 같이 (의무를) 이행한다.

48. 생제르맹(수도원)의 속민들로서 콜로누스인 아달롤두스와 콜로누스이고 이름이 프로델린디스인 그의 아내는 이름들이 프로트하이디스, 프로트길디스인 2명의 자식을 두고 있다. 그들은 2bun ½ant의 곡물경작지와 ½arp의 포도밭으로 구성된 (1개의) 반쪽 자유인망스를 보유한다. 그는 반쪽 망스의 의무를 수행한다.

49. 생제르맹(수도원)의 속민들로서 콜로누스인 아달볼두스와 콜로누스이고 이름이 잉길디스인 그의 아내는 이름들이 잉고보두스, 아달만, 잉갈

---

[17] 포도밭의 면적이 D. Hägermann, ed. *Polyp. von St. Germain*, p. 124에는 '2 arp(aripennum II)'로 되어 있으나, B. Guérard, ed., *Polyp. d'Irminon*, p. 157과 A. Longnon, ed., *Polyp. de St. Germain*, p. 209에는 '1arp(aripennum I)'로 되어 있다.

[18] 원문대로임.

[19] 원문대로임.

베르투스, 아달군디스, 잉가, 잉갈베르가인 6명의 자식을 두고 있다. 생제르맹(수도원)의 속민들로서 콜로누스인 라게나우스와 콜로누스이고 이름이 이셀린디스인 그의 아내는 이름들이 마르티누스, 라게닐디스인 2명의 자식을 두고 있다. 그들 두 명은 6bun의 곡물경작지와 2arp의 포도밭 및 1arp의 초지로 구성된 1개의 자유인망스를 보유한다. 그는 (위와) 같이 (의무를) 이행한다.

50. 생제르맹(수도원)의 콜로누스인 랑카우스는 2명의 자식을 두고 있다. 그는 7bun 2ant의 곡물경작지와 1arp의 포도밭으로 구성된 1개의 자유인망스를 보유한다. 그는 (위와) 같이 (의무를) 이행한다.

51. 생제르맹(수도원)의 속민들로서 콜로누스인 봔드레하르두스와 콜로누스이고 이름이 디딩가인 그의 아내. 생제르맹(수도원)의 콜로누스인 아달롤두스. 생제르맹(수도원)의 콜로누스인 프로트하르두스. 그들 세 명은 8bun의 곡물경작지와 2½arp의 포도밭 및 ¾arp의 초지로 구성된 1개의 자유인망스를 보유한다. 그는 (위와) 같이 (의무를) 이행한다.

52. 생제르맹(수도원)의 속민들로서 콜로누스인 아르도이누스와 콜로누스이고 이름이 하도일디스인 그의 아내는 이름들이 아르도일디스, 안소일디스인 2명의 딸을 두고 있다. 생제르맹(수도원)의 콜로누스인 라게나두스. 그들 두 명은 6bun 2ant의 곡물경작지로 된 1개의 자유인망스를 보유한다. 그는 (위와) 같이 (의무를) 이행한다.

53. 생제르맹(수도원)의 속민들로서 콜로누스인 마르소와 콜로누스이고 이름이 군틀린디스인 그의 아내는 이름들이 군틀레이스, 아달하우인 2명의 자식을 두고 있다. 생제르맹(수도원)의 속민들로서 콜로누스인 알트프리두스와 콜로누스이고 이름이 아빌디스인 그의 아내는 이름들이 란트프리두스, 엘리가우스, 마달프리두스, 아드리아누스, 엘리겔디스인 4명의[20] 자식을 두고 있다. 생제르맹(수도원)의 속민들로서 콜로

[20] 4명이라고 하지만, 실제 기록되어 있는 자식들의 이름은 5명이다.

누스인 아달라르두스와 콜로누스이고 이름이 베르네기사인 그의 아내는 이름들이 아달헬무스, 아달비스, 베르네가르디스인 3명의 자식을 두고 있다. 그들 세 명은 8bun 1½ant의 곡물경작지와 2arp의 포도밭 및 4¼arp의 초지로 구성된 1개의 자유인망스를 보유한다. 그는 (위와) 같이 (의무를) 이행한다.

54. 생제르맹(수도원)의 속민들로서 콜로누스인 살로몬과 콜로누스이고 이름이 아달구디스인 그의 아내. 생제르맹(수도원)의 속민들로서 콜로누스인 요남과 콜로누스이고 이름이 디스바인 그의 아내. 생제르맹(수도원)의 속민들로서 콜로누스인 라트게루스와 콜로누스이고 이름이 프람닐디스인 그의 아내는 이름들이 라인힐디스, 라겐트루디스인 2명의 자식을 두고 있다. 그들 세 명은 5½bun의 곡물경작지와 5arp의 포도밭 및 6arp의 초지로 구성된 1개의 자유인망스를 보유한다. 그는 (위와) 같이 (의무를) 이행한다.

55. 생제르맹(수도원)의 콜로누스인 플라비두스는 (1명의) 형제와 (1명의) 누이가 동거하고 있다. 생제르맹(수도원)의 여자콜로누스인 페트로닐라는 이름들이 고달리쿠스, 에를레드루디스인 2명의 자식을 두고 있다. 그들 두 명은 12bun 1ant의 곡물경작지와 5arp의 포도밭 및 7arp의 초지로 구성된 1개의 자유인망스를 보유한다. 그는 (위와) 같이 (의무를) 이행한다.

56. 생제르맹(수도원)의 속민들로서 콜로누스인 고도이누스와 콜로누스이고 이름이 알렉산드리아인 그의 아내는 이름들이 고데볼두스, 갈린도이누스,[21] 고델힐디스, 알레신다, 아델힐디스인 6명의[22] 자식을 두고 있다. 생제르맹(수도원)의 속민들로서 콜로누스인 고델마루스와 콜로

---

[21] B. Guérard, ed., *Polyp. d'Irminon*, p. 159에는 '군도이누스(Gundoinus)'로 판독되어 있지만, A. Longnon, ed., *Polyp. de St. Germain*, p. 211과 D. Hägermann, ed. *Polyp. von St. Germain*, p. 125에는 '갈린도이누스(Galindoinus)'로 판독되어 있다.

[22] 6명이라고 하지만, 실제로는 5명의 이름만 기록되어 있다.

누스이고 이름이 안세군디스인 그의 아내는 이름들이 안소이누스, 아게발두스, 에브레힐디스인 3명의 자식을 두고 있다. 그들 두 명은 7bun 2ant의 곡물경작지와 3arp의 포도밭 및 4½arp의 초지로 구성된 1개의 자유인망스를 보유한다. 그는 (위와) 같이 (의무를) 이행한다.

57. 생제르맹(수도원)의 속민들로서 콜로누스인 잉갈하우스와 콜로누스이고 이름이 아글리나인 그의 아내. 생제르맹(수도원)의 속민들로서 콜로누스인 프라멩가우스와 콜로누스이고 이름이 그리마인 그의 아내는 이름들이 프라멩기스, 프라멩길디스인 2명의 자식을 두고 있다. 그들 두 명은 12bun 1½ant의 곡물경작지와 5arp의 포도밭 및 7arp의 초지로 구성된 1개의 자유인망스를 보유한다. 그는 (위와) 같이 (의무를) 이행한다.

58. 생제르맹(수도원)의 속민들로서 콜로누스인 안스프레두스와 콜로누스이고 이름이 고델린디스인 그의 아내는 이름이 아달하우스인 1명의 아들을 두고 있다. 생제르맹(수도원)의 여자콜로누스인 란도힐디스는 이름이 프로트가우두스인 1명의 아들을 두고 있다. 그들 두 명은 6bun의 곡물경작지와 1⅛arp의 포도밭 및 1½arp의 초지로 구성된 (1개의) 반쪽 망스를 보유한다. 그는 반쪽 망스(보유자)처럼 (의무를) 수행한다.

59. 생제르맹(수도원)의 속민들로서 콜로누스인 엡타르드두스와 콜로누스이고 이름이 에르멘트루디스인 그의 아내는 이름들이 군타리우스, 아달가리우스, 도미니카, 아말트루디스인 4명의 자식을 두고 있다. 생제르맹(수도원)의 콜로누스인 아클로이누스. 그들 두 명은 4bun ½ant의 곡물경작지와 3½arp의 포도밭 및 2½arp의 초지로 구성된 1개의 자유인망스를 보유한다. 그들은 (위와) 같이 (의무를) 이행한다.

60. 생제르맹(수도원)의 콜로누스인 힐트프레두스. 생제르맹(수도원)의 속민들로서 콜로누스인 아나스타시우스와 콜로누스이고 이름이 고데베르타인 그의 아내. 그들 두 명은 6bun의 곡물경작지와 ⅓arp의 포도밭 및 3¼arp의 초지로 구성된 (1개의) 반쪽 망스를 보유한다. 그들은 (위와) 같이 (의무를) 이행한다.

61. 생제르맹(수도원)의 속민들로서 콜로누스인 아게테우스와 콜로누스이고 이름이 힐데길디스인 그의 아내는 이름들이 힐데가우두스, 도미니쿠스, 힐델레이스, 힐델린디스인 4명의 자식을 두고 있다. 생제르맹(수도원)의 속민들로서 콜로누스인 란돌두스와 콜로누스이고 이름이 엘렉틸디스인 그의 아내는 이름들이 힐델레이스, 엘렉테우스, 도트볼두스, 마우렌티아인 4명의 자식을 두고 있다. 그들 두 명은 6bun 1ant의 곡물경작지와 3arp의 포도밭 및 3arp의 초지로 구성된 1개의 자유인망스를 보유한다. 그들은 (위와) 같이 (의무를) 이행한다.

62. 생제르맹(수도원)의 속민들로서 콜로누스인 프로트기스와 콜로누스이고 이름이 아기아인 그의 아내는 이름들이 불팔두스, 게르힐디스, 아클리나인 3명의 자식을 두고 있다. 생제르맹(수도원)의 속민들로서 콜로누스인 풀콜두스와 콜로누스이고 이름이 라감볼다인 그의 아내는 3명의 자식을 두고 있다. 생제르맹(수도원)의 속민들로서 콜로누스인 아달가우스와 콜로누스이고 이름이 란다드루디스인 그의 아내는 이름들이 란도, 란다르두스인 2명의 아들을 두고 있다. 그들 세 명은 5bun 2ant의 곡물경작지와 3arp의 포도밭 및 3arp의 초지로 구성된 1개의 자유인망스를 보유한다. 그는[23] (위와) 같이 (의무를) 이행한다.

63. 생제르맹(수도원)의 속민들로서 콜로누스인 세고알두스와 콜로누스이고 이름이 아릴린디스인 그의 아내는 이름이 레메기우스인 1명의 아들을 두고 있다. 생제르맹(수도원)의 속민들로서 콜로누스인 도도와 콜로누스이고 이름이 시그라다인 그의 아내는 이름이 베네딕투스인 1명의 자식을 두고 있다. 그들 두 명은 4bun 2ant의 곡물경작지와 3arp의 포도밭 및 1½arp의 초지로 구성된 1개의 자유인망스를 보유한다. 그는 (위와) 같이 (의무를) 이행한다.

64. 생제르맹(수도원)의 속민들로서 콜로누스인 돌도와 콜로누스이고 이름이 아델린디스인 그의 아내. 생제르맹(수도원)의 속민들로서 콜로누

[23] 원문대로임.

스인 도도이누스와 콜로누스이고 이름이 기로일디스인 그의 아내는 이름들이 에르캄발두스, 게르하우스인 2명의 자식을 두고 있다. 그들 두 명은 6bun 2ant의 곡물경작지와 4arp의 포도밭 및 3½arp의 초지로 구성된 1개의 자유인망스를 보유한다.

65. 생제르맹(수도원)의 속민들로서 콜로누스인 란도와 콜로누스이고 이름이 아클레발다인 그의 아내는 이름들이 리카르두스, 란도아누스, 오스트가우스, 도디누스인 4명의 자식을 두고 있다. 생제르맹(수도원)의 콜로누스인 프로트하르두스. 그들 두 명은 4bun 1½ant의 곡물경작지와 4arp의 포도밭 및 6arp의 초지로 구성된 1개의 자유인망스를 보유한다. 그는[24] (위와) 같이 (의무를) 이행한다.

66. 생제르맹(수도원)의 속민들로서 콜로누스인 에르메눌푸스와 콜로누스이고 이름이 힐라리아인 그의 아내는 3명의 자식을 두고 있다. 그들은[25] 6bun의 곡물경작지와 4¼arp의 포도밭 및 3½arp의 초지로 구성된 1개의 자유인망스를 보유한다. 그는 (위와) 같이 (의무를) 이행한다.

67. 생제르맹(수도원)의 콜로누스인 마우루스는 이름들이 에름베르투스,[26] 아이르힐디스인 2명의 자식을 두고 있다. 생제르맹(수도원)의 콜로누스인 란트프레두스. 그들 두 명은 4bun 2ant의 곡물경작지와 2½arp의 포도밭 및 5arp의 초지로 구성된 1개의 자유인망스를 보유한다. 그는 (위와) 같이 (의무를) 이행한다.

68. 생제르맹(수도원)의 속민들로서 콜로누스인 테우트가우스와 콜로누스이고 이름이 아글릴디스인 그의 아내는 3명의 자식을 두고 있다. 생제르맹(수도원)의 속민들로서 콜로누스인 테우도이누스와 콜로누스이고

---

[24] 원문대로임.

[25] 원문대로임.

[26] B. Guérard, ed., *Polyp. d'Irminon*, p. 160에는 '에르멤베르투스(Ermembertus)'로 되어 있지만, A. Longnon, ed., *Polyp. de St. Germain*, p. 213과 D. Hägermann, ed. *Polyp. von St. Germain*, p. 126에는 '에름베르투스(Ermbertus)'로 되어 있다.

이름이 에르멘트루디스인 그의 아내는 이름들이 에르메나우스, 아르도이누스인 2명의 자식을 두고 있다. 그들 두 명은 2bun 1ant의 곡물경작지와 1½arp의 포도밭 및 4arp의 초지로 구성된 1개의 자유인망스를 보유한다. 그는 (위와) 같이 (의무를) 이행한다.

69. 생제르맹(수도원)의 속민들로서 콜로누스인 안스볼두스와 콜로누스이고 이름이 도다인 그의 아내는 이름들이 안스브루그, 프로트가우두스인 2명의 자식을 두고 있다. 그들은[27] 4bun 2ant의 곡물경작지와 2arp의 포도밭 및 3arp의 초지로 구성된 1개의 자유인망스를 보유한다. 그는 (위와) 같이 (의무를) 이행한다.

70. 생제르맹(수도원)의 속민들로서 콜로누스인 프로트가우스와 콜로누스이고 이름이 아우스켈라인 그의 아내는 이름들이 테우트베르투스, 프로트베르투스, 빌하우스, 빌헬무스인 4명의 자식을 두고 있다. 생제르맹(수도원)의 속민들로서 콜로누스인 티트볼두스와 콜로누스이고 이름이 기슬릴디스인 그의 아내는 이름들이 시그라두스, 엘렉테우스, 마니슬라인 3명의 자식을 두고 있다. 그들 두 명은 6bun 2ant의 곡물경작지와 2arp의 포도밭 및 5arp의 초지로 구성된 1개의 자유인망스를 보유한다. 그는[28] (위와) 같이 (의무를) 이행한다.

71. 생제르맹(수도원)의 속민들로서 콜로누스인 리트베르투스와 콜로누스이고 이름이 프렌도닐디스인 그의 아내는 이름들이 운트브란두스, 프리데기스, 안스베르타인 3명의 자식을 두고 있다. 생제르맹(수도원)의 속민들로서 콜로누스인 아글로두스와 콜로누스이고 이름이 보딜라인 그의 아내는 이름들이 아클란두스, 아클릴디스인 2명의 자식을 두고 있다. 생제르맹(수도원)의 속민들로서 콜로누스인 테우트가우스와 콜로누스인 그의 아내는 이름들이 프로틀란두스, 테우트기스, 에르멘프리두스인 4명의[29] 자식을 두고 있다. 그들 세 명은 4bun 1ant의 곡물경

27 원문대로임.

28 원문대로임.

작지와 3arp의 포도밭 및 1½arp의 초지로 구성된 1개의 자유인망스를 보유한다. 그들은[30] (위와) 같이 (의무를) 이행한다.

72. 노예인 페트루스와 반자유인이고 이름이 스쿠필리아인 그의 아내는 이름들이 아겜발두스, 페트로닐라, 엘레나, 아겜볼다인 4명의 자녀를 두고 있다. 그들은[31] 2bun의 곡물경작지와 1arp의 포도밭 및 1½arp의 초지로 구성된 1개의 노예망스를 보유한다. 그는 돼지방목세로 2md의 포도주를 바친다. 그는 포도밭에서 4arp를 작업한다. 그는 3마리의 닭과 15개의 계란을 (바친다). 그는 지시받는 곳에서 손일과 코르베를 (수행한다).

73. 노예인 가우트베르투스. 생제르맹(수도원)의 노예인 게라르두스와 노예이고 이름이 켈사인 그의 아내. 도미니쿠스와 반자유인이고 이름이 섹발다인 그의 아내는 1명의 아들을 두고 있다. 그들 세 명은 4bun의 곡물경작지와 1¾arp의 포도밭으로 구성된 1개의 노예망스를 보유한다. 그는[32] (위와) 같이 (의무를) 이행한다.

74. 생제르맹(수도원)의 노예인 아클레마루스와 콜로누스이고 이름이 발렌트루디스인 그의 아내는 이름들이 고다, 에르멘리쿠스, 고달프리두스인 3명의 자식을 두고 있다. 그는 3bun ½ant의 곡물경작지와 2½arp의 포도밭 및 2arp의 초지로 구성된 1개의 노예망스를 보유한다. 그는 (위와) 같이 (의무를) 이행한다.

75. 노예인 아달볼두스와 노예이고 이름이 라그노일디스인 그의 아내는 이름이 라게날두스인 1명의 아들을 두고 있다. 그는 4bun 1ant의 곡물

---

29 4명이라고 하지만, 실제로는 3명의 이름만 기록되어 있다.

30 B. Guérard, ed., *Polyp. d'Irminon*, p. 161에는 '그는 의무를 이행한다(Solvit)'고 단수로 되어 있지만, A. Longnon, ed., *Polyp. de St. Germain*, p. 214와 D. Hägermann, ed. *Polyp. von St. Germain*, p. 127에는 '그들은 의무를 이행한다(Solvunt)'고 하여 복수로 되어 있다.

31 원문대로임.

32 원문대로임.

경작지와 1½arp의 포도밭 및 2arp의 초지로 구성된 1개의 노예망스를 보유한다. 그는 (위와) 같이 (의무를) 이행한다.

76. 생제르맹(수도원)의 노예인 아우트가우스는 4bun 1ant의 곡물경작지와 1½arp의 포도밭 및 1¾arp의 초지로 구성된 1개의 노예망스를 보유한다. 그는 (위와) 같이 (의무를) 이행한다.

77. 생제르맹(수도원)의 속민들로서 콜로누스인 기소이누스와 콜로누스이고 이름이 아겐틸디스인 그의 아내. 생제르맹(수도원)의 콜로누스인 가우스베르투스. 그들 두 명은 4bun 1ant의 곡물경작지와 1¼arp의 포도밭 및 ¾arp의 초지로 구성된 1개의 노예망스를 보유한다. 그는[33] (위와) 같이 (의무를) 이행한다.

78. 생제르맹(수도원)의 속민들로서 콜로누스인 아크롤두스와 콜로누스이고 이름이 빨트카리아인 그의 아내는 이름들이 빨테아리우스, 에를레아르두스, 아이르신디스인 3명의 자식을 두고 있다. 그는 5bun의 곡물경작지와 1½arp의 포도밭 및 1arp의 초지로 구성된 1개의 노예망스를 보유한다. 그는 (위와) 같이 (의무를) 이행한다.

79. 생제르맹(수도원)의 노예인 라그노이누스. 콜로누스인 베르네가우스와 이름이 헤리볼다인 그의 아내. 그들 두 명은 4bun 2ant의 곡물경작지와 1½arp의 포도밭 및 3arp의 초지로 구성된 1개의 노예망스를 보유한다. 그는[34] (위와) 같이 (의무를) 이행한다.

80. 생제르맹(수도원)의 노예인 아게테우스. 여자콜로누스인 게오르기아는 이름들이 프람닐디스, 아달발다, 마달힐디스, 아이르볼두스, 아이로이누스, 아레기스, 아클룰프인 6명의[35] 자식을 두고 있다. 그들 두 명은 4bun 1½ant의 곡물경작지와 3½arp의 포도밭 및 2arp의 초지로 구성된

[33] 원문대로임.

[34] 원문대로임.

[35] 6명이라고 하지만, 실제로 기록된 이름은 7명이다.

1개의 노예망스를 보유한다.

81. 아달가우스와 생제르맹(수도원)의 콜로누스이고 이름이 …인 그의 아내는 이름들이 프람날두스, 프로트가우두스, 아달기스, 로트베르가인 4명의 자식을 두고 있다. 그는 6bun의 곡물경작지와 1¼arp의 포도밭 및 1arp의 초지로 구성된 1개의 노예망스를 보유한다. 그는 (위와) 같이 (의무를) 이행한다.

82. 생제르맹(수도원)의 노예인 라게나우스. 생제르맹(수도원)의 속민들로서 콜로누스인 가이르베르투스와 콜로누스이고 이름이 마달힐디스인 그의 아내는 이름들이 게르발두스, 게렐무스인 2명의 자식을 두고 있다. 그들 두 명은 5bun 1½ant의 곡물경작지와 1½arp의 포도밭 및 2arp의 초지로 구성된 1개의 노예망스를 보유한다. 그는[36] (위와) 같이 (의무를) 이행한다.

83. 콜로누스인 프레데르누스와 콜로누스이고 이름이 에를레힐디스인 그의 아내. 생제르맹(수도원)의 속민들로서 콜로누스인 란트신두스와 콜로누스이고 이름이 군트베르가인 그의 아내는 이름들이 군트베르투스, 란트베르투스, 아겜발두스인 3명의 자식을 두고 있다. 그들 두 명은 3bun ½ant의 곡물경작지와 3arp의 포도밭 및 ¾arp의 초지로 구성된 1개의 노예망스를 보유한다.

84. 생제르맹(수도원)의 노예인 가우기우스는 5bun의 곡물경작지와 1½arp의 포도밭 및 1½arp의 초지로 구성된 1개의 노예망스를 보유한다. 그는 (위와) 같이 (의무를) 이행한다.

85. 생제르맹(수도원)의 속민들로서 노예인 에르멘볼두스와 콜로누스이고 이름이 겔트프리다인 그의 아내는 이름들이 베르트루디스, 아클레발다, 에르멤베르가, 게를린디스, 마달린디스인 5명의 자식을 두고 있다. 그는 4bun 1ant의 곡물경작지와 1½arp의 포도밭 및 1arp의 초지로 구성

---

[36] 원문대로임.

된 1개의 노예망스를 보유한다. 그는 (위와) 같이 (의무를) 이행한다.

86. 거류외인인 엘레기우스는 1bun ½ant의 곡물경작지와 1arp의 포도밭을 보유한다. 이로 인해 그는 (영주직영지의) 포도밭에서 4arp를 작업한다. 그는 3마리의 닭과 15개의 계란을 (바친다).

87. 거류외인이고 생제르맹(수도원)의 속민인 아클룰푸스는 3ant의 (곡물)경작지를 보유한다. 그는 3주에 2일(의 부역노동)을 수행한다. 그는 2마리의 닭과 10개의 계란을 (바친다).

88. 거류외인인 기슬레마루스는 2ant의 (곡물)경작지와 ½arp의 포도밭을 보유한다. 그는 매주 2일(의 부역노동)을 (수행한다). 그는 2마리의 닭과 10개의 계란을 (바친다).

89. 다음의 자들은 (증인들임을) 선서했다.
: 마름 게롤두스, 프로트베르투스, 아달리쿠스, 베르텔무스, 살로몬, 마르소, 마우루스, 시카우스, 돌도, 바딜로, 마달가우스, 게르하우스, 부마름 가우기우스.

90. 인두세 (납부자들)
: 베르토이누스(는) 4데나리우스를 (지불한다), 그리모이누스도 같고, 힐도이누스도 같고, 힐델린디스도 같고, 그리마라도 같고, 테우트베르투스도 같고, 안세가우스도 같고, 플로트베우스도[37] 같고, 레우도이누스도 같고, 고델트루디스도 같고, 마르군디스도 같고, 에를룰푸스도 같고, 도미니카도 같고, 마게닐디스도 같고, 아달링구스도 같고, 살레쿠스도 같고, 에르멘프리다도 같고, 에르메닐디스도 같고, 살리우스도 같고, 신트프레다도 같고, 고도이누스도 같으며, 에르멘리쿠스도 같다.

91. 프로트베르투스는 영주세습지 가운데 1½ant의 곡물경작지를 보유한다.

---

[37] B. Guérard, ed., *Polyp. d'Irminon*, p. 163에는 '프로트베우스(Frotveus)'로 되어 있으나, A. Longnon, ed., *Polyp. de St. Germain*, p. 217과 D. Hägermann, ed. *Polyp. von St. Germain*, p. 128에는 '플로트베우스(Flotveus)'로 되어 있다.

이로 인해 그는 6데나리우스의 값어치가 나가는 1마리의 작은 돼지를 바친다.

92. 라감볼두스는 4bun 2ant의 곡물경작지와 3½arp의 포도밭 및 2½arp의 초지로 구성된 (1개의) 반쪽 망스를 은대지로 보유한다.

93. 리카르두스는 3ant의 곡물경작지와 5¾arp의 포도밭 및 1½arp의 초지로 구성된 1개의 자유인망스를 프레카리아로 보유한다.

94. 테오닥시움에는 매년 군사용으로 3대의 수레나 13두의 황소 또는 6리브라의 돈을 바치고, 2½리브라의 군수용 가축공납 면제세를 (지불하며), 셋째 해에 56두의 암양과 5,500개의 산자널을 (바치는) 66개의 자유인망스가 있다.

여기에는 13개의 노예망스가 있다. 돼지방목세로 200md의 포도주를 바치고, 237마리의 닭과 1,160개의 계란을 (바치며), 6솔리두스의 인두세를 (지불하는) 망스는 총 79개가 된다.

총 망스 수는 79개다.

15 빌라노바(장원의) 명세서

1. 빌라 노바에는[1] 저택과 여타 많은 부속건물들을 갖춘 영주직영지가 있다. (여기에는) 800md(의 곡식)가 파종될 수 있는 172bun의 곡물경작지가 있다. 여기에는 1,000md(의 포도주)가 채취될 수 있는 91arp의 포도밭과 166수레의 건초가 채취될 수 있는 166arp의 초지가 있다. 여기에는 사용료(수입)로 450md의 곡식이 생기는 3대의 물레방아가 있다. 다른 한 대는 임차료가 징수되지 않는다. 여기에는 500마리의 돼지가 살찔 수 있는 4마일 둘레의 임야가 있다.

2. 여기에는 정성들여 만든 모든 설비와 저택과 여타 많은 부속건물들을 갖춘 교회가 있다. 여기에는 3개의 망스가 배속되어 있다. (1명의) 사제와 그의 대행인들은 합계 27bun 1ant의 곡물경작지와 17arp의 포도밭 및 25arp의 초지를 보유한다. 이 교회로부터는 예물로 1필의 말이 생긴다. 그리고 이 토지(보유자)는 영주직영지(의 동곡파종)를 위해 9ptc

---

1 빌라 노바(Villa Nova)는 B. Guérard, *Prolégomènes*, p. 861 및 B. Guérard, ed., *Polyp. d'Irminon*, p. 165의 각주 a번과 A. Longnon, ed., *Polyp. de St. Germain*, p. 218의 1번 각주에 의하면 세네우아즈 도 코르베이 군 부아시생레제(Boissy-Saint-Léger) 캉통의 빌뇌브생조르주(Villeneuve-Saint-Georges)이고, D. Hägermann, ed. *Polyp. von St. Germain*, p. 228과 K. Elmshäuser & A. Konrad, *Studien zum Polyp. von St. Germain*, p. 212에 의하면 발드마른 도 에브리(Evry) 군 빌르뇌브생조르주 캉통의 소재지다. 이들은 같은 지명으로, 현재는 크레테이(Créteil) 군에 속한다. 이곳은 파리 남동쪽 17km에 위치한다.

1ant, 하곡파종을 위해서 2ptc를 갈이질하며, 초지에 4ptc를 울타리 친다.

3. 생제르맹(수도원)의 속민들로서 콜로누스인 악타르두스와 콜로누스이고 이름이 엘리길디스인 그의 아내는 이름들이 아게테우스, 테우도, 시메온, 아달시다, 데오다타, 엘렉타르두스인 6명의 자식을 두고 있다. 그들은[2] 5bun 2ant의 곡물경작지와 4arp의 포도밭 및 4½arp의 초지로 구성된 1개의 자유인망스를 보유한다. 그는 군사용으로 4솔리두스의 돈을 지불하고, 둘째 해에 군수용의 가축공납 면제세로 2솔리두스를 (지불하며), 그리고 셋째 해에 군수용 마초공납 면제세로 새끼양이 딸린 1두의 암양을 (바친다). 그는 돼지방목세로 2md의 포도주를 (바치고), 나무채취료로 4데나리우스를 (바치고), 1피트 용적의 받침목을[3] (바치며), 50개의 지붕널을 (바친다). 그는 동곡파종을 위해서 4ptc, 하곡파종을 위해서 2ptc를 갈이질한다. 그는 지시받는 만큼 코르베와 손일을 (수행한다). 그는 3마리의 닭과 15개의 계란을 (바친다). 그는 초지에 4ptc의 울타리를 친다.

4. 생제르맹(수도원)의 속민들로서 콜로누스인 기렐무스와 콜로누스이고 이름이 시클레베르타인 그의 아내는 이름들이 기르베르누스, 기르베르가, 일데부르스, 힐데신디스인 4명의 자식을 두고 있다. 그들은 5bun 2ant의 곡물경작지와 4arp의 포도밭 및 4½arp의 초지로 구성된 1개의 자유인망스를 보유한다. 그는 (위와) 같이 (의무를) 이행한다.

5. 자유인인 아달기스. 생제르맹(수도원)의 콜로누스인 에르트프레두스는 어머니와 (1명의) 누이가 동거하고 있다. 그들 두 명은 2bun의 곡물경작지와 2arp의 포도밭 및 1arp의 초지로 구성된 1개의 자유인망스를

---

2 원문대로임.

3 '1피트 용적의 받침목'이란 라틴어 원문의 'de carrationibus pedalem I'을 번역한 말이다. B. Guérard, *Prolegomènes*, pp. 189~191, 863에 의하면 'carratio'는 포도나무 따위를 받치는 받침목(échalas)을 가리키며, J. E. Niermeyer, *Mediae Latinitatis Lexicon Minus*, p. 781에 의하면 'pedalis'는 길이의 측정단위로서의 피트를 뜻한다.

보유한다. 그는[4] (위와) 같이 (의무를) 이행한다.

6. 생제르맹(수도원)의 속민들로서 콜로누스인 아달그림누스와 콜로누스이고 이름이 테우트신타인 그의 아내는 이름들이 테우도, 아달라우스, 테우트베르가, 레우트가르디스인 4명의 자식을 두고 있다. 생제르맹(수도원)의 속민들로서 콜로누스인 하리아르누스와 콜로누스이고 이름이 아달시스인 그의 아내는 2명의 자식을 두고 있다. 그들 두 명은 6½bun 1ant의 곡물경작지와 2arp의 포도밭 및 9arp의 초지로 구성된 1개의 자유인망스를 보유한다. 그는[5] (위와) 같이 (의무를) 이행한다.

7. 생제르맹(수도원)의 콜로누스인 빌란테우스는 어머니와 (1명의) 누이가 동거하고 있다. 그는 6bun 3ant의 곡물경작지와 3½arp의 포도밭 및 7arp의 초지로 구성된 1개의 자유인망스를 보유한다. 그는 (위와) 같이 (의무를) 이행한다.

8. 생제르맹(수도원)의 속민들로서 콜로누스인 시고이누스와 콜로누스이고 이름이 수산나인 그의 아내는 4½bun의 곡물경작지와 2arp의 포도밭 및 4½arp의 초지로 구성된 1개의 자유인망스를 보유한다. 그는 (위와) 같이 (의무를) 이행한다.

9. 생제르맹(수도원)의 여자콜로누스인 베르틀라우스와 화가(畵家)인 릭신디스. 그들 두 명은 8bun의 곡물경작지와 3arp의 포도밭 및 10arp의 초지로 구성된 1개의 자유인망스를 보유한다. 그는[6] (위와) 같이 (의무를) 이행한다.

10. 생제르맹(수도원)의 속민들로서 콜로누스인 빌라테우스와 콜로누스이고 이름이 악틸디스인 그의 아내는 이름들이 악토이누스, 빌렌테오, 엘렉테오인 3명의 자식을 두고 있다. 그들은[7] 2bun의 곡물경작지와

4 원문대로임.

5 원문대로임.

6 원문대로임.

2½arp의 포도밭 및 6½arp의 초지로 구성된 1개의 자유인망스를 보유한다. 그는 (위와) 같이 (의무를) 이행한다.

11. 생제르맹(수도원)의 콜로누스인 굴플라이쿠스. 생제르맹(수도원)의 속민들로서 콜로누스인 고달리쿠스와 콜로누스이고 이름이 하르트가리아인 그의 아내는 이름들이 아달리쿠스, 봔드라볼다인 2명의 자식을 두고 있다. 그들 두 명은 7bun 2ant의 곡물경작지와 2arp의 포도밭 및 8arp의 초지로 구성된 1개의 자유인망스를 보유한다. 그는[8] (위와) 같이 (의무를) 이행한다.

12. 생제르맹(수도원)의 속민들로서 콜로누스인 가말베르투스와 콜로누스이고 이름이 봐데드루디스인 그의 아내는 이름이 잉갈베르투스인 1명의 자식을 두고 있다. 생제르맹(수도원)의 콜로누스인 힐데가우두스는 이름들이 베르트람, 베르타리우스인 2명의 아들을 두고 있다. 그들 두 명은 5bun 2½ant의 곡물경작지와 2½arp의 포도밭 및 8arp의 초지로 구성된 1개의 자유인망스를 보유한다. 그는 (위와) 같이 (의무를) 이행한다.

13. 생제르맹(수도원)의 콜로누스인 봔드레마루스. 콜로누스인 에를레게루스와 콜로누스이고 이름이 오달트루디스인 그의 아내는 이름이 오달기스인 1명의 자식을 두고 있다. 생제르맹(수도원)의 속민들로서 콜로누스인 아달그리무스와 콜로누스이고 이름이 에르멩가르디스인 그의 아내는 이름이 아달가르디스인 1명의 딸을 두고 있다. 그들 세 명은 4bun 2ant의 곡물경작지와 2arp의 포도밭 및 8arp의 초지로 구성된 1개의 자유인망스를 보유한다. 그는 (위와) 같이 (의무를) 이행한다.

14. 생제르맹(수도원)의 속민들로서 콜로누스인 베르툴푸스와 콜로누스이고 이름이 라게닐디스인 그의 아내는 이름들이 ……인 2명의 자식을 두고 있다. 생제르맹(수도원)의 속민들로서 콜로누스인 힐데브란두스

---

7 원문대로임.

8 원문대로임.

와 콜로누스이고 이름이 안틸디스인 그의 아내. 그들 두 명은 4bun 1ant의 곡물경작지와 1½arp의 포도밭 및 5arp의 초지로 구성된 1개의 자유인망스를 보유한다. 그는 (위와) 같이 (의무를) 이행한다.

15. 생제르맹(수도원)의 속민들로서 콜로누스인 빌라테우스와 콜로누스이고 이름이 고델린디스인 그의 아내는 이름들이 그림하우스, 엘렉테우스, 고델사두스인 3명의 자식을 두고 있다. 그들은[9] 4bun의 곡물경작지와 ¾arp의 포도밭 및 8arp의 초지로 구성된 (1개의) 반쪽 망스를 보유한다. 그는 반쪽 망스의 부역노동을 수행한다.

16. 생제르맹(수도원)의 콜로누스인 라그네리쿠스는 이름이 아달리쿠스인 1명의 아들을 두고 있다. 생제르맹(수도원)의 속민들로서 콜로누스인 하이모와 콜로누스이고 이름이 나달린디스인 그의 아내는 이름들이 게르마누스, 하이밀디스인 2명의 자식을 두고 있다. 생제르맹(수도원)의 속민들로서 콜로누스인 아담과 콜로누스이고 이름이 시그라다인 그의 아내. 그들 세 명은 4bun 2ant의 곡물경작지와 2arp의 포도밭 및 3arp의 초지로 구성된 1개의 자유인망스를 보유한다. 그는[10] (위와) 같이 (의무를) 이행한다.

17. 생제르맹(수도원)의 콜로누스인 하이르베르투스는 어머니가 동거하고 있다. 그는 2bun 1ant의 곡물경작지와 3½arp의 포도밭 및 5arp의 초지로 구성된 1개의 자유인망스를 보유한다. 그는 (위와) 같이 (의무를) 이행한다.

18. 생제르맹(수도원)의 노예인 아말가우스. 생제르맹(수도원)의 속민들로서 콜로누스인 아멜리우스와 콜로누스이고 이름이 에릴린디스인 그의 아내는 이름들이 아담, 아이르마루스, 아이를린디스인 3명의 자식을 두고 있다. 그들 두 명은 3bun 3ant의 곡물경작지와 2arp의 포도밭 및

[9] 원문대로임.

[10] 원문대로임.

5arp의 초지로 구성된 1개의 자유인망스를 보유한다. 그는[11] (위와) 같이 (의무를) 이행한다.

19. 생제르맹(수도원)의 콜로누스인 안델레누스. 생제르맹(수도원)의 속민들로서 콜로누스인 알트베르투스와 콜로누스이고 이름이 란다인 그의 아내. 그들 두 명은 4bun의 곡물경작지와 3arp의 포도밭 및 5arp의 초지로 구성된 1개의 자유인망스를 보유한다. 그는[12] (위와) 같이 (의무를) 이행한다.

20. 생제르맹(수도원)의 여자콜로누스인 아말기스. 콜로누스인 요남과 콜로누스이고 이름이 악틸디스인 그의 아내는 이름이 프로트가우두스인 1명의 자식을 두고 있다. 생제르맹(수도원)의 속민들로서 콜로누스인 마르티누스와 콜로누스이고 이름이 봔드레베르타인 그의 아내는 이름들이 기슬레하르두스, 예네시아, 봘데드루디스인 4명의[13] 자식을 두고 있다. 그들 세 명은 2bun ½ant의 곡물경작지와 5arp의 포도밭 및 2½arp의 초지로 구성된 1개의 자유인망스를 보유한다. 그는 (위와) 같이 (의무를) 이행한다.

21. 생제르맹(수도원)의 속민들로서 콜로누스인 아달가우두스와 콜로누스이고 이름이 고틀린디스인 그의 아내는 이름들이 고델린디스, 가우트트루디스,[14] 불필디스인 3명의 자식을 두고 있다. 그들은 3½bun의 곡물경작지와 2½arp의 포도밭 및 1arp의 초지로 구성된 1개의 자유인망스를 보유한다. 그는 (위와) 같이 (의무를) 이행한다.

22. 생제르맹(수도원)의 콜로누스인 힐데발두스는 이름들이 힐도아르두스,

---

[11] 원문대로임.

[12] 원문대로임.

[13] 4명의 자식이라고 하지만, 실제로 기재된 이름은 3명뿐이다.

[14] B. Guérard, ed., *Polyp. d'Irminon*, p. 168에는 '가우트루디스(Gautrudis)'로 되어 있으나, A. Longnon, ed., *Polyp. de St. Germain*, p. 221과 D. Hägermann, ed. *Polyp. von St. Germain*, p. 131에는 '가우트트루디스(Gauttrudis)'로 되어 있다.

힐데가르디스인 2명의 자식을 두고 있다. 생제르맹(수도원)의 콜로누스인 그림하우스. 생제르맹(수도원)의 속민들로서 콜로누스인 아달그림누스와 콜로누스이고 이름이 아달가르디스인 그의 아내는 이름들이 에르멩가르디스, 아달기스, 레우타르두스인 3명의 자식을 두고 있다. 그들은 7bun 1ant의 곡물경작지와 3½arp의 포도밭 및 8arp의 초지로 구성된 1개의 자유인망스를 보유한다. 그는 (위와) 같이 (의무를) 이행한다.

23. 생제르맹(수도원)의 콜로누스인 그리모이누스는 (1명의) 형제가 동거하고 있다. 그는 4bun의 곡물경작지와 1½arp의 포도밭 및 4arp의 초지로 구성된 1개의 자유인망스를 보유한다. 그는 (위와) 같이 (의무를) 이행한다.

24. 생제르맹(수도원)의 속민들로서 콜로누스인 하이르문두스와 콜로누스이고 이름이 힐타인 그의 아내는 4bun의 곡물경작지와 3arp의 포도밭 및 3arp의 초지로 구성된 1개의 자유인망스를 보유한다. 그는 (위와) 같이 (의무를) 이행한다.

25. 생제르맹(수도원)의 속민들로서 콜로누스인 하이르베르투스와 콜로누스이고 이름이 빨드리스마인 그의 아내는 4bun의 곡물경작지와 3arp의 포도밭 및 3½arp의 초지로 구성된 1개의 자유인망스를 보유한다. 그는 (위와) 같이 (의무를) 이행한다.

26. 생제르맹(수도원)의 속민들로서 콜로누스인 알둘푸스와 콜로누스이고 이름이 아말베르타인 그의 아내는 3bun 1ant의 곡물경작지와 2arp의 포도밭 및 2½arp의 초지로 구성된 1개의 자유인망스를 보유한다. 그는 (위와) 같이 (의무를) 이행한다.

27. 생제르맹(수도원)의 속민들로서 콜로누스인 마르켈루스와 콜로누스이고 이름이 알데드루디스인 그의 아내는 이름들이 알도, 알드리쿠스인 2명의 자식을 두고 있다. 그들은[15] 2bun의 곡물경작지와 2½arp의 포도밭 및 1¼arp의 초지로 구성된 1개의 자유인망스를 보유한다. 그는 (위와) 같이 (의무를) 이행한다.

28. 생제르맹(수도원)의 속민들로서 콜로누스인 마르티누스와 콜로누스이고 이름이 가우기아인 그의 아내는 이름들이 디트베르투스, 가우틀린디스인 2명의 자식을 두고 있다. 콜로누스인 베르트리쿠스와 콜로누스이고 이름이 아달라인 그의 아내는 이름들이 아우닥, 아달렐무스, 베르테드루디스인 3명의 자식을 두고 있다. 그들 두 명은 4bun 3½ant의 곡물경작지와 1½arp의 포도밭 및 4arp의[16] 초지로 구성된 1개의 자유인망스를 보유한다. 그는[17] (위와) 같이 (의무를) 이행한다.

29. 생제르맹(수도원)의 속민들로서 콜로누스인 아클레하르두스와 콜로누스이고 이름이 아달부르구스인[18] 그의 아내는 4bun 3ant의 곡물경작지와 2arp의 포도밭 및 3arp의 초지로 구성된 1개의 자유인망스를 보유한다. 그는 (위와) 같이 (의무를) 이행한다.

30. 생제르맹(수도원)의 속민들로서 콜로누스인 오델베르투스와 콜로누스이고 이름이 아기아인 그의 아내는 이름들이 오달리쿠스, 하이르리쿠스인 2명의 자식을 두고 있다. 생제르맹(수도원)의 속민들로서 콜로누스인 아달라두스와 콜로누스이고 이름이 기슬라인 그의 아내. 그들 두 명은 3bun의 곡물경작지와 1½arp의 포도밭 및 ½arp의 초지로 구성된 1개의 자유인망스를 보유한다. 그는[19] (위와) 같이 (의무를) 이행한다.

31. 생제르맹(수도원)의 속민들로서 콜로누스인 라겐프레두스와 콜로누스이고 이름이 라게닐디스인 그의 아내는 이름들이 그림베르트, 기르베르가인 2명의 자식을 두고 있다. 그들은[20] 5½bun의 곡물경작지와 1arp

---

[15] 원문대로임.

[16] 초지의 면적이 A. Longnon, ed., *Polyp. de St. Germain*, p. 222에서는 '3(III)'arp이지만, B. Guérard, ed., *Polyp. d'Irminon*, p. 169와 D. Hägermann, ed. *Polyp. von St. Germain*, p. 131에서는 '4(IIII)'arp로 되어 있다.

[17] 원문대로임.

[18] 여성 이름임에도 불구하고 남자 이름에 붙는 접미사인 'us'로 된 '아달부르구스(Adalburgus)'는 '아달부르기스(Adalburgis)'의 오기로 보인다.

[19] 원문대로임.

의 포도밭 및 8arp의 초지로 구성된 1개의 자유인망스를 보유한다. 그는 (위와) 같이 (의무를) 이행한다.

32. 생제르맹(수도원)의 콜로누스인 레오타르두스는 3bun 3ant의 곡물경작지와 1½arp의 포도밭 및 2½arp의 초지로 구성된 1개의 자유인망스를 보유한다. 그는 (위와) 같이 (의무를) 이행한다.

33. 생제르맹(수도원)의 속민들로서 콜로누스인 테우트가리우스와 콜로누스이고 이름이 베르트루디스인 그의 아내는 이름들이 베르톨두스, 베르티스마, 테우트길디스, 테우트베르가인 4명의 자식을 두고 있다. 에르멘타리우스와 콜로누스이고 이름이 베르트프레다인 그의 아내는 이름들이 불핑구스, 그림하리우스, 마게나리우스인 3명의 자식을 두고 있다. 그들 두 명은 2bun 1ant의 곡물경작지와 2arp의 포도밭 및 1arp의 초지로 구성된 1개의 자유인망스를 보유한다. 그는[21] (위와) 같이 (의무를) 이행한다.

34. 생제르맹(수도원)의 콜로누스인 게네시우스와 자유인이고 이름이 몸마인 그의 아내는 8bun[22] 2ant의 곡물경작지와 3¼arp의 포도밭 및 1½arp의 초지로 구성된 1개의 자유인망스를 보유한다. 그는 (위와) 같이 (의무를) 이행한다.

35. 생제르맹(수도원)의 콜로누스인 가말볼두스와 콜로누스이고 이름이 시킬디스인 그의 아내는 3bun의 곡물경작지와 1arp의 포도밭 및 1½arp의 초지로 구성된 1개의 자유인망스를 보유한다. 그는 (위와) 같이 (의무를) 이행한다.

36. 생제르맹(수도원)의 속민들로서 콜로누스인 아달마루스와 콜로누스이

---

[20] 원문대로임.

[21] 원문대로임.

[22] 곡물경작지의 bun 단위 면적이 A. Longnon, ed., *Polyp. de St. Germain*, p. 223에서는 '7(VII)'bun으로 되어 있지만, B. Guérard, ed., *Polyp. d'Irminon*, p. 169와 D. Hägermann, ed. *Polyp. von St. Germain*, p. 132에서는 '8(VIII)'bun으로 되어 있다.

고 이름이 기슬린디스인 그의 아내는 이름들이 아달만, 아달라르두스, 아달문디[스], 아우트마루스인 [4명의 자식]을[23] 두고 있다. 콜로누스인 아우트깅구스와 콜로누스이고 이름이 에르캄베르타인 그의 아내는 이름들이 하브람, 오트가리우스, 페트루스인 6명의[24] 자식을 두고 있다. 그들 두 명은 12bun 1ant의 곡물경작지와 3⅓arp의 포도밭 및 3½arp의 초지로 구성된 1개의 자유인망스를 보유한다. 그는[25] (위와) 같이 (의무를) 이행한다.

37. 생제르맹(수도원)의 여자콜로누스인 콘스타불리스는 이름들이[26] 아클로아리우스인 1명의 자식을 두고 있다. 그녀는 3bun 3ant의 곡물경작지와 2arp의 포도밭 및 3½arp의 초지로 구성된 1개의 자유인망스를 보유한다. 그녀는 (위와) 같이 (의무를) 이행한다.

38. 생제르맹(수도원)의 속민들로서 콜로누스인 압보와 콜로누스이고 이름이 베르틀라우스인 그의 아내는 이름들이 ……인 3명의 자식을 두고 있다. 그는[27] 13bun 3ant의 곡물경작지와 5arp의 포도밭 및 8arp의 초지로 구성된 1개의 자유인망스를 보유한다. 그는 (위와) 같이 (의무를) 이행한다.

39. 생제르맹(수도원)의 속민들로서 콜로누스인 기라르두스와 콜로누스이고 이름이 에르멘트루디스인 그의 아내는 (이름들이) 에르모이누스,

---

23 B. Guérard, ed., *Polyp. d'Irminon*, p. 169의 각주 b와 A. Longnon, ed., *Polyp. de St. Germain*, p. 223의 각주 1번 및 D. Hägermann, ed. *Polyp. von St. Germain*, p. 132의 각주 e번에 의하면, '[4명의 자식]' 부분은 원래 수사본에서 삭제되어 비어 있다고 한다.

24 6명의 자식이라고 하지만, 실제로는 3명의 이름만 기록되어 있다.

25 원문대로임.

26 원래 수사본에 'his nominibus'라는 복수로 되어 있다고 한다.

27 B. Guérard, ed., *Polyp. d'Irminon*, p. 170과 A. Longnon, ed., *Polyp. de St. Germain*, p. 224에는 '보유한다'는 라틴말이 'tenent'라는 3인칭 복수로 되어 있지만, D. Hägermann, ed. *Polyp. von St. Germain*, p. 132에는 3인칭 단수인 'tenet'로 되어 있다.

에름하리우스, 아다피아, 에르멘트루디스인 4명의 자식을 두고 있다. 생제르맹(수도원)의 여자콜로누스인 엘리사바. 그들 두 명은 4bun 2ant의 곡물경작지와 1⅔arp의 포도밭 및 1arp의 초지로 구성된 1개의 자유인망스를 보유한다. 그는[28] (위와) 같이 (의무를) 이행한다.

40. 생제르맹(수도원)의 속민들로서 콜로누스인 엠모와 콜로누스이고 이름이 헬트루디스인 그의 아내는 이름이 테오도이나인[29] 1명의 자식을 두고 있다. 그들은[30] 15bun 2ant의 곡물경작지와 7arp의 포도밭 및 5arp의 초지로 구성된 1개의 자유인망스를 보유한다. 그는 (위와) 같이 (의무를) 이행한다.

41. 생제르맹(수도원)의 속민들로서 콜로누스인 에를레프레두스와 콜로누스이고 이름이 라게닐디스인 그의 아내는 이름들이 힐데신디스, 잉갈프리두스, 아이르프레다인 3명의 자식을 두고 있다. 그들은[31] 4bun 2ant의 곡물경작지와 1½arp의 포도밭 및 5arp의 초지로 구성된 1개의 자유인망스를 보유한다. 그는 (위와) 같이 (의무를) 이행한다.

42. 생제르맹(수도원)의 속민들로서 콜로누스인 도도와 콜로누스이고 이름이 아이르힐디스인 그의 아내는 이름들이 아드리아누스, 에르베르투스, 아르딩구스, 하이부르고,[32] 오델린디스인 5명의 자식을 두고 있다. 생제르맹(수도원)의 콜로누스인 고도. 그들 두 명은 7bun의 곡물경작

---

[28] 원문대로임.

[29] B. Guérard, ed., *Polyp. d'Irminon*, p. 170의 각주 c번과 A. Longnon, ed., *Polyp. de St. Germain*, p. 224의 각주 2번 및 D. Hägermann, ed. *Polyp. von St. Germain*, p. 132의 각주 g번에 의하면, '이름'을 가리키는 'nomine'라는 말은 줄 마지막에 로마식 속기로 표시되어 있고, '테오도이나'라는 고유명사는 다음 줄의 첫 부분 행간에 적혀 있다고 한다.

[30] 원문대로임.

[31] 원문대로임.

[32] 이름이 B. Guérard, ed., *Polyp. d'Irminon*, p. 170에는 '하이르부르고(Hairburgo)'라고 되어 있지만, A. Longnon, ed., *Polyp. de St. Germain*, p. 224와 D. Hägermann, ed. *Polyp. von St. Germain*, p. 133에는 '하이부르고(Haiburgo)'로 되어 있다.

지와 4arp의 포도밭 및 9arp의[33] 초지로 구성된 1개의 자유인망스를 보유한다. 그는[34] (위와) 같이 (의무를) 이행한다.

43. 생제르맹(수도원)의 속민들로서 콜로누스인 베르하리우스와 콜로누스이고 이름이 프로틀레나인 그의 아내는 이름들이 헤르메하리스, 하이모, 리킬디스, 프로델린디스인 4명의 자식을 두고 있다. 생제르맹(수도원)의 속민들로서 콜로누스인 에르캄발두스와 콜로누스이고 이름이 도다인 그의 아내는 이름들이 엘레기아, 라감볼두스, 에르캄부르그, 도딜루스, 로트루디스인 5명의 자식을 두고 있다. 그들 두 명은 5bun 3ant의 곡물경작지와 4½arp의 포도밭 및 4arp의 초지로 구성된 1개의 자유인망스를 보유한다. 그는[35] (위와) 같이 (의무를) 이행한다.

44. 생제르맹(수도원)의 속민들로서 콜로누스인 에르날두스와 콜로누스이고 이름이 안스길디스인 그의 아내는 이름들이 에르말두스, 아달라다인 2명의 자식을 두고 있다. 생제르맹(수도원)의 콜로누스인 에름볼두스는 어머니와 (1명의) 형제가 동거하고 있다. 그들 두 명은 5bun 2ant의 곡물경작지와 4½arp의 포도밭 및 4arp의 초지로 구성된 1개의 자유인망스를 보유한다. 그는[36] (위와) 같이 (의무를) 이행한다.

45. 콜로누스인 고델발두스와 자유인이고 이름이 오델트루디스인 그의 아내. 생제르맹(수도원)의 여자콜로누스인 아클리나는 이름들이 아클롤두스인 2명의 아들을[37] 두고 있다. 그들 두 명은 2bun 2ant의 곡물경작지와 2arp의 포도밭 및 3arp의 초지로 구성된 1개의 자유인망스를 보유한다. 그는[38] (위와) 같이 (의무를) 이행한다.

---

[33] 초지의 면적이 A. Longnon, ed., *Polyp. de St. Germain*, p. 224에는 '8(VIII)'arp로 되어 있지만, B. Guérard, ed., *Polyp. d'Irminon*, p. 170과 D. Hägermann, ed. *Polyp. von St. Germain*, p. 133에는 '9(VIIII)'arp로 되어 있다.

[34] 원문대로임.

[35] 원문대로임.

[36] 원문대로임.

[37] 2명의 아들을 두고 있다고 하지만, 실제의 이름은 한 명만 기록되어 있다.

46. 생제르맹(수도원)의 콜로누스인 아말가우두스와 자유인인 그의 아내. 생제르맹(수도원)의 속민들로서 콜로누스인 아이룰푸스와 콜로누스이고 이름이 엘리산나인 그의 아내는 이름들이 하이르베르투스, 하이르마루스, 아클레부르그인 3명의 자식을 두고 있다. 플라비두스와 생제르맹(수도원)의 콜로누스이고 이름이 잉갈트루디스인 그의 아내는 이름들이 기르볼두스, 잉갈베르투스인 3명의[39] 자식을 두고 있다. 그들 세 명은 2bun 2ant의 곡물경작지와 2½arp의 포도밭 및 3arp의 초지로 구성된 1개의 자유인망스를 보유한다. 그는[40] (위와) 같이 (의무를) 이행한다.

47. 생제르맹(수도원)의 속민들로서 콜로누스인 아말베르투스와 콜로누스이고 이름이 데딜라인 그의 아내는 ……인 4명의 자식을 두고 있다. 그들은[41] 6bun 2ant의 곡물경작지와 6arp의 포도밭 및 11arp의 초지로 구성된 1개의 자유인망스를 보유한다. 그는 군역세를 제외하고 (위와) 같이 (의무를) 이행하며, (1필의) 역마를 바친다.

48. 생제르맹(수도원)의 속민들로서 콜로누스인 아마투스와 콜로누스이고 이름이 하이로힐디스인 그의 아내는 이름들이 노탈리스, 벨레힐디스, 예네시아인 5명의[42] 자식을 두고 있다. 생제르맹(수도원)의 콜로누스인 뷬하르두스. 그들 두 명은 4bun의[43] 곡물경작지와 1½arp의 포도밭 및 4arp의 초지로 구성된 1개의 자유인망스를 보유한다. 그는[44] (위와) 같이 (의무를) 이행한다.

---

38 원문대로임.

39 3명의 자식이라고 하지만, 실제의 이름은 2명만 기록되어 있다.

40 원문대로임.

41 원문대로임.

42 5명의 자식이라고 하지만, 실제의 이름은 3명만 기록되어 있다.

43 곡물경작지의 면적이 A. Longnon, ed., *Polyp. de St. Germain*, p. 226에서는 '3(III)'bun으로 되어 있지만, B. Guérard, ed., *Polyp. d'Irminon*, p. 171과 D. Hägermann, ed. *Polyp. von St. Germain*, p. 133에는 '4(IIII)'bun으로 되어 있다.

44 원문대로임.

49. 생제르맹(수도원)의 여자콜로누스인 엘렉트루디스는 이름들이 에르메나리우스, 에르멘타리우스, 기슬레베르투스, 아클레볼두스인 5명의[45] 자식을 두고 있다. 생제르맹(수도원)의 속민들로서 콜로누스인 하이메리쿠스와 콜로누스이고 이름이 하이르힐디스인 그의 아내. 그들 두 명은 8bun 2ant의 곡물경작지와 8arp의 포도밭 및 14arp의 초지로 구성된 1개의 자유인망스를 보유한다. 그는[46] (위와) 같이 (의무를) 이행한다.

50. 생제르맹(수도원)의 콜로누스인 테우트가리우스. 생제르맹(수도원)의 속민들로서 콜로누스인 요남과 콜로누스이고 이름이 베르힐디스인 그의 아내는 이름들이 기라르두스, 힐데길디스인 2명의 자식을 두고 있다. 그들 두 명은 4bun ½ant의 곡물경작지와 4arp의 포도밭 및 9arp의 초지로 구성된 1개의 자유인망스를 보유한다. 그는[47] (위와) 같이 (의무를) 이행한다.

51. 생제르맹(수도원)의 콜로누스인 란도는 어머니와 (1명의) 형제[48] 및 (1명의) 누이가 동거하고 있다. 생제르맹(수도원)의 콜로누스인 헤를레마루스. 그들 두 명은 3bun의 곡물경작지와 3arp의 포도밭 및 2½arp의 초지로 구성된 1개의 자유인망스를 보유한다. 그는[49] (위와) 같이 (의무를) 이행한다.

52. 생제르맹(수도원)의 속민들로서 콜로누스인 에브로이누스와 콜로누스이고 이름이 게를린디스인 그의 아내는 (이름들이) 에름누스, 페트루스, 기르베르가인 3명의 자식을 두고 있다. 콜로누스인 아달베우스와 콜로누스이고 이름이 아이르힐디스인 그의 아내는 이름들이 에브레하르두스, 아드레베우스, 시켈무스인 3명의 자식을 두고 있다. 그들 두

---

45 5명의 자식이라고 하지만, 실제의 이름은 4명만 기록되어 있다.

46 원문대로임.

47 원문대로임.

48 A. Longnon, ed., *Polyp. de St. Germain*, p. 226에는 형제에 관한 기록이 누락되고 어머니와 누이만 기재되어 있다.

49 원문대로임.

명은 4bun 1½ant의 곡물경작지와 4arp의 포도밭 및 같은 크기의 초지로 구성된 1개의 자유인망스를 보유한다. 그는[50] (위와) 같이 (의무를) 이행한다.

53. 생제르맹(수도원)의 콜로누스인 아인볼두스는 어머니와 (1명의) 누이가 동거하고 있다. 그는 4bun 2ant의 곡물경작지와 3½arp의 포도밭 및 4½arp의 초지로 구성된 1개의 자유인망스를 보유한다. 그는 (위와) 같이 (의무를) 이행한다.

54. 에르캄베르투스와 생제르맹(수도원)의 콜로누스이고 이름이 기소힐디스인 그의 아내. 그는 1bun의 곡물경작지와 5arp의 포도밭 및 2arp의 초지로 구성된 1개의 자유인망스를 보유한다. 그는 (위와) 같이 (의무를) 이행한다.

55. 생제르맹(수도원)의 속민들로서 콜로누스인 알베리쿠스와 콜로누스이고 이름이 아겐틸디스인 그의 아내는 이름들이[51] 코스타불루스인 1명의 자식을 두고 있다. 그는 3bun의 곡물경작지와 5arp의 포도밭 및 4arp의 초지로 구성된 1개의 자유인망스를 보유한다. 그는 (위와) 같이 (의무를) 이행한다.

56. 생제르맹(수도원)의 속민들로서 콜로누스인 아달모두스와 콜로누스이고 이름이 크리스티나인 그의 아내. 생제르맹(수도원)의 속민들로서 콜로누스인 불기스와 콜로누스이고 이름이 헤름라기아인 그의 아내는 이름들이[52] 테우트기스인 1명의 자식을 두고 있다. 그들 두 명은 1bun의 곡물경작지와 3arp의 포도밭 및 2½arp의 초지로 구성된 (1개의) 반쪽 자유인망스를 보유한다. 그는[53] 반쪽 망스(보유자)처럼 (의무를) 수행한다.

---

[50] 원문대로임.

[51] 원문대로임.

[52] 원문대로임.

[53] 원문대로임.

57. 생제르맹(수도원)의 속민들로서 콜로누스인 아게나리우스와 콜로누스이고 이름이 아델린디스인 그의 아내는 이름들이 아기아, 란트프레두스, 아게닐디스, 아말트루디스인 4명의 자식을 두고 있다. 그는 2bun 2ant의 곡물경작지와 2arp의 포도밭 및 2arp의 초지로 구성된 1개의 자유인망스를 보유한다. 그는 (위와) 같이 (의무를) 이행한다.

58. 생제르맹(수도원)의 콜로누스인 게롤두스. 생제르맹(수도원)의 콜로누스인 그림하르두스와 콜로누스이고 이름이 빌드라다인 그의 아내는 (이름들이) 그리모아르두스, 그림하리우스, 기르라두스인 4명의[54] 자식을 두고 있다. 그들 두 명은 5bun의 곡물경작지와 2⅓arp의 포도밭 및 2arp의 초지로 구성된 1개의 자유인망스를 보유한다. 그는[55] (위와) 같이 (의무를) 이행한다.

59. 생제르맹(수도원)의 속민들로서 콜로누스인 아게나르두스와 콜로누스이고 (이름이) 프로트힐디스인 그의 아내는 2명의 자식을 두고 있다. 생제르맹(수도원)의 여자콜로누스인 빌라코미스. 그들 두 명은 2bun 1ant의 곡물경작지와 2arp의 포도밭 및 1½arp의 초지로 구성된 1개의 자유인망스를 보유한다. 그는[56] (위와) 같이 (의무를) 이행한다.

60. 생제르맹(수도원)의 속민들로서 콜로누스인 아달라르두스와 콜로누스이고 이름이 에르캄트루디스인 그의 아내는 이름들이 빌라테우스, 오딜라르두스, 에르카닐디스, 가마닐디스인 4명의 자식을 두고 있다. 그는 2bun의 곡물경작지와 3arp의 포도밭 및 1½arp의 초지로 구성된 1개의 자유인망스를 보유한다. 그는 (위와) 같이 (의무를) 이행한다.

61. 생제르맹(수도원)의 속민들로서 콜로누스인 악토이누스와 콜로누스이고 이름이 블리다인 그의 아내. 생제르맹(수도원)의 속민들로서 콜로누스인 아달베르투스와 콜로누스이고 이름이 헬델린디스인 그의 아내.

---

[54] 4명의 자식이라고 하지만, 실제의 이름은 3명만 기록되어 있다.

[55] 원문대로임.

[56] 원문대로임.

그들 두 명은 3bun의 곡물경작지와 2½arp의 포도밭 및 ½arp의 초지로 구성된 1개의 자유인망스를 보유한다. 그는[57] (위와) 같이 (의무를) 이행한다.

62. 생제르맹(수도원)의 콜로누스인 데시데라투스. 생제르맹(수도원)의 속민들로서 콜로누스인 아달볼두스와 콜로누스이고 이름이 란도일디스인 그의 아내. 생제르맹(수도원)의 속민들로서 콜로누스인 도도와 콜로누스이고 이름이 아달사다인 그의 아내. 그들 세 명은 2bun 2½ant의 곡물경작지와 3arp의 포도밭 및 1arp의 초지로 구성된 1개의 자유인망스를 보유한다. 그는[58] (위와) 같이 (의무를) 이행한다. 그 외에도 그들은 1½bun의 곡물경작지와 1½arp의 초지로 구성된 (1개의) 반쪽 망스를 보유한다.

63. 생제르맹(수도원)의 속민들로서 콜로누스인 프로데리쿠스와 콜로누스이고 이름이 베아타인 그의 아내는 이름들이 프로트가우두스, 프로트가리우스, 프로틀린디스, 고델린디스인 4명의 자식을 두고 있다. 생제르맹(수도원)의 콜로누스인 고델하리우스. 생제르맹(수도원)의 속민들로서 콜로누스인 데오다투스와 콜로누스이고 이름이 아겐트루디스인 그의 아내. 그들 세 명은 2bun 1ant의 곡물경작지와 3arp의 포도밭 및 1arp의 초지로 구성된 1개의 자유인망스를 보유한다. 그는[59] (위와) 같이 (의무를) 이행한다.

64. 생제르맹(수도원)의 여자콜로누스인 시클리나. 생제르맹(수도원)의 속민들로서 콜로누스인 뷔네라우스와 콜로누스이고 이름이 에르멘트루디스인 그의 아내는 이름들이 기브라우스, 기프레다, 에르메나리우스인 4명의[60] 자식을 두고 있다. 그들 두 명은 2bun 1ant의 곡물경작지와

---

[57] 원문대로임.

[58] 원문대로임.

[59] 원문대로임.

[60] 4명의 자식이라고 하지만, 실제 이름은 3명만 기록되어 있다.

2½arp의 포도밭 및 ½arp의 초지로 구성된 1개의 자유인망스를 보유한다. 그는 (위와) 같이 (의무를) 이행한다.

65. 생제르맹(수도원)의 속민들로서 콜로누스인 망키부스와 콜로누스이고 이름이 게르트루디스인 그의 아내는 이름들이 베니미우스, 에르멩가리우스인 2명의 자식을 두고 있다. 그는 1bun ½ant의 곡물경작지와 1arp의 포도밭 및 ¼arp의 초지로 구성된 (1개의) 반쪽 망스를 보유한다. 그는 반쪽 망스(보유자)처럼 (의무를) 이행한다.

66. 생제르맹(수도원)의 여자콜로누스인 기를린디스는 7명의 자식을 두고 있다. 그녀는 4bun의 곡물경작지와 2½arp의 포도밭 및 1arp의 초지로 구성된 1개의 자유인망스를 보유한다. 그녀는 (위와) 같이 (의무를) 이행한다.

67. 생제르맹(수도원)의 콜로누스인 엘렉테우스는 4bun의 곡물경작지와 1½arp의 포도밭 및 1arp의 초지로 구성된 1개의 망스를 보유한다. 그는 (위와) 같이 (의무를) 이행한다.

68. 생제르맹(수도원)의 콜로누스인 엘리아누스는 (1명의) 누이가 동거하고 있다. 생제르맹(수도원)의 속민들로서 콜로누스인 아르트가우두스와 콜로누스이고 이름이 가우기아인 그의 아내는 (이름들이) 가우기나, 스테파누스, 알데드루디스인 5명의[61] 자식을 두고 있다. 그들 두 명은 4bun 2ant의 곡물경작지와 1¼arp의 포도밭 및 4arp의 초지로 구성된 1개의 자유인망스를 보유한다. 그는[62] 위와) 같이 (의무를) 이행한다.

69. 생제르맹(수도원)의 노예인 시그람누스. 생제르맹(수도원)의 속민들로서 콜로누스인 게로이누스와 콜로누스이고 이름이 에르메힐디스인 그

---

[61] D. Hägermann, ed. *Polyp. von St. Germain*, p. 135에는 '4명의 자식(infantes IV)'으로 되어 있지만, B. Guérard, ed., *Polyp. d'Irminon*, p. 174와 A. Longnon, ed., *Polyp. de St. Germain*, p. 229에는 '5명의 자식(infantes V)'으로 되어 있다. 어쨌든 실제 명기된 이름은 숫자보다 적다.

[62] 원문대로임.

의 아내. 그들 두 명은 4bun 1ant의 곡물경작지와 2½arp의 포도밭 및 2½arp의 초지로 구성된 1개의 자유인망스를 보유한다. 그는[63] 포도밭에서 4arp를 작업한다. 그는 돼지방목세로 3md의 포도주를 바친다. 그는 동곡파종을 위해서 4ptc, 하곡파종을 위해서 2ptc를 갈이질한다. 그는 1sest의 겨자, 1다발의 버들가지,[64] 3마리의 닭, 15개의 계란을 (바친다). 그는 지시받는 곳에서.[65]

70. 노예인 아클로이누스와 노예이고 이름이 빌다드루디스인 그의 아내. 그는 4bun의 곡물경작지와 1arp의 포도밭으로 구성된 1개의 자유인망스를 보유한다. 나머지(의무)는 (위와) 같다. 그리고 그 여자노예는 영주의 양모로 1장의 모직물을 제조하며, 지시받는 만큼의 암평아리들을 (기른다).

71. 생제르맹(수도원)의 노예인 알라리쿠스는 어머니와 누이들과 두 명의 형제가 (동거하고) 있다. 생제르맹(수도원)의 콜로누스인 알도이누스. 그들 두 명은 4bun 1ant의 곡물경작지와 1½arp의 포도밭 및 7(arp)의 초지로 구성된 1개의 자유인망스를 보유한다. 그는[66] (위와) 같이 (의무를) 이행한다.

72. 생제르맹(수도원)의 속민들로서 콜로누스인 리켈무스와 콜로누스이고 이름이 게리스마인 그의 아내는 (이름들이) 아게닐디스, 리클린디스, 힐데가르디스인 3명의 자식을 두고 있다. 생제르맹(수도원)의 속민들로서 콜로누스인 아겐텔무스와 콜로누스이고 이름이 고데힐디스인 그

---

63 원문대로임.

64 '1다발의 버들가지'란 라틴어 원문의 'osaria I'을 번역한 말이다. J. E. Niermeyer, *Mediae Latinitatis Lexicon Minus*, p. 748에 의하면 osaria는 osaria, ausaria, ozeria, osera라고도 불린 켈트어로서, 버들 다발 또는 버들나무 밭을 뜻한다. 버들가지는 바구니를 만드는 데 쓰였다.

65 "지시받는 곳에서(Ubi ei injungitur.)"라는 문구 다음에는 곧 뒤의 제76항에서 보듯이 '손일'을 한다는 말이 생략되었다고 할 수 있다.

66 원문대로임.

의 아내는 이름들이 데우트셀무스, 아인베르가, 고데발두스인 3명의 자식을 두고 있다. 그들 두 명은 4bun 1ant의 곡물경작지와 1½arp의 포도밭 및 1½arp의 초지로 구성된 1개의 자유인망스를 보유한다. 그는[67] (위와) 같이 (의무를) 이행한다.

73. 콜로누스인 요한니스와 생제르맹(수도원)의 콜로누스이고 이름이 테우트신다인 그의 아내는 이름들이 테우둘푸스, 베르틀린디스인 2명의 자식을 두고 있다. 그는 5bun의 곡물경작지와 2arp의 포도밭 및 1ptc의 초지로 구성된 1개의 자유인망스를 보유한다. 그는 (위와) 같이 (의무를) 이행한다.

74. 베르네아르두스와 생제르맹(수도원)의 콜로누스이고 이름이 굴필디스인 그의 아내는 이름들이 레스토이누스, 기르트루디스, 기슬라인 3명의 자식을 두고 있다. 그는 2bun 2ant의 곡물경작지와 1arp의 포도밭 및 3arp의 초지로 구성된 1개의 자유인망스를 보유한다. 그는 (위와) 같이 (의무를) 이행한다.

75. 생제르맹(수도원)의 콜로누스인 안스베르투스는 2명의 형제와 (1명의) 누이가 동거하고 있다. 그는 3bun의 곡물경작지와 1arp의 포도밭 및 3arp의 초지로 구성된 1개의 자유인망스를 보유한다. 그는 (위와) 같이 (의무를) 이행한다.

76. 생제르맹(수도원)의 속민들로서 생제르맹(수도원)의[68] 노예인 아달가리우스와 콜로누스이고 이름이 하이르볼다인 그의 아내. 그는 1개의 노예망스를 보유한다. 생제르맹(수도원)의 속민들로서 노예인 하도아르두스와 노예이고 이름이 뷔니길디스인 그의 아내는 (이름들이) 프로트하르두스, 기로아르두스, 아이로일디스, 아도이스, 엘리길디스인 5

[67] 원문대로임.

[68] 원문대로임. 라틴어 원문에 "Adalgarius, servus sancti Germani, et uxor ejus colona, nomine Hairbolda, homines sancti Germani."라고 하여, 아달가리우스가 생제르맹데프레 수도원의 노예이고 또한 이 수도원의 속민임이 이중으로 기록되어 있다.

명의 자식을 두고 있다. 그들 두 명은 1½bun의 곡물경작지와 ¾arp의 포도밭 및 5½arp의 초지로 구성된 1개의 자유인망스를 보유한다. 그는[69] 포도밭에서 4arp을 작업한다. 그는 돼지방목세로 3md의 포도주, 1sest의 겨자, 50다발의 버들가지, 3마리의 닭, 15개의 계란을 바친다. 그는 지시받는 곳에서 손일을 (수행한다). 그리고 그 여자노예는 영주의 양모로 (1장의) 모직물을 제조하며, 지시받는 만큼의 암평아리들을 (기른다).

77. 생제르맹(수도원)의 속민들로서 콜로누스인 아달가우두스와 콜로누스이고 이름이 아길디스인 그의 아내는 이름들이[70] 아달길디스인 1명의 자식을 두고 있다. 생제르맹(수도원)의 콜로누스인 기슬레베르투스와 생제르맹(수도원)의 노예이고 이름이 게르마나인 그의 아내. 그들 두 명은 2bun 1ant의 곡물경작지와 1½arp의 포도밭 및 2½arp의 초지로 구성된 1개의 노예망스를 보유한다.

78. 생제르맹(수도원)의 콜로누스인 에르메놀두스와 노예인 그의 아내. 생제르맹(수도원)의 속민들로서 노예인 풀칼두스와 노예이고 이름이 라겐티스마인 그의 아내. 그들 두 명은 2bun 1½ant의 곡물경작지와 1arp의 포도밭 및 2½arp의 초지로 구성된 1개의 노예망스를 보유한다. 그는[71] (위와) 같이 (의무를) 이행한다. 그리고 그 여자노예와 그녀의 어머니는 모직물들을 제조하며, 지시받는 만큼의 암평아리들을 (기른다).

79. 노예인 랑그하리우스와 반자유인이고 이름이 …인 그의 아내는 이름들이[72] 아드레발두스인 1명의 자식을 두고 있다. 그는 1bun 1½ant의 곡물경작지와 ½arp의 포도밭 및 3arp의 초지로 구성된 1개의 노예망스를 보유한다. 그는 (위와) 같이 (의무를) 이행한다.

---

[69] 원문대로임.

[70] 원문대로임.

[71] 원문대로임.

[72] 원문대로임.

80. 생제르맹(수도원)의 속민들로서 콜로누스인 안스가우두스와 콜로누스이고 이름이 라도일디스인 그의 아내는 (이름들이) 안스가리우스, 엘리가우두스, 라도아르두스, 라둘푸스, 라도이누스인 5명의 아들을 두고 있다. 생제르맹(수도원)의 속민들로서 콜로누스인 하이르마루스와 콜로누스이고 이름이 플로트힐디스인 그의 아내는 이름들이[73] 에르메나리우스인 1명의 자식을 두고 있다. 그들 두 명은 3bun의 곡물경작지와 2arp의 포도밭 및 3arp의 초지로 구성된 1개의 노예망스를 보유한다. 그는[74] (위와) 같이 (의무를) 이행한다.

81. 생제르맹(수도원)의 속민들로서 콜로누스인 봘트카우두스와 콜로누스이고 이름이 아클레힐디스인 그의 아내는 이름들이 봘타리우스, 봐렝가우두스, 살라쿠스, 라트헬무스인 4명의 자식을 두고 있다. 생제르맹(수도원)의 속민들로서 콜로누스인 알트프리두스와 콜로누스이고 이름이 라겐틸디스인 그의 아내는 이름들이 데오다타, 에를레힐디스, 알틸디스, 페르렐로인 4명의 자식을 두고 있다. 그들 두 명은 1bun 1ant의 곡물경작지와 2arp의 포도밭 및 6arp의 초지로 구성된 1개의 노예망스를 보유한다. 그는[75] (위와) 같이 (의무를) 이행한다.

82. 생제르맹(수도원)의 속민들로서 노예인 란딩구스와 노예이고 이름이 아클릴디스인 그의 아내는 이름들이 아클로이누스, 비비아나인 2명의 자식을 두고 있다. 그는 1bun의 곡물경작지와 3arp의 포도밭 및 ⅓arp의 초지로 구성된 1개의 자유인망스를 보유한다. 그는 (위와) 같이 (의무를) 이행한다. 그리고 그 여자노예는 영주의 양모로 (1장의) 모직물을 제조하며, 지시받는 만큼의 암평아리들을 (기른다).

83. 생제르맹(수도원)의 속민들로서 콜로누스인 엘리아스와 노예이고 이름이 잉그라다인 그의 아내는 2bun의 곡물경작지와 1arp의 포도밭 및

---

73 원문대로임.

74 원문대로임.

75 원문대로임.

1½arp의 초지로 구성된 (1개의) 반쪽 노예망스를 보유한다. 그는 반쪽 망스(보유자)와 마찬가지로 (의무를) 이행한다.

84. 생제르맹(수도원)의 속민들로서 아클레베르트투스와 노예이고 이름이 프로틀린디스인 그의 아내는 이름들이[76] 아클레브루그인 1명의 자식을 두고 있다. 생제르맹(수도원)의 노예인 테우트프리두스는 어머니가 동거하고 있다. 그들 두 명은 4bun의 곡물경작지와 1arp의 포도밭 및 4arp의 초지로 구성된 1개의 노예망스를 보유한다. 그는[77] (위와) 같이 (의무를) 이행한다.

85. 생제르맹(수도원)의 노예인 아우트게루스. 생제르맹(수도원)의 속민들로서 노예인 페트루스와 콜로누스이고 이름이 뵨델린디스인 그의 아내. 노예인 투르피누스. 그들 세 명은 2bun 1ant의 곡물경작지와 1½arp의 포도밭 및 6arp의 초지로 구성된 1개의 노예망스를 보유한다. 그는[78] (위와) 같이 (의무를) 이행한다.

86. 아르트가리우스와 생제르맹(수도원)의 콜로누스이고 이름이 에름베르타인 그의 아내. 뷔네가리우스는 그들의 아들이다. 생제르맹(수도원)의 속민들로서 콜로누스인 레우트발두스와 콜로누스이고 이름이 클라라인 그의 아내는 이름들이 테우트발두스, 레우트베르가인 2명의 자식을 두고 있다. 그들 두 명은 1bun의 곡물경작지와 1½arp의 포도밭 및 1arp의 초지로 구성된 1개의 노예망스를 보유한다. 그는 (위와) 같이 (의무를) 이행한다.

87. 생제르맹(수도원)의 노예인 아클롤두스는 이름들이 아게놀두스, 라트볼두스인 2명의 자식을 두고 있다. 생제르맹(수도원)의 노예인 아겜발두스. 그들 두 명은 2bun 2ant의 곡물경작지와 1½arp의 포도밭 및 1arp의 초지로 구성된 1개의 노예망스를 보유한다. 그는 (위와) 같이 (의무

---

[76] 원문대로임.

[77] 원문대로임.

[78] 원문대로임.

를) 이행한다.

88. 생제르맹(수도원)의 속민들로서 콜로누스인 발드람누스와 콜로누스이고 이름이 고틀린디스인 그의 아내는 이름들이 고델린디스, 라트하리우스인 3명의[79] 자식을 두고 있다. 그는 3bun의 곡물경작지와 1arp의 포도밭 및 1arp의 초지로 구성된 1개의 노예망스를 보유한다. 그는 (위와) 같이 (의무를) 이행한다.

89. 생제르맹(수도원)의 콜로누스인 아달라두스는 어머니가 동거하고 있다. 생제르맹(수도원)의 속민들로서 페트루스와 콜로누스이고 이름이 아드레일디스인 그의 아내는 이름들이 알라리쿠스, 라트베르투스인 2명의 자식을 두고 있다. 그들 두 명은 2bun 2ant의 곡물경작지와 3½arp의 포도밭 및 2arp의 초지로 구성된 1개의 노예망스를 보유한다. 그는 (위와) 같이 (의무를) 이행한다.

90. 생제르맹(수도원)의 속민들로서 콜로누스인 발트카리우스와 콜로누스이고 이름이 테우틀린디스인 그의 아내. 그는 3bun의 곡물경작지와 1½arp의 포도밭 및 2½arp의 초지로 구성된 1개의 노예망스를 보유한다. 그는 (위와) 같이 (의무를) 이행한다.

91. 우리는 엠모로부터 4ant의 곡물경작지로 된 영주세습지를 회수했다.

92. 사제인 잉갈람누스는 1개의 자유인망스를 은대지로 보유한다.

93. 에다도 (위와) 마찬가지로 보유한다.

94. 드록팅구스는 4데나리우스를 지불한다.
에를린디스도 같고, 아달하르두스도 같고, 알로도 같고, 라겐하르두스도 같고, 요하네스도 같고, 기슬레드루디스도 같고, 알틸디스도 같고, 고다도 같고, 아클레발다도 같고, 요한나도 같고, 트루디나도 같고, 테오다도 같고, 요한네스도 같고, 마르티누스도 같고, 엘레기우스도 같

---

[79] 3명의 자식이라고 하지만, 실제 이름은 2명만 명기되어 있다.

고, 뷔클레리쿠스도 같고, 아말길디스도 같고, 빌레람누스도 같고, 빌렌테우스도 같고, 아클레베르타도 같고, 봐달베르투스도 같고, 나달레우스도 같고, 사게바르두스도 같고, 봘도도 같고, 알다도 같고, 세겔라우리스도 같고, 게르센타도 같고, 라트헬무스도 같고, 루푸스도 같고, 라겐트루디스도 같고, 라트하리우스도 같고, 마르티나도 같고, 아클릴디스도 같으며, 오델트루디스도 같다.

95. 빌라노바에는 매년 군사용으로 3대의 수레나 15두의 황소 또는 6리브라의 돈을 바치고, 2리브라 16솔리두스의 군수용 가축공납 면제세를 (지불하고), 1리브라 16데나리우스의 나무채취료를 (지불하며), 셋째 해에 새끼양을 가진 60두의 암양을 (바치는) (총) 60개의 자유인망스가 있다.

여기에는 (총) 14½개의 노예망스가 있다. 그들 망스(보유자)들은 모두 합쳐서 돼지방목세로 210md의 포도주를 바치고, 324마리의 닭과 1,670개의 계란을 (바치고), 65피트 용적의 받침목을 (바치며), 1,070다발의 버들가지를 (바치고), 10솔리두스의 인두세를 (지불하며), 3,350개의 지붕널을 (바친다). 망스의 합계는 74½개가 된다.

96. **다음의 남녀 속민들은 수도원장 모라르두스가[80] 취득했으며, 빌라노바 장원 출신으로 부티아쿠스 마을에[81] 거주한다.**

---

[80] B. Guérard, ed., *Polyp. d'Irminon*, p. 178의 각주 c번과 A. Longnon, ed., *Polyp. de St. Germain*, p. 233의 각주 1번과 D. Hägermann, ed. *Polyp. von St. Germain*, p. 138의 각주 2번 및 K. Elmshäuser & A. Konrad, *Studien zum Polyp. von St. Germain*, p. 213의 각주 18번에 의하면, 모라르두스(Morardus)가 생제르맹데프레수도원의 수도원장으로 재임한 기간은 990~1014년간이다.

[81] 부티아쿠스 마을(Butiacus villa)은 B. Guérard, ed., *Polyp. d'Irminon*, p. 178의 각주 d번과 A. Longnon, ed., *Polyp. de St. Germain*, p. 234의 각주 1번 및 K. Elmshäuser & A. Konrad, *Studien zum Polyp. von St. Germain*, p. 213의 각주 19번에 의하면 빌레뇌브생조르주 남동쪽(엘름호이저의 경우에는 남서쪽) 7km쯤 거리에 위치한 세네우아즈 도 코르베이 군 부아시생레제 캉통의 부시생앙투안(Boussy-Saint-Antoine)에 해당한다. D. Hägermann, ed. *Polyp. von St. Germain*, p. 224에 의하면 부시생앙투안은 오늘날 행정구역상으로는 에손 도 에브리 군 브뤼누와(Brunoy)

: 여자속민인 레스투이디스, 그녀의 딸들인 봘드라다, 오다, 뷜렌디스, 아들 봘드라데 마르티누스,[82] 그리고 딸 봐렘부르기스; 아들 오데, 테트발두스.

97. 브리아켄시스 파구스에[83] 있는 생제르맹(수도원)의 속민들
: 헤르멘하르두스와 그의 아내 잉겔신디스, 그리고 그의 딸 오델라이디스; 여자속민 레스투이디스와 그녀의 딸 봘드라다, 그리고 그녀의 딸 오다, 그리고 그녀의 아들 마르티누스, 그리고 오다의 아들 테우트발두스.

캉통에 속한다.

82 B. Guérard, ed., *Polyp. d'Irminon*, p. 178에서는 '아들 봘드라데 마르티누스(filius Waldrade Martinus)'라는 문구가 '아들 봘드라데, 마르티누스(filius Waldrade, Martinus)'라고 하여 두 사람의 이름처럼 떼어져 있지만, A. Longnon, ed., *Polyp. de St. Germain*, p. 234와 D. Hägermann, ed. *Polyp. von St. Germain*, p. 138에서는 하나의 이름으로 이어져 있다.

83 브리아켄시스 파구스(Briacensis pagus)는 B. Guérard, *Prolégomènes*, pp. 97~104와 A. Longnon, ed., *Polyp. de St. Germain*, p. 234의 각주 3번에 의하면 파리 동쪽 센 강과 마른 강 사이에 위치한 오늘날의 브리(Brie) 지방에 해당한다.

16 쿰비(장원의) 명세서

1. 쿰비에는[1] 저택과 여타 많은 부속건물들을 갖춘 영주직영지가 있다. 여기에는 면적이 168bun이고 850md의 밀이 파종될 수 있는 6개의 쿨투라가 있다. 여기에는 1,200md의 포도주가 채취될 수 있는 94arp의 포도밭이 있으며, 100수레의 건초가 채취될 수 있는 88arp의 초지가 있다. 여기에는 어림잡아 그 둘레가 모두 3마일로, 1,000마리의 돼지가 살찔 수 있는 임야가 있다. 여기에는 2대의 물레방아가 있으며, 이들 물레방아로부터는 사용료(수입)로 120md의 곡식과 40md의 밀 및 80md의 잡곡이 생긴다.

2. 여기에는 정성들여 만든 모든 설비와 저택과 여타의 부속건물들을 갖춘 2개의 교회가 있다. 여기에는 16bun의 곡물경작지와 8arp의 포도밭 및 12arp의 초지가 배속되어 있다. 그 외에도 수도원장인 영주 이르미노는 이들 교회에 ⅓jr의 곡물경작지와 1½arp의 포도밭 및 ¼arp의 초지

---

[1] 이 제16장에서 말하는 쿰비(Cumbi) 또는 쿰바(Cumba)는 B. Guérard, *Prolégomènes*, p. 864 및 B. Guérard, ed., *Polyp. d'Irminon*, p. 179의 각주 a번과 D. Hägermann, ed. *Polyp. von St. Germain*, p. 224 및 K. Elmshäuser & A. Konrad, *Studien zum Polyp. von St. Germain*, p. 216에 의하면 세네마른 도 믈렝(Melun) 군 브리콩트로베르(Brie-Comte-Robert) 캉통의 콩라빌(Combs-la-Ville)이고, A. Longnon, ed., *Polyp. de St. Germain*, p. 235의 1번 각주에 의하면 세네우아즈 도 코르베이 군 브리콩트로베르 캉통의 콩라빌이다. 이는 같은 지명으로, 현재는 믈렝 군의 콩라빌 캉통을 이룬다. 이곳은 파리 남동쪽 28km 거리에 위치한다.

로 구성된 1개의 호스피키움을 수여했다. 그리고 여기에는 6명의 거류외인이 있다. 이들 거류외인은 6bun의 곡물경작지와 1arp의 포도밭 및 3arp의 초지를 보유한다. 그들은 음식을 제공받는 경우에는 매주 2일(의 부역노동)을 수행한다. 그들은 2마리의 닭과 10개의 계란을 바친다. 물레방아 관리인.[2] 이들 교회로부터는 예물로 1필의 말이 생기며, (토지 보유자는) 동곡파종을 위해 4ptc, 하곡파종을 위해 2ptc(의 갈이질 부역)를 수행하고 3회의 코르베를 (수행한다).

3. 생제르맹(수도원)의 속민들로서 콜로누스인 루몰두스와 콜로누스이고 이름이 기슬레베르가인 그의 아내는 6명의 자식을 두고 있다. 그는 6bun 1ant의 곡물경작지와 3arp의 포도밭 및 3arp의 초지로 구성된 1개의 자유인망스를 보유한다. 그는 군사용으로 4솔리두스의 돈, 돼지방목세로 2md의 포도주, 셋째 해에 100개의 지붕널, 1피트 용적의 받침목을 바친다. 그는 매주 2회의 코르베를 (수행하고), 지시받는 만큼 손일들과 나무베기 부역 및 수송부역들을 (수행한다). 그는 3마리의 닭과 15개의 계란을 (바친다). 그는 동곡파종을 위해서 4ptc, 하곡파종을 위해서 2ptc를 갈이질한다. 그는 셋째 해에 수송부역을 (수행한다).[3]

4. 생제르맹(수도원)의 속민들로서 콜로누스인 둘케베르투스와 콜로누스이고 이름이 그림힐디스인 그의 아내는 5명의 자식을 두고 있다. 그는 5bun ½ant의 곡물경작지와 3arp의 포도밭 및 1arp의 초지로 구성된 1개의 자유인망스를 보유한다. 그는 (위와) 같이 (의무를) 이행한다.

---

2 물레방아 관리인과 관련하여 B. Guérard, ed., *Polyp. d'Irminon*, p. 179와 A. Longnon, ed., *Polyp. de St. Germain*, p. 236에 'Farinarius exiit …'라고 기록되고 D. Hägermann, ed. *Polyp. von St. Germain*, p. 139에는 'Farinarium .I. Exiit …'이라고 기록되어 있으나, 이런 기록은 바로 앞에 있는 제1항의 말미에 언급된 물레방아와 연관된 것이다. 그러므로 실수로 기록의 위치가 잘못되었다고 할 수 있다. A. Longnon, ed., *Polyp. de St. Germain*, p. 236의 각주 1번 및 K. Elmshäuser & A. Konrad, *Studien zum Polyp. von St. Germain*, p. 218 참조.

3 이 마지막 문장은 라틴어 원문의 "Ad tertium annum wicharia."를 번역한 것이다. 'wicharia' 또는 'wicharisca'가 무엇이냐에 대한 논란이 있지만, 수송부역이라고 봄에는 일치한다. 이에 대해서는 앞의 제9장 제9항에 대한 각주 참조.

5. 생제르맹(수도원)의 콜로누스인 게를레우스는 어머니와 (1명의) 형제 및 (1명의) 누이가 동거하고 있다. 그는 5bun ½ant의 곡물경작지와 2arp의 포도밭 및 1arp의 초지로 구성된 1개의 자유인망스를 보유한다. 그는 (위와) 같이 (의무를) 이행한다.

6. 콜로누스인 아페르와 콜로누스이고 이름이 트루다인 그의 아내는 2명의 자식을 두고 있다. 생제르맹(수도원)의 콜로누스인 그림하리우스. 그들 두 명은 7bun의 곡물경작지와 3arp의 포도밭 및 1arp의 초지로 구성된 1개의 자유인망스를 보유한다. 그는[4] (위와) 같이 (의무를) 이행한다.

7. 생제르맹(수도원)의 속민들로서 콜로누스인 라둘푸스와 콜로누스이고 이름이 발다인 그의 아내는 2명의 자식을 두고 있다. 그는 7½bun의 곡물경작지와 1arp의 포도밭 및 1½arp의 초지로 구성된 1개의 자유인망스를 보유한다. 그는 (위와) 같이 (의무를) 이행한다.

8. 생제르맹(수도원)의 속민들로서 콜로누스인 게렘무스와 콜로누스이고 이름이 에르멘베르가인 그의 아내는 6명의 자식을 두고 있다. 그는 7bun의 곡물경작지와 2arp의 포도밭으로 구성된 1개의 자유인망스를 보유한다. 그는 (위와) 같이 (의무를) 이행한다.

9. 콜로누스인 에르멩길루스와 콜로누스이고 이름이 아이를린디스인 그의 아내는 6명의 자식을 두고 있다. 그는 8bun의 곡물경작지와 2arp의 포도밭으로 구성된 1개의 자유인망스를 보유한다. 그는 (위와) 같이 (의무를) 이행한다.

10. 생제르맹(수도원)의 콜로누스인 게르마누스. 아말하리우스와 콜로누스이고 이름이 프로도아라인 그의 아내는 4명의 자식을 두고 있다. 그들 두 명은 4bun의 곡물경작지와 1½arp의 포도밭 및 2arp의 초지로 구성된 1개의 자유인망스를 보유한다. 그는[5] (위와) 같이 (의무를) 이

---

[4] 원문대로임.

행한다.

11. 생제르맹(수도원)의 속민들로서 콜로누스인 불플레우스와 콜로누스이고 이름이 봐틀린디스인 그의 아내는 4명의 자식을 두고 있다. 그는 2bun 2ant의 곡물경작지와 1½arp의 포도밭 및 2arp의 초지로 구성된 1개의 자유인망스를 보유한다. 그는 (위와) 같이 (의무를) 이행한다.

12. 생제르맹(수도원)의 속민들로서 콜로누스인 마달베누스와 콜로누스이고 이름이 헤를린디스인 그의 아내는 3명의 자식을 두고 있다. 그는 8bun의 곡물경작지와 1arp의 포도밭 및 1⅔arp의 초지로 구성된 1개의 자유인망스를 보유한다. 그는 (위와) 같이 (의무를) 이행한다.

13. 안스가리우스와 생제르맹(수도원)의 콜로누스이고 이름이 봔데길디스인 그의 아내는 6명의 자식을 두고 있다. 그는 7bun 2ant의 곡물경작지와 1½arp의 포도밭 및 3½arp의 초지로 구성된 1개의 자유인망스를 보유한다. 그는 (위와) 같이 (의무를) 이행한다.

14. 생제르맹(수도원)의 속민들로서 콜로누스인 아이울푸스와 콜로누스이고 이름이 마다닐디스인 그의 아내는 1명의 자식을 두고 있다. 생제르맹(수도원)의 속민들로서 콜로누스인 에틀레누스와 콜로누스이고 이름이 마달트루디스인 그의 아내는 5명의 자식을 두고 있다. 그들 두 명은 4bun 1ant의 곡물경작지와 1arp의 포도밭으로 구성된 1개의 자유인망스를 보유한다. 그는[6] (위와) 같이 (의무를) 이행한다.

15. 생제르맹(수도원)의 속민들로서 콜로누스인 스테파누스와 콜로누스이고 이름이 베르테플레디스인 그의 아내는 6명의 자식을 두고 있다. 생제르맹(수도원)의 속민들로서 콜로누스인 아가르누스와 콜로누스이고 이름이 게르마나인 그의 아내는 3명의 자식을 두고 있다. 그들 두 명은 6bun의 곡물경작지와 3arp의 포도밭 및 1arp의 초지로 구성된 1개의

---

5 원문대로임.

6 원문대로임.

자유인망스를 보유한다. 그는[7] (위와) 같이 (의무를) 이행한다.

16. 생제르맹(수도원)의 속민들로서 헬보두스와 콜로누스이고 이름이 베르팅가인 그의 아내는 3명의 자식을 두고 있다. 생제르맹(수도원)의 콜로누스인 게르베르투스. 그들 두 명은 6bun의 곡물경작지와 1¼arp의[8] 포도밭 및 3arp의 초지로 구성된 1개의 자유인망스를 보유한다. 그는[9] (위와) 같이 (의무를) 이행한다.

17. 생제르맹(수도원)의 콜로누스인 플로트베우스. 생제르맹(수도원)의 속민들로서 콜로누스인 프로도이누스와 콜로누스이고 이름이 라그노힐디스인 그의 아내는 1명의 자식을 두고 있다. 그들 두 명은 4bun 2ant의 곡물경작지와 3arp의 포도밭 및 3⅓arp의 초지로 구성된 1개의 자유인망스를 보유한다. 그는 (위와) 같이 (의무를) 이행한다.

18. 콜로누스인 에르멘리쿠스와 콜로누스이고 이름이 에바인 그의 아내는 4명의 자식을 두고 있다. 그는 4bun 2ant의 곡물경작지와 2½arp의 포도밭 및 2⅓arp의 초지로 구성된 1개의 자유인망스를 보유한다. 그는 (위와) 같이 (의무를) 이행한다.

19. 생제르맹(수도원)의 속민들로서 콜로누스인 에르메놀두스와 콜로누스이고 이름이 기르신디스인 그의 아내는 5명의 자식을 두고 있다. 그는 8bun의 곡물경작지와 1½arp의 포도밭 및 1½arp의 초지로 구성된 1개의 자유인망스를 보유한다. 그는 (위와) 같이 (의무를) 이행한다.

20. 생제르맹(수도원)의 속민들로서 콜로누스인 풀크람누스와 콜로누스이고 이름이 운람나인 그의 아내는 1명의 자식을 두고 있다. 생제르맹(수

---

7 원문대로임.

8 포도밭의 면적에 관한 라틴어 원문의 이 부분은 "…, de vinea et quartam partem de aripenno, …"로 되어 있다. 게라르와 롱뇽은 'de vinea'와 'et' 사이에 'aripennum I'이 보충되어야 한다고 본다. B. Guérard, ed., *Polyp. d'Irminon*, p. 181의 각주 a번 및 A. Longnon, ed., *Polyp. de St. Germain*, p. 238의 각주 1번 참조.

9 원문대로임.

도원)의 콜로누스인 프로트바누스는 (1명의) 형제가 동거하고 있다. 그들 두 명은 8bun의 곡물경작지와 3arp의 포도밭 및 6arp의 초지로 구성된 1개의 자유인망스를 보유한다. 그는[10] (위와) 같이 (의무를) 이행한다.

21. 콜로누스인 기슬로이누스와 자유인이고 이름이 엘렉타인 그의 아내는 1명의 자식을 두고 있다. 생제르맹(수도원)의 속민들로서 콜로누스인 발데가리우스와 콜로누스이고 이름이 란드람나인 그의 아내. 그들 두 명은 8bun 2ant의 곡물경작지와 2arp의 포도밭으로 구성된 1개의 자유인망스를 보유한다. 그는[11] (위와) 같이 (의무를) 이행한다.

22. 생제르맹(수도원)의 콜로누스인 잉갈베르투스. 생제르맹(수도원)의 속민들로서 콜로누스인 란도이누스와 콜로누스이고 이름이 엘렉타인 그의 아내는 2명의 자식을 두고 있다. 그들 두 명은 32bun의 곡물경작지와 2½arp의 포도밭 및 6arp의 초지로 구성된 1개의 자유인망스를 보유한다. 그는[12] 군사용으로 4솔리두스를, 돼지방목세로 2md의 포도주를 바친다. 그는 동곡파종을 위해서 4ptc, 하곡파종을 위해서 3ptc를 갈이질한다. 그는 셋째 해에 새끼 양이 딸린 1두의 암양과 100개의 지붕널을 (바친다). 그는 포도주세와 곡물세를 납부하고,[13] 1피트 용적의 받침

---

[10] 원문대로임.

[11] 원문대로임.

[12] 원문대로임.

[13] '포도주세와 곡물세를 납부하다'란 말은 라틴어 원문의 'Solvit canonica et agraria'를 번역한 것이다. 'canonica'와 'agraria'의 뜻은 분명하게 밝혀져 있지 않다. 전자는 자유인망스 보유자들이 그들의 포도밭에서 생산되는 포도주를 바치는 일종의 포도주세인 데 비해, 후자는 그들의 곡식밭에서 수확되는 곡식의 보통 1/10을 납부하는 일종의 곡물세로 추측되고 있을 뿐이다. B. Guérard는 *Prolegomènes*, pp. 680~683 및 K. Elmshäuser & A. Konrad, *Studien zum Polyp. von St. Germain*, p. 219 참조. canonica는 뒤의 몇 군데 기록에도 나타난다. 그러나 이런 용어들이 명시되어 있지 않더라도 이 영지명세장의 제19장 제8항에서 포도주 생산량의 1/20을 바친다고 한 것은 canonica이며, 제13장 제1, 77항과 제12장 10, 19, 22, 23, 26, 27, 32, 33, 43, 44항에서 수확된 곡식의 일정량을 납부하는 것도 agraria라고 게라르는 본다.

목을 (바치며), 3마리의 닭과 15개의 계란을 (바친다).

23. 생제르맹(수도원)의 속민들로서 콜로누스인 잉갈베르투스와 콜로누스이고 이름이 아달가르다인 그의 아내. 그는 8bun의 곡물경작지와 1¼arp의 포도밭 및 2arp의 초지로 구성된 1개의 자유인망스를 보유한다. 그는 (위와) 같이 (의무를) 이행한다.

24. 생제르맹(수도원)의 속민들로서 콜로누스인 이프키누스와 콜로누스이고 이름이 베틀린디스인 그의 아내. 생제르맹(수도원)의 콜로누스인 마달하리우스. 그들 두 명은 10bun의 곡물경작지와 1½arp의 포도밭 및 2arp의 초지로 구성된 1개의 자유인망스를 보유한다. 그는[14] (위와) 같이 (의무를) 이행한다.

25. 생제르맹(수도원)의 콜로누스인 게르하르두스는 12bun의 곡물경작지와 1arp의 포도밭 및 3arp의 초지로 구성된 1개의 자유인망스를 보유한다. 그는 (위와) 같이 (의무를) 이행한다.

26. 생제르맹(수도원)의 속민들로서 콜로누스인 빌타리우스와 콜로누스이고 이름이 다트힐디스인 그의 아내. 그는 12bun의 곡물경작지와 3arp의 초지로 구성된 1개의 자유인망스를 보유한다. 그는 (위와) 같이 (의무를) 이행한다.

27. 생제르맹(수도원)의 속민들로서 콜로누스인 아달라두스와 콜로누스이고 이름이 레오도이스인 그의 아내는 이름들이[15] 아데기스인 1명의 자식을 두고 있다. 그는 15bun ½ant의 곡물경작지와 1⅔arp의 포도밭 및 2½arp의 초지로 구성된 1개의 자유인망스를 보유한다. 그는 (위와) 같이 (의무를) 이행한다.

28. 생제르맹(수도원)의 속민들로서 콜로누스인 그림볼두스와 콜로누스이고 이름이 아달린디스인 그의 아내는 이름들이 에르멩가우두스, 아달

---

14 원문대로임.

15 원문대로임.

트루디스인 2명의 자식을 두고 있다. 그는 10bun 2ant의 곡물경작지와 1arp의 포도밭 및 6arp의 초지로 구성된 1개의 자유인망스를 보유한다. 그는 (위와) 같이 (의무를) 이행한다.

29. 생제르맹(수도원)의 콜로누스인 도도와 자유인이고 이름이 게를린디스인 그의 아내는 이름들이 안사리우스, 엘렉테우스, 기슬레베르투스, 도델린디스인 4명의 자식을 두고 있다. 그는 29bun의 곡물경작지와 1¼arp의 포도밭 및 13arp의 초지로 구성된 1개의 자유인망스를 보유한다. 그는 (위와) 같이 (의무를) 이행한다.

30. 생제르맹(수도원)의 속민들로서 콜로누스인 아르도이누스와 콜로누스이고 이름이 아이델리나인 그의 아내는 이름들이 아르트프리두스, 아도아르두스, 힐데볼두스, 하이르힐디스인 4명의 자식을 두고 있다. 그는 13bun의 곡물경작지와 1½arp의 포도밭 및 6arp의 초지로 구성된 1개의 자유인망스를 보유한다. 그는 (위와) 같이 (의무를) 이행한다.

31. 콜로누스인 아스카리우스와 콜로누스이고 이름이 고델린디스인 그의 아내는 이름들이 가티누스, 알파이두스, 도다, 가우스마루스인 4명의 자식을 두고 있다. 생제르맹(수도원)의 콜로누스인 안세루스는 (1명의) 형제가 동거하고 있다. 그들 두 명은 13bun의 곡물경작지와 1arp의 포도밭 및 6arp의 초지로 구성된 1개의 자유인망스를 보유한다. 그는[16] (위와) 같이 (의무를) 이행한다.

32. 생제르맹(수도원)의 속민들로서 콜로누스인 에름볼두스와 콜로누스이고 이름이 알피다인 그의 아내는 2명의 자식을 두고 있다. 그는 12bun의 곡물경작지와 1arp의 포도밭 및 11arp의 초지로 구성된 1개의 자유인망스를 보유한다. 그는 (위와) 같이 (의무를) 이행한다.

33. 생제르맹(수도원)의 속민들로서 콜로누스인 아데기스와 콜로누스이고 이름이 아달라다인 그의 아내는 이름들이 시클레베르타, 아이를린디

---

[16] 원문대로임.

스, 게를린디스인 3명의 자식을 두고 있다. 그는 13bun의 곡물경작지와 2½arp의 포도밭 및 4arp의 초지로 구성된 1개의 자유인망스를 보유한다. 그는 (위와) 같이 (의무를) 이행한다.

34. 생제르맹(수도원)의 속민들로서 콜로누스인 에르멘베르트루스와 콜로누스이고 이름이 플라트베르타인 그의 아내는 1명의 아들을 두고 있다. 생제르맹(수도원)의 콜로누스인 헬데볼두스. 그들 두 명은 10bun 1ant의 곡물경작지와 1½arp의 포도밭 및 3arp의 초지로 구성된 1개의 자유인망스를 보유한다. 그는 (위와) 같이 (의무를) 이행한다.

35. 생제르맹(수도원)의 속민들로서 콜로누스인 아이르모두스와 콜로누스이고 이름이 그림린디스인 그의 아내는 이름들이 아클레볼다, 게르모두스, 기슬레람누스인 3명의 자식을 두고 있다. 그는 10bun 1ant의 곡물경작지와 1arp의 포도밭 및 4arp의 초지로 구성된 1개의 자유인망스를 보유한다. 그는 (위와) 같이 (의무를) 이행한다.

36. 생제르맹(수도원)의 속민들로서 콜로누스인 아달그리무스와 콜로누스이고 이름이 에르멘트루디스인 그의 아내는 (이름들이) 아클레발두스, 봐달그림, 에멜트루디스, 스타르카리우스, 힐트루디스, 엘레기우스인 6명의 자식을 두고 있다. 그는 8bun 2ant의 곡물경작지와 2arp의 포도밭으로 구성된 1개의 자유인망스를 보유한다. 그는 (위와) 같이 (의무를) 이행한다.

그는 5bun ½ant의 곡물경작지와 2arp의 초지로 구성된 1개의 반쪽망스를 보유한다. 그는 이로 인해 동곡파종을 위해서 4ptc, 하곡파종을 위해 3ptc(의 갈이질 부역)를 수행한다.

37. 생제르맹(수도원)의 콜로누스인 안소이누스. 생제르맹(수도원)의 속민들로서 마우리누스와 콜로누스이고 이름이 잉갈트루디스인 그의 아내. 그들 두 명은 12bun의 곡물경작지와 4arp의 초지로 구성된 1개의 자유인망스를 보유한다. 그는 군사용으로 2두의 거세된 숫양을, 돼지방목세로 4데나리우스를 바친다. 그는 동곡파종을 위해서 2ptc를 갈이질한다. 그는 매주 2회의 코르베를 (수행한다). 그는 3마리의 닭과 15개의 계란을 (바친다).

38. 생제르맹(수도원)의 속민들로서 콜로누스인 라겐텔무스와 콜로누스이고 이름이 알드라다인 그의 아내는 (이름들이) 랑가리우스, 반델린디스인 2명의 자식을 두고 있다. 그는 10bun의 곡물경작지와 ⅔arp의 포도밭 및 2½arp의 초지로 구성된 1개의 자유인망스를 보유한다. 그는 (위와) 같이 (의무를) 이행한다.

39. 생제르맹(수도원)의 속민들로서 콜로누스인 프로트가리우스와 콜로누스이고 이름이 잉갈라리아인 그의 아내는 이름들이 프로도아르두스, 아달린디스인 2명의 자식을 두고 있다. 그는 2bun의 곡물경작지와 ½arp의 포도밭 및 1arp의 초지로 구성된 1개의 자유인망스를 보유한다. 그는 (위와) 같이 (의무를) 이행한다.

40. 생제르맹(수도원)의 콜로누스인 프로트틀란두스는 2bun 1ant의 곡물경작지와 ½arp의 초지로 구성된 1개의 자유인망스를 보유한다. 그는 (위와) 같이 (의무를) 이행한다.

41. 생제르맹(수도원)의 여자콜로누스인 시클로니아는 이름들이 노달기스인 2명의[17] 자식을 두고 있다. 그녀는 2bun의 곡물경작지와 ½arp의 초지로 구성된 1개의 자유인망스를 보유한다.

41-1.[18] 자유인인 파레가리우스는 3bun ½ant의 곡물경작지와 ½arp의 초지로 구성된 1개의 자유인망스를 보유한다. 그는 (위와) 같이 (의무를) 이행한다.

42. 생제르맹(수도원)의 속민들로서 콜로누스인 테우도이수스와 콜로누스이고 이름이 시클리나인 그의 아내는 이름들이 헤드라두스, 란둘푸스, 아달라이스, 아달트루디스인 4명의 자식을 두고 있다. 그는 4bun의 곡물경작지와 ½arp의 포도밭 및 ⅔arp의 초지로 구성된 1개의 자유인망스를 보유한다. 그는 (위와) 같이 (의무를) 이행한다.

---

[17] 2명의 자식이라고 하지만, 실제로 명기되어 있는 이름은 1명뿐이다.

[18] 41번이 두 번 나타난다고 한다.

43. 생제르맹(수도원)의 속민들로서 콜로누스인 아르도이누스와 콜로누스이고 이름이 알트프리다인 그의 아내는 이름들이[19] 루몰두스인 1명의 자식을 두고 있다. 그는 4bun의 곡물경작지와 ½arp의 초지로 구성된 1개의 자유인망스를 보유한다. 그는 (위와) 같이 (의무를) 이행한다.

44. 생제르맹(수도원)의 속민들로서 콜로누스인 프로트베르투스와 콜로누스이고 이름이 가말트루디스인 그의 아내는 이름들이 프로트베르가, 프로틀린디스, 빌라테우스인 3명의 자식을 두고 있다. 그는 3bun ½ant의 곡물경작지와 1arp의 포도밭 및 2arp의 초지로 구성된 1개의 자유인망스를 보유한다. 그는 (위와) 같이 (의무를) 이행한다.

45. 생제르맹(수도원)의 콜로누스인 아클레아르두스는 4bun의 곡물경작지와 ½arp의 포도밭으로 구성된 1개의 자유인망스를 보유한다. 그는 (위와) 같이 (의무를) 이행한다.

46. 생제르맹(수도원)의 콜로누스인 아브람은 6bun ½ant의 곡물경작지로 된 1개의 자유인망스를 보유한다. 그는 (위와) 같이 (의무를) 이행한다.

47. 생제르맹(수도원)의 콜로누스인 아르트만누스는 6bun 1ant의 곡물경작지와 3arp의 초지로 구성된 1개의 자유인망스를 보유한다. 그는 (위와) 같이 (의무를) 이행한다.

48. 생제르맹(수도원)의 속민들로서 콜로누스인 프로트베르투스와 콜로누스이고 이름이 안세길디스인 그의 아내는 12bun의 곡물경작지와 2½arp의 초지로 구성된 1개의 자유인망스를 보유한다. 그는 (위와) 같이 (의무를) 이행한다.

49. 생제르맹(수도원)의 속민들로서 콜로누스인 에르칸라두스와 콜로누스이고 이름이 로슬린디스인 그의 아내는 4bun의 곡물경작지와 ½arp의 포도밭으로 구성된 1개의 자유인망스를 보유한다. 그는 (위와) 같이 (의무를) 이행한다.

---

[19] 원문대로임.

50. 생제르맹(수도원)의 속민들로서 콜로누스인 오델베르투스와 콜로누스이고 이름이 말라다인 그의 아내는 8bun의 곡물경작지와 ⅛arp의 포도밭 및 6arp의 초지로 구성된 1개의 자유인망스를 보유한다. 그는 (위와) 같이 (의무를) 이행한다.

51. 생제르맹(수도원)의 콜로누스인 아달비누스는 8bun의 곡물경작지와 1½arp의 포도밭 및 2arp의 초지로 구성된 1개의 자유인망스를 보유한다. 그는 (위와) 같이 (의무를) 이행한다.

52. 생제르맹(수도원)의 속민들로서 콜로누스인 마겐프레두스와 콜로누스이고 이름이 엘델린디스인 그의 아내는 이름들이[20] 시사인 1명의 자식을 두고 있다. 그는 3bun ½ant의 곡물경작지와 2arp의 포도밭 및 ½arp의 초지로 구성된 1개의 자유인망스를 보유한다. 그는 군사용으로 2두의 거세된 숫양을, 돼지방목세로 2md의 포도주를 바친다. 그는 동곡파종을 위해서 4ptc, 하곡파종을 위해서 3ptc를 갈이질한다. 그는 매주 2회의 코르베를 (수행하고), 지시받는 만큼의 손일과 수송부역을 (수행한다). 그는 3마리의 닭과 15개의 계란을 (바친다).

53. 생제르맹(수도원)의 속민들로서 콜로누스인 라트하리우스와 콜로누스이고 이름이 에르멘트루디스인 그의 아내는 이름이 발테프레두스인 1명의 자식을 두고 있다. 그는 7bun ½ant의 곡물경작지와 2arp의 포도밭으로 구성된 1개의 자유인망스를 보유한다. 그는 (위와) 같이 (의무를) 이행한다.

54. 생제르맹(수도원)의 속민들로서 콜로누스인 발라프레두스와 콜로누스이고 이름이 게르트루디스인 그의 아내는 이름들이 기르베르가, 봐란프레두스인 2명의 자식을 두고 있다. 그는 2bun 1ant의 곡물경작지와 1⅓arp의 포도밭을 보유한다. 그는 (위와) 같이 (의무를) 이행한다.

55. 생제르맹(수도원)의 속민들로서 콜로누스인 쿠말두스와[21] 콜로누스이

---

[20] 원문대로임.

고 이름이 …디스인 그의 아내는 이름들이 발다사두스, 발타두스인 2명의 자식을 두고 있다. 생제르맹(수도원)의 속민들로서 콜로누스인 에를레볼두스와 콜로누스이고 이름이 테우틀린디스인 그의 아내는 이름들이 테오드라다, 도미니카인 2명의 아들을 두고 있다. 그들 두 명은 3bun ½ant의 곡물경작지와 1½arp의 포도밭으로 구성된 1개의 자유인망스를 보유한다.

56. 생제르맹(수도원)의 속민들로서 콜로누스인 라겜발두스와 콜로누스이고 이름이 아달힐디스인 그의 아내. 생제르맹(수도원)의 속민들로서 콜로누스인 아말리쿠스와 콜로누스이고 이름이 테우틀린디스인 그의 아내. 아말라두스는 그들의 아들이다. 그들 두 명은 3bun의 곡물경작지와 2arp의 포도밭 및 1arp의 초지로 구성된 1개의 자유인망스를 보유한다. 그들은 (위와) 같이 (의무를) 이행한다.

57. 생제르맹(수도원)의 속민들로서 콜로누스인 에를룰푸스와 콜로누스이고 이름이 에바인 그의 아내는 이름들이 에르메나리우스, 에브레베르타, 압보, 엠마인 4명의 자식을 두고 있다. 생제르맹(수도원)의 속민들로서 콜로누스인 아말가리우스와 콜로누스이고 이름이 라트볼다인 그의 아내는 이름들이 겐드라두스, 아말기스인 2명의 자식을 두고 있다. 그들 두 명은 4bun 3ant의 곡물경작지와 3½arp의 포도밭으로 구성된 1개의 자유인망스를 보유한다. 그들은 (위와) 같이 (의무를) 이행한다.

58. 생제르맹(수도원)의 속민들로서 콜로누스인 솔라미우스와 콜로누스이고 이름이 봐르멘틸디스인 그의 아내는 이름들이 봐르나리우스, 봐르멤베르가인 2명의 자식을 두고 있다. 그는 2bun의 곡물경작지와 1½arp의 포도밭 및 ½arp의 초지로 구성된 1개의 자유인망스를 보유한다. 그는 (위와) 같이 (의무를) 이행한다.

---

[21] B. Guérard, ed., *Polyp. d'Irminon*, p. 185에는 '귀날두스(Guinaldus)'로 되어 있지만, A. Longnon, ed., *Polyp. de St. Germain*, p. 243과 D. Hägermann, ed. *Polyp. von St. Germain*, p. 143에는 '쿠말두스(Cumaldus)'로 판독되어 있다.

59. 생제르맹(수도원)의 속민들로서 콜로누스인 봐르메드람누스와 콜로누스이고 이름이 봔달베르가인 그의 아내는 이름들이 아우드라두스, 아우드람, 아드레볼다인 3명의 자식을 두고 있다. 그는 2bun의 곡물경작지와 1½arp의 포도밭 및 ⅔arp의 초지로 구성된 1개의 자유인망스를 보유한다. 그는 (위와) 같이 (의무를) 이행한다.

60. 생제르맹(수도원)의 속민들로서 콜로누스인 에브레하르두스와 콜로누스이고 이름이 고디나인 그의 아내는 이름들이 베르테가우두스, 고데베르트인 2명의 자식을 두고 있다. 생제르맹(수도원)의 속민들로서 콜로누스인 프람누스와 콜로누스이고 이름이 에를레프리다인 그의 아내는 이름들이 에를레프레두스,[22] 에를레드루디스인 2명의 자식을 두고 있다. 그들 두 명은 2bun의 곡물경작지와 1½arp의 포도밭 및 ⅓arp의 초지로 구성된 1개의 자유인망스를 보유한다. 그는 (위와) 같이 (의무를) 이행한다.

61. 생제르맹(수도원)의 속민들로서 콜로누스인 테우트기스와 콜로누스이고 이름이 에르멩가르디스인 그의 아내는 이름들이 테우트길디스, 테우트프레다, 엘레기우스인 3명의 자식을 두고 있다. 생제르맹(수도원)의 속민들로서 콜로누스인 아달사두스와 콜로누스이고 이름이 테오딜디스인 그의 아내. 그들 두 명은 2bun 3ant의 곡물경작지와 1½arp의 포도밭 및 같은 크기의 초지로 구성된 1개의 자유인망스를 보유한다. 그는 (위와) 같이 (의무를) 이행한다.

62. 생제르맹(수도원)의 속민들로서 콜로누스인 풀베르투스와 콜로누스이고 이름이 겐드레스마인 그의 아내는 이름들이 고트볼다, 풀베르타, 봐르네베르트, 안드레우스인 4명의 자식을 두고 있다. 생제르맹(수도원)의 속민들로서 콜로누스인 겐둘푸스와 콜로누스이고 이름이 스타

[22] B. Guérard, ed., *Polyp. d'Irminon*, p. 186에는 '엘레프레두스(Elefredus)'로 판독되어 있지만, A. Longnon, ed., *Polyp. de St. Germain*, p. 244와 D. Hägermann, ed. *Polyp. von St. Germain*, p. 144에는 '에를레프레두스(Erlefredus)'로 되어 있다.

빌라인 그의 아내. 그들 두 명은 3½bun의 곡물경작지와 1arp의 포도밭 및 1¼arp의 초지로 구성된 1개의 자유인망스를 보유한다. 그는 (위와) 같이 (의무를) 이행한다.

63. 생제르맹(수도원)의 콜로누스인 라트가우두스. 라트하리우스는 그의 아들이다. 그는 3bun 2ant의 곡물경작지와 ⅔arp의 포도밭으로 구성된 1개의 자유인망스를 보유한다. 그는 (위와) 같이 (의무를) 이행한다.

64. 생제르맹(수도원)의 속민들로서 콜로누스인 라도이누스와 콜로누스이고 이름이 엘렉트루디스인 그의 아내. 그는 2bun의 곡물경작지와 1½arp의 포도밭 및 ½arp의 초지로 구성된 1개의 자유인망스를 보유한다. 그는 (위와) 같이 (의무를) 이행한다.

65. 생제르맹(수도원)의 속민들로서 콜로누스인 나탈리피우스와 콜로누스이고 이름이 뷔데닐디스인 그의 아내는 이름들이 뷔트베르투스, 뷔트볼두스, 나달라인 3명의 자식을 두고 있다. 생제르맹(수도원)의 콜로누스인 라트베우스는 어머니와 (1명의) 누이가 동거하고 있다. 그들 두 명은 4bun의 곡물경작지와 1arp의 포도밭 및 ½arp의 초지로 구성된 1개의 자유인망스를 보유한다. 그는 (위와) 같이 (의무를) 이행한다.

66. 생제르맹(수도원)의 속민들로서 노예인 란돌푸스와 콜로누스이고 이름이 게르트루디스인 그의 아내는 6bun의 곡물경작지와 2arp의 포도밭 및 1arp의 초지로 구성된 1개의 자유인망스를 보유한다. 그는 돼지방목세로 2md의 포도주와, 1md의 홉을 바친다. 그는 포도밭에서 4arp를, 곡식밭에서 6ptc를 작업한다. 그는 3마리의 닭과 15개의 계란을 (바친다). 그는 지시받는 만큼 코르베들을 (수행한다).

67. 생제르맹(수도원)의 속민들로서 콜로누스인 에르카놀두스와 콜로누스이고 이름이 잉갈라다인 그의 아내는 4bun의 곡물경작지와 1arp의 포도밭 및 1arp의 초지로 구성된 1개의 자유인망스를 보유한다. 그는 (위와) 같이 (의무를) 이행한다.

68. 생제르맹(수도원)의 속민들로서 노예인 란드리쿠스와 콜로누스이고 이름이 아말프레다인 그의 아내는 3bun의 곡물경작지와 2arp의 포도밭

및 ½arp의 초지로 구성된 1개의 자유인망스를 보유한다. 그는 (위와) 같이 (의무를) 이행한다.

69. 아달하리우스와 생제르맹(수도원)의 콜로누스이고 이름이 아달트루디스인 그의 아내는 이름들이 아달힐디스, 알데베르투스, 테우드리쿠스인 3명의 자식을 두고 있다. 그는 1bun의 곡물경작지와 2arp의 포도밭 및 2arp의 초지로 구성된 1개의 노예망스를 보유한다. 그는 (위와) 같이 (의무를) 이행한다.

70. 생제르맹(수도원)의 속민들로서 노예인 아달라르두스와 콜로누스이고 이름이 …인 그의 아내는 (이름들이) 아달라르두스, 아달베르가, 마달하르두스인 3명의 자식을 두고 있다. 그는 2ant의 곡물경작지와 2arp의 포도밭 및 1arp의 초지로 구성된 1개의 노예망스를 보유한다. 그는 (위와) 같이 (의무를) 이행한다.

71. 생제르맹(수도원)의 노예인 파스쿠아리우스는 4bun의 곡물경작지와 1arp의 포도밭 및 ½arp의 초지로 구성된 1개의 노예망스를 보유한다. 그는 (위와) 같이 (의무를) 이행한다.

72. 생제르맹(수도원)의 속민인 뷔클레무스. 생제르맹(수도원)의 여자반자유인인 베르트시다. 그들 두 명은 3bun의 곡물경작지와 1arp의 포도밭 및 3arp의 초지로 구성된 1개의 노예망스를 보유한다. 그는 (위와) 같이 (의무를) 이행한다.

73. 노예인 프레데베르투스와 노예이고 이름이 베르트람나인 그의 아내는 이름들이 프로트루디스, 보나, 란트베르가인 3명의 자식을 두고 있다. 그는 4ant의 곡물경작지와 1arp의 포도밭으로 구성된 1개의 노예망스를 보유한다. 그는 (위와) 같이 (의무를) 이행한다.

74. 생제르맹(수도원)의 속민들로서 콜로누스인 아도하리우스와 콜로누스이고 이름이 에를린디스인 그의 아내는 이름들이 아클레드람누스, 아우트카리우스, 고틀란두스인 3명의 자식을 두고 있다. 생제르맹(수도원)의 속민들로서 노예인 발트하리우스와 노예이고 이름이 시클라인

그의 아내는 이름들이 시게베르투스, 엘레나, 트루다인 3명의 자식을 두고 있다. 그들 두 명은 4bun의 곡물경작지와 2arp의 포도밭으로 구성된 1개의 자유인망스를 보유한다. 그는 (위와) 같이 (의무를) 이행한다.

75. 생제르맹(수도원)의 속민들로서 콜로누스인 헬디에루스와 노예이고 이름이 테우트힐디스인 그의 아내. 생제르맹(수도원)의 속민들로서 콜로누스인 고데베르투스와 콜로누스이고 이름이 아그라다인 그의 아내. 그들 두 명은 4bun의 곡물경작지와 3arp의 포도밭 및 1½arp의 초지로 구성된 1개의 자유인망스를 보유한다. 그는 (위와) 같이 (의무를) 이행한다.

76. 생제르맹(수도원)의 속민들로서 노예인 군타르두스와 노예이고 이름이 페트레실라인 그의 아내. 군타르두스는 그들의 아들이다. 그는 4bun의 곡물경작지와 2arp의 포도밭 및 ½arp의 초지로 구성된 1개의 자유인망스를 보유한다. 그는 (위와) 같이 (의무를) 이행한다.

77. 생제르맹(수도원)의 콜로누스인 에르메나리우스는 (1명의) 형제와 (1명의) 누이가 동거하고 있다. 그는 2bun의 곡물경작지와 ⅔arp의 포도밭 및 ½arp의 초지로 구성된 (1개의) 반쪽 노예망스를 보유한다. 그는 반쪽 망스(보유자)처럼 (의무를) 수행한다.

78. 생제르맹(수도원)의 속민인 아달그림누스. 엘트신다. 그들 두 명은 6bun의 곡물경작지와 1arp의 초지로 구성된 1개의 자유인망스를 보유한다. 그는 (위와) 같이 (의무를) 이행한다.

79. 생제르맹(수도원)의 속민들로서 프로트하르두스와 콜로누스이고 이름이 빌란틸디스인 그의 아내. 그는 5bun 1ant의 곡물경작지와 1arp의 포도밭 및 2arp의 초지로 구성된 1개의 노예망스를 보유한다. 그는 (위와) 같이 (의무를) 이행한다.

80. 생제르맹(수도원)의 콜로누스인 베네크리스투스는 어머니가 동거하고 있다. 그는 ½arp의 포도밭으로 된 (1개의) 영주의 호스피키움을 보유한다. 이로 인해 그는 포도밭에서 1arp를 작업하며, 매주 2일(의 부역노

동)을 (수행한다). 그는 1마리의 닭과 15개의 계란을 (바친다).

81. 생제르맹(수도원)의 콜로누스인 에부스는 2jr의 곡물경작지와 ½arp의 포도밭 및 1½arp의 초지로 구성된 (1개의) 호스피키움을 보유한다. 이로 인해 그는 포도밭에서 1arp를 작업한다. 그는 1마리의 닭과 5개의 계란을 (바친다). 그는 매주 1일(의 부역노동)을 (수행한다).

82. 생제르맹(수도원)의 속민들로서 콜로누스인 에르메나리우스와 콜로누스이고 이름이 빨비스인 그의 아내. 그는 매주 1일(의 부역노동)을 수행한다. 그는 1마리의 닭과 5개의 계란을 (바친다).

83. 생제르맹(수도원)의 속민들로서 콜로누스인 디도는 (위와) 같이 (의무를) 수행한다.

84. 콜로누스인 리쿨푸스와 콜로누스이고 이름이 아르닐디스인 그의 아내(의 의무)는 (위와) 같다.

85. 생제르맹(수도원)의 노예인 아그라두스(의 의무)는 (위와) 같다.

86. 여자노예인 에르멘신다는 1명의 아들을 두고 있다. (그녀의 의무)는 (위와) 같다.

87. 생제르맹(수도원)의 콜로누스인 아게놀두스와 콜로누스이고 이름이 알데드루디스인 그의 아내. 그는 ⅔arp의 포도밭을 보유한다. 그는 이로 인해 포도밭에서 1arp를 작업한다. 그는 1마리의 닭과 5개의 계란을 (바친다). 그는 매주 1일(의 부역노동)을 (수행한다).

88. 생제르맹(수도원)의 속민들로서 자유인인 고도아르두스와 콜로누스이고 이름이 힐데가르디스인 그의 아내. 그는 4bun ½ant의 곡물경작지를 보유한다. 그는 이로 인해 1두의 거세된 숫양을 바친다. 그는 3ptc(의 갈이질 부역)를 수행하고, 매주 1일(의 부역노동)을 (수행한다). 그는 1마리의 닭과 5개의 계란을 (바친다).

89. 자유인인 베르토이누스는 (1개의) 반쪽 호스피키움을 보유한다. 그는 이로 인해 포도밭과 곡식밭 및 초지에서 매(주) 1일(의 부역노동)을

수행한다. 그는 1마리의 닭과 5개의 계란을 (바친다).

90. 로트힐디스는 13bun ½ant의 곡물경작지와 8½arp의 초지 및 1arp의 포도밭으로 구성된 1¼개의 자유인망스를 은대지로 보유한다.

91. 오스트랄두스는 31bun ½ant의 곡물경작지와 5½arp의 포도밭 및 7arp의 초지로 구성된 2개의 자유인망스를 은대지로 보유한다. 이로 인해 그는 8ptc(의 갈이질 부역)과 3회의 코르베를 수행한다.

92. 헬트보두스는 6bun의 곡물경작지와 7arp의 포도밭 및 4arp의 초지로 구성된 1개의 자유인망스를 은대지로 보유한다.

93. 쿰비에는 군사용으로 매년 2대의 수레나 8두의 황소 또는 3리브라 4솔리두스의 돈, 1리브라 14솔리두스의 군수용 가축공납 면제세, 셋째 해에 새끼 양을 가진 30두의 암양, 3,300개의 지붕널을 바치는 (총) 33개의 자유인망스가 있다.

여기에는 군사용으로 60두의 거세된 숫양을 바치는 다른 30개의 자유인망스가 있다.

여기에는 13md의 홉을 바치는 13개의 노예망스가 있다. 자유인망스와 노예망스를 모두 합쳐 망스(보유자)들은 돼지방목세로 130md의 포도주를 바친다.

4솔리두스의 돈으로 된 돼지방목세와 2솔리두스의 인두세를 바치는 12개의 망스가 있다.

도합 76½개의 망스가 있다.

94. **고스켈리누스와 그의 두 아들인 로돌푸스와 봘테리우스.**[23]

---

[23] B. Guérard, ed., *Polyp. d'Irminon*, p. 190의 각주 a번과 A. Longnon, ed., *Polyp. de St. Germain*, p. 248의 각주 1번 및 D. Hägermann, ed. *Polyp. von St. Germain*, p. 146의 각주 f번에 의하면 제94항은 11세기 말 이후 오른쪽 여백에 기재된 것이다.

17 무르킹크툼(장원의) 명세서

1. 무르킹크툼에는[1] 저택과 여타 많은 부속건물들을 갖춘 영주직영지가 있다. 여기에는 600md(의 곡식)가 파종될 수 있는 122bun의 곡물경작지가 있다. 여기에는 모두 600md의 포도주가 채취될 수 있는 110arp의 포도밭이 있고, 40수레의 건초가 채취될 수 있는 30arp의 초지가 있으며, 그 둘레가 어림잡아 모두 2마일로, 300마리의 돼지가 살찔 수 있는 임야가 있다.

2. 여기에는 정성들여 만든 모든 설비를 갖춘 2개의 교회가[2] 있다. 여기에는 3bun 1ant의 곡물경작지와 5arp의 포도밭 및 1arp의 초지로 구성된

---

1 무르킹크툼(Murcinctum)은 B. Guérard, *Prolégomènes*, p. 866 및 B. Guérard, ed., *Polyp. d'Irminon*, p. 191의 각주 a번과 A. Longnon, ed., *Polyp. de St. Germain*, p. 249의 1번 각주에 의하면 세네우아즈 도 코르베이 군 코르베이 캉통의 모르장쉬르센(Morsang-sur-Seine)이고, D. Hägermann, ed. *Polyp. von St. Germain*, p. 226과 K. Elmshäuser & A. Konrad, *Studien zum Polyp. von St. Germain*, p. 221에 의하면 이곳은 에손 도 에브리 군(후자의 저서에서는 코르베이에손[Corbeil-Essonnes] 군) 코르베이에손쉬드(Corbeil-Essones-Sud) 캉통의 모르장쉬르센이다. 이는 같은 지명으로, 현재는 에손 도 에브리 군 생제르맹레코르베이(Saint-Germain-lès-Corbeil) 캉통에 속한다. 이곳은 파리 남동쪽 36km 거리에 위치한다.

2 A. Longnon, ed., *Polyp. de St. Germain*, p. 249의 2번 각주와 D. Hägermann, ed. *Polyp. von St. Germain*, p. 147의 제3항에 의하면 2개의 교회란 모르장쉬르센에 있는 생메다르(Saint-Médard) 예배당과 생제르맹 본당사목구(本堂司牧區) 교회다.

1½개의 노예망스가 배속되어 있다. 이로부터 3회의 코르베가 생긴다.

3. 생제르맹(수도원)의 마름이고 콜로누스인 게닝구스는 4bun의 곡물경작지와 2arp의 포도밭 및 ½arp의 초지로 구성된 1개의 자유인망스를 보유한다. 그는 돼지방목세로 2md의 포도주를 바친다. 그는 포도밭에서 2arp를 작업하고, 셋째 해에 (1두의) 송아지를 바친다. 그는 7ptc를 갈이질한다. 그는 지시받는 만큼 코르베와 나무베기 부역과 수송부역 및 손일을 (수행한다). 그는 3마리의 닭과 15개의 계란을 (바친다).

4. 생제르맹(수도원)의 속민들로서 콜로누스인 그림하르두스와 콜로누스이고 이름이 빌다인 그의 아내. 그는 3bun ½ant의 곡물경작지와 1arp의 포도밭 및 같은 크기의 초지로 구성된 1개의 자유인망스를 보유한다. 그는 (위와) 같이 (의무를) 이행한다.

5. 생제르맹(수도원)의 콜로누스인 기소이누스와 자유인이고 이름이 뷔네드루디스인 그의 아내는 이름들이 베르트프리두스, 기소, 기소아르두스, 기소일디스, 베르노일디스인 5명의 자식을 두고 있다. 그는 11bun의 곡물경작지와 3arp의 포도밭 및 ¼arp의 초지로 구성된 1개의 자유인망스를 보유한다. 그는 (위와) 같이 (의무를) 이행한다.

6. 생제르맹(수도원)의 속민들로서 콜로누스인 기슬라르두스와 콜로누스이고 이름이 테우트군디스인 그의 아내는 이름들이 아달트루디스, 아달트람나인 2명의 자식을 두고 있다. 그는 6bun의 곡물경작지와 4arp의 포도밭 및 ½arp의 초지로 구성된 1개의 자유인망스를 보유한다. 그는 (위와) 같이 (의무를) 이행한다.

7. 생제르맹(수도원)의 속민들로서 콜로누스인 블리트가리우스와 콜로누스이고 이름이 기슬린디스인 그의 아내는 이름들이 기슬레드루디스, 데우트루디스인 2명의 자식을 두고 있다. 생제르맹(수도원)의 속민들로서 콜로누스인 기슬라르두스와 콜로누스이고 이름이 도달라기아인 그의 아내는 이름들이 도달베르투스, 기슬레람누스, 기슬레브란두스, …인[3] 4명의 자식을 두고 있다. 그는[4] 12bun의 곡물경작지와 3arp의 포도밭 및 1arp의 초지로 구성된 1개의 자유인망스를 보유한다. 그는

(위와) 같이 (의무를) 이행한다.

8. 생제르맹(수도원)의 속민들로서 콜로누스인 알베우스와 콜로누스이고 이름이 에르모일디스인 그의 아내는 역시 콜로누스들이고 이름들이 아달가리우스, 에를란두스, 에를릴디스, 에르닐디스, 알도인 4명의[5] 자식을 두고 있다. 그는 12bun의 곡물경작지와 2arp의 포도밭 및 1arp의 초지로 구성된 1개의 자유인망스를 보유한다. 그는 (위와) 같이 (의무를) 이행한다.

9. 생제르맹(수도원)의 속민들로서 콜로누스인 파르킹크투스와 콜로누스이고 이름이 에브레힐디스인 그의 아내. 그는 4bun 2ant의 곡물경작지와 2arp의 포도밭 및 4arp의 초지로 구성된 1개의 자유인망스를 보유한다. 그는 (위와) 같이 (의무를) 이행한다.

10. 생제르맹(수도원)의 속민들로서 콜로누스인 파르노이누스와 콜로누스이고 이름이 아이로일디스인 그의 아내는 이름들이 아이로인, 프람베르투스, 아이로이스인 3명의 자식을 두고 있다. 그는 9bun의 곡물경작지와 3arp의 포도밭 및 3½arp의 초지로 구성된 1개의 자유인망스를 보유한다. 그는 (위와) 같이 (의무를) 이행한다.

11. 생제르맹(수도원)의 속민들로서 콜로누스인 라인란두스와 콜로누스이고 이름이 잉그람나인 그의 아내는 1sest의 겨자와 50다발의 버들가지를 바친다. 콜로누스인 오스트레문두스와 콜로누스이고 이름이 아기아인 그의 아내. 그들 두 명은 7bun의 곡물경작지와 4arp의 포도밭으로 구성된 1개의 자유인망스를 보유한다. 그는 (위와) 같이 (의무를) 이행한다.

12. 생제르맹(수도원)의 속민들로서 콜로누스인 드록프레두스와[6] 콜로누

---

3 네 번째 자녀 이름은 공백으로 남아 있다고 한다.

4 원문대로임.

5 4명의 자식이라고 하지만 실제 기록된 이름은 5명이다.

스이고 이름이 아우드라다인 그의 아내는 이름들이 드로이트베르가, 드로이티스마인 2명의 자식을 두고 있다. 생제르맹(수도원)의 속민들로서 콜로누스인 에르메나르두스와 콜로누스이고 이름이 아게닐디스인 그의 아내. 그들 두 명은 6bun의 곡물경작지와 2arp의 포도밭 및 4arp의 초지로 구성된 1개의 자유인망스를 보유한다. 그는 (위와) 같이 (의무를) 이행한다.

13. 생제르맹(수도원)의 콜로누스인 에브로이누스는 이름들이 보누스, 에브랄두스, 에브로이누스, 엘리산나, 오산나인 4명의[7] 자식을 두고 있다. 그는 17bun의 곡물경작지와 4arp의 포도밭 및 6arp의 초지로 구성된 1개의 자유인망스를 보유한다. 그는 (위와) 같이 (의무를) 이행한다.

14. 콜로누스인 알베리쿠스와 자유인인 그의 아내. 그는 15bun의 곡물경작지와 3arp의 포도밭 및 7arp의 초지로 구성된 2개의 자유인망스를 보유한다. 그는 (위와) 같이 (의무를) 이행한다.

15. 생제르맹(수도원)의 속민들로서 콜로누스인 아클레프레두스와 콜로누스이고 이름이 봐르멘트루디스인 그의 아내는 이름들이 돔네힐디스, 아달프레두스인 2명의 자식을 두고 있다. 그는 5bun ½ant의 곡물경작지와 1¼arp의 포도밭 및 1½arp의 초지로 구성된 1개의 자유인망스를 보유한다. 그는 (위와) 같이 (의무를) 이행한다.

16. 생(제르맹 수도원)의[8] 속민들로서 콜로누스인 빌타리우스와 콜로누스이고 이름이 베르네힐디스인 그의 아내. 그는 7bun의 곡물경작지와 1½arp의 포도밭 및 2arp의 초지로 구성된 1개의 자유인망스를 보유한다. 그는 (위와) 같이 (의무를) 이행한다.

---

[6] B. Guérard, ed., *Polyp. d'Irminon*, p. 192에는 '독프레두스(Docfredus)'로 되어 있지만, A. Longnon, ed., *Polyp. de St. Germain*, p. 251과 D. Hägermann, ed. *Polyp. von St. Germain*, p. 148에는 '드록프레두스(Drocfredus)'로 되어 있다.

[7] 4명의 자식이라고 하지만, 실제로는 5명의 자녀 이름이 기록되어 있다.

[8] 라틴어 수사본에 '제르맹의(Germani)'란 말이 누락되어 있다고 한다.

17. 콜로누스인 에름가리우스와 콜로누스이고 이름이 엘렉타인 그의 아내는 이름들이 엘렉트루디스, 엘렉타르두스인 2명의 자식을 두고 있다. 그는 5bun 2ant의 곡물경작지와 3arp의 포도밭 및 1½arp의 초지로 구성된 1개의 자유인망스를 보유한다. 그는 (위와) 같이 (의무를) 이행한다.

18. 생제르맹(수도원)의 속민들로서 콜로누스인 도도이누스와 콜로누스이고 이름이 데오드라다인 그의 아내는 이름들이 게르베르투스, 다우도아르트인 2명의 자식을 두고 있다. 그는 2bun의 곡물경작지와 1½arp의 포도밭 및 같은 크기의 초지로 구성된 1개의 자유인망스를 보유한다. 그는 돼지방목세로 2md의 포도주를 바친다. 그는 포도밭에서 2arp를 작업하고, 셋째 해에 1두의 거세된 숫양을 (바친다). 그는 4ptc(의 갈이질 부역)를 수행하고, 지시받는 만큼 코르베와 나무베기 부역과 수송부역 및 손일을 수행한다. 그는 3마리의 닭과 15개의 계란을 (바친다).

19. 생제르맹(수도원)의 콜로누스인 트루도이누스는 이름들이 로트가리우스, 잉갈프레두스, 아클리나인[9] 3명의 자식을 두고 있다. 그는 1bun의 곡물경작지와 1arp의 포도밭 및 1arp의 초지로 구성된 1개의 자유인망스를 보유한다. 그는 (위와) 같이 (의무를) 이행한다.

20. 생제르맹(수도원)의 콜로누스인 라트베르투스는 4ant의 곡물경작지와 1arp의 포도밭 및 1arp의 초지로 구성된 (1개의) 반쪽 망스를 보유한다. 그는 (위와) 같이 (의무를) 이행한다.

21. 생제르맹(수도원)의 콜로누스인 라감발두스는 이름들이 힐데볼두스, 기로아르두스,[10] 에브레길디스인 3명의[11] 자식을 두고 있다. 그는 7ant

---

[9] 이름이 A. Longnon, ed., *Polyp. de St. Germain*, p. 252에는 '알리나(Alina)'로 되어 있지만, B. Guérard, ed., *Polyp. d'Irminon*, p. 193과 D. Hägermann, ed. *Polyp. von St. Germain*, p. 148에는 '아클리나(Aclina)'로 되어 있다.

[10] A. Longnon, ed., *Polyp. de St. Germain*, p. 252에는 '기로알두스(Giroaldus)'로 되어 있지만, B. Guérard, ed., *Polyp. d'Irminon,* p. 193과 D. Hägermann, ed. *Polyp. von St. Germain*, p. 148에는 '기로아르두스(Giroardus)'로 되어 있다.

[11] B. Guérard, ed., *Polyp. d'Irminon,* p. 193에는 '4명의 자식(infantes IIII)'으로 되어

의 곡물경작지와 1arp의 포도밭 및 ¼arp의 초지로 구성된 1개의 자유인 망스를 보유한다. 그는 돼지방목세로 2md의 포도주를 바치며, 나머지 (의무)는 (위와) 같다.

22. 생제르맹(수도원)의 속민들로서 콜로누스인 아드레마루스와 콜로누스이고 이름이 브란트힐디스인 그의 아내는 이름들이 아우트가리우스, 에르멩가우두스인 2명의 자식을 두고 있다. 그는 5bun의 곡물경작지와 1arp의 포도밭으로 구성된 1개의 자유인망스를 보유한다.

23. 생제르맹(수도원)의 속민들로서 콜로누스인 아링가우두스와 콜로누스이고 이름이 아우트가리아인 그의 아내는 2명의 자식을 두고 있다. 그는 4bun 2ant의 곡물경작지와 1arp의 포도밭 및 1arp의 초지로 구성된 1개의 자유인망스를 보유한다. 그는 (위와) 같이 (의무를) 이행한다.

24. 생제르맹(수도원)의 콜로누스인 아우가리우스는[12] 5½bun의 곡물경작지와 1½arp의 포도밭 및 2½arp의 초지로 구성된 1개의 반쪽 망스를 보유한다. 그는 반쪽 망스(보유자)처럼 (의무를) 수행한다.

25. 생제르맹(수도원)의 속민들로서 콜로누스인 아우트깅구스와 콜로누스이고 이름이 고달트루디스인 그의 아내. 그는 4bun 2ant의 곡물경작지와 1½arp의 포도밭 및 같은 크기의 초지로 구성된 1개의 자유인망스를 보유한다. 그는 (위와) 같이 (의무를) 이행한다.

26. 생제르맹(수도원)의 속민들로서 콜로누스인 게르프레두스와 콜로누스이고 이름이 에름부르가인 그의 아내. 그는 3bun의 곡물경작지와 1arp

---

있지만, A. Longnon, ed., *Polyp. de St. Germain*, p. 252와 D. Hägermann, ed. *Polyp. von St. Germain*, p. 148에는 '3명의 자식(infantes III)'으로 되어 있다. 실제로 명기되어 있는 이름도 3명이므로, 3명임이 확실하다고 하겠다. 이 부분은 게라르가 오기한 것으로 보인다.

12 D. Hägermann, ed. *Polyp. von St. Germain*, p. 148에는 '아이우가리우스(Aiugarius)'로 되어 있지만, B. Guérard, ed., *Polyp. d'Irminon,* p. 194와 A. Longnon, ed., *Polyp. de St. Germain*, p. 252에는 '아우가리우스(Augarius)'로 되어 있다.

의 포도밭 및 1½arp의 초지로 구성된 1개의 자유인망스를 보유한다.

27. 생제르맹(수도원)의 속민들로서 콜로누스인 아달가우두스와 콜로누스이고 이름이 라그노일디스인 그의 아내는 이름들이 라게마루스, 빌트시스인 2명의 자식을 두고 있다. 그는 4bun 2ant의 곡물경작지와 1½arp의 포도밭 및 2arp의 초지로 구성된 1개의 자유인망스를 보유한다. 그는 (위와) 같이 (의무를) 이행한다.

28. 생제르맹(수도원)의 속민들로서 콜로누스인 에르멘테우스와 콜로누스이고 이름이 엘렉트루디스인[13] 그의 아내. 생제르맹(수도원)의 콜로누스인 에르메날두스. 그들 두 명은 4bun의 곡물경작지와 1arp의 포도밭 및 같은 크기의 초지로 구성된 1개의 자유인망스를 보유한다. 그는[14] (위와) 같이 (의무를) 이행한다.

29. 생제르맹(수도원)의 속민들로서 콜로누스인 아클레아르두스와 콜로누스이고 이름이 도메드루디스인 그의 아내. 그는 4bun의 곡물경작지와 1arp의 포도밭 및 1arp의 초지로 구성된 1개의 자유인망스를 보유한다. 그는 (위와) 같이 (의무를) 이행한다.

30. 생제르맹(수도원)의 속민들로서 콜로누스인 라트헬무스와 콜로누스이고 이름이 에름트루디스인 그의 아내는 이름들이 아우트발두스, 에름베르타, 아우트베르타인 3명의 자식을 두고 있다. 생제르맹(수도원)의 속민들로서 콜로누스인 아우드리쿠스와 콜로누스이고 이름이 아달군디스인 그의 아내. 그들 두 명은 4bun 2ant의 곡물경작지와 3arp의 포도밭 및 3arp의 초지로 구성된 1개의 자유인망스를 보유한다. 그는[15] (위와) 같이 (의무를) 이행한다.

---

13 D. Hägermann, ed. *Polyp. von St. Germain*, p. 149에는 '엘레케루디스(Elecerudis)'로 되어 있지만, B. Guérard, ed., *Polyp. d'Irminon,* p. 194와 A. Longnon, ed., *Polyp. de St. Germain*, p. 252에는 '엘렉트루디스(Electrudis)'로 되어 있다.

14 원문대로임.

15 원문대로임.

31. 생제르맹(수도원)의 콜로누스인 파를레누스는 4bun의 곡물경작지와 2½arp의 포도밭 및 2arp의 초지로 구성된 1개의 자유인망스를 보유한다. 그는 (위와) 같이 (의무를) 이행한다.

32. 생제르맹(수도원)의 속민들로서 콜로누스인 군트베르투스와 콜로누스이고 이름이 베네딕타인 그의 아내. 그는 5bun의 곡물경작지와 1arp의 포도밭 및 ½arp의 초지로 구성된 1개의 자유인망스를 보유한다. 그는 (위와) 같이 (의무를) 이행한다.

33. 생제르맹(수도원)의 속민들로서 콘스탄티누스와 콜로누스이고 이름이 하이르트루디스인 그의 아내는 이름들이 레메기우스, 프렐리누스, 힐데기스인 3명의 자식을 두고 있다. 그는 2bun의 곡물경작지와 1arp의 포도밭 및 ½arp의 초지로 구성된 1개의 자유인망스를 보유한다. 그는 (위와) 같이 (의무를) 이행한다.

34. 생제르맹(수도원)의 속민들로서 콜로누스인 도달하르두스와 콜로누스이고 이름이 하를린디스인 그의 아내는 3bun의 곡물경작지와 1arp의 포도밭 및 1arp의 초지로 구성된 1개의 자유인망스를 보유한다. 그는 (위와) 같이 (의무를) 이행한다.

35. 생제르맹(수도원)의 속민들로서 노예인 마우루스와 노예이고 이름이 마우링가인 그의 아내는 3bun의 곡물경작지와 1½arp의 포도밭 및 1arp의 초지로 구성된 1개의 자유인망스를 보유한다. 그는 (위와) 같이 (의무를) 이행한다.

36. 생제르맹(수도원)의 속민들로서 콜로누스인 아말리쿠스와 콜로누스이고 이름이 힐트루디스인 그의 아내는 이름들이 가마닐디스, 힐데브루스인 2명의 자식을 두고 있다. 그는 8bun의 곡물경작지와 ⅔arp의 포도밭 및 1arp의 초지로 구성된 1개의 자유인망스를 보유한다. 그는 (위와) 같이 (의무를) 이행한다.

37. 생제르맹(수도원)의 콜로누스인 아달볼두스는 2bun의 곡물경작지와 ½arp의 포도밭 및 ½arp의 초지로 구성된 1개의 자유인망스를 보유한

다. 그는 (위와) 같이 (의무를) 이행한다.

38. 생제르맹(수도원)의 속민들로서 콜로누스인 시카르두스와 콜로누스이고 이름이 뷔네라다인 그의 아내는 1bun의 곡물경작지와 1arp의 포도밭 및 ¼arp의 초지로 구성된 1개의 자유인망스를 보유한다. 그는 (위와) 같이 (의무를) 이행한다.

39. 생제르맹(수도원)의 속민들로서 콜로누스인 보소와 콜로누스이고 이름이 악베르타인 그의 아내는 이름들이 크리스테미아, 보사, 보보, 보슬레베르타인 4명의 자식을 두고 있다. 그는 4bun 1ant의 곡물경작지와 1½arp의 포도밭 및 ½arp의 초지로 구성된 (1개의) 반쪽 노예망스를 보유한다. 그는 반쪽 망스(보유자)처럼 (의무를) 수행한다.

40. 생제르맹(수도원)의 속민들로서 콜로누스인 에브로이누스와 콜로누스이고 이름이 수산나인 그의 아내는 이름들이[16] 마르티누스인 1명의 자식을 두고 있다. 그는 8bun의 곡물경작지와 2arp의 포도밭 및 3½arp의 초지로 구성된 1개의 자유인망스를 보유한다. 그는 아달마루스와 마찬가지로 (의무를) 이행한다.

41. 생제르맹(수도원)의 콜로누스인 아달마루스는 4bun의 곡물경작지와 2arp의 포도밭 및 1½arp의 초지로 구성된 1개의 노예망스를 보유한다. 그는 포도밭에서 4arp를 작업한다. 그는 돼지방목세로 2md의 포도주, 1sest의 겨자, 50다발의 버들가지, 3마리의 닭 및 15개의 계란을 바친다.

42. 생제르맹(수도원)의 콜로누스인 고데프레두스는 어머니와 (1명의) 형제 및 (1명의) 누이가 동거하고 있다. 그는 3bun의 곡물경작지와 1½arp의 포도밭 및 1½arp의 초지로 구성된 1개의 노예망스를 보유한다. 그는 (위와) 같이 (의무를) 이행한다.

43. 생제르맹(수도원)의 속민들로서 콜로누스인 란트베르투스와 콜로누스

---

[16] 원문대로임.

이고 이름이 시길디스인 그의 아내는 3½bun의 곡물경작지와 1arp의 포도밭 및 1arp의 초지로 구성된 1개의 노예망스를 보유한다. 그는 1sest의 겨자와 50다발의 버들가지를 바친다.

44. 생제르맹(수도원)의 속민들로서 콜로누스인 가우도이누스와 콜로누스이고 이름이 알도아라인 그의 아내는 이름들이 아달라르두스, 알트베르투스인 2명의 자식을 두고 있다. 그는 8bun의 곡물경작지와 1arp의 포도밭 및 1½arp의 초지로 구성된 1개의 자유인망스를 보유한다. 그는 (위와) 같이 (의무를) 이행한다.

45. 생제르맹(수도원)의 여자콜로누스인 크리스테힐디스는 역시 콜로누스들이고 이름들이 크리사누스, 안드레베르가인 2명의 자식을 두고 있다. 그녀는 2bun 1ant의 곡물경작지와 1½arp의 포도밭 및 1arp의 초지로 구성된 1개의 노예망스를 보유한다. 그녀는 1sest의 겨자와 50다발의 버들가지를 (바친다).

46. 노예인 라트베르와[17] 노예이고 이름이 알다인 그의 아내는 3ant의 곡물경작지와 ⅔arp의 포도밭 및 ½arp의 초지를 보유한다. 그는 이로 인해 1두의 암양, 3마리의 닭 및 15개의 계란을 바친다.

47. 시카르두스는 (1개의) 영주의 호스피키움을 보유한다. 그는 (위와) 같이 (의무를) 이행하며, 매주 2일(의 부역노동)을 (수행한다).

48. 풀베르투스는 8bun의 곡물경작지와 3arp의 포도밭 및 2½arp의 초지로 구성된 1개의 자유인망스를 은대지로 보유한다.

49. 무르킹크툼에는 셋째 해에 군사용으로 8¼두의 송아지와 14두의 거세

---

[17] B. Guérard, ed., *Polyp. d'Irminon,* p. 196에서는 '라트베르트(Ratbert)'로 판독되어 있는가 하면, A. Longnon, ed., *Polyp. de St. Germain*, p. 255에는 '라트베르투스(Ratbertus)'로 판독되어 있으며, D. Hägermann, ed. *Polyp. von St. Germain*, p. 150에서는 '라트베르(Ratber)'로 되어 있다. 여기서는 가장 최근에 편찬된 헤게르만의 판독을 따랐다.

된 숫양을 바치는 (총) 36개의 자유인망스가 있으며, 6½개의 노예망스가 (있다). 그들은 도합 돼지방목세로 84md의 포도주, 110마리의 닭, 600개의 계란을 바친다.

18 콜리둠(장원의) 명세서

1. 콜리툼에는[1] 매년 군사용으로 5½두의 황소와, 33마리의 닭, 165개의 계란을 바치는 11½개의 자유인망스가 있다.

2. 콜리둠에는 175md(의 곡식)가 파종될 수 있는 60bun의 곡물경작지와 230md의 포도주가 채취될 수 있는 14arp의 포도밭, 40수레의 건초가 채취될 수 있는 10arp의 초지 및 25bun의 임야로 구성된 영주직영지가 있다.

3. 생제르맹(수도원)의 속민들로서 콜로누스인 게르베르투스와 콜로누스이고 이름이 아달군디스인 그의 아내는 이름들이 비스모두스, 게르베르가인 2명의 자식을 두고 있다. 그는 11bun의 곡물경작지와 2arp의

---

[1] 제18장 제1항의 콜리툼(Colritum)은 제2항의 콜리둠(Colridum)과 같은 지명으로, 흔히 콜리둠이라고 불렸다. 콜리둠(Colridum)은 B. Guérard, *Prolégomènes*, p. 867 및 B. Guérard, ed., *Polyp. d'Irminon,* p. 197의 각주 a번과 A. Longnon, ed., *Polyp. de St. Germain*, p. 256의 1번 각주에 의하면 세네우아즈 도 코르베이 군 코르베이 캉통의 쿠드레쉬르센(Coudray-sur-Seine)이고, D. Hägermann, ed. *Polyp. von St. Germain*, p. 224와 K. Elmshäuser & A. Konrad, *Studien zum Polyp. von St. Germain*, p. 222에 의하면 에손 도 에브리 군(후자의 경우에는 코르베이에손 군) 코르베이에손쉬드 캉통의 르쿠드레몽소(le Coudray-Montceaux)다. 쿠드레쉬르센은 옛 지명이고 르쿠드레몽소는 오늘날 지명으로, 현재의 행정구역상으로는 에손 도 에브리 군 멘시(Mennecy) 캉통에 속한다. 이곳은 파리 남동쪽 36km 거리에 위치한다.

포도밭으로 구성된 1개의 자유인망스를 보유한다. 그는 군사용으로 ½두의 황소와 돼지방목세로 2md의 포도주를 바치며, 7ptc를 갈이질한다. 그는 포도밭에서 1arp를 작업한다. 그는 3마리의 닭과 15개의 계란을 (바친다). 그는 지시받는 만큼 코르베와 나무베기 부역과 수송부역 및 손일을 (수행한다). 그는 나무채취료로 1피트 용적의 나무를 (바친다).

4. 생제르맹(수도원)의 속민들로서 콜로누스인 테우트그리무스와 콜로누스이고 이름이 잉그베르트타인 그의 아내. 테우트베르가는 그들의 딸이다. 그는 6bun의 곡물경작지와 1arp의 포도밭으로 구성된 1개의 자유인망스를 보유한다. 그는 (위와) 같이 (의무를) 이행한다.

5. 생제르맹(수도원)의 콜로누스인 힐트베르투스와 노예인 그의 아내는 12bun의 곡물경작지와 2arp의[2] 포도밭으로 구성된 1개의 자유인망스를 보유한다. 그는 (위와) 같이 (의무를) 이행한다.

6. 생제르맹(수도원)의 속민들로서 콜로누스인 아말기스와 자유인이고 이름이 아르델린디스인 그의 아내. 생제르맹(수도원)의 속민들로서 콜로누스인 오딜렐무스와 노예이고 이름이 에르멩가르디스인 그의 아내는 이름들이 레우드리쿠스, 기슬로이나인 2명의 자식을 두고 있다. 그들 두 명은 2bun의 곡물경작지와 2arp의 포도밭으로 구성된 1개의 자유인망스를 보유한다. 그는[3] (위와) 같이 (의무를) 이행한다.

7. 생제르맹(수도원)의 콜로누스인 시카리우스와 자유인이고 이름이 솔리스마인 그의 아내. 시카리아는 그들의 딸이다. 생제르맹(수도원)의 에름브라두스와 생제르맹(수도원)의 (…인) 그의 아내는 이름들이 힐

---

[2] B. Guérard, ed., *Polyp. d'Irminon,* p. 197과 A. Longnon, ed., *Polyp. de St. Germain*, p. 256에는 포도밭의 면적이 구체적 수치로 표시되지 않고 막연히 '아리펜누스들(aripennos)'로 기록되어 있으나, D. Hägermann, ed. *Polyp. von St. Germain*, p. 151에는 '2 아리펜누스(aripennos II)'로 되어 있다. 여기서는 후자를 따랐다.

[3] 원문대로임.

데베르투스, 고달베르투스, 마달가리우스, 에름브라다, 엘리아인 5명의 자식을 두고 있다. 그들 두 명은 11½bun의 곡물경작지와 2arp의 포도밭으로 구성된 1개의 자유인망스를 보유한다. 그는[4] (위와) 같이 (의무를) 이행한다.

8. 생제르맹(수도원)의 콜로누스인 식볼두스와[5] 자유인이고 이름이 에르캄베르타인 그의 아내. 생제르맹(수도원)의 콜로누스인 아게베르투스. 그들 두 명은 11bun의 곡물경작지와 2arp의 포도밭으로 구성된 1개의 자유인망스를 보유한다. 그는[6] (위와) 같이 (의무를) 이행한다.

9. 반자유인인 고데베르투스. 생제르맹(수도원)의 콜로누스인 맡트헤우스와 콜로누스이고 이름이 크리스티나인 그의 아내. 그들 두 명은 7bun의 곡물경작지와 1¾arp의 포도밭으로 구성된 1개의 자유인망스를 보유한다.

10. 생제르맹(수도원)의 콜로누스인 에르메눌푸스. 생제르맹(수도원)의 콜로누스인 잉굴푸스. 그들 두 명은 7bun의 곡물경작지와 2½arp의 포도밭으로 구성된 1개의 자유인망스를 보유한다. 그는[7] (위와) 같이 (의무를) 이행한다.

11. 생제르맹(수도원)의 콜로누스인 아이르베르투스. 생제르맹(수도원)의 속민들로서 콜로누스인 아달라두스와 콜로누스이고 이름이 프로틀린디스인 그의 아내. 그들 두 명은 10bun의 곡물경작지와 2arp의 포도밭으로 구성된 1개의 자유인망스를 보유한다. 그는[8] (위와) 같이 (의무를)

---

4 원문대로임.

5 B. Guérard, ed., *Polyp. d'Irminon,* p. 198과 A. Longnon, ed., *Polyp. de St. Germain*, p. 151에는 '식볼두스(Sicboldus)'로 기록되어 있으나, D. Hägermann, ed. *Polyp. von St. Germain*, p. 151에는 '식보두스(Sicbodus)'로 되어 있다. 여기서는 이름을 쓰는 당시의 관례로 봐서 전자를 따랐다.

6 원문대로임.

7 원문대로임.

8 원문대로임.

이행한다.

12. 생제르맹(수도원)의 속민들로서 콜로누스인 에디미우스와 콜로누스이고 이름이 엘렉타인 그의 아내. 생제르맹(수도원)의 콜로누스인 프로트하르두스는 어머니가 동거하고 있다. 그들 두 명은 5bun의 곡물경작지와 $1\frac{1}{2}$arp의 포도밭으로 구성된 1개의 자유인망스를 보유한다. 그는[9] (위와 같이 의무를) 이행한다.

13. 생제르맹(수도원)의 속민들로서 콜로누스인 에르메놀두스와 콜로누스이고 이름이 빌다인 그의 아내는 이름들이 시크라다, 시게닐디스인 2명의 자식을 두고 있다. 생제르맹(수도원)의 속민들로서 콜로누스인 테우트가르누스와 콜로누스이고 이름이 에르멘트루디스인 그의 아내. 멜리스무스는 그들의 아들이다. 그들 두 명은 11bun의 곡물경작지와 $1\frac{2}{3}$arp의 포도밭으로 구성된 1개의 자유인망스를 보유한다.

14. 생제르맹(수도원)의 콜로누스인 아이로아르두스는 5bun의 곡물경작지와 1arp의 포도밭으로 구성된 (1개의) 반쪽 망스를 보유한다. 나머지(의무)는 반쪽 망스(보유자)처럼 수행한다.

---

9 원문대로임.

19 악만투스(장원의) 명세서

세노니쿠스 파구스[1] 소속

1. 세노니쿠스 파구스 내의 악만투스 장원에는[2] 저택과 여타 많은 부속건물들을 갖춘 영주직영지가 있다. 여기에는 면적이 304bun이고 …md의 …이[3] 파종될 수 있는 9개 쿨투라의 곡물경작지가 있다. 여기에는 66arp의 오래된 포도밭과 영주인 수도원장 이르미노가 식재할 것을 명령한 14arp의 새 포도밭이 있다. 이들 포도밭에서는 600md의 포도주가 채취될 수 있다. 여기에는 어림잡아 그 둘레가 총 4마일로, 500두의[4]

---

1 B. Guérard, *Prolégomènes*, pp. 59~60과 A. Longnon, ed., *Polyp. de St. Germain*, p. 258의 1번 각주에 의하면 세노니쿠스 파구스(Senonicus pagus)는 파리 남동쪽의 욘 강변에 위치한 오늘날의 상스 시를 중심으로 한 유서 깊은 세노네(Sénonais) 지방을 가리킨다.

2 악만투스(Acmantus) 또는 악만툼(Acmantum)이라고 불렸던 장원은 파리 시의 중심부에 소재한 수도원으로부터 남동쪽으로 75km쯤 떨어져 있는 오늘날 '에망(Émant)' 또는 '에스망(Esmans)'이라고 불리는 마을을 중심으로 한 것이다. 이 마을은 센 강의 주요 지류 중 하나인 욘(Yonne) 강 남쪽 3km 지점에 위치한다. 보통 에스망이라고 불리는 이 마을은 오늘날 행정구역상으로는 세네마른 도 프로뱅 군 몽트로포욘(Montereau-Fault-Yonne) 캉통에 속하는 한 코뮌이다. B. Guérard, *Prolégomènes*, p. 868; B. Guérard, ed., *Polyp. d'Irminon*, p. 199의 a번 각주; A. Longnon, ed., *Polyp. de St. Germain*, p. 258의 2번 각주; D. Hägermann, ed. *Polyp. von St. Germain*, p. 223; K. Elmshäuser & A. Konrad, *Studien zum Polyp. von St. Germain*, p. 226 참조.

3 여기에 누락된 말은 틀림없이 '곡물'이나 '밀'일 것이다.

돼지가 살찔 수 있는 임야가 있다. 여기에는 150수레의 건초가 채취될 수 있는 70arp의 초지가 있다. 여기에는 4대의 물레방아가 있으며, 이들 물레방아로부터는 사용료(수입)로 105md의 곡식과 2솔리두스의 돈 및 2마리의 거위가 생긴다.

1-1.[5] **나 하가노는 나의 아내 아델라이디스의 자유의사에 따라 그리고 우리의 아들 후고와 오도의 동의를 받아 우리의 영혼구제를 위해 우리의 노예인 브루나르두스의 간청으로 이름이 아드후이디스인 그의 딸을 성 빈켄티우스와 성 게르마누스에게, 그리고 또한 같은 이름을 가진 이 수도원에서 하나님을 섬기는 수도사들에게, 이들이 언제나 우리를 위해 주님에게 중보하도록 바친다. 테드란누스, 요세베르투스 및 사제 힐베르투스는 이에 대한 증인들이다.**

2. 여기에는 정성들여 만든 모든 설비를 갖추고 주택과 여타 많은 부속건물들이 딸린 (1개의) 교회가 있다. 이 교회에는 5명의 거류외인들이 배속되어 있다. 이들 거류외인은 9마리의 닭과 45개의 계란을 바치며, 음식이 제공되는 경우에는 (1)주일에 2일(의 부역노동)을 수행한다.
사제들의 토지와 이들 거류외인들의 토지를 합쳐서 총 4arp의 포도밭과 17bun의 곡물경작지 및 1arp의 초지가 있다. 이 교회로부터는 예물로 1필의 말이 생긴다.

3. 생제르맹(수도원)의 속민들로서 마름이고 콜로누스인 에르메나리우스와 콜로누스이고 이름이 아달부르기스인 그의 아내는 이름들이 에르멩가르디스, 에르멘베르투스, 에르모아라, 에르모이스, 에르멘라다인 4명의[6] 자식을 두고 있다. 그는 20bun의 곡물경작지와 6arp의 포도밭 및 2½arp의 초지로 구성된 2개의 자유인망스를 보유한다. 그는 이들 두 개의 망스(를 보유하는 데)에 대해 부역노동을 감독하고 1필의 말을

---

4 A. Longnon 편에는 '100(C)'두로 되어 있으나, B. Guérard 편과 D. Hägermann 편에는 '500(D)'두로 되어 있어 500두로 번역한다.

5 '1'이라는 번호가 두 번 나타난다고 한다.

6 4명의 자식이라고 하지만, 실제로 기재되어 있는 자식의 수는 5명이다.

(예물로) 바친다.

4. 생제르맹(수도원)의 속민들로서 고지기이고 콜로누스인 알베리쿠스와 콜로누스이고 이름이 알트베르타인 그의 아내는 10bun의 곡물경작지와 1½arp의 포도밭 및 1½arp의 초지로 구성된 1개의 자유인망스를 보유한다. 그는 그가 담당하는 직무 때문에, 1ant를 갈이질하고 자신의 씨앗으로 파종하며 하곡파종을 위해 2ptc를 (갈이질하는) 것 외에는 아무런 의무를 이행하지 않는다.

5. 콜로누스이고 부마름이며 생제르맹(수도원)의 속민인 아이메라두스는 9bun의 곡물경작지와 1arp의 포도밭으로 구성된 1개의 자유인망스를 보유한다. 그는 그가 담당하는 직무 때문에, 아무런 의무를 이행하지 않는다.

6. 콜로누스이고 방앗간 관리인이며 생제르맹(수도원)의 속민인 그림발두스는[7] 4bun의 곡물경작지와 ½arp의 포도밭 및 같은 크기의 초지로 구성된 (1개의) 반쪽 자유인망스를 보유한다. 그는 그가 담당하는 직무 때문에 아무런 의무를 이행하지 않는다.

7. 생제르맹(수도원)의 속민들로서 콜로누스인 아드리아누스와 콜로누스이고 이름이 술피티아인 그의 아내는 26bun의 곡물경작지와 2arp의 포도밭 및 4arp의 초지로 구성된 1개의 자유인망스를 보유한다. 그는 특별한 은총을 입은 때문에,[8] 동곡파종을 위해 1개의 정적부역지를 갈이질하고 자신의 씨앗으로 파종하며 하곡파종을 위해 2ptc를 갈이질하

---

[7] 이름이 B. Guérard, ed., *Polyp. d'Irminon*, p. 200에는 '그림할두스(Grimhaldus)'로 되어 있지만, A. Longnon, ed., *Polyp. de St. Germain*, p. 260과 D. Hägermann, ed. *Polyp. von St. Germain*, p. 154에는 '그림발두스(Grimbaldus)'로 되어 있다.

[8] '특별한 은총을 입은 때문에'라는 것은 라틴어 원문의 "propter mercedis causam"이라는 문구를 번역한 말이다. K. Elmshäuser & A. Konrad, *Studien zum Polyp. von St. Germain*, p. 229에서는, 이 문구가 분명하지는 않지만 망스보유자인 아드리아누스가 아마도 이전에 어떤 직무 담당자였음을 추측케 한다고 한다. 그가 보유한 자유인망스는 곡물경작지의 크기만 해도 보통의 자유인망스보다 훨씬 큰 26bun에 이른다.

는 것을 제외하고는 아무런 의무를 이행하지 않는다.

8. 생제르맹(수도원)의 속민들로서 콜로누스인 살비우스와 콜로누스이고 이름이 블라트힐디스인 그의 아내는 이름들이 란도이누스, 라도이노, 프레데리쿠스, 봐르네드루데인 4명의 자식을 두고 있다. 그는 12bun의 곡물경작지와 5arp의 포도밭 및 1arp의 초지로 구성된 1개의 자유인망스를 보유한다. 그는 군사용으로 4솔리두스의 돈이나 4두의 거세된 숫양 또는 ½두의 황소를 바치고, 2md의 포도주와 2md의 귀리를 (바친다). 그리고 포도주 생산이 있는 경우에는 20md에 1md의 비율로 포도주를 바치고, 셋째 해에 새끼 양을 가진 (1두의) 암양을 바치며, 3마리의 닭과 15개의 계란을 (바친다). 그는 동곡파종을 위해서 3ptc, 하곡파종을 위해서 2ptc를 갈이질한다. 그는 지시받는 만큼의 나무베기 부역을 수행한다. 그는 지시받는 곳으로 수송부역을 수행한다. 그는 1arp의 포도밭 작업을 한다. 그는 12md의 영주 곡식을 타작한다. 그는 그 자신이 매입한 1bun의 토지를 보유한다.

9. 생제르맹(수도원)의 속민들로서 콜로누스인 기고와 콜로누스이고 이름이 게를린디스인 그의 아내는 이름들이 기란두스와 봘데드루디스인 2명의 자식을 두고 있다. 그는 17bun의 곡물경작지와 4arp의 포도밭 및 1arp의 초지로 구성된 1개의 자유인망스를 보유한다. 그는 (위와) 같이 (의무를) 이행한다.

10. 생제르맹(수도원)의 속민들로서 콜로누스인 아가르드두스와 콜로누스이고 이름이 벨레드루디스인 그의 아내는 이름들이 에브로이누스, 발다사르, 에브로힐디스, 알트베르인 4명의 자식을 두고 있다. 생제르맹(수도원)의 속민들로서 콜로누스인 아이메리쿠스와 콜로누스이고 이름이 베니미아인 그의 아내. 그들 두 명은 20bun의 곡물경작지와 1arp의 포도밭 및 ½arp의 초지로 구성된 1개의 자유인망스를 보유한다. 그들은 2md의 귀리와 6마리의 닭 및 30개의 계란을 바치며, 나머지(의무)는 (위와) 같다.

11. 생제르맹(수도원)의 속민들로서 콜로누스인 레우델기스와 콜로누스이고 이름이 일델린디스인 그의 아내는 이름들이 라그네람누스, 레우델

그림누스, 봘데드루데, 데오다타인 4명의 자식을 두고 있다. 그는 3½bun의 곡물경작지와 1arp의 포도밭 및 ½arp의 초지로 구성된 (1개의) 반쪽 자유인망스를 보유한다.

12. 생제르맹(수도원)의 속민들로서 콜로누스인 에르모이누스와 자유인이고 이름이 알다인 그의 아내는 이름들이 알도, 살기아, 유사나, 파피아인 4명의 자식을 두고 있다. 그는 6bun의 곡물경작지와 ½arp의 포도밭 및 같은 크기의 초지로 구성된 (1개의) 반쪽 자유인망스를 보유한다. 그들 두 명은[9] 2md의 귀리와 6마리의 닭 및 30개의 계란을 바친다. 나머지(의무)는 (위와) 같다.

13. 생제르맹(수도원)의 속민들로서 콜로누스인 에름가우두스와 콜로누스이고 이름이 아게닐디스인 그의 아내는 이름들이 아겐테우스, 아겜베르투스, 에름기스, 아이로이스, 아클레드루디스, 에름길디스인 6명의 자식을 두고 있다. 그는 8½bun의 곡물경작지와 1arp의 포도밭 및 같은 크기의 초지로 구성된 (1개의) 반쪽 자유인망스를 보유한다.

14. 생제르맹(수도원)의 속민들로서 콜로누스인 기소와 콜로누스이고 이름이 기슬라인 그의 아내는 이름들이[10] 아딩구스인 1명의 자식을 두고 있다. 그는 12bun의 곡물경작지와 2arp의 포도밭 및 1½arp의 초지로 구성된 (1개의) 반쪽 자유인망스를 보유한다. 그들 두 명은[11] 2md의 귀리와 6마리의 닭 및 30개의 계란을 바친다. 나머지(의무)는 (위와) 같다.

15. 생제르맹(수도원)의 속민들로서 콜로누스인 프로도누스와 콜로누스이고 이름이 베르틸디스인 그의 아내. 생제르맹(수도원)의 속민들로서 콜로누스인 베로이스와 콜로누스이고 이름이 군델린디스인 그의 아내. 생제르맹(수도원)의 속민들로서 콜로누스인 살레쿠스와 콜로누스이고

---

[9] 원문대로임.

[10] 원문대로임.

[11] 원문대로임.

이름이 아글레베르가인 그의 아내. 그들 세 명은 18bun의 곡물경작지와 2arp의 포도밭 및 3arp의 초지로 구성된 1개의 자유인망스를 보유한다. 그들은 2md의 귀리와 9마리의 닭 및 45개의 계란을 바친다. 나머지(의무)는 (위와) 같다.

16. 생제르맹(수도원)의 속민들로서 콜로누스인 베르티게루스와 콜로누스이고 이름이 에르카드람나인 그의 아내는 4명의 자식을 두고 있다. 생제르맹(수도원)의 속민들로서 콜로누스인 레우트기스와 콜로누스이고 이름이 티트발다인 그의 아내는 3명의 자식을 두고 있다. 생제르맹(수도원)의 속민들로서 콜로누스인 고트베르투스와 콜로누스이고 이름이 게르멘베르가인 그의 아내는 3명의 자식을 두고 있다. 그들 세 명은 21bun의 곡물경작지와 3½arp의 포도밭 및 2½arp의 초지로 구성된 1개의 자유인망스를 보유한다. 그들은 2md의 귀리를 바치고, 9마리의 닭 및 45개의 계란을 (바친다). 나머지(의무)는 (위와) 같다.

17. 생제르맹(수도원)의 속민들로서 콜로누스인 아글리누스와 콜로누스이고 이름이 실바나인 그의 아내는 2명의 자식을 두고 있다. 생제르맹(수도원)의 속민들로서 콜로누스인 풀가르누스와 콜로누스이고 이름이 아글리스마인 그의 아내는 2명의 자식을 두고 있다. 생제르맹(수도원)의 속민들로서 콜로누스인 고데발두스와 콜로누스이고 이름이 알베드루디스인 그의 아내는 1명의 자식을 두고 있다. 그들은 17bun의 곡물경작지와 3arp의 포도밭 및 2arp의 초지로 구성된 1개의 자유인망스를 보유한다. 나머지(의무)는 (위와) 같다.

18. 콜로누스이고 생제르맹(수도원)의 속민인 아달뷔누스는 4명의 자식을 두고 있다. 생제르맹(수도원)의 속민들로서 콜로누스인 기슬레베르투스와 콜로누스이고 이름이 기슬레베르타인 그의 어머니는[12] 3명의 자식을 두고 있다. 그들은 17bun의 곡물경작지와 2½arp의 포도밭 및 1arp의 초지로 구성된 1개의 자유인망스를 보유한다. 그들은 2md의 귀리와

[12] 원문대로임.

6마리의 닭 및 30개의 계란을 바친다. 나머지(의무)는 (위와) 같다.

19. 생제르맹(수도원)의 속민들로서 콜로누스인 엘드라두스와 콜로누스이고 이름이 베르타인 그의 아내. 생제르맹(수도원)의 속민들로서 콜로누스인 다도이스와 콜로누스이고 이름이 페르페투아인 그의 아내는 3명의 자식을 두고 있다. 생제르맹(수도원)의 속민들로서 콜로누스인 아스카리쿠스와 콜로누스인 그의 아내는 2명의 자식을 두고 있다. 그들 세 명은 14bun의 곡물경작지와 3arp의 포도밭 및 1arp의 초지로 구성된 1개의 자유인망스를 보유한다. 나머지(의무)는 (위와) 같다.

20. 생제르맹(수도원)의 속민들로서 콜로누스인 봔달베르투스와 콜로누스이고 이름이 베르트라다인 그의 아내는 6명의 자식을 두고 있다. 생제르맹(수도원)의 속민들로서 콜로누스인 잉갈베르투스와 콜로누스이고 이름이 불포일디스인 그의 아내는 5명의 자식을 두고 있다. 콜로누스인 잉갈람누스와 자유인이고 이름이 불포일디스인 그의 아내는 2명의 자식을 두고 있다. 그들 3명은 20bun의 곡물경작지와 2½arp의 포도밭 및 ½arp의 초지로 구성된 1개의 자유인망스를 보유한다. 그는[13] (위와) 같이 (의무를) 이행한다.

21. 콜로누스이고 생제르맹(수도원)의 속민인 아르두이스. 콜로누스인 플로렌티누스와 콜로누스이고 이름이 아로힐디스인 그의 아내는 3명의 자식을 두고 있다. 그들은 25½bun의 곡물경작지와 5arp의 포도밭 및 2½arp의 초지로 구성된 1개의 자유인망스를 보유한다. 그들은 2md의 귀리를 바치고, 6마리의 닭 및 30개의 계란을 (바친다). 나머지(의무)는 (위와) 같다.

22. 생제르맹(수도원)의 속민들로서 콜로누스인 사로아르두스와 콜로누스이고 이름이 아글레드람나인 그의 아내는 2명의 자식을 두고 있다. 생제르맹(수도원)의 속민들로서 콜로누스인 란딩구스와 콜로누스이고

---

13 원문대로임.

이름이 베니미아인 그의 아내는 4명의 자식을 두고 있다. 생제르맹(수도원)의 속민들로서 콜로누스인 발도이누스와 콜로누스이고 이름이 란드라다인 그의 아내는 2명의 자식을 두고 있다. 콜로누스이고 생제르맹(수도원)의 속민인 힐트가르누스. 그들 네 명은 14bun의 곡물경작지와 2arp의 포도밭 및 2arp의 초지로 구성된 1개의 자유인망스를 보유한다. 그는[14] (위와) 같이 (의무를) 이행한다.

23. 생제르맹(수도원)의 속민들로서 콜로누스인 도달베르투스와 콜로누스이고 이름이 힐데드루디스인 그의 아내는 4명의 자식을 두고 있다. 생제르맹(수도원)의 속민들로서 콜로누스인 플로트베우스와 콜로누스이고 이름이 에름발다인 그의 아내는 6명의 자식을 두고 있다. 생제르맹(수도원)의 속민들로서 콜로누스인 엘리스무스와 콜로누스이고 이름이 봔드레길디스인 그의 아내는 3명의 자식을 두고 있다. 그들 3명은 17bun의 곡물경작지와 3arp의 포도밭 및 2arp의 초지로 구성된 1개의 자유인망스를 보유한다. 그들은 (위와) 같이 (의무를) 이행한다.

24. 생제르맹(수도원)의 속민들로서 콜로누스인 마우루스와 콜로누스이고 이름이 아겐트루디스인 그의 아내는 1명의 아들을 두고 있다. 생제르맹(수도원)의 속민들로서 콜로누스인 브루닝구스와 콜로누스이고 이름이 아달프리다인 그의 아내는 4명의 자식을 두고 있다. 그들 두 명은 18bun의 곡물경작지와 5arp의 포도밭 및 1½arp의 초지로 구성된 1개의 자유인망스를 보유한다. 그들은 2md의 귀리와 6마리의 닭 및 30개의 계란을 바친다. 나머지(의무)는 (위와) 같다.

25. 생제르맹(수도원)의 속민들로서 콜로누스인 프라메리쿠스와 콜로누스이고 이름이 에르멘테라인 그의 아내는 1명의 자식을 두고 있다. 생제르맹(수도원)의 속민들로서 콜로누스인 악토이누스와 콜로누스이고 이름이 프로도일디스인 그의 아내는 2명의 자식을 두고 있다. 생제르맹(수도원)의 속민들로서 콜로누스인 벤야민과 콜로누스이고 이름이

---

[14] 원문대로임.

테우도일디스인 그의 아내는 1명의 자식을 두고 있다. 생제르맹(수도원)의 속민들로서 콜로누스인 고달그리무스와 콜로누스이고 이름이 안테리아인 그의 아내는 1명의 자식을 두고 있다. 그들 4명은 18½bun의 곡물경작지와 3arp의 포도밭 및 1½arp의 초지로 구성된 1개의 자유인망스를 보유한다. 그들은 (위와) 같이 (의무를) 이행한다.

26. 생제르맹(수도원)의 속민들로서 콜로누스인 알데게루스와 콜로누스이고 이름이 벨레트힐디스인 그의 아내는 5명의 자식을 두고 있다. 생제르맹(수도원)의 속민들로서 콜로누스인 게르하우스와 콜로누스이고 이름이 아달신다인 그의 아내는 4명의 자식을 두고 있다. 그들 두 명은 14bun의 곡물경작지와 3½arp의 포도밭 및 1arp의 초지로 구성된 1개의 자유인망스를 보유한다. 그들은 2md의 귀리를 바치고, 6마리의 닭 및 30개의 계란을 (바친다). 나머지(의무)는 (위와) 같다.

27. 콜로누스인 오르겐테우스와 콜로누스이고 이름이 에델가르디스인 그의 아내는 2명의 자식을 두고 있다. 콜로누스이고 생제르맹(수도원)의 속민인 알레그레이스. 생제르맹(수도원)의 속민들로서 콜로누스인 에르멤발두스와 콜로누스이고 이름이 라겜베르가인 그의 아내는 4명의 자식을 두고 있다. 콜로누스인 엘프라임과 콜로누스이고 이름이 아말군디스인 그의 아내는 4명의 자식을 두고 있다. 그들 네 명은 18bun의 곡물경작지와 1arp의 포도밭 및 2arp의 초지로 구성된 1개의 자유인망스를 보유한다. 그들은 (위와) 같이 (의무를) 이행한다.

28. 생제르맹(수도원)의 속민들로서 콜로누스인 아말베르투스와 콜로누스이고 이름이 에르멘틸디스인 그의 아내는 3명의 자식을 두고 있다. 생제르맹(수도원)의 속민들로서 콜로누스인 아브라함과 콜로누스이고 이름이 에르미나인 그의 아내는 2명의 자식을 두고 있다. 여자자유인인 레우트가르디스는 생제르맹(수도원)에 속하지 않는 2명의 자식을 두고 있다. 생제르맹(수도원)의 여자콜로누스인 파비아는 3명의 자식을 두고 있다. 그들 네 명은 15½bun의 곡물경작지와 2arp의 포도밭 및 1arp의 초지로 구성된 1개의 자유인망스를 보유한다. 그들은 2md의 귀리를 바치고, 12마리의 닭 및 60개의 계란을 (바친다). 나머지(의무)

는 (위와) 같다.

29. 생제르맹(수도원)의 속민들로서 콜로누스인 고도이누스와 콜로누스이고 이름이 에르멩기사인 그의 아내는 3명의 자식을 두고 있다. 그는 8bun의 곡물경작지와 3arp의 포도밭 및 1arp의 초지로 구성된 1개의 자유인망스를 보유한다. 그는 살비우스처럼 의무를 수행한다.[15]

30. 생제르맹(수도원)의 콜로누스인 에르멤베르투스는 5bun의 곡물경작지를 보유한다. 그는 2md의 귀리와 4마리의 닭 및 15개의 계란을 바친다.

빌라스타이[16] 소속

31. 생제르맹(수도원)의 속민들로서 콜로누스인 아르케미루스와 콜로누스이고 이름이 풀크라다인 그의 아내는 3명의 자식을 두고 있다. 생제르맹(수도원)의 속민들로서 콜로누스인 기슬레마루스와 콜로누스인 그의 아내. 생제르맹(수도원)의 속민들로서 콜로누스인 베르네폰스와 콜로누스이고 이름이 겔신다인 그의 아내는 2명의 자식을 두고 있다. 그들 세 명은 12bun의 곡물경작지와 5arp의 포도밭으로 구성된 1개의 자유인망스를 보유한다. 그들은 7md의 귀리를 바치고, 9마리의 닭 및 45개의 계란을 (바친다). 나머지(의무)는 (위와) 같다.

32. 생제르맹(수도원)의 속민들로서 콜로누스인 아이나르두스와 콜로누스이고 이름이 라도일디스인 그의 아내는 1명의 자식을 두고 있다. 생제르맹(수도원)의 속민들로서 콜로누스인 베르트람누스와 콜로누스이고 이름이 아딜베르가인 그의 아내는 6명의 자식을 두고 있다. 콜로누스

---

15 제19장의 제8항 참조.

16 B. Guérard, ed., *Polyp. d'Irminon*, p. 204의 a번 각주에서는 빌라스타이(Villastai)가 에스망에서 서쪽으로 10km쯤 떨어진 거리에 있는 빌세르(Villecerf)로 추측되고 있다. 그러나 A. Longnon, ed., *Polyp. de St. Germain*, p. 265의 각주 1번에서는 그의 비정이 부정되고, 빌라스타이는 에스망으로부터 남서쪽으로 1.6km 떨어진 빌러테(Villeté)라고 한다. D. Hägermann, ed. *Polyp. von St. Germain*, p. 228과 K. Elmshäuser & A. Konrad, *Studien zum Polyp. von St. Germain*, p. 226에서도 론뇽의 견해가 타당한 것으로 인정되고 있다.

이고 생제르맹(수도원)의 속민인 아도이누스. 생제르맹(수도원)의 속민들로서 콜로누스인 알토이누스와 콜로누스이고 이름이 아델린디스인 그의 아내는 5명의 자식을 두고 있다. 콜로누스인 루키우스. 그들 다섯 명은 16bun의 곡물경작지와 2½arp의 포도밭으로 구성된 1개의 자유인망스를 보유한다. 그들은 2md의 귀리를 바치고, 15마리의 닭 및 75개의 계란을 (바친다). 나머지(의무)는 (위와) 같다.

33. 생제르맹(수도원)의 속민들로서 콜로누스인 테우달두스와 콜로누스이고 이름이 그리마인 그의 아내는 3명의 자식을 두고 있다. 생제르맹(수도원)의 속민들로서 콜로누스인 테우도이스와 콜로누스이고 이름이 크리스템베르가인 그의 아내는 2명의 자식을 두고 있다. 생제르맹(수도원)의 속민들로서 콜로누스인 게르베르투스와 콜로누스이고 이름이 란트베르타인 그의 아내는 2명의 자식을 두고 있다. 생제르맹(수도원)의 속민들로서 콜로누스인 아게디수스와 콜로누스이고 이름이 아달시스인 그의 아내는 2명의 자식을 두고 있다. 그들 네 명은 16bun의 곡물경작지와 1½arp의 포도밭 및 1arp의 초지로 구성된 1개의 자유인망스를 보유한다. 그들은 2md의 귀리를 바치고, 12마리의 닭 및 40개의 계란을 (바친다). 나머지(의무)는 (위와) 같다.

34. 생제르맹(수도원)의 속민들로서 콜로누스인 에르메나르두스와 콜로누스이고 이름이 아클레드루디스인 그의 아내는 3명의 자식을 두고 있다. 콜로누스인 란도이누스와 콜로누스이고 이름이 비네가르다인 그의 아내. 자유인인 라게나르두스와 생제르맹(수도원)의 콜로누스이고 이름이 에르멘트리다인 그의 아내는 1명의 아들과 1명의 딸을 두고 있다. 생제르맹(수도원)의 속민들로서 콜로누스인 라겜프리두스와 콜로누스이고 이름이 옥틸디스인 그의 아내는 9명의 자식을 두고 있다. 그들 네 명은 16bun의 곡물경작지와 2arp의 포도밭 및 1arp의 초지로 구성된 1개의 자유인망스를 보유한다. 그들은 (위와) 같이 (의무를) 수행한다.

35. 생제르맹(수도원)의 속민들로서 콜로누스인 알게이누스와 콜로누스이고 이름이 란트베르가인 그의 아내는 2명의 자식을 두고 있다. 생제르맹(수도원)의 속민들로서 콜로누스인 발도와 콜로누스이고 이름이 기

소마인[17] 그의 아내는 3명의 자식을 두고 있다. 그들 두 명은 17bun의 곡물경작지와 2½arp의 포도밭으로 구성된 1개의 자유인망스를 보유한다. 그들은 2md의 귀리를 바치고, 6마리의 닭과 30개의 계란을 (바친다). 나머지(의무)는 (위와) 같다.

36. 생제르맹(수도원)의 속민들로서 콜로누스인 안소이누스와 콜로누스이고 이름이 사로일디스인 그의 아내는 3명의 자식을 두고 있다. 자유인인 아클레헤루스와 생제르맹(수도원)의 콜로누스이고 이름이 아이사인 그의 아내는 9명의 자식을 두고 있다. 그들 두 명은 18bun의 곡물경작지와 2arp의 포도밭으로 구성된 1개의 자유인망스를 보유한다. 그들은 (위와) 같이 (의무를) 이행한다.

37. 콜로누스인 안세람누스와 이름이 베르트루디스이고 미확정의 예속민인[18] 그의 아내는 1명의 아들을 두고 있다. 자유인인 라이놀두스와 그의 아내인 에르멘트리다는 3명의 딸을 두고 있다. 그들 두 명은 5bun의 곡물경작지와 1½arp의 포도밭으로 구성된 (1개의) 반쪽 자유인망스를 보유한다.

생제르맹(수도원)의 속민들로서 콜로누스인 라게누스와 콜로누스이고 이름이 잉갈시스인 그의 아내는 1명의 딸을 두고 있다. 그는 7bun의 곡물경작지로 된 (1개의) 반쪽 자유인망스를 보유한다.

그들 세 명은 2md의 귀리를 바치고, 9마리의 닭과 40개의 계란을 (바친다). 나머지(의무)는 (위와) 같다.

---

[17] 이름이 B. Guérard, ed., *Polyp. d'Irminon*, p. 205에는 '기소이나(Gisoina)'로 판독되어 있지만, A. Longnon, ed., *Polyp. de St. Germain*, p. 266과 D. Hägermann, ed. *Polyp. von St. Germain*, p. 157에는 '기소마(Gisoma)'로 되어 있다.

[18] '미확정의 예속민'이란 라틴어 원문의 'calumniata'를 번역한 말이다. calumniata의 남성형은 'calumniatus'다. B. Guérard, *Prolegomènes*, pp. 423~424와 J. E. Niermeyer, *Mediae Latinitatis Lexicon Minus*, p. 116 및 K. Elmshäuser & A. Konrad, *Studien zum Polyp. von St. Germain*, p. 230에 의하면 이 용어는 어떤 영주가 예속민임을 주장하지만, 그 예속민의 신분이 콜로누스인지 노예인지 그리고 그가 어느 영지에 속하는지가 확정되지 않은 계쟁(係爭) 중의 예속민이라고 할 수 있다.

38. 테우도는 1개의 망스를 프레카리아로 (보유하며), 이로 인해 1운키아의[19] 돈을 지불한다.

39. 아델라르두스는 1½arp의 포도밭과 같은 크기의 초지 및 1ant의 곡물경작지를 (보유하며), 이로 인해 5솔리두스를 지불한다.

몬스미카우스[20] 소속

40. 생제르맹(수도원)의 속민들로서 콜로누스인 베르탈두스와 콜로누스이고 이름이 반달베르가인 그의 아내는 3명의 자식을 두고 있다. 생제르맹(수도원)의 속민들로서 콜로누스인 에름겡구스와 콜로누스이고 이름이 마르카드루디스인 그의 아내는 3명의 자식을 두고 있다. 생제르맹(수도원)의 속민들로서 콜로누스인 군트하우스와 콜로누스이고 이름이 크리스토일디스인 그의 아내는 1명의 자식을 두고 있다. 생제르맹(수도원)의 속민들로서 콜로누스인 군트프리두스와 콜로누스이고 이름이 빌디가르디스인 그의 아내. 그들 네 명은 24bun의 곡물경작지와 ½arp의 포도밭 및 1(arp)의 초지로 구성된 1개의 자유인망스를 보유한다. 그들은 2md의 귀리를 바치고, 12마리의 닭과 40개의 계란을 (바친다). 나머지(의무)는 (위와) 같다.

41. 콜로누스이고 생제르맹(수도원)의 속민인 알디게루스. 생제르맹(수도원)의 속민들로서 콜로누스인 요한네스와 콜로누스이고 이름이 사르라인 그의 아내는 1명의 자식을 두고 있다. 생제르맹(수도원)의 속민들로서 콜로누스인 에를레발두스와 콜로누스이고 이름이 도딜베르가인 그의 아내. 그들 세 명은 15bun의 곡물경작지와 1arp의 포도밭으로 구

---

[19] 1운키아(uncia) = 1/12리브라이다.

[20] B. Guérard, ed., *Polyp. d'Irminon*, p. 205의 a번 각주와 A. Longnon, ed., *Polyp. de St. Germain*, p. 267의 각주 1번과 D. Hägermann, ed. *Polyp. von St. Germain*, p. 226 및 K. Elmshäuser & A. Konrad, *Studien zum Polyp. von St. Germain*, p. 226 등에 의하면, 몬스 미카우스(Mons Michaus)는 에스망에서 남서쪽으로 4km 떨어진 거리에 있는 오늘날의 세네마른 도 퐁텐블로 군(맨 뒤 저서의 경우에는 믈렝 군) 로레르보카주(Lorrez-le Bocage) 캉통의 몽마슈(Montmachoux)다.

성된 1개의 자유인망스를 보유한다. 그들은 2md의 귀리를 (바치고), 9마리의 닭과 45개의 계란을 (바친다). 나머지(의무)는 (위와) 같다.

42. 생제르맹(수도원)의 속민들로서 콜로누스인 마달게루스와 콜로누스이고 이름이 에르멩기사인 그의 아내는 5명의 자식을 두고 있다. 생제르맹(수도원)의 콜로누스인 알데마루스. 그들 두 명은 21bun의 곡물경작지와 4arp의 포도밭 및 1arp의 초지로 구성된 1개의 자유인망스를 보유한다. 그들은 2md의 귀리를 (바치고), 6마리의 닭과 30개의 계란을 (바친다). 나머지(의무)는 (위와) 같다.

43. 콜로누스이고 생제르맹(수도원)의 속민인 에르캄베르투스. 생제르맹(수도원)의 속민들로서 콜로누스인 라겐텔무스와 콜로누스이고 이름이 아델릴디스인 그의 아내. 생제르맹(수도원)의 속민들로서 콜로누스인 에름발두스와 콜로누스이고 이름이 기슬레드루디스인 그의 아내. 생제르맹(수도원)의 속민들로서 콜로누스인 나달리피우스와 콜로누스이고 이름이 라그닐디스인 그의 아내는 5명의 자식을 두고 있다. 그들 네 명은 18bun의 곡물경작지와 5½arp의 포도밭으로 구성된 1개의 자유인망스를 보유한다. 그들은 2md의 귀리를 (바치고), 12마리의 닭과 60개의 계란을 (바친다). 나머지(의무)는 (위와) 같다.

폰타네[21] 소속

44. 콜로누스이고 생제르맹(수도원)의 속민인 에르메날두스와 (이름이) 파비아이고 미확정의 예속민인 그의 아내는 1명의 자식을 두고 있다. 생

---

[21] 폰타네(Fontanae)의 위치에 대해 B. Guérard, ed., *Polyp. d'Irminon*, p. 206의 a번 각주에서는 에스망으로부터 18km 떨어진 레 퐁테느(les Fontaines)라고 하는 데 비해, A. Longnon, ed., *Polyp. de St. Germain*, p. 268의 각주 1번과 D. Hägermann, ed. *Polyp. von St. Germain*, p. 225에서는 에스망 바로 인근의 작은 마을인 퐁테느(Fontaines)라고 하며, K. Elmshäuser & A. Konrad, *Studien zum Polyp. von St. Germain*, p. 226에서는 에스망 동남쪽 5.5km 거리의 세네마른 도 프로뱅 군 몽트로포욘 캉통 라 브로스몽소(la Brosse-Montceaux) 코뮌의 들판 이름인 레 퐁테느라고 한다.

제르맹(수도원)의 여자콜로누스인 노달카. 그들 두 명은 20bun의 곡물 경작지와 1½arp의 포도밭 및 ½arp의 초지로 구성된 1개의 자유인망스를 보유한다. 그들은 2md의 귀리를 바치고, 6마리의 닭과 30개의 계란을 (바친다). 나머지(의무)는 (위와) 같다.

45. 생제르맹(수도원)의 속민들로서 콜로누스인 사로아르두스와 콜로누스이고 이름이 플로렘베르가인 그의 아내는 5명의 자식을 두고 있다. 콜로누스인 에를레발두스와 콜로누스이고 이름이 에르멤베르가인 그의 아내는 2명의 자식을 두고 있다. 콜로누스인 암브리쿠스와[22] 콜로누스이고 이름이 플로도일디스인 그의 아내는 4명의 자식을 두고 있다. 그들 세 명은 18bun의 곡물경작지와 3arp의 포도밭 및 1arp의 초지로 구성된 1개의 자유인망스를 보유한다. 그들은 (위와) 같이 (의무를) 이행한다.

46. 생제르맹(수도원)의 속민들로서 콜로누스인 라게누스와 콜로누스이고 이름이 에름게라인 그의 아내. 생제르맹(수도원)의 속민들로서 콜로누스인 아델리우스와 콜로누스이고 이름이 프람닐디스인 그의 아내는 2명의 자식을 두고 있다. 생제르맹(수도원)의 속민들로서 콜로누스인 아도와 콜로누스이고 이름이 안시가르디스인 그의 아내는 6명의 자식을 두고 있다. 그들 세 명은 10bun의 곡물경작지와 2arp의 포도밭으로 구성된 1개의 자유인망스를 보유한다. 그들은 2md의 귀리를 바치고, 9마리의 닭과 65개의 계란을 (바친다). 나머지(의무)는 (위와) 같다.

47. 생제르맹(수도원)의 속민들로서 콜로누스인 봐달기스와 콜로누스이고 이름이 나달리아인 그의 아내는 2명의 자식을 두고 있다. 생제르맹(수도원)의 속민들로서 콜로누스인 기슬레미루스와 콜로누스이고 이름이 군트루디스인 그의 아내. 생제르맹(수도원)의 속민들로서 콜로누스인

---

[22] 이름이 B. Guérard, ed., *Polyp. d'Irminon*, p. 206에는 '아인브리쿠스(Ainbricus)'로 되어 있지만, A. Longnon, ed., *Polyp. de St. Germain*, p. 268과 D. Hägermann, ed. *Polyp. von St. Germain*, p. 158에는 '암브리쿠스(Ambricus)'로 되어 있다.

뵌달베르투스와 콜로누스이고 이름이 에베르트루디스인 그의 아내는 3명의 자식을 두고 있다. 콜로누스인 아르노이누스와 콜로누스이고 이름이 프로트힐디스인 그의 아내는 2명의 자식을 두고 있다. 그들 네 명은 20bun의 곡물경작지와 3arp의 포도밭 및 ½arp의 초지로 구성된 1개의 자유인망스를 보유한다. 그들은 2md의 귀리를 바치고, 12마리의 닭과 60개의 계란을 (바친다). 나머지(의무)는 (위와) 같다.

48. 생제르맹(수도원)의 속민들로서 미확정의 예속민인 베르노이누스와 콜로누스이고 이름이 엘렉타인 그의 아내. 미확정의 예속민인 아다쿠스와 생제르맹(수도원)의 콜로누스이고 이름이 엘리사베트인 그의 아내는 4명의 자식을 두고 있다. 콜로누스인 잉갈프리두스와 콜로누스이고 이름이 브리키아인 그의 아내는 4명의 자식을 두고 있다. 그들 세 명은 17bun의 곡물경작지와 2arp의 포도밭으로 구성된 1개의 자유인망스를 보유한다. 그들은 (위와) 같이 (의무를) 이행한다.

49. 알시아쿠스에는[23] 모든 설비를 갖추고 주택과 여타의 부속건물들이 딸린 1개의 영주교회가 있다. (여기에는) 2bun의 곡물경작지와 ½arp의 포도밭 및 1arp의 초지가 있다. 이로부터 사용료(수입)로 5솔리두스가 생긴다.

생제르맹(수도원)의 속민들로서 콜로누스인 라트게루스와 콜로누스이고 이름이 아를릴디스인 그의 아내는 … (자식들을) 두고 있다 ……

50. 전술한 바에 의하면 악만투스에는 (총) 41½개의 자유인망스가 있다. 이들 망스는 군사용으로 166솔리두스의 돈이나 166두[의 거세된 숫양]

---

23 B. Guérard, ed., *Polyp. d'Irminon*, p. 207의 a번 각주에서 알시아쿠스(Alsciacus)는 에스망에서 동쪽으로 12km쯤 떨어진 라통브(la Tombe) 인근의 라보르다르카(la Borde d'Arcas)로 추정되고 있지만, A. Longnon, ed., *Polyp. de St. Germain*, p. 269의 각주 1번과 D. Hägermann, ed. *Polyp. von St. Germain*, p. 223 및 K. Elmshäuser & A. Konrad, *Studien zum Polyp. von St. Germain*, p. 226에서는 에스망으로부터 북북동쪽으로 6km 거리에 있는 몽테로포욘 캉통의 마롤쉬르센으로 추정되고 있다.

를 바치고, 83md의 포도주를 (바치고), 83md의 귀리를 (바치고), 셋째 해에는 새끼 양을 가진 41½두의 암양을 (바치고), 321마리의 닭과 1,605개의 계란을 (바치며), 5솔리두스의 차지료를 지불한다.

51. **생제르맹(수도원)의 예속민 출신이고 파리시아켄시스 파구스에서[24] 태어났으며 이름이 라이놀두스라는 사람은 프루비니엔시스 지역으로[25] 떠나 자유인 출신의 아힐디스라는 여자와 결혼했다. 그는 그 여자로부터 두 딸, 즉 맘마와 로트베르가를 얻었다. 맘마의 자매인 로트베르가는 풀쿠키아와 앙겔루키아라는 두 딸을 두었다. 맘마는 이름이 소피시아인 딸을, 이름이 기르부르가인 이 딸의 자매와 이름이 프람베르토인 아들과 더불어 낳았다. 소피시아는 두 딸, 즉 라힐디스와 기르부르가를 두었다. 그리고 라힐디스는 이름이 플렉트루디스인 딸을 낳았다. 플렉트루디스는 이름이 레우트베르가인 다른 딸과 함께 이름이 잉겔트루디스인 딸과 다섯 명의 아들, 즉 베르네리우스, 요스켈무스, 테우트베르투스, 안셀무스, 테트게리우스를 두었다. 한편 라힐디스의 자매인 전술한 기르부르가는 이름이 마리아인 딸을 두었다. 마리아는 이름이 란드리쿠스인 아들 하나를 두었다. 이들과 이들의 가계(家系)에서 태어나는 자는 누구나 매년 5월 28일에, 곧 성 게르마누스 축일에 이 성인을 기리는 연등용으로 1데나리우스어치의 밀랍을 바쳐야 한다.[26]**

---

[24] 파리시아켄시스 파구스(Parisiacensis pagus)란 파리를 중심으로 한 파구스를 가리킨다. B. Guérard는 *Prolegomènes*, pp. 87~89; A. Longnon, ed., *Polyp. de St. Germain*, p. 270의 각주 2번; D. Hägermann, ed. *Polyp. von St. Germain*, p. 227 참조.

[25] 프루비니엔시스 지역이란 원문의 'territorium Pruviniensi'을 번역한 말로, 파리에서 동남쪽으로 85km쯤 떨어진 유서 깊은 도시인 프로뱅(Provins)을 중심으로 한 지역을 뜻한다. B. Guérard는 *Prolegomènes*, pp. 63~64; A. Longnon, ed., *Polyp. de St. Germain*, p. 270의 각주 3번; D. Hägermann, ed. *Polyp. von St. Germain*, p. 227 참조. 프로뱅 파구스라고 할 수 있을 것이다. 프로뱅은 중세 12~13세기에 유명한 샹파뉴 견본시(見本市)들이 개최되었던 5개 도시 가운데 하나이며, 오늘날에는 세네마른 도에 속한다.

[26] A. Longnon, ed., *Polyp. de St. Germain*, p. 270의 각주 4번에 따르면 이 제51항은 12세기 이후에 추가된 것이다.

20 빌라수프라마레(장원의) 명세서

1. 빌라에는[1] 성모 마리아와 성 게르마누스 및 성 마르티누스를 기리기 위해 건축되었으나 거의 파괴된 한 교회가 있다. 이 교회에는 1개의 망스가 주택과 여타의 부속건물들과 함께 배속되어 있으며, 사제 하이르만누스는 이 망스를 보유하고 여기에 거주한다. 여기에는 9bun의 곡물경작지와 아달가리우스와 굴프람누스라는 2명의 솔거노예(率居奴隸)가[2] 있다.

---

1 여기에서 '빌라(Villa)'라고 하는 것은 바로 뒤 제2항의 '빌라수프라마레(Villa Supra Mare)'를 가리킨다. 게라르는 빌라수프라마레는 파리의 수도원으로부터 서쪽 약 25km 거리에 위치한 오늘날의 세네우아즈 도 베르사유 군 마레이마를리(Mareil-Marly) 코뮌일 가능성이 높다고 한다. B. Guérard, *Prolégomènes*, pp. 871~872 참조. 그러나 롱뇽은 이를 비판하고 빌라수프라마레는 센 강 하구에 있는 외르 도 퐁토드메르(Pont-Audemer) 군 퐁토드메르 캉통의 소재지인 키유베프(Quillebeuf)로 추정한다. A. Longnon, ed., *Polyp. de St. Germain*, p. 271의 각주 1번 참조. 한편 K. Elmshäuser & A. Konrad, *Studien zum Polyp. von St. Germain*, pp. 233~235와 D. Hägermann, ed. *Polyp. von St. Germain*, p. 228에서는 롱뇽의 추정이 일리가 있다고 인정하면서도 여러 가지 정황을 따져볼 때 빌라수프라마레는 외르 도 퐁토드메르 군 퐁토드메르 캉통의 키유베프가 아니라 같은 캉통 내의 생제르맹빌라주(Saint-Germain-Village)라고 한다.

2 '솔거노예'란 라틴어 원문의 'mancipium'을 번역한 말이다. 이 말은 외거(外居)하지 못하고 토지도 보유하지 못한 채 여전히 주인의 가내에 거주하는 비자립적 노예를 뜻한다. 고대 노예제가 해체되고 봉건사회의 농노제가 형성되고 있던 중세 초기－특히 카롤링시대－에는 노예는 외거노예와 솔거노예로 명확히 구분되었다. 흔히 외거노예는 'servus'로 표기되었던 데 비해, 여기서 보는 바와 같이 솔거노예

2. 빌라수프라마레에는 저택과 여타 많은 부속건물들을 갖춘 영주직영지가 있다. 이 직영지에는 골짜기에 위치한 30bun의 곡물경작지, 산에 소재한 7bun의 다른 미경작지, 8arp의 초지, 12(arp)의[3] 늪지 및 3bun의 임야가 딸려 있다. 여기에는 5대의 물레방아가 있다. 그 중 한 대(의 임차인)는 매년 130md의 곡식, 1장의 아마포, 5마리의 암평아리, 부활절에 닭 세 마리와 성탄절에 세 마리를 바친다. 다른 한 대(의 임차인)도 동일하게 바친다. 그러나 세 번째 것(의 임차인)은 110md(의 곡식)를 바치고 나머지는 같으며, 네 번째 것(의 임차인)은 140md(의 곡식)를 바치고 나머지는 같다. 다섯 번째 것(의 임차인)은 130md(의 곡식)를 바치고 나머지는 위의 것들과 같다.

3. 콜로누스인 잉갈가리우스와 콜로누스이고 (이름이) 힐데가르디스인 그의 아내. 그들은 (이름들이) 앙갈라리우스, 엘리사카르, 안세가리우스, 잉갈가리우스, 수트가리우스, 란트가리우스, 라인볼다, 앙갈라인 8명의 자식을 두고 있다. 그는 곡물경작지와 초지를 합쳐 2½bun(크기)의 토지로 된 1개의 자유인망스를 보유한다. 그는 군사용으로 매년 1두의

는 mancipium으로 표기되었다. 중세 초기의 다른 문헌기록들에서도 거의 마찬가지이지만, 이 영지명세장에서 망스를 비롯한 농민보유지를 보유한 외거노예는 라틴어 원서에서 모두 servus로 기록되어 있다. 외거노예인 servus는 농민보유지를 보유한 자유인이나 콜로누스와 같은 여타의 신분과 경제적인 면에서 사실상 별 차이가 없었다. 따라서 이 영지명세장에서도 드물지 않게 볼 수 있듯이, 그들은 법적인 측면에서는 노예 신분이었음에도 불구하고 그 부인은 콜로누스이거나 반자유인 또는 심지어 자유인이기도 했다. 토지를 보유한 외거노예는 경제적 · 사회적 지위가 솔거노예와는 사실상 전혀 달라졌으므로, 토지를 보유한 다른 신분과 통혼하는 데 거의 장애가 없었기 때문이다. 봉건사회의 통일적 농노계급 형성은 카롤링시대의 고전장원제 아래서 이처럼 상이한 신분 출신들이 비슷한 경제적 처지에서 서로 대등하게 통혼하는 과정을 거쳐 진행되었다. 이 영지명세장에서도 토지를 보유한 외거노예인 servus와 솔거노예인 mancipium 사이에는 용어상의 구별이 존재했지만 그것은 어디까지나 내재적 의미상의 구분이었으므로, 이 번역에서는 mancipium은 솔거노예로 옮기되 외거노예인 servus는 그냥 노예라고 옮긴다.

3 원문에 면적단위의 표시가 없지만, 누락된 면적단위는 'arp(aripennus, aripennis)'일 것으로 추측된다.

거세된 숫양을 바치고, 셋째 해에 1마리의 돼지를 (바치며), 셋째 해에 1두의 암양을 바치되, 그가 5월까지 바칠 가망이 보인다면 새끼 양을 거느린 1두의 암양을 바친다. 그는 매년 1md의 스펠트 밀을 (바치고), 2마리의 닭 및 10개의 계란을 (바친다). 그는 동곡파종을 위해서 4ptc, 하곡파종을 위해서 2ptc를 갈이질한다. 그는 큰 가축들을 가지고 있는 경우에는 2회의 코르베를, 큰 가축들을 갖지 않은 경우에는 1회의 코르베를 수행한다. 그는 매주 3일(의 부역노동)을 (수행하되), 수확기에는 매주 4일(의 부역노동)을 (수행한다). 그리고 그는 봐베라 숲까지는[4] 수레로, 수도원까지는 선박으로 수송부역을 수행하며, 영주의 뜰로부터 하루 안에 운반할 수 있는 분량의 두엄을 수레로 실어낸다.

4. 콜로누스인 그리몰두스는 이름들이 봐린볼두스, 봐림베르투스, 플라베리쿠스인 아들들을 두고 있다. 그는 곡물경작지와 초지를 합쳐 3bun(의 크기)을 가진 1개의 자유인망스를 보유한다. 그리고 그는 위와 같이 (의무를) 이행한다.

5. 콜로누스인 그롬베르투스는 곡물경작지와 초지를 합쳐 1½bun(의 크기)을 가진 1개의 자유인망스를 보유한다. 그는 (위와) 같이 (의무를) 수행한다.

6. 외지인인 아우트하르두스와 (이름이) 고델린다이고 생제르맹(수도원)의 콜로누스인 그의 아내. 그리고 그의 공동보유자들인 가우트베르가, 가우틀린디스, 아우델베르가, 아브릴디스, 아클레베르가 및 아겔베르가. 그들은 곡물경작지와 초지를 합쳐 3½bun(의 크기)을 가진 1개의

---

[4] B. Guérard, ed., *Polyp. d'Irminon*, p. 208의 각주 c번에 서는 파리의 도심에서 남서쪽 6km 거리에 있는 오늘날의 방브(Vanves)라는 지명은 봐베라(Wavera) 숲에서 유래한다고 함으로써, 봐베라 숲이 파리시에서 아주 가까운 것으로 본다. 이와는 달리 A. Longnon, ed., *Polyp. de St. Germain*, p. 272의 각주 1번에 의하면 봐베라 숲은 그가 빌라수프라마레의 오늘날 위치라고 비정하는 키유베프로부터 남쪽으로 4~5리(1리[lieue] ≒ 4km) 쯤 떨어진 비에브르(Vièvre) 숲이다. 따라서 론뇽에 의하면 바베라 숲은 파리로부터 150km 가까이 떨어져 있는 셈이다. D. Hägermann, ed. *Polyp. von St. Germain*, p. 228에서도 론뇽의 이런 견해를 따르고 있다.

자유인망스를 보유한다. 그는[5] (위와) 같이 (의무를) 수행한다.

7. 외지인인 모데리쿠스와 (이름이) 라이노이스이고 생제르맹(수도원)의 콜로누스인 그의 아내. 아우트발다, 하이를린디스, 라이닐디스, 란트베르가는 그들의 자식들이다. 그는 곡물경작지와 초지를 합쳐 3½bun(의 크기)을 가진 1개의 자유인망스를 보유한다. 그는 (위와) 같이 (의무를) 수행한다.

8. 콜로누스인 고르멘테우스와 반자유인이고 이름이 아가테아인 그의 아내. 앙갈레우스는 그들의 아들이다. 그리고 그의 공동보유자인 콜로누스 테오도아르두스와 (이름이) 게르마나이고 콜로누스인 그의 아내. 이들은 이름이 테우틀린디스인 1명의 자식을 두고 있다. 그리고 그들의 공동보유자인 그롬브리쿠스. 그들은 2½bun의 곡물경작지로 된 1개의 자유인망스를 보유한다. 그들은 군사용으로 1두의 거세된 숫양과 셋째 해에 3마리의 돼지 및 3두의 암양을 바친다. 그는[6] (위와) 같이 (의무를) 수행한다.

9. 콜로누스인 힝카르두스와 콜로누스이고 이름이 스타디아인 그의 아내. 뷔트하르두스와 아달리비아는 그들의 자식들이다. 그리고 그의 공동보유자인 콜로누스 아레가리우스와 콜로누스이고 이름이 테우델베르가인 그의 아내는 (이름들이) 라이닝구스, 아리길디스인 3명의 자식을[7] 두고 있다. 그들은 곡물경작지와 초지를 합쳐 3bun(의 크기)을 가진 1개의 망스를 보유한다. 그들은 군사용으로 1두의 거세된 숫양과 셋째 해에 2마리의 돼지 및 2두의 암양을 바친다. 그들은 (위와) 같이 (의무를) 수행한다.

10. 콜로누스인 굴프리구스와 (이름이) 베르군디스이고 콜로누스인 그의 아내. 그리고 그들은 베르네군디스라는 그의[8] 딸을 (두고 있다). 그는

---

[5] 원문대로임.

[6] 원문대로임.

[7] 자식이 3명이라고 하지만 실제로 기록된 이름은 2명뿐이다.

1bun의 곡물경작지로 된 (1개의) ¼쪽 망스를 보유한다. 그는 군사용으로 ¼두의 거세된 숫양과 셋째 해에 1마리의 돼지 및 1두의 암양을 바친다. 여타의 의무는 (위와) 같다.

11. 콜로누스인 데시데리우스와 (이름이) 아달힐디스인 그의 어머니, 그리고 (이름들이) 아말구디스, 앙갈신디스, 아마딩가인 그의 누이들. 그는 1bun의 곡물경작지로 된 (1개의) 반쪽 망스를 보유한다. 그는 군사용으로 ½두의 거세된 숫양과 셋째 해에 1마리의 돼지 및 1두의 암양을 바친다. 그는 (위와) 같이 (의무를) 수행한다.

12. 콜로누스인 잉갈가우두스와 (이름이) 블리트카리우스인 그의 형제는 (1개의) 반쪽 망스를 보유한다. 그들은 군사용으로 ½두의 거세된 숫양과 셋째 해에 2마리의 돼지 및 2두의 암양을 바친다. 그는[9] (위와) 같이 (의무를) 수행한다.

13. 노예인 엘렉테우스와 (이름이) 빌트라다이고 반자유인인 그의 아내는 (이름들이) 빈달가리아와 엘렉타리우스인 2명의 자식을 두고 있다. 그리고 그의 공동보유자인 노예 레스타우리우스와 (이름이) 봐르네드루디스이고 콜로누스인 그의 아내는 (이름들이) 라트가우디우스, 레우트가우디우스, 레우트가르디스, 풀크라다인 4명의 자식을 두고 있다. 그들은 1bun의 곡물경작지로 된 (1개의) 반쪽 자유인망스를 보유한다. 그들은 군사용으로 ½두의 거세된 숫양과 셋째 해에 2마리의 돼지 및 2두의 암양을 바친다. 그는[10] (위와) 같이 (의무를) 수행하며, 영주의 뜰에서 파수를 선다.

14. 외지인인 아클레베르투스와 (이름이) 안데발다이고 생제르맹(수도원)의 콜로누스인 그의 아내는 (이름들이) 하이르브란두스, 알트카리우스, 아드라발다, 아클레베라, 프로디미아인 5명의 자식을 두고 있다. 그리

[8] 원문대로임.
[9] 원문대로임.
[10] 원문대로임.

고 그의 공동보유자인 하이르가우두스. 그들은 3bun의 곡물경작지로 된 (1개의) 자유인망스를 보유한다. 그들은 군역세로 1두의 거세된 숫양과 셋째 해에 2마리의 돼지와 2두의 암양 및 2md의 스펠트밀을 바친다. 그는[11] (위와) 같이 (의무를) 수행한다.

15. 콜로누스인 에르몰두스와 (이름이) 엘렉트라다이고 콜로누스인 그의 아내. 이들은 (이름이) 기슬레마루스인 1명의 자식을 두고 있다. 콜로누스인 엘렉테우스와 (이름이) 아달베르가인 그의 아내. 이들은 (이름들이) 아우델베르투스, 엘렉트라두스, 아우델린디스인 3명의 자식을 두고 있다. 그들은 초지와 곡물경작지를 합쳐 3bun(의 크기)을 가진 1개의 자유인망스를 보유한다. 그들은 군사용으로 1두의 거세된 숫양과 셋째 해에 2마리의 돼지 및 2두의 암양을 바친다. 그리고 여타의 의무는 (위와) 같다.

16. 콜로누스인 오델발두스와 (이름이) 플라트베르가이고 콜로누스인 그의 아내는 (이름들이) 플로트하리우스, 오델만누스인 2명의 자식을 두고 있다. 그리고 그의 공동보유자인 콜로누스 악신두스와 (이름이) 게르트루디스이고 콜로누스인 그의 아내. 그들은 1bun의 곡물경작지로 된 (1개의) 반쪽 망스를 보유한다. 그는[12] 군사용으로 ½두의 거세된 숫양과 셋째 해에 2마리의 돼지 및 2두의 암양을 바친다. 그는[13] (위와) 같이 (의무를) 수행한다.

17. 콜로누스인 테우트가우두스와 (이름이) 아달린디스이고 콜로누스인 그의 아내. 테우데리쿠스와 테우트가우디아는 그들의 자식들이다. 그는 1bun 1jr의 곡물경작지로 된 (1개의) 반쪽 망스를 보유한다. 그는 군사용으로 ½두의 거세된 숫양과 셋째 해에 1마리의 돼지 및 1두의 암양을 바친다. 그는 (위와) 같이 (의무를) 수행한다.

---

[11] 원문대로임.

[12] 원문대로임.

[13] 원문대로임.

18. 콜로누스인 풀발두스와 (이름이) 게르베르가이고 콜로누스인 그의 아내는 (이름이) 군트하리우스인 1명의 자식을 두고 있다. 그의 공동보유자들인 콜로누스 악발두스, 그리고 콜로누스 풀가우두스와 (이름이) 테우델길디스이고 콜로누스인 그의 아내는[14] (이름들이) 풀트가우디우스, 가우스마루스, 풀코아르두스, 간트베르가인 4명의 자식을 두고 있다. 그들은 1½bun의 곡물경작지로 된 (1개의) 반쪽 망스를 보유한다. 그들은 군사용으로 ½두의 거세된 숫양과 셋째 해에 3마리의 돼지 및 암양들을 바친다. 그는[15] (위와) 같이 (의무를) 수행한다.

19. 콜로누스인 아달문두스는 (이름들이) 바르보두스, 봐르문두스, 아달군디스, 아클리스마인 4명의 자식을 두고 있다. 그의 공동보유자인 노예 도미니쿠스와 (이름이) 테오도이스이고 콜로누스인 그의 아내. 엘렉테우스와 온로이스는 그들의 자식들이다. 그들은 4bun의 곡물경작지로 된 (1개의) 자유인망스를 보유한다. 그들은 군사용으로 1두의 거세된 숫양과 셋째 해에 2마리의 돼지 및 2두의 암양을 바친다. 그들은 (위와) 같이 (의무를) 수행한다.

20. 콜로누스인 프레데가리우스는 2bun의 곡물경작지로 된 (1개의) 반쪽 망스를 보유한다. 그는 군사용으로 ½두의 거세된 숫양과 셋째 해에 1마리의 돼지와 1두의 암양 및 1md의 스펠트밀을 바치며, 나머지(의무)는 (위와) 같다.

21. 콜로누스인 리카르두스와 (이름이) 봔달가르디스이고 콜로누스인 그의 아내는 (이름들이) 리카리우스, 리카리아인 2명의 자식을 두고 있다. 그는 (1개의) ¼쪽 망스를 보유한다. 그는 군사용으로 ¼두의 거세된 숫양과 셋째 해에 1마리의 돼지 및 1두의 암양을 바치며, 다른 것은

---

[14] 이 부분은 이상하지만 원문 그대로임. 라틴어 원문은 "……; et socii ejus, Acbaldus colonus, et Fulgaudus colonus et uxor ejus, Teudelgildis, colona, ……"로 되어 있다.

[15] 원문대로임.

(위와) 같다.

22. 노예인 아우스트랄두스는 (1개의) ¼쪽 망스를 보유한다. 그는 군사용으로 ¼두의 거세된 숫양과 셋째 해에 1마리의 돼지 및 1두의 암양을 바치며, 나머지 의무는 ¼쪽 망스와 같다.

23. 콜로누스인 가우스마루스는 1½bun의 곡물경작지로 된 (1개의) 반쪽 망스를 보유한다. 그는 군사용으로 ½두의 거세된 숫양과 셋째 해에 1마리의 돼지 및 1두의 암양을 바친다. 그는 (위와) 같이 (의무를) 수행한다.

24. 콜로누스인 란도아르두스와 (이름이) 란데부르기스인 그의 아내는 (이름들이) 란데베르가, 잉갈베르가, 에름발다인 3명의 자식을 두고 있다. 그는 (1개의) 반쪽 망스를 보유한다. 그는 군사용으로 ½두의 거세된 숫양과 셋째 해에 1마리의 돼지와 1두의 암양 및 1md의 스펠트밀을 바친다. 그는 (위와) 같이 (의무를) 수행한다.

25. 외지인인 바소와 (이름이) 란트베르가인 그의 아내는 (이름들이) 바도, 프레데게루스, 발데가리우스, 게를린디스, 아달발다인 5명의 자식을 두고 있다. 그리고 그의 공동보유자인 잉고. 그들은 1bun의 곡물경작지로 된 (1개의) 반쪽 자유인망스를 보유한다. 그들은 군사용으로 ½두의 거세된 숫양과 셋째 해에 2마리의 돼지 및 2두의 암양을 바친다. 그는[16] (위와) 같이 (의무를) 수행한다.

26. 콜로누스인 오델하리우스와 (이름이) 가우트베르가이고 콜로누스인 그의 아내는 (이름들이) 오델기스, 오델베르가, 오델린디스, 잉갈베르가, 란트베르가인 6명의[17] 자식을 두고 있다. 그리고 그의 공동보유자인 콜로누스 잉갈베르투스. 그들은 1½bun의 곡물경작지로 된 (1개의) 반쪽 자유인망스를 보유한다. 그들은 군사용으로 ½두의 거세된 숫양과

---

[16] 원문대로임.

[17] 자식이 6명이라고 하지만, 실제로 기록된 이름은 5명뿐이다.

셋째 해에 2마리의 돼지 및 2두의 암양을 바친다. 그들은 (위와) 같이 (의무를) 수행한다.

27. 콜로누스인 엘리사카르는 1bun의 곡물경작지로 된 (1개의) 반쪽 자유인망스를 보유한다. 그는 군사용으로 ½두의 거세된 숫양과 셋째 해에 1마리의 돼지 및 1두의 암양을 바친다. 그는 (위의) 반쪽 망스(보유자)처럼 (의무를) 수행한다.

28. 콜로누스인 아달기스와 (이름이) 베르토아라이고 콜로누스인 그의 아내는 (이름들이) 오델기스, 아달람누스, 베르투이스, 에르멩가르디스, 오델린디스인 5명의 자식을 두고 있다. 그리고 그의 공동보유자인 콜로누스 프로트베르투스와 (이름이) 라트베르가이고 콜로누스인 그의 아내. 그들은 3bun의 곡물경작지로 된 1개의 자유인망스를 보유한다. 그들은 군사용으로 1두의 거세된 숫양과 셋째 해에 2마리의 돼지 및 2두의 암양을 바친다. 그들은 (위와) 같이 (의무를) 수행한다.

29. 콜로누스인 풀베르투스와 노예인 오스트레베르투스는 1½bun의 곡물경작지로 된 (1개의) 반쪽 자유인망스를 보유한다. 그들은 군사용으로 ½두의 거세된 숫양과 셋째 해에 2마리의 돼지 및 2두의 암양을 바친다. 그들은 여타의 보유자들과 마찬가지로 (의무를) 수행한다.

다음의 것들은 노예망스들이다.

30. 노예인 힐트문두스는 ½bun의 곡물경작지로 된 (1개의) 노예호스피키움을 보유한다. 그는 1md의 홉과 1마리의 닭 및 5개의 계란을 바친다. 그는 동곡파종을 위해서 1ptc, 하곡파종을 위해서 1ptc를 갈이질한다. 그는 파수와, 그에게 지시되는 여타의 부역노동을 수행한다.

31. 노예인 오스트레베르투스와 (이름이) 고델린디스인 그의 아내는 (이름들이) 고델레기우스와 도미니카인 2명의 자식을 두고 있으며, (그는) 다른 여자로부터 (이름들이) 아클레베르투스, 아클레아리우스, 아달구디스인 4명의[18] 자식을 (두고 있다). 그는 (위와) 마찬가지로 (의무를) 수행한다.

32. 노예인 베르네아리우스는 1jr의 곡물경작지로 된 (1개의) 호스피키움을 보유한다. 그는 1md의 홉과 1마리의 닭 및 5개의 계란을 바친다. 그는 동곡파종을 위해서 1jr을 갈이질하며, 그에게 지시되는 여타의 부역노동을 (수행한다).

33. 노예인 오델가리우스와 (이름이) 아바기사이고 콜로누스인 그의 아내는 (이름들이) 훈트가리우스, 훈트프리두스, 반달가리우스인 4명의[19] 자식을 두고 있다. 그는 ½bun의 곡물경작지로 된 (1개의) 노예호스피키움을 보유한다. 그는 (위와) 같이 (의무를) 수행한다.

34. 노예인 아달하리우스와 (이름이) 에르멤베르가이고 콜로누스인 그의 아내는 (이름이) 오트레베르가인 1명의 자식을 두고 있다. 그는 (1개의) 노예호스피키움을 보유한다. 그는 1마리의 닭과 5개의 계란을 바친다. 그는 1jr을 갈이질하며, (1)주일에 1일(의 부역노동)을 수행한다.

35. 노예인 레스타우리우스는 매년 1md의 홉을 바치며, 파수와 그에게 지시되는 모든 부역노동을 수행한다.

36. 노예인 라인가우두스는 1개의 호스피키움을 보유한다. 그는 1마리의 닭과 5개의 계란을 바친다. 그는 1jr을 갈이질하며, 그에게 지시되는 여타의 부역노동을 (수행한다).

37. 콜로누스인 에르멘라두스는 (1개의) 호스피키움을 보유한다. 그는 셋째 해에 1마리의 돼지와 1두의 암양 및 2데나리우스를 바친다.

38. 여자노예인 앙가닐디스는 (이름이) 앙간힐디스인 1명의 자식을 두고 있다. 그녀는 1bun의 곡물경작지로 된 (1개의) 호스피키움을 보유한다. 그녀는 영주의 아마로 (1장의) 아마포를 만들고, 6마리의 암평아리를 기르며, 그녀에게 지시되는 여타의 부역노동을 (수행한다).

---

[18] 자식이 4명이라고 하지만, 기록된 이름은 3명뿐이다.

[19] 자식이 4명이라고 하지만, 기록된 이름은 3명뿐이다.

39. 여자노예인 에르메닐디스는 (이름들이) 아우드라두스, 노델린디스, 게르메닝구스인 3명의 자식을 두고 있다. 그녀는 (위와) 같이 (의무를) 수행한다.

40. 여자노예인 아달린디스는 (이름이) 앙겔신디스인 1명의 자식을 두고 있다. 그녀는 (1개의) 호스피키움을 보유한다. 그녀는 (위와) 같이 (의무를) 수행한다.

41. 여자노예인 굴핑가는 (1개의) 호스피키움을 보유한다. 그녀는 (이름이) 아달마루스인 1명의 자식을 두고 있다. 그녀는 (위와) 같이 (의무를) 수행하며, 1jr을 갈이질한다.

42. 노예인 반드레마루스는 (1개의) 호스피키움을 보유한다. 그는 1md의 홉과 1마리의 닭 및 5개의 계란을 바친다. 그리고 그에게 지시되는 여타의 부역노동을 (수행한다).

43. 노예인 앙갈베르투스와 (이름이) 알사비아인 그의 아내. 그는 2bun의 곡물경작지로 된 1개의 망스를 보유한다. 이로 인해 그는 임야를 감시하고, 가축이 있는 곳이라면 가축 치는 일을 한다. 그는 1마리의 닭과 5개의 계란을 (바친다).

44. 노예인 오스트롤두스는 1md의 홉을 바치며, 그에게 지시되는 여타의 부역노동을 (수행한다).

45. 다음의 자들은 인두세를 바친다.
: 알트베르투스, 라이나르두스, 마이노아르두스, 라이나리우스, 에베르라두스, 에르멩기수스, 알레드람누스, 에르메나리우스, 발트기수스, 아잘루스, 아달가르디스, 고트하르디스, 후놀두스, 빨라트기수스, 아달가리우스, 프루둘푸스, 에르멩가리우스, 로트볼두스, 플리둘푸스, 아이르신두스, 그로도아르두스, 힐트카리우스, 이싱가리우스, 알데가리우스, 그리물푸스, 안세리쿠스, 라인하르두스, 스타디움, 마르키아, 스타디아, 앙갈베르가, 욜리미아, 힐틀리트베우스, 힐다, 빨드라다, 아가트헤아, 욜리미아, 알드라두스, 고도.

그들은 38명이다.[20]

46. 다음의 자들은 인두세로 1마리의 닭과 계란들 및 3일(의 부역노동)을 바친다.
: 게를린디스, 테우트가우디아, 게우게니아, 그림볼다, 라이노이스, 에르멤베르가, 라이닐디스, 봔달가르디스, 이셈부르기스, 아달트루디스, 아달리스마, 악볼다, 에르멤베르가, 프레데가르디스, 로틀린디스, 테우트베르가, 엘리산나, 오산나, 베리스마, 마드레베르가, 고델린디스, 에르멤볼다, 로틀린디스, 아일베르가, 에르멤베르가, 라인볼다, 테우도아라, 게르베르가, 악볼다, 에름브라다, 고달트루디스, 아게드루디스.

47. 다음은 봉헌자들이다.
: 라인볼다, 릭볼두스, 에멜가리우스, 게르베르가, 테우트가우디아, 게를린디스, 또 한 사람의 게를린디스, 마드레베르타, 게우게니우스, 봘둘푸스, 릭베르투스, 굴프라다.

48. (여기에는) 영주직영지와 함께 총 20개의 자유인망스와 12개의 노예망스가 있다. 망스(보유자)들은 군사용으로 매년 20¼두의 거세된 숫양, 셋째 해에 51마리의 돼지 및 51두의 암양, 51md의 스펠트밀, 9장의[21] 아마포, 매년 8md의 홉, 49마리의 암평아리와 3데나리우스(의 금전)와 99마리의 닭 및 500개의 계란을 바친다.

---

[20] 원문대로임. 그러나 위의 인두세 총 납부자는 39명이다. 이것은 '욜리미아(Jolimia)'라는 이름이 두 번씩이나 중복 기록되는 착오에서 기인한다고 하겠다.

[21] A. Longnon 편에는 '8(VIII)'장으로 되어 있으나, B. Guérard 편과 D. Hägermann 편에는 '9(VIIII)'장으로 되어 있어 9장으로 번역한다.

21 만툴라(장원의) 명세서

핀키아켄시스[1] 파구스 소속

1. 만툴라에는[2] 저택과 예배당 및 여타 많은 부속건물들을 갖춘 영주직영지가 있다. 여기에는 150md의 포도주가 채취될 수 있는 44arp의 포도밭과, 만툴라와 호스톨디 빌라를[3] 합쳐 면적이 270bun이고 500md의 밀이 파종될 수 있는 11개의 쿨투라로 구성된 영주의 곡물경작지 및

---

[1] 앞에서 말한 바와 같이 핀키아켄시스 파구스(pagus Pinciacensis)는 오늘날 베르사유 북서쪽의 센 강변에 위치한 푸아시(Poissy) 시를 중심으로 한 지역에 해당한다.

[2] 만툴라(Mantula)는 B. Guérard, *Prolégomènes*, p. 874와 A. Longnon, ed., *Polyp. de St. Germain*, p. 279의 각주 2번에 의하면 세네우아즈 도 베르사유 군 묄랑(Meulan) 캉통의 몰(Maule)이고, 더 뒤에 저술된 D. Hägermann, ed. *Polyp. von St. Germain*, p. 226과 K. Elmshäuser & A. Konrad, *Studien zum Polyp. von St. Germain*, p. 266에 의하면 이블린 도 망트라졸리 군 묄랑 캉통의 몰이다. 이는 같은 지명으로, 현재의 정확한 행정구역은 이블린 도 망트라졸리 군 오베르장빌(Aubergenville) 캉통의 몰 코뮌이다. 몰은 파리의 수도원으로부터 서북쪽 36km 거리에 위치한다.

[3] 호스톨디 빌라(Hostoldi villa)의 오늘날 위치에 대해 B. Guérard, *Polyp. d'Irminon*, p. 214의 b번 각주와 A. Longnon, ed., *Polyp. de St. Germain*, p. 279의 각주 3번에서는 알 수 없다고 한다. 그러나 K. Elmshäuser & A. Konrad, *Studien zum Polyp. von St. Germain*, p. 269와 D. Hägermann, ed. *Polyp. von St. Germain*, p. 225에서는 호스톨디 빌라가 사실상 이블린 도 생제르맹앙래 군 푸아시 캉통 알뤼에르루아(Alluets-le-Roi) 코뮌 내의 레세스투빌(Les Estouvilles) 마을이라고 본다. 이 마을은 만툴라로부터 동쪽으로 약 4km 거리에 위치한다.

40수레의 건초가 채취될 수 있는 20arp의 초지가 있다. 여기에는 (도토리)열매가[4] 나지 않는 어림잡아 100bun(크기)의 3개 임야가 있다. 여기에는 영주인 수도원장 이르미노가 더 적합한 장소에 재건・개량한 3대의 물레방아가 있으며, 이들 물레방아(의 임차인)는 사용료로 300md의 곡식을 바친다.

2. 마로일룸에는[5] 전술한 장원에 속하는, 잘 지어진 1개의 교회가 있다. 여기에는 16bun의 곡물경작지와 7arp의 포도밭 및 3arp의 초지가 있다. 여기에는 4개의 망스와 두 명의 거류외인들이 배속되어 있다. 망스들은 31bun의 곡물경작지와 2arp의 포도밭 및 3arp의 초지로 구성되어 있다. 망스(보유자)들은 닭들과 계란들을 바치며, 각각 동곡파종을 위해서 4ptc, 하곡파종을 위해서 2ptc를 갈이질한다. 그리고 그들은 코르베들을 수행하며, 3일(의 부역노동)을 수행한다. 거류외인들은 실로 (1)주일에 1일(의 부역노동) 외에는 아무 것도 수행하지 않는다.

3. 마름이고 생제르맹(수도원)의 콜로누스인 아달람누스와 그의 아내. 그들의 자식들은 생제르맹(수도원)에 속하지 않는다. 그는 알토길룸에[6] 거주한다. 그는 29bun의 곡물경작지와 3arp의 포도밭과 4arp의 초지 및 현재 그가 (돼지를) 기르는 2bun의 작은 임야로 구성된 2개의 자유인망스를 보유한다. 그들은[7] 여타의 자유인망스(보유자)처럼 모든 차

---

4 도토리 열매는 숲에 방목되는 돼지들의 좋은 먹잇감이다.

5 B. Guérard, ed., *Polyp. d'Irminon*, p. 214의 c번 각주와 A. Longnon, ed., *Polyp. de St. Germain*, p. 280의 각주 1번 및 D. Hägermann, ed. *Polyp. von St. Germain*, p. 226에 의하면 마로일룸(Maroilum)은 현재의 행정구역상으로는 이블린 도 망트라졸리 군 오베르장빌(Aubergenville) 캉통 마레이쉬르몰드르(Mareil-sur-Mauldre) 코뮌에 해당한다. 이곳은 만툴라에서 남동쪽으로 2km쯤 떨어진 거리에 있다.

6 B. Guérard, ed., *Polyp. d'Irminon*, p. 214의 d번 각주와 A. Longnon, ed., *Polyp. de St. Germain*, p. 280의 각주 2번과 D. Hägermann, ed. *Polyp. von St. Germain*, p. 223 및 K. Elmshäuser & A. Konrad, *Studien zum Polyp. von St. Germain*, p. 267에 의하면 알토길룸(Altogilum)은 오늘날 행정구역상으로는 일드프랑스 레지옹 이블린 도 랑부예 군 몽포르라모리(Montfort-l'Amaury) 캉통의 오퇴이(Auteuil) 코뮌이다. 이곳은 만툴라에서 남쪽으로 약 8km 떨어진 거리에 위치한다.

지료를 지불한다.

4. 생제르맹(수도원)의 속민들로서 부마름이고 콜로누스인 마달볼두스와 콜로누스이고 이름이 에르멘트루디스인 그의 아내. 라이나리우스, 프루돌두스, 굴프라두스, 에르메놀두스, 프람네하리우스, 기센트루디스, 불프라다는 그들의 아들들[8]이다. 그는 만툴라에 거주한다. 그는 여기에서 10bun의 곡물경작지와 1arp의 포도밭 및 ⅔arp의 초지로 구성된 1개의 자유인망스를 보유한다. 그는 군사용으로 3솔리두스나 ⅓두의 황소를 바치고, 1md의 포도주와 3마리의 닭 및 15개의 계란을 (바친다). 그는 동곡파종을 위해서 4ptc, 하곡파종을 위해서 2ptc를 갈이질한다. 그는 파종기마다 매주 2회의 코르베와 1일(의 부역노동)을 (수행하며), 코르베를 수행하지 않을 때는 3일(의 부역노동)을 수행한다. 그는 그에게 지시되는 곳이 어디든 수송부역을 수행한다. 그는 1마리의 국왕 대접용 닭을 바친다.

5. 생제르맹(수도원)의 속민들로서 콜로누스인 에르코이누스와 콜로누스이고 이름이 벨리아인 그의 아내. 그리고 생제르맹(수도원)의 속민들로서 콜로누스인 프로트카리우스와 식카발리스[9] 출신의 콜로누스이고 이름이 플라비아인 그의 아내. 플로데가리우스는 그들의 아들이다. 그들은 만툴라에 거주한다. 그들은 11bun 1jr 이상의 곡물경작지와 1arp의 포도밭 및 1½arp의 초지로 구성된 1개의 자유인망스를 보유한다. 그들은 (위와) 같이 (의무를) 이행한다.

---

[7] 원문대로임.

[8] 원문대로임.

[9] B. Guérard, *Prolégomènes*, p. 877과 B. Guérard, ed., *Polyp. d'Irminon*, p. 215의 각주 a번 및 p. 227의 각주 a번과 A. Longnon, ed., *Polyp. de St. Germain*, p. 280의 각주 3번 및 p. 296의 각주 1번과 D. Hägermann, ed. *Polyp. von St. Germain*, p. 227 및 K. Elmshäuser & A. Konrad, *Studien zum Polyp. von St. Germain*, p. 281에 의하면 식카발리스(Sicca Vallis)는 오늘날 행정구역상으로는 이블린 도 망트라졸리 군 망트라졸리 캉통 게르빌(Guerville) 코뮌의 생제르맹드서크발(Saint-Germain-de-Secqueval) 마을이다. 이 마을은 만툴라에서 북서쪽으로 약 10km 떨어진 거리에 있다. 식카발리스는 뒤에 나오는 제22장의 장원 이름이다.

6. 생제르맹(수도원)의 속민들로서 콜로누스인 라게놀두스와 콜로누스이고 이름이 레오디미아인 그의 아내. 레우트하르두스는 그들의 아들이다. 그는 만툴라에 거주한다. 그는 9bun의 곡물경작지와 1arp의 포도밭 및 1½arp의 초지로 구성된 1개의 자유인망스를 보유한다. 그는 (위와) 같이 (의무를) 이행한다.

7. 생제르맹(수도원)의 속민들로서 콜로누스인 빨륭푸스와 콜로누스이고 이름이 뷕베르타인 그의 아내. 아르둘푸스, 빨리스무스, 게르베르가, 빨란트루디스, 기르플리디스는 그들의 자녀들이다.[10] 그는 만툴라에 거주한다. 그는 8bun의 곡물경작지와 1½arp의 포도밭 및 1arp의 초지로 구성된 1개의 자유인망스를 보유한다. 그는 (위와) 같이 (의무를) 이행한다.

8. 생제르맹(수도원)의 속민들로서 콜로누스인 아르날두스와 콜로누스이고 이름이 빨데군디스인 그의 아내. 아르눌푸스, 힐데가리우스, 아르놀다, 안드리가는 그들의 자녀들이다. 그는 만툴라에 거주한다. 그는 9bun의 곡물경작지와 1arp의 포도밭 및 같은 크기의 초지로 구성된 1개의 자유인망스를 보유한다. 그리고 그는 (위와) 같이 (의무를) 이행한다.

9. 생제르맹(수도원)의 속민들로서 콜로누스인 마달베르투스와 콜로누스이고 이름이 아리길디스인 그의 아내. 아레가우두스와 마달베르가는 그들의 아들들[11]이다. 그리고 생제르맹(수도원)의 속민들로서 콜로누스인 레스테둠누스와 콜로누스이고 이름이 에르멩가르디스인 그의 아내. 그들 두 명은 만툴라에 거주한다. 그들은 10bun의 곡물경작지와 1arp의 포도밭 및 같은 크기의 초지로 구성된 1개의 자유인망스를 보유한다. 그들은 (위와) 같이 (의무를) 이행한다.

---

[10] 여기서 '자녀들'이란 라틴어 원문에서 아들들과 딸들이란 뜻을 가진 'filii vel filiae'를 번역한 말이다. 이 제21장의 명세서는 많은 경우에 망스보유자의 자식들이 아들인지 딸인지 구태여 밝혀 보이려는 특성을 띤다.

[11] 원문대로임.

10. 콜로누스이고 생제르맹(수도원)의 속민인 루몰두스는 만툴라에 거주한다. 그는 8bun 1jr의 곡물경작지와 1arp의 포도밭 및 ½arp의 초지로 구성된 1개의 자유인망스를 보유한다. 그는 (위와) 같이 (의무를) 이행한다.

11. 생제르맹(수도원)의 속민들로서 콜로누스인 울포아르두스와 콜로누스이고 이름이 고델린디스인 그의 아내. 구토니아는 그들의 딸이다. 그는 만툴라에 거주한다. 그는 12bun의 곡물경작지와 1arp의 포도밭 및 ½arp의 초지로 구성된 1개의 자유인망스를 보유한다. 그는 (위와) 같이 (의무를) 이행하고, 1md 이상의 포도주를 바친다.

12. 생제르맹(수도원)의 속민들로서 콜로누스이고 파테르누스(보유)의 은대지 출신인 란도아리우스와 콜로누스인 그의 아내. 빨란두스, 하이르베우스, 하이르빌디스, 빨라빌디스, 봔달라, 라이나, 봔델린디스는 그들의 아들들[12]이다. 그리고 생제르맹(수도원)의 속민들로서 콜로누스들인 악투이누스와 아르트베르투스. 그들 세 명은 만툴라에 거주한다. 그들은 17bun의 곡물경작지와 ⅔arp의 포도밭 및 1½arp의 초지로 구성된 1개의 자유인망스를 보유한다. 그들은 (위와) 같이 (의무를) 이행하고, 1md 이상의 포도주를 바친다.

13. 콜로누스이고 생제르맹(수도원)의 속민인 잉갈볼두스. 안스볼두스, 잉갈트루디스, 아클릴디스는 그의 아들들[13]이다. 그는 만툴라에 거주한다. 그는 8bun의 곡물경작지와 ½arp의 포도밭 및 같은 크기의 초지로 구성된 1개의 자유인망스를 보유한다. 그는 (위와) 같이 (의무를) 이행한다.

14. 생제르맹(수도원)의 속민들로서 콜로누스인 고달리쿠스와 콜로누스이고 이름이 레오딜디스인 그의 아내. 레오도, 힐데길디스, 에오딜디스는 그들의 자녀들이다. 그는 만툴라에 거주한다. 그는 7bun의 곡물경작지

---

[12] 원문대로임.

[13] 원문대로임.

와 1arp의 포도밭으로 구성된 1개의 자유인망스를 보유한다. 그는 (위와) 같이 (의무를) 이행한다.

15. 생제르맹(수도원)의 여자콜로누스인 에르카닐디스. 아게나리우스, 에르메나르두스, 아게닐디스, 에르칸트루디스는 그녀의 자녀들이다. 그녀는 만툴라에 거주한다. 그녀는 7bun의 곡물경작지와 1arp의 포도밭 및 ⅔arp의 초지로 구성된 1개의 자유인망스를 보유한다. [그녀는 (위와) 같이 (의무를) 이행한다.] 그리고 그녀는 1md 이상의 포도주를 바친다.

16. 생제르맹(수도원)의 속민들로서 콜로누스인 블라달리누스와 콜로누스이고 이름이 라인베르가인 그의 아내. 라인베르투스, 라인볼두스는 그들의 아들들이다. 그는 만툴라에 거주한다. 그는 10bun의 곡물경작지와 1arp의 포도밭 및 ⅓arp의 초지로 구성된 1개의 자유인망스를 보유한다. 그는 (위와) 같이 (의무를) 이행한다.

17. 생제르맹(수도원)의 속민들로서 콜로누스인 마이나르두스와 콜로누스이고 이름이 랑길디스인 그의 아내. 그리고 콜로누스인 요한네스와 콜로누스이고 이름이 에름힐디스인 그의 아내. 프람하르두스, 트루트길디스, 에르멘트루디스, 에르멤베르타, 발프리다, 요한나는 그들의 자녀들이다. 그들 두 명은 만툴라에 거주한다. 그들은 18bun의 곡물경작지와 1arp의 포도밭 및 ½arp의 초지로 구성된 1개의 자유인망스를 보유한다. 그들은 (위와) 같이 (의무를) 이행하고, 1md 이상의 포도주를 바친다.

18. 생제르맹(수도원)의 여자콜로누스인 뷕볼다. 뷔네가리우스와 뷔니트하리우스는 그녀의 아들들이다. 그리고 반자유인이고 생제르맹(수도원)의 속민인 다비드. 그들 두 명은 만툴라에 거주한다. 그들은 12bun의 곡물경작지와 ½arp의 포도밭 및 같은 크기의 초지로 구성된 1개의 자유인망스를 보유한다. 그들은 (위와) 같이 (의무를) 이행하고, 1md 이상의 포도주를 바친다.

19. 생제르맹(수도원)의 속민들로서 콜로누스인 오도와 콜로누스이고 이

름이 마달힐디스인 그의 아내. 에르메나리우스, 에르멩기수스, 도닝구스, 프로트가르디스는 그들의 자녀들이다. 그는 만툴라에 거주한다. 그는 9bun의 곡물경작지와 ½arp의 포도밭 및 1arp의 초지로 구성된 1개의 자유인망스를 보유한다. 그는 (위와) 같이 (의무를) 이행하고, 100개 이상의 지붕널을 바친다. 그리고 그는 하곡파종을 위해 ½ptc를 (갈이질한다).

20. 생제르맹(수도원)의 속민들로서 콜로누스인 에르캄베르투스와 콜로누스이고 이름이 아클린디스인 그의 아내. 아클레마루스, 에르캄볼두스, 아기타라는 그들의 자녀들이다. 그는 만툴라에 거주한다. 그는 8bun의 곡물경작지와 1arp의 포도밭 및 같은 크기의 초지로 구성된 1개의 자유인망스를 보유한다. 그는 (위와) 같이 (의무를) 이행한다.

21. 생제르맹(수도원)의 속민으로서 콜로누스인 기슬레마루스. 그리고 생제르맹(수도원)의 속민들로서 콜로누스인 오델렘무스와 콜로누스이고 이름이 라인트루디스인 그의 아내. 그들은 만툴라에 거주한다. 그들은 6bun의 곡물경작지와 2arp의 포도밭 및 1arp의 초지로 구성된 1개의 자유인망스를 보유한다. 그들은 (위와) 같이 (의무를) 이행하고, 2md 이상의 포도주를 바친다.

22. 콜로누스이고 생제르맹(수도원)의 속민인 힝크베르투스. 그는 만툴라에 거주한다. 그는 7bun의 곡물경작지와 ⅔arp의 포도밭 및 1arp의 초지로 구성된 1개의 자유인망스를 보유한다. 그는 위에서 말한 차지료 외에도 1md의 포도주와 100개의 지붕널을 바치고, 하곡파종을 위해 ½ptc(의 갈이질 부역)를 수행한다.

23. 생제르맹(수도원)의 속민들로서 콜로누스인 힐트카리우스와 콜로누스이고 이름이 고달린디스인 그의 아내. 잉귀누스, 기링가, 에달길디스는 그들의 자녀들이다. 그리고 생제르맹(수도원)의 속민들로서 콜로누스인 오딜루스와 콜로누스이고 이름이 아클레베르타인 그의 아내. 에브레미루스는 그들의 아들이다. 그는[14] 만툴라에 거주한다. 그들은 13bun의 곡물경작지와 1arp의 포도밭 및 ½arp의 초지로 구성된 1개의 자유인망스를 보유한다. 그들은 (위와) 같이 (의무를) 이행한다.

24. 생제르맹(수도원)의 속민들로서 콜로누스인 란트가리우스와 이름이 플렉트루디스인 그의 아내. 프로카리우스는 그들의 아들이다. 그는 만툴라에 거주한다. 그는 11bun의 곡물경작지와 1arp의 포도밭 및 같은 크기의 초지로 구성된 1개의 자유인망스를 보유한다. 그는 (위와) 같이 (의무를) 이행한다.

알토길룸 소속

25. 생제르맹(수도원)의 속민들로서 콜로누스인 고달하리우스와 콜로누스이고 이름이 기르베르타인 그의 아내. 이 고달하리우스는 콜로누스인 다른 여자로부터 고디누스와 고달볼두스라는 2명의 아들을 두고 있다. 그들은 알토길룸에 거주한다. 그들은[15] 8bun의 곡물경작지와 1arp의 포도밭 및 ½arp의 초지로 구성된 1개의 자유인망스를 보유한다. 그는 (위와) 같이 (의무를) 이행한다.

26. 생제르맹(수도원)의 속민들로서 콜로누스인 아클레하리우스와 콜로누스이고 이름이 기르베르가인 그의 아내. 안데프리두스, 이델가리우스, 베네딕투스, 스타디우스,[16] 에르칸티아는 그들의 자녀들이다. 그는 알토길룸에 거주한다. 그는 9bun의 곡물경작지와 1arp의 포도밭 및 ½arp의 초지로 구성된 1개의 자유인망스를 보유한다. 그는 (위와) 같이 (의무를) 이행한다.

그들 8명은 똑같이 지붕널과 포도주를 바치고 하곡파종을 위해 ½ptc(의 갈이질 부역)를 수행한다.

27. 생제르맹(수도원)의 속민들로서 노예인 베룰푸스와 비스콩켈라[17] 출신

[14] 원문대로임.

[15] 원문대로임.

[16] 이름이 B. Guérard, ed., *Polyp. d'Irminon*, p. 217에서는 '스타디아(Stadia)'로 되어 있지만, A. Longnon, ed., *Polyp. de St. Germain*, p. 284와 D. Hägermann, ed. *Polyp. von St. Germain*, p. 169에는 '스타디우스(Stadius)'로 되어 있다.

[17] B. Guérard, *Prolégomènes*, p. 881과 B. Guérard, ed., *Polyp. d'Irminon*, p. 218의

의 콜로누스이고 이름이 에르모빌디스인 그의 아내. 이 베룰푸스는 콜로누스인 다른 여자로부터 베르틀린디스와 기바라라라는 두 딸을 두고 있다. 그는 알토길룸에 거주한다. 그는 11bun의 곡물경작지와 1arp의 포도밭 및 같은 크기의 초지로 구성된 1개의 자유인망스를 보유한다. 그는 지붕널을 제외하고 (위와) 같이 (의무를) 이행한다.

호스투를피 쿠르티스[18] 소속

28. 생제르맹(수도원)의 속민들로서 노예인 에르칸라두스와 식카발리스 출신의 콜로누스이고 이름이 기슬린디스인 그의 아내. 리카르두스, 기슬레베르투스는 그들의 아들들이다. 그는 오스투를피 쿠르티스에 거주한다. 그리고 콜로누스이고 생제르맹(수도원)의 속민인 그의 공동보유자 에를룰푸스. 그들은 10bun의 곡물경작지와 1arp의 포도밭 및 2arp의 초지로 구성된 1개의 자유인망스를 보유한다. 그는[19] (위와) 같이 (의무를) 이행한다.

---

b번 각주와 A. Longnon, ed., *Polyp. de St. Germain*, p. 317의 각주 1번 및 D. Hägermann, ed. *Polyp. von St. Germain*, p. 223에 의하면, 비스콩켈라(Bisconcella)는 현재의 행정구역상으로는 이블린 도 랑부예 군 몽포르르라모리 캉통 오르주뤼(Orgerus) 코뮌의 작은 마을인 베콩셀(Béconcelle)이다. 이 마을은 만툴라에서 남서쪽으로 약 14㎞ 떨어진 거리에 위치한다. 비스콩켈라는 뒤에 나오는 제24장의 장원 이름이다.

18 호스투를피 쿠르티스(Hosturlfi Curtis)가 B. Guérard, ed., *Polyp. d'Irminon*, p. 218의 c번 각주에서는 알토길룸과 마로일룸 사이에 위치한 것으로 보인다고 한다. A. Longnon, ed., *Polyp. de St. Germain*, p. 284의 각주 1번에서는 그 곳이 속어로는 'Autroucourt'라는 형태를 띨 것이지만 오늘날에는 남아 있지 않다고 했으나, 그가 간행한 영지명세장의 <보정 편(Errata)>(p. 442)에서는 이런 견해를 수정하여 그 곳이 바즈몽(Bazemont) 코뮌(이블린 도 망트라졸리 군 몰 캉통)의 작은 마을인 생트콜롱브(Sainte-Colombe) 근처에 있는 르트루프리쿠르(Le Trou Fricourt)라는 들판 이름일 가능성이 있다고 한다. K. Elmshäuser & A. Konrad, *Studien zum Polyp. von St. Germain*, pp. 268~269에서는 롱농의 이런 추정이 사실일 가능성이 매우 높다고 하며, D. Hägermann, ed. *Polyp. von St. Germain*, p. 225에서는 롱농의 이런 견해를 정설로 받아들이고 있다.

19 원문대로임.

마이로일룸[20] 소속

29. 생제르맹(수도원)의 콜로누스인 아이르볼두스. 그리고 마찬가지로 생제르맹(수도원)의 콜로누스인 그의 형제와 자유인이고 이름이 군트힐디스인 그의 아내. 군둘푸스, 아이르신디스, 아이를린디스, 군다, 알신디스는 그들의 자녀들이다. 그들은 마로일룸에 거주한다. 그들은 10bun의 곡물경작지와 1arp의 포도밭 및 1arp의 초지로 구성된 1개의 자유인망스를 보유한다. 그들은 2md의 포도주를 바치고, 동곡파종을 위해 4ptc와 하곡파종을 위해 3ptc(의 갈이질 부역)를 수행하며, 나머지 차지료는 (위와) 같다.

30. 생제르맹(수도원)의 속민들로서 콜로누스인 이삭과 콜로누스이고 이름이 아말군디스인 그의 아내. 빌레프리두스, 아말가우두스, 게넬루스, 게를린디스는 그들의 자녀들이다. 그는 마로일룸에 거주한다. 그는 9bun의 곡물경작지와 1arp의 포도밭으로 구성된 1개의 자유인망스를 보유한다. 그는 1ptc(의 갈이질 부역)를 제외하고는 (위와) 같이 (의무를) 이행한다.

다시 만툴라 소속
거세된 숫양들을 바치는 자들

31. 생제르맹(수도원)의 속민들로서 콜로누스인 기르베우스와 콜로누스이고 (이름이) 아클레베르타인 그의 아내는 (이름이 각각) 기르프리두스와 아클레베르타인 1남1여를 두고 있다. 그는 만툴라에 거주한다. 그는 8bun의 곡물경작지와 ⅓arp의 포도밭 및 ½arp의 초지로 구성된 1개의 자유인망스를 보유한다. 그는 1md의 포도주, 인두세로 2두의 거세된 숫양, 3마리의 닭, 15개의 계란, (1마리의) 국왕 대접용 닭을 바친다. 그는 동곡파종을 위해 4ptc와 하곡파종을 위해 2ptc를 갈이질한다.

---

[20] 마이로일룸(Mairoilum)은 이 제21장 제2항의 마로일룸(Maroilum)과 같은 곳이다. 이 제21장 제39항의 마로길룸(Marogilum)도 마찬가지다.

32. 생제르맹(수도원)의 속민으로서 콜로누스인 아귀누스는 만툴라에 거주한다. 그는 7bun의 곡물경작지와 ½arp의 포도밭 및 같은 크기의 초지로 구성된 1개의 자유인망스를 보유한다. 그는 (위와) 같이 (의무를) 이행한다.

33. 생제르맹(수도원)의 속민들로서 콜로누스이고 식카발리스 출신인 테우둘푸스와 콜로누스이고 이름이 기로일디스인 그의 아내. 이 기로일디스는 콜로누스인 다른 남편으로부터 (이름들이) 길마루스와 비플리나인 2명의 자식을 두고 있다. 그는 만툴라에 거주한다. 그는 7bun의 곡물경작지와 ½arp의 포도밭 및 같은 크기의 초지로 구성된 1개의 자유인망스를 보유한다. 그는 (위와) 같이 (의무를) 이행한다.

34. 생제르맹(수도원)의 속민들로서 콜로누스인 베르네가리우스와 콜로누스이고 이름이 아달부르기스인 그의 아내. 오델렐무스, 플로데가리우스, 가우트마루스, 아달가르디스, 기슬로이나, 테우트부르기스는 그들의 자녀들이다. 그는 만툴라에 거주한다. 그는 8bun의 곡물경작지와 1arp의 포도밭 및 ½arp의 초지로 구성된 1개의 자유인망스를 보유한다. 그는 (위와) 같이 (의무를) 이행한다.

35. 생제르맹(수도원)의 속민들로서 콜로누스인 가우기누스와 콜로누스이고 이름이 레우트가르디스인 그의 아내. 가우트비누스, 에바는 그들의 자녀들이다. 그는 만툴라에 거주한다. 그는 7bun의 곡물경작지와 ½arp의 포도밭 및 1arp의 초지로 구성된 1개의 자유인망스를 보유한다. 그는 (위와) 같이 (의무를) 이행한다.

36. 생제르맹(수도원)의 여자콜로누스인 베아타. 에르네아리우스, 게르마누스, 사루이누스, 에르멘타리우스, 에르멘티스마는 그들의[21] 자녀들이다. 그녀는 만툴라에 거주한다. 그는 5bun의 곡물경작지와 1arp의 초지로 구성된 1개의 자유인망스를 보유한다. 그녀는 (위와) 같이 (의무를) 이행한다.

---

21 원문대로임.

37. 생제르맹(수도원)의 속민들로서 콜로누스인 고달카리우스와 콜로누스이고 이름이 아만트루디스인 그의 아내. 엘렉테우스는 그들의 아들이다. 그는 만툴라에 거주한다. 그는 7bun의 곡물경작지와 ⅓arp의 포도밭 및 ⅔arp의 초지로 구성된 1개의 자유인망스를 보유한다. 그들은[22] (위와) 똑같은 (의무를) 이행한다.

38. 생제르맹(수도원)의 속민들로서 콜로누스인 신두스와 콜로누스이고 이름이 호틀린디스인 그의 아내. 오트베르투스, 그리모, 빨카리우스, 빨린디스는 그들의 아들들[23]이다. 그는 만툴라에 거주한다. 그는 6bun의 곡물경작지와 1arp의 포도밭으로 구성된 1개의 자유인망스를 보유한다. 그는 (위와) 같이 (의무를) 이행한다. 그는 2md 이상의 포도주를 바쳐야 한다.

39. 생제르맹(수도원)의 속민들로서 콜로누스인 에르캉가우두스와 반자유인이고 이름이 리사비리스인 그의 아내. 프로트가우두스, 기슬룰푸스, 베네딕투스는 그들의 아들들이다. 그는 마로길룸에 거주한다. 그는 8bun의 곡물경작지와 1½arp의 포도밭으로 구성된 1개의 자유인망스를 보유한다. 그는 (위와) 같이 (의무를) 이행한다.

그들 두 명은 똑같은 의무를 이행한다.[24]

볼라[25] 소속

40. 생제르맹(수도원)의 속민들로서 콜로누스인 알트베르투스와 콜로누스

---

22 원문대로임.

23 원문대로임.

24 원문대로임.

25 B. Guérard, ed., *Polyp. d'Irminon*, p. 219의 a번 각주와 A. Longnon, ed., *Polyp. de St. Germain*, p. 286의 각주 1번과 D. Hägermann, ed. *Polyp. von St. Germain*, p. 223 및 K. Elmshäuser & A. Konrad, *Studien zum Polyp. von St. Germain*, p. 317에 의하면 볼라(Bola)는 오늘날의 행정구역상으로는 이블린 도 망트라졸리 군 몰(Maule) 캉통 바즈몽 코뮌의 뵐(Beule)이라는 작은 마을이며, 몰로부터는 북동쪽으로 2.5km 떨어진 거리에 있다.

이고 이름이 고트힐디스인 그의 아내. 빌트하리우스, 마긴베르투스, 스트라다리우스, 악트루디스, 알트베르타, 라겐트루디스는 그들의 자녀들이다. 그는 볼라에 거주한다. 그는 8bun 2jr의 곡물경작지와 1arp의 초지로 구성된 1개의 자유인망스를 보유한다. 그는 그가 바치지 않는 포도주를 제외하고 (위와) 같이 (의무를) 이행하며, 4데나리우스 이상의 인두세를 지불한다.

다음(의 농민보유지들)은 황소공납 의무가 있다고 기재되어야 한다.

41. 생제르맹(수도원)의 속민들로서 반자유인들인 플로데리쿠스와 플라비두스, 그리고 콜로누스이고 이름이 에르멩길디스인 그의 아내.[26] 모데리쿠스, 살비아, 란트가르디스는 그들의 자식들이다. 그들은 만톨라에 거주한다. 그들은 9bun의 곡물경작지와 ½arp의 포도밭 및 같은 크기의 초지로 구성된 1개의 자유인망스를 보유한다. 그들은 1md의 포도주와 군사용으로 3솔리두스를 바치며, 나머지(의무)는 완전 망스와 같다.

42. 콜로누스이고 생제르맹(수도원)의 속민인 힐데가리우스는 만톨라에서 10bun의 곡물경작지와 1arp의 포도밭 및 2arp의 초지로 구성된 1개의 자유인망스를 보유한다. 그는 (위와) 같이 의무를 이행(해야)하지만, 이로 인해 지불하는 것은 아무 것도 없다.

43. 영주인 수도원장의 노예 에르메나리우스와 자유인이고 이름이 에르멩가르디스인 그의 아내. 그는 마로일룸에 거주한다. 그는 10bun의 곡물경작지와 1arp의 포도밭 및 ⅓arp의 초지로 구성된 1개의 자유인망스를 보유한다. 그는 완전 망스(보유자)처럼 모든 차지료를 지불해야 하지만, 이로 인해 수행하는 것은 아무 것도 없다.

---

[26] 이 문장은 "Flodericus et Flavidus, lidi, et uxor ejus colona, nomine Ermengildis, homines sancti Germani."라는 라틴어 원문을 번역한 것이다. 따라서 여기의 세 사람 모두 생제르맹(수도원)의 속민들이고 플로데리쿠스와 플라비두스의 신분은 반자유인이라는 뜻이다. 콜로누스 신분인 에르멩길디스는 아마도 두 사람의 반자유인 중 뒤 사람인 플라비두스의 아내로 보인다.

44. 생제르맹(수도원)의 속민들로서 콜로누스인 군트하르두스와 콜로누스이고 이름이 고드레베르타인 그의 아내는 이름이 안드레아인 1명의 아들을[27] 두고 있다. 그는 볼라에 거주한다. 그는 5bun의 곡물경작지와 ⅓arp의 초지로 구성된 (1개의) 반쪽 망스를 보유한다. 그는 1두의 양과 2데나리우스(의 금전)를 바치며, 나머지(의무)는 반쪽 망스(보유자)처럼 수행한다.

45. 생제르맹(수도원)의 속민들로서 콜로누스인 고달하리우스와 콜로누스이고 이름이 발트힐디스인 그의 아내. 고트하리우스, 고달트루디스, 아클레힐디스, 고달힐디스는 그들의 자녀들이다. 그는 볼라에 거주한다. 그는 4bun의 곡물경작지와 ½arp의 초지로 구성된 (1개의) 반쪽 망스를 보유한다. 그는 (위와) 같이 (의무를) 이행한다.

46. 콜로누스이고 생제르맹(수도원)의 속민인 레우트볼두스. 그는 볼라에 거주한다. 그는 5bun의 곡물경작지로 된 (1개의) 반쪽 망스를 보유한다. 그는 (위와) 같이 (의무를) 이행한다. 그들 3명은 똑같은 (의무를) 이행한다.

다시 만툴라 소속

47. 생제르맹(수도원)의 속민들로서 콜로누스인 아도아르두스와 콜로누스이고 이름이 에오산나인[28] 그의 아내. 그는 만툴라에 거주한다. 그는 8bun의 곡물경작지와 ⅓arp의 포도밭으로 구성된 (1개의) 반쪽 망스를 보유한다. 그는 1md의 포도주와 1두의 거세된 숫양을 바치며, 나머지(의무)는 반쪽 망스와 같다.

48. 콜로누스이고 북시둠[29] 출신인 아달그리무스와 콜로누스이고 이름이

---

27 원문대로임.

28 이름이 B. Guérard, ed., *Polyp. d'Irminon*, p. 220에는 '오산나(Osanna)'로 되어 있지만, A. Longnon, ed., *Polyp. de St. Germain*, p. 287과 D. Hägermann, ed. *Polyp. von St. Germain*, p. 171에는 '에오산나(Eosanna)'로 되어 있다.

29 B. Guérard, ed., *Polyp. d'Irminon*, p. 220의 a번 각주에 의하면, 여기서 언급하는

에르멘트루디스인 그의 아내. 에르메눌푸스, 에르메나르두스, 아달기사, 아달베르가는 그들의 자녀들이다. 그는 만툴라에 거주한다. 그는 5bun의 곡물경작지로 된 (1개의) 반쪽 망스를 보유한다. 그는 여기에서 ¼arp의 포도밭을 보유한다. 그는 1두의 거세된 숫양을 바치며, 나머지(의무)는 반쪽 망스와 같다. 그는 포도주는 바치지 않는다.

49. 생제르맹(수도원)의 속민들로서 콜로누스인 발란티누스와 콜로누스이고 이름이 에르카닐디스인 그의 아내. 에르캄베르타, 아이롤두스는 그들의 자녀들이다. 그는 만툴라에 거주한다. 그는 4bun의 곡물경작지와 1arp의 포도밭으로 구성된 1개의 자유인망스를 보유한다. 그는 2md의 포도주와 2두의 거세된 숫양을 바치고, 이랑들(의 갈이질 부역)을 수행하며, 나머지(의무)는 완전 망스와 같다. 그리고 그는 황소를 바쳐야 하지만, 이전에는 황소 공납의 의무가 없었다.

50. 생제르맹(수도원)의 속민들로서 콜로누스인 아로이쿠스와 콜로누스이고 이름이 뷔네길디스인 그의 아내. 뷔네가리우스, 그림린디스, 뷔네가르디스는 그들의 자녀들이다. 그는 만툴라에 거주한다. 그는 13bun의 곡물경작지와 1½arp의 포도밭 및 1arp의 초지로 구성된 1개의 자유인 망스를 보유한다. 그는 완전 망스(보유자)처럼 모든 의무를 수행한다.

51. 생제르맹(수도원)의 속민들로서 콜로누스인 라인볼두스와 콜로누스이고 이름이 테우틀린디스인 그의 아내. 발란티누스는 그들의 아들이다. 그는 만툴라에 거주한다. 그는 7bun의 곡물경작지로 된 1개의 자유인 망스를 보유한다. 그는 완전 망스(보유자)처럼 1두의 거세된 숫양, 4마리의[30] 닭, 15개의 계란을 바치고, 이랑들(의 갈이질 부역)을 수행한다.

북시둠(Buxidum)은 만툴라에서 남쪽으로 11km쯤 떨어진 거리에 있는 오늘날의 부아시상사부아르(Boissy-sans-Avoir)다. 그러나 앞에서도 본 바 있듯이 A. Longnon, ed., *Polyp. de St. Germain*, p. 287의 각주 1번과 D. Hägermann, ed. *Polyp. von St. Germain*, p. 224에 의하면 북시둠은 오른 도 모르타뉴오페르쉬 군 레말라르 캉통 내의 부아시모지 코뮌이다. 이곳은 몰로부터 서남쪽으로 약 100km나 멀리 떨어진 거리에 있다.

52. 생제르맹(수도원)의 속민들로서 콜로누스인 가우기누스와 콜로누스이고 (이름이) 안슬린디스인 그의 아내는 이름이 안사리우스인 1명의 아들을 두고 있다. 그는 마로일룸에 거주한다. 그는 4bun의 곡물경작지와 ⅓arp의 포도밭으로 구성된 (1개의) 반쪽 망스를 보유한다. 그는 1두의 거세된 숫양과 4데나리우스의 인두세를 바치며, 나머지(의무)는 (위와) 같이 이행한다.

53. 생제르맹(수도원)의 속민들로서 콜로누스인 게르프리두스와 노예이고 이름이 라이닐디스인 그의 아내. 라게나리우스, 뷔네프리두스, 뷔네길디스는 그들의 자녀들이다. 그는 만퉅라에 거주한다. 그는 4bun의 곡물경작지와 ¼arp의 초지로 구성된 1개의 자유인망스를 보유한다. 그는 동곡파종을 위해서 4ptc를 갈이질하고, 3마리의 닭과 ¼마리의 국왕 대접용 닭 및 15개의 계란을 바치며, 동곡파종을 위해서 4ptc(를 갈이질하는 것) 외에는 이로 인해 다른 것은 아무 것도 수행하지 않는다.

54. 신이주민인 고디누스와 생제르맹(수도원)의 콜로누스이고 이름이 아드레군디스인 그의 아내. 기슬레마루스, 울피누스, 켈사, 고델린디스는 그들의 자녀들이다. 그는 포키올리에[31] 거주한다. 그는 12bun의 곡물경작지로 된 1개의 자유인망스를 보유한다. 그는 2두의 거세된 숫양을 바치고 이랑들(의 갈이질 부역)을 수행하며, 4마리의 닭과 15개의 계란을 (바치고), 코르베들과 수송부역들 및 일부역들을 수행한다.

55. 생제르맹(수도원)의 속민들로서 노예인 안세드람누스와 콜로누스이고 이름이 군도이나인 그의 아내. 테우트베르트투스는 그의[32] 아들이다. 그는 만퉅라에 거주한다. 그는 4bun의 곡물경작지로 된 (1개의) 반쪽 망스를 보유한다. 그는 3마리의 닭과 15개의 계란을 바치며, 동곡파종을 위해서 2ptc를 갈이질한다. 그는 거세된 숫양을 바치지 않는다.

---

30 A. Longnon 편에는 '3(III)'마리로 되어 있으나, B. Guérard 편과 D. Hägermann 편에는 '4(IIII)'마리로 되어 있어 4마리로 번역한다.

31 포키올리(Pocioli)의 오늘날 위치는 확인되지 않고 있다.

32 원문대로임.

56. 생제르맹(수도원)의 콜로누스인 발드레베르투스는 3bun의 곡물경작지와 ½arp의 초지로 구성된 1개의 자유인망스를 보유한다. 그는 3마리의 닭과 계란들을 바친다. 그는 동곡파종을 위해 4ptc를 갈이질한다.

57. 생제르맹(수도원)의 노예이고 살키둠[33] 출신인 라이나르두스와 자유인이고 이름이 일리사비아인 그의 아내. 라이나리우스, 마게나리우스, 나르트힐디스는 그들의 자식들이다. 그는 만툴라에 거주한다. 그는 4bun의 곡물경작지로 된 (1개의) 반쪽 망스를 보유한다. 그는 3마리의 닭과 계란들을 바치고, 동곡파종을 위해서 2ptc를 갈이질하며, (1)주일에 2일(의 부역노동)을 수행한다.

58. 생제르맹(수도원)의 속민들로서 콜로누스인 아달라두스와 콜로누스이고 이름이 빌트베르타인 그의 아내. 그는 볼라에 거주한다. 그는 7bun의 곡물경작지로 된 (1개의) 반쪽 망스를 보유한다. 그는 1두의 거세된 숫양과 2데나리우스(의 금전), 3마리의 닭과 계란들을 바치며, 나머지(의무)는 반쪽 망스와 같다.

노예망스들

59. 생제르맹(수도원)의 속민들로서 노예인 아드레베르투스와 반자유인이고 이름이 윔네트루디스인 그의 아내. 레미스타그누스, 베르네가우두스, 뷔네가우두스는 그들의 자식들이다. 그는 만툴라에 거주한다. 그는 6bun의 곡물경작지와 ⅔arp의 포도밭 및 1½arp의 초지로 구성된 1개의 노예망스를 보유한다. 그는 ½md의 포도주, 3마리의 닭과 ¼마리의 국왕 대접용 닭, 15개의 계란을 바친다. 그는 포도밭(의 구덩이)을 파고, 동곡파종을 위해 4ptc를 갈이질하며, 코르베들과 수송부역들을 수행한다.

---

[33] B. Guérard, ed., *Polyp. d'Irminon*, p. 222의 a번 각주와 A. Longnon, ed., *Polyp. de St. Germain*, p. 289의 각주 2번 및 D. Hägermann, ed. *Polyp. von St. Germain*, p. 227에 의하면, 살키둠(Salcidum)은 앞에서도 본 바 있듯이 오늘날의 행정구역상으로는 외레루아르 도 드뢰 군 아네 캉통 내의 소세(Saussay) 마을에 해당한다. 이 마을은 만툴라에서 서쪽으로 40km쯤 떨어진 거리에 있다.

60. 생제르맹(수도원)의 콜로누스인 트루트볼두스는 만툴라에 거주한다. 그는 7bun의 곡물경작지와 ½arp의 포도밭 및 ⅓arp의 초지로 구성된 1개의 노예망스를 보유한다. 그는 4데나리우스를 지불한다. 그는 동곡파종을 위해 4ptc, 하곡파종을 위해 2ptc를 갈이질하며, 나머지(의무)는 (위와) 같다.

61. 생제르맹(수도원)의 속민들로서 노예인 아레가리우스와 콜로누스이고 이름이 페트라닐라인 그의 아내. 페트루스, 아이르볼두스는 그들의 아들들이다. 그는 거주한다.[34] 그는 8bun의 곡물경작지와 1arp의 포도밭 및 ⅔arp의 초지로 구성된 1개의 노예망스를 보유한다. 그는 ½md의 포도주와 닭들 및 계란들을 바친다. 그는 동곡파종을 위해 4ptc를 갈이질하고, 코르베와 수송부역들을 수행한다.

62. 반자유인이고 생제르맹(수도원)의 속민인 베르나르두스. 베렝가리우스, 베르니코, 베르네가르디스, 링카, 레메기아, 망키아는 그들의 아들들[35]이다. 그는 만툴라에 거주한다. 그는 7bun의 곡물경작지와 ½arp의 포도밭 및 ⅓arp의 초지로 구성된 1개의 노예망스를 보유한다. 그는 (위와) 같이 (의무를) 이행한다.

63. 생제르맹(수도원)의 속민들로서 노예인 테우트볼두스와 노예이고 이름이 힐트루디스인 그의 아내. 테우트가우두스, 레우트루디스, 테우트볼다, 알다, 아달구디스는 그들의 자식들이다. 그는 만툴라에 거주한다. 그는 5bun의 곡물경작지와 ½arp의 포도밭 및 같은 크기의 초지로 구성된 1개의 노예망스를 보유한다. 그는 (위와) 같이 (의무를) 이행한다.

64. 노예이고 생제르맹(수도원)의 속민인 프로돌두스와 신이주민이고 이름이 율리아인 그의 아내. 프로틀린디스, 아비조네는 그들의 자식들이다. 그는 만툴라에 거주한다. 그는 4½bun의 곡물경작지와 ½arp의 초지로 구성된 1개의 노예망스를 보유한다. 그는 (위와) 같이 (의무를) 이행

34 거주지 명시가 누락되어 있다. 아마도 만툴라일 것이다.

35 원문대로임.

한다.

65. 생제르맹(수도원)의 속민들로서 노예인 아달그리무스와 콜로누스이고 이름이 굴프람나인 그의 아내. 프로트그리무스, 아달가리스마는 그들의 자식들이다. 그는 만툴라에 거주한다. 그는 5bun의 곡물경작지와 ½arp의 포도밭 및 ⅔arp의 초지로 구성된 1개의 노예망스를 보유한다. 그는 (위와) 같이 (의무를) 이행한다.

66. 노예이고 생제르맹(수도원)의 속민인 콘스탄티누스와 신이주민이고 이름이 아달린디스인 그의 아내. 그는 만툴라에 거주한다. 그는 8bun의 곡물경작지와 ½arp의 포도밭 및 같은 크기의 초지로 구성된 1개의 노예망스를 보유한다. 그는 (위와) 같이 (의무를) 이행한다.

67. 생제르맹(수도원)의 속민들로서 노예인 빌레리쿠스와 콜로누스이고 이름이 발트힐디스이며 비스콩켈라 출신인 그의 아내. 리카르두스, 라인프리다는 그들의 자식들이다. 그는 만툴라에 거주한다. 그는 8bun의 곡물경작지와 1arp의 포도밭 및 같은 크기의 초지로 구성된 1개의 노예망스를 보유한다. 그는 (위와) 같이 (의무를) 이행한다.

68. 생제르맹(수도원)의 속민들로서 반자유인인 란트베르투스와 콜로누스이고 이름이 아이드람나인 그의 아내. 마인베르투스, 아기닐디스, 마깁베르타, 에르메닐디스, 에르멩가르디[스]는 그들의 자식들이다. 그는 만툴라에 거주한다. 그는 12bun의 곡물경작지와 1arp의 포도밭과 같은 크기의 초지 및 1bun의 임야로 구성된 1개의 노예망스를 보유한다. 그는 (위와) 같이 (의무를) 이행한다.

69. 생제르맹(수도원)의 속민들로서 노예인 에브레하르두스와 콜로누스이고 이름이 프레데군디스인 그의 아내. 프레데가리우스, 아달신디스는 그들의 자식들이다. 그는 만툴라에 거주한다. 그는 5bun의 곡물경작지와 1arp의 포도밭으로 구성된 1개의 노예망스를 보유한다. 그는 (위와) 같이 (의무를) 이행한다.

70. 생제르맹(수도원)의 속민들로서 노예인 군도이누스와 콜로누스이고 이름이 프람네힐디스인 그의 아내. 베르노이쿠스, 벨리가르디스는 그

들의 자식들이다. 그는 만툴라에 거주한다. 그는 4bun의 곡물경작지와 ⅔arp의 포도밭 및 ½arp의 초지로 구성된 1개의 노예망스를 보유한다. 그는 (위와) 같이 (의무를) 이행한다.

71. 신이주민인 라다쿠스와 콜로누스이고 군트하리우스(보유)의 은대지 출신이며 생제르맹(수도원)의 여자속민인 그의 아내. 그는 만툴라에 거주한다. 그는 9bun의 곡물경작지와 ⅔arp의 포도밭 및 ½arp의 초지로 구성된 1개의 노예망스를 보유한다. 그는 (위와) 같이 (의무를) 이행한다.

72. 생제르맹(수도원)의 속민들로서 콜로누스인 잉갈베르트투스와 콜로누스이고 이름이 오딜힐디스인 그의 아내. 안세베르투스는 그들의 아들이다. 그는 만툴라에 거주한다. 그는 7bun의 곡물경작지와 1arp의 포도밭 및 같은 크기의 초지로 구성된 1개의 노예망스를 보유한다. 그는 (위와) 같이 (의무를) 이행한다.

73. 생제르맹(수도원)의 속민들로서 콜로누스인 프레데베르투스와 콜로누스이고 이름이 에우트베르타인 그의 아내. 라인프레두스, 후누아누스, 오트베르투스, 테우트베르가는 그들의 자식들이다. 그는 만툴라에 거주한다. 그는 8bun의 곡물경작지와 ⅔arp의 포도밭 및 같은 크기의 초지로 구성된 1개의 노예망스를 보유한다. 그는 (위와) 같이 (의무를) 이행하며, 하곡파종을 위해 2ptc 이상을 (갈이질한다).

보바니스 빌라에[36] 소재한 호스피키움들

[36] B. Guérard, ed., *Polyp. d'Irminon*, p. 224의 b번 및 p. 227의 b번 각주와 A. Longnon, ed., *Polyp. de St. Germain*, p. 291의 각주 1번에 의하면 수사본에 '보바이스 빌라(Bovais Villa)'라고 되어 있는 지명은 '보바니스 빌라(Bovanis Villa)'로 수정되어야 하며, 보바니스 빌라는 만툴라로부터 서북서쪽으로 7km 거리에 있는 세네우아즈 도 망트 군 망트 캉통 내의 부앙빌(Boinville)이다. 한편 D. Hägermann, ed. *Polyp. von St. Germain*, p. 223과 K. Elmshäuser & A. Konrad, *Studien zum Polyp. von St. Germain*, pp. 268, 282에 따르면 보바니스 빌라는 이블린 도 망트라졸리 군 에폰(Epône) 캉통의 부앙빌앙망투아(Boinville-en-Mantois)다. 전자에서 말하는 부앙빌이나 후자에서 말하는 부앙빌앙망투아나 같은 곳으로, 1933년의 행정구역 명칭 변경 때 부앙빌은 부앙빌앙망투아로 되었다.

74. 생제르맹(수도원)의 속민들로서 콜로누스인 에르멩가리우스와 반자유인이고 이름이 게누베파인 그의 아내. 알베라두스, 에르멩기수스, 사비누스, 에르메나는 그들의 자식들이다. 그는 알토길룸에 거주한다. 그는 3bun의 곡물경작지로 된 (1개의) 호스피키움을 보유한다. 그는 3마리의 닭과 15개의 계란을 바친다. 그는 하곡파종을 위해 2ptc를 갈이질한다. 그는 갈이질 수단을 가지고 있는 경우에는, 코르베들을 수행한다.[37]

75. 생제르맹(수도원)의 속민들로서 콜로누스인 아우도이누스와 콜로누스이고 이름이 잉갈라다인 그의 아내. 잉갈마루스는 그들의 아들이다. 그는 알토길룸에 거주한다. 그는 5bun의 곡물경작지와 합계 ½[arp]인 포도밭과 초지로 구성된 (1개의) 호스피키움을 보유한다. 그는 닭들과 15개의 계란을 바친다. 그는 동곡파종을 위해 4ptc, 하곡파종을 위해 2ptc를 갈이질하며, 나머지(의무)는 (위와) 같다.

76. 생제르맹(수도원)의 속민들로서 콜로누스인 고달프리두스와 콜로누스이고 이름이 에우세비아인 그의 아내. 아클레베르투스, 라트볼두스, 고

---

[37] "그는 갈이질 수단을 가지고 있는 경우에는, 코르베들을 수행한다."라는 문장은 라틴어 원문의 "Facit curvadas, si habuerit unde."라는 부분을 번역한 것이다. 코르베를 수행함에 있어 갈이질 수단이란 말할 것도 없이 쟁기와 이를 끌 역축을 가리킨다. 이 영지명세장의 제22장 제4항은 "그는 1대의 바퀴달린 무거운 쟁기를 끄는데 필요한 수만큼의 큰 가축(animal)들을 갖고 가서 매주 1회의 코르베를 수행한다."고 하고 있다. 이것은 코르베 수행에 필요한 수단이 쟁기와 역축이지만, 그 가운데서도 역축이 더 중요함을 보여준다. 이 명세장의 제20장 제3항, 제24장 제2, 31, 56, 67, 71, 113, 137, 138항 등에서도 '그는 큰 가축들(animalia)을 가지고 있는 경우에는 2회의 코르베를, 큰 가축을 갖지 않은 경우에는 1회의 코르베를 수행한다.'든가 아니면 '그는 2필의 큰 가축으로 코르베를 수행한다.'고 하는 등, 코르베는 '큰 가축(animal)'으로 표기된 역축을 지참하고 수행되는 부역노동임이 명시되고 있다. 그런데 코르베는 제24장 제31항에서만 1필의 역축으로 수행된다고 할 뿐, 나머지 모두에서 2필의 역축으로 수행된다고 한다. 제9장 제304항에서 "황소(bos)들을 가지고 있는 경우에는 4회의 코르베를 수행하며, …"라고 하는 것으로 볼 때, 이 역축은 황소임이 분명하다고 하겠다. 따라서 제74항의 "그는 갈이질 수단을 가지고 있는 경우에는, 코르베들을 수행한다."고 하는 문장을 더 정확하게 의역하면, "그는 (코르베의 수행에 필요한 2필의 황소들로 된) 갈이질 수단을 가지고 있는 경우에는, 코르베들을 수행한다."가 될 것이다.

드레베르투스, 고달리쿠스는 그들의 자녀들이다. 그는 볼라에 거주한다. 그는 2bun의 곡물경작지로 된 (1개의) 호스피키움을 보유한다. 그는 닭들과 계란들을 바친다. 그리고 동곡파종을 위해 1ptc를 갈이질한다. 그는 1회의 코르베를 수행하며, 코르베를 하지 않을 때는 1일(의 부역노동)을 (수행한다).

77. 생제르맹(수도원)의 속민들로서 콜로누스인 아클루이누스와 콜로누스이고 이름이 마달구디스인 그의 아내. 베릴라, 데오티미아는 그들의 자녀들이다. 그는 볼라에 거주한다. 그는 1jr의 곡물경작지로 된 (1개의) 호스피키움을 보유한다. 그는 연간 1마리의 닭과 5개의 계란을 바치며, 매주 1일(의 부역노동)을 (수행한다).

페트랄붐[38] 소재 차지로 지불 망스들

78. 생제르맹(수도원)의 속민들로서 콜로누스인 굴포이누스와 콜로누스이고 이름이 테오달가르디스인 그의 아내. 굴파르두스, 앙갈가리우스, 투티누스, 굴프람누스, 레우트루디스는 그들의 자식들이다. 그는 만툴라에 거주한다. 그는 생제르맹(수도원)에 기부한 그의 아버지의 토지를 보유한다. 이 보유지는 16bun의 곡물경작지와 1arp의 포도밭 및 같은 크기의 초지로 구성되어 있다. 그는 이로 인해 1솔리두스(의 돈)와 3마리의 닭 및 계란들을 바친다. 그는 동곡파종을 위해 4ptc, 하곡파종을 위해 2ptc를 갈이질하며, 파종기마다 영주의 벌령으로 3(일)의 부역노동을 (수행한다).

79. 생제르맹(수도원)의 속민들로서 콜로누스인 뷜리베르투스와 콜로누스

38 B. Guérard, ed., *Polyp. d'Irminon*, p. 224의 e번 각주와 A. Longnon, ed., *Polyp. de St. Germain*, p. 292의 각주 1번에서는 페트랄붐(Petralvum)의 위치가 몰로부터 서쪽으로 5km 거리에 있는 클로드피에르(Clos-de-Pierre)라고 추정한다. 이와는 달리 K. Elmshäuser & A. Konrad, *Studien zum Polyp. von St. Germain*, p. 270 및 D. Hägermann, ed. *Polyp. von St. Germain*, p. 227에서는 페트랄붐을 이블린도 망트라졸리 군 뵐랑 캉통 플랭쉬르센(Flins-sur-Seine) 코뮌의 폐촌인 프레슬(Présle)이라고 본다.

이고 이름이 프로틀린디스인 그의 아내. 빌리베르투스,[39] 빌리힐디스, 빌리라다는 그들의 자식들이다. 그리고 생제르맹(수도원)의 콜로누스인 힐데베르투스. 그들 두 명은 피올리니에[40] 거주한다. 그들은 24bun의 곡물경작지와 3arp의 초지로 구성된 1개의 자유인망스를 보유한다. 그들은 5솔리두스(의 돈)를 지불하고, 3마리의 닭 및 계란들을 바친다. 그들은 동곡파종을 위해 6ptc, 하곡파종을 위해 2ptc를 갈이질한다.

80. 노예인 라이비누스와 반자유인이고 이름이 에우세비아인 그의 아내. 에르메나리우스, 에우세이우스는 그들의 자식들이다. 그는 만툴라에 거주한다. 그는 1jr의 곡물경작지와 ⅓arp의 포도밭으로 구성된 (1개의) 호스피키움을 보유한다. 그는 이로 인해 1마리의 닭 및 5개의 계란(공납)과 매주 1일(의 부역노동)을 이행한다.

호스톨디 빌라 소속

81. 콜로누스이고 생제르맹(수도원)의 속민인 라트베르투스와 신이주민인 그의 아내. 그녀의 자식들은 생제르맹(수도원)에 속하지 않는다. 그는 호스톨디 빌라에 거주한다. 그는 18bun의 곡물경작지로 된 1개의 … 망스를[41] 보유한다. 그는 3마리의 닭과 15개의 계란을 바친다. 그는 동곡파종을 위해 4ptc, 하곡파종을 위해 2ptc를 갈이질하며, 파종기마다 매주 1회의 코르베를 (수행한다). 파구스 안에서는 1명의 동료와

---

39 아버지와 아들의 한글 음역이 같지만, 아버지의 이름은 원래 라틴어 표기로는 'Wilivertus'인 데 비해 아들의 이름은 'Wilibertus'로서 'v'와 'b'라는 차이가 존재한다.

40 B. Guérard, ed., *Polyp. d'Irminon*, p. 225의 a번 각주와 A. Longnon, ed., *Polyp. de St. Germain*, p. 292의 각주 2번과 D. Hägermann, ed. *Polyp. von St. Germain*, p. 225 및 K. Elmshäuser & A. Konrad, *Studien zum Polyp. von St. Germain*, p. 268에 의하면, 피올리니(Fiolini)는 근래의 행정구역상으로는 이블린 도 망트라졸리 군 뮐랑(Meulan) 캉통(현재는 오베르장빌 캉통) 내의 플랭쉬르센이다. 이 마을은 만툴라에서 북북동쪽으로 6km 떨어진 거리에 위치한다.

41 라틴어 원문에 "mansum I …"라고 하여 일부 기록이 누락되어 있으나, 누락된 부분은 아마도 '자유인의(ingenuilem)'인 것으로 추측된다.

함께 수송부역을 수행하고, 파구스 밖에서는 4명의 동료와 함께 수송 부역을 수행한다. 그리고 코르베를 수행할 때는 손으로 이틀간 일하고, 코르베를 수행하지 않을 때는 손으로 사흘간 일한다.

82. (신분이) …이고 생제르맹(수도원)의 속민인 오트베르투스와 신이주민인 그의 아내. 그녀의 자식들은 생제르맹(수도원)에 속하지 않는다. 그는 호스톨디 빌라에 거주한다. 그는 18bun의 곡물경작지로 된 1개의 …망스를 보유한다. 그는 (위와) 같이 (의무를) 수행한다.

83. 생제르맹(수도원)의 속민들로서 (신분이) …인 오델린디스와 그녀의 자식들인 우르스베르투스, 루파, 오달기수스, 프람네가리우스. 그녀는 호스톨디 빌라에 거주한다. 그녀는 9bun의 곡물경작지로 된 1개의 …망스를 보유한다. 그녀는 (위와) 같이 (의무를) 수행한다.

84. 신이주민인 릭볼두스와 생제르맹(수도원)의 콜로누스이고 이름이 기슬린디스인 그의 아내. 기슬레마루스, 에르캄보두스, 리골두스, 릭부르기스, 릭베르가, 릭신디스는 그들의 자식들이다. 그는 호스톨디빌라에 거주한다. 그는 8bun의 곡물경작지로 된 1개의 …망스를 보유하며, (위와) 같이 (의무를) 수행한다.

85. 생제르맹(수도원)의 속민들로서 콜로누스인 기르볼두스와 콜로누스이고 이름이 고달힐디스인 그의 아내. 가우스볼두스, 아이롤두스, 굴폴두스, 굴프라다, 오트프리다, 고델린디스, 가우스부르기스는 그들의 자녀들이다. 그는 호스톨디빌라에 거주한다. 그는 13bun의 곡물경작지로 된 (1개의) 반쪽 …망스를 보유한다. 그는 (위와) 같이 (의무를) 수행한다.

86. (신분이) …이고 생제르맹(수도원)의 속민인 베르눌푸스와 외지인인 그의 아내. 그녀의 자식들은 생제르맹(수도원)에 속하지 않는다. 그는 오스톨디빌라에[42] 거주한다. 그는 8bun의 곡물경작지로 된 (1개의) 반쪽 …망스를 보유한다. 그는 첫 해에 2마리의 닭을, 둘째 해에는 1마리

---

[42] 지명 표기가 '호스톨디 빌라'와 다소 다르지만, 원문대로임.

의 닭을 바치며, 나머지(의무)는 반쪽 망스와 같다.

87. 베르나리우스, 베르네아르두스, 요한네스는 라트베르투스의 조카들이고 생제르맹(수도원)의 속민들이다.

88. 메롤두스, 란트가리우스, 라이놀두스, 란트베르투스, 군도이누스, 프레데베르투스, 기슬레마루스, 에르쿠이누스, 굴포이누스, 잉갈볼두스, 봘라포, 마게나르두스, 에델게루스, 아르날두스, 에르캄베르투스, 란도이두스, 고달게루스, 가우기누스, 마달베르투스, 라이나르두스, 라인볼두스, 힝크베르투스, 아이르볼두스, 오도, 블라달레누스, 기르베우스, 아달그리무스, 알트베르투스, 라트베르투스, 아우트베르투스.[43]

89. 다음의 자들은 남자노예들이다.
: 에르칸라두스, 아드레베르투스, 하레가리우스, 테우트볼두스, 프로돌두스, 아달그리무스, 콘스탄티누스, 빌레리쿠스, 베이룰푸스, 라이비누스.

90. 다음의 자들은 여자노예들이다.
: 힐트루디스.[44]

91. 다음의 자들은 반자유인들이다.
: 다비드, 플로데리쿠스, 플라비두스, 베르나르두스, 란트베르투스, 군도이누스.

92. 다음의 자들은 여자반자유인들이다.
: 리사비리스, 윔네드루디스, 게누베파.

93. (모두 합해서) 자유인망스 49개, 은대지로 수여된 것 2개, 노예망스

---

[43] 여기에 기록된 사람들이 어떤 사람들인지 명시되어 있지 않지만, 아마도 인두세 납부자들인 것으로 추측된다.

[44] B. Guérard, ed., *Polyp. d'Irminon*, p. 226의 각주 b번과 A. Longnon, ed., *Polyp. de St. Germain*, p. 294의 각주 2번에 의하면 나머지 여자노예들의 이름이 거의 완전히 지워졌다고 한다.

16개, 차지료 지불 망스 2개가 있다. 이들 망스(보유자)는 군역세로 4리브라 4솔리두스, 인두세로 1½솔리두스를 지불하며, 차지료 지불 망스들로부터는 6솔리두스(가 지불된다). 합계(수입)는 4리브라 12½솔리두스, 거세된 숫양 31두, 닭 294마리, 계란 1,180개, 지붕널 800개다.

마름인 아달람누스는 2개의 망스를 보유한다. 사제인 아그람누스는 5개를 (보유한다).

호스톨디빌라에는 5½개의 망스가 있다.

망스의 총수는 81개다.

22 식카발리스 또는 포레스티스[1] (장원의) 명세서

1. 여기에는 잘 건설되고 여타 많은 부속건물들을 갖춘 영주직영지와, 영주인 수도원장 이르미노가 축조한 돌담으로 둘러쳐진 목장이[2] 있다.

여기에는 합계면적이 120bun이고 1,000md의 밀이 파종될 수 있는 6개의 큰 쿨투라와 4개의 작은 쿨투라가 있다.

여기에는 영주 이르미노가 개간하여 60md의 밀이 파종될 수 있는 2개의 개간지가 있다.

보바니 빌라에는[3] (면적이) 29bun이고 100md의 밀이 파종될 수 있

---

1 식카발리스(Siccavallis)의 위치가 만툴라에서 북서쪽으로 약 10km 떨어진 생제르맹드서크발(Saint-Germain-de-Secqueval) 마을임에 대해서는 제21장의 각주 9번 참조. 포레스티스(Forestis)는 B. Guérard, ed., *Polyp. d'Irminon*, p. 227의 a번 각주에서는 식카발리스에서 남서쪽으로 13km쯤 떨어진 곳에 소재한 오늘날의 라포레(La Forêt)라는 작은 마을이라고 한다. 그러나 A. Longnon, ed., *Polyp. de St. Germain*, p. 296의 각주 2번에서는 이런 비정은 받아들이기 어렵다면서 포레스티스는 오히려 식카발리스의 또 다른 이름이거나 적어도 그 인근 마을일 가능성이 높다고 한다. K. Elmshäuser & A. Konrad, *Studien zum Polyp. von St. Germain*, p. 281에서는 론뇽의 이런 견해를 지지하지만, D. Hägermann, ed. *Polyp. von St. Germain*, p. 225에서는 포레스티스가 식카발리스이거나 아니면 오늘날 그 위치가 확인될 수 없는 곳이라고 한다.

2 여기서 '목장'이란 라틴어 원문의 'broilus'란 말을 번역한 것으로, 울타리가 쳐져서 말과 짐바리 가축의 목장으로 기능하는 풀밭을 뜻한다. 이것은 영주직영지의 일부를 이룬다. broglius, broilus 등으로도 불렸다.

3 '보바니 빌라(Bovani Villa)'는 만툴라로부터 서북서쪽으로 7km 거리에 있는 부앙

는 3개의 쿨투라가 있다.

식카발리스에는 70arp의 오래된 포도밭이 있으며, 또한 영주 이르미노가 식재한 30arp의 새 포도밭이 있다. 그들 포도밭으로부터는 300md의 포도주가 채취될 수 있다.

여기에는 20수레의 건초가 채취될 수 있는 17arp의 초지가 있다.

여기에 4bun, 로마니 발리스에[4] 4bun, 보바니 빌라에 2bun, 부스칼리디스에[5] 2bun의 임야가 있으며, 그들 임야에서는 50마리의 돼지가 살찔 수 있다.

여기에는 7대의 오래된 물레방아가 있다. 그들 물레방아(임차인)는 총 590md의 곡식을 바친다. 그들 물레방아 가운데 5대(의 임차인)는 5솔리두스의 돈을 지불한다. 그리고 그들 5대(의 임차인)는 성탄절에 도합 30마리의 암평아리와 250개의 계란을 바치며, 부활절에도 (이와) 같은 분량을 바친다. 여기에는 영주 이르미노가 제작했으나 지금까지도 사용료가 징수되지 않는 2대의 물레방아가 있다.

포르투스에는[6] 잘 지어진 (1개의) 교회가 있다. 이 교회에는 33bun의

빌앙망투아다. 이에 대해서는 제21장의 각주 36번 참조.

4 로마니 발리스(Romani Vallis)의 오늘날 위치가 B. Guérard, ed., *Polyp. d'Irminon*, p. 227의 c번 각주에서는 식카발리스로부터 서북쪽으로 18km 거리에 있는 루발레리(Rouvallerie)라고 비정되고 있지만, A. Longnon, ed., *Polyp. de St. Germain*, p. 296의 각주 4번과 K. Elmshäuser & A. Konrad, *Studien zum Polyp. von St. Germain*, pp. 284~285와 D. Hägermann, ed. *Polyp. von St. Germain*, p. 227에서는 이블린 도 망트라졸리 군 망트라졸리 캉통 아르주빌(Hargeville) 코뮌의 경계에 있는 로맹발(Romainvalle)이라고 한다.

5 B. Guérard, ed., *Polyp. d'Irminon*, p. 227의 d번 각주와 A. Longnon, ed., *Polyp. de St. Germain*, p. 297의 1번 각주와 D. Hägermann, ed. *Polyp. von St. Germain*, p. 224 및 K. Elmshäuser & A. Konrad, *Studien zum Polyp. von St. Germain*, p. 282에 의하면, 부스칼리디스(Buscalidis)는 식카발리스로부터 서북쪽으로 6km 거리에 있는 이블린 도 망트라졸리 군 망트라졸리 캉통의 뷔쉴레(Buchelay)다.

6 B. Guérard, ed., *Polyp. d'Irminon*, p. 227의 e번 각주에 의하면 포르투스(Portus)는 식카발리스로부터 북서쪽으로 20km쯤 떨어진 센 강 우안의 포르빌레(Port-Villez)다. K. Elmshäuser & A. Konrad, *Studien zum Polyp. von St. Germain*, pp. 283~284와 D. Hägermann, ed. *Polyp. von St. Germain*, p. 227에서는 이를 수긍하면서도

곡물경작지와 4arp의 포도밭 및 7arp의 초지가 배속되어 있으며, 여기에는 1½개의 망스가 배속되어 있다. 이곳에는 모두 3명의 재류민과[7] 6명의 거류외인들이 있다. 그들은 도합 17bun의 곡물경작지를 보유한다. 그들은 이에 대해 파종기마다 3회의 코르베와 손일을 수행한다. 그들은 이 교회에 15마리의 닭과 75개의 계란을 바친다.

식카발리스에는 잘 지어진 1개의 예배당이 있다. 이 예배당에는 7bun의 곡물경작지가 배속되어 있다. 이곳의 사제는 그 자신이 만든 1대의 물레방아를 가지고 있다.

2. 마름인 라이피누스와 콜로누스이고 이름이 리시니아인 그의 아내. 고트셀무스, 아클루이누스, 풀클린디스, 에우게니아는 그들의 자식들이다. 그는 합계 20bun의 곡물경작지와 2arp의 포도밭 및 3arp의 초지로 구성된 2개의 망스를 보유한다. 그는 이들 2개 망스에 대해 모든 의무를 수행해야 하나, 그가 담당하는 직무 때문에 1필의 말을 (예물로) 바치고 다른 1필을 기른다. 그리고 그는 이 직무와 관련하여 성 마르티누스의 미사 때 2두의 거세된 숫양을 바치며, 성탄절에 한 마리는 8데나리우스짜리이고 다른 한 마리는 4데나리우스짜리인 2마리의 돼지를 바친다. 그는 코르베들과 이랑들(의 갈이질 부역)을 수행한다.

3. 콜로누스이고 부마름인 마스카르두스와 콜로누스이고 이름이 봐라틀린디스인 그의 아내. 마르코이누스, 고틀린디스는 그들의 자식들이다.

불확실하다고 한다. 이와는 달리 A. Longnon, ed., *Polyp. de St. Germain*, p. 297의 2번 각주에서는 이를 전혀 부정하고 포르투스는 중세에 파괴되거나 원래의 이름을 잃어 버렸다고 한다.

7 여기서 '재류민'이란 라틴어 원문의 'manens'를 번역한 말이다. manens는 원래 거주자 또는 주민이라는 뜻이지만, 여기서는 'hospes'와 마찬가지로 거주하는 장원의 영주에 예속되지 않고 일정한 부담을 진다는 조건 아래 토지나 집을 일시적으로 보유하는 외지 출신의 사람이라고 할 수 있다. 그렇지만 hospes는 본디 그 뜻이 손님인 데 비해 manens는 거주자 또는 주민이라는 뜻이 강하므로, 여기서는 두 용어의 이런 차이를 고려하여 전자를 거류외인으로, 후자를 재류민으로 번역한다. 그들은 봉건적 농촌사회에서 훗날 '오트(hôte)'나 '마낭(manant)'이라는 특별한 지위의 농민으로 고정된다.

그는 4bun의 곡물경작지와 1arp의 포도밭 및 2arp의 초지로 구성된 1개의 망스를 보유한다. 그는 이로 인해 1md의 포도주를 바치며, 코르베들과 이랑들(의 갈이질 부역)을 수행한다.

4. 콜로누스인 프로트그리무스와 콜로누스이고 이름이 군드릴디스인 그의 아내. 가우스베르투스, 프로트카리우스, 게로스무스, 프로트베르투스, 사비두스, 데오딜디스, 군드라다는 그들의 자식들이다. 그는 메단타에[8] 거주한다. 그는 12bun의 곡물경작지와 1arp의 포도밭 및 1arp의 초지로 구성된 1개의 자유인망스를 보유한다. 그는 군사용으로 첫 해에 ½두의 황소를, 둘째 해에는 2두의 거세된 숫양을, 셋째 해에는 1두의 1년생 작은 양을 바치며, 다시 셋째 해에는 작은 양을 바치지 않고 4데나리우스 가격의 거세되지 않은 숫양 1두를 바친다. 그리고 그는 매년 2md의 포도주, 2sest의 발효 전 포도즙,[9] 4데나리우스의 나무채취료를 바친다. 그리고 셋째 해에는 50개의 지붕널을 (바치되), 임야를 제공받은 경우에는 100개의 지붕널을 (바치고), 임야를 제공받지 않은 경우에는 50개의 지붕널만 (바친다). 그는 3마리의 닭 및 15개의 계란과, 그리고 계란 없이 1마리의 국왕 대접용 닭을 (바친다). 그는 1대의 바퀴달린 무거운 쟁기를[10] 끄는 데 필요한 수만큼의 큰 가축들을 갖고 가서 매주 1회의 코르베를 수행한다. 그는 동곡파종을 위해서 4ptc, 하곡파종을 위해서 3ptc를 갈이질하며, 파종기마다 3회의 코르베를 하되

---

8 B. Guérard, ed., *Polyp. d'Irminon*, p. 228의 a번 각주와 A. Longnon, ed., *Polyp. de St. Germain*, p. 298의 각주 1번과 D. Hägermann, ed. *Polyp. von St. Germain*, p. 226 및 K. Elmshäuser & A. Konrad, *Studien zum Polyp. von St. Germain*, p. 283에 의하면, 메단타(Medanta)는 오늘날 이블린 도 망트라졸리 군 망트라졸리 캉통의 망트라빌Mantes-la-ville)이다. 이곳은 망트라졸리 남쪽 1km쯤 거리에 위치한다.

9 발효 전 포도즙이란 원문의 'mustaticum'를 번역한 말이다.

10 '바퀴달린 무거운 쟁기'란 라틴어 원문의 'carruca'를 번역한 말이다. 이것은 중세 초기에 북부 유럽에서 새로이 발명된 쟁기로서, 주로 고대 지중해 지역에서 사용된 바퀴가 없는 가벼운 활주(滑走)쟁기와는 달리 습기가 많은 중질토(重質土)로 된 북서부 유럽에서 본격적인 농경을 가능하게 한 획기적인 쟁기였다.

(각각) 수도원장, 부수도원장, (장원)재판관을 위해 (1회씩의) 코르베를 수행한다.

5. 콜로누스인 힐게르누스와 콜로누스이고 이름이 아달라다인 그의 아내. 베랄두스, 스타르킬디스는 그들의 자식들이다. 그는 8bun의 곡물경작지와 1½arp의 포도밭 및 ½arp의 초지로 구성된 1개의 자유인망스를 보유한다. 그는 (위와) 같이 (의무를) 이행한다.

6. ……………………………………………………………………………
……………………………………………………………………………
……………………………………………………………………………[11]

7. 콜로누스인 프로트하우스와 콜로누스이고 이름이 에르멘트루디스인 그의 아내. 프로달두스, 에르멤베르투스, 에르멘람누스, 데오롤두스는 그들의 자식들이다. 그는 12bun의 곡물경작지와 3arp의 초지로 구성된 1개의 망스를 보유한다. 그는 (위와) 같이 (의무를) 이행한다.

8. 콜로누스인 헤를루스와 콜로누스이고 이름이 아리나인 그의 아내. 에를레드루디스는 그들의 딸이다. 그리고 콜로누스인 프로트그리무스와 콜로누스이고 이름이 게니스마인 그의 아내. 빨트그리무스와 프로트베르가는 그들의 자식들이다. 그들 두 명은 8bun의 곡물경작지와 1arp의 포도밭 및 3arp의 초지로 구성된 1개의 망스를 보유한다. 그들은 (위와) 같이 (의무를) 이행한다.

9. 콜로누스인 베르네가리우스와 콜로누스이고 이름이 아달부르기스인 그의 아내. 아달베르투스는 그들의 아들이다. 그는 6bun의 곡물경작지와 ½arp의 포도밭 및 1½arp의 초지로 구성된 1개의 망스를 보유한다. 그는 (위와) 같이 (의무를) 이행한다.

10. 콜로누스인 힐도이누스와 콜로누스이고 이름이 테우틀린디스인 그의

[11] 기록 없이 비어 있음.

아내. 힐도아르두스, 뷔틀린디스, 힐다[는 그들의 자식들이다]. 그는 8½bun의 곡물경작지와 1arp의 포도밭 및 1⅔arp의 초지로 구성된 1개의 망스를 보유한다. 그는 (위와) 같이 (의무를) 이행한다.

11. 콜로누스인 잉갈베르투스와 콜로누스이고 이름이 게를린디스인 그의 아내. 테우트베르투스, 봔달베르투스, 게르프리두스, 게를라이쿠스, 콘스타빌라는 그들의 자식들이다. 그는 10bun의 곡물경작지와 1arp의 포도밭 및 2arp의 초지로 구성된 1개의 망스를 보유한다. 그는 (위와) 같이 (의무를) 이행한다.

12. 콜로누스인 데오다투스와 콜로누스이고 이름이 아달귀스인 그의 아내. 하르드라두스, 도나투스, 아달기스, 가말베르투스, 기슬레베르가는 그들의 자식들이다. 그는 10bun의 곡물경작지와 1arp의 포도밭 및 2arp의 초지로 구성된 1개의 자유인망스를 보유한다. 그는 (위와) 같이 (의무를) 이행한다.

13. 콜로누스인 아도와 콜로누스이고 이름이 힐델린디스인 그의 아내. 고도, 힐데가우두스, 에르코이누스, 아달릴디스는 그들의 자식들이다. 그리고 콜로누스인 잉갈볼두스와 콜로누스이고 이름이 아이드람나인 그의 아내. 빌레발두스, 마겜볼두스, 나달리누스, 잉갈신디스, 아말베르타, 나달트루디스는 그들의 자식들이다. 그들은 9bun의 곡물경작지와 1arp의 포도밭 및 2arp의 초지로 구성된 1개의 자유인망스를 보유한다. 그는[12] (위와) 같이 (의무를) 이행한다.

14. 콜로누스인 요한네스와 콜로누스이고 이름이 게네시아인 그의 아내. 아말가리우스, 게르힐디스는 그들의 자식들이다. 그리고 콜로누스인 레우타르두스와 콜로누스이고 이름이 잉가인 그의 아내. 잉갈가리우스, 잉갈하르두스, 잉고일디스, 잉갈트루디스, 에우트힐디스는 그들의 자식들이다. 그들 두 명은 12bun의 곡물경작지와 1arp의 포도밭 및

---

[12] 원문대로임.

3½arp의 초지로 구성된 1개의 자유인망스를 보유한다. 그는[13] (위와) 같이 (의무를) 이행한다.

15. 콜로누스인 아말프리두스와 콜로누스이고 이름이 에르멩길디스인 그의 아내. 마예나르두스, 알레테우스, 가우델린디스,[14] 에르메닐디스는 그들의 자식들이다. 그는 5bun의 곡물경작지와 2arp의 초지로 구성된 1개의 자유인망스를 보유한다. 그는 (위와) 같이 (의무를) 이행한다.

16. 콜로누스인 게룰푸스와 콜로누스이고 이름이 아말베르가인 그의 아내. 게울푸스, 이둘푸스, 고달볼두스, 뷔네베르가는 그들의 자식들이다. 그는 4bun의 곡물경작지와 1arp의 포도밭 및 같은 크기의 초지로 구성된 1개의 망스를 보유한다. 그는 (위와) 같이 (의무를) 이행한다.

17. 콜로누스인 피피누스와 콜로누스이고 이름이 굴프람나인 그의 아내. 알드리쿠스, 식프레두스, 에르코일디스, 에르카나이스는 그들의 자식들이다. 그는 12bun의 곡물경작지와 2arp의 포도밭 및 3arp의 초지로 구성된 1개의 자유인망스를 보유한다. 그는 (위와) 같이 (의무를) 이행한다.

18. 콜로누스인 란토이누스와 콜로누스이고 이름이 아를린디스인 그의 아내. 란도이누스, 아달베르타는 그들의 자식들이다. 그리고 콜로누스인 프레데베르투스와 콜로누스이고 이름이 란도일디스인 그의 아내. 아달베르가, 플로데베르투스는 그들의 자식들이다. 그들 두 명은 5bun의 곡물경작지와 1arp의 포도밭 및 1½arp의 초지로 구성된 1개의 자유인망스를 보유한다. 그는[15] (위와) 같이 (의무를) 이행한다.

19. 콜로누스인 라감베르투스와 콜로누스이고 이름이 플렉트루디스인 그

---

[13] 원문대로임.

[14] 이름이 B. Guérard, ed., *Polyp. d'Irminon*, p. 229에는 '가우달린디스(Gaudalindis)'로 되어 있지만, A. Longnon, ed., *Polyp. de St. Germain*, p. 300과 D. Hägermann, ed. *Polyp. von St. Germain*, p. 180에는 '가우델린디스(Gaudelindis)'로 되어 있다.

[15] 원문대로임.

의 아내. 그리고 콜로누스인 기슬레베르투스와 콜로누스이고 이름이 군트힐디스인 그의 아내. 군도이누스는 그들의 아들이다. 그들 두 명은 5bun의 곡물경작지와 1½arp의 포도밭 및 같은 크기의 초지로 구성된 1개의 자유인망스를 보유한다. 그는[16] (위와) 같이 (의무를) 이행한다.

20. 노예인 그리모이누스와 콜로누스이고 이름이 뷔네볼다인 그의 아내. 기슬린디스는 그들의 딸이다. 그는 9bun의 곡물경작지와 1arp의 포도밭 및 2arp의 초지로 구성된 1개의 자유인망스를 보유한다. 그는 (위와) 같이 (의무를) 이행한다.

21. 콜로누스인 프로드리쿠스와 콜로누스이고 이름이 뷜트힐디스인 그의 아내. 플로타리우스, 플로데가리우스, 프로트카리우스, 뷜라리쿠스, 플로리스마는 그들의 자식들이다. 그는 9bun의 곡물경작지와 1arp의 포도밭 및 1½arp의 초지로 구성된 1개의 자유인망스를 보유한다. 그는 (위와) 같이 (의무를) 이행한다.

22. 콜로누스인 란데가리우스와 콜로누스이고 이름이 아스코일디스인 그의 아내. 란도아리우스, 사릴디스, 앙코이누스는[17] 그들의 자식들이다. 그는 5bun의 곡물경작지와 1arp의 포도밭 및 3arp의 초지로 구성된 1개의 자유인망스를 보유한다. 그는 (위와) 같이 (의무를) 이행한다.

23. 콜로누스인 라감볼두스와 콜로누스이고 이름이 안드레베르타인 그의 아내. 란트프리두스는 그들의 아들이다. 그리고 테우돌두스와 콜로누스이고 이름이 라인볼다인 그의 아내. 그들 2명은 5bun의 곡물경작지와 1½arp의 포도밭 및 같은 크기의 초지로 구성된 1개의 자유인망스를

---

16 원문대로임.

17 마지막 자식의 이름이 수사본에는 'Anc'라고만 되어 있다고 한다. 이에 대해 D. Hägermann, ed. *Polyp. von St. Germain*, p. 180에는 'Anc[…]'라고만 되어 있는데 비해, B. Guérard, ed., *Polyp. d'Irminon*, p. 230에는 'Ancoinus'로 판독되어 있고, A. Longnon, ed., *Polyp. de St. Germain*, p. 301에는 여자노예라는 뜻의 'ancilla'로 판독되어 있다. 그러나 이들 자식의 부모 모두 콜로누스 신분이어서 딸의 신분이 노예일 수는 없으므로, 이 번역에서는 게라르의 판독을 따랐다.

보유한다. 그는[18] (위와) 같이 (의무를) 이행한다.

24. 콜로누스인 아인리쿠스와 콜로누스이고 이름이 프루트루디스인 그의 아내. 에르카닐디스, 레스토빌디스는 그들의 자식들이다. 그는 4bun의 곡물경작지와 1½arp의 초지로 구성된 1개의 자유인망스를 보유한다. 그는 (위와) 같이 (의무를) 이행한다.

25. 콜로누스인 힐데베르투스와 외지인이고 이름이 라트브루트인 그의 아내. 그리고 외지인인 아달기수스와 외지인이고 이름이 고딜디스인 그의 아내. 그들 2명은 5½bun의 곡물경작지와 ½arp의 포도밭 및 2arp의 초지로 구성된 1개의 자유인망스를 보유한다. 그는[19] (위와) 같이 (의무를) 이행한다.

26. 콜로누스인 힐트브란두스와 이름이 에르밍가인 그의 아내. 힐트베르가, 에르멘트루디스는 그들의 자식들이다. 그는 6bun의 곡물경작지와 1½arp의 포도밭 및 ½arp의 초지로 구성된 1개의 자유인망스를 보유한다. 그는 (위와) 같이 (의무를) 이행한다.

27. 콜로누스인 발라쿠스와 콜로누스이고 (이름이) 알길디스인 그의 아내. 테우트하르두스, 봐나쿠스, 알트카리우스, 뷔네힐디스, 나우달길디스는 그들의 자식들이다. 그는 6bun의 곡물경작지와 1½arp의 포도밭 및 2arp의 초지로 구성된 1개의 자유인망스를 보유한다. 그는 (위와) 같이 (의무를) 이행한다.

28. 노예인 아클레가우두스와 콜로누스이고 이름이 아클리스마이며 파테르누스(보유)의 은대지 출신인 그의 아내. 그는 5bun의 곡물경작지와 1arp의 포도밭 및 1½arp의 초지로 구성된 1개의 자유인망스를 보유한다. 그는 (위와) 같이 (의무를) 이행한다.

---

[18] 원문대로임.

[19] 원문대로임.

29. 노예인 식발두스와 콜로누스이고 이름이 가우스베르가인 그의 아내. 하이르볼두스, 시게발두스, 시게부르기스, 뷔클레베르투스, 라트하리우스, 그림볼두스, 가우스트루디스는 그들의 자식들이다. 그는 7bun의 곡물경작지와 1½arp의 포도밭 및 3arp의 초지로 구성된 1개의 자유인망스를 보유한다. 그는 (위와) 같이 (의무를) 이행한다.

포르투스 소속

30. 콜로누스인 라게나리우스와 (이름이) 아달귀스인 그의 아내. 란트길루스는 그들의 아들이다. 그는 12bun의 곡물경작지와 ⅔arp의 포도밭 및 2½arp의 초지로 구성된 1개의 자유인망스를 보유한다. 그는 (위와) 같이 (의무를) 이행한다.

31. 콜로누스인 게네시우스와 자유인이고 이름이 아달뷔스인 그의 아내. 풀코이누스, 아다를라, 아달구디스는 그들의 자식들이다. 그리고 콜로누스인 고데프레두스와 콜로누스이고 이름이 아달신디스인 그의 아내. 그들은 12bun의 곡물경작지와 1arp의 포도밭 및 같은 크기의 초지로 구성된 1개의 자유인망스를 보유한다. 그는 (위와) 같이 (의무를) 이행한다.

32. 콜로누스인 란트프레두스와 노예이고 이름이 악트루디스인 그의 아내. 그는 12bun의 곡물경작지와 ¼arp의 포도밭 및 1arp의 초지로 구성된 1개의 자유인망스를 보유한다. 그는 (위와) 같이 (의무를) 이행한다.

33. 콜로누스인 테우트문두스와 외지인이고 이름이 기르힐디스인 그의 아내. 그리고 콜로누스인 빌리트카리우스와 콜로누스이고 이름이 에르메힐디스인 그의 아내. 아가르두스, 에름하리우스는 그들의 자식이다. 그는[20] 8bun의 곡물경작지와 ½arp의 포도밭 및 2arp의 초지로 구성된 1개의 자유인망스를 보유한다. 그는 (위와) 같이 (의무를) 이행한다.

---

[20] 원문대로임.

33-1.[21] **콜로누스인 힐디올두스와 콜로누스인 그의 아내 라이닐디스. 그는 1개의 망스를 보유한다. 힐데마루스, 베르네올두스, 라이가르디스는 그들의 자식들이다.**

식카 발리스 소속

34. 콜로누스인 이달카리우스와 콜로누스이고 이름이 하이루일디스인 그의 아내. 마겜베르투스, 고달카리우스는 그들의 자식들이다. 그는 6bun의 곡물경작지와 ½arp의 포도밭 및 1arp의 초지로 구성된 1개의 자유인망스를 보유한다. 그는 (위와) 같이 (의무를) 이행한다.

35. 콜로누스인 뷕보두스와 콜로누스이고 이름이 에름베르타인 그의 아내. 뷕카리우스, 힐트베르투스, 힐트카리우스, 에름발다는 그들의 자식들이다. 그는 6bun의 곡물경작지와 ¼arp의 포도밭 및 2arp의 초지로 구성된 1개의 자유인망스를 보유한다. 그는 (위와) 같이 (의무를) 이행한다.

36. 콜로누스인 에르메나리우스와 콜로누스이고 이름이 힐데베르타인 그의 아내. 에르미누스, 게르플리디스는 그들의 자식들이다. 그는 5bun의 곡물경작지와 ¼arp의 포도밭 및 2arp의 초지로 구성된 1개의 자유인망스를 보유한다. 그는 (위와) 같이 (의무를) 이행한다.

37. 콜로누스인 빌라테우스와 콜로누스이고 이름이 플로트루디스인 그의 아내. 빌리트카리우스, 리트하리우스, 빌란두스, 힐트구디스, 고델린디스는 그들의 자식들이다. 그는 6bun의 곡물경작지와 1arp의 포도밭 및 1arp의 초지로 구성된 1개의 자유인망스를 보유한다. 그는 (위와) 같이 (의무를) 이행한다.

38. 콜로누스인 그림프레두스와 콜로누스이고 이름이 군드루디스인 그의

---

[21] 33번의 기록이 두 번 나타난다고 함. 그리고 A. Longnon, ed., *Polyp. de St. Germain*, p. 302의 각주 1번과 D. Hägermann, ed. *Polyp. von St. Germain*, p. 181의 각주 c번에 의하면, 두 번째 나타나는 33번의 기록은 거의 같은 시기에 다른 사람에 의해 추가된 것이라고 한다.

아내. 그리몰두스, 군돌두스, 군데가르디스는 그들의 자식들이다. 그는 6bun의 곡물경작지와 ¼arp의 포도밭 및 4arp의 초지로 구성된 1개의 자유인망스를 보유한다. 그는 (위와) 같이 (의무를) 이행한다.

39. 노예인 봔달리누스와 콜로누스이고 이름이 베르틀린디스인 그의 아내. 알트베르투스, 블란델카리우스, 베르트힐디스, 봐리틀리누스는 그들의 자식들이다. 그는 4bun의 곡물경작지와 ½arp의 포도밭 및 1arp의 초지로 구성된 1개의 자유인망스를 보유한다. 그는 (위와) 같이 (의무를) 이행한다.

40. 콜로누스인 리카르두스와 콜로누스이고 이름이 나달리나인 그의 아내. 노돌하리우스는 그들의 아들이다. 그는 5bun의 곡물경작지와 ¼arp의 포도밭 및 2arp의 초지로 구성된 1개의 자유인망스를 보유한다. 그는 (위와) 같이 (의무를) 이행한다.

41. 여자콜로누스인 베린프레다. 아달하르두스, 아달람누스는 그녀의 자식들이다. 그녀는 4bun의 곡물경작지와 1arp의 포도밭 및 1arp의 초지로 구성된 1개의 자유인망스를 보유한다. 그녀는 (위와) 같이 (의무를) 이행한다.

42. 콜로누스인 플로도이누스. 그는 5bun의 곡물경작지와 1arp의 포도밭 및 2arp의 초지로 구성된 1개의 자유인망스를 보유한다. 그는 (위와) 같이 (의무를) 이행한다.

43. 콜로누스인 라도이누스와 콜로누스이고 이름이 안드레군디스인 그의 아내. 마그누스는 그들의 아들이다. 그는 5bun의 곡물경작지와 ¼arp의 포도밭 및 1½arp의 초지로 구성된 1개의 자유인망스를 보유한다. 그는 (위와) 같이 (의무를) 이행한다.

44. 콜로누스인 뷔트볼두스와 콜로누스이고 이름이 마드레힐디스인 그의 아내. 뷔도, 란트가리우스, 뷔카리우스, 기르베르투스, 기르볼두스, 레스타우리아는 그들의 자식들이다. 그는 11bun의 곡물경작지와 2arp의 포도밭 및 3arp의 초지로 구성된 1개의 자유인망스를 보유한다. 그는

(위와) 같이 (의무를) 이행한다.

45. 콜로누스인 풀코이누스는 7bun의 곡물경작지와 1arp의 포도밭 및 2arp의 초지로 구성된 1개의 자유인망스를 보유한다. 그는 (위와) 같이 (의무를) 이행한다.

46. 콜로누스인 이달루스와 콜로누스이고 이름이 라인베르타인 그의 아내. 그는 7bun의 곡물경작지와 1½arp의 포도밭 및 2arp의 초지로 구성된 1개의 자유인망스를 보유한다. 그는 (위와) 같이 (의무를) 이행한다.

47. 콜로누스인 라이나르두스와 콜로누스이고 이름이 가우스트루디스인 그의 아내. 풀카르두스, 풀킬디스는 그들의 자식들이다. 그리고 콜로누스인 기롤두스와 콜로누스이고 이름이 아르틀린디스인 그의 아내. 기로아르두스, 게르힐디스는 그들의 자식들이다. 그들 두 명은 6bun의 곡물경작지와 1arp의 포도밭 및 2arp의 초지로 구성된 1개의 자유인망스를 보유한다. 그는 (위와) 같이 (의무를) 이행한다.

48. 콜로누스인 힐데문두스와 반자유인이고 이름이 게네드루디스인 그의 아내. 아우트문두스, 아달문두스, 게네시우스는 그들의 자식들이다. 그는 3½bun의 곡물경작지와 2arp의 초지로 구성된 1개의 자유인망스를 보유한다. 그는 (위와) 같이 (의무를) 이행한다.

49. 여자콜로누스인 고달트루디스. 아이르프레두스, 게르마누스, 힐트루디스, 플렉트루디스는 그녀의 자식들이다. 그녀는 5bun의 곡물경작지와 1arp의 포도밭 및 2arp의 초지로 구성된 1개의 자유인망스를 보유한다. 그녀는 (위와) 같이 (의무를) 이행한다.

50. 콜로누스인 플로르트하리우스와 콜로누스이고 이름이 고트프리다인 그의 아내. 고트프리두스, 플로데가리우스, 아달그리무스, 뷔네프레두스, 플로데길디스는 그들의 자식들이다. 그는 5bun의 곡물경작지와 1arp의 포도밭 및 2arp의 초지로 구성된 1개의 자유인망스를 보유한다. 그는 (위와) 같이 (의무를) 이행한다.

프락시넬룸[22] 소속

51. 콜로누스인 아들레마루스와 콜로누스이고 이름이 고틀린디스인 그의 아내. 잉갈마루스, 울데마루스, 가우트루디스, 베르트가르디스, 데오딜디스는 그들의 자식들이다. 그는 6bun의 곡물경작지와 1arp의 포도밭 및 1arp의 초지로 구성된 1개의 자유인망스를 보유한다. 그는 (위와) 같이 (의무를) 이행한다.

52. 콜로누스인 뷔네베르투스. 그리고 콜로누스인 아달볼두스와 콜로누스이고 이름이 아달구디스인 그의 아내. 아달부르기스, 하르도일디스는 그들의 자식들이다. 그들 두 명은 6bun의 곡물경작지와 1arp의 포도밭 및 1arp의 초지로 구성된 1개의 자유인망스를 보유한다. 그는[23] (위와) 같이 (의무를) 이행한다.

53. 콜로누스인 레우트그리무스. 그의 자식들은 생제르맹(수도원)에 속하지 않는다. 그는 7bun의 곡물경작지와 1½arp의 포도밭 및 3arp의 초지로 구성된 1개의 자유인망스를 보유한다. 그는 (위와) 같이 (의무를) 이행한다.

54. 콜로누스인 고데베르투스와 콜로누스이고 이름이 블라트신디스인 그의 아내. 뷔네가리우스, 뷔네길디스, 힐데군디스, 옥톨린디스는 그들의 자식들이다. 그는 12bun의 곡물경작지와 2arp의 포도밭 및 2arp의 초지로 구성된 1개의 자유인망스를 보유한다. 그는 (위와) 같이 의무를 이행한다.

---

22 B. Guérard, ed., *Polyp. d'Irminon*, p. 233의 a번 각주와 A. Longnon, ed., *Polyp. de St. Germain*, p. 305의 1번 각주와 D. Hägermann, ed. *Polyp. von St. Germain*, p. 225 및 K. Elmshäuser & A. Konrad, *Studien zum Polyp. von St. Germain*, p. 283에 의하면 프락시넬룸(Fraxinellum)은 식카발리스로부터 남쪽 1.6km 떨어진, 오늘날의 이블린 도 망트라졸리 군 망트라졸리 캉통 게르빌(Guerville) 코뮌의 작은 마을인 프레넬(Fresnel)이다.

23 원문대로임.

55. 콜로누스인 아인라두스와 콜로누스이고 이름이 릭베르타인 그의 아내. 마이비스, 뷔네베르가, 크리스티나, 고데볼다는 그들의 자식들이다. 그는 4bun의 곡물경작지와 1arp의 초지로 구성된 1개의 자유인망스를 보유한다. 그는 (위와) 같이 (의무를) 이행한다.

56. 콜로누스인 라트베르투스와 (이름이) 봔델린디스인 그의 아내. 라트헤루스, 라트베르가, 게르베르가, 아달린디스는 그들의 자식들이다. 그리고 그의 형제인 프람네가리우스와 그의 아내인 고이틀라. 군도비누스, 콘스타불라[는 그들의 자식들이다]. 그들 두 명은 1arp의 포도밭과 5bun의 곡물경작지 및 2arp의 초지로 구성된 1개의 자유인망스를 보유한다. 그는[24] (위와) 같이 (의무를) 이행한다.

세모디 빌라[25] 소속

57. 콜로누스인 힐데베르투스와 콜로누스이고 이름이 게를린디스인 그의 아내. 아르틀라이쿠스, 힐데볼두스, 기르모두스는 그들의 자식들이다. 그는 8bun의 곡물경작지와 ½arp의 포도밭 및 1½arp의 초지로 구성된 1개의 자유인망스를 보유한다. 그는 (위와) 같이 (의무를) 이행한다.

58. 콜로누스인 에르멩가우두스와 콜로누스이고 이름이 레스테빌디스인 그의 아내. 에르메눌푸스, 베니나, 아달하리우스, 에르메나, 에르멩길디스, 아클릴디스는 그들의 자식들이다. 그는 9bun의 곡물경작지와 1½arp의 포도밭 및 같은 크기의 초지로 구성된 1개의 자유인망스를 보유한다. 그는 (위와) 같이 (의무를) 이행한다.

---

[24] 원문대로임.

[25] 세모디 빌라(Semodi Villa)의 오늘날 위치에 대해 A. Longnon, ed., *Polyp. de St. Germain*, p. 305의 각주 2번에서는 확인될 수 없다고 하는 데 비해, B. Guérard, ed., *Polyp. d'Irminon*, p. 234의 b번 각주에서는 식카발리스에서 남쪽으로 1.5km쯤 떨어진 게르빌(Guerville) 코뮌 내의 세느빌(Senneville)이라고 본다. K. Elmshäuser & A. Konrad, *Studien zum Polyp. von St. Germain*, p. 285와 D. Hägermann, ed. *Polyp. von St. Germain*, p. 227에서도 게라르의 견해를 인정하여 이블린 도 망트라졸리 군 망트라졸리 캉통 게르빌 코뮌 내의 세느빌이라고 한다.

59. 콜로누스인 마게나리우스는 9bun의 곡물경작지와 $1\frac{1}{2}$arp의 포도밭 및 같은 크기의 초지로 구성된 1개의 자유인망스를 보유한다. 그는 (위와) 같이 (의무를) 이행한다.

60. 콜로누스인 라게나르두스와 콜로누스이고 이름이 알디나인 그의 아내. 프로트카리우스, 군트하두스, 군트람누스, 알사이디스, 라인부르기스, 에르멩가르디스는 그들의 자식들이다. 그는 8bun의 곡물경작지와 $\frac{1}{2}$arp의 포도밭 및 1arp의 초지로 구성된 1개의 자유인망스를 보유한다. 그는 (위와) 같이 (의무를) 이행한다.

61. 콜로누스인 베르네가리우스와 콜로누스이고 이름이 도미니카인 그의 아내. 베르눌푸스, 라인베르타는 그들의 자식들이다. 그는 8bun의 곡물경작지와 $\frac{1}{2}$arp의 포도밭 및 1arp의 초지로 구성된 1개의 자유인망스를 보유한다. 그는 (위와) 같이 (의무를) 이행한다.

62. 콜로누스인 아달베우스와 콜로누스이고 이름이 고데니아인 그의 아내. 고데베르투스, 고도, 바루키우스, 보도, 아드라베우스는 그들의 자식들이다. 그는 10bun의 곡물경작지와 $1\frac{1}{2}$arp의 포도밭 및 $2\frac{1}{2}$arp의 초지로 구성된 1개의 자유인망스를 보유한다. 그는 (위와) 같이 (의무를) 이행한다.

63. 콜로누스인 플라비두스와 콜로누스이고 이름이 아달린디스인 그의 아내. 갈라만누스, 아달라르두스, 다비드, 오델린디스는 그들의 자식들이다. 그는 9bun의 곡물경작지와 $1\frac{1}{2}$arp의 포도밭 및 같은 크기의 초지로 구성된 1개의 자유인망스를 보유한다. 그는 (위와) 같이 (의무를) 이행한다.

64. 콜로누스인 뷔네둘푸스와 콜로누스이고 이름이 라트베르가인 그의 아내. 가울푸스, 고둘푸스, 아달린디스, 뷔네가르디스, 뷔넬린디스는 그들의 자식들이다. 그는 7bun의 곡물경작지와 2arp의 포도밭 및 $\frac{1}{2}$arp의 초지로 구성된 1개의 자유인망스를 보유한다. 그는 (위와) 같이 (의무를) 이행한다.

65. 콜로누스인 그림하리우스와 콜로누스이고 이름이 라이누이스인 그의 아내. 아우트카리우스, 가우두이스, 기르트루디스는 그들의 자식들이다. 그리고 콜로누스인 노달베르투스와 콜로누스이고 이름이 라트루디스인 그의 아내. 오달베르투스, 오달가리우스, 라트베르타, 노달베르타, 라트부르기스는 그들의 자식들이다. 그들 2명은 12bun의 곡물경작지와 1arp의 포도밭 및 6arp의 초지로 구성된 1개의 자유인망스를 보유한다. 그는[26] (위와) 같이 (의무를) 이행한다.

66. 콜로누스인 아간테우스와 콜로누스이고 이름이 가메닐디스인 그의 아내. 아게나르두스, 가메눌푸스(는 그들의 자식들이다). 그는 12bun의 곡물경작지와 1½arp의 포도밭 및 2arp의 초지로 구성된 1개의 자유인망스를 보유한다. 그는 (위와) 같이 (의무를) 이행한다.

67. 콜로누스인 아이르발두스. 아달테이아는 그의 딸이다. 그리고 콜로누스인 마게놀두스와 콜로누스이고 이름이 고달힐디스인 그의 아내. 그들 2명은 9bun의 곡물경작지와 1arp의 포도밭 및 ½arp의 초지로 구성된 1개의 자유인망스를 보유한다. 그는 (위와) 같이 (의무를) 이행한다.

68. 노예인 레우트카리우스와 콜로누스이고 (이름이) 오델린디스인 그의 아내. 에르메나르두스, 아달라르두스는 그들의 자식들이다. 그는 9bun의 곡물경작지와 1arp의 포도밭 및 1arp의 초지로 구성된 1개의 자유인망스를 보유한다. 그는 (위와) 같이 (의무를) 이행한다.

69. 콜로누스인 레오와 콜로누스이고 이름이 뷔델린디스인 그의 아내. 아달볼두스, 페오도, 에르메나르두스는 그들의 자식들이다. 그는 플레오모디 빌라에[27] 거주한다. 그는 8bun의 곡물경작지로 된 1개의 자유인

---

[26] 원문대로임.

[27] 플레오모디 빌라(Fleomodi villa)의 오늘날 위치에 대해 B. Guérard, ed., *Polyp. d'Irminon*, p. 236의 a번 각주에서는 식카발리스에서 남쪽으로 6km쯤 떨어진 쥐모빌(Jumeauville)로 추정된다고 하는 데 비해, A. Longnon, ed., *Polyp. de St. Germain*, p. 307의 각주 1번에서는 이 라틴어 지명의 속어 형태는 'Jumeauville'이

망스를 보유한다.

자유인망스를 보유하고서 군역세를 지불하지 않고 군수용의 가축을 바치는 자들.[28]

아르노니 빌라[29] 소속

70. 콜로누스인 봔달베르투스와 콜로누스이고 이름이 막시멜라인 그의 아내. 봔딜카리우스, 봔델마루스, 봔델린디스는 그들의 자식들이다. 그는 4bun의 곡물경작지와 ⅔arp의 초지로 구성된 1개의 자유인망스를 보유한다. 그는 군사용으로 2두의 거세된 숫양을 바친다. 그는 동곡파종을 위해서 4ptc, 하곡파종을 위해서 3ptc를 갈이질하고, 파종기마다 3회의 코르베를 수행하며, 매주 3일(의 부역노동)을 수행한다. 그는 3마리의 닭과 15개의 계란을 (바친다).

71. 콜로누스인 그림하르두스. 그리고 콜로누스인 가우프레두스와 콜로누

될 수 없고 'Flemeauville'이나 Flimeauville''일 것이라고 한다. 그러나 롱농은 그 이상 이런 지명의 위치를 밝히지 않는다. D. Hägermann, ed. *Polyp. von St. Germain*, p. 225와 K. Elmshäuser & A. Konrad, *Studien zum Polyp. von St. Germain*, p. 283에서는 플레오모디 빌라의 오늘날 위치가 확인되지 않는다고 한다.

[28] '자유인망스를 보유하고서 군역세를 지불하지 않고 군수용의 가축을 바치는 자들'이란 라틴어 원문의 "DE IS QUI TENENT MANSOS INGENUILES, ET NON SOLVUNT HOSTELICIUM SED CARNATICUM"라는 문구를 번역한 것이다. 앞에서 본 바와 같이 군역세라고 번역한 'hostelicium'이란 말은 카롤링시대에 군대를 위해 보통 황소와 수레를 지참하고 수행하는 수송부역이나 군수품 수송용 황소와 수레를 제공하는 것을 의미한다고 한다면, 'carnaticum'이란 용어는 자유인망스 보유자의 의무에 관한 그 다음의 기록에서 보듯이 양 위주의 가축을 군대의 식량용으로 바치는 것을 가리킨다고 할 수 있다.

[29] B. Guérard, ed., *Polyp. d'Irminon*, p. 236의 b번 각주와 A. Longnon, ed., *Polyp. de St. Germain*, p. 307의 2번 각주와 D. Hägermann, ed. *Polyp. von St. Germain*, p. 223 및 K. Elmshäuser & A. Konrad, *Studien zum Polyp. von St. Germain*, p. 282에 의하면, 아르노니 빌라(Arnoni Villa)는 식카발리스에서 남쪽으로 6km가량 떨어진 오늘날의 이블린 도 망트라졸리 군 망트라졸리 캉통의 아르누빌레망트(Arnouville-les-Mantes)다.

스이고 이름이 이사우리아인 그의 아내. 아이룰푸스, 아기아는 그들의 자식들이다. 그들은 6bun의 곡물경작지로 된 1개의 자유인망스를 보유한다. 그들은 (위와) 같이 (의무를) 이행한다.

72. 콜로누스인 유소푸스와 외지인이고 이름이 가우게프레다인 그의 아내. 그들의 자식들은 생제르맹(수도원)에 속하지 않는다. 그리고 노예인 엘리세우스와 콜로누스이고 이름이 마인베르가인 그의 아내. 안드레아스, 아틀레베르타, 마인베르타는 그들의 자식들이다. 그들은 6bun의 곡물경작지로 된 1개의 망스를 보유한다. 그들은 (위와) 같이 (의무를) 수행한다.

73. 여자콜로누스인 힐트루디스. 고트베르투스, 아가르디스, 힐데가르디스, 고달트루디스, 아이릴디스, 아말트루디스는 그녀의 자식들이다. 그녀는 12bun의 곡물경작지와 1arp의 포도밭 및 ½arp의 초지로 구성된 1개의 망스를 보유한다. (그녀의 의무는 위와) 같다.

74. 콜로누스인 아브라함과 사제 기슬롤두스(보유)의 은대지 출신이고 이름이 게르힐디스인 그의 아내. 그는 4bun의 곡물경작지와 ½arp의 포도밭으로 구성된 1개의 망스를 보유한다. 그는 1두의 거세된 숫양을 바치며, 나머지(의무)는 (위와) 같다.

75. 콜로누스인 풀브란두스와 콜로누스이고 이름이 알데닐디스인 그의 아내. 풀크라두스, 풀크라다, 할다는 그들의 자식들이다. 그는 마단타에 거주한다. 그는 8bun의 곡물경작지와 1arp의 포도밭 및 1arp의 초지로 구성된 1개의 자유인망스를 보유한다. 그는 1½두의 거세된 숫양과 1½md의 포도주를 바친다. 그는 동곡파종을 위해서 3ptc, 하곡파종을 위해서 2ptc를 갈이질하고, 코르베들을 수행한다. 그는 3마리의 닭과 15개의 계란을 바친다.

76. 콜로누스인 히달베르투스와 콜로누스이고 이름이 힐트루디스인 그의 아내. 힐트베르투스, 아이르베르투스, 이달라, 일라리아, 힐데신디스[는 그들의 자식들이다]. 그는 3bun의 곡물경작지와 1arp의 초지로 구성된 (1개의) 반쪽 망스를 보유한다. 그는 (위와) 같이 (의무를) 수행한다.

76-1.[30] 콜로누스인 아이롤두스는 2bun의 곡물경작지와 4arp의 초지로 구성된 (1개의) 반쪽 망스를 보유한다. 그는 1두의 거세된 숫양을 바친다. 그리고 그는 동곡파종을 위해서 2ptc, 하곡파종을 위해서 ½ptc를 갈이질한다. 그는 계란들과 함께 3마리의 닭을 바친다.

76-2. 콜로누스인 군트하리우스는 6jr의 곡물경작지로 된 (1개의) 호스피키움을 보유한다. 그는 이로 인해 4ptc를 갈이질하고, 다른 것은 아무것도 수행하지 않는다.

포도밭(의 부역노동)을 수행하는 자유인망스들

77. 노예인 봘디누스와 콜로누스이고 이름이 이트볼다인 그의 아내. 봘데가우두스, 봔드리스마, 봔달볼두스, 기르힐디스, 릭발두스는 그들의 자식들이다. 그는 6bun의 곡물경작지와 ½arp의 포도밭 및 1arp의 초지로 구성된 1개의 자유인망스를 보유한다. 그는 이로 인해 영주직영지의 포도밭(의 구덩이)을 4arp 파고, 수송부역들을 수행하며, 여타의 보유자들처럼 코르베들을 수행한다. 그는 3마리의 닭과 15개의 계란을 (바친다).

78. 암레하르두스와 콜로누스이고 이름이 알데비나인 그의 아내. 힐데가리우스, 에우도, 알데군디스는 그들의 자식들이다. 그리고 노예인 에브레운두스와 자유인이고 이름이 텐다인 그의 아내. 그는[31] 10bun의 곡물경작지와 1arp의 포도밭 및 3arp의 초지로 구성된 1개의 자유인망스를 보유한다. 그는 (위와) 같이 (의무를) 이행한다.

79. 노예인 그림프레두스와 콜로누스이고 이름이 페르페투아인 그의 아내. 그는 5bun의 곡물경작지와 ¼arp의 포도밭 및 2arp의 초지로 구성된 1개의 자유인망스를 보유한다. 그는 (위와) 같이 (의무를) 이행한다.

---

[30] 수사본에 76번이 세 번 나타난다고 한다.

[31] 원문대로임.

노예망스들

79-1.[32] 노예인 프루디누스와 콜로누스이고 이름이 발시마인 그의 아내. 프루두이나, 테우틀린디스는 그들의 자식들이다. 그는 2½bun의 곡물경작지와 ½arp의 초지로 구성된 (1개의) 반쪽 망스를 보유한다. 그는 이로 인해 포도밭(의 부역노동)을 수행하고, 그가 (갈이질을) 할 수단을 가지고 있는 경우에는 코르베들을 수행한다. 그는 3마리의 닭과 15개의 계란을 바친다. 그는 파수를 서며, 수도원으로 통들을 운반한다.

80. 노예인 프로돌두스와 콜로누스이고 이름이 베르트람나인 그의 아내. 프루투이누스, 드룩투이누스, 프로틀란두스, 프로트베르가, 다나길디스, 베르트라다(는 그들의 자식들이다). 그는 2½bun의 곡물경작지와 ½arp의 포도밭 및 같은 크기의 초지로 구성된 (1개의) 반쪽 망스를 보유한다. 그는 (위와) 같이 (의무를) 이행한다.

80-1.[33] 노예인 잉그람누스와 외지인이고 이름이 에브로일디스인 그의 아내. 그는 2½bun의 곡물경작지와 ½arp의 포도밭 및 ⅙arp의 초지로 구성된 (1개의) 반쪽 망스를 보유한다. 그는 (위와) 같이 (의무를) 수행한다.

81. 노예인 테우트하르두스와 콜로누스이고 이름이 잉고베르타인 그의 아내. 레오타르두스, 테오드라두스, 레오다르두스는 그들의 자식들이다. 그는 2½bun의 곡물경작지와 ½arp의 초지로 구성된 (1개의) 반쪽 망스를 보유한다. 그는 (위와) 같이 (의무를) 수행한다.

81-1.[34] 노예인 뷔카르두스와 외지인이고 이름이 군드라다인 그의 아내. 그는 2½bun의 곡물경작지와 ½arp의 포도밭 및 같은 크기의 초지로 구성된 (1개의) 반쪽 노예망스를 보유한다. 그는 (위와) 같이 (의무를)

---

[32] 79번이 두 번 나타난다고 한다.
[33] 80번이 두 번 기록되어 나타난다고 한다.
[34] 81번이 두 번 기록되어 나타난다고 한다.

수행한다.

82. 노예인 아게데우스와 외지인이고 이름이 노달리아인 그의 아내. 그녀의 자식들은 생제르맹(수도원)에 속하지 않는다. 그는 8bun의 곡물경작지와 1arp의 포도밭 및 2½arp의 초지로 구성된 1개의 노예망스를 보유한다. 그는 (위와) 같이 (의무를) 수행한다.

83. 여자콜로누스인 라그네가르디스는 4½bun의 곡물경작지와 ⅓arp의 포도밭 및 같은 크기의 초지로 구성된 (1개의) 반쪽 노예망스를 보유한다. 그는 (위와) 같이 (의무를) 수행한다.

83-1.[35] 노예인 발데가리우스와 콜로누스이고 이름이 가우도일디스인 그의 아내. 그는 6bun의 곡물경작지와 1arp의 포도밭 및 ⅓arp의 초지로 구성된 (1개의) 반쪽 노예망스를 보유한다. 그는 (위와) 같이 (의무를) 수행한다.

84. 노예인 다나프리두스와 외지인이고 이름이 프루틀린디스인 그의 아내. 그녀의 자식들은 생제르맹(수도원)에 속하지 않는다. 그는 4½bun의 곡물경작지와 ½arp의 포도밭 및 ¼arp의 초지로 구성된 (1개의) 반쪽 노예망스를 보유한다. 그는 (위와) 같이 (의무를) 수행한다.

84-1.[36] 노예인 에르메놀두스와 콜로누스이고 이름이 아이를린디스인 그의 아내. 아이르문두스, 베르틀린디스는 그들의 자식들이다. 그는 4½bun의 곡물경작지와 1arp의 포도밭 및 ¼arp의 초지로 구성된 (1개의) 반쪽 노예망스를 보유한다. 그는 (위와) 같이 (의무를) 수행한다.

85. 남자노예인 블라트하리우스. 그리고 남자노예인 라간프레두스. 그리고 여자반자유인인 아달신다. 그들은 3bun의 곡물경작지와 ⅓arp의 포도밭으로 구성된 (1개의) 반쪽 노예망스를 보유한다. 그는 (위와) 같이

---

[35] 83번이 두 번 기록되어 나타난다고 한다.

[36] 84번이 두 번 기록되어 나타난다고 한다.

(의무를) 수행한다.

85-1.[37] 남자노예인 에르메나리우스. 에르메나르두스, 에르메눌푸스는 그의 자식들이다. 그는 4bun과 6ptc의 곡물경작지와 ½arp의 포도밭 및 같은 크기의 초지로 구성된 (1개의) 반쪽 노예망스를 보유한다. 그는 (위와) 같이 (의무를) 수행한다.

86. 라트하리우스와 반자유인이고 이름이 힝길디스인 그의 아내. 그는 3bun의 곡물경작지와 ¼arp의 포도밭 및 1½arp의 초지로 구성된 (1개의) 반쪽 노예망스를 보유한다. 그는 (위와) 같이 (의무를) 수행한다.

86-1.[38] 노예인 아클루이누스는 2½bun의 곡물경작지와 ⅓arp의 포도밭 및 1arp의 초지로 구성된 (1개의) 반쪽 노예망스를 보유한다. 그는 (위와) 같이 (의무를) 수행한다.

87. 노예인 고달루이누스와 반자유인이고 이름이 게니스마인 그의 아내. 고달두스는 그들의 아들이다. 그는 2½bun의 곡물경작지와 ¼arp의 포도밭 및 1arp의 초지로 구성된 (1개의) 반쪽 노예망스를 보유한다. 그는 (위와) 같이 (의무를) 수행한다.

호스피키움을 보유한 자들

88. 콜로누스인 프로돌두스와 콜로누스이고 이름이 아말길디스인 그의 아내. 그는 4bun의 곡물경작지와 ⅔arp의 포도밭 및 1arp의 초지로 구성된 (1개의) 반쪽 망스를 보유한다. 그는 이로 인해 3md의 포도주를 바친다. 그는 이로 인해 동곡파종을 위해서 3ptc, 하곡파종을 위해서 2ptc를 갈이질한다. 그는 코르베들과 손일들을 수행한다. 그는 닭들과 계란들을 바친다.

89. 콜로누스인 블라트하리우스는 1bun의 곡물경작지와 ½arp의 포도밭 및

[37] 85번이 두 번 기록되어 나타난다고 한다.
[38] 86번이 두 번 기록되어 나타난다고 한다.

½arp의 초지로 구성된 (1개의) 호스피키움을 보유한다. 그는 이로 인해 3md의 포도주와 닭들과 계란들을 바친다. 그리고 그는 동곡파종을 위해서 1jr을 갈이질하고, 손일(들을 수행한다).

90. 콜로누스인 나달루스는 1½bun의 곡물경작지와 ½arp의 포도밭 및 같은 크기의 초지로 구성된 (1개의) 호스피키움을 보유한다. 그는 (위와) 같이 (의무를) 이행한다.

91. 콜로누스인 게롤두스와 외지인이고 이름이 기슬레베르가인 그의 아내. 그들의 자식들은 생제르맹(수도원)에 속하지 않는다. 그는 1½bun의 곡물경작지와 ½arp의 포도밭 및 같은 크기의 초지로 구성된 1개의 호스피키움을 보유한다. 그는 (위와) 같이 (의무를) 이행한다.

역마업무 담당자들의 망스들

92. 콜로누스인 아달리쿠스. 오달리쿠스, 알라리쿠스, 앙갈라, 아달부르기스는 그의 자식들이다. 그리고 콜로누스인 아드리쿠스와 콜로누스이고 이름이 레오드람나인 그의 아내. 아레기수스, 아레가우두스, 아이르만누스, 브리오리아(는 그들의 자식들이다). 그들은 13bun과 20ptc의 곡물경작지와 1arp의 포도밭 및 5arp의 초지로 구성된 2개의 망스를 보유한다. 그리고 그들은 ½개의 물레방아를 보유하고 있으며, 이 물레방아에 대해 영주에게 5md의 곡식과 1필의 역마를 바친다. 그리고 그들은 파종기마다 3회의 코르베를 수행하고, 동곡파종을 위해서 8ptc, 하곡파종을 위해서 6ptc를 갈이질하며, 5데나리우스의 나무채취료를 (지불한다).

93. 콜로누스인 고달리쿠스와 자유인이고 이름이 식볼다인 그의 아내. 마달리쿠스, 세게난두스는 그들의 자식들이다. 그리고 콜로누스인 아담과 콜로누스이고 이름이 에바인 그의 아내. 에브리누스, 봐이르마루스, 굴피누스, 아달베르가는 그들의 자식들이다. 그들은 12bun의 곡물경작지와 1arp의 포도밭 및 5arp의 초지로 구성된 2개의 자유인망스를 보유한다. 그리고 그들은 ½개의 물레방아를 보유한다. 그들은 (위와) 같이 (의무를) 이행한다.

94. 콜로누스인 에르메놀두스는 11bun의 곡물경작지와 1arp의 포도밭 및 같은 크기의 초지로 구성된 1개의 자유인망스를 보유한다. 그는 이로 인해 1필의 역마를 바친다. 그는 동곡파종을 위해서 4ptc, 하곡파종을 위해서 3ptc를 갈이질하며, 파종기마다 3회의 코르베를 수행한다.

95. 콜로누스인 라두이스와 콜로누스이고 이름이 룰리아인[39] 그의 아내. 그는 4½bun의 곡물경작지와 ⅓arp의 포도밭 및 2arp의 초지 그리고 2bun의 임야로 구성된 1개의 망스를 보유한다. 그는 (위와) 같이 (의무를) 이행해야 한다.

그리고 에르메놀두스, 란두이쿠스, 페트루스 및 에오디미아는 모두 함께 12bun(의 곡물경작지)과 1½arp의 포도밭 및 1arp의 초지로 구성된 상속토지를 소유하고 있다.[40]

96. 아드리쿠스는 그의 상속인 아들들과 함께 9jr의 상속토지를 소유하고 있다.

97. 장원관리인들의 망스와 역마업무 담당자들의 망스를 제외하고[41] (총)

---

39 B. Guérard, ed., *Polyp. d'Irminon,* p. 239에는 '율리아(Julia)'로 되어 있지만, A. Longnon, ed., *Polyp. de St. Germain*, p. 312와 D. Hägermann, ed. *Polyp. von St. Germain*, p. 1871에는 '룰리아(Lulia)'로 되어 있다.

40 여기서 '상속토지'란 라틴어 원문의 'hereditas'를 번역한 말이다. 상속토지를 공동 소유한 사람들 중 첫 번째로 거명된 에르메놀두스는 제22장의 제84-1항과 제94항에서 각각 1개의 반쪽 노예망스를 보유한 노예 신분과 1개의 자유인망스를 보유한 콜로누스 신분으로 기재되어 있다. 그러나 에르메놀두스는 제95항의 다음에서 상속재산의 공동소유자로 기재되고 있다는 점에서 콜로누스 신분인 후자와 동일 인물로 판단된다. 공동소유자들 가운데 나머지 사람들은 이 제22장의 다른 기록에서 발견되지 않는다. 이들은 에르메놀두스와 상속재산의 공동 소유자들이라는 사실로 미뤄볼 때 그의 남매들임이 틀림없다. 따라서 상속재산의 소유에 관한 여기의 기록은 에르메놀두스가 제22장의 장원에서 자유인망스를 보유한 것 외에 여타 남매들과 함께 별도의 상속재산을 소유하고 있음을 명시한 것이라고 할 수 있을 것이다.

41 '장원관리인들의 망스와 역마업무 담당자들의 망스를 제외하고'란 말은 라틴어 원문의 'absque ministerialibus et paraveredariis'를 번역한 것이다. 라틴어 문구에는 망스(mansus)라는 단어가 없지만, 이 문구의 앞에 자유인망스(mansi ingenuiles)

90세대가 보유한 70개의 자유인망스가 있다. 그들 망스는 매년 군사용으로 8두의 황소나 80솔리두스를 바치고, 103두의 거세된 숫양, 134md의 포도주, 6md의 곡식, 315마리의 닭, 1,460개의 계란, 계란 없이 70마리의 국왕 대접용 닭, 26솔리두스 9데나리우스의 나무채취료를 바친다. 그들은 셋째 해에 70두의 1년생 작은 양을 바치고, 또한 셋째 해에 두당 4데나리우스의 값어치를 지닌 그만한 수량의 거세되지 않은 숫양을 바치며, 언제나 셋째 해에 3,500개의 지붕널을 바치며, 임야가 제공된 경우에는 7,000개의 지붕널을 (바친다).

여기에는 (총) 20가구가 보유한 10개의 노예망스가 있다.

여기에는 역마를 바치는 6개의 망스가 있다. 그들 망스는 10md의 곡식과 10데나리우스를 바친다.

여기에는 군역세를 지불하지 않고 군수용의 가축을 바치는, 12세대가 보유한 9개의 다른 자유인망스들이 있다. 그들 망스는 8두의 거세된 군사용 숫양을 바치며, 36마리의 닭, 180개의 계란을 (바친다).

여기에는 포도밭(의 부역노동)을 수행하고 돼지방목세로 6md의 포도주를 바치는 3개의 자유인망스가 있다.

라는 말이 있기 때문에 망스라는 단어가 생략되었다고 봐야 할 것이다. 장원관리인들의 망스(mansi ministeriales)는 마름을 비롯한 장원관리인들이 그 직무를 수행하는 일종의 보수로서 지급된 망스를, 역마업무 담당자들의 망스(mansi paraveredorum)는 역마업무에 종사하는 자들에 대한 보수로서 보유된 망스를 가리킨다.

23 카반네[1] 또는 로도사[2] (장원의) 명세서

1. 봘트베르투스와 콜로누스이고 이름이 라트힐디스인 그의 아내. 라도, 봘드라다는 그들의 자식들이다. 그는 3½bun의 곡물경작지와 ⅛arp의 초지로 구성된 1개의 소(小)망스를[3] 보유한다. 그는 이로 인해 동곡파종을 위해서 4ptc, 하곡파종을 위해서 3ptc를 갈이질하고, 코르베로 1jr을 (갈이질하며), 곡식의 수확에 10명의 일꾼을 보낸다. 그는 닭들과 계란들을 바친다.

---

[1] B. Guérard, ed., *Polyp. d'Irminon*, p. 241의 a번 각주와 A. Longnon, ed., *Polyp. de St. Germain*, p. 313의 1번 각주와 D. Hägermann, ed. *Polyp. von St. Germain*, p. 224 및 K. Elmshäuser & A. Konrad, *Studien zum Polyp. von St. Germain*, pp. 282~283에 의하면, 카반네(Cavannae)는 오늘날 행정구역상으로는 이블린 도 망트라졸리 군 망트라졸리 캉통 빌레트(Villette) 코뮌의 샤반느(Chavannes)다. 센 강으로 흘러드는 작은 하천 연변에 19세기 말까지도 물레방아가 설치되어 있던 곳이다. 이곳은 파리 시내의 생제르맹데프레 수도원으로부터 서북쪽으로 50km쯤 떨어져 있다.

[2] B. Guérard, ed., *Polyp. d'Irminon*, p. 241의 a번 각주와 A. Longnon, ed., *Polyp. de St. Germain*, p. 313의 2번 각주와 D. Hägermann, ed. *Polyp. von St. Germain*, p. 224 및 K. Elmshäuser & A. Konrad, *Studien zum Polyp. von St. Germain*, p. 283에 의하면 로도사(Lodosa)는 카반네와 마찬가지로 오늘날 이블린 도 망트라졸리 군 망트라졸리 캉통 빌레트 코뮌의 뢰즈(Leuze)라는 작은 마을로, 카반네 남쪽 1.5km쯤 거리에 있다.

[3] '소망스'는 라틴어 원문의 'mansellus'를 번역한 말이다. 이 말은 보통의 정상적 크기의 망스보다 작은 규모의 망스를 뜻한다. 다음에서 보듯이 그 크기는 정상적 망스의 절반도 안 되며 보유에 따른 부담도 매우 작은 편이다.

2. 콜로누스인 아이르문두스. 그리고 콜로누스인 아이르베르투스와 콜로누스이고 이름이 고달베르가인 그의 아내. 아이르베르타는 그들의 딸이다. 그들은 3½bun의 곡물경작지와 ½arp의 포도밭 및 같은 크기의 초지로 구성된 1개의 소망스를 보유한다. 그는 동곡파종을 위해서 4ptc, 하곡파종을 위해서 3ptc를 갈이질하고, 코르베로 1jr을 (갈이질한다). 그는 손일을 하고, (1)주일에 3일(의 부역노동)을 수행한다. 그는 3마리의 닭과 15개의 계란을 바친다.

3. 콜로누스인 에우게니우스와 콜로누스이고 이름이 게니시아인 그의 아내. 게네시우스, 유트카리우스, 에우게니아는 그들의 자식들이다. 그는 1bun 12ptc의 곡물경작지를 보유한다. 그는 이로 인해 동곡파종을 위해서 4ptc, 하곡파종을 위해서 3ptc를 갈이질하며, 다른 것은 아무것도 수행하지 않는다.

4. 콜로누스인 시클레둘푸스와 콜로누스이고 이름이 가말베르가인 그의 아내. 시클레하리우스, 가말베르가는 그들의 자식들이다. 그는 2½bun의 곡물경작지와 ½arp의 초지로 구성된 1개의 소망스를 보유한다. 그는 동곡파종을 위해서 4ptc, 하곡파종을 위해서 3ptc를 갈이질하고, 코르베로 1jr을 갈이질한다. 그는 3마리의 닭과 15개의 계란을 (바친다). 그는 (1)주일에 3일(의 부역노동)을 수행한다.

5. 콜로누스인 아이르베우스와 노예이고 이름이 기를린디스인 그의 아내. 에바이두스, 플렉트루디스, 아이르빌디스는 그들의 자식들이다. 그는 2bun의 곡물경작지와 ½arp의 초지로 구성된 1개의 소망스를 보유한다. 그는 (위와) 같이 (의무를) 이행한다.

6. 엘라비아와 고달베르가가 보유한 프레카리아.

보바니 빌라 소속

7. 콜로누스인 콘스타불리스와 콜로누스이고 이름이 프로트신디스인 그의 아내. 베르네가리우스, 아인베르투스, 앙게닐디스, 프로트길디스는 그들의 자식들이다. 그는 8bun의 곡물경작지와 1arp의 포도밭 및 1bun

의 임야로 구성된 1개의 자유인망스를 보유한다. 그는 여타의 식카벨렌세스 (장원의) 사람들처럼[4] 모든 의무를 이행한다.

8. 콜로누스인 뷔카르두스와 반자유인이고 이름이 드로일디스인 그의 아내. 기로아르두스, 리킬디스는 그들의 자식들이다. 그는 9bun의 곡물경작지와 ½arp의 포도밭으로 구성된 1개의 자유인망스를 보유한다. 그는 (위와) 같이 (의무를) 이행한다.

9. 콜로누스인 프레데리쿠스와 콜로누스이고 이름이 란트힐디스인 그의 아내. 프레데기스, 에르메눌푸스, 에르멘트루디스, 란트루디스는 그들의 자식들이다. 그는 7bun의 곡물경작지와 1arp의 포도밭 및 1arp의 잡목림으로 구성된 1개의 자유인망스를 보유한다. 그는 (위와) 같이 (의무를) 이행한다.

10. 콜로누스인 레우타르두스와 콜로누스이고 이름이 프로트볼다인 그의 아내. 레우트하르두스는 그들의 아들이다. 그는 9bun의 곡물경작지와 1arp의 포도밭 및 1arp의 잡목림으로 구성된 1개의 자유인망스를 보유한다. 그는 (위와) 같이 (의무를) 이행한다.

11. 콜로누스인 프레데베르투스와 콜로누스이고 이름이 프로도아라인 그의 아내. 프레데르누스, 아달봐라는 그들의 자식들이다. 그는 9bun의 곡물경작지와 1arp의 포도밭 및 1arp의 잡목림으로 구성된 1개의 자유인망스를 보유한다.

12. 콜로누스인 아이르하르두스는 8bun의 곡물경작지와 1arp의 포도밭과 ⅛arp의 초지 및 1arp의 잡목림으로 구성된 1개의 자유인망스를 보유한다. 그는 (위와) 같이 (의무를) 수행한다.

13. 콜로누스인 플로트하리우스와 콜로누스이고 이름이 아달트루디스인 그의 아내. 그는 8bun의 곡물경작지와 ½arp의 포도밭 및 1arp의 잡목림

[4] 식카벨렌세스(Siccavellenses)는 식카발리스(Siccavallis)와 같은 지명으로, 바로 앞의 제22장의 장원을 가리킨다.

으로 구성된 1개의 자유인망스를 보유한다. 그는 (위와) 같이 (의무를) 수행한다.

14. 콜로누스인 뷔클레볼두스는 6½bun의 곡물경작지와 ½arp의 잡목림으로 구성된 1개의 자유인망스를 보유한다. 그는 (위와) 같이 (의무를) 수행한다.

15. 콜로누스인 게로아르두스와 콜로누스이고 이름이 요한나인 그의 아내. 게로이누스, 잉갈볼두스, 벨리가르디스, 힐데가르디스는 그들의 자식들이다. 그는 8bun의 곡물경작지와 ¼arp의 포도밭으로 구성된 1개의 자유인망스를 보유한다. 그는 (위와) 같이 (의무를) 수행한다.

16. 콜로누스인 프레데가리우스와 콜로누스이고 이름이 빌다인 그의 아내. 그는 10bun의 곡물경작지와 ⅕arp의 포도밭 및 ½arp의 잡목림으로 구성된 1개의 자유인망스를 보유한다. 그는 (위와) 같이 (의무를) 수행한다.

17. 콜로누스인 아클레베르투스. 그리고 콜로누스인 만누스. 군트하르두스, 마누이스는 그의 자식들이다. 그리고 여자콜로누스인 엘리스마. 에름가리우스는 그녀의 아들이다. 그리고 여자콜로누스인 아이르군디스. 기람누스, 아이룰푸스, 아게닐디스, 에르메닐디스는 그녀의 자식들이다. 그들은 10bun의 곡물경작지와 2arp의 포도밭과 ¼arp의 초지 및 ½arp의 잡목림으로 구성된 1개의 자유인망스를 보유한다. 그는 (위와) 같이 (의무를) 수행한다.

18. 콜로누스인 레메기우스와 프레델로(보유)의 은대지 출신 콜로누스이고 이름이 에르미나인 그의 아내. 레메가리우스, 베르토아라는 그들의 자식들이다. 그는 7bun의 곡물경작지와 1arp의 포도밭 및 1arp의 잡목림으로 구성된 1개의 자유인망스를 보유한다. 그는 (위와) 같이 (의무를) 수행한다.

19. 콜로누스인 잉갈베르투스와 반자유인이고 이름이 도미니카인 그의 아내. 잉갈볼두스, 라이바르투스는 그들의 자식들이다. 그는 5bun의 곡물

경작지로 된 1개의 자유인망스를 보유한다. 그는 (위와) 같이 (의무를) 수행한다.

20. 콜로누스인 테우데리쿠스는 7bun의 곡물경작지로 된 1개의 자유인망스를 보유한다. 그는 (위와) 같이 (의무를) 수행한다.

21. 콜로누스인 훈베르트투스와 프레델로(보유)의 은대지 출신 콜로누스이고 이름이 플라키아인 그의 아내. 그는 6bun의 곡물경작지로 된 1개의 자유인망스를 보유한다. 그는 (위와) 같이 (의무를) 수행한다.

22. 콜로누스인 기로이누스와 에르멩가우두스(보유)의 은대지 출신이고 이름이 라달린디스인 그의 아내. 그는 6bun의 곡물경작지로 된 1개의 자유인망스를 보유한다. 그는 (위와) 같이 (의무를) 수행한다.

23. 콜로누스인 라트가우두스와 콜로누스이고 이름이 데오다타인 그의 아내. 그리몰두스, 라트하리우스, 데오다투스, 라트가리우스, 라트루디스, 아달그리무스는 그들의 자식들이다. 그는 4bun의 곡물경작지와 ½arp의 포도밭으로 구성된 (1개의) 반쪽 자유인망스를 보유한다. 그는 완전한 망스 의무의 절반을 이행한다.

24. 콜로누스인 고트볼두스와 콜로누스이고 이름이 다틀리나인 그의 아내. 프로트볼두스는 그의 아들이다. 그는 6bun의 곡물경작지와 ½…[5]의 임야 및 1…의[6] 잡목림으로 구성된 1개의 자유인망스를 보유한다. 그는 동곡파종을 위해서 4ptc, 하곡파종을 위해서 3ptc를 갈이질하고, 코르베로 4(ptc)를 갈이질하며, 다른 것은 아무것도 수행하지 않는다.

25. 노예인 에브레하르두스와 노예이고 이름이 봔드레힐디스인 그의 아내. 기로아르두스, 봔드레볼두스는 그들의 자식들이다. 그는 2jr의 곡물경작지로 된 (1개의) 호스피키움을 보유한다. 그는 이로 인해 1마리의

---

[5] 임야의 면적단위인 'bun'이 누락되었음이 틀림없어 보인다.

[6] 잡목림의 면적단위인 'arp'나 또는 'bun'이 누락되었을 것으로 짐작된다.

닭과 5개의 계란을 바치며, 매주 1일(의 부역노동)을 수행한다.

26. (여기에는) 총 19가구가 보유한 17개의 자유인망스가 있다. 이들 망스(보유자들)는 군사용으로 첫 해에 3½두의 황소와 둘째 해에 4두(의 황소)를 바치거나, 아니면 첫 해에 24솔리두스의 돈과 둘째 해에 30솔리두스(의 돈)을 지불한다. 그리고 이들은 25두의 거세된 숫양을 (바치고), 52마리의 닭과 250개의 계란을 (바치며), 15솔리두스 4데나리우스의 나무채취료를 (지불하고), 33md의 포도주를 (바친다). 이들은 셋째 해에 17두의 작은 양을 바치고, 또한 셋째 해에 두당 4데나리우스 가격의 거세되지 않은 숫양 17두를 (바친다). 또한 셋째 해에 850개의 지붕널을 바치며, 임야가 제공되는 경우에는 1,500개의 지붕널을 바친다.

27. 다음의 자들은 여자반자유인들이다.
: 드로이힐디스, 도미니카. 그들은 4장의 아마포나 16데나리우스를 바쳐야 한다.
다음의 자는 여자노예다.
: 봔드레힐디스. 그녀는 영주의 양모로 1장의 모직물을 제조해야 하며 암평아리들을 길러야 한다.

28. 다음의 자들은 (증인들임을) 선서했다.
: 콘스타불리스, 레우타르두스, 프레데리쿠스, 아이라르두스, 뷔클레볼두스, 프레데가리우스, 플로트하리우스, 테우데리쿠스, 프레데베르투스, 뷔카르두스, 기로아르두스.

24 비스콩켈라(장원의) 명세서

1. 비스콩켈라에는[1] 잘 건축되고 장식된 2개의 교회와 여타 많은 부속건물들을 갖춘, 잘 건설된 영주직영지가 있다. 3개 부마름 관할구역에 걸쳐 합계 600md의 밀이 파종될 수 있는 190bun(크기)의 곡물경작지가 있다. 여기에는 비스콩켈라, 볼라,[2] 마케리에[3] 및 알토길룸에[4] 합계 250md의 포도주가 채취될 수 있는 36arp의 오래된 포도밭이 있다. 여기에는 영주인 수도원장 이르미노가 식재한 12arp의 새로운 포도밭이 있다. 여기에는 40수레의 건초가 채취될 수 있는 40arp의 초지가 있다.

하인리키 빌라와[5] 수페르비게라에는[6] 50md의 밀이 파종될 수 있는

---

1 비스콩켈라(Bisconcella)는 현재의 행정구역상으로는 이블린 도 랑부예 군 몽포르라모리 캉통 오르주뤄 코뮌의 작은 마을인 베콩셀(Béconcelle)이다. 앞의 제21장 각주 17번 참조. 이곳은 파리의 생제르맹데프레 수도원으로부터 직선거리로는 서쪽 약 48㎞ 거리에 위치한다.

2 볼라(Bola)가 오늘날 뵐(Beule)임에 대해서는 제21장의 각주 25번 참조. 볼라는 비스콩켈라로부터 북동쪽으로 16km 떨어져 있다.

3 B. Guérard, ed., *Polyp. d'Irminon*, p. 245의 c번 각주와 A. Longnon, ed., *Polyp. de St. Germain*, p. 317의 각주 3번과 D. Hägermann, ed. *Polyp. von St. Germain*, p. 226 및 K. Elmshäuser & A. Konrad, *Studien zum Polyp. von St. Germain*, p. 319에 의하면 마케리에(Maceriae)는 오늘날 이블린 도 망트라졸리 군 망트라졸리 캉통의 메지에르쉬르센(Mézières-sur-Seine)이다. 이곳은 비스콩켈라로부터 북북동쪽으로 16km 떨어져 있다.

4 알토길룸(Altogilum)이 오늘날 오퇴이(Auteuil) 코뮌임에 대해서는 제21장 각주 6번 참조. 이곳은 비스콩켈라 동쪽 8km쯤 떨어진 거리에 위치한다.

15bun(크기)의 곡물경작지가 있다. 수페르비게라와 셉토일룸에는[7] 총 6대의 물레방아가 있으며, 이들 물레방아로부터는 그 사용료 수입으로 합계 285md의 곡식이 생기며, 그 중의 하나로부터는 성탄절에 2마리의 암평아리가 생긴다. 여기에는 비스콩켈라 근처에 한 필지(筆地)는 어림잡아 그 둘레가 모두 1마일이고 다른 한 필지(의 면적)는 4bun인 오래된 임야가 있다. 빌라리스에는[8] 3bun의 오래된 임야가 있다.

---

[5] 하인리키 빌라(Hainrici Villa)는 이 장의 뒤에 나오는 안리그 빌라(Anrig Villa)나 안드리그 빌라(Andrig Villa) 또는 인드리귈라(Andriguilla)와 같은 곳으로, B. Guérard, ed., *Polyp. d'Irminon*, p. 245의 e번 각주에서 비스콩켈라 서쪽 10km 지점에 있는 리쉬빌(Richeville)로 추정되고 있다. 그러나 론뇽은 이런 게라르의 견해를 부정하고, 오늘날 그 위치를 알 수 없다고 한다. A. Longnon, ed., *Polyp. de St. Germain*, p. 317의 각주 5번 참조. D. Hägermann, ed. *Polyp. von St. Germain*, p. 225와 K. Elmshäuser & A. Konrad, *Studien zum Polyp. von St. Germain*, p. 317에서도 그 위치가 확인되지 않는다고 한다.

[6] 수페르비게라(Super-Vigera)의 위치에 대해 B. Guérard, ed., *Polyp. d'Irminon*, p. 245의 f번 각주에서는 비스콩켈라 남남동쪽 13km 거리에 있는 생레제앙이블린(Saint-Léger-en-Yveline) 근처에서 발원하는 베그르(Vesgre) 천(川) 상류의 한 지점이라고 추정한다. 이에 대해 론뇽은 A. Longnon, ed., *Polyp. de St. Germain*, p. 317의 각주 6번에서 이를 부정하고 '비게라(Vigera)'란 이름은 샹파뉴 지방에 있는 셰(Chée) 강이나 오브(Aube) 강 중의 한 지류를 가리킨다고 한다. 그러나 D. Hägermann, ed. *Polyp. von St. Germain*, p. 227과 K. Elmshäuser & A. Konrad, *Studien zum Polyp. von St. Germain*, pp. 320~321에서는 수페르비게라는 이블린 도 랑부예 군 몽포르라모리 캉통 오르주뤼 코뮌(비스콩켈라 남서쪽)을 지나는 베그르 천 상류에 있는 소서롱(Sausseron) 실개천 인근 지역이라고 하여, 게라르의 견해를 지지하는 셈이다.

[7] 셉토일룸(Septoilum)은 이 제24장의 다른 항들에서는 셉토길룸(Septogilum) 또는 셉톨길리움(Septolgilium)이라고도 불리는 곳으로, B. Guérard, ed., *Polyp. d'Irminon*, p. 245의 g번 각주와 A. Longnon, ed., *Polyp. de St. Germain*, p. 318의 각주 1번과 D. Hägermann, ed. *Polyp. von St. Germain*, p. 227 및 K. Elmshäuser & A. Konrad, *Studien zum Polyp. von St. Germain*, pp. 319~320에 의하면 오늘날 이블린 도 랑부예 군 우당 캉통의 셉퇴이(Septeuil) 코뮌이다. 이곳은 비스콩켈라 북쪽 7km 거리에 위치한다.

[8] B. Guérard, ed., *Polyp. d'Irminon*, p. 245의 h번 각주와 A. Longnon, ed., *Polyp. de St. Germain*, p. 318의 각주 2번 및 D. Hägermann, ed. *Polyp. von St. Germain*, p. 228에 의하면, 여기서 말하는 빌라리스(Villaris)는 오늘날 이블린 도 랑부예

모르킹크툼에는[9] 5bun의 오래된 임야가 있다. 릭마리빌라에는[10] 7bun의 오래된 임야가 있다. 파로네빌라에는[11] 3bun의 오래된 임야가 있다.

프로트미르빌라에는[12] 1bun의 오래된 임야가 있다. 하인리키빌라에

군 몽포르르라모리 캉통 내의 빌리에르마이외(Villiers-le-Mahieu)다. 비스콩켈라 동북동쪽 6km 거리에 위치한다.

9 여기의 모르킹크툼(Morcinctum)은 이 제24장의 다른 항들에서는 흔히 무르킹크툼(Murcinctum)으로 불리는 지명으로, B. Guérard, ed., *Polyp. d'Irminon*, p. 245의 i번 각주와 A. Longnon, ed., *Polyp. de St. Germain*, p. 318의 각주 3번과 D. Hägermann, ed. *Polyp. von St. Germain*, p. 226 및 K. Elmshäuser & A. Konrad, *Studien zum Polyp. von St. Germain*, p. 319에 의하면 오늘날 이블린 도 망트라졸리 군 우당 캉통의 뮐상(Mulcent)이다. 이곳은 비스콩켈라 북서쪽 7km 거리에 위치한다. 여기 제24장의 모르킹크툼 또는 무르킹크툼은 앞의 제17장의 무르킹크툼과는 다른 곳이다.

10 B. Guérard, ed., *Polyp. d'Irminon*, p. 245의 j번 각주에서는 릭마리빌라(Ricmarivilla)는 비스콩켈라 서쪽 4km쯤 거리에 있는 리쉬부르(Richbourg)로 추정된다고 하지만, A. Longnon, ed., *Polyp. de St. Germain*, p. 318의 각주 4번과 D. Hägermann, ed. *Polyp. von St. Germain*, p. 227 및 K. Elmshäuser & A. Konrad, *Studien zum Polyp. von St. Germain*, p. 319에서는 오늘날의 위치가 확인되지 않는다고 한다.

11 파로네빌라(Faronevilla)는 이 제24장의 일부 다른 항들에서는 빌라 파로니스(Villa Faronis)라고도 불리는 것으로, B. Guérard, ed., *Polyp. d'Irminon*, p. 245의 k번 각주와 A. Longnon, ed., *Polyp. de St. Germain*, p. 318의 각주 5번과 D. Hägermann, ed. *Polyp. von St. Germain*, p. 225 및 K. Elmshäuser & A. Konrad, *Studien zum Polyp. von St. Germain*, p. 318에 의하면 오늘날 이블린 도 랑부예 군 몽포르르라모리 캉통의 페랑빌(Féranville)에 해당한다. 이곳은 비스콩켈라 북동쪽 4km쯤 거리에 위치한다.

12 이 제24장의 일부 다른 항들에서는 프로트미리 빌라(Frotmiri Villa) 또는 프로트미르빌라(Frotmirvilla)라고도 불리는 프로트미리빌라(Frotmirivilla)의 오늘날 위치에 대해 B. Guérard, ed., *Polyp. d'Irminon*, p. 245의 l번 각주에서는 비스콩켈라 남쪽 12km 거리에 있는 프레빌(Fréville)로 추정되고 있지만, A. Longnon, ed., *Polyp. de St. Germain*, p. 318의 각주 6번과 D. Hägermann, ed. *Polyp. von St. Germain*, p. 225 및 K. Elmshäuser & A. Konrad, *Studien zum Polyp. von St. Germain*, p. 318에서는 이런 추정이 부정되고 이블린 도 랑부예 군 몽포르르라모리 캉통 가랑시에르(Garancières) 코뮌의 폐촌인 레뷔송프레맹빌(Les Buissons-Frémainnville)이라고 한다. 이 뒤의 곳은 비스콩켈라 동쪽 4km 거리에 위치한다.

는 3bun의 오래된 임야가 있다. 그들 임야에서는 200마리의 돼지가 살찔 수 있다. 여기에는 영주인 수도원장 이르미노가 (돼지를) 비육하도록 지시한 총 12bun의 새로운 임야가 있다.

마이스닐룸에는[13] 잘 지어진 (1개의) 교회가 있다. 이 교회에는 6bun의 곡물경작지와 1½arp의 포도밭 및 2arp의 잡목림으로 구성된 1개의 망스가 배속되어 있다.

2. 생제르맹(수도원)의 속민들로서 콜로누스이고 마름인 테우트하르두스와 콜로누스이고 이름이 힐데신디스인 그의 아내. 테우트하르두스, 힐데보두스, 테우트베르투스, 시킬디스는 그들의 자식들이다. 그는 10bun 1jr의 곡물경작지와 ½arp의 포도밭 및 5arp의 초지로 구성된 1개의 자유인망스를 보유한다. 그는 군사용으로 첫 해에 3솔리두스, 둘째 해에 1솔리두스를 지불하며, 3마리의 닭 및 15개의 계란을 (바친다). 그는 동곡파종을 위해서 4ptc, 하곡파종을 위해서 2ptc를 갈이질한다. 그는 파종기마다 두 필의 큰 가축으로 매주 (1회의) 코르베를 수행하고, 아우렐리아니스나 키노만니스까지[14] 수송부역을 수행한다. 그리고 그는 2일의 부역노동을 하고, 코르베를 하지 않을 때는 3일의 부역노동을 한다. 그리고 그는 포도밭에다 말뚝으로 2ptc의 울타리를 치며, 근처에 임야가 제공되지 않는 경우에는 곡식밭에 2(ptc)의 울타리를 치고, 근처에 임야가 제공되는 경우에는 3(ptc)의 울타리를 친다. 그리고 그는 초지에서 2ptc(면적)를 풀베기한다.

---

13 B. Guérard, ed., *Polyp. d'Irminon*, p. 246의 a번 각주와 A. Longnon, ed., *Polyp. de St. Germain*, p. 319의 1번 각주와 D. Hägermann, ed. *Polyp. von St. Germain*, p. 226 및 K. Elmshäuser & A. Konrad, *Studien zum Polyp. von St. Germain*, p. 319에 의하면, 마이스닐룸(Maisnilum)은 오늘날 외레루아르 도 드뢰 군 아네 캉통의 르메닐시몽(Le Ménil-Simon)에 해당한다. 이곳은 비스콩켈라로부터 북서쪽 14km 거리에 있다.

14 아우렐리아니스(Aurilianis)와 키노만니스(Cinomannis)는 각각 오늘날 파리 남쪽에 있는 루아레(Loiret) 도의 오를레앙과 서쪽에 있는 사르트 도의 르망(Le Mans)이다. A. Longnon, ed., *Polyp. de St. Germain*, p. 319의 각주 2번과 3번; D. Hägermann, ed. *Polyp. von St. Germain*, pp. 223~224 참조.

3. 생제르맹(수도원)의 속민들로서 콜로누스인 벤야민과 콜로누스이고 이름이 프로틀린다인 그의 어머니. 그는 12bun의 곡물경작지와 1½arp의 포도밭 및 4arp의 초지로 구성된 1개의 자유인망스를 보유한다. 그는 (위와) 같이 (의무를) 이행한다.

4. 생제르맹(수도원)의 속민들로서 콜로누스인 프루돌두스와 콜로누스인 그의 아들 프로틀란두스는 7bun의 곡물경작지와 1arp의 포도밭 및 4arp의 초지로 구성된 1개의 자유인망스를 보유한다. 그는 (위와) 같이 (의무를) 이행한다.

5. 생제르맹(수도원)의 속민들로서 콜로누스인 할도이누스와 콜로누스이고 이름이 노디스마인 그의 아내. 고디나와 알디나 및 레스토빌디스는 그들의 딸들이다. 그는 7bun의 곡물경작지와 ½arp의 포도밭 및 2arp의 초지로 구성된 1개의 자유인망스를 보유한다. 그는 (위와) 같이 (의무를) 이행한다.

6. 생제르맹(수도원)의 속민들로서 콜로누스인 아크룰푸스와 콜로누스이고 이름이 라트가르디스인 그의 아내. 에르메나르두스는 그들의 아들이다. 그는 5bun 1jr의 곡물경작지와 ½arp의 포도밭 및 3arp의 초지로 구성된 1개의 자유인망스를 보유한다. 그는 (위와) 같이 (의무를) 이행한다.

7. 생제르맹(수도원)의 속민들로서 콜로누스인 알도와 콜로누스이고 이름이 테우트신디스인 그의 아내. 알트베르투스는 그들의 아들이다. 그는 12bun의 곡물경작지와 2arp의 포도밭 및 4arp의 초지로 구성된 1개의 자유인망스를 보유한다. 그는 (위와) 같이 (의무를) 이행한다.

8. 반자유인이고 생제르맹(수도원)의 속민인 레스토이누스는 5bun의 곡물경작지와 ½arp의 포도밭으로 구성된 1개의 자유인망스를 보유한다.

9. 생제르맹(수도원)의 속민들로서 콜로누스인 테우트하리우스와 콜로누스이고 이름이 아클린디스인 그의 아내. 테우트가리우스, 베르트프레두스, 아일라우루스, 테우트부르기스, 테우트베르가는 그들의 자식들

이다. 그는 4½bun의 곡물경작지와 ⅓arp의 포도밭 및 1arp의 초지로 구성된 1개의 자유인망스를 보유한다. 그는 (위와) 같이 (의무를) 이행한다.

10. 생제르맹(수도원)의 콜로누스이고 탈레빈다[15] 출신인 이시길루스와 외지인인 그의 아내. 그리고 생제르맹(수도원)의 속민들로서 콜로누스인 그의 공동보유자 란트하리우스와 콜로누스이고 이름이 프루트볼다인 그의 아내. 그들은 6bun의 곡물경작지와 ⅓arp의 포도밭 및 3arp의 초지로 구성된 1개의 자유인망스를 보유한다. 그는[16] (위와) 같이 (의무를) 이행한다.

11. 신이주민인 고타르두스와 콜로누스이고 이름이 테우트힐디스인 그의 아내. 고디누스, 가우디누스, 알드라다는 그들의 자식들이다. 그리고 여자콜로누스이고 이름이 아제를리아인 그의 공동보유자. 생제르맹(수도원)의 속민들인 헬레누스, 에우세비아, 아우트구디스는 그녀의 자식들이다. 그들은 6bun의 곡물경작지와 1arp의 포도밭 및 1½arp의 초지로 구성된 1개의 자유인망스를 보유한다. 그는[17] (위와) 같이 (의무를) 이행한다.

12. 생제르맹(수도원)의 속민들로서 콜로누스인 아틀라스와 콜로누스이고 이름이 악테닐디스인 그의 아내. 굴프라두스는 그들의 아들이다. 그는 9bun의 곡물경작지와 ½arp의 포도밭 및 4arp의 초지로 구성된 1개의 자유인망스를 보유한다. 그는 (위와) 같이 (의무를) 이행한다.

---

[15] B. Guérard, ed., *Polyp. d'Irminon*, p. 247의 b번 각주와 A. Longnon, ed., *Polyp. de St. Germain*, p. 320의 각주 2번에 의하면, 탈레빈다(Talevinda)는 바스 노르망디 레지옹 칼바도스(Calvados) 도 비르(Vire) 군 비르 캉통의 생제르맹드탈르방드(Saint-Germain-de-Tallevende)에 해당한다.

[16] 원문대로임.

[17] 원문대로임.

13. 생제르맹(수도원)의 속민들로서 콜로누스인 프로트문두스와 콜로누스이고 이름이 에르멘라다인 그의 아내. 엘라리아, 프로트부르기스는 그들의 딸들이다. 그는 8bun의 곡물경작지와 1½arp의 포도밭 및 2arp의 초지로 구성된 1개의 자유인망스를 보유한다. 그는 (위와) 같이 (의무를) 이행한다.

14. 생제르맹(수도원)의 속민들로서 콜로누스인 베르니누스와 군트하르두스(보유)의 은대지 출신 콜로누스이고 이름이 베르네힐디스인 그의 아내. 그는 7bun의 곡물경작지와 ½arp의 포도밭 및 4arp의 초지로 구성된 1개의 자유인망스를 보유한다. 그는 (위와) 같이 (의무를) 이행한다.

15. 생제르맹(수도원)의 속민들로서 콜로누스인 아달라두스와 콜로누스이고 이름이 아달라다인 그의 아내 및 콜로누스인 잉갈라두스. 그들 두 명은 6½bun의 곡물경작지와 1arp의 포도밭 및 2(arp)의 초지로 구성된 1개의 자유인망스를 보유한다. 그는[18] (위와) 같이 (의무를) 이행한다.

16. 생제르맹(수도원)의 속민들로서 콜로누스인 란트베르투스와 콜로누스이고 이름이 힐델린디스인 그의 아내. 힐데브란두스, 힐데보두스, 힐데베르투스, 프레데리쿠스, 아말리쿠스, 힐데볼두스, 파란딜디스, 란트베르가, 란트부르기스는 그들의 자식들이다. 그리고 생제르맹(수도원)의 속민으로서 그의 공동보유자인 라트베르투스. 그들 두 명은 9bun의 곡물경작지와 1arp의 포도밭과 1arp의 초지 및 같은 크기의 작은 임야로 구성된 1개의 자유인망스를 보유한다. 그는[19] (위와) 같이 (의무를) 이행한다.

17. 생제르맹(수도원)의 속민들로서 콜로누스인 라도이누스와 콜로누스이고 이름이 기르힐디스인 그의 아내. 기르베르투스, 라트뷔스는 그들의 자식들이다. 그리고 생제르맹(수도원)의 콜로누스인 고트셀무스. 그들

---

[18] 원문대로임.

[19] 원문대로임.

두 명은 8bun의 곡물경작지와 ½arp의 포도밭 및 1arp의 초지로 구성된 1개의 자유인망스를 보유한다.

18. 생제르맹(수도원)의 속민들로서 콜로누스인 라트헤루스와 콜로누스이고 이름이 뷔네길디스인 그의 아내. 란트하리우스, 란트가리우스, 라이놀두스, 라트루디스, 라이닐디스는 그들의 자식들이다. 그리고 생제르맹(수도원)의 속민들로서 그의 공동보유자들이고 콜로누스인 베르네가리우스.[20] 그들 두 명은 폰타니툼에[21] 거주한다. 그들은 8bun의 곡물경작지와 ¼arp의 포도밭 및 1arp의 초지로 구성된 1개의 자유인망스를 보유한다. 그는[22] (위와) 같이 (의무를) 이행한다.

19. 생제르맹(수도원)의 속민들로서 콜로누스인 알메디우스와 콜로누스이고 이름이 힐데베르가인 그의 아내. 아달가우두스, 에름게루스, 알로, 고트힐디스, 프람닝가는 그들의 자식들이다. 그는 폰타노둠에 거주한다. 그는 7bun의 곡물경작지와 ½arp의 포도밭 및 2arp의 초지로 구성된 1개의 자유인망스를 보유한다. 그는 (위와) 같이 (의무를) 이행한다.

20. 생제르맹(수도원)의 속민들로서 콜로누스인 힐트카리우스와 콜로누스이고 이름이 니트힐디스인 그의 아내. 그는 폰타니둠에 거주한다. 그리고 그의 공동보유자인 알트카리우스와 콜로누스이고 이름이 순트힐디스인 그의 아내. 아달가리우스, 에베르트람나는 그들의 자식들이다. 그

---

[20] '속민들'이나 '공동보유자들'이라는 말은 라틴어 원문에 복수로 되어있는 것을 그대로 옮긴 것이다.

[21] 폰타니툼(Fontanitum)은 이 영지명세장의 다른 곳들에서는 '폰타니둠(Fontanidum)' 또는 '폰타노둠(Fontanodum)'이라고도 불린다. B. Guérard, ed., *Polyp. d'Irminon*, p. 248의 b번 각주와 A. Longnon, ed., *Polyp. de St. Germain*, p. 322의 각주 2번과 D. Hägermann, ed. *Polyp. von St. Germain*, p. 225 및 K. Elmshäuser & A. Konrad, *Studien zum Polyp. von St. Germain*, p. 318에 의하면, 폰타니툼은 이블린 도 망트라졸리 군 보니에르쉬르센 캉통의 퐁트내모부아쟁(Fontenay-Mauvoisins) 마을이다. 이곳은 비스콩켈라로부터 북쪽으로 15km 거리에 있다.

[22] 원문대로임.

는 폰타니둠에 거주한다. 그는 7bun의 곡물경작지와 1½arp의 초지로 구성된 1개의 자유인망스를 보유한다. 그는 (위와) 같이 (의무를) 이행한다.

21. 생제르맹(수도원)의 속민들로서 콜로누스인 리카르두스와 콜로누스이고 이름이 베르트라다인 그의 아내. 리카리우스, 아달기스, 아달가리우스, 아이우스는 그들의 자식들이다. 그는 폰타니둠에 거주한다. 그는 6bun의 곡물경작지와 1arp의 초지를 보유한다. 그는 7데나리우스를 지불하며, 나머지(의무)는 (위와) 같다.

22. 생제르맹(수도원)의 속민으로서 콜로누스인 에르케아리우스. 고달리쿠스, 오스톨두스, 잉길힐디스, 에우세비아는 그의 자녀들이다. 그는 폰타니둠에 거주한다. 그는 5bun의 곡물경작지와 1(arp)의 초지로 구성된 1개의 자유인망스를 보유한다. 그는 12데나리우스를 바치며, 나머지(의무)는 (위와) 같다.

23. 생제르맹(수도원)의 속민들로서 부마름이고 콜로누스인 다비드와 콜로누스이고 이름이 라인베르가인 그의 아내. 벨레가르디스는 그들의 딸이다. 그리고 그의 공동보유자이고 콜로누스인 가우기우스와 콜로누스이고 이름이 아데베르타인 그의 아내. 고이스마루스는 그들의 아들이다. 그들은 빌라리스에[23] 거주한다. 그들은 8bun의 곡물경작지와 ⅔arp의 포도밭 및 2½arp의 초지로 구성된 1개의 자유인망스를 보유한다. 그는[24] (위와) 같이 (의무를) 이행한다.

24. 생제르맹(수도원)의 속민들로서 콜로누스인 노달하리우스와 콜로누스이고 (이름이) 아들레베르타인 그의 아내. 노달마루스, 노달리스, 요한네스, 노달가르디스는 그들의 자식들이다. 그리고 그의 공동보유자이고 콜로누스인 노달하르두스와 콜로누스이고 이름이 라인베르타인 그

---

[23] 여기의 빌라리스(Villaris)는 앞의 제24장 각주 8번에서 설명한 빌라리스와 같은 곳으로, 이블린 도 랑부예 군 몽포르라모리 캉통의 빌리에르마이외 마을이다.

[24] 원문대로임.

의 아내. 기르힐디스는 그들의 딸이다. 그들은 빌라리스에 거주한다. 그들은 7bun의 곡물경작지와 ⅔arp의 포도밭과 1½arp의 초지 및 1arp의 임야로 구성된 1개의 자유인망스를 보유한다. 그는[25] (위와) 같이 (의무를) 이행한다.

25. 생제르맹(수도원)의 속민들로서 콜로누스인 란트프레두스와 식카발리스 출신의 콜로누스이고 이름이 에르멩가르디스인 그의 아내. 이 란트프레두스는 생제르맹(수도원)의 다른 여자에게서 태어난 가우다와 아클리나라는 2명의 딸을 두고 있다. 그는 빌라리스에 거주한다. 그는 7bun의 곡물경작지와 ½arp의 포도밭 및 2arp의 초지로 구성된 1개의 자유인망스를 보유한다. 그는 (위와) 같이 (의무를) 이행한다.

26. 생제르맹(수도원)의 속민들로서 콜로누스인 노델루스와 콜로누스이고 (이름이) 불프라다인 (그의) 아내는 빌라리스에 거주한다. 그는 6bun의 곡물경작지와 1arp의 포도밭 및 2arp의 초지로 구성된 1개의 자유인망스를 보유한다. 그는 (위와) 같이 (의무를) 수행한다.

27. 생제르맹(수도원)의 속민들로서 콜로누스인 에르멩가르두스와 콜로누스이고 이름이 힝킬디스인 그의 아내. 힝크보두스, 순트힐디스, 알라, 에우프라시아, 벨트루디스는 그들의 자식들이다. 그는 빌라리스에 거주한다. 그는 8bun의 곡물경작지와 1arp의 포도밭 및 2arp의 초지로 구성된 1개의 자유인망스를 보유한다. 그는 (위와) 같이 (의무를) 이행한다.

28. 콜로누스인 안스타시우스. 그리고 이름이 기르문두스이고 콜로누스인 그의 공동보유자와 콜로누스이고 (이름이) 베르네길디스인 그의 아내. 생제르맹(수도원)의 속민들인 베르네가우두스, 레메디우스, 발레리우스는 그들의 자식들이다. 그리고 생제르맹(수도원)의 속민들로서 콜로누스인 게로이누스와 콜로누스이고 (이름이) 군트힐디스인 그의 아내.

---

[25] 원문대로임.

군트하르두스, 알디스마는 그들의 자식들이다. 그들은 빌라리스에 거주한다. 그들은 6bun 1jr의 곡물경작지와 ½arp의 포도밭 및 1arp의 초지로 구성된 1개의 자유인망스를 보유한다. 그는[26] (위와) 같이 (의무를) 이행한다.

29. 콜로누스인 기르베우스와 콜로누스이고 이름이 에르멩길디스인 그의 아내.[27] 기로아르두스, 기르프리디스, 에르메나, 에르멩가르디스, 기르트루디스는 그들의 자식들이다. 그리고 그의 공동보유자이고 콜로누스인 라이눌푸스와 콜로누스이고 이름이 살라마인 그의 아내. 생제르맹(수도원)의 속민들인 힝카리우스, 라이닐디스는 그들의 자식들이다. 그리고 그들은 빌라리스에 거주한다. 그들은 6bun의 곡물경작지와 1arp의 포도밭 및 2arp의 초지로 구성된 1개의 자유인망스를 보유한다. 그는[28] (위와) 같이 (의무를) 이행한다.

30. 사제이고 생제르맹(수도원)의 속민인 알두이구스는 비스콩켈라에 거주한다. 그는 6bun의 곡물경작지와 1arp의 포도밭 및 1⅔arp의 초지로 구성된 (1개의) 반쪽 망스를 보유한다. 그리고 그는 매년 9데나리우스(의 금전)와 닭들 및 계란들을 바치며, (1개) 이랑(의 갈이질 부역)을 수행한다.

거세된 숫양들을 바치는 자들

비스콩켈라 소속

31. 생제르맹(수도원)의 속민들로서 콜로누스인 기르비누스와 콜로누스이

---

26 원문대로임.

27 기르베우스의 아내에 관해 B. Guérard, ed., *Polyp. d'Irminon*, p. 249에는 "et uxor ejus, Ermengildis."라고 하여 단순히 그 이름만 기록되어 있는 데 비해, A. Longnon, ed., *Polyp. de St. Germain*, p. 323과 D. Hägermann, ed. *Polyp. von St. Germain*, p. 194에는 "et uxor ejus colona, nomine Ermengildis."라고 하여 '여자콜로누스(colona)'라는 말과 '이름이(nomine)'라는 말이 덧붙여 기재되어 있다.

28 원문대로임.

고 이름이 아클레힐디스인 그의 아내. 그리고 그의 공동보유자이고 콜로누스인 기슬레마루스와 콜로누스이고 이름이 그림베르가인 그의 아내. 그림베르투스, 기슬레베르투스, 기르마루스는 그들의 자식들이다. 그들은 비스켈라에[29] 거주한다. 그들은 4bun의 곡물경작지로 된 (1개의) 반쪽 자유인망스를 보유한다. 그들은 매년 1두의 거세된 숫양과 3마리의 닭 및 15개의 계란을 바친다. 그들은 동곡파종을 위해서 4ptc, 하곡파종을 위해서 2ptc를 갈이질한다. 그들은 1필의 큰 가축을 가지고 (1회의) 코르베를 수행하고, 1일(의 부역노동)을 (수행하며), 코르베를 수행하지 않을 때는 2일(의 부역노동)을 (수행한다).

32. 생제르맹(수도원)의 속민들로서 콜로누스인 고달두스와 콜로누스이고 이름이 보블라인 그의 아내. 보다와 고다는 그들의 자식들이다.[30] 그리고 이름이 프루도이누스이고 콜로누스인 그의 공동보유자와 콜로누스이고 이름이 아드레베르타인 그의 아내. 생제르맹(수도원)의 속민들인 레우트하리우스, 프로두이스, 프레데베르가, 프레데리쿠스는 그들의 자식들이다. 그들은 비스콩켈라에 거주한다. 그들은 4bun의 곡물경작지로 된 (1개의) 반쪽 노예망스를 보유한다. 그는 (위와) 같이 (의무를) 이행한다.

33. 노예인 뷔네프레두스와 노예이고[31] 이름이 프로틀린디스인 그의 아내. 뷔네마루스, 그림린디스, 뷔넬린디스는 그들의 자식들이다. 그리고 생제르맹(수도원)의 속민들로서[32] 이름이 라이닐디스이고 여자노예인 그의 공동보유자. 란데드루디스, 라인힐디스, 힐데가르두스, 란도일디스, 세노바는 그들의[33] 자식들이다. 그들은 비스콩켈라에 거주한다. 그

---

29 여기서 '비스켈라(Biscella)'는 비스콩켈라(Bisconcella)의 오기임이 틀림없다.

30 "보다와 고다는 그들의 자식들이다."라는 문장에 해당하는 라틴어 글귀가 롱농의 간행본에서는 누락되어 있다.

31 A. Longnon 편에는 콜로누스(colona)로 되어 있으나, B. Guérard 편과 D. Hägermann 편에는 노예(ancilla)로 되어 있다.

32 라틴어 원문에 복수로 되어 있음.

들은 5bun의 곡물경작지로 된 (1개의) 반쪽 노예망스를 보유한다. 그는 (위와) 같이 (의무를) 이행한다.

34. 노예인 엘렉테우스와 신이주민이고 이름이 빌트베르가인 그의 아내. 생제르맹(수도원)의 속민들인 길트라다, 기르베르투스는 그들의 자식들이다. 그는 비스콩켈라에 거주한다. 그들은 4bun 1jr의 곡물경작지로 된 (1개의) 반쪽 노예망스를 보유한다. 그는 (위와) 같이 (의무를) 이행한다.

35. 생제르맹(수도원)의 속민들로서 콜로누스인 이데르누스와 콜로누스이고 이름이 에르멩드루디스인 그의 아내. 테우드라다, 에름헤루스, 이트부르기스는 그들의 자식들이다. 그는 비스콩켈라에 거주한다. 그는 5bun의 곡물경작지와 (1)arp의 포도밭으로 구성된 (1개의) 반쪽 자유인망스를 보유한다. 그는 (위와) 같이 (의무를) 이행한다.

36. 콜로누스인 아들레가우두스와 신이주민이고 이름이 그림베르타인 그의 아내. 그리고 생제르맹(수도원)의 속민들로서 그의 공동보유자이고 콜로누스인 아클레헤루스와 콜로누스이고 이름이 에르멩길디스인 그의 아내. 그는[34] 비스콩켈라에 거주한다. 그들은 5bun의 곡물경작지로 된 (1개의) 반쪽 망스를 보유한다. 그는[35] (위와) 같이 (의무를) 이행한다.

37. 생제르맹(수도원)의 속민들로서 콜로누스인 아델룰푸스와 노예이고 이름이 아르디미아인 (그의) 아내. 엘렉타, 알드라다는 그들의 자식들이다. 그는 비스콩켈라에 거주한다. 그는 4bun의 곡물경작지로 된 (1개의) 반쪽 자유인망스를 보유한다. 그는 (위와) 같이 (의무를) 이행한다.

38. 생제르맹(수도원)의 속민들로서 콜로누스인 일트베르투스와 콜로누스

---

[33] 원문대로임.

[34] 원문대로임.

[35] 원문대로임.

이고 이름이 그리마인 그의 아내. 그리몰두스, 힐트보두스, 힐트베르가는 그들의 자식들이다. 그리고 그의 공동보유자이고 콜로누스인 에르멩가리우스와 콜로누스이고 이름이 아클레힐디스인 그의 아내. 아클릴디스는 그의[36] 딸이다. 그는[37] 비스콩켈라에 거주한다. 그는 6bun의 곡물경작지와 1arp의 포도밭 및 1arp의 초지로 구성된 (1개의) ¼쪽 노예망스를 보유한다. 그는 (위와) 같이 (의무를) 이행한다.

39. 생제르맹(수도원)의 속민들로서 노예인 기슬레볼두스와 콜로누스이고 이름이 아달린디스인 그의 아내. 기슬레아리우스, 아우트드라다는 그들의 자식들이다. 그리고 그의 공동보유자이고 노예인 기슬로이누스와 콜로누스이고 이름이 도미니카인 그의 아내. 그는[38] 비스콩켈라에 거주한다. 그는 3bun의 곡물경작지로 된 (1개의) ¼쪽 노예망스를 보유한다. 그는 동곡파종을 위해서 2ptc, 하곡파종을 위해서 1ptc를 갈이질한다. 그는 닭들과 계란들을 바친다. 그리고 그들은 그들이 떠맡은 모든 돼지 떼를 치는 일을 한다.

빌라리스 소속

40. 생제르맹(수도원)의 속민들로서 노예인 다두이누스와 콜로누스이고 이름이 구트힐디스인 그의 아내. 아울레하르두스, 구틀린디스는 그들의 자식들이다. 그리고 그의 공동보유자이고 콜로누스인 베르타리우스와 콜로누스이고 이름이 라겐트루디스이며 빌라밀트[39] 출신인 그의 아내. 그는[40] 빌라리스에 거주한다. 그는 3bun의 곡물경작지와 1arp의 초지로 구성된 (1개의) 반쪽 노예[망스]를 보유한다. 그는 1두의 거세된 숫양과 닭들 및 계란들을 바친다. 그는 (1개의) 완전한 이랑(의 갈이질

---

36 원문대로임.

37 원문대로임.

38 원문대로임.

39 앞의 제9장에서 본 바와 같이, 빌라밀트(Villamilt)는 외레루아르 도 드뢰 군 노장르루아캉통 내의 빌르모쉬르외르다.

40 원문대로임.

부역)과 코르베들 및 일부역들을 수행한다.

41. 생제르맹(수도원)의 속민들로서 콜로누스인 잉귀누스와 빌라밀트 출신의 콜로누스이고 이름이 야노빌디스인 그의 아내. 게나르두스는 그들의 아들이다. 그는 빌라리스에 거주한다. 그는 3bun의 곡물경작지와 ¼arp의 포도밭과 1arp의 초지 및 ½arp의 작은 임야로 구성된 (1개의) 반쪽 자유인망스를 보유한다. 그는 (위와) 같이 (의무를) 이행한다.

42. 생제르맹(수도원)의 콜로누스인 에르멩게루스와 미확정의 예속민이고 이름이 비틀린디스인 그의 아내. 생제르맹(수도원)의 속민들인 뷔드레하두스, 에름가우두스, 릭볼다는 그들의 자식들이다. 그는 빌라리스에 거주한다. 그는 3bun 1jr의 곡물경작지와 ¼arp의 포도밭 및 1arp의 초지로 구성된 (1개의) 반쪽 자유인망스를 보유한다. 그는 (위와) 같이 (의무를) 이행한다.

43. 생제르맹(수도원)의 속민들로서 콜로누스인 아레가리우스와 콜로누스이고 이름이 테우트프리다인 그의 아내. 테우트힐디스, 아레길디스는 그들의 자식들이다. 그들은 빌라리스에 거주한다. 그들은[41] 4½bun의 곡물경작지와 7ptc의 포도밭 및 1½arp의 초지로 구성된 (1개의) 반쪽 자유인망스를 보유한다. 그는 (위와) 같이 (의무를) 이행한다.

폰타니툼 소속

44. 생제르맹(수도원)의 속민들로서 콜로누스인 힐두이누스와 콜로누스이고 이름이 노델린디스인 그의 아내. 힐데베르투스, 힐데문두스, 힐데가르디스, 힐데신디스는 그들의 자녀들이다. 그는 폰타니툼에 거주한다. 그는 5bun의 곡물경작지와 ⅓arp의 포도밭 및 1arp의 초지로 구성된 (1개의) 반쪽 자유인망스를 보유한다. 그는 매년 12데나리우스를 지불하고, (1개의) 완전한 이랑(의 갈이질 부역)과 반쪽 망스(보유자)처럼 모든 의무를 수행한다.

---

41 원문대로임.

45. 생제르맹(수도원)의 속민들로서 콜로누스인 아이울푸스와 콜로누스이고 이름이 아달가르디스인 그의 아내. 그는 폰타니툼에 거주한다. 그는 5bun의 곡물경작지로 된 (1개의) 반쪽 자유인망스를 보유한다. 그는 매년 4데나리우스와 닭들 및 계란들을 바친다. 그는 (1개의) 완전한 이랑(의 갈이질 부역)과 2일(의 부역노동)을 수행한다.

46. 콜로누스인 오달비누스. 그리고 생제르맹(수도원)의 속민들로서 그의 공동보유자이고 콜로누스인 아달리쿠스와 콜로누스이고 이름이 알데드루디스인 그의 아내. 오달만누스, 오달뷔스는 그들의 자식들이다. 그는 비스콩켈라에 거주한다. 그는 5bun의 곡물경작지와 1½arp의 포도밭으로 구성된 (1개의) 반쪽 자유인망스를 보유한다. 그는 1두의 거세된 숫양을 바치며, 나머지(의무)는 (위와) 같다.

호스피키움들

47. 콜로누스인 프로트가리우스와 콜로누스이고 이름이 잉페르기아인 그의 아내. 프로트부르기스는 그의 딸이다. (이들은) 생제르맹(수도원)의 속민들(이다).[42] 그는 빌라리스에 거주한다. 그는 1½bun의 곡물경작지와 1arp의 초지를 보유한다. 그는 2데나리우스와 3마리의 닭 및 15개의 계란을 바친다. 그는 파종기마다 1ptc를 갈이질하며, 매주 1일(의 부역노동)을 수행한다.

48. 생제르맹(수도원)의 속민들로서 콜로누스인 에르메나리우스와 콜로누

[42] "콜로누스인 프로트가리우스와 콜로누스이고 이름이 잉페르기아인 그의 아내. 프로트부르기스는 그의 딸이다. (이들은) 생제르맹(수도원)의 속민들(이다)."라는 문장은 라틴어 원문에서는 "Frotgarius colonus et uxor ejus colona, nomine Inpergia; ista est ejus filia, Frotburgis: homines sancti Germani."라고 되어 있는 것(다만 헤게르만의 편찬본에서는 'Frotburgis'와 'homines sancti Germani' 사이에 ':'라는 쌍점이 아니라 ','라는 쉼표가 찍혀 있다는 차이가 존재할 뿐이다.)을 번역한 것이다. 라틴어 문장에서 1명의 딸에 대해 속민이라는 뜻의 'homo'가 복수인 'homines'로 되어 있는 것은 문법적으로 앞뒤가 맞지 않는다. 따라서 라틴어 원문의 맨 뒤에 있는 'homines sancti Germani'는 문장구조 면에서 문제가 있음에도 불구하고 앞의 가족 모두에 대한 설명어라고 볼 수 있을 것이다.

스이고 이름이 라인볼데라인 그의 아내. 에르밍가는 그들의 딸이다. 그들은 빌라리스에 거주한다. 그는 (1개의) 호스피키움을 보유한다. 그는 (위와) 같이 (의무를) 수행한다.

49. 신이주민인 에브룰푸스와 생제르맹(수도원)의 콜로누스인 그의 아내. 그는 비스콩켈라에 거주한다. 그는 (1개의) 호스피키움을 보유한다. 그는 (위와) 같이 (의무를) 수행한다.

50. 외지인인 라이비누스와 외지인이고 이름이 안드레베르타인 그의 아내. 그는 비스콩켈라에 거주한다. 그는 (1개의) 호스피키움을 보유한다. 그는 (위와) 같이 (의무를) 수행한다.

51. 생제르맹(수도원)의 속민들로서 고트프레두스와 이름이 에르멩길디스인 그의 아내. 그는 비스콩켈라에 거주한다. 그는 (1개의) 호스피키움을 보유한다. 그는 (위와) 같이 (의무를) 수행한다.

52. 신이주민인 고드람누스와 콜로누스이고 이름이 베르트힐디스인 그의 아내. 고트루디스는 그들의 딸이다. (이들은) 생제르맹(수도원)의 속민들(이다).[43] 그는 비스콩켈라에 거주한다. 그는 (1개의) 호스피키움을 보유한다. 그는 (위와) 같이 (의무를) 수행한다.

53. 노예이고 생제르맹(수도원)의 속민인 군도이누스는 비스콩켈라에 거주한다. 그는 (1개의) 호스피키움을 보유한다. 그는 (위와) 같이 (의무를) 수행한다.

54. 생제르맹(수도원)의 속민들로서 콜로누스인 라감프레두스와 콜로누스이고 이름이 다이틀라인 그의 아내. 그는 비스콩켈라에 거주한다. 그는 (1개의) 호스피키움을 보유한다. 그는 (위와) 같이 (의무를) 수행한다.

55. 콜로누스인 식볼두스와 콜로누스이고 이름이 오이스트라인 그의 아내.

---

[43] 이 제52항의 라틴어 원문의 문장구조도 앞의 제47항의 것과 같아, 앞에서처럼 본래의 뜻은 부부와 딸 모두 '생제르맹(수도원)의 속민들'이라는 뜻으로 이해된다.

이름이 식브란두스인 자는 그들의 아들이다. 그는 비스콩켈라에 거주한다. 그는 (1개의) 호스피키움을 보유한다. 그는 (위와) 같이 (의무를) 수행하며, 파종기마다 1ptc를 (갈이질한다). 그리고 그는 닭들과 계란들 및 1데나리우스를 바치고, 1일(의 부역노동)을 수행한다.

부마름 아겜볼두스 관할구역 소속

56. 생제르맹(수도원)의 속민들로서 콜로누스이고 가우스발두스(보유)의 은대지 출신인 아겜볼두스와 콜로누스이고 이름이 빨레군디스인 그의 아내. 알시다는 그들의 딸이다. 그는 빈케니 쿠르티스에[44] 거주한다. 그들은[45] 4bun의 곡물경작지와 ½arp의 포도밭 및 같은 크기의 초지로 구성된 1개의 자유인망스를 보유한다. 그는 매년 1두의 거세된 숫양과 3마리의 닭 및 15개의 계란을 바친다. 그는 동곡파종을 위해서 4ptc, 하곡파종을 위해서 2ptc를 갈이질한다. 그리고 그는 2필의 큰 가축으로 코르베를 수행한다. 물론 그는 코르베를 수행하지 않을 때는 3일(의 부역노동)을 수행하며, 코르베를 수행할 때는 2일(의 부역노동)을 수행한다. 그리고 그는 여타의 보유자들처럼 울타리 작업을 수행한다.

57. 생제르맹(수도원)의 속민들로서 콜로누스인 이셈브란두스와 콜로누스이고 이름이 아드레볼다인 그의 아내. 오스트레볼두스, 엘데브란두스, 이스나르두스, 에르캄브란두스는 그들의 자식들이다. 그는 빈케니 쿠르티스에 거주한다. 그는 4bun의 곡물경작지와 ½arp의 포도밭 및 같은 크기의 초지로 구성된 1개의 자유인망스를 보유한다. 그는 (위와) 같이

---

[44] 빈케니 쿠르티스(Vinceni Curtis)는 때로 빈켄티쿠르티스(Vincenticurtis)라고도 불린다. B. Guérard, ed., *Polyp. d'Irminon*, p. 253의 a번 각주에서는 이곳이 비스콩켈라 북쪽 9km 거리의 쿠르장(Courgent)이라고 추정하지만, A. Longnon, ed., *Polyp. de St. Germain*, p. 328의 각주 1번에서는 게라르의 이런 추정이 부정된다. 그러면서도 론농은 오늘날의 그 위치가 확인되지 않는다고 한다. D. Hägermann, ed. *Polyp. von St. Germain*, p. 228과 K. Elmshäuser & A. Konrad, *Studien zum Polyp. von St. Germain*, p. 322에서도 그 위치가 미상이다.

[45] 원문대로임.

(의무를) 이행한다.

58. 콜로누스이고 생제르맹(수도원)의 속민인 이셈베르투스와 신이주민인 그의 아내. 그리고 콜로누스이고 생제르맹(수도원)의 속민인 그의 공동보유자 힐데베르투스. 그들은 빈케니 쿠르티스에 거주한다. 그들은 5bun의 곡물경작지와 ½arp의 포도밭 및 ¼arp의 초지로 구성된 1개의 자유인망스를 보유한다. 그는[46] (위와) 같이 (의무를) 이행한다.

59. 노예인 발트하두스와 노예이고 이름이 베르네가르디스인 그의 아내. 생제르맹(수도원)의 속민들인 베르트가우두스, 봐라쿨푸스, 봘타시아, 베르틀라우스는 그들의 자식들이다. 그는 빈켄티 쿠르티스에 거주한다. 그는 4½bun의 곡물경작지와 3arp의 초지로 구성된 1개의 자유인망스를 보유한다. 그는 (위와) 같이 (의무를) 이행한다.

60. 콜로누스인 아클레둘푸스와 (이름이) 란디스마이고 콜로누스이며 빌라 밀트 출신인 그의 아내. 란트베르가, 란도빌디스는 그들의 자식들이다. 그리고 그의 공동보유자인 기르문두스. (그들은) 생제르맹(수도원)의 속민들(이다). 그들은 베를란디 쿠르티스에[47] 거주한다. 그들은 4bun 1jr의 곡물경작지와 ⅓arp의 포도밭 및 1arp의 초지로 구성된 1개의 자유인망스를 보유한다. 그는[48] (위와) 같이 (의무를) 이행한다.

61. 가우스볼두스(보유)의 은대지 출신이고 생제르맹(수도원)의 속민인 아게눌푸스와 신이주민인 그의 아내. 그리고 그의 공동보유자이고 생제르맹(수도원)의 콜로누스인 스테파누스. 그들은 빈케니 쿠르티스에 거주한다. 그들은 4bun의 곡물경작지와 ¼arp의 포도밭 및 1½arp의 초지로 구성된 1개의 자유인망스를 보유한다. 그들은 (위와) 같이 (의무를) 이행한다.

---

[46] 원문대로임.
[47] 베를란디 쿠르티스(Berlandi Curtis)의 오늘날 위치는 미상이다.
[48] 원문대로임.

62. 콜로누스이고 생제르맹(수도원)의 속민인 빨하리우스. 바이하리우스는 그의 아들이다. 그리고 콜로누스이고 생제르맹(수도원)의 속민인 그의 공동보유자 오도이누스. 그들은 빈케니 쿠르티스에 거주한다. 그들은 5bun의 곡물경작지와 ⅓arp의 포도밭 및 1½arp의 초지로 구성된 1개의 자유인망스를 보유한다. 그들은 (위와) 같이 (의무를) 이행한다.

63. 생제르맹(수도원)의 속민들로서 콜로누스인 베르네하르두스와 콜로누스이고 (이름이) 베르힐디스인 그의 아내. 베르트힐디스, 잉가르디스는 그들의 자식들이다. 그리고 생제르맹(수도원)의 속민들로서 콜로누스인 그의 공동보유자 에브레하르두스와 콜로누스이고 (이름이) 아게닐디스인 그의 아내. 그들은 빈케니 쿠르티스에 거주한다. 그들은 5bun의 곡물경작지와 ½arp의 포도밭 및 같은 크기의 초지로 구성된 1개의 자유인망스를 보유한다. 그들은 (위와) 같이 (의무를) 이행한다.

64. 생제르맹(수도원)의 속민들로서 콜로누스인 아드레볼두스와 콜로누스이고 이름이 이셈베르타인 그의 아내. 그들은 그들의 자식들이다. 즉 아이르볼두스는 그들의 아들이다.[49] 그는 빈케니 쿠르티스에 거주한다. 그는 5bun ½jr의 곡물경작지와 ½arp의 포도밭 및 ¼arp의 초지로 구성된 1개의 자유인망스를 보유한다. 그는 (위와) 같이 (의무를) 이행한다.

65. 생제르맹(수도원)의 콜로누스인 이셈볼두스. 그는 빈케니 쿠르티스에 거주한다. 그는 5bun의 곡물경작지와 ½arp의 포도밭 및 ½arp의 초지로 구성된 1개의 자유인망스를 보유한다. 그는 (위와) 같이 (의무를) 이행한다.

66. 생제르맹(수도원)의 속민들로서 콜로누스인 세노푸스와 콜로누스이고 이름이 베니미아인 그의 아내. 프로트볼두스, 베니미아는 그들의 자식들이다. 그리고 그의 공동보유자 라디비나. 텡가이아라, 이델볼두스는

---

[49] 원문대로임. "그들은 그들의 자식들이다. 즉 아이르볼두스는 그들의 아들이다."라는 기록 중 앞의 문장은 불필요함에도 불구하고 착오로 기재되었다고 할 수 있을 것이다.

그들의 자식들이다. 그들은 안리그 빌라에[50] 거주한다. 그들은 10bun의 곡물경작지와 ½arp의 초지로 구성된 1개의 자유인망스를 보유한다. 그들은 (위와) 같이 (의무를) 이행한다.

호스피키움들

67. 생제르맹(수도원)의 속민들로서 콜로누스인 아우도이누스와 콜로누스이고 이름이 라인베르가인 그의 아내. 그림하리우스, 라인부르기스는 그들의 자식들이다. 그는 빈케니 쿠르티스에 거주한다. 그는 (1개의) 호스피키움을 보유한다. 그것은 2bun ½arp의 곡물경작지로 되어 있다. 그는 매년 1두의 거세된 숫양과 3마리의 닭 및 15개의 계란을 바친다. 그는 동곡파종을 위해서 2ptc를, 하곡파종을 위해서도 같은 크기를 갈이질한다. 그는 두 필의 큰 가축으로 연(年) 3회의 코르베를 수행한다.

68. 생제르맹(수도원)의 속민들로서 콜로누스인 프로트카리우스와 콜로누스이고 이름이 엠마인 그의 아내. 에르메나르두스, 프로트가르디스는 그들의 자식들이다. 그는 빈케니 쿠르티스에 거주한다. 그는 1bun의 곡물경작지로 된 1개의 호스피키움을 보유한다. 그는 매주 1일(의 부역노동)을 수행한다. 그는 3마리의 닭과 15개의 계란을 바친다.

69. 생제르맹(수도원)의 콜로누스인 이삭은 빈케니 쿠르티스에 거주한다. 그는 1arp의 곡물경작지로 된 1개의 호스피키움을 보유한다. 그는 (위와) 같이 (의무를) 수행한다.

70. 생제르맹(수도원)의 속민들로서 콜로누스인 프로테루스와 콜로누스이고 이름이 알리사비아인 그의 아내. 봘드리쿠스, 플로트하리우스, 프로데리쿠스는 그들의 자식들이다. 그는 빈케니 쿠르티스에 거주한다. 그는 1jr의 곡물경작지로 된 (1개의) 호스피키움을 보유한다. 그는 (위와)

---

[50] 안리그 빌라(Anrig Villa)는 이 제24장 제1항의 하인리키 빌라(Hainrici Villa)와 제175~178항의 안드리그 빌라(Andrig Villa) 또는 안드리귈라(Andriguilla)와 같은 곳으로, 앞에서 말한 바와 같이 오늘날 그 위치가 확인되지 않는다는 것이 대체적인 견해다.

같이 (의무를) 수행한다.

부마름 힐데가르누스 관할구역 소속

71. 생제르맹(수도원)의 속민들로서 부마름이고 콜로누스인 힐데가르누스와 콜로누스이고 이름이 시리카인 그의 아내. 힐데마루스, 힐데브란두스는 그들의 자식들이다. 그는 셀토길룸에 거주한다. 그는 6bun의 곡물경작지와 2½arp의 초지 및 1arp의 작은 임야로 구성된 1개의 자유인망스를 보유한다. 그는 군사용으로 첫 해에 3솔리두스를 지불하고, 둘째 해에 1솔리두스를 (지불하며), 3마리의 닭과 15개의 계란을 (바친다). 그는 동곡파종을 위해서 4ptc, 하곡파종을 위해서 2ptc를 갈이질한다. 그는 파종기마다 2필의 큰 가축을 갖고 (1)주에 1회의 코르베를 수행하고 2일(의 부역노동)을 수행하며, 아우렐리아니스나 키노만니스로 수송부역을 수행한다.

72. 콜로누스이고 생제르맹(수도원)의 속민인 테우도는 셀토길룸에 거주한다. 그는 8bun의 곡물경작지와 1½arp의 초지 및 2bun의 작은 임야로 구성된 1개의 자유인망스를 보유한다. 그는 (위와) 같이 (의무를) 이행한다.

73. 생제르맹(수도원)의 속민들로서 콜로누스인 군트하리우스와 콜로누스이고 이름이 아달기사인 그의 아내. 군트하르두스, 군타르두스, 아달뷔스, 라트길디스는 그들의 자식들이다. 그들은 셀토길룸에 거주한다. 그들은[51] 4bun 1jr의 곡물경작지와 1½arp의 초지 및 1arp의 작은 임야로 구성된 1개의 자유인망스를 보유한다. 그는 (위와) 같이 (의무를) 이행한다.

74. 생제르맹(수도원)의 속민들로서 콜로누스인 호스툴푸스와 콜로누스이고 이름이 라트루디스인 그의 아내. 란둘푸스는 그들의 아들이다. 그는 셀토길룸에 거주한다. 그는 7bun 1jr의 곡물경작지와 1arp의 초지 및

---

[51] 원문대로임.

1arp의 작은 임야로 구성된 1개의 자유인망스를 보유한다. 그는 (위와) 같이 (의무를) 이행한다.

75. 생제르맹(수도원)의 속민들로서 콜로누스인 라이나리우스와 콜로누스이고 이름이 아말가르디스인 그의 아내. 라간하리우스, 아말하리우스, 라잉가르디스, 앙길가르디스는 그들의 자녀들이다. 그는 무르킹크툼에 거주한다. 그는 6bun 1jr의 곡물경작지와 ½arp의 포도밭 및 같은 크기의 초지로 구성된 1개의 자유인망스를 보유한다. 그는 (위와) 같이 (의무를) 이행한다.

76. 생제르맹(수도원)의 속민들로서 콜로누스인 에름하리우스와 콜로누스이고 이름이 기센트루디스인 그의 아내. 알부이누스, 에우게니아는 그들의 자식들이다. 그는 무르킹크툼에 거주한다. 그는 6bun의 곡물경작지와 ½arp의 포도밭 및 1⅔arp의 초지로 구성된 1개의 자유인망스를 보유한다. 그는 (위와) 같이 (의무를) 이행한다.

77. 생제르맹(수도원)의 속민들로서 콜로누스인 라트볼두스와 콜로누스이고 이름이 힐다라인 그의 아내. 힐두이스는 그들의 딸이다. 그는 무르킹크툼에 거주한다. 그는 6bun의 곡물경작지와 ½arp의 포도밭 및 같은 크기의 초지로 구성된 1개의 자유인망스를 보유한다. 그는 (위와) 같이 (의무를) 이행한다.

78. 외지인인 플로데베르투스와 식카 발리스 출신의 콜로누스이고 이름이 아클리나인 그의 아내. 플로데베르가는 그들의 딸이다. 그는 무르킹크툼에 거주한다. 그는 4bun의 곡물경작지와 ½arp의 포도밭으로 구성된 1개의 자유인망스를 보유한다. 그는 12데나리우스를 바치며, 나머지 (의무)는 (위와) 같다.

79. 생제르맹(수도원)의 속민들로서 콜로누스인 에르메나르두스와 콜로누스이고 이름이 에르멘뷔스인 그의 아내. 힐도아르두스, 에르멩길디스는 그들의 자식들이다. 그리고 그의 공동보유자이고 콜로누스인 레우트하두스. 그들은 무르킹크툼에 거주한다. 그들은 6bun의 곡물경작지와 1arp의 포도밭 및 같은 크기의 초지로 구성된 1개의 자유인망스를

보유한다. 그는 (위와) 같이 (의무를) 이행한다.

80. 콜로누스인 아르눌푸스와 콜로누스이고 이름이 안실디스인 그의 아내, 그리고 베릴디스. (이들은) 생제르맹(수도원)의 속민들(이다).[52] 그들은 무르킹크툼에 거주한다. 그들은 6bun의 곡물경작지와 ½arp의 포도밭 및 같은 크기의 초지로 구성된 1개의 자유인망스를 보유한다. 그들은 (위와) 같이 (의무를) 이행한다.

81. 생제르맹(수도원)의 속민들로서 노예인 아르트카리우스와 콜로누스이고 이름이 아말베르가인 그의 아내. 아레길디스, 아말길디스, 베르테군디스는 그들의 자식들이다. 그들은 무르킹크툼에 거주한다. 그는 5bun의 곡물경작지와 ½arp의 포도밭 및 1arp의 초지로 구성된 1개의 자유인망스를 보유한다. 그는 (위와) 같이 (의무를) 이행한다.

82. 노예인 레스토이누스. 그리고 생제르맹(수도원)의 속민들로서 노예인 레우데가리우스와 콜로누스이고 이름이 플렉트루디스인 그의 아내. 레우트카리우스, 레우트하리우스는 그들의 자식들이다. 그들은 무르킹크툼에 거주한다. 그들은 4bun의 곡물경작지와 ½arp의 포도밭으로 구성된 1개의 자유인망스를 보유한다. 그들은 (위와) 같이 (의무를) 이행한다.

83. 생제르맹(수도원)의 속민들로서 콜로누스인 알트그리무스와 콜로누스이고 이름이 잉갈힐디스인 그의 아내. 세게난두스, 잉갈신디스, 빌힐디스, 베니나는 그들의 자식들이다. 그는 우르스빌라리스에[53] 거주한다.

---

[52] 여기의 라틴어 원문 구조도 앞의 제47항과 비슷하다. 아마도 베릴디스는 앞의 부부의 딸인 것으로 보이지만, 그렇지 않고 공동보유자일 수도 있다.

[53] B. Guérard, ed., *Polyp. d'Irminon*, p. 256의 a번 각주와 A. Longnon, ed., *Polyp. de St. Germain*, p. 332의 각주 1번과 D. Hägermann, ed. *Polyp. von St. Germain*, p. 332 및 K. Elmshäuser & A. Konrad, *Studien zum Polyp. von St. Germain*, p. 321에 의하면, 우르스빌라리스(Ursvillaris) 또는 우르스 빌라리스(Urs Villaris)는 오늘날 이블린 도 망트라졸리 군 우당 캉통의 오르빌리에(Orvilliers)다. 이곳은 비스콩켈라로부터 북서쪽으로 5km 떨어져 있다.

그는 1개의 자유인망스를 보유한다. 이 망스는 11bun의 곡물경작지와 ⅔arp의 포도밭 및 1½arp의 초지로 구성된다. 그는 (위와) 같이 (의무를) 이행한다.

84. 생제르맹(수도원)의 속민들로서 콜로누스인 에르메닝구스와 콜로누스이고 이름이 그리마인 그의 아내. 그는 우르스빌라리스에 거주한다. 그는 11bun의 곡물경작지와 ½arp의 포도밭 및 1arp의 초지로 구성된 1개의 자유인망스를 보유한다. 그는 (위와) 같이 (의무를) 이행한다.

85. 생제르맹(수도원)의 속민들로서 외지인인 아르도이누스와 콜로누스이고 이름이 군트힐디스인 그의 아내. 그리고 생제르맹(수도원)의 속민들로서 그의 공동보유자이고 노예인 베르톨로메우스와 이름이 그리모이나인 그의 아내. 그림베르가는 그들의 딸이다. 그들 두 명은 무르킹크툼에 거주한다. 그들은 5½bun의 곡물경작지와 ½arp의 포도밭으로 구성된 1개의 자유인망스를 보유한다. 그들은 (위와) 같이 (의무를) 이행한다.

매년 군사용으로 12데나리우스를 바치는 자들

86. 생제르맹(수도원)의 속민들로서 콜로누스인 아달베르투스와 이름이 베르네군디스인 그의 아내. 베르노이누스, 힐트베르투스, 아달부르기스는 그들의 자식들이다. 그는 무르킹크툼에 거주한다. 그는 6bun의 곡물경작지와 ½arp의 포도밭 및 2arp의 초지로 구성된 1개의 자유인망스를 보유한다. 그는 군사용으로 12데나리우스를 바치며, 나머지(의무)는 (위와) 같이 수행한다.

87. 생제르맹(수도원)의 속민들로서 콜로누스인 봐르누이누스와 콜로누스이고 이름이 힐델린디스인 그의 아내. 힐데문두스, 힐데보두스, 힐디신디스는 그들의 자식들이다. 그는 셀토길룸에 거주한다. 그는 7bun의 곡물경작지와 ½arp의 초지 및 1bun의 작은 임야로 구성된 1개의 자유인망스를 보유한다. 그는 (위와) 같이 (의무를) 이행한다.

88. 생제르맹(수도원)의 속민들로서 콜로누스인 프레데베르투스와 콜로누

스이고 이름이 알데군디스인 그의 아내. 프레데르누스는 그들의 아들이다. 그리고 그의 공동보유자이고 콜로누스이며 생제르맹(수도원)의 속민인 니트하르두스. 그들은 셸토길룸에 거주한다. 그들은 7bun의 곡물경작지와 1arp의 초지로 구성된 1개의 자유인망스를 보유한다. 그들은 (위와) 같이 (의무를) 이행한다.

89. 생제르맹(수도원)의 속민들로서 콜로누스인 아달하르두스와 콜로누스이고 사제 기슬롤두스(보유)의 은대지 출신이며 이름이 라이노일디스인 그의 아내. 베르테드루디, 아달가르디스, 아달린디스, 다나일디스는 그들의 자식들이다. 그리고 생제르맹(수도원)의 속민들로서 그의 공동보유자이고 콜로누스인 힐둘푸스와 콜로누스이고 이름이 바도일디스이며 식카 발리스 출신인 그의 아내. 테우둘푸스, 고달라다, 발타플리디스, 유닐디스, 베르나르두스, 발다사르는 그들의 자식들이다. 그들 두 명은 톤토니쿠르티스에[54] 거주한다. 그들은 6bun의 곡물경작지와 1arp의 포도밭으로 구성된 (1개의) 반쪽 자유인망스를 보유한다. 그는 (위와) 같이 (의무를) 이행한다.

90. 생제르맹(수도원)의 속민들로서 콜로누스인 아빌라누스와 콜로누스이고 이름이 릭프리다인 그의 아내. 콘스타빌리스, 프레데리쿠스, 에르멘타리우스, 프레데베르투스, 아벨로니아는 그들의 자식들이다. 그는 톤토니쿠르티스에 거주한다. 그는 4bun의 곡물경작지와 ½arp의 포도밭으로 구성된 (1개의) 반쪽 자유인망스를 보유한다. 그는 (위와) 같이 (의무를) 이행한다.

---

[54] B. Guérard, ed., *Polyp. d'Irminon*, p. 257의 b번 각주에서는 톤토니쿠르티스(Tontonicurtis)가 비스콩켈라로부터 북쪽으로 7km쯤 떨어진 오늘날 당쿠르(Dancourt)에 해당한다고 한다. 게라르의 이런 비정은 A. Longnon, ed., *Polyp. de St. Germain*, p. 333의 각주 5번에서는 부정되고 그 위치를 알 수 없다고 하지만, K. Elmshäuser & A. Konrad, *Studien zum Polyp. von St. Germain*, p. 321에서는 게라르의 견해를 지지하여 그 곳이 이블린 도 랑부예 군 우당 캉통 셉퇴이 코뮌의 당쿠르라고 한다. 한편 D. Hägermann, ed. *Polyp. von St. Germain*, p. 228에서는 그 곳의 오늘날 위치가 미상으로 되어 있다.

91. 생제르맹(수도원)의 속민들로서 콜로누스인 이삭과 콜로누스이고 이름이 에를린디스인 그의 아내. 이시길디스, 에를레드루디스는 그들의 딸들이다. 그는 톤토니쿠르티스에 거주한다. 그는 4bun의 곡물경작지와 ½arp의 포도밭으로 구성된 (1개의) 반쪽 자유인망스를 보유한다. 그는 (위와) 같이 (의무를) 이행한다.

거세된 숫양들을 바치는 자들

92. 생제르맹(수도원)의 속민들로서 콜로누스인 고도볼두스와 콜로누스인 에르밍구스, 그리고 영주인 수도원장의 여자노예이고 이름이 군델린디스인 그의 아내.[55] 그들 두 명은 셀토길룸에 거주한다. 그들은 7bun의 곡물경작지와 4arp의 초지로 구성된 (1개의) 반쪽 자유인망스를 보유한다. 그는[56] 1두의 거세된 숫양과 닭들 및 계란들을 바치며, 위와 같이 코르베를 (수행한다).

93. 생제르맹(수도원)의 속민들로서 콜로누스인 그리몰두스와 콜로누스이고 이름이 베르트힐디스인 그의 아내. 그림하리우스, 그림보두스, 베렝가르디스는 그들의 자식들이다. 그는 무르킹크툼에 거주한다. 그는 4bun의 곡물경작지와 ½arp의 포도밭으로 구성된 1개의 자유인망스를 보유한다. 그는 1두의 거세된 숫양과 닭들 및 계란들을 바치며, 위와 같이 (의무를) 수행한다.

94. 생제르맹(수도원)의 속민들로서 콜로누스인 요셉과 콜로누스이고 이름이 알트베르타인 그의 아내. 테우트베르투스, 요세피아는 그들의 자식들이다. 그는 셀토길룸에 거주한다. 그는 6bun의 곡물경작지로 된

---

[55] 라틴어 원문에는 다음과 같이 기록되어 있다. “Godovoldus colonus, et Ermingus colonus, homines sancti Germani, et uxor ejus, ancilla domni abbatis, nomine Gundelindis.” 여기서 보듯이, ‘생제르맹(수도원)의 속민들’이란 말이 보통 토지보유자의 부부를 수식하는 것과는 달리 이례적으로 2명의 공동토지보유자를 수식하고 있다.

[56] 원문대로임.

(1개의) 반쪽 망스를 보유한다. 그는 (위와) 같이 (의무를) 이행한다.

95. 콜로누스이고 생제르맹(수도원)의 속민인 프루틀레누스. 그는 셸토길룸에 거주한다. 그는 6bun의 곡물경작지와 ½arp의 초지로 구성된 (1개의) 반쪽 망스를 보유한다. 그는 (위와) 같이 (의무를) 이행한다.

96. 북시툼[57] 출신의 마다눌푸스는 셸토길룸에 거주한다. 그는 6bun의 곡물경작지와 ⅓arp의 초지로 구성된 (1개의) 반쪽 자유인망스를 보유한다. 그는 (위와) 같이 (의무를) 수행한다.

97. 생제르맹(수도원)의 속민들로서 콜로누스인 봐랄두스와 콜로누스이고 이름이 리클린디스인 그의 아내. 봘란두스, 봘만누스, 봐라틀린디스는 그들의 자식들이다. 그는 무르킹크툼에 거주한다. 그는 4bun의 곡물경작지와 4ptc의 포도밭 및 ½arp의 초지로 구성된 (1개의) 반쪽 자유인망스를 보유한다. 그는 (1두의) 거세된 숫양과 3마리의 닭 및 15개의 계란을 바친다. 그는 동곡파종을 위해 2ptc, 하곡파종을 위해 1ptc를 갈이질한다.

98. 생제르맹(수도원)의 속민들로서 콜로누스인 베르나르두스와 콜로누스이고 이름이 그림힐디스인 그의 아내. 그림부르기스는 그들의 딸이다. 그는 무르킹크툼에 거주한다. 그는 3bun의 곡물경작지와 ⅔arp의 포도밭 및 1arp의 초지로 구성된 (1개의) 반쪽 망스를 보유한다. 그는 (위와) 같이 (의무를) 이행한다.

99. 생제르맹(수도원)의 속민들로서 콜로누스인 아우트베르투스와 이름이

---

[57] B. Guérard, ed., *Polyp. d'Irminon*, p. 258의 a번 각주와 A. Longnon, ed., *Polyp. de St. Germain*, p. 334의 각주 1번에서는 여기의 북시툼(Buxitum)을 모두 북시둠(Buxidum)과 동일한 곳으로 보고, 각각 비스콩켈라 동쪽 6km 거리에 있는 세네우아즈 도 소재 부아시상사부아르와 오른 도 모르타뉴 군 레말라르 캉통의 부아시모지라고 한다. 그러나 D. Hägermann, ed. *Polyp. von St. Germain*, p. 224와 K. Elmshäuser & A. Konrad, *Studien zum Polyp. von St. Germain*, p. 317에서는 롱농의 견해를 따르면서도 회의적으로 본다.

잉그리스마인 그의 아내. 그는 셀토길룸에 거주한다. 그는 4bun의 곡물경작지와 ½arp의 초지로 구성된 (1개의) 반쪽 망스를 보유한다. 그는 (위와) 같이 (의무를) 이행한다.

100. 생제르맹(수도원)의 속민들로서 여자콜로누스인 프루트루디스와 그녀의 자식들인 프로드리쿠스, 플라비아, 플로트힐디스. 그녀는 셀토길룸에 거주한다. 그녀는 4bun의 곡물경작지와 1arp의 초지로 구성된 (1개의) 반쪽 망스를 보유한다. 그녀는 (위와) 같이 (의무를) 이행한다.

101. 생제르맹(수도원)의 속민들로서 콜로누스인 라트볼두스와 콜로누스이고 이름이 레우트신다인 그의 아내. 레우트브란두스는 그들의 아들이다. 그리고 생제르맹(수도원)의 속민들로서 콜로누스인 그림하리우스와 그의 누이인 에르칸트루디스.[58] 그들 두 명은 톤토니쿠르티스에 거주한다. 그는 2bun의 곡물경작지와 ½arp의 포도밭으로 구성된 1개의 운키아를[59] 보유한다. 그는 닭들과 계란들을 바친다. 그는 동곡파종을 위해 2ptc, 하곡파종을 위해 1ptc를 갈이질한다.

102. 생제르맹(수도원)의 여자콜로누스인 기로힐디스. 기로아르두스, 기르비누스는 그녀의 자식들이다. 그녀는 셀토길룸에 거주한다. 그녀는 2½bun의 곡물경작지로 된 1개의 운키아를 보유한다. 그녀는 (위와 같이) 의무를 수행한다.

103. 생제르맹(수도원)의 속민들로서 콜로누스인 프루틀라이쿠스와 콜로누스이고 이름이 온라다인 그의 아내. 프로틀란두스, 살발린디스, 마우레이아는 그들의 자식들이다. 그는 릭마리빌라에 거주한다. 그는 4bun의 곡물경작지로 된 1개의 운키아를 보유한다. 그는 군사용으로 2데나리

---

58 A. Longnon, ed., *Polyp. de St. Germain*, p. 335에서는 에르칸트루디스가 '그의 아내(ejus uxor)'라고 되어 있지만, B. Guérard, ed., *Polyp. d'Irminon*, p. 259와 D. Hägermann, ed. *Polyp. von St. Germain*, p. 200에는 '그의 누이(soror ejus)'라고 되어 있다. 이 경우에는 롱뇽이 오기한 것으로 보인다.

59 '운키아(uncia)'는 소규모 농민보유지를 뜻한다.

우스를 바치고, 닭들과 계란들을 (바치며), 나머지(의무를 이행한다).

104. 생제르맹(수도원)의 속민들로서 콜로누스인 프루트가리우스와 콜로누스이고 이름이 아달가르디스인 그의 아내. 프루트길두스는 그들의 아들이다. 그는 무르킹크툼에 거주한다. 그는 4bun의 곡물경작지와 ½arp의 초지로 구성된 (1개의) 반쪽 자유인망스를 보유한다. 그리고 그는 4데나리우스와 닭들 및 계란들을 바친다.

호스피키움들

105. 생제르맹(수도원)의 속민들로서 콜로누스인 플루도이누스와 콜로누스이고 이름이 아이리스마인 그의 아내. 아이룰푸스, 프레데리쿠스, 플라드루디스는 그들의 자식들이다. 그는 톤토니쿠르티스에 거주한다. 그는 2bun의 곡물경작지로 된 (1개의) 호스피키움을 보유한다. 그는 3마리의 닭과 15개의 계란을 바친다. 그는 동곡파종을 위해 1ptc, 하곡파종을 위해 1ptc를 갈이질하며, 1일(의 부역노동)을 (수행한다). 그리고 그는 4데나리우스를 지불한다.

106. 생제르맹(수도원)의 속민들로서 콜로누스인 그림볼두스와 이름이 안스타시아인 그의 아내. 라인볼두스는 그들의 아들이다. 그는 셉토길룸에 거주한다. 그는 1½bun의 곡물경작지로 된 (1개의) 호스피키움을 보유한다. 그는 닭들과 계란들을 바치고, 1일(의 부역노동)을 수행한다.

107. 콜로누스인 베르네하리우스와 노예이고 이름이 잉그리스마인 그의 아내. 베르네하르두스, 베르네일디스는 그들의 자식들이다. 그는 셉토길룸에 거주한다. 그는 ½bun의 곡물경작지로 된 (1개의) 호스피키움을 보유한다. 그는 닭들과 계란들을 바치며, (위와) 같이 (의무를) 수행한다.

108. 생제르맹(수도원)의 속민들로서 콜로누스인 아인볼두스와 콜로누스이고 이름이 그림린디스인 그의 아내. 그림프레두스, 아이닐디스는 그들의 자식들이다. 그는 셉토길룸에 거주한다. 그는 ½bun의 곡물경작지와 ½arp의 초지로 구성된 (1개의) 호스피키움을 보유한다. 그는 닭들과

계란들을 바치며, (위와) 같이 (의무를) 수행한다.

109. 콜로누스이고 생제르맹(수도원)의 속민인 알라피우스. 그의 아내와 자식들은 생제르맹(수도원)에 속하지 않는다. 그는 (1개의) 호스피키움을 보유한다. 그는 닭들과 계란들을 바치고, 1일(의 부역노동)을 수행한다.

110. 콜로누스이고 생제르맹(수도원)의 속민인 에르칸리쿠스. 그의 아내와 자식들은 생제르맹(수도원)에 속하지 않는다. 그는 셀토길룸에 거주한다. 그는 1bun의 곡물경작지로 된 (1개의) 호스피키움을 보유한다. 그는 (위와) 같이 (의무를) 이행한다.

111. 생제르맹(수도원)의 속민들로서 여자콜로누스인 아클레힐디스와 그녀의 자식들인 베르툴푸스, 베르트힐디스. 그녀는 셀토길룸에 거주한다. 그녀는 ½bun의 곡물경작지와 1arp의 초지로 구성된 (1개의) 호스피키움을 보유한다. 그녀는 (위와) 같이 (의무를) 이행한다.

112. **벨비키아켄시스 파구스에는[60] 두 명의 여자가 있다. 한 명은 아말신디스라고 불리고, 다른 한 명은 에밀트루디스라고 불린다. 그들은 그들의 자손들과 함께 한 자루의 양초를 갖고 파리 시의 주교구에서 성 게르마누스를 섬기기 위해 투탁했다. 그들의 후손 가운데는 이름이 아델라이디스인 한 여자가 있다. 그녀의 딸(은) 이름이 프레데부르기스(다). 아델라이디스의 자매(는) 알파이디스(다). 그들은 반노이둠에[61] 산다. 이름이 봘테리우스인 다른 또 하나의 여자는 그녀들의 친척이다.[62]**

---

[60] B. Guérard는 *Prolegomènes*, pp. 104~106 및 B. Guérard, ed., *Polyp. d'Irminon*, p. 260의 a번 각주와 A. Longnon, ed., *Polyp. de St. Germain*, p. 337의 1번 각주 및 D. Hägermann, ed. *Polyp. von St. Germain*, p. 223에 의하면, 벨비키아켄시스 파구스(Belviciacensis pagus)는 파리 북쪽 우아즈(Oise) 도의 오늘날 보베(Beauvais)를 중심으로 한 지역, 즉 보베시스(Beauvaisis)에 해당한다.

[61] B. Guérard, ed., *Polyp. d'Irminon*, p. 260의 b번 각주와 A. Longnon, ed., *Polyp. de St. Germain*, p. 337의 2번 각주 및 D. Hägermann, ed. *Polyp. von St. Germain*, p. 223에 의하면, 반노이둠(Bannoidum)은 오늘날 우아즈 도 보베 군 니빌리에(Nivilliers) 캉통 내의 바이외쉬르테랭(Bailleu-sur-Thérain)으로 추정된다.

부마름 라게눌프스 관할구역 소속

113. 생제르맹(수도원)의 속민들로서 콜로누스이고 부마름인 라게눌푸스와 이름이 에르카닐디스인 그의 아내. 란도보두스, 에르칸라다는 그들의 자식들이다. 그리고 생제르맹(수도원)의 (속민인) 그의 공동보유자 노헬레누스. 그들 2명은 울미둠에[63] 거주한다. 그들은 8½bun의 곡물경작지와 ⅔arp의 포도밭 및 2½arp의 초지로 구성된 1개의 자유인망스를 보유한다. 그들은 군사용으로 첫 해에 3솔리두스, 둘째 해에 1솔리두스를 지불한다. 그는[64] 동곡파종을 위해서 4ptc, 하곡파종을 위해서 2ptc를 갈이질한다. 그들은 3마리의 닭과 15개의 계란을 (바친다). 그는 여타의 보유자들처럼 수송부역을 수행한다. 그는 두 필의 큰 가축으로 2일간 코르베를 수행하지만,[65] 코르베를 수행하지 않을 때는 3일(의 부역노동)을 수행한다.

114. 생제르맹(수도원)의 속민들로서 콜로누스인 모렐루스와 그의 자식들인 아델리쿠스, 아르벤, 아다, 라인신타, 뷔네가르디스. 그는 울미둠에 거주한다. 그는 8bun의 곡물경작지와 1arp의 초지 및 ½arp의 포도밭으로 구성된 1개의 자유인망스를 보유한다. 그는 (위와) 같이 (의무를) 이행한다.

---

[62] A. Longnon, ed., *Polyp. de St. Germain*, p. 337의 3번 각주와 D. Hägermann, ed. *Polyp. von St. Germain*, p. 201의 각주 g번에 의하면, 이 제112항은 9세기에 늦게 다른 사람이 추가로 끼워 넣은 것이다.

[63] B. Guérard, ed., *Polyp. d'Irminon*, p. 260의 d번 각주와 A. Longnon, ed., *Polyp. de St. Germain*, p. 337의 4번 각주와 D. Hägermann, ed. *Polyp. von St. Germain*, p. 228 및 K. Elmshäuser & A. Konrad, *Studien zum Polyp. von St. Germain*, p. 321에 의하면, 울미둠(Ulmidum)은 오늘날 이블린 도 망트라졸리 군 우당 캉통의 오스무아(Osmoy)에 해당하며, 비스콩켈라로부터는 북쪽으로 4km쯤의 거리에 있다. 여기의 울미둠은 제9장의 울미둠과는 다른 곳이다.

[64] 원문대로임.

[65] 그러나 원문은 이 번역처럼 명확하게 쓰여 있지 않고 다음과 같이 애매하다. "Facit curvada cum duobus animalibus, et duobus diebus…"

115. 콜로누스인 프로트볼두스와 콜로누스이고 이름이 고델힐디스인 그의 아내. 고다, 프람놀두스는 그들의 자식들이다. 그리고 그의 공동보유자인 프로트하두스. (그들은) 생제르맹(수도원)의 속민들(이다). 그들은 울미둠에 거주한다. 그들은 7bun의 곡물경작지와 1⅔arp의 초지로 구성된 1개의 자유인망스를 보유한다. 그들은 (위와) 같이 (의무를) 이행한다.

116. 생제르맹(수도원)의 속민들로서 콜로누스인 크리스테우스와 콜로누스이고 이름이 로시비아인 그의 아내. 아르눌푸스, 고헤아리우스, 에르헤루스는 그들의 자식들이다. 그는 울미둠에 거주한다. 그는 8bun의 곡물경작지와 1½arp의 포도밭으로 구성된 1개의 자유인망스를 보유한다. 그는 (위와) 같이 (의무를) 이행한다.

117. 생제르맹(수도원)의 속민들로서 …인 빌하리우스와 콜로누스이고 이름이 그림힐디스인 그의 아내. 아드헬사두스는 그들의 아들이다. 그리고 노예인 그의 공동보유자 뷔트볼두스. (그들은) 생제르맹(수도원)의 속민들(이다). 그들은 울미둠에 거주한다. 그들은 6bun의 곡물경작지와 1½arp의 포도밭으로 구성된 1개의 자유인망스를 보유한다. 그들은 (위와) 같이 (의무를) 이행한다.

118. 콜로누스인 고델볼두스와 콜로누스이고 이름이 아르드라다인 그의 아내. 그리고 콜로누스인 그의 공동보유자 아카르두스와 이름이 에르밍가이고 노예인 그의 아내. 그들 두 명은 8bun의 곡물경작지와 1arp의 포도밭 및 ½arp의 초지로 구성된 1개의 노예망스를 보유한다. 그들은 (위와) 같이 (의무를) 이행한다.

119. 생제르맹(수도원)의 속민들로서 노예인 아이르볼두스와 (비스콩켈라) 소수도원(小修道院)[66] 출신의 노예이고 이름이 고달트루디스인 그의

[66] '(비스콩켈라) 소수도원'이란 라틴어 원문의 'cella fratrum'을 번역한 말이다. cella fratrum은 비스콩켈라 장원 권역에 소재한 소수도원이다. K. Elmshäuser & A. Konrad, *Studien zum Polyp. von St. Germain*, p. 309에 의하면 이 소수도원은 6명

아내. 그들은[67] 울미둠에 거주한다. 그들은 8bun의 곡물경작지와 1½arp의 포도밭 및 ¼arp의 초지로 구성된 1개의 자유인망스를 보유한다. 그는 (위와) 같이 (의무를) 이행한다.

플라르사네 빌라[68] 소속

120. 생제르맹(수도원)의 속민들로서 콜로누스인 에르칸라두스와 콜로누스이고 이름이 다틀라인 그의 아내. 그는 플라르사네 빌라에 거주한다. 그는 8bun의 곡물경작지와 2arp의 포도밭 및 1½arp의 초지로 구성된 1개의 자유인망스를 보유한다. 그는 (위와) 같이 (의무를) 이행한다.

121. 콜로누스인 우텔리쿠스와 콜로누스이고 이름이 힐트루디스인 그의 아내. 아델마루스, 아델트루디스, 오델린디스는 그들의 자식들이다. 그리고 그의 공동보유자인 프람놀두스와 콜로누스이고 이름이 플로트길디스인 그의 아내. 잉길마루스, 에르메놀두스, 게르트루디스는 그들의 자식들이다. (그들은) 생제르맹(수도원)의 속민들(이다). 그들은 플라르사네 빌라에 거주한다. 그들은 6bun의 곡물경작지와 1½arp의 포도밭 및 ½arp의 초지로 구성된 1개의 자유인망스를 보유한다. 그들은 (위와) 같이 (의무를) 이행한다.

122. 콜로누스인 드룩토이누스와 콜로누스이고 아르트마루스(보유)의 은대지 출신이며 이름이 잉고일디스인 그의 아내. 그는 플라르사네 빌라에 거주한다. 그는 7bun의 곡물경작지와 1½arp의 포도밭 및 1arp의 초지

정도의 수도사들로 구성된 작은 수도사 공동체로서, 모(母)수도원인 생제르맹데프레 수도원의 관할 하에 있었지만 독자성을 가졌다고 한다.

67 원문대로임.

68 B. Guérard, ed., *Polyp. d'Irminon*, p. 261의 c번 각주와 A. Longnon, ed., *Polyp. de St. Germain*, p. 338의 3번 각주와 D. Hägermann, ed. *Polyp. von St. Germain*, p. 225 및 K. Elmshäuser & A. Konrad, *Studien zum Polyp. von St. Germain*, p. 318에 의하면, 플라르사네 빌라(Flarsane Villa)는 오늘날 이블린 도 랑부예 군 몽포르라모리 캉통의 플렉상빌(Flexanville)에 해당하며, 비스콩켈라로부터는 북동쪽으로 4km쯤의 거리에 있다.

로 구성된 1개의 자유인망스를 보유한다. 그는 (위와) 같이 (의무를) 이행한다.

프로트미리 빌라 소속. (비스콩켈라) 소수도원 소속[69]

123. 콜로누스인 란딩구스와 콜로누스이고 이름이 게로히디스인 그의 아내. 란보두스, 랑길디스는 그들의 자식들이다. (그들은) 생제르맹(수도원)의 속민들(이다). 그는 프로트미리 빌라에 거주한다. 그들은 6bun의 곡물경작지와 ⅔arp의 포도밭으로 구성된 1개의 자유인망스를 보유한다. 그는 (위와) 같이 (의무를) 이행한다.

124. 콜로누스인 기룰푸스와 콜로누스이고 이름이 프로트볼다인 그의 아내. 힐데볼두스, 그라울푸스, 게르닐디스는 그들의 자식들이다. (그들은) 생제르맹(수도원)의 속민들(이다). 그는 프로트미리 빌라에 거주한다. 그들은 7bun의 곡물경작지와 ½arp의 포도밭으로 구성된 1개의 자유인망스를 보유한다. 그는 (위와) 같이 (의무를) 이행한다.

125. 콜로누스인 아르네프레두스와 콜로누스이고 이름이 프루트볼다인 그의 아내. 게르볼두스, 이틀레프리두스, 프루트볼다는 그들의 자식들이다. (그들은) 생제르맹(수도원)의 속민들(이다). 그는 프로트미리 빌라에 거주한다. 그는 7bun의 곡물경작지와 ½arp의 포도밭으로 구성된 1개의 자유인망스를 보유한다. 그는 (위와) 같이 (의무를) 이행한다.

---

[69] '(비스콩켈라) 소수도원 소속'이란 말은 'de cella fratrum'라는 라틴어를 번역한 것이다. 이 말은 조금 뒤에 기재되어 있는 제127항 바로 앞의 소속에 관한 제목에도 나타난다. K. Elmshäuser & A. Konrad, *Studien zum Polyp. von St. Germain*, pp. 308~310에 따르면 이런 말들은 뒤의 제131항 끝에 기재된 '여기까지 (비스콩켈라) 소수도원 소속이다(Usque huc de cella)'라는 말과 함께 이 영지명세장이 작성되던 때와 거의 같은 시기에 다른 사람의 손에 의해 가필된 것이며(B. Guérard, ed., *Polyp. d'Irminon*, p. 263의 각주 a번; A. Longnon, ed., *Polyp. de St. Germain*, p. 340의 각주 2번 및 p. 341의 각주 1번; D. Hägermann, ed. *Polyp. von St. Germain*, p. 203의 각주 a번과 e번 및 p. 204의 각주 b번도 참조), 제123항에서 제131항까지 기재된 농민보유지들은 이 소수도원에 배속되어 있다는 뜻이다.

126. 콜로누스인 잉길프리두스와 콜로누스이고 이름이 릭프리다인 그의 아내. 발타리우스, 게르마나는 그들의 자식들이다. (그들은) 생제르맹(수도원)의 속민들(이다). 그는 프로트미리 빌라에 거주한다. 그리고 그의 공동보유자인 고도이누스와 노예이고 이름이 아이킬디스인 그의 아내. 고디나와 에름힐디스는 그들의 자식들이다. 그들은 7bun의 곡물경작지와 ⅔arp의 포도밭 및 1arp의 초지로 구성된 1개의 자유인망스를 보유한다. 그는 (위와) 같이 (의무를) 이행한다.

브라오길룸[70] 소속. (비스콩켈라) 소수도원 소속

127. 콜로누스이고 길리아쿠스[71] 출신인 레우트베르투스와 콜로누스이고 이름이 아달린디스인 그의 아내. 아델롤두스, 테우돌두스, 아델사두스, 베니프시아는 그들의 자식들이다. 그리고 노예인 그의 공동보유자 에르칸리쿠스와 콜로누스이고 이름이 프란딜디스인 그의 아내. 다다, 군틀린디스, 군드라다, 프로트루디스는 그들의 자식들이다. (그들은) 생제르맹(수도원)의 속민들(이다). 그는[72] 브라오길룸에 거주한다. 그는 6½bun의 곡물경작지와 ½arp의 포도밭 및 1arp의 초지로 구성된 1개의 자유인망스를 보유한다. 그는 (위와) 같이 (의무를) 이행한다.

128. 콜로누스인 굴프라두스. 테우틀란두스, 테우트가리우스, 테우트힐디스는 그의 자식들이다. (그들은) 생제르맹(수도원)의 속민들(이다). 그는

---

70 B. Guérard, ed., *Polyp. d'Irminon*, p. 262의 a번 각주와 A. Longnon, ed., *Polyp. de St. Germain*, p. 340의 1번 각주와 D. Hägermann, ed. *Polyp. von St. Germain*, p. 224 및 K. Elmshäuser & A. Konrad, *Studien zum Polyp. von St. Germain*, p. 317에 의하면 브라오길룸(Braogilum)은 오늘날 이블린 도 랑부예 군 몽포르라모리 캉통 내의 브뢰이(Breuil)에 해당하며, 비스콩켈라로부터는 동쪽으로 6km 거리에 있다.

71 A. Longnon, ed., *Polyp. de St. Germain*, p. 340의 3번 각주 및 D. Hägermann, ed. *Polyp. von St. Germain*, p. 225에 의하면, 길리아쿠스(Giliacus)는 오늘날 코트도르(Côte-d'Or) 도 본(Beaune) 군 뉘이(Nuits) 캉통의 질리레시토(Gilly-les-Cîteaux)다.

72 원문대로임.

브라오길룸에 거주한다. 그는 6½bun의 곡물경작지와 ½arp의 포도밭 및 같은 크기의 초지로 구성된 (1개의) 자유인망스를 보유한다. 그는 (위와) 같이 (의무를) 이행한다.

129. 콜로누스인 아클로이누스와 자유인인 그의 아내. 베네딕투스, 베르트하리우스, 베네딕타, 플라빌디스는 그들의 자식들이다. (그들은) 생제르맹(수도원)의 속민들(이다). 그는 6bun의 곡물경작지와 ½arp의 포도밭으로 구성된 1개의 자유인망스를 보유한다. 그는 (위와) 같이 (의무를) 이행한다.

바렝케레[73] 소속

130. 콜로누스인 베르노이누스와 콜로누스이고 이름이 베르타인 그의 아내. 베르네하르두스, 데오티미아는 그들의 자식들이다. (그들은) 생제르맹(수도원)의 속민들(이다). 그는 바렝케레에 거주한다. 그는 10bun의 곡물경작지와 1arp의 포도밭 및 같은 크기의 초지로 구성된 1개의 자유인망스를 보유한다. 그는 (위와) 같이 (의무를) 이행한다.

131. 생제르맹(수도원)의 속민들로서 콜로누스인 프로틀란두스와 콜로누스이고 이름이 비나인 그의 아내. 비네볼두스, 비네가리우스, 프로데린디스는 그들의 자식들이다. 그리고 생제르맹(수도원)의 속민인 그의 공동보유자 빌레볼두스. 그는 바렝케레에 거주한다. 그는 11bun의 곡물경작지와 ½arp의 포도밭으로 구성된 1개의 자유인망스를 보유한다. 그는 (위와) 같이 (의무를) 이행한다.

여기까지 (비스콩켈라) 소수도원 소속이다.

---

[73] B. Guérard, ed., *Polyp. d'Irminon*, p. 262의 b번 각주와 A. Longnon, ed., *Polyp. de St. Germain*, p. 340의 4번 각주와 D. Hägermann, ed. *Polyp. von St. Germain*, p. 228 및 K. Elmshäuser & A. Konrad, *Studien zum Polyp. von St. Germain*, p. 321에 의하면 바렝케레(Warencerae)는 오늘날 이블린 도 랑부예 군 몽포르라모리 캉통의 가랑시에르(Garancières)에 해당하며, 비스콩켈라로부터는 동남쪽으로 4km쯤의 거리에 있다.

부블라[74] 소속

132. 생제르맹(수도원)의 속민들로서 콜로누스인 베르눌푸스와 이름이 테우틀린디스인 그의 아내. 아틀린디스, 테우트힐디스, 베르네가르디스는 그들의 자식들이다. 그리고 이름이 테우트프리두스이고 콜로누스인 그의 공동보유자와 콜로누스이고 이름이 플로트힐디스인 그의 아내. 테우트베르트, 베르틀린디스는 그들의 자식들이다. 그리고 싱게베르투스. (그들은) 생제르맹(수도원)의 속민들(이다). 그들 세 명은 부블라에 거주한다. 그들은 8½bun의 곡물경작지와 1arp의 포도밭 및 ½arp의 초지로 구성된 1개의 자유인망스를 보유한다. 그는 (위와) 같이 (의무를) 이행한다.

133. 생제르맹(수도원)의 속민들로서 콜로누스인 에르모아르두스와 콜로누스이고 이름이 라게난타인 그의 아내. 우르시니아누스, 베르트람누스, 에르모이누스는 그들의 자식들이다. 그는 부블라에 거주한다. 그는 8½bun의 곡물경작지와 1arp의 포도밭으로 구성된 1개의 자유인망스를 보유한다. 그는 (위와) 같이 (의무를) 이행한다.

134. 생제르맹(수도원)의 여자콜로누스인 프로트트루디스. 프로트베르투스, 프로트하리우스, 프로타르두스, 프로트문두스, 프로틀린디스, 라감부르기스는[75] 그녀의 자식들이다. 그녀는 부불라에 거주한다. 그녀는

---

[74] A. Longnon, ed., *Polyp. de St. Germain*, p. 341의 2번 각주 및 D. Hägermann, ed. *Polyp. von St. Germain*, pp. 223~224에 따르면 부블라(Bubla)는 볼라(Bola)와 같은 곳으로, 앞에서 설명한 뵐(Beule) 마을이다. 그러나 K. Elmshäuser & A. Konrad, *Studien zum Polyp. von St. Germain*, p. 317에서는 부블라와 볼라가 같은 것으로 보면서도 다소 회의적이다. A. Longnon, ed., *Polyp. de St. Germain*, p. 341의 2번 각주에 따르면 이 마을은 비스콩켈라로부터는 동북동쪽으로 17km 떨어진 거리에 있다.

[75] 이름이 B. Guérard, ed., *Polyp. d'Irminon*, p. 263에는 '랑감부르기스(Rangamburgis)'로 되어 있지만, A. Longnon, ed., *Polyp. de St. Germain*, p. 341과 D. Hägermann, ed. *Polyp. von St. Germain*, pp. 204에는 '라감부르기스(Ragamburgis)'로 되어 있다.

8½bun의 곡물경작지와 1arp의 포도밭으로 구성된 1개의 자유인망스를 보유한다. 그녀는 (위와) 같이 (의무를) 이행한다.

알토길룸 소속

135. 콜로누스이고 생제르맹(수도원)의 속민인 프로트문두스. 그리고 생제르맹(수도원)의 속민들로서 프로트카리우스와 …이고 이름이 베르네길디스인 그의 아내. 그리고 생제르맹(수도원)의 속민들인 에르메놀두스와 에르메나리우스.[76] 그들은 알토길룸에 거주한다. 그들은 9bun의 곡물경작지와 1½arp의 포도밭 및 ½arp 초지로 구성된 1개의 자유인망스를 보유한다. 그는 (위와) 같이 (의무를) 이행한다.

136. 생제르맹(수도원)의 속민들로서 콜로누스인 프로트베르투스와 콜로누스이고 이름이 란트프리다인 그의 아내. 프로트베르타는 그들의 딸이다. 그리고 생제르맹(수도원)의 속민들로서 콜로누스인 발란두스와 콜로누스이고 이름이 베르틸디스인 그의 아내. 프로틀린두스, 아스트란두스는 그들의 자식들이다. 그리고 생제르맹(수도원)의 속민들로서 란트신두스와 콜로누스이고 이름이 알키스마인 그의 아내. 란타르두스, 란트신다는 그들의 자식들이다. 그들 세 명은 알토길룸에 거주한다. 그들은 9bun의 곡물경작지와 1arp의 초지로 구성된 1개의 자유인망스를 보유한다.

빌라 파로니스 소속

137. 콜로누스이고 생제르맹(수도원)의 속민인 힐데가리우스와 자유인이고 이름이 아발로니아인 그의 아내. 그는 빌라 파로니스에 거주한다. 그는 12bun 2jr의 곡물경작지와 2½arp의 포도밭 및 같은 크기의 초지로 구성

---

[76] "그리고 생제르맹(수도원)의 속민들인 에르메놀두스와 에르메나리우(Et Ermenoldus; et Ermenarius, homines sancti Germani.)"라는 글귀가 A. Longnon, ed., *Polyp. de St. Germain*, p. 342에는 존재하지 않지만, B. Guérard, ed., *Polyp. d'Irminon*, p. 263과 D. Hägermann, ed. *Polyp. von St. Germain*, p. 204에는 기재되어 있다. 틀림없이 롱농의 경우 실수로 이런 글귀를 빠뜨린 것으로 추측된다.

된 1개의 자유인망스를 보유한다. 그는 첫 해에 3솔리두스, 둘째 해에 1솔리두스를 지불한다. 그는 동곡파종을 위해서 8ptc, 하곡파종을 위해서 4ptc를 갈이질한다. 그는 파종기마다 매주 2필의 큰 가축으로 코르베들을 수행하고 2일(의 부역노동)을 수행하며, 여타의 보유자들처럼 수송부역을 수행한다. 그는 닭들과 계란들을 바치지 않는다.

138. 콜로누스인 굴프라두스와 콜로누스이고 이름이 다틀레프레다인 그의 아내. 안스프레다는 그들의 딸이다. (그들은) 생제르맹(수도원)의 속민들(이다). 그는 빌라 파로니스에 거주한다. 그는 5½bun의 곡물경작지와 ½arp의 포도밭 및 같은 크기의 초지로 구성된 1개의 자유인망스를 보유한다. 그는 첫 해에 3솔리두스, 둘째 해에 1솔리두스를 지불한다. 그는 동곡파종을 위해서 4ptc, 하곡파종을 위해서 2ptc를 갈이질한다. 그는 매주 2필의 큰 가축으로 코르베들을 수행하고 2일(의 부역노동)을 수행하며, 여타의 보유자들처럼 수송부역을 수행한다.

139. 콜로누스인 데롤두스와 콜로누스이고 이름이 라인트루디스인 그의 아내. 안드레우스는 그들의 아들이다. 그리고 그의 공동보유자이고 노예이며 생제르맹(수도원)의 속민인 잉크발두스. 그는[77] 빌라 파로니스에 거주한다. 그는 6bun의 곡물경작지와 1½arp의 포도밭 및 2arp의 초지로 구성된 1개의 자유인망스를 보유한다. 그는 (위와) 같이 (의무를) 이행한다.

140. 생제르맹(수도원)의 여자콜로누스인 알드라다. 알다라는 그녀의 딸이다. 그리고 그녀의 공동보유자이자 딸인 아달귀스. 군테기수스는 그녀의 아들이다. (그들은) 생제르맹(수도원)의 속민들(이다). 그들은 빌라 파로니스에 거주한다. 그들은 6bun의 곡물경작지와 1arp의 포도밭 및 2arp의 초지로 구성된 1개의 자유인망스를 보유한다. 그들은 (위와) 같이 (의무를) 이행한다.

---

[77] 원문대로임.

141. 생제르맹(수도원)의 속민들로서 콜로누스인 블리드람누스와 콜로누스이고 그의 아내인 잉가. 블리디리쿠스는 그들의 아들이다. 그리고 콜로누스이고 생제르맹(수도원)의 속민인 그의 공동보유자 아드헬레기우스. 그들은 빌라 파로니스에 거주한다. 그들은 8bun의 곡물경작지와 ⅓arp의 포도밭 및 1(arp)의 초지로 구성된 1개의 자유인망스를 보유한다. 그들은 (위와) 같이 (의무를) 이행한다.

142. 콜로누스이고 생제르맹(수도원)의 속민인 아델라르두스. 그는 빌라르케를리스에[78] 거주한다. 그는 12bun의 곡물경작지와 1arp의 포도밭 및 2arp의 초지로 구성된 1개의 자유인망스를 보유한다. 그는 두 개 이랑(의 갈이질 부역)을 수행하며, 나머지(의무)는 (위와) 같이 이행한다.

143. 콜로누스이고 생제르맹(수도원)의 속민인 아드레마루스. 그리고 생제르맹(수도원)의 속민들로서 그의 공동보유자이고 콜로누스인 아르트카리우스와 콜로누스이고 (이름이) 마드레힐디스인 그의 아내. 프루돌두스, 마드리스마는 그들의 자식들이다. 그들은 빌라르켈리스에 거주한다. 그들은 12bun의 곡물경작지와 ½arp의 포도밭과 1arp의 초지 및 2bun의 임야로 구성된 1개의 자유인망스를 보유한다. 그들은 여타의 보유자들과 마찬가지로 (의무를) 이행한다.

144. 생제르맹(수도원)의 속민들로서 노예인 에르칸프레두스와 에르칸마루스(보유)의 은대지 출신 콜로누스이고 이름이 페트리스마인 그의 아내. 그는 빌라 파로니스에 거주한다. 그는 5bun의 곡물경작지와 ½arp의 포도밭 및 1½arp의 초지로 구성된 1개의 자유인망스를 보유한다. 그는

---

78 B. Guérard, ed., *Polyp. d'Irminon*, p. 264의 c번 각주와 A. Longnon, ed., *Polyp. de St. Germain*, p. 343의 2번 각주와 D. Hägermann, ed. *Polyp. von St. Germain*, p. 228 및 K. Elmshäuser & A. Konrad, *Studien zum Polyp. von St. Germain*, p. 321에 의하면, 빌라르케를리스(Villarcerlis)나 빌라르켈리스(villarcellis) 또는 빌라케를리스(Villacerllis)라는 곳은 오늘날 이블린 도 랑부예 군 몽포르라모리 캉통의 빌라르소(Villarceaux)다. 이곳은 비스콩켈라로부터는 북동쪽으로 7km쯤 떨어진 거리에 있다.

(위와) 같이 (의무를) 이행한다.

145. 생제르맹(수도원)의 속민들로서 콜로누스인 에르칸리쿠스와 콜로누스이고 (이름이) 아델리바인 그의 아내. 에르캉가리우스는 그들의 아들이다. 그는 플라르사네빌라에 거주한다. 그는 6bun의 곡물경작지와 2arp의 포도밭 및 2arp의 초지로 구성된 (1개의) 반쪽 자유인망스를 보유한다. 그는 첫 해에 18데나리우스, 둘째 해에 6데나리우스를 지불한다. 그는 3마리의 닭과 15개의 계란을 (바친다). 그는 동곡파종을 위해서 4ptc, 하곡파종을 위해서 2ptc를 갈이질한다.[79] 그는 매주 2일(의 부역노동)을 수행한다.

146. 생제르맹(수도원)의 속민들로서 콜로누스인 오스트레하리우스와 콜로누스이고 이름이 고틀린디스인 그의 아내. 그는 플라르사네빌라에 거주한다. 그는 3bun의 곡물경작지와 ½arp의 포도밭 및 같은 크기의 초지로 구성된 (1개의) 반쪽 자유인망스를 보유한다. 그는 첫 해에 6데나리우스, 둘째 해에 18데나리우스를 지불한다. 그는 동곡파종을 위해서 2ptc, 하곡파종을 위해서 1ptc를 갈이질한다. 그는 한 주에는 2일(의 부역노동)을, 다른 한 주에는 1일(의 부역노동)을 수행한다.

거세된 숫양들을 바치는 자들

147. 생제르맹(수도원)의 속민들로서 콜로누스인 군도이누스와 콜로누스이고 이름이 빌란트루디스인 그의 아내. 뵌달베르가는 그들의 딸이다. 그리고 그의 공동보유자인 라인마루스와 노예이고 이름이 프레데일디스인 그의 아내. 라게나리우스는 그들의 아들이다. 그들은 울미둠에 거주한다. 그들은 5bun의 곡물경작지와 1arp의 포도밭 및 ½arp의 초지

---

[79] B. Guérard, ed., *Polyp. d'Irminon*, p. 265와 D. Hägermann, ed. *Polyp. von St. Germain*, p. 206에는 이와 같이 동곡파종과 하곡파종을 위해 각각 4ptc와 2ptc를 갈이질한다고 되어 있지만, A. Longnon, ed., *Polyp. de St. Germain*, p. 343에는 단지 "그는 동곡파종을 위해서 2ptc를 갈이질한다.(Arat ad hibernaticum perticas II.)"라고만 되어 있다. 론농이 일부 기록을 실수로 누락한 것으로 보인다.

로 구성된 (1개의) 반쪽 자유인망스를 보유한다. 그는[80] 매년 1두의 거세된 숫양을 바치며, 3마리의 닭과 15개의 계란을(바친다). 그는 동곡파종을 위해서 4ptc, 하곡파종을 위해서 2ptc를 갈이질한다. 그는 매주 2일(의 부역노동)을 수행한다.

148. 콜로누스이고 생제르맹(수도원)의 속민인 라게눌푸스는 울미둠에 거주한다. 그는 6bun의 곡물경작지와 ⅓arp의 초지로 구성된 (1개의) 반쪽 자유인망스를 보유한다. 그는 (위와) 같이 (의무를) 이행한다.

149. 콜로누스이고 생제르맹(수도원)의 속민인 마르토이누스는 빌라 파로니스에 거주한다. 그는 3bun의 곡물경작지와 1arp의 초지로 구성된 (1개의) 반쪽 자유인망스를 보유한다. 그는 (위와) 같이 (의무를) 이행한다.

150. 생제르맹(수도원)의 속민들로서 콜로누스인 에르칸신두스와 콜로누스이고 이름이 리세베루스인 그의 아내. 그는 알토길룸에 거주한다. 그는 5½bun의 곡물경작지와 1arp의 초지로 구성된 (1개의) 반쪽 자유인망스를 보유한다. 그는 (위와) 같이 (의무를) 이행한다.

151. 콜로누스이고 생제르맹(수도원)의 속민인 세게마루스는 파로니스빌라에 거주한다. 그는 5bun의 곡물경작지와 1arp의 포도밭 및 1½arp의 초지로[81] 구성된 (1개의) 반쪽 자유인망스를 보유한다. 그는 (위와) 같이 (의무를) 이행한다.

152. 콜로누스인 베르네가우두스와 콜로누스이고 이름이 프라도히스인 그

---

[80] 원문대로임.

[81] B. Guérard, ed., *Polyp. d'Irminon*, p. 265와 D. Hägermann, ed. *Polyp. von St. Germain*, p. 206에는 여기의 1개 반쪽 자유인망스가 '5bun의 곡물경작지와 1arp의 포도밭 및 1½arp의 초지로(de terra arabili bunuarios V, de vinea aripennum I, de prato aripennum I et dimidium)' 구성되어 있다고 되어 있으나, A. Longnon, ed., *Polyp. de St. Germain*, p. 344에는 '5bun의 곡물경작지와 1½arp의 의 포도밭(de terra arabili bunuarios V, de vinea aripennum I et dimidium)'으로 구성되어 있다고 되어 있다. 이는 당연히 론뇽이 포도밭과 초지 부분에 대해 착오를 했다고 할 수 있다.

의 아내. 베르트가르디스는 그들의 딸이다. 그는 파로니스빌라에 거주한다. 그는 5bun의 곡물경작지와 2½arp의 초지로 구성된 (1개의) 반쪽 자유인망스를 보유한다. 그는 매년 10데나리우스를 지불하고, 3마리의 닭과 15개의 계란을 (바친다). 그는 (1개) 이랑(의 갈이질 부역)을 수행하고 매주 1일(의 부역노동)을 수행한다.

153. 생제르맹(수도원)의 속민이고 콜로누스인 에오도는 프로트미리 빌라에 거주한다. 그는 3bun의 곡물경작지로 된 (1개의) 반쪽 자유인망스를 보유한다. 그는 1두의 거세된 숫양과 3마리의 닭 및 …개의 계란을 바친다. 그는 동곡파종을 위해서 2ptc, 하곡파종을 위해서 1ptc를 (갈이질한다). 그는 한 주는 2일(의 부역노동)을, 다른 한 주는 1일(의 부역노동)을 수행한다.

154. 노예인 고델볼두스와 이름이 베르가이고 생제르맹(수도원)의 콜로누스이며 켈라[82] 출신인 그의 아내는 키올리에[83] 거주한다. 그들은[84] 4bun의 곡물경작지로 된 (1개의) 반쪽 노예망스를 보유한다. 그는 (위와) 같이 (의무를) 이행한다.

---

[82] A. Longnon, ed., *Polyp. de St. Germain*, p. 345의 3번 각주 및 D. Hägermann, ed. *Polyp. von St. Germain*, p. 224에 의하면, 여기의 '켈라(Cella)'란 앞의 제3장에 기록된 장원의 이름인 켈라 에콸리나(Cella Equalina)로 추정된다. 켈라 에콸리나는 오늘날 이블린 도 랑부예 군 두르당노르 캉통의 라셀레보르드다.

[83] 대부분의 연구자들은 여기 제154항의 키올리(Cioli)가 2개 항 뒤의 제156항의 포키올리(Pocioli)와는 같은 지명이지만 후자의 포키올리가 제21장 제54항의 포키올리와는 다른 지명이라고 본다. B. Guérard, ed., *Polyp. d'Irminon*, p. 266의 b번 각주에서는 키올리(Cioli)가 비스콩켈라로부터 서쪽으로 3km쯤 거리에 위치한 레 퐁시오(les Fonciaux 또는 les Ponciaux)로 추정된다고 한다. 그러나 A. Longnon, ed., *Polyp. de St. Germain*, p. 345의 4번 각주에서는 이 지명의 오늘날 그 정확한 위치를 알 수 없다고 한다. D. Hägermann, ed. *Polyp. von St. Germain*, p. 227에서도 키올리 즉 포키올리는 미상으로 되어 있다. 그렇지만 K. Elmshäuser & A. Konrad, *Studien zum Polyp. von St. Germain*, p. 319에서는 이곳이 오늘날 비스콩켈라 북쪽 3km 거리에 있는 이블린 도 랑부예 군 몽포르르라모리 캉통 오르주뤼 코뮌의 작은 마을인 푸이시니에르(Pouissinière)일 가능성이 높다고 한다.

[84] 원문대로임.

155. 생제르맹(수도원)의 속민들로서 콜로누스인 안노와 콜로누스이고 (이름이) 에르카인프레다인 그의 아내는 플라르사네빌라에 거주한다. 그들은 4½bun의 곡물경작지와 ½arp의 포도밭 및 1½arp의 초지로 구성된 (1개의) 반쪽 자유인망스를 보유한다. 그는 (위와) 같이 (의무를) 이행한다.

156. 생제르맹(수도원)의 속민들로서 콜로누스인 발스문두스와 노예이고 이름이 브리자인 그의 아내는 포키올리에 거주한다. 그는 4bun의 곡물경작지로 된 (1개의) 반쪽 노예망스를 보유한다. 그는 닭들과 계란들을 바치지 않으며, (위와) 같이 (의무를) 이행한다.

157. 생제르맹(수도원)의 속민들로서 콜로누스인 아델문두스와 (이름이) 잉갈베르가이고 노예인 그의 아내는 포키올리에 거주한다. 그는 4bun의 곡물경작지로 된 (1개의) 반쪽 노예망스를 보유한다. 그는 (위와) 같이 (의무를) 이행한다. 그리고 생제르맹(수도원)의 콜로누스이고 만톨라[85] 출신인 그의 공동보유자 다비드와 노예이고 아달베르타인 그의 아내. 아달기수스는 그들의 아들이다.

158. 생제르맹(수도원)의 노예인 잉갈베르투스와 외지인인 그의 아내는 포키올리에 거주한다. 그는 3½bun의 곡물경작지로 된 (1개의) 반쪽 노예망스를 보유한다. 그는 (위와) 같이 (의무를) 이행한다.

159. **막스닐레 바단레테에는[86] 물레방앗간이 하나 있다. 이 물레방아(의 임차자)는 10md의 밀을 바쳐야 하며, 다른 물레방아도 5md의 곡식을 바쳐야 한다. 물레방아 주위에는 또한 3bun의 곡물경작지와 3arp의 초지가 있으**

---

85 원문대로임.

86 막스닐레 바단레테(Maxnile Badanrete)는 A. Longnon, ed., *Polyp. de St. Germain*, p. 346의 2번 각주에 의하면 외르 강과 보쿨뢰르(Vaucouleurs) 천 사이에 소재한 망트(Mante) 남서쪽 소재 르 메닐시몽(Le Mesnil-Simon)이라고 한다. 그러나 롱농의 이런 견해는 K. Elmshäuser & A. Konrad, *Studien zum Polyp. von St. Germain*, p. 323에서 부정된다.

며, 각기 4데나리우스를 지불하는 4개의 호스티티움이[87] 있다. 그렇지만 동(同) 토지는 청원을 통해 스피카리에 장원에[88] 속한다. 메단테 천(川)의[89] 건너편 둑으로부터 셉템과 소르테스까지[90] 2개의 공용 도로 사이에 있는 곡물경작지와 초지는[91] 모두 생제르맹(수도원)의 땅이다.[92]

호스피키움들

160. 생제르맹(수도원)의 속민들이고 자식들을 거느린 외지인 라인하리우스와 콜로누스이고 이름이 테우트가르디스인 그의 아내. 그는 울미델룸에[93] 거주한다. 그는 1bun의 곡물경작지로 된 (1개의) 호스피키움을

---

[87] '호스티티움(Hostitium)'은 호스피키움과 같은 소규모 농민보유지다.

[88] 스피카리에 장원(Spicariae fiscus)은 B. Guérard, ed., *Polyp. d'Irminon*, p. 266의 f번 각주에 의하면 비스콩켈라 서쪽 27km 거리에 있는 에피에(Épieds)라고 한다. 그러나 A. Longnon, ed., *Polyp. de St. Germain*, p. 346의 4번 각주에서는 게라르의 이런 견해를 부정한다. 론뇽은 이곳은 파괴되어 그 이름만 오랫동안 한 물레방아의 이름으로 잔존했을 뿐이며, 그 물레방아는 베콩셀 북북서쪽 9km쯤에 위치한 에피에르(Épiers)의 물레방아라고 한다. 한편 D. Hägermann, ed. *Polyp. von St. Germain*, p. 227에서는 그 위치가 확인되지 않는다고 한다.

[89] A. Longnon, ed., *Polyp. de St. Germain*, p. 346의 3번 각주에 의하면 메단테 천(Medante flumen)은 망트(Mantes)에서 센 강으로 흘러드는 보쿨뢰르 천이다.

[90] 셉템(Septem)과 소르테스(Sortes)의 현재 위치에 대해 게라르와 론뇽 및 헤게르만 모두 모른다고 하는 가운데, 유일하게 K. Elmshäuser & A. Konrad, *Studien zum Polyp. von St. Germain*, p. 324에서 그 위치를 밝히고 있다. 이에 의하면 셉템은 오늘날 이블린 도 망트라졸리 군 우당 캉통의 론뉴(Longnes) 코뮌으로부터 북동쪽 2km 거리의 교차로에 있는 레 세트카르티에(Les Sept Quartiers)이며, 소르테스는 레 세트카르티에로부터 남쪽 2,500미터 지점에 소재한 르 크루아 데 소르(Le Croix des Sorts)다.

[91] K. Elmshäuser & A. Konrad, *Studien zum Polyp. von St. Germain*, pp. 324~325에 의하면 레 세트카르티에와 르 크루아 데 소르에는 로마시대부터 2개의 도로가 있었으며, 그 사이에 있는 경작지와 초지의 면적은 3~4km^2쯤 되었다.

[92] A. Longnon, ed., *Polyp. de St. Germain*, p. 347의 각주 2번에 따르면 이 159항은 10세기경에 작성되어 추가된 것이다.

[93] B. Guérard, ed., *Polyp. d'Irminon*, p. 267의 c번 각주와 A. Longnon, ed., *Polyp. de St. Germain*, p. 347의 3번 각주와 D. Hägermann, ed. *Polyp. von St. Germain*, p. 228 및 K. Elmshäuser & A. Konrad, *Studien zum Polyp. von St. Germain*, p.

보유한다. 그는 닭들과 계란들을 바치고, 1일(의 부역노동)을 이행한다.

161. 생제르맹(수도원)의 속민들로서 콜로누스인 헬푸이누스와 노예이고 이름이 하이르프리다인 그의 아내. 아이르프리두스는 그들의 아들이다. 그는 울미둠에 거주한다. 그는 2jr의 곡물경작지로 된 (1개의) 호스피키움을 보유한다. 그는 (위와) 같이 (의무를) 수행한다.

162. 생제르맹(수도원)의 속민들로서 콜로누스인 라감프레두스와 콜로누스이고 이름이 에르메힐디스인 그의 아내. 라감베르가는 그들의 딸이다. 그는 울미둠에 거주한다. 그는 2jr의 곡물경작지로 된 (1개의) 호스피키움을 보유한다. 그는 1일(의 부역노동)을 수행하지만, 다른 것은 아무것도 수행하지 않으며, 닭들도 바치지 않는다.

163. 콜로누스이고 생제르맹(수도원)의 속민인 아달기수스는 울미둠에 거주한다. 그는 2jr의 곡물경작지로 된 (1개의) 호스피키움을 보유한다. 그는 닭들과 계란들을 바치고, 1일(의 부역노동)을 이행한다.

164. 콜로누스인 레우트하리우스와 외지인이고 이름이 오이베르타인 그의 아내. 그는 울미둠에 거주한다. 그는 1jr의 곡물경작지로 된 (1개의) 호스피키움을 보유한다. 그는 (위와) 같이 (의무를) 이행한다.

165. 생제르맹(수도원)의 속민들로서 콜로누스인 라감베르투스와 콜로누스이고 이름이 악틸라인 그의 아내. 그림볼두스는 그들의 아들이다. 그는 울미둠에 거주한다. 그는 2jr의 곡물경작지로 된 (1개의) 호스피키움을 보유한다. 그는 (위와) 같이 (의무를) 수행한다.

166. 생제르맹(수도원)의 속민들로서 콜로누스인 에를로이누스와 콜로누스이고 이름이 게를린디스인 그의 아내. 그는 알토길룸에 거주한다. 그는 1jr의 곡물경작지로 된 (1개의) 호스피키움을 보유한다. 그는 (위와) 같이 (의무를) 수행한다.

321에 의하면, 울미델룸(Ulmidellum)은 '울미둠(Ulmidum)'과 같은 곳이거나 그 인근이다.

167. 생제르맹(수도원)의 콜로누스인 게오르기우스는 브라오길룸에서 2bun의 곡물경작지로 된 (1개의) 호스피키움을 보유한다. 그는 닭들과 계란들 및 2데나리우스를 바친다. 그는 동곡파종을 위해서 1ptc, 하곡파종을 위해서 1ptc를 갈이질한다. 그리고 그는 한 주는 2일(의 부역노동)을 수행하고, 다른 한 주는 1일(의 부역노동)을 수행한다.

168. 생제르맹(수도원)의 여자콜로누스인 아말군디스. 뷔네람누스, 아델룰푸스, 프로트가리우스는 그녀의 자식들이다. 그녀는 프로트미리 빌라에 거주한다. 그녀는 1개의 호스피키움을 보유한다. 그녀는 3마리의 닭과 15개의 계란을 바친다. 그리고 그녀는 곡식의 수확기에 매주 1일(의 부역노동)을 (수행한다).

169. 생제르맹(수도원)의 속민들로서 콜로누스인 베르트하두스와 콜로누스이고 이름이 오스트레힐디스인 그의 어머니. 그는 플라르사네빌라에 거주한다. 그는 5bun의 곡물경작지로 된 1개의 호스피키움을 보유한다. 그는 매주 1일(의 부역노동)을 수행한다. 그는 3마리의 닭과 15개의 계란을 바친다.

170. 콜로누스이고 생제르맹(수도원)의 속민인 베르네가리우스. 그리고 생제르맹(수도원)의 속민들로서 노예이고 이름이 라트볼두스인 그의 공동보유자와 콜로누스이고 이름이 프로트힐디스인 그의 아내. 라트하리우스, 프로트하이디스는 그들의 자식들이다. 그들 두 명은 캄보르툼에[94] 거주한다. 그들은 6bun의 곡물경작지와 1arp의 초지로 구성된 1개의 자유인망스를 보유한다. 그들은 (위와) 같이 (의무를) 이행한다.
그 망스는 황소를 바친다.[95]

---

[94] B. Guérard, ed., *Polyp. d'Irminon*, p. 268의 a번 각주와 A. Longnon, ed., *Polyp. de St. Germain*, p. 348의 5번 각주와 D. Hägermann, ed. *Polyp. von St. Germain*, p. 224 및 K. Elmshäuser & A. Konrad, *Studien zum Polyp. von St. Germain*, p. 318에 의하면, 캄보르툼(Cambortum)은 오늘날 이블린 도 랑부예 군 쉬브뢰즈 캉통 주아르퐁샤르트렝(Jouars-Pontchartrain) 코뮌의 작은 마을인 샹보르(Chambort)다. 이곳은 비스콩켈라로부터 서남쪽으로 17km 떨어져 있다.

171. 처자식은 생제르맹(수도원)에 속하지 않지만 (그 자신은) 콜로누스이고 생제르맹(수도원)의 속민인 그레고리우스와, 콜로누스이고 생제르맹(수도원)의 속민인 그의 형제 라감프레두스. 그리고 생제르맹(수도원)의 속민들로서 콜로누스인 테우트가우두스와 콜로누스이고 (이름이) 그레고리아인 그의 아내……

172. 삭소의[96] 훈로쿠스는 2개의 자유인망스를 보유한다. 그 가운데 하나는 플라르사네빌라에 있다. 이 망스는 7bun의 곡물경작지와 1arp의 포도밭 및 1½arp의 초지로 구성되어 있다. 그는 첫 해에 3솔리두스를, 둘째 해에 1솔리두스를 바친다. 그는 3마리의 닭과 15개의 계란을 (바친다). 나머지(의무)는 완전한 망스와 같다. 다른 하나(의 망스)는 아글리니 쿠르티스에[97] 있다. 이 망스는 15bun의 곡물경작지로 되어 있다. 이로 인해 5솔리두스(의 화폐 수입)가 생기지만, 이 망스(보유자)는 이로 인해 (부역노동을) 수행하는 것은 아무것도 없다.

173. 콜로누스인 베르나르두스와 생제르맹(수도원)의 콜로누스이며 빌라[98]

---

95 "그 망스는 황소를 바친다.(Iste mansus solvit Bovem.)"는 문장은 다른 간행본들에서와는 달리 B. Guérard, ed., *Polyp. d'Irminon*, p. 268에서는 제170항 다음의 별도의 중간 제목으로 되어 있다.

96 여기의 삭소(Saxo)는, D. Hägermann, ed. *Polyp. von St. Germain*, pp. 224, 227에 따르면 쿠르티스 삭소니스(Curtis Saxonis)를 지칭한다. 쿠르티스 삭소니스는 앞의 제12장에서 봤듯이 오른 도 노세 캉통 내의 쿠르스생(Coursessin) 코뮌이다.

97 아글리니 쿠르티스(Aglini Curtis)는 B. Guérard, ed., *Polyp. d'Irminon*, p. 268의 d번 각주에서는 비스콩켈라 남쪽 24km 거리의 에글랑쿠르(Eglancourt)나 19km 거리에 있는 엘랑쿠르(Elancourt)로 추정되고 있지만, A. Longnon, ed., *Polyp. de St. Germain*, p. 349의 3번 각주와 D. Hägermann, ed. *Polyp. von St. Germain*, p. 223 및 K. Elmshäuser & A. Konrad, *Studien zum Polyp. von St. Germain*, pp. 316~317에서는 이블린 도 랑부예 군 쉬브뢰즈 캉통의 엘랑쿠르로 추정되고 있다.

98 여기의 빌라(Villa)가 구체적으로 어느 곳을 지칭하는지에 대해서는 의견이 일치되지 않는다. B. Guérard, ed., *Polyp. d'Irminon*, p. 268의 e번 각주; A. Longnon, ed., *Polyp. de St. Germain*, p. 349의 4번 각주 및 D. Hägermann, ed. *Polyp. von*

출신인 그의 아내 이델링가. 그는 비스콩켈라에 거주한다. 잉글리세우스, 이딜라르두스, 베르모두스, 힐데가르디스, 엘리사비아, 게로이스는 그들의 자식들이다. 그는 10bun의 곡물경작지와 2arp의 포도밭과 같은 크기의 초지 및 2bun의 잡목림으로 구성된 1개의 자유인망스를 보유한다.

174. 생제르맹(수도원)의 콜로누스인 페트루스와 자유인이고 (이름이) …인 그의 아내. 그는 7bun의 곡물경작지와 1arp의 초지 및 2arp의 포도밭으로 구성된 1개의 자유인망스를 보유한다.

안드리그 빌라 소속

175. 콜로누스이고 생제르맹(수도원)의 속민인 베르네아르두스와 신이주민이고 이름이 베르타인 그의 아내. 그리고 생제르맹(수도원)의 속민들로서 그의 공동보유자이고 콜로누스인 베르토이누스와 콜로누스이고 이름이 이셈베르가인 그의 아내. 이셍가우두스, 베르트프리다, 고달리쿠스는 그들의 자식들이다. 그들은 안드리그 빌라에 거주한다. 그들은 11bun의 곡물경작지와 1arp의 초지로 구성된 1개의 자유인망스를 보유한다. 그는[99] 매년 12데나리우스와 3마리의 닭 및 15개의 계란을 바친다. 그는 동곡파종을 위해서 3ptc, 하곡파종을 위해서 2ptc를 갈이질한다. 그는 여타의 보유자들처럼 (1회의) 코르베와 일부역들을 수행한다.

176. 신이주민인 노델싱구스와 콜로누스이고 이름이 이셍길디스인 그의 아내 ……[100] 이셍가리우스, 프람닐디스는 그들의 자식들이다. 그리고 생제르맹(수도원)의 속민들로서 빌라밀트 출신의 콜로누스인 그의 공동보유자와 이름이 베르토빌디스인 그의 아내. 그들은 안드리그 빌라에

St. Germain, p. 228 참조.

[99] 원문대로임.

[100] 여기에는 둘 내지 세 단어가 비어 있다고 한다. B. Guérard, ed., *Polyp. d'Irminon*, p. 269의 a번 각주; A. Longnon, ed., *Polyp. de St. Germain*, p. 350의 1번 각주 및 D. Hägermann, ed. *Polyp. von St. Germain*, p. 208의 h번 각주 참조.

거주한다. 그들은 12bun의 곡물경작지와 ½arp의 초지로 구성된 1개의 자유인망스를 보유한다. 그는 (위와) 같이 (의무를) 이행한다.

177. 생제르맹(수도원)의 콜로누스인 베르닐디스. 베르노비니스, 기를린디스, 아클로아르두스, 베르타는 그들의 자식들이다. 그는 안드리그 빌라에 거주한다. 그는 4bun의 곡물경작지로 된 (1개의) 호스피키움을 보유한다. 그는 3마리의 닭과 15개의 계란을 바친다. 그는 동곡파종을 위해서 4ptc, 하곡파종을 위해서 같은 크기를 갈이질한다. 그리고 그는 매주 1일(의 부역노동)을 수행한다.

178. 콜로누스이고 생제르맹(수도원)의 속민인 기르베르투스는 안드리그 빌라에 거주한다. 그는 2bun의 곡물경작지로 된 (1개의) 호스피키움을 보유한다. 그는 매주 1일(의 부역노동)을 수행한다. 그는 3마리의 닭과 15개의 계란을 (바친다).

179. 생제르맹(수도원)의 속민들로서 콜로누스인 라트문두스와 노예이고 이름이 헬트루디스인 그의 아내. 그리고 이름이 빌레볼두스인 그의 공동보유자. 그들은 캄보르튬에 거주한다. 그들은 5bun의 곡물경작지와 1arp의 초지로 구성된 1개의 자유인망스를 보유한다. 그들은 1두의 거세된 숫양과 3마리의 닭 및 15개의 계란을 바친다. 그들은 이랑들(의 갈이질 부역)과 코르베들 및 손일 및 울타리 작업을 수행한다.

180. 콜로누스이고 생제르맹(수도원)의 속민인 베르네가리우스. 그리고 생제르맹(수도원)의 속민들로서 노예이고 이름이 라트볼두스인 그의 공동보유자와 이름이 프로트힐디스인 그의 아내. 라트하리우스, 프로트하이디스는 그들의 자식들이다. 그들은 캄보르튬에 거주한다. 그들은 6bun의 곡물경작지와 1arp의 초지로 구성된 1개의 자유인망스를 보유한다. 그들은 (위와) 같이 (의무를) 이행한다.[101]

181. 노예인 라트문두스는 1개의 호스피키움을 보유한다. 그는 3마리의 닭

---

[101] 이 제180항의 기록은 제170항의 기록과 똑같다. 실수로 중복된 것으로 보인다.

과 15개의 계란을 바치며, 매주 1일(의 부역노동)을 수행한다.

182. 다음의 자들은 성 게르마누스에 대한 연등을 위해 투탁한 사람들이다.
: 힐데가르누스, 알드리쿠스, 테우도, 군트하리우스, 프루틀레누스, 플로도이누스, 힐둘푸스, 아달하르두스, 에르멘타리우스, 나트볼두스, 아르트카리우스, 라이나르두스, 그리몰두스. 아르눌푸스, 알트그리무스, 에르밍구스, 프레데베르투스, 고도볼두스, 프루틀레기우스, 에르메나르두스.

183. 다음의 자들도 역시 연등을 위해 투탁한 사람들이다.
: 다비드, 베르니누스, 가우기우스, 알두이누스, 프루돌두스, 노달하리우스, 에르멩가리우스, 라두이누스, 알메디쿠스, 에르멩가르디스, 나달루스, 벤야민, 베르나르두스, 테우트하리우스, 란트베르투스, 에르카리우스, 아이울푸스, 잉갈라두스, 하이르카리우스, 로트문두스.

부마름 라게눌푸스 관할구역 소속
: 라게눌푸스, 마우렐루스, 빌하리우스, 프로트볼두스, 에르칸프레두스, 굴파르두스, 프루디누스, 에름헤루스, 울파르두스, 보슬리누스, 베르노비누스, 그리오르기우스, 에르칸리쿠스, 라딩구스, 아르네프레두스, 기룰푸스, 프로틀란두스, 크리스테우스, 고달볼두스, 아르트카리우스.

25 핀키아켄시스 파구스[1] 소재 만시오네스 빌라[2] (장원의) 명세서

1. 만시오네스에는 저택과 여타 많은 부속건물들을 갖춘 영주직영지가 있다. 여기에는 46arp의 오래된 포도밭과 영주인 이르미노가 식재한 4arp의 새 포도밭이 있으며, 이들 포도밭에서는 100md의 포도주가 채취될 수 있다. 여기에는 만시오네스와 캄보르키아쿠스[3] 사이에 면적이

---

1 앞에서 거듭 말한 바와 같이 핀키아켄시스 파구스는 오늘날 베르사유 북서쪽의 센 강변에 위치한 푸아시 시를 중심으로 한 지역에 지칭한다.

2 만시오네스 빌라(Mansiones Villa)는 B. Guérard, *Prolégomènes*, pp. 885~886 및 B. Guérard, ed., *Polyp. d'Irminon*, p. 271의 a번 각주와 A. Longnon, ed., *Polyp. de St. Germain*, p. 353의 2번 각주에 의하면 세네우아즈 도 베르사유 군 생제르맹앙래 캉통에 있는 메종쉬르센(Maisons-sur-Seine)이고, 더 뒤에 발간된 D. Hägermann, ed. *Polyp. von St. Germain*, p. 226과 K. Elmshäuser & A. Konrad, *Studien zum Polyp. von St. Germain*, pp. 326, 327에 의하면 이블린 도 생제르맹앙래 군 생제르맹앙래 캉통의 매종라피트(Maisons-Laffitte)다. 이곳의 정확한 현행 행정구역상 위치는 이블린 도 생제르맹앙래 군 매종라피트 캉통의 소재지다. 매종라피트는 파리의 수도원 소재지로부터 서북쪽으로 16km 거리에 위치한다.

3 B. Guérard, ed., *Polyp. d'Irminon*, p. 271의 b번 각주와 A. Longnon, ed., *Polyp. de St. Germain*, p. 353의 4번 각주와 D. Hägermann, ed. *Polyp. von St. Germain*, p. 224 및 K. Elmshäuser & A. Konrad, *Studien zum Polyp. von St. Germain*, p. 326에 의하면, 캄보르키아쿠스(Camborciacus)는 오늘날 이블린 도 생제르맹앙래 군 생제르맹앙래쉬드(Saint-Germain-en-Laye-Sud) 캉통의 샹부르시(Chambourcy)다. 이곳은 만시오네스 빌라로부터 서남쪽으로 10km쯤 떨어진 거리에 있다.

220bun인 7개의 쿨투라와 1개의 작은 밭 그리고 영주 이르미노가 개간한 6bun 크기의 1개 섬으로 구성된 영주의 곡물경작지가 있으며, 이들 경작지에서는 650md의 밀과 호밀이 파종될 수 있다. 여기에는 100수레의 건초가 채취될 수 있는 110arp의 초지가 있다.

리다에는[4] 어림잡아 그 둘레가 총 3마일이고 200마리의 돼지가 살찔 수 있는 임야가 있다. 크레우아에는[5] 어림잡아 그 둘레가 총 2마일이고 150마리의 돼지가 살찔 수 있는 임야가 있다. 여기에는 작은 암퇘지를 기를 수 있는 매우 작은 2개의 숲이 있다.

2. 여기에는 2개의 교회가 있다. 하나는 만시오네스에, 다른 하나는 캄보르키아쿠스에 있으며, 주택과 여타의 부속건물들이 딸려 있다. 여기에는 3명의 거류외인들이 배속되어 있다. 그들 중 한 명은 16데나리우스와 3마리의 닭 및 15개의 계란을 바친다. 그리고 그들 중 두 명은 1솔리두스의 돈, 3마리의 닭, 15개의 계란 및 두 수레의 땔나무를 바친다. 그리고 그들은 동곡파종을 위해서 4ptc, 하곡파종을 위해서 2ptc를 갈이질한다. 사제들과 이들(의 토지)을 합쳐서 총 4arp의 포도밭과 35bun의 곡물경작지 및 8arp의 초지가 있다. (여기에는) 3½개의 망스가 있다.

캄부르키아쿠스 소속

3. 생제르맹(수도원)의 속민들로서 콜로누스인 크리스팅가우두스와 (신분이) …이고 이름이 아말트루디스인 그의 아내. ……은[6] 그들의 자식

4 B. Guérard, ed., *Polyp. d'Irminon*, p. 271의 c번 각주와 A. Longnon, ed., *Polyp. de St. Germain*, p. 353의 5번 각주와 D. Hägermann, ed. *Polyp. von St. Germain*, p. 225 및 K. Elmshäuser & A. Konrad, *Studien zum Polyp. von St. Germain*, p. 327에 의하면 리다(Lida)는 생제르맹앙래의 북서쪽에 있는 래(Laye) 숲이며, 현재의 생제르맹 숲이다.

5 B. Guérard, ed., *Polyp. d'Irminon*, p. 271의 d번 각주와 A. Longnon, ed., *Polyp. de St. Germain*, p. 353의 6번 각주와 D. Hägermann, ed. *Polyp. von St. Germain*, p. 224 및 K. Elmshäuser & A. Konrad, *Studien zum Polyp. von St. Germain*, p. 326에 의하면 크레우아(Creua)는 생제르맹앙래의 남서쪽에 있는 크뤼이(Cruye) 숲이며, 오늘날의 마를리(Marly) 숲이다.

들이다. 그들은[7] 11bun의 곡물경작지와 2arp의 포도밭 및 2arp의 초지로 구성되는 1개의 자유인망스를 보유한다. 그는 군사용으로 4솔리두스나 ½두의 황소를, 포도주세로 1md의 포도주를, 나무채취료로 4데나리우스를, 인두세로 4데나리우스를 바치며, 그 대신에 (도토리 숲에서의 돼지)방목권을 갖는다. 그는 셋째 해에 1두의 암양을 (바친다). 그리고 그는 영주의 뜰로부터 5수레의 거름을 영주의 쿨투라로 운반하며, 셋째 헤에도 그와 같이 한다. 그는 매년 1피트 용적의 받침목을 (바치며), 백 개의 지붕널을 (바치되) 매년 그와 같이 (바친다). 그는 동곡파종을 위해서 4ptc, 하곡파종을 위해서 2ptc를 갈이질한다. 그는 초지에서 4ptc(의 풀)를 벤다. 그는 3마리의 닭과 15개의 계란을 (바친다). 그리고 그는 파종기마다 매주 2회의 코르베와 1일의 손일을 수행하고, 수송부역을 수행하며, 영주의 창고에서 12md의 곡식을 타작하고, 그들 곡식을 수도원으로 운반한다.

4. 콜로누스이고 생제르맹(수도원)의 속민인 아이로아르두스는 15bun의 곡물경작지와 3½arp의 포도밭 및 2½arp의 초지로[8] 구성된 1½개의 자유인망스를 보유한다. 그는 (위와) 같이 (의무를) 이행한다.

5. 생제르맹(수도원)의 속민들로서 콜로누스인 가우트사리우스와 이름이 고달트루디스인 그의 아내. ……는[9] 그들의 자식들이다. 그는 4bun의 곡물경작지와 1½arp의 포도밭 및 ½arp의 초지로 구성된 (1개의) 반쪽 자유인망스를 보유한다. 그는 반쪽 망스(보유자)처럼 (의무를) 이행한다.

---

6 B. Guérard, ed., *Polyp. d'Irminon*, p. 271과 Longnon, ed., *Polyp. de St. Germain*, p. 354의 4번 각주 및 D. Hägermann, ed. *Polyp. von St. Germain*, p. 211의 각주 h번에 의하면 수사본에는 4명의 이름이 기재될 정도의 공간이 비어 있다고 한다.

7 원문대로임.

8 1½개의 자유인망스 구성이 B. Guérard와 D. Hägermann의 간행본에서는 이와 같이 되어 있지만, A. Longnon의 간행본에는 '2½arp의 초지' 부분이 누락되어 있다.

9 B. Guérard, ed., *Polyp. d'Irminon*, p. 272와 A. Longnon, ed., *Polyp. de St. Germain*, p. 355의 1번 각주 및 D. Hägermann, ed. *Polyp. von St. Germain*, p. 212의 각주 a번에 의하면 수사본에 2명의 이름이 기재될 정도의 공간이 비어 있다고 한다.

6. 콜로누스인 시켈무스와 노예이고 이름이 란다인 그의 아내. ……는[10] 그들의 자식들이다. 그는 12bun의 곡물경작지와 1½arp의 포도밭 및 2arp의 초지로 구성된 1개의 자유인망스를 보유한다. 그는 (위와) 같이 (의무를) 이행한다. 그의 아내 또한 (1장의) 모직물을 제조하거나 12데나리우스를 지불한다.

7. 콜로누스이고 생제르맹(수도원)의 속민인 아말기수스 – 그는 ……[11] 영주세습지 출신의 다른 여자로부터 1명의 반자유인(신분의) 아들을 두고 있다 – 와 벨토누스(보유)의 은대지 출신 콜로누스인 그의 아내. 그는 이 여자로부터는 자녀가 없다. 그는 6bun의 곡물경작지와 1½arp의 포도밭 및 1arp의 초지로 구성된 1개의 자유인망스를 보유한다. 그는 (위와) 같이 (의무를) 이행한다.

8. 생제르맹(수도원)의 속민들로서 콜로누스인 에를렌테우스와 성모 마리아(교회)의 콜로누스이고 이름이 힐데가르디스인 그의 아내. ……는[12] 그들의 자식들이다. 그는 6bun의 곡물경작지와 3arp의 포도밭 및 2½arp의 초지로 구성된 (1개의) 반쪽 자유인망스를 보유한다. 그는 반쪽 망스(보유자)처럼 모든 의무를 수행한다. 그리고 그는 3bun의 곡물경작지와 1arp의 초지로 구성된 1개의 운키아를 소유한다. 이 운키아는 그의 가까운 친척의 상속재산으로부터 그에게 상속된 것이다. 그는 이로 인해 하곡파종을 위해 1ptc(의 갈이질 부역)를 수행하며, 이로 인해

---

[10] B. Guérard, ed., *Polyp. d'Irminon*, p. 272와 A. Longnon, ed., *Polyp. de St. Germain*, p. 355의 2번 각주 및 D. Hägermann, ed. *Polyp. von St. Germain*, p. 212의 a번 각주에 의하면 수사본에는 1명 내지 2명의 이름이 기재될 정도의 공간이 비어 있다고 한다.

[11] B. Guérard, ed., *Polyp. d'Irminon*, p. 272와 A. Longnon, ed., *Polyp. de St. Germain*, p. 355의 3번 각주 및 D. Hägermann, ed. *Polyp. von St. Germain*, p. 212의 a번 각주에 의하면 수사본에는 2명의 이름이 기재될 정도의 공간이 비어 있다고 한다.

[12] B. Guérard, ed., *Polyp. d'Irminon*, p. 272와 A. Longnon, ed., *Polyp. de St. Germain*, p. 355의 4번 각주 및 D. Hägermann, ed. *Polyp. von St. Germain*, p. 212의 a번 각주에 의하면 수사본에는 2명의 이름이 기재될 정도의 공간이 비어 있다고 한다.

4데나리우스를 지불한다.

9. 생제르맹(수도원)의 속민들로서 콜로누스인 알데가리우스와 콜로누스이고 이름이 아달힐디스인 그의 아내. ……는[13] 그들의 자식들이다. 그는 5bun의 곡물경작지와 1½arp의 포도밭 및 같은 크기의 초지로 구성된 (1개의) 반쪽 자유인망스를 보유한다.

10. 생제르맹(수도원)의 속민들로서 콜로누스인 테우트볼두스와 콜로누스이고 이름이 프람네일디스인 그의 아내. ……는[14] 그들의 딸들이다. 그는 8bun의 곡물경작지와 2arp의 포도밭 및 2arp의 초지로 구성된 1개의 자유인망스를 보유한다. 그는 (위와) 같이 (의무를) 이행한다.

11. 생제르맹(수도원)의 속민들로서 콜로누스인 란돌리누스와 콜로누스이고 이름이 일트루디스인 그의 아내. …는 그들의 딸이다. 그는 9bun의 곡물경작지와 1½arp의 포도밭 및 1arp의 초지로 구성된 1개의 자유인망스를 보유한다. 그는 (위와) 동일한 차지료를 지불한다.

포텐티아쿠스[15] 소속

12. 생제르맹(수도원)의 속민들로서 콜로누스인 아달하리우스와 콜로누스이고 이름이 봐트힐디스인 그의 아내. ……는[16] 그들의 자식들이다.

---

[13] B. Guérard, ed., *Polyp. d'Irminon*, p. 272와 A. Longnon, ed., *Polyp. de St. Germain*, p. 355의 5번 각주 및 D. Hägermann, ed. *Polyp. von St. Germain*, p. 212의 a번 각주에 의하면 수사본에는 2명의 이름이 기재될 정도의 공간이 비어 있다고 한다.

[14] B. Guérard, ed., *Polyp. d'Irminon*, p. 272와 A. Longnon, ed., *Polyp. de St. Germain*, p. 355의 6번 각주 및 D. Hägermann, ed. *Polyp. von St. Germain*, p. 212의 a번 각주에 의하면 수사본에는 2명의 이름이 기재될 정도의 공간이 비어 있다고 한다.

[15] B. Guérard, ed., *Polyp. d'Irminon*, p. 273의 a번 각주와 A. Longnon, ed., *Polyp. de St. Germain*, p. 356의 각주 1번과 D. Hägermann, ed. *Polyp. von St. Germain*, p. 227 및 K. Elmshäuser & A. Konrad, *Studien zum Polyp. von St. Germain*, p. 327에 의하면, 포텐티아쿠스(Potentacus)는 오늘날 이블린 도 베르사유 군 생제르맹앙래 캉통 내의 퐁시(Poncy)로서 만시오네스 빌라로부터 서남쪽으로 10km쯤 거리에 위치한다.

[16] B. Guérard, ed., *Polyp. d'Irminon*, p. 273과 A. Longnon, ed., *Polyp. de St. Germain*,

그는 6bun의 곡물경작지와 1arp의 초지로 구성된 (1개의) 반쪽 자유인 망스를 보유한다. 그는 반쪽 망스(보유자)처럼 모든 의무를 이행한다.

13. 생제르맹(수도원)의 속민들로서 콜로누스인 아이마르두스와 콜로누스이고 이름이 기슬라인 그의 아내. ……는[17] 그들의 자식들이다. 그는 15bun의 곡물경작지와 2arp의 포도밭 및 같은 크기의 초지로 구성된 1개의 자유인망스를 보유한다. 그는 (위와) 같이 (의무를) 이행한다.

14. 콜로누스인 잉고, 콜로누스인 잉갈람누스, 그리고 콜로누스인 레우드람누스. 생제르맹(수도원)의 속민들로서 신이주민인 테우트하르두스와 콜로누스인 그의 아내 알군디스. …는 그들의 딸이다. 그들은 모두 합쳐서 15bun의 곡물경작지와 2arp의 포도밭 및 같은 크기의 초지로 구성된 1개의 자유인망스를 보유한다.

15. 생제르맹(수도원)의 속민들로서 콜로누스인 데우사드유바와 콜로누스이고 이름이 에우세비아인 그의 아내. ……는[18] 그들의 자식들이다. 생제르맹(수도원)의 속민들로서 신이주민인 게로아르두스와 콜로누스인 그의 아내. ……는[19] 그들의 자식들이다. 그들은 모두 합쳐 9bun의 곡물경작지와 1arp의 포도밭 및 같은 크기의 초지로 구성된 1개의 자유인망스를 보유한다. 그들은 (위와) 같이 (의무를) 이행한다.

16. 생제르맹(수도원)의 속민들로서 콜로누스인 라도이누스와 콜로누스이

---

p. 356의 2번 각주 및 D. Hägermann, ed. *Polyp. von St. Germain*, p. 212의 j번 각주에 의하면 수사본에는 3명의 이름이 기재될 정도의 공간이 비어 있다고 한다.

17 B. Guérard, ed., *Polyp. d'Irminon*, p. 273과 A. Longnon, ed., *Polyp. de St. Germain*, p. 356의 3번 각주 및 D. Hägermann, ed. *Polyp. von St. Germain*, p. 212의 j번 각주에 의하면 수사본에는 3명의 이름이 기재될 정도의 공간이 비어 있다고 한다.

18 B. Guérard, ed., *Polyp. d'Irminon*, p. 273과 A. Longnon, ed., *Polyp. de St. Germain*, p. 356의 5번 각주 및 D. Hägermann, ed. *Polyp. von St. Germain*, p. 212의 m번 각주에 의하면 수사본에는 3명의 이름이 기재될 정도의 공간이 비어 있다고 한다.

19 B. Guérard, ed., *Polyp. d'Irminon*, p. 273과 A. Longnon, ed., *Polyp. de St. Germain*, p. 356의 6번 각주 및 D. Hägermann, ed. *Polyp. von St. Germain*, p. 212의 a번 각주에 의하면 수사본에는 2명의 이름이 기재될 정도의 공간이 비어 있다고 한다.

고 이름이 아우트루디스인 그의 아내. ……는[20] 그들의 자식들이다. 또한 콜로누스인 아레가리우스와 콜로누스이고 이름이 그림힐디스인 그의 아내. ……는[21] 그들의 자식들이다. 콜로누스인 아르트가우두스와 노예이고 이름이 힐트루디스인 그의 아내. ……는[22] 그들의 딸들이다. 그들 세 명의 형제들은 16bun의 곡물경작지와 3arp의 포도밭 및 같은 크기의 초지로 구성된 1개의 자유인망스를 보유한다. 그들은 (위와) 같이 (의무를) 이행한다. 그리고 위에서 말한 여자노예는 12데나리우스를 지불한다.

17. 생제르맹(수도원)의 속민들로서 콜로누스인 아달프레두스와 콜로누스이고 이름이 에르모플리디스인 그의 아내. ……는[23] 그들의 자식들이다. 그리고 여자콜로누스인 길트라다. ……는[24] 그들의 자식들이다. 그들 두 명은 9bun의 곡물경작지와 1arp의 포도밭 및 같은 크기의 초지로 구성된 1개의 자유인망스를 보유한다.

18. 콜로누스인 아말가르두스와 신이주민인 그의 아내. 생제르맹(수도원)의 속민들로서 반자유인인 테우트만누스와 콜로누스인 그의 아내.

---

[20] B. Guérard, ed., *Polyp. d'Irminon*, p. 273과 A. Longnon, ed., *Polyp. de St. Germain*, p. 356의 7번 각주 및 D. Hägermann, ed. *Polyp. von St. Germain*, p. 213의 a번 각주에 의하면 수사본에는 3명의 이름이 기재될 정도의 공간이 비어 있다고 한다.

[21] B. Guérard, ed., *Polyp. d'Irminon*, p. 273과 A. Longnon, ed., *Polyp. de St. Germain*, p. 356의 8번 각주에 의하면 수사본에는 2명의 이름이 기재될 정도의 공간이 비어 있다고 한다.

[22] B. Guérard, ed., *Polyp. d'Irminon*, p. 273과 A. Longnon, ed., *Polyp. de St. Germain*, p. 357의 1번 각주 및 D. Hägermann, ed. *Polyp. von St. Germain*, p. 213의 d번 각주에 의하면 수사본에는 2명의 이름이 기재될 정도의 공간이 비어 있다고 한다.

[23] B. Guérard, ed., *Polyp. d'Irminon*, p. 273과 A. Longnon, ed., *Polyp. de St. Germain*, p. 357의 2번 각주 및 D. Hägermann, ed. *Polyp. von St. Germain*, p. 213의 e번 각주에 의하면 수사본에는 4명의 이름이 기재될 정도의 공간이 비어 있다고 한다.

[24] B. Guérard, ed., *Polyp. d'Irminon*, p. 273과 A. Longnon, ed., *Polyp. de St. Germain*, p. 357의 3번 각주 및 D. Hägermann, ed. *Polyp. von St. Germain*, p. 213의 f번 각주에 의하면 수사본에는 3명의 이름이 기재될 정도의 공간이 비어 있다고 한다.

……는[25] 그들의 자식들이다. 그들 두 명은 8bun의 곡물경작지와 ½arp의 포도밭 및 같은 크기의 초지로 구성된 1개의 자유인망스를 보유한다. 그들은 (위와) 같이 (의무를) 이행한다.

19. 생제르맹(수도원)의 속민들로서 반자유인인 아가르두스와 콜로누스이고 이름이 프람네드루디스인 그의 아내. …는 그들의 아들이다. 그는 9bun의 곡물경작지와 1arp의 포도밭으로 구성된 1개의 자유인망스를 보유한다. 그는 군사용으로 12데나리우스를, 그리고 4데나리우스의 인두세를 지불한다. 그는 3마리의 닭과 15개의 계란을 바치며, 1ant(면적의 정적부역)를 수행한다.

20. 신이주민인 알트신두스와 이름이 플렉트루디스이고 생제르맹(수도원)의 콜로누스인 그의 아내. ……는[26] 그들의 자식들이다. 그리고 생제르맹(수도원)의 속민들로서 콜로누스인 알드라두스와 콜로누스이고 이름이 아클레일디스인 그의 아내. ……는[27] 그들의 자식들이다. 그들 두 명은 5bun의 곡물경작지와 2arp의 포도밭 및 1arp의 초지로 구성된 (1개의) 반쪽 자유인망스를 보유한다. 그들은 2솔리두스의 군역세를 지불하고, 각자 4데나리우스를 (지불하며), 둘 다 합쳐 군수용 마초공납 면제세로 1두의 작은 양을 (바친다).

21. 생제르맹(수도원)의 속민들로서 콜로누스인 아클레하리우스와 콜로누스이고 이름이 에르메닐디스인 그의 아내. 그들은 자식이 없다. 그들은[28] (1개의) ¼쪽 자유인망스를 보유한다. 그들은 군사용으로 12데나

---

[25] B. Guérard, ed., *Polyp. d'Irminon*, p. 274와 A. Longnon, ed., *Polyp. de St. Germain*, p. 357의 4번 각주 및 D. Hägermann, ed. *Polyp. von St. Germain*, p. 213의 d번 각주에 의하면 수사본에는 2명의 이름이 기재될 정도의 공간이 비어 있다고 한다.

[26] B. Guérard, ed., *Polyp. d'Irminon*, p. 274와 A. Longnon, ed., *Polyp. de St. Germain*, p. 357의 6번 각주 및 D. Hägermann, ed. *Polyp. von St. Germain*, p. 213의 h번 각주에 의하면 수사본에는 6명의 이름이 기재될 정도의 공간이 비어 있다고 한다.

[27] B. Guérard, ed., *Polyp. d'Irminon*, p. 274와 A. Longnon, ed., *Polyp. de St. Germain*, p. 357의 7번 각주 및 D. Hägermann, ed. *Polyp. von St. Germain*, p. 213의 f번 각주에 의하면 수사본에는 3명의 이름이 기재될 정도의 공간이 비어 있다고 한다.

리우스를, 그리고 4데나리우스의 인두세를 지불한다. 그리고 그들은 그들의 동료들과 함께 6md의 포도주를 바친다.

22. 생제르맹(수도원)의 속민들로서 콜로누스인 아이메리쿠스와 콜로누스이고 이름이 가우다인 그의 아내. ……는[29] 그들의 자식들이다. 콜로누스인 잉고. 콜로누스인 잉갈람누스. 콜로누스인 데우사드유바. 콜로누스인 에르밍구스와 콜로누스이고 이름이 아이르비나인 그의 아내. ……는[30] 그들의 자식들이다. 콜로누스인 베르티누스. 콜로누스인 프로트카리우스와 콜로누스이고 이름이 라이노아라인 그의 아내. ……는[31] 그들의 자식들이다. 신이주민인 테우트하르두스. 콜로누스인 아달하리우스. 콜로누스인 레우드람누스. 콜로누스인 아이마르두스. 여자콜로누스인 잉기나. 그들 12명은 5bun의 곡물경작지와 2arp의 포도밭으로 구성된 (1개의) 반쪽 자유인망스를 보유한다.[32] 그리고 그들은 15md의 포도주를 바치고, 각자 4데나리우스의 인두세를 지불하며, 모두 닭들과 계란들을 (바친다).

23. 생제르맹(수도원)의 속민들로서 (신분이) …인 레스톨두스와 콜로누스이고 이름이 베네딕타인 그의 아내. ……는[33] 그들의 자식들이다. 그는

---

28 원문대로임.

29 B. Guérard, ed., *Polyp. d'Irminon*, p. 274와 A. Longnon, ed., *Polyp. de St. Germain*, p. 358의 1번 각주 및 D. Hägermann, ed. *Polyp. von St. Germain*, p. 213의 f번 각주에 의하면 수사본에는 3명의 이름이 기재될 정도의 공간이 비어 있다고 한다.

30 B. Guérard, ed., *Polyp. d'Irminon*, p. 274와 A. Longnon, ed., *Polyp. de St. Germain*, p. 358의 2번 각주 및 D. Hägermann, ed. *Polyp. von St. Germain*, p. 213의 d번 각주에 의하면 수사본에는 2명의 이름이 기재될 정도의 공간이 비어 있다고 한다.

31 B. Guérard, ed., *Polyp. d'Irminon*, p. 274와 A. Longnon, ed., *Polyp. de St. Germain*, p. 358의 3번 각주 및 D. Hägermann, ed. *Polyp. von St. Germain*, p. 213의 d번 각주에 의하면 수사본에는 4명의 이름이 기재될 정도의 공간이 비어 있다고 한다.

32 K. Elmshäuser & A. Konrad, *Studien zum Polyp. von St. Germain*, p. 334에 따르면 여기에서 1개의 반쪽 자유인망스를 보유한 12명 중 적어도 8명이 제25장의 제14항을 비롯한 다른 항들에서 망스보유자들임이 확인된다고 한다.

33 B. Guérard, ed., *Polyp. d'Irminon*, p. 274와 A. Longnon, ed., *Polyp. de St. Germain*,

6bun의 곡물경작지와 1arp의 초지로 구성된 (1개의) 미경작망스를 보유한다. 그는 이로 인해 (1두의) 거세된 숫양을 바치고, 동곡파종을 위해 4ptc, 하곡파종을 위해 2ptc를 갈이질한다. 그는 이로 인해 다른 것은 아무 것도 바치지 않는다.

24. 콜로누스인 베르노알루스와 이름이 시그라다인 그의 아내. …는 그들의 딸이다. 그는 4bun의 곡물경작지와 ½arp의 포도밭 및 1arp의 초지로 구성된 1개의 자유인망스를 보유한다. 그는 1두의 거세된 숫양을 바친다. 그리고 매주 3일(의 부역노동)을 수행한다. 그는 3마리의 닭과 15개의 계란을 (바치며), 4데나리우스의 인두세를 (바친다).

25. 콜로누스인 아달가우두스와 콜로누스이고 이름이 아달린디스인 그의 아내. ……는[34] 그들의 자식들이다. 그는 8bun의 곡물경작지와 3arp의 초지로 구성된 1개의 망스를 보유한다. 그는 1두의 거세된 숫양을 바치며, (위와) 같이 (의무를) 수행한다.

26. 콜로누스이고 생제르맹(수도원)의 속민인 압보는 6bun의 곡물경작지와 1arp의 포도밭 및 3arp의 초지로 구성된 1개의 자유인망스를 보유한다. 그는 (위와) 같이 (의무를) 이행한다.

27. 콜로누스인 길트라두스와 콜로누스이고 이름이 아기아인 그의 아내. ……는[35] 그들의 자식들이다. 그는 6bun의 곡물경작지로 된 1개의 자유인망스를 보유한다. 그리고 그는 2두의 거세된 숫양을 바치며, 나머지 의무는 위의 보유자들처럼 수행한다.

---

p. 358의 5번 각주 및 D. Hägermann, ed. *Polyp. von St. Germain*, p. 213의 k번 각주에 의하면 수사본에는 6명의 이름이 기재될 정도의 공간이 비어 있다고 한다.

[34] B. Guérard, ed., *Polyp. d'Irminon*, p. 275와 A. Longnon, ed., *Polyp. de St. Germain*, p. 358의 7번 각주 및 D. Hägermann, ed. *Polyp. von St. Germain*, p. 214의 c번 각주에 의하면 수사본에는 3명의 이름이 기재될 정도의 공간이 비어 있다고 한다.

[35] B. Guérard, ed., *Polyp. d'Irminon*, p. 275와 A. Longnon, ed., *Polyp. de St. Germain*, p. 358의 8번 각주 및 D. Hägermann, ed. *Polyp. von St. Germain*, p. 214의 e번 각주에 의하면 수사본에는 2명의 이름이 기재될 정도의 공간이 비어 있다고 한다.

28. 생제르맹(수도원)의 속민들로서 콜로누스인 릭볼두스와 콜로누스이고 이름이 베르타인 그의 아내. ……는[36] 그들의 자식들이다. 그는 6bun의 곡물경작지와 ½arp의 포도밭으로 구성된 (1개의) 반쪽 망스를 보유한다. 그는 1두의 1년생 거세된 숫양을 바친다. 그는 동곡파종을 위해 2ptc, 하곡파종을 위해 1ptc를 갈이질한다. 그리고 그는 4데나리우스의 인두세를 지불하며, 3마리의 닭과 15개의 계란을 (바친다).

29. 또한 알데가리우스와 또한 알트신두스는 13bun의 곡물경작지와 1arp의 초지로 구성된 1개의 자유인망스를 보유한다. 그는 2두의 거세된 숫양을 바치며, 동곡파종을 위해 4ptc, 하곡파종을 위해 2ptc를 갈이질한다.

30. 또한 콜로누스인 로트카리우스와, 콜로누스들인 아글레하리우스 및 베르티누스는 6bun의 곡물경작지로 된 다른 (1개의) 자유인망스를 보유한다. 그는[37] (1두의) 거세된 숫양을 바치며, 나머지 의무는 (위와) 같은 방식으로 이행한다.

31. 콜로누스인 베르나르두스. 그리고 콜로누스인 그리모이누스와 콜로누스이고 이름이 힐데드루디스인 그의 아내는 아들들이 없다. 그들은 14bun의 곡물경작지와 3arp의 초지로 구성된 1개의 자유인망스를 보유한다. 그들은 2두의 거세된 숫양을 바친다. 그들은 둘이 합쳐 동곡파종을 위해 4ptc와 하곡파종을 위해 2ptc를 갈이질한다. 그리고 그들은 (위와) 같이 (의무를) 이행한다.

32. 또한 콜로누스인 아달프레두스는 4bun의 곡물경작지로 된 1개의 자유인망스를 보유한다. 그는 1두의 거세된 숫양을 바치며, (위와) 같이 (의무를) 수행한다.

---

36 B. Guérard, ed., *Polyp. d'Irminon*, p. 275와 A. Longnon, ed., *Polyp. de St. Germain*, p. 359의 2번 각주 및 D. Hägermann, ed. *Polyp. von St. Germain*, p. 214의 c번 각주에 의하면 수사본에는 2명의 이름이 기재될 정도의 공간이 비어 있다고 한다.

37 원문대로임.

스피니툼[38] 소속

33. 노예인 에름하리우스와 콜로누스이고 이름이 란트힐디스인 그의 아내. ……는[39] 그들의 자식들이다. 그는 8bun의 곡물경작지로 된 (1개의) 자유인망스를 보유한다. 그는 1두의 거세된 숫양을 바치며, (위와) 같이 (의무를) 수행한다.

34. 생제르맹(수도원)의 속민들로서 콜로누스인 고달하리우스와 콜로누스인 그의 아내. ……는[40] 그들의 자식들이다. 그는 9bun의 곡물경작지와 1arp의 포도밭 및 1arp의 초지로 구성된 1개의 자유인망스를 보유한다. 그는 군사용으로 ½두의 황소나 3솔리두스를, 포도주세로 1md의 포도주를, 4데나리우스의 나무채취료를, 4데나리우스의 인두세를 바치며, 셋째 해에 (1두의) 1년생 양을 (바친다). 그리고 그는 영주의 뜰로부터 5수레의 거름을 영주의 쿨투라로 운반하며, 셋째 해에도 그와 같이 한다. 그는 매년 1피트 용적의 받침목을 (바치며), 100개의 지붕널을 (바치되) 매년 그와 같이 (바친다). 그는 동곡파종을 위해서 4ptc, 하곡파종을 위해서 2ptc를 갈이질한다. 그는 초지에서 4ptc(의 풀)를 벤다. 그는 3마리의 닭과 15개의 계란을 바친다.

35. 콜로누스들인 마다눌푸스와 베렝가우두스는 14bun의 곡물경작지와 2arp의 포도밭 및 3arp의 초지로 구성된 (1개의) 자유인망스를 보유한다. 그들은 (위와) 같이 (의무를) 수행한다.

---

38 스피니툼(spinitum)의 오늘날 위치는 확인되지 않고 있다. B. Guérard, ed., *Polyp. d'Irminon*, p. 275의 a번 각주; A. Longnon, ed., *Polyp. de St. Germain*, p. 359의 3번 각주; D. Hägermann, ed. *Polyp. von St. Germain*, p. 227; K. Elmshäuser & A. Konrad, *Studien zum Polyp. von St. Germain*, pp. 327~328 참조.

39 B. Guérard, ed., *Polyp. d'Irminon*, p. 276과 A. Longnon, ed., *Polyp. de St. Germain*, p. 359의 4번 각주 및 D. Hägermann, ed. *Polyp. von St. Germain*, p. 214의 j번 각주에 의하면 수사본에는 2명의 이름이 기재될 정도의 공간이 비어 있다고 한다.

40 B. Guérard, ed., *Polyp. d'Irminon*, p. 276과 A. Longnon, ed., *Polyp. de St. Germain*, p. 360의 1번 각주 및 D. Hägermann, ed. *Polyp. von St. Germain*, p. 214의 j번 각주에 의하면 수사본에는 2명의 이름이 기재될 정도의 공간이 비어 있다고 한다.

36. 콜로누스인 베르트가우두스와 (신분이) …이고 이름이 베르타프레다인 그의 아내. ……는[41] 그들의 자식들이다. 그는 9bun의 곡물경작지와 1arp의 포도밭 및 1½(arp)의 초지로 구성된 (1개의) 자유인망스를 보유한다. 그는 (위와) 같이 (의무를) 수행한다.

37. 콜로누스인 알드리쿠스와 콜로누스이고 이름이 잉갈트루디스인 그의 아내. ……는[42] 그들의 자식들이다. 생제르맹(수도원)의 속민들로서 콜로누스인 란트프레두스와 콜로누스인 그의 아내. ……는[43] 그들의 자식들이다. 그들 두 명은 12bun의 곡물경작지와 3arp의 포도밭 및 1(arp)의 초지로 구성된 1개의 자유인망스를 보유한다. 그들은 (위와) 같이 (의무를) 수행한다.

몰리넬리[44] 소속

38. 생제르맹(수도원)의 속민들로서 생제르맹(수도원)의 콜로누스인[45] 아달하리우스와 콜로누스이고 이름이 테오달라이며 군트하리우스(보유)의 은대지 출신인 그의 아내. ……는[46] 그들의 자식들이다. 그는 5bun

---

[41] B. Guérard, ed., *Polyp. d'Irminon*, p. 276과 A. Longnon, ed., *Polyp. de St. Germain*, p. 360의 3번 각주 및 D. Hägermann, ed. *Polyp. von St. Germain*, p. 215의 b번 각주에 의하면 수사본에는 3명의 이름이 기재될 정도의 공간이 비어 있다고 한다.

[42] B. Guérard, ed., *Polyp. d'Irminon*, p. 276과 A. Longnon, ed., *Polyp. de St. Germain*, p. 360의 4번 각주 및 D. Hägermann, ed. *Polyp. von St. Germain*, p. 215의 c번 각주에 의하면 수사본에는 2명의 이름이 기재될 정도의 공간이 비어 있다고 한다.

[43] B. Guérard, ed., *Polyp. d'Irminon*, p. 276과 A. Longnon, ed., *Polyp. de St. Germain*, p. 360의 5번 각주 및 D. Hägermann, ed. *Polyp. von St. Germain*, p. 215의 c번 각주에 의하면 수사본에는 2명의 이름이 기재될 정도의 공간이 비어 있다고 한다.

[44] B. Guérard, ed., *Polyp. d'Irminon*, p. 276의 a번 각주와 A. Longnon, ed., *Polyp. de St. Germain*, p. 360의 6번 각주와 D. Hägermann, ed. *Polyp. von St. Germain*, p. 226 및 K. Elmshäuser & A. Konrad, *Studien zum Polyp. von St. Germain*, p. 327에 의하면, 몰리넬리(Molinelli)는 오늘날 이블린 도 베르사유 군 베르사유 캉통 퐁트내르플뢰리(Fontenay-le-Fleury) 코뮌의 레물리노(Les Moulineaux)라는 작은 마을로서 만시오네스 빌라로부터는 남쪽으로 15km쯤의 거리에 위치한다.

[45] 원문대로임.

의 곡물경작지와 1arp의 초지로 구성된 (1개의) 반쪽 자유인망스를 보유한다.

39. 생제르맹(수도원)의 속민들로서 생제르맹(수도원)의 여자콜로누스인[47] 아글레힐디스와 콜로누스이고 그녀의 아들인 데오드람누스. 그들은 5bun의 곡물경작지와 1arp의 포도밭 및 1arp의 초지로 구성된 (1개의) 반쪽 자유인망스를 보유한다.

쿠르켈레[48] 소속

40. 생제르맹(수도원)의 속민들로서 콜로누스인 요한네스와 콜로누스이고 이름이 바시나이며 힐트보두스(보유)의 은대지 출신인 그의 아내. ……는[49] 그들의 자식들이다. 그는 5bun의 곡물경작지와 1arp의 초지로 구성된 (1개의) 반쪽 망스를 보유한다.

만시오네스 소속

41. 생제르맹(수도원)의 속민들로서 콜로누스인 마다눌푸스와 콜로누스이고 이름이 아달린디스인 그의 아내. …는 그들의 아들이다. 그는 4bun의 곡물경작지와 1arp의 포도밭 및 같은 크기의 초지로 구성된 (1개의)

---

46 B. Guérard, ed., *Polyp. d'Irminon*, p. 276과 A. Longnon, ed., *Polyp. de St. Germain*, p. 360의 7번 각주 및 D. Hägermann, ed. *Polyp. von St. Germain*, p. 215의 f번 각주에 의하면 수사본에는 4명의 이름이 기재될 정도의 공간이 비어 있다고 한다.

47 원문대로임.

48 B. Guérard, ed., *Polyp. d'Irminon*, p. 276의 b번 각주와 A. Longnon, ed., *Polyp. de St. Germain*, p. 361의 1번 각주와 D. Hägermann, ed. *Polyp. von St. Germain*, p. 224 및 K. Elmshäuser & A. Konrad, *Studien zum Polyp. von St. Germain*, p. 327에 의하면, 쿠르켈레(Curcellae)는 확실하지는 않지만 오늘날 오드센(Hauts-de-Seine) 도 생드니 군 생드니 캉통 클리쉬라가렌(Clichy-la-Garenne) 코뮌의 쿠르셀(Courcelles) 마을로 추정된다. 이 마을은 만시오네스 빌라로부터는 남동쪽 11km 거리에 위치한다.

49 B. Guérard, ed., *Polyp. d'Irminon*, p. 277과 A. Longnon, ed., *Polyp. de St. Germain*, p. 361의 2번 각주 및 D. Hägermann, ed. *Polyp. von St. Germain*, p. 215의 f번 각주에 의하면 수사본에는 5명의 이름이 기재될 정도의 공간이 비어 있다고 한다.

반쪽 망스를 보유한다.

42. 생제르맹(수도원)의 속민들로서 콜로누스인 뵌델가리우스와 그의 형제인 군트베르투스 그리고 콜로누스이고 이름이 아말트루디스인 그들의 어머니. 그들은 5bun의 곡물경작지와 1arp의 초지로 구성된 (1개의) 반쪽 자유인망스를 보유한다.

43. 생제르맹(수도원)의 속민들로서 콜로누스인 겐티아누스와 콜로누스이고 이름이 에브레힐디스이며 군트하리우스(보유)의 은대지 출신인 그의 아내. ……[50] 그는 4bun의 곡물경작지와 1arp의 포도밭 및 같은 크기의 초지로 구성된 (1개의) 반쪽 망스를 보유한다.

44. 생제르맹(수도원)의 속민들로서 콜로누스인 비네가르두스와 콜로누스이고 이름이 아이아인 그의 아내. 그는 3bun의 곡물경작지와 ½arp의 포도밭 및 같은 크기의 초지로 구성된 (1개의) ¼쪽 자유인망스를 보유한다.[51]

---

[50] B. Guérard, ed., *Polyp. d'Irminon*, p. 277과 A. Longnon, ed., *Polyp. de St. Germain*, p. 361의 6번 각주 및 D. Hägermann, ed. *Polyp. von St. Germain*, p. 215의 i번 각주에 의하면 수사본에는 적어도 6명의 이름이 기재될 정도의 공간이 비어 있다고 한다.

[51] 이하 낙장(落張)되어 제25장의 전체상을 알 수 없다고 한다. B. Guérard, ed., *Polyp. d'Irminon*, p. 277; A. Longnon, ed., *Polyp. de St. Germain*, p. 361의 1번 각주; D. Hägermann, ed. *Polyp. von St. Germain*, p. 216의 1번 각주 참조.

부록: 생제르맹데프레 수도원의 영지명세장에 딸린 2개의 단편적 (장원)문서

I.

1. 파리 파구스의 겔리니스 빌라리스에[1] 있는 에브리누스(보유)의[2] 은대지에는 영주가 가진 망스와[3] 함께 모두 8개의 망스가 있다. 이들 망스(보유자)는 군사용으로 …솔리두스 9데나리우스를 지불하고, 돼지방목세로 16md의 포도주를 (바치며), 10마리의 닭과 50개의 계란(을 바친다).

2. 생제르맹(수도원)의 수도원장인 영주 이르미노의 시절인 루도비쿠스 황제 폐하 즉위 10년에,[4] 영주의 쿨투라들이 존재하는 곳에서는 이들

---

1 B. Guérard, ed., *Polyp. d'Irminon*, p. 278의 b번 각주와 A. Longnon, ed., *Polyp. de St. Germain*, p. 363의 3번 각주 및 D. Hägermann, ed. *Polyp. von St. Germain*, p. 225에 의하면, 겔리니스 빌라리스(Gelinis Villaris)는 오늘날 오드센 도 생드니 군 아니에르(Asnières) 캉통의 젠느빌리에(Gennevilliers)로 추정되고 있다.

2 B. Guérard, ed., *Polyp. d'Irminon*, p. 278에는 '에우리쿠스(Euricus)'로 되어 있는데 비해, A. Longnon, ed., *Polyp. de St. Germain*, p. 363에는 '에브리누스(Evrinus)'로 되어 있고, D. Hägermann, ed. *Polyp. von St. Germain*, p. 217에는 '에우리누스(Eurinus)'로 되어 있다. 여기서는 론뇽의 간행본을 따랐다.

3 '영주가 가진 망스(manso qui in[domi]nicato est)'란 농민보유지로 분양되지 않고 영주가 직접 갖고 경영하는 영주직영지를 뜻한다.

4 여기서 루도비쿠스 황제란 카롤루스 대제에 이어 814년에 황제에 즉위한 루이 경건왕을 가리킨다. 따라서 즉위 10년이란 823년이 된다.

토지가 여기에 딸린 모든 것과 함께 생제르맹(수도원)의 손님 접대용으로[5] 귀속된다고 이들 토지에 대해 결정되었다.

아코이누스(보유)의 은대지 소속

3. 아코이누스는[6] 파리 파구스에 있는 노바리툼[7] 장원에 저택과 여타 많은 부속건물들을 갖춘 영주직영지를 보유하고 있다. 이 직영지에는 36bun의 곡물경작지, …arp의 포도밭, 10arp의 초지 및 어림잡아 100마리의 돼지를 살찔 수 있는 임야가 딸려 있다.

4. 생제르맹(수도원)의 속민들로서 마름이고 콜로누스인 도미니쿠스와 이름이 도미니카인 그의 아내. 그들은 이름들이 도미니쿠스, 테우딜디스인 2명의 자식을 두고 있다. 콜로누스인 힐드라두스와 콜로누스이고 이름이 테우틀린디스인 그의 아내는 이름들이 힐데가우두스, 발드람누스인 2명의 자식을 두고 있으며, (이들은) 생제르맹(수도원)의 속민들(이다). 그들 두 명은 6bun 4ptc의 곡물경작지와 1arp의 포도밭으로 구성된 1개의 자유인망스를 보유한다. 그는[8] 군사용으로 2솔리두스, 돼지방목세로 4데나리우스를 지불한다. 그는 매주 1회의 코르베와, 2(일)의 손일을 (수행한다). 그는 동곡파종을 위해 4ptc, 하곡파종을 위해 2ptc를 갈이질한다. 그는 3마리의 닭과 15개의 계란을 (바친다).

5. 생제르맹(수도원)의 속민들로서 콜로누스인 테우데리쿠스와 콜로누스

---

5 '손님 접대용'이란 라틴어 원문의 'hospitalitas'를 번역한 말이다 이 말은 수도원이 극빈자나 병자 또는 여행자들에게 무료로 숙식을 제공하는 용도를 뜻하는 것으로 이해된다.

6 아코이누스(Aconuis)는 바로 위의 소제목에서 보듯이 생제르맹 수도원으로부터 은대지를 받아 보유한 사람을 가리킨다.

7 B. Guérard는 *Prolegomènes*, p. 888과 B. Guérard, ed., *Polyp. d'Irminon*, p. 278의 d번 각주와 A. Longnon, ed., *Polyp. de St. Germain*, p. 363의 5번 각주 및 D. Hägermann, ed. *Polyp. von St. Germain*, p. 226에 의하면 노바리툼(Novaritum) 또는 빌라 노바리툼(villa Novaritum)은 오늘날 에손 도 팔레조 군 팔레조 캉통의 노제(Nozay)이며, 노제는 16세기 이전에는 노래(Noray)라고 불렸다.

8 원문대로임.

인 뷔네볼두스. 그들 두 명은 8bun의 곡물경작지와 1arp의 포도밭으로 구성된 1개의 자유인망스를 보유한다. 그는[9] (위와) 같이 모든 의무를 수행한다.

6. 콜로누스인 프로데리쿠스와 콜로누스이고 이름이 라인틸디스인 그의 아내는 이름들이 라게나리우스, 프로트가리우스, 라겜베르가, 라게닐디스인 4명의 자식을 두고 있다. 또한 콜로누스인 도미니쿠스와 콜로누스이고 이름이 안데드루디스인 그의 아내는 이름이 아게베르투스인 1명의 자식을 두고 있으며, (이들은) 생제르맹(수도원)의 속민들(이다). 그들 두 명은 6bun의 곡물경작지와 2arp의 초지로 구성된 1개의 자유인망스를 보유한다. 그는[10] (위와) 같이 모든 의무를 수행한다.

7. 생제르맹(수도원)의 여자콜로누스인 이셈볼다는 이름들이 마실리아누스, 마셈볼두스, 헬세우스, 귀르프레두스, 발다인 4명의[11] 자식을 두고 있다. 그녀는 (1)½bun의 곡물경작지와 1½arp의 포도밭으로 구성된 1개의 자유인망스를 보유한다. 그녀는 (위와) 같이 모든 의무를 수행한다.

8. 생제르맹(수도원)의 여자콜로누스인 프람볼다는 이름들이 발다, 에우게니아, 라게닐디스, 이셈부르기스, 파울리누스인 5명의 자식을 두고 있다. 그녀는 5bun의 곡물경작지와 길이가 2ptc이고 폭이 1ptc인 포도밭으로 구성된 1개의 자유인망스를 보유한다. 그녀는 (위와) 같이 모든 의무를 수행한다.

9. 생제르맹(수도원)의 콜로누스인 도말두스는 (1)bun 4ptc의 곡물경작지와 1arp의 포도밭 및 ½arp의 초지로 구성된 1개의 자유인망스를 보유한다. 그는 (위와) 같이 모든 의무를 수행한다.

10. 콜로누스인 로마누스와 콜로누스이고 이름이 테우트볼다인 그의 아내

---

[9] 원문대로임.

[10] 원문대로임.

[11] 4명의 자식이라고 하지만, 실제로 기록되어 있는 이름은 5명이다.

는 이름들이 테우트베르투스, 가우디두스인 2명의 자식을 두고 있다. 콜로누스이고 생제르맹(수도원)의 속민인 에르카나리우스는 (이름들이) 마감베르투스, 트루트볼두스, …인 3명의 자식을 두고 있다. 그들은 (1)bun …ptc의 곡물경작지와 …arp의 포도밭 및 1arp의 초지로 구성된 1개의 자유인망스를 보유한다. 그들은 (위와) 같이 모든 의무를 수행한다.

11. 콜로누스이고 생제르맹(수도원)의 여자속민인 란드라다는 이름들이 힐데가우두스, 고달하리우스, 아달비누스, 엘레기아, 아달힐디스인 5명의 자식을 두고 있다. 콜로누스이고 생제르맹(수도원)의 여자속민인 라가인틸디스. 그들 두 명은 …bun의 곡물경작지와 ½arp의 포도밭 및 (1)½arp의 초지로 구성된 1개의 자유인망스를 보유한다. 그는[12] (위와) 같이 모든 의무를 수행한다.

12. 생제르맹(수도원)의 속민들로서 콜로누스인 코르부스와 콜로누스인 굼마루스. 그들 두 명은 10bun의 곡물경작지와 (1)¼arp의 포도밭으로 구성된 1개의 자유인망스를 보유한다. 그들은 (위와) 같이 모든 의무를 수행한다.

13. 콜로누스이고 생제르맹(수도원)의 속민인 로마누스는 3bun의 곡물경작지와 (1)arp의 포도밭 및 같은 크기의 초지로 구성된 (1개의) 반쪽 자유인망스를 보유한다. 그는 다른 보유자들이 수행하는 전체 의무의 절반을 수행한다.

14. 파리 파구스의 노바리툼에 있는 아코이누스(보유)의 은대지에는 영주가 가진 망스와 함께 모두 10½개의 망스가 있다. 그들(망스)은 ……를 지불한다.

---

[12] 원문대로임.

II.

1. …는 5bun의 곡물경작지와 2arp의 포도밭 및 3½arp의 초지로 구성된 1개의 자유인망스를 보유한다. 그는 (위와) 같이 모든 의무를 수행한다.

2. 생제르맹(수도원)의 속민들로서 콜로누스인 마그나리우스와 아욱시오니스 몬스[13] 출신의 콜로누스이고 이름이 게르라다인 그의 아내는 이름들이 구트베르가,[14] 하르트마누스, 게르라두스, 마게나두스, 마리아인 5명의 자식을 두고 있다. 그는 3bun 2ptc의 곡물경작지와 2arp의 포도밭 및 2arp의 초지로 구성된 1개의 자유인망스를 보유한다. 그는 (위와) 같이 모든 의무를 수행한다.

3. 콜로누스인 아우도이누스와 콜로누스이고 이름이 기를린디스인 그의 아내는 이름들이 시카르두스, 아클로일디스, 아두이수스인 3명의 자식을 두고 있으며, (이들은) 생제르맹(수도원)의 속민들(이다). 그는 3bun 3ptc의 곡물경작지와 1arp의 포도밭 및 1½arp의 초지로 구성된 1개의 자유인망스를 보유한다. 그는 (위와) 같이 모든 의무를 수행한다.

4. 헤티오누스의 아들인 라둘푸스는 7½bun의 곡물경작지와 1arp의 포도밭 및 4arp의 초지로 구성된 1개의 자유인망스를 은대지로 보유한다. 그는 (위와) 같이 모든 의무를 수행한다.

5. 콜로누스인 프로트가리우스와 콜로누스이고 이름이 노르길디스인 그의 아내는 이름들이 아달베르투스, 하이를린디스,[15] 아도하르두스인 3

---

[13] 아욱시오니스 몬스(Auxionis Mons)의 지리적 위치가 어디인지는 파악되지 않고 있다.

[14] 이름이 B. Guérard, ed., *Polyp. d'Irminon*, p. 280에는 '귀베르가(Guiberga)'로 되어 있지만, A. Longnon, ed., *Polyp. de St. Germain*, p. 365와 D. Hägermann, ed. *Polyp. von St. Germain*, p. 218에는 '구트베르가(Gutberga)'로 되어 있다.

[15] 이름이 B. Guérard, ed., *Polyp. d'Irminon*, p. 280에는 '히를린디스(Hirlindis)'로 되어 있지만, A. Longnon, ed., *Polyp. de St. Germain*, p. 366과 D. Hägermann, ed. *Polyp. von St. Germain*, p. 218에는 '하이를린디스(Hairlindis)'로 되어 있다.

명의 자식을 두고 있다. 그들 두 명은[16] …bun 2ptc의 곡물경작지와 1arp의 포도밭 및 2arp의 초지로 구성된 1개의 자유인망스를 보유한다. 그는 (위와) 같이 모든 의무를 수행한다.

6. 노예인 오트베르투스와 노예이고 이름이 아클…인[17] 그의 아내는 이름들이 오드베르가, 아클라라인 2명의 자식을 두고 있다. 그는 4bun 1ptc의 곡물경작지와 1arp의 포도밭 및 1½arp의 초지로 구성된 1개의 자유인망스를 보유한다. 그는 영주의 포도밭에서 4arp를 작업하며, 그의 아내는 1장의 모직물을 제조하고 3마리의 암평아리를 기른다. 그리고 그는 (위와) 같이 모든 의무를 수행한다.

7. 노예인 가우프레두스는 3bun 8ptc의 곡물경작지와 1arp의 포도밭 및 1½arp의 초지로 구성된 1개의 자유인망스를 보유한다. 그는 영주의 포도밭에서 4arp를 작업하며, (위와) 같이 모든 의무를 수행한다.

8. 노예인 에르캉가우두스와 콜로누스이고 이름이 에르멤베르타인 그의 아내는 이름들이 아달베르투스, 에르캉가리우스, 에르멤베르가인 3명의 자식을 두고 있다. 그는 (1)bun 3ptc의 곡물경작지와 ½arp의 포도밭 및 1arp의 초지로 구성된 (1개의) 반쪽 자유인망스를 보유한다. 그는 영주의 포도밭에서 4arp를 작업하며, (위와) 같이 모든 의무를 수행한다.

9. 노예인 도미니쿠스는 1½bun의 곡물경작지와 2arp의 포도밭으로 구성된 (1개의) 반쪽 자유인망스를 보유한다. 그는 영주의 포도밭에서 4arp를 작업하며, (위와) 같이 모든 의무를 수행한다.

10. 케르시툼[18] 장원에는 영주직영지와 함께 21개의 망스가 있다. 그들 망

---

[16] 원문대로임.

[17] 이름이 B. Guérard, ed., *Polyp. d'Irminon*, p. 280에는 '아다(Ada)'로 되어 있지만, A. Longnon, ed., *Polyp. de St. Germain*, p. 366과 D. Hägermann, ed. *Polyp. von St. Germain*, p. 218에는 '아클…(Acl…)'로 되어 있다.

[18] B. Guérard, *Prolegomènes*, p. 889 및 B. Guérard, ed., *Polyp. d'Irminon*, p. 281의

스(보유자)는 매년 돼지방목세로 40md의 포도주, 군사용으로 20솔리두스의 돈, 나무채취료로 6솔리두스 8데나리우스, 20마리의 돼지와 20두의 암양과 60마리의 닭 및 300개의 계란을 바친다.

11. 다음의 자들은 인두세를 지불해야 한다.
: 남자노예인 란드리쿠스, 콜로누스인 힐도아리우스, 여자콜로누스인 아달부르기스, 여자콜로누스인 아달트루디스, 여자노예인 하이르발다, 여자노예인 에르멘틸디스, 콜로누스인 알도, 여자콜로누스인 아드레볼디스, 남자노예인 에드랄루스, 여자노예인 테우트베르가, 여자콜로누스인 라겐틸디스, 여자노예인 에델트루디스, 남자노예인 노달가리우스, 남자노예인 힐데가우두스, 여자노예인 아우트루디스, 남자노예인 기슬롤두스.

12. 다음의 자들은 모든 것이 그와 같이 진실이라고 선서했다.
: 넥타리우스, …오알루스, 길마루스, 풀크라두스.

불프라두스(보유)의 은대지 소속

13. 불프라두스는 파리 파구스 내 몬스 봘도니스에서[19] 저택과 여타 많은 부속건물들을 갖춘 영주직영지를 은대지로 보유하고 있다. 이 영주직영지에는 30bun의[20] 곡물경작지와 17arp의 포도밭 및 5arp의 초지가 딸려 있다.

14. 마키아쿠스에는[21] 성 게르마누스를 기리기 위한 (1개의) 교회가 있다.

---

a번 각주와 A. Longnon, ed., *Polyp. de St. Germain*, p. 367의 1번 각주 및 D. Hägermann, ed. *Polyp. von St. Germain*, p. 224에 의하면 케르시툼(Cersitum)은 오늘날 발드마른 도 크레테이 군 빌르크렌(Villecresnes) 캉통 빌르크렌 코뮌의 세르세(Cerçay)다.

19 몬스 봘도니스(Mons Waldonis)의 오늘날 위치는 알려져 있지 않다.

20 B. Guérard, ed., *Polyp. d'Irminon*, p. 281과 A. Longnon, ed., *Polyp. de St. Germain*, p. 367에는 곡물경작지의 면적이 '30bun(bunuaria XXX)'으로 되어 있으나, D. Hägermann, ed. *Polyp. von St. Germain*, p. 219에는 '25bun(bunuaria XXV)'으로 되어 있다. 이에 관해서는 헤게르만이 실수한 것으로 보인다.

이름이 베랄두스인 사제는 이 교회를 보유한다. 이 교회에는 10bun의 곡물경작지와 4arp의 포도밭 및 같은 크기의 초지가 배속되어 있다.

15. 생제르맹(수도원)의 속민들로서 콜로누스이고 마름인 그리몰두스와 콜로누스이고 이름이 라겐트루디스인 그의 아내는 몬스 봘도니스에 거주한다. 그들은 이름들이 그림볼두스, 그림하르두스, 라게놀두스인 3명의 자식을 두고 있다. 그는 4bun의 곡물경작지와 1⅔arp의 포도밭 및 같은 크기의 초지로 구성된 1개의 자유인망스를 보유한다. 그는 매주 2회의 코르베와, 1(일)의 손일을 수행한다. 그는 동곡파종을 위해서 4ptc, 하곡파종을 위해서 2ptc를 갈이질한다. 그는 동곡파종을 위해서 3회의 코르베를, 하곡파종을 위해서 같은 횟수의 코르베를 수행한다. 그는 군사용으로 4md의 포도주를, 돼지방목세로 5md의[22] 포도주를 바치며, 셋째 해에 ……[23]

[21] 마키아쿠스(Maciacus) 또는 다른 곳에서 마시아쿠스(Masiacus)라고 불리는 곳은, B. Guérard, ed., *Polyp. d'Irminon*, p. 281의 c번 각주와 A. Longnon, ed., *Polyp. de St. Germain*, p. 367의 3번 각주 및 D. Hägermann, ed. *Polyp. von St. Germain*, p. 226에 의하면 오늘날 에손 도 팔레조 군 마시(Massy) 캉통 마시(Massy) 코뮌이다.

[22] 게라르의 간행본과 론농의 간행본에는 포도주의 분량에 대한 수치가 공백으로 되어 있으나, D. Hägermann, ed. *Polyp. von St. Germain*, p. 219에서는 5md로 기재되어 있다.

[23] 이하 낙장 상태임.

간략한 용어 풀이

거류외인(hospes): 일정한 부담을 진다는 조건 아래 어떤 영주의 장원에서 일정 크기의 토지나 집을 일시적으로 보유하는 외지 출신의 거류민. 그는 거류지의 영주에게는 예속되어 있지 않았다. 거류외인이 보유하는 농민보유지를 호스피키움(hospicium)이라고 부른다.

경작망스(mansus vestitus): 보유자가 존재하여 정상적으로 경작되는 농민보유지. 이와 대조가 되는 개념의 망스가 미경작망스(mansus absus)다. 영지명세장들에 특별히 '미경작망스(mansus absus)'라고 명시되어 있지 않은 망스는 모두 경작망스라고 할 수 있다.

고전장원(古典莊園): 장원 단위의 대토지가 영주직영지와 농민보유지들로 이분되어 직영지는 농민보유지 보유자들의 부역노동으로 경작되는 장원. 따라서 지대가 노동지대 형태를 띤다. 갈리아 북부지역을 중심으로 한 서유럽에서는 대체로 9세기부터 11세기까지 유행했다.

고지기(celerarius): 영주 저택에서 곡식, 고기, 낙농제품, 꿀 등의 식료품과 의복 및 각종 비품을 지키고 관리하는 장원의 관리 직원.

국세(國稅, conjectus): 영주가 자신의 사적 수입으로 수취하는 세와는 달리, 군역세처럼 군주정부의 수입으로 수취되는 공적인 조세.

국왕 대접용 닭(pullus regalis): 국왕이 장원이나 영지를 찾아왔을 때, 대접하는 닭.

군수용 마초(馬草)**공납 면제세**(herbaticus): 군마(軍馬)에게 필요한 마초를 공납하는 대신 바치는 현물 또는 금전.

군수용의 가축공납(carnaticus) **면제세**: 군대 보급용 가축, 특히 양을 공납하는 대신 바치는 금전 부담.

군역세(hostilicium, haribannus): 생제르맹데프레 수도원의 영지명세장에서는 많은 경우에 'ad hostem'이란 말로 표현되고 있다. 중세 초기에 기사라는 전문적인 직업군인 계층이 형성됨에 따라 일반 자유민이 전사로서의 역할을 잃고 군역 대신 부담한 군수품의 조달이나 수송부역 또는 지불한 화폐. 원래 국가에 대한 조세의 일종이었으나, 이미 9세기의 고전장원들에서 영주에 대한 장원농민의 부담금으로 변질되어 영주의 중요한 수입원 가운데 하나가 되었다. 고전장원에서 군역세는 수송수단으로서의 황소보다는 현금이나 쉽게 현금화할 수 있는 양(羊)의 형태로 납부되는 경우가 많았다.

나무베기 부역(caplim): 영주의 취사 및 난방용으로 필요한 땔나무를 베는 부역노동.

나무채취료(lignaricia, lignericia): 영주의 숲에서 나무를 채취 · 이용하는 대가로 영주에게 바치는 일정량의 나무나 금전.

노예망스(mansus servilis): 노예가 법적으로 해방되지 않고 노예의 신분 상태를 유지한 채 토지를 분급받아 외거화(外居化)한 데서 성립한 농민보유지.

데나리우스(denarius): 은화로 된 카롤링시대의 화폐단위. 1데나리우스 = 1/12솔리두스의 비율관계를 갖는다.

돼지방목세(pascio, pastio): 가을철에 도토리들이 열리는 장원의 숲에 장원농민들이 돼지를 방목하여 살찌우는 데 대해 영주가 부과하는 세.

마름(major): 영주를 대신해서 장원농민들의 부역노동을 감독하고 공납물을 징수하는 등 장원을 관리 · 감독하는 우두머리 장원관리인.

망스(mansus): 고전적 장원의 정상적이고 표준적인 농민보유지를 일컫는 말. 후페(huba), 팍투스(factus) 등으로도 불렸으나, 고전장원제의 발상지이자 발달의 중심지였던 갈리아 북부지역에서는 일반적으로 망스라는 말이 사용되었다. 머물다는 뜻을 가진 라틴어 'maneo'라는 동사에서 유래한 망스(mansus)는 원래 인간의 주거지로서의 주택을 의미하지만, 고전적 장원제에서 한 세대의 농민이 살아가는 데 기본적으로 필요한 요소들인 토지와 주택으로 구성된 일종의 작은 농장(農場)이라고 할 수 있다. 그러나 망스라는 개념은 장원농민의 농기구 소유와 농민의 생활수단을 보족(補足)할 수 있는 공유지 이용권을 포함한다. 망스는 농민 측으로서는 생산과 소비의 터전이자 생활공간이었지만, 영주 측으로서는 농민에게 노역을 비롯한 각종 부담을 부과할 수 있는 단위조직으로 기능했다. 망스는 망스 제도가 성립된 프랑크 왕국의 메로빙시대 후기에 그 최초의 보유자가 고대적 신분구분 기준에 따라 자유인이냐 노예냐 또는 반자유인이냐에 따라 자유인망스(mansus ingenuilis), 노예망스(mansus servilis), 반자유인망스(mansus lidilis) 등으로 구분되었다. 망스 가운데 자유인망스가 압도적 다수를 차지했고, 그 다음으로 노예망스가 10~20% 정도의 비중을 차지했으며, 반자유인망스는 일부 영지명세장에 제한적으로 나타나고 그 수도 대체로 극히 적다.

모디우스(modius): 용량의 단위. 보통 60리터 전후였다.

물레방아(farinarium, farinarius, molendinum): 흐르는 물의 힘을 이용하여 곡식을 빻는 설비. 물레방아는 중동 지방으로부터 로마제국 후기에 서유럽에 전래되어, 장원제를 비롯한 봉건체제가 성립하는 9세기 초 이후 장원을 중심으로 농촌사회에 널리 보급되었다.

미경작망스(mansus absus): 고정된 보유자가 없거나 불규칙하게 보유되어 정상적으로 경작되지 않는 망스. 곳에 따라서는 타지(他地)의 거주자에 의해 경작되는 망스나 최근에 개간된 토지를 뜻하기도 한다. 이와 반대 개념의 농민보유지가, 보유자가 존재하여 정상적으로 경작이 행해지는 '경작망스(mansus vestitus)'다.

미확정의 예속민(calumniatus): 어떤 영주가 자신의 예속민이라고 주장하지만, 그 예속민의 신분이 콜로누스인지 노예인지 그리고 그가 어느 영지에 속하는지가 확정되지 않은 계쟁 중의 예속민.

바퀴달린 무거운 쟁기(carruca): 중세 초기에 북부 유럽에서 발명되어 중세 서유럽의 농촌사회에서 널리 사용된 쟁기. 이것은 바퀴가 없는 고대 지중해 지역 중심의 가벼운 활주(滑走)쟁기와는 달리 습기가 많고 중질토로 된 북서부 유럽에 아주 적합한 쟁기였다.

반자유인(lidus, litus): 고대 말기와 중세 초기에 자유인과 노예의 중간적 지위를 차지했던 신분. 그들은 주인에게 일정 정도 예속되어 있었기 때문에, 주인에게 신공을 바쳐야 했고, 자유인과의 결혼이 원칙적으로 금지되었으며, 자유인이 되기 위해서는 왕 앞에서 은화(銀貨)의 투척을 통해 해방되는 절차를 밟아야 했다. 반자유인 신분의 기원과 구성은 복잡하지만, 그 다수는 노예가 완전한 자유인으로 해방되지 못하고 주인에 대해 어느 정도 종속성을 띠고 해방된 '해방노예'들이었다.

반자유인망스(mansus lidilis): 자유인과 노예의 중간에 위치한 신분이 주인에게 반쯤 예속된 상태로 토지를 보유한 데서 성립한 농민보유지.

벌령권(罰令權, bannum, bannus): 어떤 행위를 강제하거나 금지하고 위반 시 처벌할 수 있는 권력. 따라서 본래 군주의 배타적 권리였으나, 프랑크왕국에서 점차 교회기관에 양도되고 카롤링제국의 붕괴 후에는 대부분의 큰 영주들이 향유했다. 영주는 벌령권을 행사하여 장원농민들에게 수송부역을 비롯한 일부 부역노동과 공납을 이행하도록 강제했다.

보유지 양도세(forcapium): 장원농민이 농민보유지의 양도에 대한 허가를 받기 위해 영주에게 지불하는 조세.

부(副)**마름**(decanus): 영주를 대신해서 장원을 관리하는 마름 다음의 위치에 있는 관리인.

부마름보조인(decanus junior): 부마름을 보좌하는 아랫사람.

부마름 관할구역(decania): 부마름인 'decanus'가 관할하는 구역.

부분보유지(pars): 영주토지로부터 분양된 지 얼마 되지 않아 고전장원의 온전한 농민보유지로 발전하지 못한 과도기적 형태의 자그마한 보유지. 다수의 부분보유지에서 갈이질 부역을 비롯한 각종 부역과 공납의 의무가 부과되지만, 그 의무가 단순하거나 심지어 보유에 따른 의무가 수반되지 않는 경우도 제법 있다. 장원농민이 이미 보유하고 있는 망스 외에 추가적으로 보유하는 경우도 상당히 있다.

산자(橵子)**널**(axiculus): 지붕의 서까래 위에 까는 널빤지.

소(小)**망스**(mansellus): 그 크기가 표준적이고 정상적인 일반 망스의 절반도 안 될 정도로 작고 그 부담도 매우 작은 소규모 망스.

속민(屬民, homo): 특정 영주 – 이 명세장에서는 생제르맹데프레 수도원 또는 그 수도원장 – 에게 종속되어 있는 사람. 속민은 그의 영주에 대해 복종, 공납, 부역노동 등의 의무를 진다.

손일(manopera, manuopera): 장원농민이 영주직영지에서 쟁기나 수레 없이 제초, 울타리 치기, 곡식 베기, 타작, 건물의 수리 등과 같이 손으로 수행하는 부역노동.

솔거노예(mancipium): 외거(外居)하지 못하고 토지도 보유하지 못한 채 주인의 가

내에 거주하는 비자립적 노예.

솔리두스(solidus): 금화로 된 카롤링시대의 화폐단위. 1솔리두스=1/20리브라=12데나리우스의 비율관계를 갖는다.

수송부역(caropera, carropera): 수레를 이용한 화물의 운반 부역. 중세 전기(前期)에 장원농민은 주로 소달구지를 이용하여 거름, 포도나무 받침목 등과 같은 농자재를 영주의 밭으로 실어내거나 수확된 곡식과 포도 및 건초를 타작마당이나 창고로 운반해야 했다. 무엇보다 여러 지역에 걸쳐 널리 산재한 장원들에서 생산된 농산물과 영주가 필요로 하는 포도주 따위의 여러 특산품을 매년 0.5톤 이상씩 수십km의 거리를 여러 날 동안 운반하는 일은 아주 무거운 부담이었다.

수확부역 면제세(augustaticus): 곡식의 수확기에 요구되는 부역노동을 면제 받는 대신 영주에게 지불하는 금전적 부담. 또한 때로 'augustaticus'는 곡식의 수확기에 수행되는 부역노동을 뜻하기도 한다.

신공(身貢, litimonium): 반자유인 신분이 신분적 예속의 표시로서 자신의 영주에게 바치는 금전.

신이주민(advena): 외지에서 태어나서 새로이 이주해 온 지 얼마 안 되는 사람. 신이주민은 외지인(extraneus)처럼 거주지에서 특수한 중간 신분을 형성하여 이 영지명세장에서 '생제르맹 수도원의 속민'으로 기재되지 않으며, 외지인여성의 자녀들 역시 속민으로 기재되지 않는다.

역마(驛馬, parveretus, paraveredus): 영주와 그 대리인을 위한 지시의 전달, 가벼운 물품의 운반, 이동수단 제공 등에 사용되는 말.

영주세습지(fiscus dominicus): 그 뜻을 정확하게 파악할 수는 없지만, 영주직영지 중 국왕으로부터 하사받은 세습토지를 가리키는 것으로 보인다.

영주직영지(mansus [in]dominicatus): 장원이라는 영주 소유의 대토지 가운데 농민들에게 분양되지 않고 농민보유지 보유자들로부터 부역노동을 제공받아 영주나 그의 대리관리인에 의해 직접 경영되는 토지. 영주직영지는 장원 전체의 농경지면적 가운데 ¼ 내지 ⅓ 쯤을 차지했다. 여기서 생산되는 농산물은 영주 가족의 귀족적 생활유지에 충당되었다. 그러나 영주직영지는 토지로만 구성되지 않고 영주의 저택도 포함하는 개념이다. 또한 영주직영지에는 교회, 물레방아, 양조장, 포도압착기, 제빵소와 같은 영주가 독점적으로 소유한 시설물들이 딸려 있었으며, 영주의 축산물소비와 직영지의 축력이용을 위한 가축들이 사육되었고, 영주직영지 경작을 위한 농기구들과 도끼, 대패 따위의 연장들이 비치되어 있었다.

5월의 장거리 수송부역(magisca): 5월에 특별히 수행해야 하는 장거리 수송부역.

외지인(extraneus): 원래 살던 곳을 떠나 타지에 가 영속적으로 거주하는 사람. 외지인은 거주지에서 특수한 중간 신분을 형성하여 '생제르맹 수도원의 속민'으로 기재되지 않으며, 외지인여성의 자녀들 역시 속민으로 기재되지 않는다.

운키아(uncia): 이 영지명세장에서 두 가지 뜻을 지닌다. 하나는 소규모 농민보유지라는 뜻이고, 다른 하나는 1/12리브라의 가치를 갖는 화폐단위라는 것이다.

은대지(beneficium): 중세 봉건사회에서 다양한 뜻으로 사용되었지만, 이 영지명세장에서 사용된 뜻은 다음과 같다고 할 수 있다. ① 아무런 의무요구나 부담 없이 토지의 용익권(用益權)만 부여된 농민보유지의 양도나 그런 토지의 향유. ② 봉건적 주종관계에서 봉신에게 수여된 봉토나 그 봉토의 보유. ③ 프레카리아 계약에 의해 지대지불 조건부로 수여된 보유지. ④ 의무부과 없이 용익권이 부여된 토지 이외의 부동산의 양도나 그 향유. ⑤ 호의의 표시나 봉사의 대가로 부여되는 은전(恩典).

인두세(capaticum, cavagium): 성인 남녀 농노가 영주에 대한 예속의 표시로 매년 지불하는 일정 금액의 부담금. 인두세의 부담액수는 보통 1인당 4데나리우스였다.

자유인망스(mansus ingenuilis): 자유인 신분의 농민이 세력가에게 토지를 잃고 장원의 예속농민으로 전락한 데서 성립한 농민보유지.

자유지(alodum, alodis, alode): 봉건적 소유관계에 들지 않은 토지. 즉 충성 및 군사봉사의 대가로 보유하는 봉토나 지대지불 의무가 따르는 농민보유지가 아닌 비(非)봉건적 자유토지. 게르만어인 이들 말을 구성하는 'al'은 완전하다든가 모두라는 뜻이며, 'ôd'는 재산 또는 토지란 뜻이다. 따라서 이 말은 어원상으로는 '완전한 소유권을 가진 토지', 곧 완전한 사적 소유지라고 할 수 있다.

장거리 집단 수송부역(angaria): 토지보유 농민들이 조를 짜서 집단으로 포도주나 곡식 또는 수공업 제품을 멀리 수송하는 부역.

재류민(manens): 거주하는 장원의 영주에 예속되지 않고 일정한 부담을 진다는 조건 아래 토지나 집을 일시적으로 보유하는 외지 출신의 사람. 손님 내지 외인이라는 뜻이 강한 'hospes'와는 달리 원래 거주자 또는 주민이라는 뜻이 강하다. 이들은 봉건적 농촌사회에서 뒤에 '마낭(manant)'이라는 특별한 지위의 농민으로 고정된다.

정기부역(定期賦役): 영주를 위한 장원농민의 부역노동이 주 단위나 월 단위 또는 연 단위로 일정 기간을 정하여 수행되는 부역부과 방식.

정적부역(定積賦役): 영주직영지 경작을 위한 농민보유지 보유자의 부역이 일정한 면적으로 할당되어 수행되는 부역부과 방식.

정적부역지(定積賦役地, antsinga, andecinga): 장원농민이 일정 면적의 영주직영지를 배정받아 파종부터 수확까지 책임지고 경작하는 토지.

주부역(週賦役): 1주일에 보통 3일 정도의 부역노동이 부과되는 주 단위의 부역방식. 고전장원제가 형성되던 초기 단계인 8세기 초반에 나타난 봉건적 부역노동 제도의 원초적 형태에서 주부역은 노예 신분 출신의 토지보유자의 부역노동 방식이었다. 따라서 주부역은 정기부역 가운데 원초적이고도 일반적인 형태를 이룬다. 매주 3일씩의 주부역에는 경작부역 외에 영주의 의식주 생활과 관련된 하루 정도의 여러 가지 잡역이 포함된다. 부역노동이 연 단위나 월 단위로 여러 날 부과되는 연부역이나 월부역은 주부역의 변형이거나 해체형태라고 할 수 있다. 고전장원제 아래서는 순수하게 주부역이나 정적부역 가운데 어느 하나만 부과되는 경우는 드물고 양자가 뒤섞여 부과되는 혼합식 부역방식이 일반적이었다.

지붕널(scindula): 지붕을 이는 데 사용된 나무 널판. 장원농민은 1인당 매년 보통 100개 정도의 지붕널을 영주에게 바쳤다.

차지료(借地料, census): 토지의 용익권자가 상급 소유권자인 영주에 대해 지는 부담이나 이행하지 않으면 안 되는 의무. 차지료는 영주에 대한 현금이나 현물 형태로 된 장원농민의 여러 가지 공납과 더불어 경작부역을 비롯한 각종 부역노동도 포함하지만, 화폐지대만을 가리키거나, 노동, 현물, 화폐 따위로 구성된 장원농민의 여러 의무 가운데서도 오직 화폐로 지불되는 부분만을 지칭하기도 한다.

초지(pratum): 가축의 겨울철 사료가 되는 건초를 생산하기 위해 사용되는 농지.

켄테나(centena): 'vigaria' 또는 'vicaria'와 동일한 행정구역으로, 그 관할구역은 대체로 오늘날 프랑스의 캉통(canton)에 해당한다.

코르베(curvada, corrogata): 고전장원에서 토지보유자가 일정 크기의 영주직영지를 할당받아 갈이질하는 통상적인 정적부역 외에, 주로 파종기에 황소와 쟁기를 스스로 지참하고 영주직영지에 가서 다른 농민들과 공동작업으로 곡물경작지를 갈이질해야 했던 특별한 추가적 부역. 코르베는 보통 동곡이 파종되는 10월과 하곡이 파종되는 3월에 각각 매주 1~3일씩 부과되었으며, 연간 코르베로 갈이질된 면적은 최소 10~30아르에서 최대 1.3~1.5헥타르에 이르렀다. 프랑스어의 'corvée'는 이 말에서 유래한다.

콜로누스(colonus): 로마제국 후기에 로마정부 당국에 의한 일종의 직업동결 조치로 인해 거주이전의 자유를 잃고 소작지에 긴박된 예속적 소작농민. 중세 초기에도 콜로누스는 법적으로나 신분적으로 가끔 자유인으로 간주되는 경우가 없는 것은 아니지만, 대체로 열등한 예속적 신분으로 취급되어 완전한 '자유인(liber)'과는 구별되었다.

쿨투라(cultura): 주로 미경작지로부터 개간되어 영주직영지를 구성하는 상당히 큰 덩어리의 곡물경작지. 우리말의 '땅덩어리'와 유사한 개념이라고 할 수 있다.

파구스(pagus): 카롤링시대에 'comitia'라고 불린 주(州)와 동일 개념으로 사용된 행정구역. 그 하위 행정구역 단위가 '켄테나'나 'vigaria'(또는 'vicaria')였다.

포도주 수송부역(vinericia): 수송부역 중 특별히 포도주 수송부역을 지칭하는 말.

프레카리아(precaria): 토지 사용자가 토지소유자에게 얼마간의 사용료를 지불하거나 어떤 봉사를 제공한다는 대가로 그의 일생 동안이나 일정하게 제한된 기간 동안, 토지에 대한 용익권 양도를 간청하여 향유하는 조건부의 한시적 토지보유 제도나 그런 토지보유 계약. 프레카리아의 한 형태는 교회기관의 소유토지를 기사와 같은 봉건사회의 세속 상류계급이 한시적으로 보유하는 것이었다. 다른 한 형태는 농민들이 세력가들에게 자신의 토지를 투탁한 후

자신의 일생 동안이나 자신의 부인 또는 아들의 일생 동안 매년 토지사용료로 일정액의 화폐나 밀랍 따위와 같은 현물을 지불하면서 토지를 과도적으로 경작 · 이용하는 것이었다. 기증토지를 보유하던 사람이 사망하면 그 토지는 수증기관에 반환되어야 했으며, 반환된 후에는 수증자가 그 토지에 대한 완전한 소유권을 갖는다.

피보호민(munboratus): 세력가의 보호를 받는 예속민.

호스피키움(hospicium, hospitium): 거류외인(hospes)에 의해 뒤늦게 개간되어 형성된 아주 작은 규모의 농민보유지. 영주에 대한 부역과 공납의 부담도 일반 망스들보다 훨씬 가볍다.

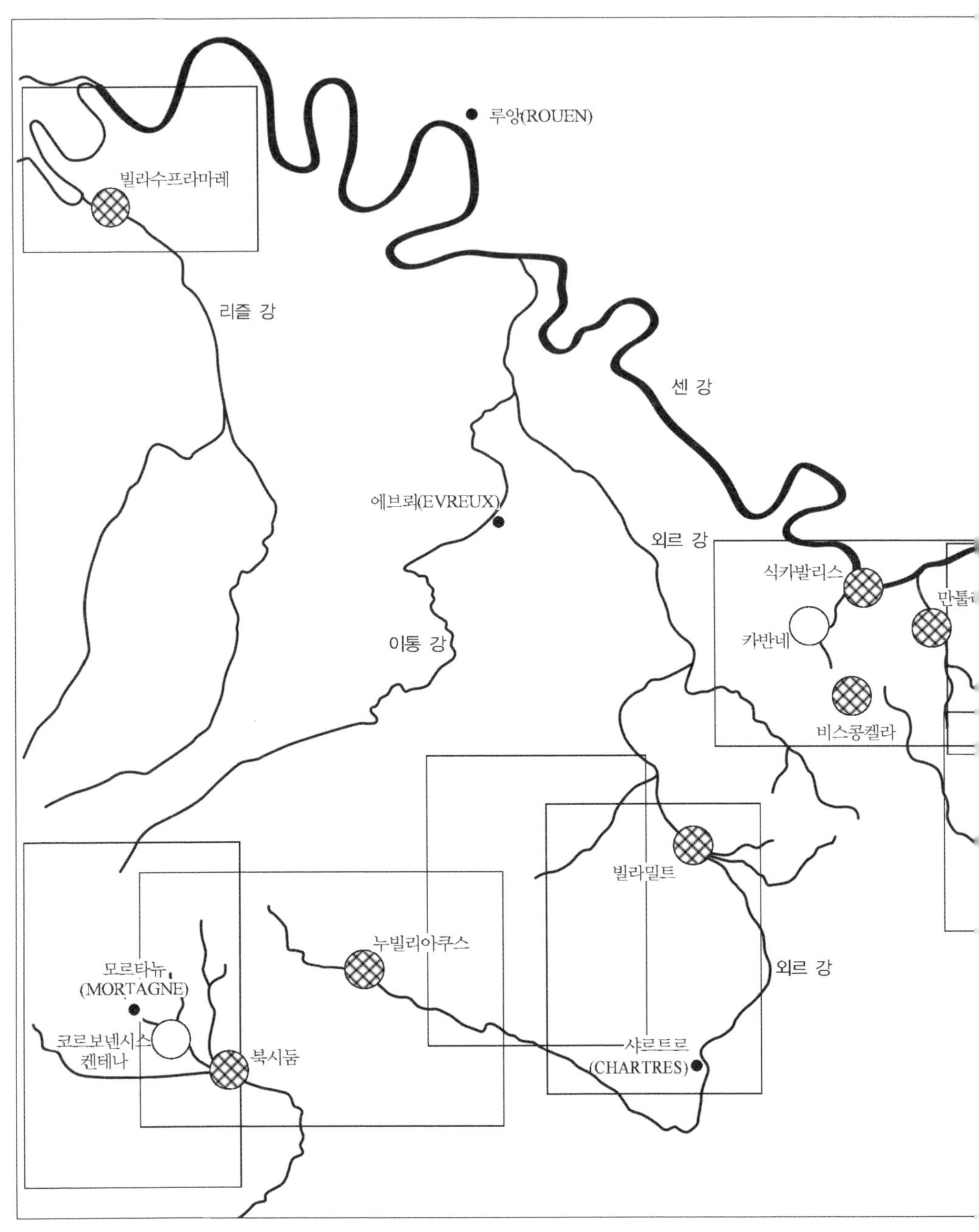
루앙(ROUEN)
빌라수프라마레
리즐 강
센 강
에브뢰(EVREUX)
외르 강
식카발리스
카반네
비스콩켈라
이통 강
빌라밀트
누빌리아쿠스
외르 강
모르타뉴
(MORTAGNE)
코르보넨시스
켄테나
북시둠
샤르트르
(CHARTRES)

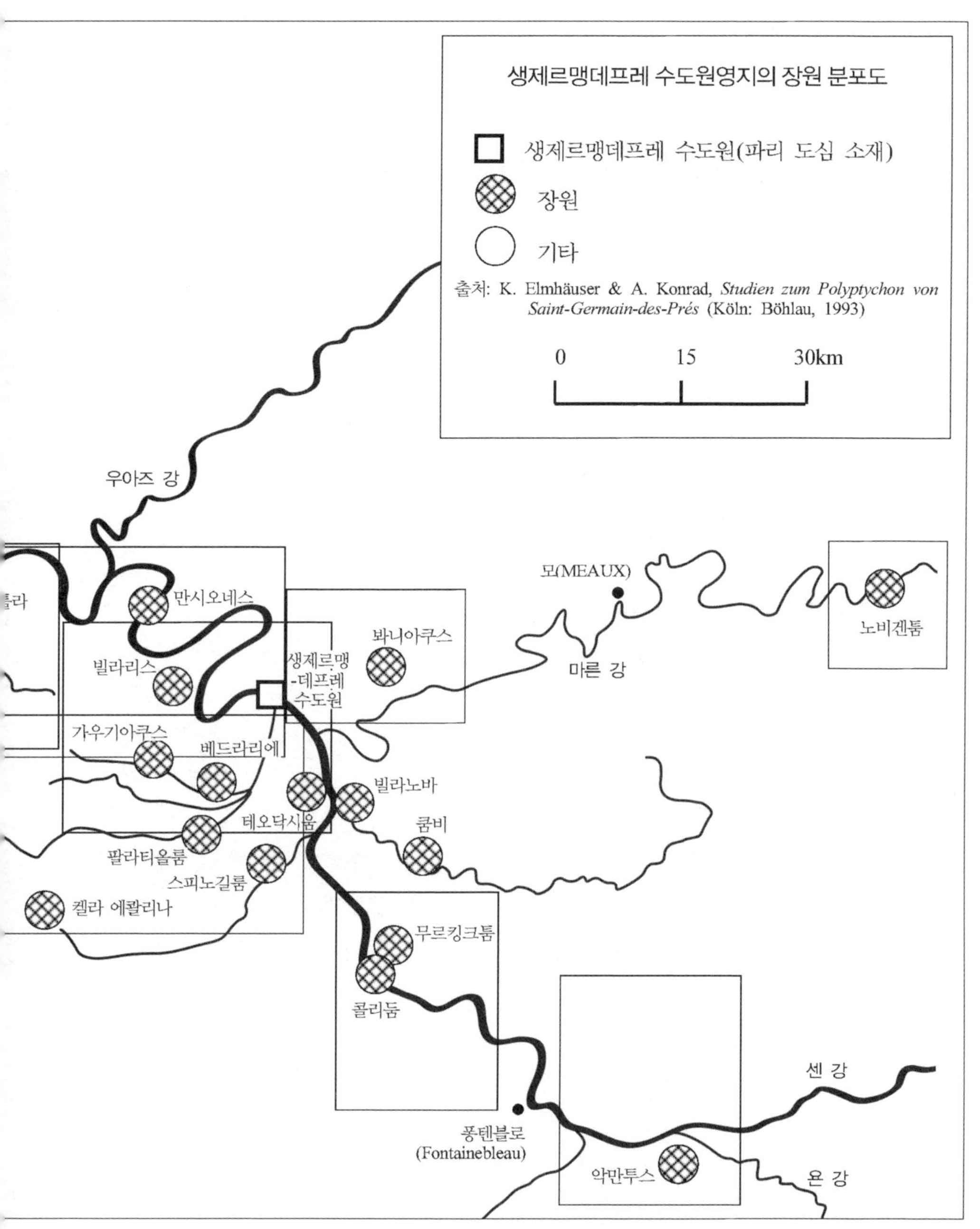

생제르맹데프레 수도원영지의 장원 분포도
생제르맹데프레 수도원(파리 도심 소재)
장원
기타
출처: K. Elmhäuser & A. Konrad, *Studien zum Polyptychon von Saint-Germain-des-Prés* (Köln: Böhlau, 1993)
0
15
30km
우아즈 강
만시오네스
빌라리스
생제르맹-데프레 수도원
바니아쿠스
모(MEAUX)
마른 강
노비겐툼
가우기아쿠스
베드라리에
빌라노바
테오닥시움
쿰비
팔라티올룸
스피노길룸
켈라 에퐐리나
무르킹크툼
콜리둠
퐁텐블로
(Fontainebleau)
센 강
악만투스
욘 강

❙ 문헌해제 ❙

생제르맹데프레 수도원의 영지명세장

1. 생제르맹데프레 수도원의 건립과 영지명세장의 작성

생제르맹데프레(Saint-Germain-des-Prés) 수도원은 304년 사라고사에서 순교한 성 빈켄티우스(sanctus Vincentius)와[1] 성 십자가를 기리기 위해 558년경에 건립되었다. 메로빙 왕조의 창설자 클로비스의 아들인 힐데베르투스 1세 왕은 542년에 에스파냐의 비시고트 왕국에 대한 2차 원정 중 사라고사 시를 포위 공격했으나 더 이상 진전이 없는 난관에 봉착했다. 그는 주민들이 성 빈켄티우스의 보호를 받고 있다는 말을 전해 듣고는 포위 공격을 풀었다. 이에 대한 감사의 표시로 사라고사의 주교는 그에게 성 빈켄티우스의 영대(領帶)를 선사했다. 힐데베르투스 왕은 프랑스로 귀환한 후 이 유품을 수장하기 위해 파리의 주교였던 성 게르마누스와 함께

[1] 성 빈켄티우스는 프랑스어권에서는 생 뱅상(Saint-Vincent)으로, 영어권에서는 세인트 빈센트(Saint-Vincent)로 불린다. 그는 가톨릭교회를 비롯한 기독교계의 성자로 추앙받는 인물이며, 사라고사, 리스본, 발렌시아 등의 여러 도시에서 수호성인으로 받들어지고 있다. 정확한 출생연대는 알 수 없지만, 그는 3세기에 에스파냐 아라곤 지방의 사라고사에 가까운 베스카(Huesca)에서 태어나서 사라고사 주교구의 부제를 지내던 중 디오클레티아누스 황제 시절인 304년에 순교했다.

성 십자가와 성 빈켄티우스에게 봉헌되는 교회를 558년에 왕궁이 있는 시테 섬의 남쪽 건너편에 건립했다. 그 때 교회 옆에 수도원이 함께 설립되었다. 성 빈켄티우스 수도원에는 힐데베르투스 1세를 비롯한 네우스트리아(Neustria) 왕국의 메로빙 왕조 왕들과 왕비 9명의 묘소가 만들어졌고, 성 게르마누스도 여기에 묻히었다. 8세기 중엽에 성 빈켄티우스 수도원의 이름은 건립 당시의 주교였던 성 게르마누스(sanctus Germanus)의 이름을 따 개칭되었으며, 오늘날의 프랑스어로는 생제르맹으로 불리게 되었다.

생제르맹데프레 수도원은 메로빙조 왕들이 묻힌 곳이었던 만큼 왕실의 특별한 보호와 지원 아래 막대한 토지를 수여받아 광대한 영지를 소유했다. 이 수도원은 이와 같은 위상과 부를 배경으로 하여 8세기에는 베네딕트 수도회 계통의 중요한 종교적·문화적 거점으로 발전했다. 특히 이 수도원에는 필사실(筆寫室, scriptorium)이 설치되어 성서를 비롯한 수많은 서적의 사본이 제작되었다. 생제르맹데프레 수도원은 12세기에는 학문의 중심이 되었고, 17세기에는 장 마비용(Jean Mabillon)을 비롯한 저명한 고문서 학자들이 모여들어 생 모르(Saint Maur) 학파를 탄생시키고 고문서학의 중심지로 명성을 떨치기도 했다. 그들이 생산한 교부저서 교정본이나 사본류 및 고문서에 관한 저작은 파리의 국립도서관에 이관되어 보관되고 있다. 이 수도원은 9세기 후반부터 10세기에 이르기까지 노르만족의 침입과 약탈로 파괴되었으나, 11세기에 바실리카 양식으로 재건되었고 이어 12세기에는 고딕식으로 개축·확장되었다. 프랑스혁명 기간에는 수도원이 폐쇄되고 1794년의 화재로 도서관이 소실되었지만, 1820년에 재건되어 현재까지 남아 있다.

생제르맹데프레 수도원이 남긴 소중한 자료 중에서도 가장 유명한 것은 흔히 『수도원장 이르미노의 영지명세장(Polyptychum Irminonis abbatis)』이라고 일컬어지는 카롤링시대의 토지대장이다. 이것의 수사본 원본은 18세기 말 수도원의 화재로 타버리고 몇몇 사본만 남아 있다. 그것도 온전한 상태로 보존되어 있는 것이 아니다. 현존하는 이 영지명세장의 기록은 원래 기록의 절반 전후에 불과하며, 나머지 부분은 떨어져 나가고 없다.[2] 아마도 이런 연유 때문이겠지만, 이 영지명세장의 정확한 작성목적, 작성자, 작성연대, 작성과정 등에 관해 명시되어 전하는 바는 없다. 다만 일반적으로 영지명세장(polyptychum) 작성의 목적이 그렇듯이, 이 수도원의 경우에도 광대한 지역에 흩어져 있는 방대한 영지의 재산과 수입을 파악하고 효과적으로 관리하기 위해 명세장을 작성한 것으로 알고 있을 뿐이다. 영지명세장의 작성자에 대해서도 이 명세장의 기록 속에서 이 수도원영지의 경영과 확장에 힘쓴 인물로 자주 등장하는 수도원장 이르미노(Irmino)인 것으로 파악되고 있을 뿐이다. 그가 이 영지명세장의 작성을 주도했을 것으로 연구자들은 보고 있지만, 그의 다른 경력과 활동에 대해서는 알려진 바가 별로 없다. 그리고 그가 어떤 사람들로 하여금 영지의 재산과 수입 실태를 조사케 해서 문서화했는지 그 구체적인 과정도 모르고 있다. 작성연대 역시 영지명세장이나 다른 문서에 명기된 바가 없기 때문에 정확한 연대를 알지 못한다. 단지 이르미노의 수도원장 재임 기간인 794~829년간에 작성되었을 것으로 보고 있다. 대다수 연구자는 이 명세장의 작성연대를 그의 재임 기간 중에서도 이르미노의 제2차 수도원장 재임 기간인 823~829년으로 추정하고 있다.[3]

---

2 B. Guérard, *Prolegomènes,* pp. 28, 34~38, 902; A. Longnon, ed., *Polyp. de St. Germain*, tome. 1. *Introduction*, pp. 9~10; F. Lot, "Conjectures démographieques sur la France au IXe siècle", *Le Moyen Age*, 32(1921), pp. 8~9, 각주 5; O. Tulippe, "De l'importance des exploitations agricoles au IXe siècle dans l'Ile-de-France", *Annales de Géographie*, XL(1931), p. 308; M. de la Motte-Collas, "Les possessions territoriales de l'abbaye de Saint-Germain-des-Prés du début du IXe au début du XIIe siècle", *Revue d'histoire de l'église de France*, XLIII(1957), p. 52; N. J. G. Pounds, "Northwest Europe in the ninth century: Its geography in light of the polyptyques", *Annals of the Association of American Geographers*, vol. 57 no. 3(Sep. 1967), p. 442; E. Perroy, *Le monde carolingien* (Paris: SEDES, 1974), p. 13; J.-P. Devroey, "Problèmes de critique autour du polyp. de St. Germain", p. 443 참조.

3 생제르맹데프레 수도원 영지명세장의 작성연대에 대해 게라르는 806~816년이라고 보지만(B. Guérard, *Prolegomènes,* pp. 26~28 참조), A. Dopsch를 비롯한 대부분의 연구자는 820년대로 본다. B. Guérard, *Prolegomènes,* p. 76의 각주 6; E. Perroy, *Le monde carolingienne*, pp. 13, 19; Ch. Ed. Perrin, "Observation on the mansus

2. 영지명세장의 기술체재와 특성

드브루아(J.-P. Devroey)에 의하면 생제르맹데프레 수도원의 영지명세장은 문체, 고문서학, 수사본 등의 면에서 검토해볼 때, 동질적인 단일 체계로 되어 있지 않고 여러 사람의 손에 의해 작성된 복합적인 구성을 보인다.[4] 그럼에도 불구하고 현존하는 생제르맹데프레 수도원의 영지명세장은 기본적으로 두 부분으로 구성되어 있다고 할 수 있다. 하나는 이 수도원이 소유하여 직접 경영하는 장원들에 관한 본문이고, 다른 하나는 이 수도원이 기사에게 수여한 은대지에 관한 부록 부분이다. 물론 전자에 관한 기록이 영지명세장의 압도적 부분을 차지한다. 2개의 소규모 장원으로 구성된 은대지에 관한 기록은 이 영지명세장의 말미에 첨부되어 있다. 그렇지만 본문 가운데서도 제12장은 장원에 관한 기록이라기보다 오늘날 노르망디 지방의 오른 도 모르타뉴 캉통의 행정청 소재지에 해당하는 '코르보넨시스 켄테나(centena Corbonensis)'에서 생제르맹데프레 수도

---

in the region of Paris in the early ninth century", R. Cameron, ed., *Essays in French Economic History* (Illinois: Irwin, 1970), p. 22: L. Kuchenbuch, *Grundherrschaft im früheren Mittelalter* (Darmstadt: Schulz-Kirchner, 1991), p. 117; J.-P. Devroey, "Problèmes de critique autour du polyp. de St. Germain", pp. 443~444; 같은 필자, "Au-delà des polyptyques. Sédimentation, copie et renouvellement des documents de gestion seigneuriaux entre Seine et Rhin (IXe-XIIIe siècle)", X. Hermand, J.-F. Nieus & É. Renard, éd., *Décrire, inventorier, enregistrer entre Seine et Rhin au Moyen Âge: formes, fonctions et usages des écrits de gestion* (Mémoires et documents de l'École des chartes, 92. Paris, 2012), pp. 56~63; D. Hägermann, ed., *Polyp. von St. Germain*, pp. IV~VII; A. Verhulst, *Carolingian Economy*, p. 37 참조. 생제르맹데프레 수도원의 영지명세장은 수사본(手寫本) 상태로 프랑스의 왕립 도서관에 보존되어 오다가 19세기 초반 서지학자인 게라르(B. Guérard)에 의해 발굴되어 1844년에 파리의 'L'imprimerie' 출판사에서 "Polyptyque de l'abbaye Irminon ou dénombrement des manses, des serfs et des revenus de l'abbaye de Saint-Germain-des-Prés sous le régne de Charlemagne" 라는 제목의 근대적인 책으로 방대한 분량의 박식한 주석서와 함께 처음 발간되었다.

4 J.-P. Devroey, "Problèmes de critique autour du polyp. de St. Germain", pp. 441~465.

원에 기부된 토지 따위의 재산내용을 기록한 것이다.

제12장을 제외하고 부록의 은대지 부분까지 포함하여 현존 생제르맹데프레 수도원의 영지명세장은 장원별로 명세서가 작성되어 있다. 장원별 재산과 수입 현황을 기록하면서 먼저 영주직영지 부분을 다루고, 이어 농민보유지 부분을 기술한다. 영주직영지는 대체로 저택과 부속건물 따위의 건물, 곡물경작지・포도밭・초지・임야 등의 토지, 부속교회와 그에 딸린 토지 및 인력, 물레방아와 같은 시설물 순으로 그 규모 및 수량과 수입 크기가 기재되어 있다. 농민보유지 부분은 흔히 마름, 부마름, 물레방아 관리인, 산지기, 고지기 등과 같은 장원관리인층의 토지보유를 먼저 언급한 후 일반 농민들의 보유지가 기술되고 있다. 그러나 제1장 가우기아쿠스 장원과 제23장 카반네 또는 로도사 장원의 명세서에는 영주직영지 부분에 관한 기록이, 제10장 비트리아쿠스 장원의 명세서에는 농민보유지 부분에 관한 기록이 없다. 그러나 이를테면 제1장만 하더라도 농민보유지 보유자들에게 영주직영지에 대한 경작부역이 부과되고 있기 때문에, 원래 영주직영지가 없었던 것은 아니라고 하겠다. 실제로 영주직영지에 관한 기록 부분은 오랜 세월 전해져 오는 과정에서 떨어져 나간 것이다.[5] 이와 같은 기술체재는 갈리아 북부지역을 중심으로 대부분 9세기에 작성된 카롤링시대의 여타 영지명세장의 기술체재와 동일하다.

그러나 생제르맹데프레 수도원의 영지명세장은 10여 개가 넘는 카롤링시대 프랑크왕국의 영지명세장 가운데서도 농민보유지의 내용에 관한 기술이 월등히 상세하다는 특징을 지닌다. 다수의 영지명세장이 장원별로 농민보유지의 수와 의무내용을 일괄해서 간략히 기록하고 있는 데 비해, 생제르맹데프레 수도원의 영지명세장은 대체로 농민보유지 하나

---

5 제25장 만시오네스 장원의 명세서 중 제45항 이후와 부록의 단편적 문서의 제II부 제16항 이후도 낙장 상태다. 또한 제18장 콜리둠 장원의 명세서 중 제15항 이후도 낙장 상태로 추정된다.

하나에 대해 그 보유자와 그의 아내의 이름 · 신분 · 생제르맹데프레 수도원의 속민인지 여부 및 거주지, 자식의 수와 이름, 농민보유지의 종류와 곡물경작지 · 포도밭 · 초지 · 방목지 · 잡목림 등 농민보유지의 지목별 구성내용 및 그 크기, 마지막으로 의무내용에 대해 자세히 기록하고 있다. 같은 장원 안에서도 의무내용이 다른 경우에는 개개 농민보유지별로 그 다른 부분이 명시되어 있다. 그리고 장원별 기록의 말미에는 몇몇 다른 영지명세장에서 볼 수 있는 것처럼 농민보유지의 종류별 수량과 그 수입의 합계가 요약되어 있고, 인두세 납부자나 노예 및 반자유인 또는 증인 선서자 등의 명단이 제시되어 있다. 또 장(章)에 따라서는 영지명세장 작성 이후 이루어진 재산 기부나 인신투탁에 관해 작성된 후대의 문서들이 맨 끝에 첨부되어 있기도 하다. 이처럼 장원농민의 신분, 가족관계, 이름, 농민보유지의 지목별 크기, 의무내용 등이 낱낱의 농민보유지별로 유례없이 상세하게 기재되어 있기 때문에, 생제르맹데프레 수도원의 영지명세장은 장원제에 대한 자세하고 정확한 연구를 위해서뿐만 아니라 카롤링시대의 신분제, 가족제, 언어, 농민사회의 관계와 형편 등을 이해하는 데도 더없이 귀중한 자료로 활용되고 있다.

3. 생제르맹데프레 수도원의 영지 및 장원 조직

현존하는 생제르맹데프레 수도원의 영지명세장에 의하면 이 수도원의 영지는 부록으로 첨부된 은대지 형태의 단편적 문서를 포함하여 크게 모두 27곳에 걸쳐 분포해 있었다. 본문에 보이는 이들 토지는 장별로 범주화하여 기록되어 있다. 27곳의 토지는 파리에서 비교적 동쪽 멀리 마른 강변에 위치한 제8장의 토지를 제외하고 모두가 센 강 좌안(左岸)이나 그 동쪽 연변에 위치해 있다는 것이 특징이다. 그리고 아래에 제시된 "생제르맹데프레 수도원영지의 장원별 위치, 그리고 영주직영지와 농민보유지 현황"이라는 표에서 보듯이, 27곳의 토지 가운데 74%인 20곳의 토지가 오늘날 파리의 도심을 형성하는 센 강 남쪽 연안에 소재한 이 수도원으로부터 50km 이내의 거리에 위치한다. 그렇지만 멀게는 근 100km에서 200km에 이르는 거리에 위치한 토지도 몇몇 있다. 27곳의 토지는 각각 1개 마을을 바탕으로 하거나 여러 개의 마을을 부분적으로 엮어 일원적(一圓的)으로 경영하는 방식을 취하고 있다.

총 27곳의 대규모 토지 가운데 이 수도원에 대한 기부토지가 기록된 제12장과 농민보유지에 관한 기록이 전무한 제10장을 제외한 25곳의 토지가 영주직영지와 농민보유지들로 구성되어 있다.[6] 농민보유지 보유자들은 영주직영지에 대해 대개의 경우 동곡파종과 하곡파종을 위해 각각 4ptc와 2ptc의 갈이질 부역과, 매주 1~3일 정도의 주부역, 그리고 곳에 따라 일정한 분량의 포도밭과 초지 작업을 수행해야 한다. 이는 영주직영지가 농민보유지 보유자들의 부역노동으로 경작되었음을 의미한다. 따라서 생제르맹데프레 수도원의 영지는 모두 이른바 고전장원제로 조직되어 경영되었다고 할 수 있다. 고전장원제로 조직된 이 영지의 장원 수는 다른 영지명세장들에 기록된 장원 수보다 그리 많다고 할 수는 없지만, 장원당 평균 농민보유지 수는 근 70개로 여타 영지들의 장원당 평균 농민보유지 수의 보통 3배 이상이 될 정도로 많다. 심지어 100개를 웃도는 장원도 더러 있으며, 200개가 넘는 초대형 장원도 있다.

생제르맹데프레 수도원영지의 장원별 위치, 그리고 영주직영지와 농민보유지 현황

출처: 이기영, 「고전장원제하 농민보유지의 종류별 크기와 영주직영지와의 크기관계」, 『역사와 경계』, 제69호(2008. 12), pp. 347~349

*약어: m. ab.: mansus absus의 줄임말로, 고정된 경작자가 없는 망스를 뜻함.
hsp: hospicium의 줄임말로, 작은 농민보유지를 뜻함.
자망: 자유인망스의 줄임말. 노망: 노예망스의 줄임말.

---

[6] 앞에서도 일부 말한 바와 같이 제1장과 제23장 그리고 부록 II의 단편적 문서에는 영주직영지에 관한 기록이 없지만, 농민보유지 보유자들이 영주직영지에 대해 경작부역 의무를 지는 것으로 봐서 원래는 분명히 영주직영지가 존재했다고 할 수 있다.

면적단위: 헥타르(ha)

장(章)	장원 이름	수도원과의 거리(위치)	영주 직영지의 합계면적(A)	농민보유지(망스)									A : D의 비율	비고
				자유인망스			노예망스			B : C의 면적 비율	기타의 망스	망스 총면적(D)		
				수(數)	합계 면적	평균 면적(B)	수	합계 면적	평균 면적(C)					
1	Gaugiacus	남서쪽 19km (베르사이유 군 Jouy-en-Josas 코뮌)		91		(10.1)	19		(9.8)	(1.03:1)				직영지 기록 없음/ 자·망 10개와 노·망 6개만 명기됨
2	Palatiolum	남서쪽 18km (Palaiseau 군청 소재지)	397.0	108	661.1	6.1	5¼	10.4	2.1	2.90:1 [5%]	m. ab. 4개 (면적 미상)			
3	Cella Equalina	서남쪽 45km (Rambopuillet 군 la Celle-les-Bordes 코뮌)	90.0	54	499.8	9.3					m. ab. 16개 (면적 미상)			
4	Waniacus	동쪽 15km (Le Raincy 군 Gagny 코뮌)	71.7	23½	112.7	4.8	7	32.2	4.6	1.04:1 [23%]		144.9	1:2.02	
5	Vedrariae	남서쪽 13km (Palaiseau 군 Verrières 코뮌)	349.4	86	393.9	4.6	2	3.7	1.9	2.42:1 [2%]		397.6	1:1.14	

장(章)	장원 이름	수도원과의 거리 (위치)	영주 직영지의 합계면적 (A)	농민보유지(망스)									A : D 의 비율	비고
				자유인망스			노예망스			B : C의 면적 비율	기타의 망스	망스 총면적 (D)		
				수(數)	합계 면적	평균 면적(B)	수	합계 면적	평균 면적(C)					
6	Spinogilum	남쪽 24km (Palaiseau 군 Épinay-sur-Orge 코뮌)	208.9	35	331.3	9.5	6½	37.9	5.8	1.63:1 [16%]		369.2	1:1.77	9개의 hsp에 합계면적 9.8ha
7	Villaris	서쪽 19km (베르사이유 군 la Celle-Saint-Cloud)	?	52	456.5	8.8	5½	27.6	5.0	1.76:1 [10%]		484.1	?	직영지의 경작지는 파종량만 기록/ 종류미상 보유지의 합계면적 11.2ha
8	Novigentum	동쪽 75km (Château-Thierry 군 Nogent 코뮌)	81.2	25	172.1	6.9	10	48.9	4.9	1.41:1 [29%]		221.0	1:2.72	
9	Villamilt	서쪽 80여km (Dreux 군 Villemeaux 코뮌)	592.7	200	3915.0	19.6	10¼	152.0	14.8	1.32:1 [5%]	mansus 16개 259.4ha + m. ab. 1개 7.7ha	4334.1	1:7.31	4개 hsp에 합계면적 7.7ha
10	Vitriacus	남쪽 200km (Nièvre 도 Cosne 군 Bitry 촌)	?											농민보유지 기록 전무/ 직영지의 경작지도 파종량만 기록

장(章)	장원 이름	수도원과의 거리(위치)	영주 직영지의 합계면적(A)	농민보유지(망스)									A : D의 비율	비고
				자유인망스			노예망스			B : C의 면적 비율	기타의 망스	망스 총면적(D)		
				수(數)	합계 면적	평균 면적(B)	수	합계 면적	평균 면적(C)					
11	Nuviliacus	서쪽 175km (Orne 도 Alençon 군 Neuilly-le-Bisson 코뮌)	52.4								mansus 6½개 129.3ha →평균 19.9ha	129.3	1:2.47	
12	Centena Corbonensis	파리 서남쪽 133km(Orne 도 Mortagne 캉통 Corbon)												기부토지만 기록된 비(非)고전장원
13	Buxidum	서쪽 90km (Dreux 군 Boissy en Drouais 코뮌)	256.8	31½	456.0	14.5	25½	233.3	9.1	1.59:1 [45%]	반자유인망스 25개 330.8ha →평균 13.2ha	1020.1	1:3.97	
14	Theodaxium	남동쪽 12km (Sceaus 군 Thiais 코뮌)	250.2	67	461.3	6.9	14	80.2	5.7	1.21:1 [17%]		541.5	1:2.16	은대지 형태의 ½개 망스에 합계면적 5.4ha
15	Villa Nova	남동쪽 17km (Corbeil 군 Villeneuve-Saint-Georges)	253.1	72	466.8	6.5	14½	48.1	3.3	1.97:1 [17%]		514.9	1:2.03	

장(章)	장원 이름	수도원과의 거리 (위치)	영주 직영지의 합계면적 (A)	농민보유지(망스)									A : D 의 비율	비고
				자유인망스			노예망스			B : C의 면적 비율	기타의 망스	망스 총면적 (D)		
				수(數)	합계 면적	평균 면적(B)	수	합계 면적	평균 면적(C)					
16	Cumbi	남쪽 약 28km (Melun 군 Combs-la-Ville 코뮌)	238.6	63½	621.8	9.8	13½	64.6	4.8	2.04:1 [18%]		686.4	1:2.88	은대지 형태의 망스 4¼개/ 2개 hsp 1.0ha/ 종류미상 토지 5.3ha
17	Murcinctum	남동쪽 36km (Évry 군 Morsan-sur-Seine 코뮌)	171.7	36	273.7	7.6	6½	42.0	6.5	1.17:1 [15%]		315.7	1:1.84	은대지 형태의 자 · 망 1개/ 면적 미상의 hsp 1개
18	Colridum	남동쪽 36km (Évry 군 Le Coudray-sur-Seine 코뮌)	80.1	11½	129.1	11.2						129.1	1:1.61	
19	Acmantus	남쪽 약 75km (Montereau 군 Émant 코뮌)	537.4	42	898.4	21.4						898.4	1:1.67	
20	Villa Supra Mare	서쪽 약 25km (베르사이유 군 Mareil-Marly 코뮌)	48.5	19¼	68.3	3.5						68.3	1:1.41	대부분 면적 미상인 hsp servilis 12개
21	Mantula	서쪽 36km (베르사이유 군 Maule 코뮌)	354.6	59½	792.8	13.3	15	134.8	9.0	1.48:1 [20%]		927.6	1:2.62	5개 hsp에 합계면적 14.2ha

장(章)	장원 이름	수도원과의 거리 (위치)	영주 직영지의 합계면적 (A)	농민보유지(망스)									A : D 의 비율	비고
				자유인망스			노예망스			B : C의 면적 비율	기타의 망스	망스 총면적 (D)		
				수(數)	합계 면적	평균 면적(B)	수	합계 면적	평균 면적(C)					
22	Siccavallis	서북쪽 50km (Mantes-la Jolie 군 Guerville 코뮌 Secqueval)	205.9	85	829.3	9.8	8½	77.0	9.1	1.08:1 [9%]		906.3	1:4.40	4개 hsp에 합계면적 7.5ha
23	Cavannae	서북쪽 50km (Mantes-la Jolie 군 Villette 코뮌)		17½	167.0	9.5					mansellum 3개 10.6ha	177.6		직영지 기록 없음/ 1개 hsp에 면적 0.7ha; 종류미상 토지 2.8ha
24	Bisconcella	서쪽 약 48km (Rambouillet 군 Montfort-l'Amaury 코뮌 Béconcelle)	274.2	114½	1151.4	10.1	5½	63.1	11.5	0.88:1 [5%]		1214.5	1:4.43	33개 hsp에 합계면적 52.6ha
25	Mansiones	서북쪽 16km (베르사이유 군 Maison-sur-Seine)	310.2	(34½)	(438.5)	(12.7)								34½개의 자·망 외에는 기록 일실
부록 I	Novaritum	남서쪽 18km (Palaiseau 군 Nosay)	(47.5)	9½	59.9	6.3								직영지 기록 일부 일실
부록 II	Cersitum	남쪽 18km (Créteil 군 Villecresne 코뮌 Cerçay)		21	(43.8)	(5.5)								직영지 기록 없음/ 망스 8개만 기록됨

(1) 각 장원의 위치에 대해서는 B. Guérard, ed., *Prolegomènes*, pp. 825~889를 토대로 하되 다른 연구들도 참조했으며, 수도원으로부터 각 장원의 거리는 필자가 지도상에서 되도록 직선거리로 측정한 것이지만 최근에 약간 수정했다. 그러나 몇몇 장원의 위치에 관해서는 다음과 같이 다른 견해도 있다.

1) 제11장 누빌리아쿠스 장원의 위치에 대해서는 번역문의 각주에서 보듯이, 론뇽과 같은 일부 연구자는 그 위치가 파리 남쪽 약 200여km 거리에 소재한 베리 지방인 엥드르 도 샤토루 군 뷔장셰 캉통의 뇌이레부아(Neuillay-les-Bois)라고도 보며, 또 헤게르만과 같은 다른 연구자들은 파리 서쪽 약 120km에 위치한 오른 도 모르타뉴오페르쉬 군 롱뇨페르쉬 캉통 내의 뇌이쉬르외르(Neuilly-sur-Eure)라고 보기도 한다.

2) 제13장의 북시둠 장원의 위치에 대해서도 앞에서 본 바와 같이 론뇽, 헤게르만 등의 연구자들은 오른 도 모르타뉴오페르쉬 군 레말라르 캉통의 부아시모지(Boissy-Maugis)라고 한다. 이 경우에는 북시둠 장원이 파리 서남쪽 128km 거리에 위치한다.

3) 제20장의 빌라수프라마레 장원의 위치에 대해서도 론뇽은 외르 도 퐁토드메르 군 퐁토드메르 캉통의 소재지인 키유베프(Quillebeuf)로 추정하며, 헤게르만 등은 같은 퐁토드메르 캉통의 생제르맹빌라주(Saint-Germain-Village)라는 이견을 보인다.

(2) 헥타르 단위의 토지면적은 영지명세장에 기재된 곡물경작지, 포도밭, 초지 등의 면적단위인 'bunuarium', 'antsinga', 'pertica', 'jornalis', 'aripennum' 등을 B. Guérard, ed., *Polyp. de St. Germain*, I. *Prolegomènes*, pp. 165~182, 197에 의거하여 1 bunuarium = 1.2833ha; 1 antsinga = 0.1404ha; 1 pertica = 0.0257ha; 1 jornalis = 0.3413ha; 1 aripennum = 0.1264ha라는 등가치로 환산한 것이다.

(3) ( )는 영주직영지 및 농민보유지가 영지명세장에 원래부터 그 일부만 기록되어 있거나 일부 일실되어 잔존기록만으로 산출한 수치이며, ( ) 속의 평균면적이나 자유인망스 : 노예망스 비율은 그런 잔존기록에서 산출된 수치임.

(4) 농민보유지의 면적 비율 난에 있는 [ ] 속의 %는 자유인망스와 노예망스의 합계수효 중 노예망스의 비중임.

(5) '기타의 망스' 난에서 'mansus'란 종류가 명시되지 않은 망스를 가리킴.

생제르맹데프레 수도원영지의 고전장원별로 영주직영지의 면적, 망스로 대표되는 농민보유지의 종류별 수와 합계 면적, 자유인망스와 노예망스의 면적 비율, 영주직영지와 농민보유지의 합계면적 비율은 위의 표에서 보는 바와 같다. 아래에서는 생제르맹데프레 수도원의 현존 영지명세장에 기록된 자료를 토대로 영지 전체 차원에서 영주직영지와 농민보유지의 토지이용 형태별 평균면적과 크기관계, 농민보유지의 종류별 평균면적과 크기관계, 1개 농민보유지당 보유자 수, 농민보유지의 종류와 보유자의 신분과의 관계 등을 살펴보겠다. 단 현존 이 영지명세장에 나타나는 25개의 장원은 영주직영지에 관한 기록이 없든 농민보유지의 일부만 기록되어 있든 상관없이 각각 하나의 장원으로 간주함을 전제로 한다.

생제르맹데프레 수도원의 영지명세장을 면밀하게 연구・분석한 게라르에 의하면,[7] 영주직영지 가운데 농지의 총면적은 곡물경작지가 6,041헥타르, 포도밭이 196헥타르, 초지가 176헥타르로서, 모두 6,413헥타르다. 따라서 1개 장원의 영주직영지는 평균적으로 242헥타르의 곡물경작지와 8헥타르의 포도밭 및 7헥타르의 초지로 구성된 합계 257헥타르의 크기로 되어 있었던 셈이다. 또 그에 의하면 장원의 농민보유지 중 총 1,646개에 이르는 망스의 총면적이 곡물경작지 16,088헥타르, 포도밭 231헥타르, 초지 327헥타르로서, 이들의 총 합계면적이 16,646헥타르다. 기타 소규모 농민보유지인 호스피키움(hospicium)이 71개로 합계면적이 107헥타르이고, 소(小)망스(mansellus)가 4개에 합계면적이 12헥타르다. 망스 전체면적에다 이들 소규모 농민보유지를 모두 합한 농민보유지 부분의 총면적은 16,765헥타르다. 따라서 1개 장원의 농민보유지 부분은 평균적으로 곡물경작지 9.8헥타르, 포도밭 0.1헥타르, 초지 0.2헥타르로 구성된 1개당 10.1헥타르 크기의 망스 66개와 1.6헥타르 크기의 소규모 농민보유지 3개로 구성되고, 총 합계면적이 평균 671헥타르가 되는 셈이다. 결국 이 영지에서 1개 장원은 농지만으로는 평균적으로 257헥타르

7 B. Guérard, *Prolegomènes*, pp. 891~898.

면적의 영주직영지와 671헥타르 면적의 농민보유지로 구성되었다고 할 수 있다. 따라서 장원의 전체 농지면적 중 영주직영지는 28%를 차지한 데 비해 농민보유지의 합계면적은 72%를 차지하고, 영주직영지와 농민보유지의 면적 비율은 1 : 2.6이 되는 셈이다.

생제르맹데프레 수도원의 영지명세장에서 고전장원임이 틀림없는 25개의 장원 가운데 자유인망스는 망스의 종류가 명시되어 있지 않은 제11장을 제외한 24개의 장원 모두에 존재하며, 그 수는 모두 1,430개다. 노예망스는 24개의 장원 가운데 ⅔에 해당하는 16개의 장원에 기록되어 있으며, 그 수는 총 191개다. 이들에 비해 오직 제13장의 장원에만 나타나는 반자유인망스는 25개다. 따라서 이 영지명세장에서 농민보유지의 종류가 밝혀진 총 1,646개의 망스 가운데 자유인망스는 87%, 노예망스는 12%, 반자유인망스는 2% 미만을 차지한 셈이다. 망스 종류별로 헥타르로 환산한 농지의 총 합계면적은 자유인망스가 곡물경작지 14,418헥타르, 포도밭 212헥타르, 초지 278헥타르이고, 반자유인망스가 경지 318헥타르, 초지 13헥타르이며, 노예망스가 경지 1,352헥타르, 포도밭 19헥타르, 초지 36헥타르다. 따라서 1개 망스당 자유인망스의 평균크기는 10.1헥타르의 경지와 0.1헥타르의 포도밭 및 0.2헥타르의 초지로 구성되는 10.4헥타르이고, 반자유인망스의 평균크기는 12.7헥타르의 곡물경작지와 0.5헥타르의 초지로 구성되는 13.2헥타르이며, 노예망스는 7.1헥타르의 곡물경작지와 0.1헥타르의 포도밭 및 0.2헥타르의 초지로 구성되는 7.4헥타르인 셈이 된다. 그러므로 자유인망스가 노예망스보다 1.4배 정도 더 크다고 할 수 있다. 그런데 이와는 달리 자유인망스의 평균크기 10.4헥타르는 반자유인망스의 평균크기 13.2헥타르보다 훨씬 작다. 이것은 반자유인망스의 수가 극히 적은 자료상의 우연성에서 기인한 것으로 짐작된다.

생제르맹데프레 수도원의 영지명세장에는 소규모 농민보유지인 호스피키움과 소망스가 각각 71개와 4개씩 나타난다. 이들의 합계면적을 헥타르로 환산하면 각각 108헥타르와 12.3헥타르다. 따라서 1개 호스피키움의 평균크기는 1.5헥타르쯤 되고, 1개 소망스의 평균크기는 3.1헥타르쯤 된 셈이다. 일반적으로 소규모 농민보유지의 크기는 전형적이고 일반적인 농민보유지인 망스 크기의 절반도 안 되었다고 할 수 있다.[8]

생제르맹데프레 수도원의 영지명세장에는 하나의 망스를 2가구 이상이 보유하는 경우가 상당히 많다. 총 1,646개의 망스 가운데 719개의 망스가 2가구 이상에 의해 공동보유되고 있다. 이는 전체 망스의 44%를 차지하는 것으로, 거의 절반 가까운 많은 망스가 2가구 이상에 의해 공동보유되고 있는 것이다. 그 원인은 물론 인구증가 때문이라고 추측된다. 이런 현상은 장원농민의 토지보유가 영세화하고 있으며, 동시에 고전장원제에서 영주직영지 경작을 위한 부역노동 수행의 기본단위였던 농민보유지를 1가구에 1개씩 보유하는 원칙이 붕괴하고 있음을 뜻한다. 망스의 공동보유 현상은 망스의 종류별로도 차이가 난다. 1,430개의 자유인망스 가운데 공동보유 망스는 629개로서 44%를 차지하는 데 비해, 총 191개의 노예망스 가운데 공동보유 망스는 66개로서 35%다. 이처럼 노예망스의 경우보다 자유인망스의 경우에 망스의 공동보유 현상이 더 심했던 것은 노예망스보다 자유인망스에서 인구증가 속도가 빨랐기 때문일 것이다. 한편 이와 같은 농민보유지의 영세화 현상인 공동보유와는 반대로, 드물기는 하지만 1가구의 장원농민이 1~3개의 망스를 보유하는 경우도 12건이 보인다. 이런 농민은 상대적으로 부유한 농민이라고 할 수 있다. 1개 망스의 공동보유 현상이나 1가구가 농민보유지를 복수로 보유하는 현상 모두 고전장원제 아래서 장원농민들 사이에 빈부차가 없었던 것이 아니며 점차 그 차가 벌어지고 있었음을 보여주는 것이라고 할 수 있다.[9]

한편 자유인망스, 노예망스, 반자유인망스 등과 같은 망스의 종류는

---

8 이상 농민보유지의 종류별 크기에 관해서는 이기영, 「고전장원제하의 농민보유지 제도」, 『유럽사의 구조와 전환』(느티나무, 1993), pp. 402~403 참조.

9 이기영, 같은 논문, pp. 408~409 참조.

메로빙시대에 농민보유지가 성립할 때 그 최초 보유자의 신분에 따라 결정된 것이다. 따라서 원래는 농민보유지의 종류와 망스의 종류는 당연히 일치하게 되어 있다. 그러나 생제르맹데프레 수도원의 영지명세장에서 신분이 구별되지 않는 망스보유자를 제외하고 자유인망스를 보유한 2,046명의 장원농민 가운데 92%가 자유인 신분이고 나머지 8%가 다른 신분이며, 노예망스를 보유한 283명의 농민 가운데 51%가 노예 신분이고 나머지 49%가 다른 신분이다. 또 반자유인망스를 보유한 66명의 농민 가운데는 32%가 반자유인 신분일 뿐이고, 나머지 68%가 다른 신분이다. 이와 같이 망스의 종류와 보유자의 신분 불일치는 어느 망스에서든 일반적으로 일어난 현상이었지만, 자유인망스보다도 노예망스의 보유자 변동이 훨씬 컸고 노예망스보다도 반자유인망스에서 변동이 더욱 컸다. 이러한 현상은 고전장원제 아래서 자유인-부자유인으로 구분되던 고대적 신분체제가 붕괴하고 단일한 농노계급이 형성되고 있었음을 보여주는 것이라고 하겠다.[10]

4. 장원농민의 의무

생제르맹데프레 수도원의 영지에서 농민보유지를 보유한 장원농민이 영주를 위해 수행하지 않으면 안 되는 의무는 크게 부역 부분과 공납 부분으로 구분해서 볼 수 있다. 부역 부분은 다시 영주직영지의 곡물경작지, 포도밭, 초지 등을 경작하거나 재배하는 경작부역과 여타의 부수적인 부역노동으로 이뤄지는 잡역으로 나눠서 볼 수 있다. 괴츠(H.-W. Goetz)에 의하면 부역을 비롯한 장원농민의 이런 의무를 규정하는 중요한 요인은 영주직영지의 크기나 농민보유지의 수 또는 영지 중심지로부터의 거리 등과 같은 장원조직 상의 경제적 조건이 아니라, 지역 관습이다.[11] 그의

---

[10] 이기영, 같은 논문, pp. 404~406 참조.

말처럼 대체로 이 영지에서 장원농민의 의무는 수도원 소재지로부터의 거리를 비롯한 물적 조건과는 무관하고, 장원들 가운데 서부지역에 위치한 장원이 중부와 센 강의 동부에 위치한 장원보다 의무의 종류가 더 적고 그 부담의 크기도 더 작은 등, 지역적 관습이 농민의 의무에 큰 영향을 미친 것으로 보인다.

그러나 장원농민의 의무에 이보다 더 큰 영향을 미친 것은 농민보유지의 종류다. 원래 장원농민의 의무는 출신신분에 따라 부역노동의 부과방식과 공납의 종류 및 부담의 크기가 확연하게 달랐다. 고전적 장원제가 형성되던 초기 단계인 8세기 전반(前半)에 볼 수 있는 원초적 형태의 봉건적 부역노동 제도에서 영주직영지 경영을 위해 수행된 노예 출신 토지보유자의 부역노동은 매주 3일씩의 정기부역 방식으로 부과되었던 데 비해, 자유인 출신 토지보유 농민의 부역노동은 일정 면적을 할당받아 경작하는 정적부역 방식으로 부과되었다. 토지보유 노예에게 부과되는 매주 3일씩의 주부역에는 경작부역 외에 지주인 주인의 의식주 생활과 관련된 하루 정도의 여러 가지 잡역이 포함되었으나, 자유인 출신 소작농민에게는 경작부역과 이의 연장인 수송부역 외에는 잡역이 거의 부과되지 않는 대신 노예 출신보다 공납 부담이 컸다는 것이 특징이다.[12] 출신신분에 따라 뚜렷한 차이가 났던 장원농민의 의무부과 방식과 크기는 고전장원제가 성립되고 확산되는 과정에서 변화하여, 농민보유지의 종류 사이에 서로 뒤섞이어 그 차이가 크게 줄고 비슷하게 수렴되는 현상이 나타났다.[13] 그러나 장원농민의 의무는 반자유인망스의 경우에는 자유인망스와 별 차이가 없었지만, 자유인망스와 노예망스 간에는 여전히 상당한 차이가 나기도 했다. 그래서 여기서는 장원농민의 의무를 이 두 종류의 망스

---

11 H.-W. Goetz, “Bäuerliche Arbeit und regionale Gewohnheit”, pp. 505~522 참조.

12 이기영, 「봉건적 부역노동 제도의 원초적 형태」, pp. 57~92 참조.

13 이에 관해서는 이기영, 「봉건적 부역노동 제도의 고전적 형태와 그 형성」, 『서양중세사연구』 제17호(2006. 3), pp. 97~144 참조.

를 중심으로 경작부역, 잡역, 공납 순으로 살펴보도록 하겠다.

기록상 모호한 부분이 더러 있어 정확한 산출은 어렵지만, 생제르맹 수도원의 영지명세장에서 정적부역을 비롯한 부역노동 의무가 기재된 자유인망스는 24개 장원에 대략 1,310개다. 영주에게는 직영지 경영을 위해 가장 긴요하고 장원농민에게는 가장 힘들고 무거운 부담이 되는 영주직영지의 곡물재배지에 대한 자유인망스 보유자의 갈이질 부역은 자유인망스가 기재되어 있는 24개 장원 가운데 부과되지 않는 장원이 없다.[14] 갈이질 부역의 부과량은 모든 장원에서 똑같았던 것은 아니다. 자유인망스 보유자의 갈이질 부역이 대부분 춘경하곡지에 대해서만 2ptc가 부과되는 장원이 있는가 하면(제6장), 추경동곡지 3ptc와 춘경하곡지 2ptc를 합해 5ptc의 갈이질 부역이 부과되는 장원도 있다(제19장). 그러나 전체 25개 고전장원 가운데 절반이 넘는 15개 장원에서 자유인망스 보유자의 갈이질 부역 면적이 앞의 것들보다 더 큰 추경동곡지 4ptc, 춘경하곡지 2ptc로 합계 6ptc이며, 5개 장원에서는 각각 4ptc와 3ptc로 합계 7ptc다. 심지어 망스당 갈이질 면적이 각각의 추경동곡지, 춘경하곡지, 휴경지에 대해 4ptc씩 합계 12ptc에 이르는 장원도 있으며(제13장), 추경동곡지 8ptc, 춘경하곡지 26ptc로 합계 34ptc나 되는 장원도 존재한다(제11장). 따라서 22개나 되는 압도적 다수의 장원에서 1개 자유인망스당 갈이질 부역 면적은 6ptc 이상이었다고 할 수 있다. 이것을 아르 단위로 환산하면, 15.4~20.8아르가 된다.

그런데 이 영지에서는 이와 같이 일정한 면적을 할당하여 부과하는 정적부역 형태의 갈이질 부역 외에, 자유인망스 보유자들이 스스로 황소 및 쟁기를 지참하여 집단으로 영주직영지를 갈이질하는 이른바 코르베(corvada)라는 추가적인 갈이질 부역이 부과되어 수행되었다. 그렇지만 이 영지명세장에는 망스보유자의 코르베에 의한 갈이질 면적이 명기된 경

14 다만 제1장의 가우기아쿠스 장원에서는 농민보유지를 보유한 농민의 경작부역이 영주직영지의 곡물경작지에서보다는 포도밭에서 행해지는 경우가 훨씬 많다.

우는 없다. 다만 이례적으로 제23장 제1, 2, 4항에 소망스 보유자가 코르베로 갈이질하는 면적이 하루 동안의 갈이질 면적에 해당하는 1jr이라고 기록되어 있을 뿐이다. 자유인망스 보유자의 코르베는 11개나 되는 장원에서(제7, 13, 14, 16, 20~22, 24, 25장 및 부록의 단편적 문서 I과 II) '매주 몇 회' 또는 '파종기마다 몇 회'라는 식으로 부과된다. 여기서 몇 회란 날[日] 수를 가리키는 것으로, 코르베는 흔히 파종기에 매주 2일씩 부과되었다. 파종기는 동곡과 하곡이 파종되는 10월과 3월 두 달이므로, 망스보유자는 대략 8주에 걸쳐 16일간의 갈이질 부역을 수행한 셈이 된다. 심지어 이 영지의 11개 장원에서는(제2~6, 8, 9, 15~18장[제16장의 장원에서는 자유인망스의 일부만]) 자유인망스 보유자의 코르베가 '지시받는 만큼 코르베를 수행한다.' 거나 '지시받는 곳에서 코르베를 수행한다.'고 하여, 코르베가 무제한적으로 부과되고 있기까지 하다. 그러므로 자유인망스 보유자의 갈이질 부역 부담은 정적부역 형태의 갈이질 부역과 코르베에 의한 갈이질 부역 부담을 합하면 대단히 컸다고 할 수 있을 것이다.

영주직영지의 포도밭에 대한 자유인망스 보유자의 부역노동이 부과되는 장원은 8개(제1, 5, 6, 14, 17~19장 및 부록의 문서 II)이고, 초지에 대한 자유인망스 보유자의 부역노동이 부과되는 장원은 3개(제8, 24, 25장)다. 포도밭에 대한 부역 면적은 8개의 장원 가운데 5개 장원에서 1arp이고, 2개 장원에서 4arp이며(제1장 및 부록의 문서 II), 1개 장원에서 2arp이다(제17장). 자유인망스에 대해 초지에서의 부역노동이 부과되는 3개 장원은 부역 면적이 각각 1arp(제8장)와 4ptc(제25장) 및 2ptc(제24장)다.

생제르맹데프레 수도원의 영지에서는 25개 고전장원의 60%를 차지하는 15개나 되는 다수의 장원에서 잡역은 '지시받는 만큼' 또는 '지시받는 곳에서는 어디서나' '손일(manopera)과 수송부역(carropera) 및 나무베기 부역(caplim)을 한다.'는 식으로 무제한적으로 부과되고 있다는 것이 특징이다. 이런 무제한적 잡역에는 수레나 선박을 이용한 오를레앙 등지에의 장거리 수송부역, 곡식이나 땔나무 또는 포도주와 같은 생산물의 수송부역, 영주 저택과 농경지의 울타리 치기 부역, 거름운반 부역 등이 포함되어 있다. 무제한적 잡역은 종종 수송거리가 일정하게 명시되고 수송물품도 구체적으로 적시된 수송부역이나 영주 저택이나 곡식밭의 일정 크기의 울타리 치기와 같은 제한적 잡역과 혼합되어 부과되는 경우가 많다. 이와는 달리 순전히 제한적 · 명시적 잡역이 부과되는 장원도 10개 가까이(제 9, 13, 20, 22~25장, 부록의 문서 I과 II) 존재한다.

현존하는 생제르맹데프레 수도원의 영지명세장에 의하면 부역노동 의무가 기록된 노예망스는 16개 장원에 대략 174개가 존재한다. 이처럼 노예망스의 경우에는 장원당 노예망스의 수가 자유인망스에 비해 매우 적으며, 그것도 같은 장원 안에서 여기저기 흩어져서 부역노동을 비롯한 의무내용이 상이한 경우가 적지 않다. 따라서 노예망스의 경우에는 의무내용을 장원 단위 못지않게 경우에 따라서는 망스 단위로도 살펴봄이 효과적이라고 하겠다. 174개의 노예망스 가운데 원래 노예망스에 고유한 부역노동 부과방식인 매주 3일씩의 주부역만 부과되는 노예망스는 어느 장원에서든 하나도 없다. 반면에, 모든 노예망스는 원래 자유인망스에 고유한 부역노동 부과방식인 정적부역이 빠짐없이 부과되고 있다. 매주 1~3일의 주부역이 부과되는 노예망스가 5개 장원에 30개가 있기는 하지만, 이들 또한 정적부역이 동시에 부과되고 있다. 다수의 노예망스에서 주부역 형태의 정기부역보다는 정적부역이 주축을 이루며, 노예망스의 30% 정도를 차지하는 52개가 주부역이 전혀 부과되지 않고 오직 정적부역만 부과되고 있다. 이런 현상은 노예망스들이 부역노동의 부과와 수행방식 면에서 원초적 모습을 크게 잃고 자유인망스와 비슷해졌음을 뜻한다. 노예망스가 기록되어 있는 16개의 장원 가운데 6개 장원에서 총 77개의 노예망스가 영주직영지의 곡물경작지에 대한 정적부역이 부과되고, 9개가량의 장원에서 파종기에 1~3회의 코르베가 부과되고 있다.

그러나 전체 16개 장원에 174개의 노예망스 가운데 절반이 훨씬 넘는 11개 장원에 97개의 노예망스에서 오로지 포도밭에 대해서만 4arp쯤의 정적부역을 수행할 의무가 부과되고 있다. 그리고 노예망스의 경우 정적부역이 포도밭과 곡물경작지에 동시에 부과된다고 하더라도 곡물경작지에 대한 정적부역 면적보다 포도밭에 대한 정적부역 면적이 대부분 더 크며, 포도밭에 대한 정적부역 면적이 흔히 1arp인 자유인망스의 경우보다 훨씬 크다. 노예망스에서 이처럼 영주직영지의 포도밭에 대한 정적부역 부담이 큰 것은 시장생산이 이뤄진 로마시대의 대규모 포도밭 농장에서 노예노동이 많이 사용되었던 사정과 연관이 있는 것으로 짐작된다.

노예망스에 부과된 잡역은 그 구성내용과 부과량이 기본적으로 자유인망스와 비슷하다. 그렇지만 무제한적 부역노동 의무가 기재된 장원은 노예망스가 존재하는 16개 장원의 69%를 차지하는 11개로, 자유인망스보다 그 비율이 다소 더 높다. 이와는 달리 일정하게 제한된 수송부역이나 울타리 치기 부역은 자유인망스와 마찬가지로 노예망스에도 가끔 부과되고 있기는 하지만(예컨대, 제9, 13, 22장), 자유인망스보다는 드문 편이다. 그리고 자유인망스에는 부과되지 않는 파수 의무가 노예망스에는 가끔 부과된다는 점이 특징이다. 제15장 제78항에는 노예망스 보유자의 아내가 모직물을 제조하고 암평아리들을 기르는 부역노동을 수행한다고 되어 있다. 그러나 노예망스를 보유한 2명의 공동보유자의 아내들은 노예 신분이며, 자유인망스를 보유한 장원농민의 아내들도 신분이 노예인 경우에는 마찬가지로 모직물을 제조하고 암평아리를 길러야 한다(예컨대, 제15장 제70, 76, 80항, 제25장 제6항, 부록의 문서 II의 제6항). 또 제23장의 말미(제27항)에 기록된 여자노예들도 남편의 망스보유와 아무런 상관없이 역시 모직물을 제조하고 암평아리들을 기르며, 제13장의 말미(제109, 110항)에 기록된 여자노예들도 망스보유와 무관하게 아마포를 제조한다.[15] 그러므로 여자노예들의 모직물 제조나 암평아리 사육 의무는 망스의 보유나 망스의 종류와는 무관하게 이뤄졌다고 하겠다.[16]

---

15 제23장의 말미에 기록된 여자반자유인들 역시도 남편의 망스보유와 상관없이 아마포를 제조한다.

16 이상 생제르맹데프레 수도원영지의 경작부역과 잡역에 관해서는 주로 이기영, 「봉건적 부역노동 제도의 고전적 형태와 그 형성」, pp. 105~110; 같은 필자, 「고전적 형태의 봉건적 부역노동 부과방식」, pp. 8~17; 같은 필자, 「서유럽 중세 초기 봉건

생제르맹데프레 수도원의 영지에서 자유인망스 보유자들은 대체로 군역세로 양이나 소 1두 또는 2솔리두스 정도의 돈, 방목세로 포도주 2~3md나 홉 1md 또는 겨자 1sest, 인두세로 4데나리우스의 금전, 지붕널 50~100개, 통 6개, 닭 3마리, 계란 15개 정도를 영주에게 공납해야 했다. 이와 같은 자유인망스의 공납 의무는 노예망스의 경우에도 그 품목이나 부담량이 엇비슷하다. 그렇지만 다소의 차이도 존재한다. 우선 전체적으로 노예망스보다 자유인망스가 공납의 종류와 분량이 많은 편이라고 할 수 있다. 그리고 자유인망스에 대해 화폐나 현물 또는 수송부역 형태로 거의 빠짐없이 부과되고 있는 군역세가 노예망스에 대해서는 제9장과 제13장을 제외하고는 아직 널리 부과되지 않고 있다. 이것은 원래 노예는 군역의 의무를 지지 아니했기 때문일 것이다. 또 자유인망스는 많은 장원에서 지붕널을 공납할 의무를 지는 데 비해, 노예망스는 제8장을 제외하고는 지붕널을 공납할 의무를 지지 않는다. 그 대신 노예망스는 자유인망스와는 달리 일정 분량의 겨자를 공납하는 경우가 제법 있으며(제2, 4, 8, 15, 17장), 일정 수량의 횃불을 바칠 의무가 있는 장원이 몇몇 있다(제4, 13장). 이런 차이에도 불구하고 자유인망스와 노예망스의 공납 의무는 기본적으로 유사하다. 그래서 그런지－아니면 착오일 수도 있다－제16장과 제24장의 장원에서는 잡역과 공납을 포함한 대부분의 노예망스의 의무가 자유인망스와 동일하다고 기록되어 있기도 하다.

5. 영지명세장에 보이는 장원농민의 가족제

생제르맹데프레 수도원의 영지명세장에는 보기 드물게 망스보유자의 가족 현황이 일일이 상세하게 기록되어 있다. 그래서 우리는 이 영지명세

농민의 부역노동 부담 추이」, 『프랑스사 연구』, 제17호(2010. 2), pp. 31~36을 참조했음.

장 자체의 이해를 위해서나 카롤링시대 농민사회의 가족제도에 대한 이해를 위해서나 이 명세장에 나타나는 가족제와 관련된 특징적 현상을 간략하게나마 분석할 필요가 있다고 하겠다. 먼저 가족의 양적 구성부터 살펴보자.[17]

부록으로 첨부된 단편적 장원문서를 포함한 생제르맹데프레 수도원의 현존 영지명세장 가운데 토지기부를 기록한 제12장에는 가족에 관한 기록이 없고, 제10장은 보유자의 가족에 관한 기록이 남아 있지 않으며, 제25장도 자녀에 대한 기록의 대부분이 일실되어 있다. 가족에 관한 기록이 있는 나머지 고전장원에서도 가끔 나타나는 자녀 수에 관한 기록 부분이 불분명한 경우가 제법 있다. 이런 경우를 제외하면, 가족 현황이 기록되어 있는 고전장원에서 망스보유자의 가족은 총 2,463세대이고 가족원의 합계 총수는 8,802명이다. 따라서 생제르맹데프레 수도원영지에서 세대당 평균 가족 수는 3.6명이 된다.

그러나 가족 수 3.6명은 신뢰할 만한 것이 아니다. 왜냐하면 영지명세장에 망스농민의 가족원 모두가 기재되었다고 볼 수 없는 여러 이유가 있기 때문이다. 생제르맹데프레 수도원의 영지명세장 제1장 가우기아쿰 장원과 제18장 콜리둠 장원에 대한 기록에는 1세대당 평균 자녀 수가 각각 0.8명, 0.7명일 정도로 낮다. 그 밖에 제4, 5, 15, 17, 20, 24장의 장원들에서도 평균 자녀 수가 1.5명 이하로 낮다. 또 이 영지명세장의 여러 곳에는 망스보유자의 자녀를 비롯한 가족원 모두가 기재되지 않았음을 전하는 말들이 있다. 이 명세장 제9장 제145, 157, 268, 289, 290항, 제21장 제3, 81, 82, 86항, 제22장 제53, 72, 82, 84, 91항, 제24장 제109, 110, 171항 등에는 '(망스보유자의) 자식들은 생제르맹데프레 수도원에 속하지 않는다.'든가 '(망스보유자의) 아내는 자식들과 더불어 생제르맹

---

[17] 생제르맹데프레 수도원의 영지명세장에 나타나는 장원농민의 가족제에 관한 다음의 글은 이기영, 「고전장원제하의 가족제」, 『역사학보』, 제143집(1994. 9), pp. 187~224를 많이 참조했다.

데프레 수도원에 속하지 않는다.'고 기술되어 있다. 이런 경우 망스보유자의 처자 이름과 자녀 수가 기재되어 있지 않다.

그러므로 이 영지명세장의 기록 중 대체로 어른들에 관한 자료는 믿을 만하지만 자녀들에 관한 자료는 신뢰도가 낮다고 할 수 있다. 가족 현황을 알 수 있는 망스보유자의 가족은 전술한 바와 같이 총 2,463세대다. 2,463세대 중 자녀를 제외한 망스보유자 가족의 성인 전체 수는 4,291명이다. 따라서 자녀를 제외한 세대당 평균 성인 수는 1.7명이 된다.

그런데 9세기 중엽에 작성된 샹파뉴 지방 랭스 소재 생르미 수도원의 영지명세장 제20장 제18~67항에는 비쿠스(Vicus) 장원의 예속민(familia) 가족이 모두 기록되어 있다. 이 기록에 의하면 세대주가 결혼하여 자녀를 두었거나 자녀 없이 배우자만 있는 총 세대 수는 145세대이고, 미혼의 자녀 수는 합계 396명이다. 따라서 결혼한 세대주의 평균 자녀 수는 2.7명이다. 이런 평균 자녀 수를 생제르맹데프레 수도원 영지명세장의 세대당 평균 성인 수 1.7명과 더하면, 이 영지의 고전장원들에서 망스를 보유한 세대의 평균 가족 수는 4.4명이 되는 셈이다.

생제르맹데프레 수도원의 영지명세장에서 소망스, 호스피키움 등으로 불린 소규모 농민보유지와 농민보유지의 명칭이 붙지 않은 영세한 규모의 토지를 보유한 농민가족은, 가족원 수가 불분명한 가족을 제외하면 129세대 정도 된다. 자녀를 제외한 이들 가족의 성인 전체 수는 176명으로, 세대당 평균 성인 수는 1.4명이 된다. 세대당 평균 성인 수 1.4명에다 앞에서 말한 생르미 수도원의 영지명세장으로부터 산출된 세대당 평균 자녀 수 2.7명을 더하면, 4.1명이 된다. 따라서 소규모 농민보유지를 보유한 장원농민의 세대당 가족 수는 일반 망스를 보유한 장원농민보다 더 적었다고 할 수 있을 것이다. 이것은 소규모 농민보유지를 보유한 장원농민의 경우, 그보다 규모가 큰 일반 망스를 보유한 농민보다 훨씬 빈곤했던 생활형편으로 인해 부부 모두의 동시 생존율이 낮았기 때문일 것이다. 자녀 수도 실제로는 일반 망스보유자들보다 더 적었을 가능성이 크다.

생제르맹데프레 수도원의 영지명세장에서 자녀의 이름이 기록되지 않고 자녀의 수만 기록되어 있어 아들과 딸이 구별되지 않는 등 남녀의 성별이 불분명한 경우를 제외한 망스보유 가족의 남성 합계는 4,491명이고 여성 합계는 3,445명이다. 따라서 장원농민의 성비는 130이었던 셈이다. 그러나 영지명세장에는 망스보유자의 부인이 남편과는 다른 영주에 소속해 있는 경우 영지명세장에 기록되지 아니하기도 하였으므로, 여성의 수는 영지명세장에 기록된 것보다 더 많았을 수 있다. 이런 사실과 고고학적 발굴 결과 중세 초기의 성비는 114 내지 118이라는 연구성과를[18] 감안할 때, 실제의 성비는 대체로 110~120 정도 되지 않았을까 추측된다.

가족 현황을 알 수 있는 망스보유자가 2,463명인 생제르맹데프레 수도원의 영지명세장에서, 이의 21%인 527명이 홀아비나 과부만으로 구성되었을 가능성이 높은 독신의 1인가족이다. 이 중 93%에 해당하는 490명은 남성이고 7%에 해당하는 37명은 여성이다. 1인가족 중에는 홀아비나 과부가 많았겠지만, 결혼연령에 이르렀으면서도 결혼하지 못한 독신의 성인도 있을 수 있고 가족원이 원래 존재함에도 명세장 작성 시 생략되거나 누락된 경우도 있을 것이다. 그래서 가족의 구성에서 홀아비나 과부가 차지하는 비율을 더 정확하게 가늠하기 위해서는 자녀가 있으면서도 배우자가 없는 홀아비나 과부의 비율을 살펴볼 필요가 있다. 이 영지명세장에서 배우자나 자녀가 기재되어 있어 결혼했음이 틀림없다고 판단되는 망스보유자는 1,955명이다. 이의 9%인 172명이 홀아비이거나 과부이며, 172명 가운데서는 87명이 홀아비이고 85명이 과부이다. 그러므로 망스보유자 가운데 홀아비나 과부인 경우의 비율은 생제르맹데프레 수도원 영지에서 21%보다는 낮고 9%보다는 높은 10~20% 선이었다고 추측된다. 이런 통계는 주로 남성으로 되어 있는 망스보유자를 중심으로 산출된 것이다. 따라서 망스보유자인 남성이 사망하면 대개의 경우 그 부인은

---

18 P. Ketsch, *Frauen im Mittelalter*, 제1권: *Frauenarbeit im Mittelalter. Quellen und Materalien* (Düsseldorf: Schwann-Bagel, 1983), pp. 14, 18 참조.

토지를 보유하지 못하는 과부가 되어 영지명세장의 기록에서 생략되는 경우가 많았을 것임이 틀림없다. 이런 사정을 감안하면, 과부의 실질적 비율은 더 높고 전체적으로 홀아비나 과부의 비율도 더 높았다고 봐야 할 것이다.

소규모 농민보유지 보유자의 경우에는 홀아비나 과부의 비율이 더 높다. 이 영지명세장에서 호스피키움과 같은 소규모 농민보유지를 보유한 총 122명 가운데 56%인 68명이 홀아비나 과부일 가능성이 높은 독신의 1인가족이다. 이 중 남성은 97%인 66명이고 여성은 3%인 2명이다. 소규모 농민보유지를 보유하고 배우자가 있다든가 자녀가 있는 49명의 기혼자 가운데 12%인 6명이 홀아비(1명)거나 과부(5명)이다. 이처럼 소농민보유지 보유자의 경우에 망스보유자의 경우보다도 홀아비나 과부의 비율이 더 높은 것은 보유지의 크기가 망스의 절반도 안 되는 소토지 보유자의 영양실조로 인한 단명 때문일 가능성이 크다.

다음에는 농민가족의 질적 구성을 살펴보자.

생제르맹데프레 수도원의 영지명세장을 통해서 볼 때, 장원농민의 혼인은 확실히 족외혼(族外婚)이었다. 이것은 게르만족 대이동 전 타키투스 시대 때부터 이미 확립되어 있던 관습이었다. 그리고 장원농민은 고대적 신분끼리 결혼하는 경향이 여전히 강했지만, 고전장원제 아래서 바야흐로 단일한 농노계급으로 형성되고 있던 터라 고대적 신분의 경계를 벗어나서 상이한 신분 사이에 통혼이 적지 않게 행해지고 있었음을 볼 수 있다. 현존 생제르맹데프레 수도원의 영지명세장에 기록된 망스보유자 중 배우자가 없거나 한쪽이라도 신분이 미상인 경우를 제외하고 남편과 아내의 신분이 모두 명시되어 있는 부부는 모두 1,639쌍이다. 이 가운데 신분이 서로 다른 남녀 사이에 혼인이 이루어진 부부는 260쌍이다. 이는 1,639쌍의 16%를 차지하는 것으로, 상이한 신분 간의 혼인이 결코 적지 않았음을 보여준다고 하겠다. 더욱이 주목되는 점은 260쌍의 부부 가운데 넓은 의미에서 법적으로 자유인 신분의 범주로 분류되는 'liber'라는 완전 자유인과 콜로누스라는 불완전 자유인 사이의 결혼이나 부자유인

신분의 범주로 분류되는 반자유인과 노예 사이의 결혼은 이의 28%인 74쌍에 지나지 않고, 72%인 186쌍이 넓은 의미의 자유인 신분과 부자유인 신분 사이의 결혼이라는 사실이다. 또한 상이한 신분 사이의 혼인 가운데서도 망스를 보유한 넓은 의미의 자유인인 'liber'나 콜로누스가 넓은 의미의 부자유 신분인 반자유인나 노예를 아내로 삼는 경우는 186쌍의 26%인 48쌍밖에 되지 않는 반면에, 망스를 보유한 노예나 반자유인이 콜로누스나 'liber' 신분과 결혼한 경우가 이의 74%를 차지하는 138쌍에 이를 만큼 압도적으로 많다. 이와 같은 현상은 물론 부자유인 출신이 토지를 보유하게 됨으로써 사회적 지위가 상승한 결과라고 할 수 있지만, 고전장원제의 성립을 계기로 고래의 전통적 신분제도가 와해의 위기를 맞고 중세적 단일 농노계급이 새롭게 형성되고 있었음을 보여주는 것이라고 하겠다.

그러나 신분이 서로 다른 남녀의 혼인에서 태어난 자녀의 신분에는 다음과 같이 아직도 상당한 제약이 따랐다. 게라르는 상이한 신분의 결혼 시 자녀의 신분은 다음과 같이 결정되는 것으로 보인다고 한다.[19]

(1) 어머니가 자유인인 경우에는 아버지의 신분이 무엇이든 자녀는 자유인이 된다. 그러나,

(2) 아버지가 자유인이고 어머니가 콜로누스인 경우에는 자녀의 신분은 자유인이 되지만, 아버지가 자유인이고 어머니가 반자유인인 경우에는 자녀가 반자유인이 된다. 그리고 아버지가 자유인이고 어머니가 노예인 경우에는, 적어도 자녀의 절반은 노예가 되는 것으로 추정된다.

(3) 어머니가 콜로누스이고 아버지가 노예인 경우에는 자녀의 신분은 콜로누스이거나 어쩌면 반자유인이 되며, 아버지가 반자유인인 경우에는 자녀는 어머니의 신분을 따랐다.

(4) 아버지의 신분이 콜로누스인 상태에서 어머니가 반자유인이면 자녀

---

[19] B. Guérard, *Prolmegoenes*, pp. 415~419 참조.

는 반자유인이 되고, 어머니가 노예인 경우에는 노예가 된다.

(5) 어머니가 반자유인이고 아버지가 노예인 경우에는 어머니의 신분이 자녀의 신분을 규정한다.

(6) 아버지가 반자유인이고 어머니가 노예인 경우에는 십중팔구 자녀는 노예 신분이 된다.

한편 이 영지명세장에는 서로 다른 영주에 속하는 남녀가 종종 결혼하고 있음을 볼 수 있다. 그러나 이런 경우에 그 자녀는 부모가 자유인들인 경우를 제외하고는 언제나 어머니의 영주에 속한다. 따라서 어머니가 생제르맹데프레 수도원 소속인 경우에는 아버지가 외지인(extraneus)이라고 하더라도 그 자녀는 이 수도원의 소속으로 기록되지만, 아버지가 생제르맹데프레 수도원 소속이고 어머니가 타 영주 소속인 경우에는 그 어머니와 자녀는 타 영주에게 속한다. 이런 경우에는 영지명세장에 처자식에 관해 아무런 언급이 없거나, 흔히 '…의 자녀는 생제르맹(수도원)에 속하지 않는다.'든가 '자식들과 더불어 그 아내는 생제르맹(수도원)의 속하지 않는다.'든가 하는 식으로 기재되어 있다.[20]

가족의 유형과 관련해서는 생제르맹데프레 수도원의 영지명세장에 나타나는 총 2,463세대의 망스보유 가족들 중 527세대가 1인이 한 가구를 이루는 1인가족이며, 6세대가 두 쌍 이상의 부부로 구성되거나 하나 이상의 부부가족과 동거하는 직계 또는 방계의 근친으로 구성되는 확대가족이다. 따라서 이 명세장에 의하면, 단지 0.2% 정도만이 대가족 유형에 속할 뿐이고, 나머지 99.8%가 부부와 미혼의 자녀로 구성되는 부부가족이나 1인가족으로 된 소가족이다. 따라서 9세기의 장원농민층에서 가족의 지배적 유형은 소가족이었다고 할 수 있다.

혼인의 형태로는 물론 1부1처의 단혼제가 실시되고 있었다. 이미 기원후 1세기경의 타키투스 시대부터 게르만족 사회에서는 1부1처제가 널리

---

[20] B. Guérard, *Prolmegoenes*, pp. 419~420 참조.

시행되었지만, 특히 중세에 들어 교회의 각종 엄격한 통제로 1부1처제는 절대적인 것이 되었다.

생제르맹데프레 수도원의 영지명세장 제13장 제67, 95항, 제20장 제31항, 제21장 제25, 27, 33항, 제25장 제7항 등에는 망스보유자의 자녀가 서로 다른 두 여성으로부터 태어났다고 기록되어 있다. 이것은 배우자의 사망 시 재혼이 이루어졌음을 시사하는 것이다. 마르크 블로크 등에 의하면 영주 측은 부역노동력의 확보를 위해 과부의 재혼을 주선하고 강요하기도 했다.[21]

생제르맹데프레 수도원의 영지명세장 제4장 제37, 38항, 제19장 제51항 및 제24장 제112항 등, 이례적으로 모계로 여러 대 이어지는 밀랍 및 양초 공납자에 대한 기록들은 고래의 모계적 유풍의 표현이다. 일찍이 타키투스의 『게르마니아』, 제XX장에는 부자관계 못지않게 외삼촌과 생질의 관계가 중요시되었고, 생질에게 상속할 자녀가 없을 때 외삼촌도 형제와 부계 삼촌과 마찬가지로 상속권을 갖는다고 기록되어 있다. 민족대이동 후 프랑크왕국 건립 초기에 성문화된 『살리법(Lex Salica)』, 제LVIII, LXII조에서도 살인배상금(Wergeld)의 지불 및 수령과 법정 서약에서 부계친족 못지않게 모계친족도 중요한 역할을 담당하고 있으며, 동제 LIX조에서는 아들들이 재산상속에서 우선권을 갖지만 아들 다음으로 딸들도 상속권을 갖는다고 되어 있다. 그러나 성인남자의 노동력을 부역노동의 형태로 착취하기 위한 봉건적 토지소유의 한 형태인 고전장원제의 성립과 이에 따른 성인남자 중심의 가부장적인 소가족제의 성립으로, 잔존하던 모계친적(母系親的) 유대와 기능은 결정적으로 퇴화하고 만다. 학계에서는 일반적으로 9세기를 전환점으로 해서 가족구조는 모계친적 집단에서 부계친적 소가족으로 이행한다고 본다. 영지명세장에 일부 남

---

21 M. Bloch, *La société féodale* (Paris, 1968), 한정숙 옮김, 『봉건사회』, I(개정판: 한길사, 2001), p. 339 및 J. C. Russell, "Population in Europe. 500~1500", C. M. Cipolla, ed., *The Fontana Economic History of Europe*, 제1권 *The Middle Ages* (Glasgow: Collins, 198), p. 60 참조.

아 있는 모계제적 기록은 모계적 유풍의 마지막 흔적이라고 할 수 있을 것이다.

생제르맹데프레 수도원의 영지명세장에는 이름이 대부분 게르만식으로 되어 있다. 게라르에 의하면[22] 게르만식 이름이 로마식 이름보다 10배 정도 더 많으며, 부모가 로마식 이름을 가졌더라도 자녀는 게르만식 이름을 가지기도 하고 그 반대의 방식으로 이름이 지어지기도 한다. 따라서 이름만으로는 그의 민족을 알기 어렵다. 자녀의 이름은 흔히 부모 양쪽을 본떠 만들어져 있다.

[22] B. Guérard, *Prolmegoenes*, p. 420 참조.

▌번역에 이용된 문헌▌

생제르맹데프레 수도원의 영지명세장에 관한 라틴어 원전

B. Guérard, ed., *Polyptyque de l'abbaye Irminon ou dénombrement des manses, des serfs et des revenus de l'abbaye de Saint-Germain-des-Prés sous le régne de Charlemagne*, Tome second. *Polyptyque*, Paris: L'Imprimerie royale, 1844.

A. Longnon, ed., *Polyptyque de l'abbaye de Saint-Germain-des-Prés*, Première Partie. *Texte du polyptyque*, Paris, 1886; reprint: Genève, Mégariotis Reprint, 1978.

D. Hägermann, ed., *Das Polyptychon von Saint-Germain-des-Pres*, Köln, Weimar, Wien: Böhlau, 1993.

그 밖의 영지명세장에 관한 라틴어 원전

H. Beyer, ed., "Güterverzeichnis der Abtei Prüm von 893", *Urkundenbuch zur Geschichte der, jetzt die Preussischen Regierungsbezike Coblenz und Trier bildenden Mittelrheinischen Territorien*, Erster Band, Coblenz: J. Hölscher, 1860, pp. 142~201.

F. Ganshof ed., *Le polyptyque de l'abbaye de Saint-Bertin(844~859). Edition critique et commentaire*, Paris: Librarie C. Klincksieck, 1975.

B. Guérard, ed., *Polyptique de l'abbaye de Saint-Remi de Reims ou dénombrement des manses, des serfs et des revenues de cette abbaye, vers le milieu du neuvième siècle de notre ère* (Paris: Impr. impériale, 1853.

D. Hägermann, ed., *Polyptychon und die Notitia de Areis von Saint-Maur-des-Fossés*, Sigmaringen: Jan Thorbecke, 1990.

기타 참고문헌(연구문헌)

H. Atsma, éd., *La Neustrie. Les pays au nord de la Loire de 650 à 850*, Sigmaringen: Jan Thorbecke, 1989.

M. Blackburn, "Money and coinage", *The New Cambridge Medieval History*, Vol. II: R. McKitterick, ed., *c. 700-c. 900* (Cambridge: Cambridge University Press,

1995), pp. 538~559.

M. Bloch, *Les caractères originaux de l'histoire rurale française* (Oslo, 1931), 이기영 역, 『프랑스 농촌사의 기본성격』(나남, 2007).

_________, "The rise of dependant cultivation and seigneurial institutions", M. M. Postan, ed., *The Cambridge Economic History of Europe* (Cambridge: Cambridge Univ. Press, 1971), vol. I, pp. 235~290.

_________, *La société féodale* (Paris, 1968), 한정숙 옮김, 『봉건사회』, I(개정판: 한길사, 2001).

J. Chapelo & R. Fossier, *Le village et la maison au Moyen Age*, Paris: Hachette, 1980.

E. R. Coleman, "Infanticide in the early Middle Ages", S. M. Stuard, ed., *Women in Medieval Society*, Philadelphia: Univ. of Pennsylvania Press, 1976, pp. 47~70.

_________, "Medieval marriage characteristics: a neglected factor in the history of medieval serfdom", *Journal of Interdisciplinary History*, 1971, pp. 205~219.

S. Coupland, "Charlemagne's coinage: ideology and economy", J. Story, ed., *Charlemagne. Empire and Society*, Manchester and New York: Manchester Univ. Press, 2005, pp. 211~229.

_________, "Money and coinage under Louis the Pious", *Francia*, 17/1 (1990), pp. 23~54.

J. P. Devroey, "Au-delà des polyptyques. Sédimentation, copie et renouvellement des documents de gestion seigneuriaux entre Seine et Rhin (IXe-XIIIe siècle)", X. Hermand, J.-F. Nieus & É. Renard, éd., *Décrire, inventorier, enregistrer entre Seine et Rhin au Moyen Âge: formes, fonctions et usages des écrits de gestion* (Paris: École des Chartes, 2012), pp. 56~63.

_________, *Économie rurale et société dans l'Europe franque (VIe-IXe siècles)*, Tome 1. *Fondements matériels, échanges et lien social*, Paris: Belin, 2003.

_________, *Études sur le grand domaine carolingien*, Aldershot: Variorum, 1993.

_________, "The large estate in the Frankish kingdoms: a tentative dynamic definition", J. P. Devroey, *Études sur le grand domaine carolingien*, pp. 1~8.

_________, "Men and women in early medieval serfdom: The ninth century north Frankish evidence", *Past and Present*, 166(2000), pp. 3~30.

_________, "Les méthodes d'analyse démographique des polyptyques du haut Moyen

Age", J. P. Devroey, *Études sur le grand domaine carolingien*, pp. 71~88

_________, "Un monastère dans l'économie d'échanges: les services de transports à l'abbaye Saint-Germain des Prés au IXe s.", J. P. Devroey, *Études sur le grand domaine carolingien*, pp. 570~589

_________, "Polyptyques et fiscalité à l'époque carolingienne. Une nouvelle approche?", *Revue belge de Philologie et d'Histoire*, LXIII(1985), pp. 783~794.

_________, "Problèmes de critique autour du polyptyque de l'abbaye de Saint-Germain-des-Prés", A. Hartmut, eds., *La Neustrie*, pp. 441~465.

_________, "Units of measurement in the early medieval economy: the example of carolingian food rations", J. P. Devroey, *Études sur le grand domaine carolingien*, pp. 68~92.

R. Doehaerd, *Le haut Moyen Age occidental. Economies et sociétés* (Paris, 1971)의 W. G. Deakin에 의한 영역본 *The Early Middle Ages in the West. Economy and Society*, Amsterdam: North-Holland, 1978.

Ch. d. F. du Cange, *Glossarium ad scriptores mediae et infimae Latinitatis*, Paris: Osmont, 1733~1736.

G. Duby, *L'économie rurale et la vie des campagnes dans l'Occident médiéval(France, Angleterre, Empire, IXe-XVe siècles). Essai de synthèse et perspectives de recherches*, 2 vols., Paris: Aubier, 1962.

_________, *Guerriers et paysans VIIe-XIIe siècle*, Paris: Gallimard, 1973.

J. Durliat, "Du *Caput* antique au manse médiéval", *Pallas*, 29(1982), pp. 67~77.

_________, "Le manse dans le polyptyque d'Irminon: nouvel essai d'histoire quantitative", H. Atsma, eds., *La Neustrie*, pp. 467~504.

_________, "Le polyptyque d'Irminon et l'impôt pour l'armée", *Bibliothèque de l'Ecole des chartes*, 1983, pp. 183~208.

_________, "Le système domanial au début du IXe siècle d'après le capitulaire *de villis* et le polyptyque d'Irminon", J. Cusenier et R. Guadagnin, eds., *Un village au temps de Charlemagne*, Paris, 1988, pp. 105~109.

P. E. Dutton, ed., *Carolingian Civilization: A Reader*, Peterborough: Univ. of Toronto Press, 1993.

J. Ellul, *Histoire des institution de l'époque franque à la Révolution*, Paris: Presses universitaires de France, 1967.

K. Elmshäuser & A. Konrad, *Studien zum Polyptychon von Saint-Germain-des-Prés*, Köln, Weimar, Wien: Böhlau, 1993.

P. Fouracre, "Eternal light and earthly needs: practical aspects of the development of Frankish immunities", W. Davies & P. Fouracre, eds., *Property and Power in the Early Middle Ages*, Cambridge: Cambridge Univ. Press, 1995, pp. 53~81.

L. Ganshof, "Das Frankisch Reich", H. Kellenbenz, ed., *Handbuch der europäischen Wirtschafts- und Sozialgeschichte*, Band 2. Jan A. van Houtte, ed., *Europäischen Wirtschafts- und Sozialgeschichte in Mittelalter*, Stuttgart: Klett-Cotta, 1980, pp. 151~205.

H.-W. Goetz, "Bäuerliche Arbeit und regionale Gewohnheit im Pariser Raum im frühen 9. Jahrundert. Beobachtungen zur Grundherrschaft von Saint-Germain-des-Prés", H. Atsma, éd., *La Neustrie*, pp. 505~522.

_________, "Serfdom and the beginnings of a 'seigneurial system'in the Carolingian period: a survey of the evidence", *Early Medieval Europe*, vol. 2, Issue 1(March 1993), pp. 29~51.

B. Guérard, ed., *Polyptyque de l'abbaye Irminon ou dénombrement des manses, des serfs et des revenus de l'abbaye de Saint-Germain-des-Prés sous le régne de Charlemagne*, Tome premier. *Prolégomènes, commentaires et éclaircissements*, Paris: L'Imprimerie royale, 1844.

P. Guilhiermoz, "De l'équivalence des anciennes mesures. A propos d'une publication récente", *Bibliothèque de l'Ecole des Chartes*, 74(1913), pp. 267~328.

P. Ketsch, *Frauen im Mittelalter*, Band I.: *Frauenarbeit im Mittelalter. Quellen und Materalien*, Düsseldorf: Schwann-Bagel, 1983.

L. Kuchenbuch, *Grundherrschaft im früheren Mittelalter*, Darmstadt: Schulz-Kirchner, 1991.

R. Latouche, *Les origines de l'économie occidentale, IVe-XIe siècles*, Paris: Édition Albin Michel, 1970.

D. Lohrmann, "Le moulin à eau dans le cadre de l'économie rurale de la Neustrie (VIIe-IXe siècles)", H. Atsma, éd., *La Neustrie*, pp. 367~404.

A. Longnon, ed., *Polyptyque de l'abbaye de Saint-Germain-des-Prés*, tome. 1. *Introduction*, Paris, 1886; reprint: Genève, Mégariotis Reprint, 1978.

M.-Th. Lorcin 등, *Les campagnes françaises*, Paris: Editions Sociales, 1983.

F. Lot, "Conjectures démographieques sur la France au IXe siècle", *Le Moyen Age*, 32(1921), pp. 1~27.

Ch. Loveluck, "Rural settlement hierarchy in the age of Charlemagne", J. Story (ed.), *Charlemagne. Empire and Society*, Manchester and New York: Manchester Univ. Press, 2005, pp. 230~258.

Y. Morimoto, "Aperçu critique des recherches sur l'histoire rurale du haut Moyen Age: vers une synthèse équilibrée(1993~2004)", Y. Morimoto, *Études sur l'économie rurale du haut Moyen Âge*, Bruxelles: De Boek, 2008, pp. 133~188.

________, "État et perspectives des recherches sur les polyptyques carolingiens(ca. 1980~1986)", Y. Morimoto, *Études sur l'économie rurale*, pp. 31~80.

Y. Morimoto, *Études sur l'économie rurale du haut Moyen Âge*, Bruxelles: De Boek, 2008.

M. de la Motte-Collas, "Les possessions territoriales de l'abbaye de Saint-Germain-des-Prés du début du IXe au début du XIIe siècle", *Revue d'histoire de l'église de France*, XLIII(1957), pp. 49~80.

L. Musset, "Observations historiques sur une mesure agraire: le bonnier", *Mémoires d'histoire du Moyen Age dédiés à la mémoire de L. Halphen*, Paris: Press. univ. de France, 1951, pp. 535~541.

J. E. Niermeyer, *Mediae Latinitatis Lexicon Minus*, Leiden: E. J. Brill, 1984.

P. Périn, "The origin of the village in early medieval Gaul", N. Christie, ed., *Landscapes of Change. Rural Evolution in Late Antiquity and the Early Middle Ages*, Burlington: Ashgate, 2004, pp. 255~278.

C. Ed. Perrin, "De la condition des terres dites <<ancingae>>", *Mélanges d'histoire du Moyen Age offerts a M.Ferdinand Lot* (Paris: E. Champion, 1925), pp. 619~640.

________, "Note sur la population de Villeneuve-Saint-Georges au IXe siècle", *Le Moyen Âge. Revue d'histoire et de philologie*, 69(1963), pp. 75~86.

________, "Observation on the mansus in the region of Paris in the early ninth century", R. Cameron, ed., *Essays in French Economic History*, Illinois: Irwin, 1970, pp. 21~32.

________, "A propos d'une redevance en fossoirs inscrite au polyptyque d'Irminon", *Etudes d'Histoire du Droit privé offertes à Pierre Petot*, Paris: Monchrestien, 1959, pp. 431~440.

_________, “Le servage en France et en Allemagne”, *X^o Congresso Internationale di Scienze, Roma, 1955, Relazioni, III*, Florence, 1955, pp. 213~254.

E. Perroy, *Le monde carolingien*, Paris: SEDES, 1974.

X. de Planhol & P. Claval, *An Historical Geography of France*, Cambridge: Cambridge Univ. Press, 1994.

P. Portet, “Remarques sur la métrologie carolingienne”, *Le Moyen-Age*, 1(5^e série, 1991), pp. 5~24.

N. J. G. Pounds, “Northwest Europe in the ninth century: its geography in light of the polyptyques”, *Annals of the Association of American Geographers*, vol. 57 no. 3(Sep. 1967), pp. 439~461.

W. Rösener, *Agrarwirtschaft, Agrarverfassung und Ländliche Gesellschaft im Mittelalter*, München: Oldenbourg Verlag, 1992.

J. C. Russell, “Population in Europe. 500~1500”, C. M. Cipolla, ed., *The Fontana Economic History of Europe*, Vol.1. *The Middle Ages*, Glasgow: Collins, 1981, pp. 25–70.

P. de Saint-Jacob, “Recherches sur la structure terrienne de la seigneurie”, *Géographie et histoire agraires, Annales de l’Est*, Memoire n° 21, Nancy, 1959, pp. 425~433.

B. H. Slicher van Bath, *De agrarische geschiedenis van West-Europa(500~1850)* (Utrecht-Anvers, 1960), 이기영 역, 『서유럽농업사. 500~1850』(까치, 1999).

O. Tulippe, “De l’importance des exploitations agricoles au IXe siècle dans l’Ile-de-France”, *Annales de Géographie*, XL(1931), pp. 307~310.

_________, “Le manse à l’époque carolingienne”, *Annales de la Société scientifique de Bruxelles*, D-56(1936), pp. 238~252.

A. Verhulst, *The Carolingian Economy,* Cambridge: Cambridge Univ. Press, 2002.

_________, “Economic organization”, *The New Cambridge Medieval History*, Vol. II: R. McKitterick, ed., *c. 700~c. 900*, Cambridge: Cambridge Univ. Press, 1995.

_________, “La genèse du régime domanial classique en France au haut Moyen Age”, *Agriculture e mondo rurale in Occidente nell’alto medioevo*, XIII(1966), pp. 135~160.

E. Zöllner, *Geschichte der Franken bis zur Mitte des sechsten Jahrhunderts*, München: C. H. Beck, 1970.

이기영, 「9~11세기 세느강과 라인강 사이 지역의 토지소유제와 농업생산체제」, 『고고역사학지』, 제9호(1993. 4), pp. 33~54.
_____, 「고전장원의 공간적 기본구조와 크기」, 『서양사연구』, 제11집(1990. 9), pp. 1~30.
_____, 「고전장원제하 농민보유지의 종류별 크기와 영주직영지와의 크기관계」, 『역사와 경계』, 제69호(2008. 12), pp. 339~390.
_____, 「고전장원제하 농민보유지의 지역별 크기」, 『프랑스사 연구』, 제20호(2009. 2), pp. 5~44.
_____, 「고전장원제하 농민의 생활수준」, 『서양사론』, 제45호(1995. 3), pp. 1~54.
_____, 「고전장원제하 영주직영지와 농민보유지의 지역별 크기관계－파리 분지 동북부 지역을 중심으로－」, 『역사와 경계』, 제88호(2013. 9), pp. 263~291.
_____, 「고전장원제하의 가족제」, 『역사학보』, 제143집(1994. 9), pp. 187~224.
_____, 「고전장원제하의 농민보유지 제도」, 『유럽사의 구조와 전환』(느티나무, 1993), pp. 385~411.
_____, 「고전장원제하의 농업노동력」, 『서양사론』, 제37호(1991), pp. 17~74.
_____, 「고전장원제 시대의 농업기술과 농업생산성」, 『부산사학』, 제14·15호(1988), pp. 221~266.
_____, 「고전장원제하의 경작부역과 수송부역 실태」, 『독일연구』, 제14호(2007. 12), pp. 103~144.
_____, 「고전장원제하의 농민의 의무와 부담」, 『백현 나종일박사 정년기념논총』(교학사, 1992), pp. 103~144.
_____, 「고전장원제하의 '코르베(corvée)' 제도」, 『독일연구』, 제18호(2009. 12), pp. 3~45.
_____, 「고전장원제하에서의 영주권과 농민－영주권의 구성과 성격을 중심으로－」, 『역사학보』, 제151집(1996. 9), pp. 277~334.
_____, 「고전장원제와 영주권의 성립시기」, 『서양중세사 연구』, 제18호(2000. 12), pp. 93~117.
_____, 「고전장원제의 성립과 그 배경」, 『서양사론』, 제67호(2000. 12), pp. 5~39.
_____, 「고전적 '코르베(corvée)' 제도의 유래와 형성」, 『역사와 경계』, 제73호(2009. 12), pp. 265~304.
_____, 「고전적 형태의 봉건적 부역노동 부과방식－파리 분지의 중심부 영지들을 중심으로－」, 『서양중세사 연구』, 제32호(2013. 9), pp. 1~51.
_____, 「봉건적 부역노동제도의 고전적 형태와 그 형성」, 『서양중세사 연구』, 제17호

(2006. 3), pp. 97~144.

_____, 「봉건적 부역노동제도의 원초적 형태」, 『서양사론』, 제83호(2004. 12), pp. 57~92.

_____, 「서유럽 중세 초기 노예제사회로부터 농노제로의 이행과정」, 『역사교육』, 제99집 (2006. 9), pp. 251~292.

_____, 「서유럽 중세 초기 봉건농민의 부역노동 부담추이－고전장원제 성립 전후를 중심으로－」, 『프랑스사 연구』, 제17호(2010. 2), pp. 5~43.

_____, 「서유럽에서 노예제사회로부터 농노제로의 이행요인－기독교, 계약, 인구 및 노동력에 대한 검토－」, 『서양사론』, 제96호(2008. 3), pp. 115~152.

_____, 「서유럽에서 노예제사회로부터 농노제로의 이행요인－생산력발전 및 계급투쟁에 대한 검토－」, 『서양사론』, 제98호(2008. 9), pp. 5~53.

_____, 「서유럽의 고전적 봉건제 발달지역에서 영주적 대토지소유제는 어떻게 형성되었는가?」, 『역사교육』, 제79집(2001. 9), pp. 101~130.

_____, 「서유럽의 봉건적 주종관계 형성(2)－카롤링왕조와 봉건적 주종관계의 제도적 성립－」, 『역사교육』, 제116집(2010. 12), pp. 273~314.

_____, 「영주권의 형성」, 『프랑스사 연구』, 제26집(2012. 2), pp. 5~38.

_____, 「장원제 하 부역노동의 기원」, 『프랑스사 연구』, 제9호(2003. 8), pp. 5~32.

_____, 「초기 프랑크사회에서의 로마인의 지위」, 『서양사연구』, 제4집(1982. 6), pp. 115~152.

_____, 「카롤링조 왕령지의 경영조직」, 『이원순교수 화갑기념 사학논총』(교학사, 1986), pp. 533~556.

❙ 찾아보기 ❙

ㄴ

ㄷ

ㄹ

ㅁ

ㅂ

ㅅ

ㅇ

ㅈ

ㅊ

ㅋ

ㅌ

ㅍ

ㅎ

엮은이 **이르미노**

9세기 초엽에 생제르맹데프레 수도원의 수도원장으로 재직한 인물. 이 수도원의 영지명세장 작성을 주도했음이 확실해 보이지만, 그의 출생과 사망 연도, 교육, 수도원장직 이외의 다른 경력 등 그의 생애 전반에 관해서는 알려져 있는 것이 없다.

옮긴이 **이기영**

서울대학교 사범대학 역사교육학과를 졸업하고, 동 대학원 서양사학과에서 석사학위와 박사학위를 취득했다. 프랑스 푸아티에 대학과 국립도서관(BnF), 독일 기센 대학과 포츠담 대학, 미국 인디애나 대학과 웨스턴미시건 대학 등에서 서양중세사에 관한 자료를 수집하면서 연구했다. 1983년 이후 동아대학교 사학과 교수로 재직 중이다.

서양 중세의 장원제에 관해서는 30여 편의 논문이 있으며, 역시 장원제와 관련 있는 『서유럽농업사 500~1850』, 『서양의 장원제－프랑스와 영국의 장원제에 대한 비교사적 고찰』, 『프랑스 농촌사의 기본성격』 등의 번역서가 있다.